Trumps Amerika – Eine geopolitische Revolution?
Tradition und Neuausrichtung der US-Außenpolitik
in der beginnenden Ära Trump
Carsten Rechtien

Trumps Amerika –
Eine geopolitische Revolution?
Tradition und Neuausrichtung der
US-Außenpolitik
in der beginnenden Ära Trump

Carsten Rechtien

2022

Carola Hartmann Miles-Verlag Berlin

Bibliografische Information der Deutschen Nationalbibliothek
Die Deutsche Nationalbibliothek verzeichnet diese Publikation in der Deutschen Nationalbibliografie; detaillierte bibliografische Daten sind im Internet über www.dnb.de abrufbar.

© 2022 Carola Hartmann Miles-Verlag, Berlin
www.miles-verlag.jimdo.com
email: miles-verlag@t-online.de

Herstellung: Books on Demand, Norderstedt

Printed in Germany

ISBN 978-3-96776-050-7

Inhalt

Vorwort

„Wenn Joe Biden (…) zum Präsidenten gewählt wird, übernimmt er die Führung eines Landes, das sich in den vergangenen vier Jahren stark verändert hat", so die *Neue Zürcher Zeitung* zu den Herausforderungen der neuen 46. US-Präsidentschaft[1]. Mit dem Ende der Ära des US-Präsidenten Donald Trump stellt sich die Frage, inwieweit mit ihr ein grundlegender geopolitischer Epochenwandel verbunden war und ob mitunter fundamentale neue außenpolitische Weichenstellungen vorgenommen wurden. Dies gilt umso mehr, da der Außenminister der designierten Biden-Administration Antony Blinken im Rahmen der Senatsanhörung im Januar 2021 deutlich gemacht hatte, dass sich „Ansatz und Ton der Biden-Regierung grundsätzlich von Trumps mit aggressiver Rhetorik flankierten 'America first'-Politik unterscheiden werden – aber längst nicht in jedem Punkt die inhaltliche Ausrichtung"[2]. Vor diesem Hintergrund ist eine Analyse der *Grand Strategy* der USA unter der Präsidentschaft Donald Trumps und ihre historische Einordnung nicht nur von geschichtlichem Interesse, sondern auch für das Verständnis der künftigen US-amerikanischen Außen- und Geopolitik in einer sich wandelnden Weltordnung in Richtung eines multipolaren Systems mit einer komplexen Machtstruktur von Bedeutung.

Jack Thompson, Senior Researcher am Center for Security Studies (CSS) der ETH Zürich, stellt heraus, dass sich mit der 45. Präsidentschaft zunächst ein Bruch mit den Traditionslinien der US-Außen- und Geopolitik zu verbinden schien. Der „liberale Internationalismus", der Kernbestandteil der *Grand Strategy* aller Präsidenten nach dem Ende des Kalten Krieges war, sollte einer „neoisolationistischen" Politik weichen, die „ein Höchstmaß wirtschaftlicher Autarkie mit militärischer Stärke" verband[3]. In der Außenpolitik forderte der „Trumpismus", dass Amerika stark sein müsse, militärisch sogar sehr stark, aber diese Stärke lediglich zur Abschreckung möglicher Gegner und zur Verfolgung eigener nationaler Interessen eingesetzt werden dürfe und weniger zur Aufrechterhaltung bestimmter multilateraler Ordnungsvorstellungen in anderen Weltteilen, die keinen sofortigen und eindeutigen Mehrwert für die USA besäßen[4]. „Kern des Trump-Ansatzes", so Politikwissenschaftler Johannes Varwick, „war die Aufkündigung des jahrzehntelangen außenpolitischen Konsenses der USA, nach dem eine stabile, liberale internationale Ordnung

---

[1] Vier Jahre Trump – Was bleibt?, in: Neue Zürcher Zeitung v. 20.01.2021

[2] Zumindest eine andere Tonlage, in: Süddeutsche Zeitung v. 21.01.2021

[3] Peter Rudolf, US-Außenpolitik unter Präsident Trump, SWP-Aktuell 10, Berlin, März 2017, S. 2

[4] Martin Thunert, Von Trump zu Biden: Kehrtwende mit Fragezeichen, in: ifo-Schnelldienst 1/2012: Die USA unter Joe Biden: Kehrtwende oder „Amerca first light" ?, S. 22–25 (S. 24)

ein System sei, von dem insbesondere die USA selbst profitieren und das deshalb Engagement erfordere"[5].

Doch schon nach einem Jahr deutete sich an, dass sich die „Trump-Doktrin" in ziemlich traditionellen Bahnen bewegte, was auch in der Nationalen Sicherheitsstrategie vom Dezember 2017, gefolgt von der Nationalen Verteidigungsstrategie vom Januar 2018 sowie der Nuklearstrategie vom Februar 2018 zum Ausdruck kam. „Das eigentlich Überraschende an all diesen Dokumenten ist, dass sie eine ziemlich herkömmliche amerikanische Außen- und Sicherheitspolitik beschreiben, an die sich Deutschland und andere europäische Partner in den vergangenen Jahrzehnten gewöhnt hatten"[6]. Auch Patrick Porter, Professor für Internationale Sicherheit und Strategie an der Universität Birmingham, stellt heraus, dass im ersten Jahr der Amtszeit Donald Trumps (2017) dessen außenpolitische Entscheidungen überraschend traditionell erschienen und führt dies auf den maßgeblichen Einfluss der herkömmlichen außenpolitischen US-Machtelite zurück, die der Sicherheitsberater der Obama-Administration, Ben Rhodes, als „Blob" bezeichnet hatte und die durch den Wahlsieg Trumps aufgeschreckt wurde[7].

Nach einer Analyse des Instituts für Strategie und Sicherheitspolitik der Landesverteidigungsakademie Wien war Trumps Außenpolitik zusammenfassend zwar im Stil, nicht aber im Inhalt eine Abkehr vom außenpolitischen Konsens des US-amerikanischen Establishments[8], der in der Aufrechterhaltung einer globalen „liberalen Hegemonie" der USA liegt. „America First" stehe nur für einen Stilwechsel, während die US-Politik bezüglich ihrer Herausforderer substantiell die gleiche geblieben sei. „Real setzt Trump die aggressive Außenpolitik seiner Vorgänger fort, verdeckt diese jedoch nicht mehr in dem Ausmaß, wie dies vor allem demokratische US-Präsidenten zu tun pflegen. Der Grund veränderter Rhetorik und Stil hat zumindest zweierlei Ursachen: Einerseits sind aggressive Drohungen Teil von Trumps Verhandlungsstrategie mit internationalen Partnern und Gegnern. Andererseits dient sein Verhalten der Befriedigung und Bindung seiner Wähler. Die Zielsetzung der Aufrechterhaltung US-amerikanischer Hegemonie ist dabei jedoch prinzipiell unverändert"[9].

---

[5] Johannes Varwick, Das „America-will-be-back-Mantra": Berechtigt oder Rhetorik?, in: ifo-Schnelldienst 1/2012: Die USA unter Joe Biden: Kehrtwende oder „Amerca first light" ?, S. 32–34 (S. 33)

[6] Marco Overhaus, Die ziemlich traditionelle Trump-Doktrin, unter: https://www.swp-berlin.org/kurz-gesagt/2018/die-ziemlich-traditionelle-trump-doktrin/

[7] Patrick Porter, Why America's Grand Strategy has not changed, in: International Security, Vol. 42, Nr. 4, 2018, S. 9–46 (S. 40)

[8] Herwig Jedlaucnik (Hrg.), Zur Strategischen Lage. Jahresmitte 2019, Institut für Strategie und Sicherheitspolitik, Landesverteidigungsakademie Wien, Juni 2019, S. 8

[9] Ebda., S. 8

Gleichwohl muss das Phänomen Trump aber auch als Versuch der USA interpretiert werden, eine neue geopolitische Standortbestimmung in einer sich wandelnden, von Großmachtrivalitäten bestimmten Weltordnung, in der die USA realpolitisch lediglich ein Machtpol von mehreren sein werden, vorzunehmen. Vor diesem Hintergrund kann nicht ganz in Abrede gestellt werden, dass die Trump-Administration hier durchaus Akzente gesetzt hatte. So lag die transatlantische Allianz – im Sinne der Diktion des US-Geostrategen Nicholas J. Spykman die US-amerikanische Kontrolle der europäischen Gegenküste, die seit dem 2. Weltkrieg ein fundamentaler Eckpfeiler der US-Globalstrategie ist – nicht mehr vorrangig im Fokus der US-Globalstrategie[10]. Die in der Ära Trump deutlich zutage getretene Krise im transatlantischen Verhältnis muss insgesamt als Folge eines dauerhaft gewandelten sicherheitspolitischen Umfeldes der USA verstanden werden. „So hat Europa für die USA an strategischer Bedeutung eingebüßt, und die Bereitschaft zu einer Subventionierung der europäischen Sicherheit hat abgenommen – erst recht angesichts der wachsenden Bedrohung aus China"[11]. Insbesondere im Verhältnis zu China hatte Trump „die bedeutendste Weichenstellung in der Außenpolitik" vorgenommen; nach Einschätzung der *Neuen Zürcher Zeitung* erfolgten in dieser Zeit auch im Bereich der Nah- und Mittelostpolitik der USA „Weichenstellungen von bleibender Bedeutung"[12].

Wie ist also die *Grand Strategy* der Trump-Administration einzuordnen? Was sind ihre Wurzeln, ihre geopolitischen und sozialökonomischen Ausgangsbedingungen? Welche Entwicklungen hatte sie vollzogen und wie sollte sie sich auf die maßgeblichen geopolitischen Konfliktfelder auswirken? Erscheint die zu Beginn des Jahres 2017 abgegebene Einschätzung der US-amerikanischen Historikerin Anne Applebaum gerechtfertigt, wonach sich „die existierende Ordnung, wie wir sie nach dem Ende des Kalten Krieges gewohnt waren, (…) radikal transformieren" werde?

Mit dem Buch *Trumps Amerika – eine geopolitische Revolution? Tradition und Neuausrichtung der US-Außenpolitik in der beginnenden Ära Trump* soll der Versuch einer historisch-geopolitischen Einordnung der 45. US-Präsidentschaft vorgenommen werden.

Der Schwerpunkt der Arbeit umfasst die Analyse des Zeitraums vom Beginn der Präsidentschaft bis Oktober 2017. In dieser Zeit hatten sich nach Auffassung des Autors die Grundkonstanten der Außenpolitik der Trump-Administration herauskristallisiert, die sich dann in den Jahren 2018 – 2020 deutlich manifestieren sollten. Gewissermaßen hatte sich in der Folgezeit das bestätigt,

---

[10] Vier Jahre Trump – was bleibt ?, in: Neue Zürcher Zeitung v. 20.01.2021
[11] Ebda.
[12] Ebda.

was sich im Laufe des Jahres 2017 abzuzeichnen begann; in dieser Zeit wurden die Weichenstellungen der *Grand Strategy* der Trump-Administration vorgenommen. Klare Akzente hatte Trump schon zu Beginn seiner Amtszeit gegen China gesetzt, und hier begann sich die Eskalationsschraube sehr schnell zu drehen: „Zu nennen sind der handelspolitische Schlagabtausch mit schrittweise höheren Strafzöllen, Sanktionen gegen chinesische Technologiefirmen, aber auch die militärische Umorientierung auf eine Stärkung der amerikanischen Kriegsmarine im Pazifikraum"[13]. Auch zeichnete sich im Jahr 2017 ab, dass die proklamierte amerikanisch-russische Annäherung rasch einer diplomatischen Eiszeit zwischen den USA und Russland wich. In den bereits erwähnten Strategiedokumenten von Ende 2017/Anfang 2018 wurden die „revisionistischen Mächte" China und Russland als strategische Rivalen der USA bezeichnet. Die Kündigung des Vertrages über das Verbot von Mittelstreckenraketen (INF-Vertrag) sowie des „Open-Skies"-Vertrages, das Scheitern der Verhandlungen um den „New-Start"-Vertrag, die Stärkung der NATO-Ostflanke sowie erweiterte US-Militärhilfen an die Ukraine erwiesen sich insoweit als nur konsequent. Die von der Trump-Administration 2017 in die Diskussion gebrachte Idee einer „arabischen NATO" zwischen den sunnitischen Golfstaaten und Israel, die Eindämmung des Iran und die Unterstützung Israels fanden ihre spätere Ausprägung in der Aufkündigung des Atomabkommens im Mai 2018 und der Strategie des „maximalen Drucks" gegen Teheran sowie in der Vermittlerrolle Washingtons bei der Normalisierung der Beziehungen Israels zu Bahrain und den Vereinigten Arabischen Emiraten im Spätsommer 2020 im Rahmen der „Abraham Accords", der eine ostentativ gegen Iran gerichtete Funktion zugrunde liegt. Auch Trumps Konfrontationskurs gegen die EU und seine Drohung mit dem Austritt der USA aus der NATO zeigten lediglich, dass Europa für die USA an strategischer Bedeutung eingebüßt und die Bereitschaft Washingtons zu einer Subventionierung der europäischen Sicherheit angesichts der Herausforderung durch China abgenommen hat. Die Forderung des französischen Staatspräsidenten Macron nach einer „Europa-Armee" sowie der Aachener Vertrag vom Januar 2019, der die Vertiefung der sicherheitspolitischen Zusammenarbeit zwischen Frankreich und Deutschland zum Gegenstand hat, sind insoweit Indizien für eine strategische Autonomisierung Europas. Zusammenfassend lässt sich somit eine kohärente *Grand Strategy* der Trump-Administration feststellen, die im Jahr 2017 ihre Ausgestaltung erhielt.

Am Beispiel der Russlandpolitik zeigte sich, dass die neue Administration bereits von Anfang an unter dem Druck des (ideologisch im Neokonservatismus wurzelnden) außenpolitischen Establishments und des „tiefen Staates" – dem

---

[13] Vier Jahre Trump – was bleibt ?, in: Neue Zürcher Zeitung v. 20.01.2021

Netzwerk neokonservativer Denkfabriken, dem Geheimdienst- und Militär-
apparat – stand. Dieser sorgte letztlich dafür, dass eine Abkehr vom außenpolitischen Konsens der etablierten Machtelite kaum realisierbar war. Dieses
Netzwerk – welches eine offensive, interventionistische US-Außenpolitik vertritt – setzte im US-Wahlkampf auf Hillary Clinton und war schließlich vom
überraschenden Wahlsieg Trumps „kalt erwischt" worden, dessen isolationis-
tische Bestrebungen dem herkömmlichen Konsens der US-Machtelite völlig
zuwiderliefen. Die Reaktion des Establishments – das wird im Einzelnen dargelegt – bestand darin, Trump als einen „Manchurian Candidate" Moskaus,
als eine erpressbare Marionette des Kreml, in Misskredit zu bringen. Der Autor entlarvt dabei die gegen Russland ins Feld geführte Behauptung, es habe
sich in den US-Wahlkampf eingemischt, als eine nicht solide nachgewiesene
Kampagne, was auch argumentativ untermauert wird. Es wird deutlich gemacht, dass der Wandel in der Russlandpolitik hauptsächlich vor dem Druck
interpretiert werden muss, der seitens der neokonservativen Machtelite auf
Trump ausgeübt wurde. Hierbei ist der Autor bei seinen Recherchen auf Stra-
tegiedokumente neokonservativer Denkfabriken gestoßen, die er auch im
Einzelnen zitiert. Veranschaulicht wird dieser Machtkampf am Beispiel des
Nationalen Sicherheitsberaters Michael T. Flynn und seiner Ersetzung durch
den dem Establishment zuzurechnenden Generalleutnant H.R. McMaster –
ein Schachzug, der dazu dienen sollte, Trump außenpolitisch „auf Linie" der
Neokonservativen zu bringen. Der Autor hebt dabei verschiedentlich hervor,
dass die mitunter stattfindende Anknüpfung Trumps an Elemente der Außenpolitik der „Neocons" immer auch als Folge dieses Machtkampfes gesehen werden muss.

Retroperspektiv wurde deutlich, dass wie in den „Großen Strategien" der vorangegangenen Präsidentschaften auch die „Trump-Doktrin" den Kontinen-
talraum Eurasien im Fokus hatte. Der portugiesische Analyst Bruno Macaes
sprach insoweit von einem „Pivot to Eurasia", von der die Außen- und Geopolitik der Trump-Administration bestimmt gewesen sei[14]. Es ging darum,
das Aufkommen einer Hegemonialmacht in Eurasien zu verhindern und
stattdessen hier ein kontinentales Gleichgewicht der Mächte zu etablieren –
im Sinne einer Strategie der „doppelten Eindämmung" sowohl Russlands als
auch Chinas. Die Umwerbung Russlands als Partner der USA – die Trump
noch im Wahlkampf verkündete – war allein dem Ziel der Eindämmung des
Reiches der Mitte, das Trump und sein Beraterstab als eigentlichen Herausforderer der USA ansahen, sowie der Bekämpfung des „Islamischen Staates" geschuldet und wich ziemlich schnell einer antirussischen Konzeption,

---

[14] Bruno Macaes, Trump's „Pivot to Eurasia", unter:
　https://www.the-american-interest.com/2018/08/21/trumps-pivot-to-eurasia/

die sich auch in der Vorgehensweise der Trump-Administration in den Konfliktfeldern Syrien, Iran und auch Afghanistan sowie in der Aufkündigung der Rüstungskontrollmechanismen niedergeschlagen hatte. Das im Juli 2017 verabschiedete US-Sanktionsgesetz gegen Moskau, das im Kern eine wirtschaftliche Kriegserklärung der USA gegen die energiegeopolitische Zusammenarbeit zwischen Russland und Deutschland darstellt, lag ebenso in der logischen Kontinuität dieses geopolitischen Ansatzes wie der gegen China entfesselte Technologiekrieg. Basierend auf dem Prinzip „Peace through Strength" verfolgte Trump das Prinzip der globalen militärischen Überlegenheit der USA, und vor diesem Hintergrund hielt auch er an der NATO fest, die unter der neuen Präsidentschaft gleichfalls ein wichtiges Instrumentarium Washingtons zur strategischen Kontrolle der eurasischen Gegenküste bleiben sollte. Insoweit lässt sich die Schlussfolgerung ziehen, dass die seinerzeitige Erklärung Trumps, die NATO sei „obsolet", sich zunächst lediglich auf die verteidigungspolitische Ausrichtung bezogen hatte, jedoch nicht auf das Bündnis selbst. Der Grundsatz, wonach die USA über einen Zeitraum von zumindest 100 Jahren konsequent das Ziel verfolgten, die Vorherrschaft eines einzelnen Landes oder einer Staatenallianz im eurasischen Raum zu verhindern, behielt damit auch unter der 45. Präsidentschaft seine Gültigkeit.

Der Autor kommt zu dem Ergebnis, dass die „Trump-Doktrin" des „America first" – deren Bausteine Wirtschaftsnationalismus, Bekämpfung des islamistischen Terrorismus, bilaterale Bündnisse nach dem „Offshore Balancing"-Prinzip, amerikanische Sicherheitszusagen nur gegen Gegenleistung, „extreme militärische Stärke" der USA sowie die Verhinderung einer Integration des eurasischen Raumes im Einzelnen untersucht werden – letztlich der Entwicklung einer multipolaren Weltordnung, in der die USA nur noch ein Pol unter mehreren sein werden, Rechnung getragen hat. Eine solche Entwicklung wurde bereits 2008 in einer Gemeinschaftsstudie US-amerikanischer Geheimdienste mit dem Titel „Global Trends 2025. A Transformed World" prognostiziert. Der Autor geht davon aus, dass die Konsequenz der „Trump-Doktrin" in Verbindung mit den geopolitischen Umwälzungsprozessen und den wirtschaftlichen Bruchlinien (die das globale Freihandelsregime offenbart) langfristig in der Etablierung eines neuen Systems sogenannter „Großraumwirtschaften" liegt. Diese Überlegungen bleiben nach wie vor aktuell, da auch die Biden-Administration Elemente der „Trump-Doktrin" übernommen hat. „Die kapitalistische Weltwirtschaft droht, in konkurrierende und voneinander abgekapselte Wirtschaftsräume zu zerfallen", so der Analyst Tomasz Konicz. Die geopolitische Folge ist letztlich die Errichtung eines multipolaren Kräftesystems, das durch die Abgrenzung von Interessensphären sowie durch regional begrenzte Bündnissysteme bestimmt sein dürfte. Diese Entwicklung wiederum gäbe Anstoß für eine verstärkte wirtschaftliche und strategische Integration Eurasiens: „Trumps Außenpolitik scheint einfach dazu zu führen, dass die geopolitischen Gegenkräfte der USA zusammengeschweißt werden – und sich auf globaler Ebene ein eurasisches Bündnissystem abzeichnet (Europa, China, Indien, Russland), das mittelfristig zur Isolation der USA führen könnte".

Ob die Militärintervention Russlands in der Ukraine am 24. Februar 2022 die eurasische Partnerschaft und damit den Prozess der Neugliederung der Welt in ein System von Einflusssphären beschleunigen wird, bleibt abzuwarten. Noch am 4. Februar 2022 hatten Russland und China die Vertiefung der „Greater Eurasian Partnership" beschlossen. Im Zuge des russischen Einmarsches erklärte die chinesische Staatsführung jedoch, dass die Krise in der Ukraine etwas sei, „was wir nicht sehen wollen", da für Pekings transeurasisches Infrastrukturprogramm die Kooperation sowohl mit Moskau als auch mit Kiew von entscheidender Bedeutung ist. Es muss jedoch davon ausgegangen werden, dass die Zusammenarbeit Pekings mit Moskau weiter aufrechterhalten bleibt, was letztlich dem Verhalten der USA geschuldet ist. Mit dem Sicherheitspakt AUKUS, den Washington im September 2021 mit Australien und Großbritannien abgeschlossen hatte, machte US-Präsident Biden deutlich, dass er die Asienpolitik seiner Vorgänger Trump und Obama in Richtung Eindämmung Chinas fortzusetzen gedenkt. Der Einkreisungsdruck vom Pazifik her zwingt China letztlich dazu, seine kontinentale Integrationspolitik zu vertiefen.

Einleitung

Am 20. Januar 2017 trat der Immobilienmilliardär Donald J. Trump das Amt des 45. Präsidenten der Vereinigten Staaten von Amerika an, und mit diesem Ereignis verband sich die Fragestellung nach der künftigen Gestaltung der US-Außenpolitik und der (Neu-)Definition der Rolle der USA in der internationalen Politik. Folgte man den offiziellen Verlautbarungen des gewählten US-Präsidenten selbst, so sollte mit der 45. US-Präsidentschaft ein geopolitischer Epochenwandel einhergehen. Schon wenige Tage vor seiner Amtseinführung hatte Trump deutlich gemacht, „dass sich die Welt mit ihm auf neue Zeiten einstellen muss. Vor allem das transatlantische Verhältnis, seit Ende des Zweiten Weltkriegs Basis der Weltordnung, dürfte Erschütterungen erfahren, wenn Trump Ernst macht. Viele seiner Aussagen deuten darauf hin, dass die USA sich stärker abschotten werden und seine Regierung isolationistischer auftreten will"[15]. Mitunter wurde bereits von einer Infragestellung der Nachkriegsordnung seitens der USA unter Trump gesprochen[16]. Trump, so ein Kommentar der *Frankfurter Allgemeinen Zeitung*, habe signalisiert, dass für ihn alles in Frage stehe, woran sich Amerika bisher über Präsidentschaften unterschiedlichster Art hinweg gebunden gefühlt habe, von politischen Leitbildern über Verträge bis hin zu ganzen Bündnissen[17]. „Die existierende Ordnung, wie wir sie nach dem Ende des Kalten Krieges gewohnt waren, wird sich radikal transformieren", so die Historikerin Anne Applebaum. „Die Institutionen, die Frieden brachten und Freihandel ermöglichten, werden schwächer – die NATO, die EU, die Handelszone zwischen den USA, Mexiko und Kanada. Das Verhältnis zwischen den USA und den anderen Staaten wird sich rasant verändern"[18].

Mit dem Wahlsieg Trumps im November 2016 schien zunächst alles für eine komplette Neuausrichtung der *Grand Strategy* zu sprechen, die mit sämtlichen Traditionen der US-Außen- und Geopolitik brechen sollte. „Rückwirkend war die *Grand Strategy* der USA zwischen 1992 und 2016 auffallend konsistent", so Jack Thompson, Senior Researcher am Center for Security Studies (CSS) der ETH Zürich[19]. Alle Präsidenten von Clinton bis Obama hätten einen „robusten Internationalismus" mit den Kernzielen militärische Vorherrschaft,

---

[15] Trump stellt Nachkriegsordnung infrage, in: Süddeutsche Zeitung v. 17.01.2017

[16] Ebda.

[17] Berthold Kohler, Der Schwur vor dem Eid, in: Frankfurter Allgemeine Zeitung v. 17.01.2017

[18] „Wir sollten uns Sorgen machen". Die Historikerin Anne Applebaum spricht über die Welt mit einem Präsidenten Donald Trump, über Putin und die neue Kriegsgefahr, in: Der Spiegel 4/2017, S. 22–24 (S. 22)

[19] Jack Thompson, Die Regierung Trump und die Grand Strategy der USA, CSS Analysen zur

Abbau von Handelsschranken, globaler Freihandel und globale Verbreitung der Demokratie vertreten. Trump, so schien es, sollte mit diesem Konsens der Nachkriegszeit brechen: Anstelle des Internationalismus sollte ein populistischer (Wirtschafts-)Nationalismus treten, die Idee einer „globalen Gemeinschaft" sollte durch eine Realpolitik in globalen Angelegenheiten ersetzt werden, deren Handlungsträger miteinander konkurrierende souveräne Nationalstaaten sind. Handelsabkommen und Militärbündnisse wurden in Frage gestellt und sollten auf ihren Nutzen für die USA überprüft werden.

Auch vom traditionellen US-Establishment wurden die Ankündigungen Trumps im Hinblick auf das bisherige Selbstverständnis der USA als globaler Führungs- und Ordnungsmacht als revolutionärer Traditionsbruch begriffen: Trumps Kommentare seien „ein direkter Angriff auf die liberale Ordnung, die wir seit 1945 errichtet haben, und eine Zurückweisung der Idee, dass die USA den Westen führen sollten", so der ehemalige US-Botschafter bei der NATO R. Nicholas Burns[20]. Insbesondere die Infragestellung der NATO und der Rolle der USA als Führungs- und Gestaltungsmacht des transatlantischen Bündnisses durch Trump in einem Interview mit der deutschen Boulevardzeitung *Bild* am 16. Januar 2016 sei – so Burns – „ein fundamentaler Bruch mit 70 Jahren amerikanischer Politik und strategischen Denkens, das von Republikanern von Eisenhower bis jetzt unterstützt wurde"[21]. Sehr viel schien daher zu jener Zeit für einen außenpolitischen Wandel in den USA zu sprechen, und zwar in eine Richtung, wie sie Henry Kissinger einmal formuliert hatte: Eine unilaterale Welt könne es nicht geben; vielmehr stünden die USA in der Situation, eine Außenpolitik machen zu müssen, „wie sie die europäischen Nationen schon jahrhundertelang führen mussten", nämlich eine interessengeleitete Realpolitik unter der Voraussetzung einer „Balance of Power" – und somit keine Imperialpolitik[22]. Kissingers Idee einer „realistischen" Außenpolitik bzw. einer interessengeleiteten Realpolitik hatte nunmehr mit dem Wahlsieg Donald Trumps Eingang in die außenpolitische Debatte der USA gefunden[23], und die geopolitischen Signale, die von der 45. Präsidentschaft ausgingen, schienen die These der US-Historikerin Mary Nolan zu bestätigen, derzufolge der Beginn des 21. Jahrhunderts das Ende des bisherigen transatlantischen Jahrhunderts eingeleitet hatte.

Sicherheitspolitik, Nr. 212, September 2017, unter:
https://css.ethz.ch/content/dam/ethz/special-interest/gess/cis/center-for-securities-studies/pdfs/CSSAnalyse212-DE.pdf

[20] For World, Trump's true aims are unknown, in: New York Times v. 18.01.2017

[21] Ebda.

[22] Erhard Crome, Faktencheck: Trump und die Deutschen, Verlag Das Neue Berlin, Berlin 2017, S. 34

[23] Ebda., S. 48

Darüber hinaus unterstrich der Wahlsieg Trumps, dass das „unipolare Moment"[24] – die Zeit der absoluten globalen Vorherrschaft der USA – vorbei ist und an dessen Stelle ein Modell tritt, das der ehemalige Präsident des „Council on Foreign Relations", Richard N. Haass, als „Non-Polarität" bezeichnet hatte. „Non-Polarität wird das Hauptmerkmal des 21. Jahrhunderts sein: Die Welt wird von Dutzenden Akteuren geprägt, die jeweils über unterschiedlich große militärische, wirtschaftliche, diplomatische und kulturelle Macht verfügen"[25] – eine Entwicklung, die laut Haass den „Beginn einer Post-Atlantik-Ära der internationalen Beziehungen" eingeleitet hat. Als Konsequenz dieser post-transatlantischen geopolitischen Entwicklung fordert Haass, dass sich Amerika nunmehr einer „Doktrin der Restauration" unterwerfen müsse mit dem Ziel der Wiederherstellung seiner wirtschaftlichen, politischen und kulturellen Ressourcen. „Es gilt, die Ressourcen, die wir auf Kosten der Bewältigung innenpolitischer Probleme im Augenblick für unsere Außen- und Sicherheitspolitik aufwenden, wieder besser auszubalancieren: Wir müssen uns wieder in eine Position der Stärke bringen, um potenzielle strategische Herausforderer abzuwehren oder um wenigstens besser auf sie vorbereitet zu sein, wenn sie nicht abzuwehren sind"[26]. Erforderlich sei es, „die wirtschaftlichen Grundlagen (zu) schaffen", um „amerikanische Macht auf Jahrzehnte hinaus zu stärken". Außen- und militärpolitisch, so Haass, müssten die USA auf die Führung von „wars of choice" (also Kriegen, die das Interesse der USA nicht unmittelbar betreffen) verzichten und sich lediglich auf „wars of necessity" (Kriege zur Abwendung unmittelbarer Bedrohungen für die USA) beschränken. Nicht wenige Indizien lassen die Schlussfolgerung zu, dass die Programmatik Trumps in diesen Überlegungen ihre Wurzeln fand.

In dieser Studie soll nunmehr die Fragestellung untersucht werden, inwieweit die *Grand Strategy* der US-Präsidentschaft Trumps tatsächlich eine geopolitische Revolution dargestellt hat, auf welche Traditionen die außenpolitische Programmatik Trumps zurückgriff, ob mit ihr eine wirkliche Neuausrichtung der US-Außenpolitik verbunden war und welche Auswirkungen sie auf entscheidende geopolitische Konfliktfelder gehabt hat.

---

[24] Charles Krauthammer, The Unipolar Moment, in: Foreign Affairs 70 (1190/1991), Nr. 1, S. 23-33

[25] Richard N. Haass, Die Doktrin der Restauration. Wie Amerika seine Führungsmacht im 21. Jahrhundert sichern kann, unter:
https://zeitschrift-ip.dgap.org/de/ip-die-zeitschrift/archiv/jahrgang-2012/januar-februar/die-doktrin-der-restauration

[26] Ebda.

I. Der Wahlsieg Donald Trumps als Folge der Auswirkungen der Globalisierung und der „imperialen Überdehnung" der USA

Donald Trump selbst hatte die Zielsetzungen seiner Politik mit der Formel „America first !" umschrieben. In seiner Rede zur Amtseinführung am 20. Januar 2017 stellte er klar heraus, dass „von diesem Tag an gilt: Amerika zuerst, Amerika zurerst". Deutlich hob er hervor, dass die Aufgabe einer Nation darin bestünde, ihren Bürgern zu dienen. Es sei das Recht aller Nationen, ihre eigenen Interessen zuerst zu verfolgen[27]. Trumps Ankündigungen zufolge sollte sich die internationale Politik mehr oder weniger darauf gefasst machen müssen, dass die USA ihre eigene Außenpolitik weit stärker danach ausrichten würden, was den eigenen Interessen dient und mit wem sich vorteilhafte Vereinbarungen schließen lassen[28]. Einigen Beobachtern wie z. B. dem Außenpolitik-Experten Josef Braml zufolge ging dies auch mit einem weiteren geopolitischen Interessenverlust Washingtons an Europa einher: „Amerika wird unter Trump wohl noch weniger an Europa interessiert sein. Trump hat im Wahlkampf in seiner außenpolitischen Grundsatzrede sogar die Nato infrage gestellt"[29]. Wenn die Europäer weiterhin militärischen Schutz genießen wollten – so Trump – so sollte dies nur über eine Erhöhung ihrer eigenen Militärausgaben verhandelbar sein. Insgesamt ließ sich Trumps Programmatik auf drei wesentliche Kernaussagen fixieren: 1) Die USA engagierten sich zu stark als Weltpolizei, würden dabei jedoch den Schutz ihrer eigenen Grenzen und Bürger vernachlässigen, 2) Die USA litten unter bestehenden internationalen Handelsabkommen und Handelsorganisationen wie WTO, NAFTA oder TPP, die im Wesentlichen zum Ruin des amerikanischen Mittelstandes und der US-Arbeitnehmerschaft geführt hätten (so soll beispielsweise das Nordamerikanische Freihandelsabkommen NAFTA zwischen den USA, Kanada und Mexiko in den USA knapp 700.000 Arbeitsplätze gekostet haben[30], und seit der Aufnahme Chinas in die Welthandelsorganisation WTO im Jahr 2001 sind 2

---

[27] „Von diesem Tag an gilt: Amerika zuerst", in: Frankfurter Allgemeine Zeitung v. 21.01.2017

[28] Daniela Schwarzer, Neue Deals für den Alten Kontinent, in: Internationale Politik, Ausgabe Januar/Februar 2017, S. 8–13 (S. 8)

[29] „USA haben wenig Interesse an Europa", Interview mit Josef Braml, unter: http://www.vdi-nachrichten.com/Gesellschaft/USA-wenig-Interesse-an-Europa

[30] Vgl. hierzu Robert E. Scott, Heading South. U.S. Mexico trade and job displacement after NAFTA, unter:
http://www.epi.org/publication/heading_south_u-s-mexico_trade_and_job_displacement_after_nafta1/

Millionen Industriejobs verlorengegangen[31]), 3) die USA würden von unbegrenzter Einwanderung bedroht.

Nicht zuletzt auch vor dem sich abzeichnenden Verlust der unipolaren Hegemonialposition der USA durch die aufstrebenden Gegenmächte China und Russland, die in entsprechenden Integrationsformen wie der Shanghaier Organisation für Zusammenarbeit (SOZ) oder der BRICS alternative sicherheits- und wirtschaftspolitische Bündnisse geschaffen haben, zeigte der „nationalrevolutionäre" Wahlerfolg Donald Trumps, dass die USA den Preis für ihre bisherigen hegemonialen Strategien nicht mehr zu zahlen bereit waren: weder die Jobverluste, noch die Immigration aus dem Süden, noch die Machtverlagerungen zuungunsten der USA[32].

1. Der ökonomische Niedergang der USA als „Blowback-Effekt" der imperialen Hybris

Insoweit muss der Wahlsieg Donald Trumps auch als Folge der Erkenntnis interpretiert werden, dass das bisherige Bestreben der USA, eine unipolare weltweite Hegemonialposition auch militärisch auszubauen bzw. abzusichern, letztlich für diese selbst ein gigantisches Verlustgeschäft war, das schließlich zum Ruin der eigenen Ressourcen und ökonomischen Substanz geführt hat. Der französische Politikwissenschaftler *Emmanuel Todd* wies schon vor über zehn Jahren in seinem Essay *Weltmacht USA. Ein Nachruf* auf den Zusammenhang zwischen dem Aufstieg der USA zu einem globalen informellen Imperium, der wirtschaftlichen Globalisierung (die im Kern ein amerikanisches Hegemonialkonzept ist[33]) und dem damit verbundenen wirtschaftlichen Niedergang Amerikas – der sich in einem wachsenden Außenhandelsdefizit und rückläufiger industrieller Produktivität niedergeschlagen hat – hin. Man könne nicht ignorieren, so Todd, „daß die Herausbildung einer globalisierten

---

[31] Vgl. hierzu Robert E. Scott, Hearing about U.S. China Economic Challenges. The Impact of U.S.-China-trade, unter: http://www.epi.org/publication/hearing-us-china-economic-challenges-trade/

[32] Gabriela Simon, Donald Trump und eine Neue Weltordnung, unter: https://www.heise.de/tp/features/Donald-Trump-und-eine-neue-Weltordnung-3592602.html

[33] Beispielhaft hierfür die Aussage von Thomas Friedman, ehemals Sonderberater der seinerzeitigen US-Außenministerin Madeleine Albright: „Wenn die Globalisierung funktionieren soll, darf sich Amerika nicht davor fürchten, als die unüberwindliche Supermacht zu handeln, die es in Wirklichkeit ist. (…) Die unsichtbare Hand des Markts wird ohne sichtbare Faust nicht funktionieren. McDonald's kann nicht expandieren ohne Mc Donnel Douglas, den Hersteller der F-15. Und die sichtbare Faust, die die globale Sicherheit der Technologie des Silicon Valley verbürgt, heißt US-Armee, US-Luftwaffe, US-Kriegsmarine und US-Marinekorps" (zit. aus: Jean Ziegler, Die neuen Herrscher der Welt und ihre globalen Widersacher, Goldmann, München 2005, S. 36)

Weltwirtschaft das Ergebnis eines politisch-militärischen Prozesses ist"[34] (nämlich des Aufstiegs der USA zur Weltmacht nach dem 2. Weltkrieg). Nach dem Ende des Zweiten Weltkrieges organisierten die USA ihre Einflusssphäre als ein globales System, in dem sie Schritt für Schritt im Bereich Handel und Finanzen Spielregeln durchsetzten, die das Ziel hatten, den geopolitischen Raum, den Washington politisch und militärisch beherrschte, zusammenzuschweißen und an sich zu binden[35]. Die Dominanz der von den USA bestimmten liberalen ökonomischen Prinzipien in dem politisch und militärisch von ihnen kontrollierten Teil der Erde habe, so Todd, schließlich die ganze Welt verändert – „und diesen Prozess bezeichnen wir als Globalisierung. Sie hat im Laufe der Zeit auch die innere Struktur der dominierenden Nation tiefgreifend verändert, ihre Wirtschaftskraft geschwächt und ihre Gesellschaft deformiert"[36]. Im Interesse des Ziels der militärisch-politischen Kontrolle und Integration ihres geopolitischen Einflussraumes öffneten die USA schließlich ihren Markt für europäische und vor allem japanische Produkte „und opferten weite Bereiche ihrer industriellen Produktion"[37]. Daraus ergab sich ein rasanter Anstieg des Defizits sowohl in der Produktion und im Handel mit Industrieerzeugnissen als auch im Außenhandel, und das Außenhandelsdefizit hat sich über die Sphäre der ursprünglichen politischen Dominanz hinaus auch auf den Handel mit der gesamten Welt ausgedehnt[38]. Dieser Prozess hat Todd zufolge nicht nur die Verwandlung der USA in eine vom Ausland abhängige parasitäre, hauptsächlich auf Konsum und Finanzspekulation basierende Ökonomie zur Folge gehabt, sondern auch – Emmanuel Todd zieht hier eine Parallele zum Imperium Romanum – zu einer Transformation der Gesellschaft geführt, die von einem Verschwinden der Mittelsicht, einer immer reicher werdenden Oberschicht und einer Arbeitnehmerschaft, deren Einkommensverhältnisse stagnieren bzw. gar rückläufig sind, geprägt ist. Todd spricht hier von einer „imperialen Deformation" der amerikanischen Gesellschaft[39]. „Die 'imperiale' Entwicklung der Ökonomie, die an die Verhältnisse in Rom zur Zeit der römischen Herrschaft über den Mittelmeerraum erinnert, hat die einzelnen Bereiche der amerikanischen Gesellschaft und Wirtschaft in unterschiedlicher Weise verändert. Die Industrie und die bislang der Mittelschicht zugerechnete Arbeiterschaft wurden mit voller Wucht davon getroffen", so Todd[40]. „Ihre teilweise Auflösung erinnert daran, wie es der Schicht der Bauern und Handwerker in Rom erging: Sie wurde durch den

<hr>

[34] Emmanuel Todd, Weltmacht USA. Ein Nachruf, Piper, München 2003, S. 87

[35] Ebda., S. 93

[36] Ebda., S. 30

[37] Ebda., S. 94

[38] Ebda., S. 94

[39] Ebda., S. 95

[40] Ebda., S. 99

Zustrom von landwirtschaftlichen Produkten und Waren aller Art aus Sizilien, Ägypten und Griechenland weitgehend zerstört. Mit Blick auf die Situation der amerikanischen Arbeiter in der Zeit von 1970 bis 1990 können wir von Verelendung sprechen, von relativer und manchmal auch von absoluter"[41]. Kurz gesagt: Die USA haben der Durchsetzung ihres imperialen Weltführungsanspruchs – dem Aufbau eines globalen informellen Imperiums - ihre Industrie, ihren Mittelstand und ihre Arbeiterschaft geopfert.

Dieser Prozess der vom Historiker Paul Kennedy so bezeichneten „imperialen Überdehnung" in Verbindung mit den soeben beschriebenen wirtschaftlichen und sozialen Verwerfungen hatte sich in der Folgezeit fortgesetzt und zu einer katastrophalen Zahlungsbilanz der USA geführt. So haben die Wirtschaftsfachleute Joseph Stieglitz und Linda Bilmes errechnet, dass der Irak-Krieg der Bush-Administration den USA drei Billionen Dollar gekostet hat[42]; einer Rechnung der britischen Finanzzeitung *Financial Times* zufolge erreichten die Kosten der USA für den ISAF-Einsatz in Afghanistan fast eine Billion Dollar, mehrere hundert Milliarden Dollar an Kosten kämen noch hinzu. 80 Prozent der Kosten seien während der Präsidentschaft von Barack Obama angefallen[43]. Nach einer Analyse des Pentagons hat die US-Militäroperation „Inherent Resolve" im Irak und in Syrien gegen den „Islamischen Staat" – dessen Aufstieg die US-Politik im Nahen und Mittleren Osten zu einem großen Teil mitzuverantworten hat – seit August 2014 insgesamt 2,74 Milliarden Dollar gekostet. Das entspricht täglichen Ausgaben in Höhe von 9,1 Millionen Dollar[44]. Neben dieser finanziellen Katastrophe haben die US-Interventionen der vergangenen zehn Jahre für Washington zusätzlich ein geopolitisches Desaster hinterlassen: Die Militärintervention im Irak und der versuchte Regimewechsel in Syrien haben zum Staatszerfall und zu einer geopolitischen Anarchie im Nahen und Mittleren Osten geführt, während der bewaffnete Regimesturz in Libyen nicht nur den Maghreb gefährdet, sondern auch die Sahelzone in Brand gesetzt und dort zusätzliche Krisenherde wie in Mali geschaffen hat. In Eurasien führte die offensiv vorangetragene US-Containment-Politik gegen Moskau und Peking zur verstärkten militärischen und

---

[41] Ebda., S. 99

[42] Die Kosten des Irak-Krieges werden verschleiert, unter:
http://www.faz.net/aktuell/wirtschaft/drei-billionen-dollar-die-kosten-des-irak-krieges-werden-verschleiert-1511069.html

[43] Afghanistan kostet Amerika eine Billion, unter:
http://www.faz.net/aktuell/wirtschaft/wirtschaftspolitik/isaf-einsatz-in-afghanistan-kostet-amerika-1-billion-dollar-13321849.html

[44] Krieg gegen IS kostet USA neun Millionen Dollar pro Tag, unter:
http://www.spiegel.de/politik/ausland/islamischer-staat-krieg-kostet-die-usa-neun-millionen-dollar-pro-tag-a-1038430.html

24

wirtschaftlichen Zusammenarbeit beider Mächte und zur Entstehung alternativer Mächtekooperationen, die die Machtposition der USA ernsthaft herausfordern. Finanziell sind die USA dabei in die Abhängigkeit ihres geopolitischen Konkurrenten China geraten: Die Chinesen haben „Exportüberschüsse jahrelang in US-Anleihen gesteckt. Sie besitzen amerikanische Staatsanleihen im Wert von mehr als einer Billion Dollar. Damit ist China weltweit größter Gläubiger der USA, abgesehen von der US-Notenbank"[45]. Aufgrund dessen „besitzt China eine kaum zu unterschätzende Machtposition gegenüber den USA. Die größte Volkswirtschaft der Welt lebt auf Pump, und davon, dass andere Nationen ihren Wohlstand finanzieren. Anders ausgedrückt: Die Amerikaner sind davon abhängig, dass sie weiterhin Kredit von China bekommen. Der Ökonom Barry Eichengreen von der Berkeley University hat ausgerechnet, dass die USA dank ihrer Leitwährung ein jährliches Leistungsbilanzdefizit von etwa 500 Milliarden Dollar anhäufen konnten"[46]. Auf diese Weise finanziert die chinesische Zentralbank den durch die US-Leistungsbilanzdefizite wachsenden Kapitalbedarf der USA, indem sie in großem Umfang US-Staatsanleihen aufgekauft hatte [47] Diese „imperiale Überdehnung" der USA hat letztlich zu einem katastrophalen „Blowback-Effekt" auf die eigene Volkswirtschaft und Infrastruktur geführt: Die Gelder, die für die Aufrechterhaltung des weltweiten Führungsanspruchs der USA aufgewendet wurden, fehlten schließlich der heimischen Wirtschaft. „Für die eigenen maroden Straßen, wackelnden Brücken und leckenden Wasserleitungen in Amerika fehlen Hunderte Milliarden", so das *Handelsblatt*. „Die Vereinigung der Ingenieure in den USA, die ASCE, schätzt den aufgelaufenen Wartungs- und Investitionsstau bis 2020 auf 3,6 Billionen Dollar. Sie gibt alle vier Jahre eine

---

[45] China hat die USA in der Hand, unter:
http://www.handelsblatt.com/finanzen/maerkte/devisen-rohstoffe/neue-weltordnung-china-hat-die-usa-in-der-hand/7202126-2.html. Der Wirtschaftsexperte Johann Welsch beschreibt das Vorgehen Chinas wie folgt: „China ist es mit seiner Währungspolitik gelungen, seine Exporte in die USA drastisch zu steigern, während US-amerikanische Unternehmen nicht im gleichen Maße erfolgreich waren. Unausweichliches Ergebnis dieser Entwicklung ist, dass China seit einigen Jahren seine Währungsreserven in schwindelnde Höhe schraubt: Im Zeitraum von 1999 bis 2009 sind die globalen Devisenreserven (als Teil der gesamten Währungsreserven) von rund 2 auf fast 8 Billionen US-\$ angewachsen. Rund 50% dieses Zuwachses entfällt auf die asiatischen Schwellenländer, wobei die chinesische Zentralbank inzwischen einen Anteil von 30% aller Reserven akkumuliert hat. Mittels dieser Devisenreserven finanziert die chinesische Zentralbank den durch die US-Leistungsbilanzdefizite wachsenden Kapitalbedarf der USA, sie kauft in großem Umfang US-Staatsanleihen" (Johann Welsch, Die ökonomischen Defizite der USA als weltwirtschaftliches Phänomen, unter: http://archiv.wirtschaftsdienst.eu/jahr/2010/11/die-oekonomischen-defizite-der-usa-als-weltwirtschaftliches-problem/)
[46] Ebda.
[47] Johann Welsch, Die ökonomischen Defizite der USA als weltwirtschaftliches Phänomen, unter: http://archiv.wirtschaftsdienst.eu/jahr/2010/11/die-oekonomischen-defizite-der-usa-als-weltwirtschaftliches-problem

detaillierte Generalübersicht über die 16 großen Infrastrukturbereiche der USA heraus. Es gibt Noten nach dem Schulsystem in den USA von A (eins) bis F (sechs). Die Lebensadern, die die USA am Laufen halten, kommen gerade mal auf ein 'D+'. Für jedes Schulkind wäre das eine Katastrophe"[48]. Die weltgrößte Volkswirtschaft findet sich im Infrastruktur-Ranking des World Economic Forum nur auf Platz 16 – hinter Euroländern wie Portugal und Spanien, die in den letzten Jahren massiv sparen mussten[49]. Die Ausgaben für die öffentliche Infrastruktur befinden sich auf einem sensationellen Tiefstand von 1,5 Prozent des Bruttoinlandsprodukts[50].

2. Mittelschicht und Arbeiterschaft als Opfer den von Washington durchgesetzten Globalisierung

Die internationale Handelsliberalisierung – die Durchsetzung eines globalen Freihandelsregimes ist Kernbestandteil der Politik der traditionellen US-Machtelite und bislang Wesensbestandteil der herkömmlichen US-Geopolitik – hat sich für die US-Arbeitnehmer als höchst bescheiden herausgestellt: 2012 schätzte der Washingtoner Thinktank Economic Policy Institute die Zahl der durch das von der US-Präsidentschaft Clinton zu verantwortende Freihandelsabkommen NAFTA verlorenen US-Jobs auf rund 700.000[51]. „Nafta hat nicht so viele Arbeitsplätze vernichtet, wie seine Kritiker befürchteten", ist das Positivste, was die Forschungsabteilung des US-Kongresses zu melden vermag. „Unter dem Strich scheinen die Auswirkungen von Nafta auf die US-Wirtschaft recht bescheiden gewesen zu sein"[52]. Insgesamt – so Kritiker – ging NAFTA für die USA mit der Abwanderung von Industriejobs und einem rasch anwachsenden Handelsdefizit einher[53]. Studien zeigen, dass sich insbesondere am US-Arbeitsmarkt die Auswirkungen der ökonomischen Globalisierung – ein originäres US-Hegemonialkonzept – bemerkbar gemacht haben: Der Arbeitsmarktexperte David Autor vom Massachusetts Institute of Technology hat in seiner Studie unter dem Titel "The China Shock" dargelegt, dass die Importe aus China letztlich zu einer massenhaften Vernichtung der Jobs

---

[48] Die verfallenen Staaten von Amerika, unter:
http://www.handelsblatt.com/politik/international/marode-us-infrastruktur-die-verfallenden-staaten-von-amerika/10968616.html

[49] Der gefährliche Verfall Amerikas, unter:
http://www.wiwo.de/politik/ausland/infrastruktur-der-gefaehrliche-verfall-amerikas/11582160.html

[50] US-Infrastruktur: Renovierungsfall USA, unter:
http://www.finanzen.net/nachricht/aktien/Enormer-Nachholbedarf-US-Infrastruktur-Renovierungsfall-USA-3790459

[51] Nicola Liebert, Kaum Vorteile, dafür aber viele Nachteile, in: TAZ v. 02.01.14

[52] Ebda.

[53] Ebda.

der einfachen Arbeiter in den USA geführt haben[54]. „Ein Anstieg der Importe aus China um 1.000 US-$ pro Arbeitnehmer reduzierte die Beschäftigung in der Industrie über ein Jahrzehnt um jeweils 0,6 %. Tatsächlich stieg der Umfang des Imports aus China pro Arbeitnehmer im Jahrzehnt zwischen 1990 und 2000 um 1.140 US-$ und zwischen 2000 und 2007 noch einmal um 1.839 US-$. Damit entfallen allein 33 % des gesamten Beschäftigungsverlusts zwischen 1990 und 2000 auf China-Importe und noch einmal 55 % für die Periode zwischen 2000 und 2007"[55]. Die Globalisierung hat in den USA zusammenfassend zu einer Deindustrialisierung geführt: Der Industriesektor erwirtschaftet heute nur noch 20 Prozent des US-Bruttoinlandsproduktes, während der Anteil des Dienstleistungssektors – in der Regel geprägt von einer Niedriglohnökonomie – auf 67 Prozent angestiegen ist[56]. Auf dem Nominierungsparteitag der Republikaner in Cleveland im Juli 2016 unterstrich Trump seine Freihandelskritik, indem er darauf hinwies, dass die USA seit 1997 ein Drittel seiner Industriejobs verloren hätten, „eine Folge der katastrophalen Handelsabkommen, die Bill und Hillary Clinton beschlossen hätten, einschließlich der Freihandelszone NAFTA und des Beitritts Chinas in die Welthandelsorganisation WTO"[57]. Und „gerade der US-Wirtschaft hat der verschärfte internationale Wettbewerb nicht gutgetan", so eine Analyse in den *Blättern für deutsche und internationale Politik*. „So führen die Vereinigten Staaten seit Jahrzehnten mehr Waren ein, als sie exportieren. Im letzten Jahr (2016) lag das US-Außenhandelsdefizit bei rund 500 Mrd. US-Dollar. Das größte Defizit besteht im Handel mit China (367 Mrd. Dollar), gefolgt von Deutschland (65 Mrd.) und Mexiko. Die Industriearbeiterschaft der USA ist der größte Globalisierungsverlierer. Seit 1980 strichen Firmen wie General Motors, Ford und Chrysler zwei von fünf heimischen Arbeitsplätzen. Natürlich wurden nicht alle dieser verlorenen Jobs, wie von Trump unterstellt, von Chinesen, Mexikanern und Deutschen gestohlen. Auch die Rationalisierung der Industrieproduktion kostete Millionen Stellen. Dennoch führte die nordamerikanische Freihandelszone NAFTA zur Verlagerung von rund 850.000 US-Arbeitsplätzen – überwiegend in der Automobilproduktion – nach Mexiko. Ferner vernichtete der Handel mit China in den letzten 15 Jahren 3,4 Mio. Jobs in den USA. Betroffen waren die Hersteller von Computern und Elektronikbauteilen so-

---

[54] Joachim Jahnke, Die 'verdammte' Globalisierung. Eine Bilanz nach 25 Jahren, unter: http://www.jjahnke.net/rundbr3512.pdf

[55] Ebda.

[56] http://www.auswaertiges-amt.de/DE/Aussenpolitik/Laender/Laenderinfos/USA/Wirtschaft_node.html

[57] Hubert Beyerle, „Amerikanismus, nicht Globalismus, ist unser Credo". Donald Trump skizziert seine Außenpolitik, unter: https://www.hintergrund.de/politik/welt/amerikanismus-nicht-globalismus-ist-unser-credo/

wie der Maschinenbau und die Stahlindustrie. Im Gegenzug stieg die Produktvielfalt der Importe und die Preise vieler eingeführter Waren purzelten in den Keller. Doch nützten billigere chinesische T-Shirts und günstigere mexikanische Tortillas dem arbeitslosen Autobauer aus Detroit wenig. Die Regierungen unter Bill Clinton, George W. Bush und Barack Obama nahmen diese destruktiven Folgen einer neoliberalen Globalisierung tatenlos hin – ein eklatantes Politikversagen"[58]. Auch das *Handelsblatt* wies darauf hin, dass die von den USA inspirierten Freihandelsregime zum Verschwinden von Millionen von Arbeitsplätzen in der heimischen Industrie geführt haben[59]. Es gab – so der Wirtschaftshistoriker Niall Ferguson – letztlich mehrere Faktoren, die den mit Trump verbundenen „populistischen Rückschlag gegen die Globalisierung" auslösten: Als erstes nennt Ferguson die gestiegene Einwanderung. Als zweiten Gesichtspunkt führt er den Anstieg der Ungleichheit an. Einkommen und Vermögen sind an der Spitze konzentriert – deutlich mehr noch als vor dreißig Jahren. Das oberste Prozent der Bevölkerung erhält heute gut 20 Prozent des Gesamteinkommens, doppelt so viel wie vor einer Generation. Damit ist die Einkommensungleichheit heute wieder so hoch wie vor dem Ersten Weltkrieg[60]. Ein dritter Punkt ist laut Ferguson der Eindruck, dass die seit 2008 um sich greifende Wirtschaftskrise eine Konsequenz von Korruption ist – was Trump durch seine Anklagen gegen das „rigged system" (das korrupte System) unterstrich. „Die Finanzkrise hat viele Amerikaner überzeugt – und nicht ohne Grund –, dass es eine ungesunde und wohl korrupte Verflechtung zwischen politischen Institutionen, Big Business und den Medien gibt", so Ferguson[61]. In der Tat hat die Konzentration in der US-Wirtschaft seit der Clinton-Administration – die fundamental neoliberal ausgerichtet war – deutlich zu- und der Wettbewerb abgenommen. „Zwei Drittel aller Branchen erleben nach 1997 einen solchen Konzentrationsprozess. Weniger, aber größere Konzerne entstehen und sie können die Preise damit stärker als vor 20 Jahren diktieren"[62]. Laut einer Analyse des *Economist* sind Telekom- und Pharmafirmen ebenso dieser Monopolisierung unterworfen wie Banken, Airlines und die Hightech-Industrie. „Amerika rühmt sich, der Tempel des freien Unternehmertums zu sein. Es ist es nicht", so der *Economist* zusammenfassend[63]. Nicht wenige US-Ökonomen bestätigen, dass Globalisierung und Freihandel

---

[58] Dierk Hirschel, Mit Freihandel gegen Trump?, unter:
https://www.blaetter.de/archiv/jahrgaenge/2017/april/mit-freihandel-gegen-trump

[59] ...wenn das Irreale wahr wird, in: Handelsblatt v. 07./08./09.11.2016

[60] Philip Plickert, Revolte gegen die Globalisierung, in: Frankfurter Allgemeine Zeitung v. 12.11.16

[61] Ebda.

[62] Walter Niederberger, Trump Land. Donald Trump und die USA, orell füssli, Zürich 2016, S. 148

[63] Ebda., S. 150/151

in der Tat zu erheblichen sozialen Verwerfungen in den USA geführt haben. Das „alte Versprechen der Ökonomen", dass Globalisierung und Freihandel auf Dauer allseits Wohlstandsgewinne bringe, „hat in Amerika schon seit längerem Risse bekommen"[64]. Die Studien der Arbeitsmarktforscher David Autor vom Massachusetts Institute of Technology, David Dorn von der Universität Zürich und Gordon Hanson von der University of California, San Diego, bestätigen schließlich die Arbeitsplatzverlustquote von einem Viertel aller seit 1990 in den USA verlorengegangenen Arbeitsplätze in der alten amerikanischen Industrie – in Zahlen 2 bis 2,4 Millionen Arbeitsplätze – durch Billigimporte aus China[65]. Die chinesischen Importe in die USA – so Douglas Irwin, Ökonom am Dartmouth College – haben zwischen 2000 und 2011 am stärksten zugelegt, kurz nachdem China der Welthandelsorganisation WTO beigetreten ist. Die Exporte in die USA nahmen in dieser Spanne von 1 auf 2,6 Prozent der amerikanischen Wertschöpfung zu. Der Preisdruck von außen war vorübergehend noch größer als jener von Japan in den 1980er Jahren und von Mexiko in den 1990er Jahren[66] – mit entsprechenden Folgen für die US-Arbeiter, die den Preis dafür mit Job- und Lohnverlusten zahlen mussten. Viele dieser Arbeitnehmer – so David Autor – blieben arbeitslos; andere hätten nur schlecht bezahlten Ersatz gefunden[67]. Eine zweite Untersuchung beziffert den realen Lohnverlust der Arbeiter, die in den bedrängten Branchen beschäftigt sind, auf 12 bis 17 Prozent[68]. „Die Annahme, dass Freihandelsabkommen nur Gewinner produzieren, ist naiv. Insbesondere Arbeiter ohne höhere Qualifikationen werden verdrängt und haben kaum Aussicht, je wieder zu gleichen Bedingungen angestellt zu werden. Ihnen hätten die Regierungen Clinton, Bush und Obama mehr helfen müssen. Dass sie es nicht taten, so wenig wie es die europäischen Länder versuchten, muss als elementares Versagen der westlichen Industriestaaten gesehen werden"[69].

Am 27. April 2016 hatte Trump in Washington vor dem Center for the National Interest den Zusammenhang zwischen einer nach seiner Einschätzung ziellosen US-Außenpolitik nach dem Zusammenbruch des Ostblocks, dem Fehlen einer klaren Definition nationaler Interessen und einer imperialen Überdehnung der Vereinigten Staaten dargestellt. Trump forderte, die Vereinigten Staaten müssten neu definieren, wie sie einerseits ihren ökonomischen

---

[64] Ebda.

[65] Walter Niederberger, Trump Land. Donald Trump und die USA, orell füssli, Zürich 2016, S. 148

[66] Ebda.

[67] Philip Plickert, Revolte gegen die Globalisierung, in: Frankfurter Allgemeine Zeitung v. 12.11.16

[68] Walter Niederberger, Trump Land. Donald Trump und die USA, orell füssli, Zürich 2016, S. 148

[69] Ebda., S. 148/149

sowie auch außen- und sicherheitspolitischen Interessen Geltung verschaffen können und andererseits als westliche Hegemonialmacht in einer multipolaren Sicherheitsarchitektur ein stärkeres ›Burden Sharing‹ (Lastenausgleich) mit ihren Verbündeten erreichen. Mit der Formel „America first" sollten die Grundlagen einer neuen US-Außenpolitik beschrieben werden, welche die von Trump skizzierten Fehlentwicklungen in der Vergangenheit korrigieren und Amerikas Interessen wieder in den Vordergrund stellen sollten. Dabei verfolgte Trump „die Absicht, die aus seiner Sicht bisherige unstete US-Politik durch klare Zielsetzungen, Ideologie durch Strategie und Chaos durch Frieden zu ersetzen, um so eine nach innen wie nach außen vermisste Kohärenz wiederherzustellen. Die Idee, das westliche Demokratiemodell in Länder zu exportieren, die keine Erfahrung damit oder kein Interesse daran haben, habe sich als Irrweg erwiesen"[70]. Diese Fehlentwicklungen und das Ausbleiben einer klaren Definition von nationalen Interessen haben Trump zufolge zu einer Überdehnung der Ressourcen, einhergehend mit einer Schwächung des eigenen Militärs durch Überbeanspruchung, geführt[71]. Als weitere Ursachen für die schlechte US-Ausgangsposition führte er Faktoren an, die er auch im Vorwahlkampf immer wieder thematisierte, wie ungeschützte Grenzen, Bevorzugung des Auslands anstatt des eigenen Landes, unfaire Handelsabkommen mit einer dadurch verursachten De-Industrialisierung und dem Abbau von Arbeitsplätzen[72].

Angesichts dieser Entwicklungen sah die „America first"-Doktrin Trumps die Aufgabe der US-Außenpolitik nicht in der Durchsetzung bzw. Aufrechterhaltung einer von Washington definierten internationalen Ordnung; vielmehr lautet der Kernsatz seiner grundlegenden außenpolitischen Agenda: An erster Stelle stehen die Interessen der USA, vor allem der amerikanischen Arbeiter- und Mittelschicht. Deregulierung, Freihandelsorientierung, eine liberale Zuwanderungspolitik und die Unterstützung für weltweite Militärbündnisse und -interventionen haben nach Trumps Beurteilung zu einer Verarmung der weißen amerikanischen Arbeiter- und Mittelschicht geführt. Trump zufolge sollte eine Umkehrung dieser Verhältnisse durch eine Reduzierung der weltpolitischen Ambitionen der USA, durch eine Abkehr vom Anspruch, ein „Global Leader" oder Hegemon zu sein, erzielt werden[73]. „Jede Entscheidung, wenn es um Handel, Steuern, Zuwanderung und Außenpolitik geht, hat dem Wohlergehen der amerikanischen Arbeiter und ihrer Familien zu dienen", sagte

---

[70] Peter Orzechowski, Trumps zukünftige Außenpolitik: Zusammenarbeit mit Russland und China, unter:
http://info.kopp-verlag.de/hintergruende/geostrategie/peter-orzechowski/trumps-zukuenftige-aussenpolitik-zusammenarbeit-mit-russland-und-china.html
[71] Ebda.
[72] Ebda.
[73] Gabor Steingart, Welt ohne Führung, in: Handelsblatt v. 23.01.2017

Trump zur Amtseinführung[74]. Die internationale Politik sollte in der Trump-Ära nunmehr dazu genutzt werden, um „better deals" auszuhandeln[75]. Die Betonung nationaler Interessen, die Abkehr von globalen Militärinterventionen und ein verstärkter Protektionismus waren nach den damaligen Verlautbarungen damit die Kernelemente der neuen US-Außenpolitik.

---

[74] Ebda.
[75] Marco Overhaus/Lars Brozus, US-Außenpolitik nach den Wahlen 2016, Analyse der Stiftung Wissenschaft und Politik, SWP-Aktuell 40 v. Juni 2016, S. 2

II. Trumps „America first"-Doktrin löst die bisherige Doktrin des „liberalen Internationalismus" ab

Seit dem Zweiten Weltkrieg ist die Außenpolitik der USA vom Prinzip des „liberalen Internationalismus" geprägt[76]. Der Grundsatz dieser Doktrin lautet, dass eine „liberale internationale Ordnung" im Interesse der USA ist. Deren Wesensbestandteil ist nicht nur die Durchsetzung eines globalen Freihandelsregimes[77], sondern auch die Selbstverständlichkeit einer globalen US-amerikanischen Führungsrolle, die mit einem System internationaler Allianzen und deren Festigung durch ein weltweites Netz militärischer Stützpunkte abgesichert ist, um gegen „Ordnungsstörer" vorgehen zu können[78]. Auf dieser Grundlage verstanden sich alle US-Präsidenten seit Woodrow Wilson als Globalisten[79]. Im Sinne dieser geopolitischen Doktrin des „liberalen Internationalismus" in der Tradition Woodrow Wilsons, der von 1913 – 1921 das US-Präsidentenamt innehatte, besteht die Aufgabe der US-Außenpolitik darin, US-Interessen und globale Interessen in Übereinstimmung zu bringen, so dass das außenpolitische Handeln der USA stets als Ausdruck eines internationalen Interesses zu interpretieren ist. Diese ideologische Strömung tritt für einen „radikalen Wandel in der Weltordnung" ein, „in dem sich die amerikanische Allmacht und das 'Ende der Geschichte' widerspiegeln sollen. Das amerikanische Modell der Demokratie soll – unter Einsatz der geeigneten Mittel und ohne Rücksicht auf die als überholt geltenden internationalen Instanzen – auf dem ganzen Globus verbreitet werden"[80]. *Richard N. Haass*, ehemals Präsident des „Council on Foreign Relations", führt hierzu in seinem neuen Buch „A World in Disarray" (Eine Welt in Unordnung) aus, dass in der Ära nach dem Zweiten Weltkrieg der US-Präsident Truman und sein Außenminister Dean Acheson sowie all ihre Amtsnachfolger die US-Außenpolitik auf einer „World first"- und nicht einer „America first"-Basis gründeten; eine „kurzsichtige" Ausrichtung auf rein amerikanische Interessen würde ultimativ scheitern[81]. Haass liefert auch die Begründung für diesen Ansatz, aus der

---

[76] Ebda., S. 2

[77] Gabor Steingart, Welt ohne Führung, in: Handelsblatt v. 23.01.2017

[78] Marco Overhaus/Lars Brozus, US-Außenpolitik nach den Wahlen 2016, Analyse der Stiftung Wissenschaft und Politik, SWP-Aktuell 40 v. Juni 2016, S. 2

[79] Gabor Steingart, Welt ohne Führung, in: Handelsblatt v. 23.01.2017

[80] Gilles Kepel, Die neuen Kreuzzüge. Dia arabische Welt und die Zukunft des Westens, München/Zürich 2005, S. 59

[81] David E. Sanger, A harder line: 'America First', in: International New York Times v. 23.01.2017

hervorgeht, dass es sich bei der „Word first"-Politik letztlich um ein hegemoniales Konzept der USA handelt, mit dem verhindert werden soll, daß andere Staaten eigene autonome außen- und geopolitische Wege gehen. „Eine verengte 'America first'-Haltung wird andere Staaten veranlassen, gleichfalls eine verengte unabhängige Außenpolitik zu verfolgen, welche den Einfluss der USA verringern und diese von globaler Prosperität ausschließen würde", sagte Haass nach der Amtseinführungsrede Trumps[82]. Hinter diesem Ansatz verbirgt sich im Kern die „No-Rivals"-Konzeption von Paul Wolfowitz, der Anfang der 1990er Jahre das Amt des Staatssekretärs im US-Verteidigungsministerium bekleidete und in der Administration George W. Bushs unter Donald Rumsfeld als stellvertretender Verteidigungsminister fungierte. Wolfowitz war verantwortlich für die Verfassung eines strategischen Entwurfs, der im Rahmen der *Defense Planning Guidance for 1994-99* des Pentagons für eine Politik für die Zeit nach dem Kalten Krieg erstellt wurde – für eine Welt mit nur einer einzigen Supermacht. Formuliert und publiziert wurde dieses als „Wolfowitz-Doktrin" bekannte Dokument im Frühjahr 1992. Im originalen Wortlaut heißt es in dieser Doktrin: „Amerikas politische und militärische Mission in der Zeit nach dem Kalten Krieg besteht darin, zu gewährleisten, daß sich in Westeuropa, Asien oder dem Gebiet der ehemaligen Sowjetunion keine rivalisierende Supermacht herausbilden kann"[83]. Demzufolge müsse es Ziel der US-Außen- und Militärpolitik sein, „den (Wieder-) Aufstieg eines neuen Rivalen zu verhindern, sei es auf dem Gebiet der ehemaligen Sowjetunion oder sonstwo"[84]. Darüber hinaus gelte es zu „verhindern, daß irgendeine feindliche Macht eine Region dominiert, deren Ressourcen – unter gefestigter Kontrolle – ausreichen würden, eine Weltmachtposition zu schaffen. Solche Regionen sind Westeuropa, Ostasien, das Gebiet der ehemaligen Sowjetunion und Südwestasien"[85]. Zusätzlich müsse die US-Außenpolitik darauf ausgerichtet sein, die Mechanismen zu erhalten, „die mögliche Konkurrenten davon abschrecken, eine größere regionale und globale Rolle auch nur zu erhoffen"[86]. In dieser „Wolfowitz-Doktrin" fand die Ideologie des „liberalen Internationalismus", die im Wesentlichen von den US-Neokonservativen vertreten wird, eine entscheidende Ausprägung.

Die Wurzeln dieser Doktrin reichen jedoch noch wesentlich tiefer: *Albert*

---

[82] Ebda.

[83] Zit. aus: F. William Engdahl, Russlands enorme Verantwortung, unter: http://info.kopp-verlag.de/hintergruende/geostrategie/f-william-engdahl/russlands-enorme-verantwortung.html

[84] So der „Defence Planning Guidance" vom 18. Februar 1992, veröffentlicht in der *New York Times* v. 8. März 1992, zit. aus: Bernhard Rode, Das Eurasische Schachbrett. Amerikas neuer Kalter Krieg gegen Rußland, Tübingen 2012, S. 117

[85] Ebda.

[86] Ebda., S. 118

Wohlstetter, einer der Vordenker der Neokonservativen und einflussreichsten Strategen der USA während des Kalten Krieges, vertrat die Ansicht, dass eine Vormachtstellung der USA nur dann Sinn habe, wenn sie auch in den Dienst von offensiv vertretenen Werten gestellt werde[87]. In diese Weltsicht gehört die Differenzierung der internationalen Staatenwelt in Gut und Böse. Hier, so der französische Politologe Gilles Kepel, werde eine neue Verbindung zwischen Militär und Politik geschaffen, die einen Sturz von Regimen, die als Teil einer „Achse des Bösen" oder als „Schurkenstaat" moralisch geächtet werden, legitimiert und die Förderung einer „guten" Zivilgesellschaft postuliert[88]. „Hinter dieser Strategie, die das Militär zum perfekt angepaßten und effizienten Instrument der Politik macht, steckt eine Weltsicht mit dem Anspruch, die universelle Moral an die Stelle der Realpolitik zu setzen und ihr zum Druchbruch zu verhelfen"[89]. Genau darin liegen Kepel zufolge auch die Wurzeln des oben dargestellten *Defense Planning Guidance (Fiscal Years 1994 – 1999)*, das 1992 von dem Wohlstetter-Schüler *Paul Wolfowitz* verfasst wurde. Mit dem Zusammenbruch der UdSSR war nach der Auffassung der neokonservativen Ideologen ein „Ende der Geschichte" eingetreten, das die Möglichkeit geboten habe, das transatlantisch-amerikanische System zur letztverbindlichen moralischen und politischen Instanz der Welt zu erheben[90]. Vor diesem Hintergrund forderten die Neokonservativen eine Ausnutzung des eingetretenen „unipolaren Moments", das mit dem „Ende der Geschichte" eingetreten sei, um weltweit das Modell Amerikas zu fördern. „Die Zeit sei reif für jede Art von Offensive, mit der den höchsten Werten des Guten (die mit den richtig verstandenen Interessen der USA zusammenfallen) zum Durchbruch verholfen werden könne"[91]. Verbunden war dies mit der Definition einer strategischen Feindschaft des transatlantischen Bündnisses mit der islamischen, konfuzianischen und nicht zuletzt russisch-orthodoxen Welt, die mit *Samuel Huntingtons* Theorie vom „Kampf der Kulturen" begründet werden sollte.

---

[87] Gilles Kepel, Die neuen Kreuzzüge. Die arabische Welt und die Zukunft des Westens, München/Zürich 2005, S. 64/65

[88] ebda., S. 66/67

[89] ebda., S. 67

[90] ebda., S. 69

[91] ebda., S. 83

34

1. Die Globalisierung als ideologisches Kernelement des „liberalen Internationalismus"

Im Sinne dieser Theorie des „liberalen Internationalismus" wird auch die Globalisierung als strategisches Projekt der USA begriffen. Deutlich formulierte Thomas Friedman, ehemals Sonderberater der seinerzeitigen US-Außenministerin Madeleine Albright, diesen Ansatz. Für ihn beruht die Globalisierung „auf der Macht der USA und ihrer Bereitschaft, sie gegen jene einzusetzen, die das globalisierte System bedrohen – vom Irak bis Nordkorea (...)[92]. Wenn die Globalisierung funktionieren soll, darf sich Amerika nicht davor fürchten, als die unüberwindliche Supermacht zu handeln, die es in Wirklichkeit ist. (…) Die unsichtbare Hand des Markts wird ohne sichtbare Faust nicht funktionieren. McDonald's kann nicht expandieren ohne Mc Donnel Douglas, den Hersteller der F-15. Und die sichtbare Faust, die die globale Sicherheit der Technologie des Silicon Valley verbürgt, heißt US-Armee, US-Luftwaffe, US-Kriegsmarine und US-Marinekorps"[93]. Auch das Magazin *Foreign Affairs* weist darauf hin, dass die Idee der Globalisierung in der neoliberalen Doktrin des „Washington Consensus" wurzelt, der von dem ersten US-Präsidenten nach dem Kalten Krieg, Bill Clinton, initiiert und von den nachfolgenden Administrationen George W. Bushs und Barack Obamas ausgeführt wurde[94]. Die Ideologie der Globalisierung – so eine Analyse der Zeitschrift *Foreign Affairs* – stellt sich eine Welt vor, „die sich untrennbar in Richtung Übernahme einer vereinheitlichen Gesamtheit von Regeln und Standards in Wirtschaft, Politik und internationalen Beziehungen bewegt. Nationale Grenzen würden nach und nach ihre Bedeutung verlieren und sogar wegfallen. Kulturelle Unterschiede würden universellen Werten weichen. Demokratie und Marktkapitalismus würden sich über die ganze Welt ausdehnen. Eventuell würden alle Länder mehr oder weniger in derselben Weise regiert werden"[95]. Hervorgehoben wird in diesem Zusammenhang, dass diese Entwicklung „von harter und sanfter Gewalt der Vereinigten Staaten unterstützt würde"[96]; und tatsächlich seien es die Schüler des Neoliberalismus, die Neokonservativen sowie die liberalen Interventionisten gewesen, die Amerika vor diesem Hintergrund in den Krieg in Afghanistan und Irak geführt hätten[97].

---

[92] Thomas L. Friedman, Globalisierung verstehen, München 2000, S. 570f.

[93] zit. aus: Jean Ziegler, Die neuen Herrscher der Welt und ihre globalen Widersacher, Goldmann, München 2005, S. 36

[94] Eric X. Li, The End of Globalism. Where China and the United States go from here, unter: https://www.foreignaffairs.com/articles/united-states/2016-12-09/end-globalism

[95] Ebda.

[96] Ebda.

[97] Ebda.

Kritisch weist die Studie der *Foreign Affairs* darauf hin, dass dieser Prozess zur Zerrüttung von Staaten und Nationen sowie zur sozialen Spaltung geführt habe: „Reichtum und Macht konzentrierten sich an der Spitze, unter den Eignern und Inhabern von Kapital, die freien Handel, Multikulturalismus, multilaterale Institutionen und sogar Regimewechsel und 'Nation-Building' im Ausland bevorzugen. Doch ihre Vision schadete der überwiegenden Mehrheit, die die Mittelschicht bildete. Nur eine Generation nach dem Sieg im Kalten Krieg sahen die Vereinigten Staaten ihre industrielle Basis ausgehöhlt, ihre Infrastruktur verfallen, ihr Bildungssystem verschlechtert und ihren sozialen Zusammenhalt zerrissen"[98]. Im Namen der Globalisierung, so der amerikanische Politikwissenschaftler Robert Putnam in seinem Buch „Bowling Alone", hatten die amerikanischen Eliten ein Imperium auf Kosten der Nation errichtet[99].

Dass die Globalisierung als Bestandteil eines imperialen strategischen Konzepts der bisherigen Machteliten der USA begriffen werden muss, wird auch durch die Personalie des Pentagon-Beraters Thomas P. M. Barnett deutlich. Barnett, Professor am U. S. Naval War College und Berater des ehemaligen US-Verteidigungsministers Donald Rumsfeld, vertritt in seinen Büchern *The Pentagon's New Map* und *Blueprint for Action* die These, dass es die Aufgabe der USA sei, als „Bodyguard der Globalisierung" zu fungieren. In seinem strategischen Entwurf teilt er die Staatenwelt ein in einen funktionierenden „Kern" – eine Staatenwelt, die das Regelwerk der Globalisierung akzeptiert – und eine „nicht integrierte Lücke" – die Welt jener Staaten, die sich nicht ohne weiteres in das Schema der neoliberalen Globalisierung einfassen lässt. Vor diesem Hintergrund besteht laut Barnett Amerikas Mission darin, die „Lücken" an den „Kern" anzuschließen, und zwar in der „nächsten Runde von Auswärtsspielen des US-Militärs"[100]. Barnetts Faustformel lautet in diesem Zusammenhang: „Verliert ein Land gegen die Globalisierung oder weist es viele Globalisierungsfortschritte zurück, besteht eine ungleich höhere Chance, daß die Vereinigten Staaten irgendwann Truppen entsenden werden. (...) Umgekehrt gilt: Funktioniert ein Land halbwegs im Rahmen der Globalisierung, dann sehen wir in der Regel keine Veranlassung, unsere Truppen zu schicken, um für Ordnung zu sorgen, oder eine Bedrohung zu beseitigen"[101]. Diese Ansätze – in der Ära der Administration George W. Bush entwickelt – fanden schließlich auch Eingang in die Überlegungen zur Umstrukturierung des US-amerikanischen Militärs, und so war es nur logisch, dass der seinerzeit

---

[98] Ebda.

[99] Ebda.

[100] Zit. aus: Thomas Assheuer, Der Babysitter kommt im Kampfanzug, unter: http://www.zeit.de/2003/22/Menschenrechte

[101] Thomas P. M. Barnett, Die neue Weltkarte des Pentagon, in: Blätter für deutsche und internationale Politik, 5/2003, S. 554-564 (S. 557)

mit der Umstrukturierung des US-Militärs beauftragte Chef des Office of Force Transformation, Arthur Cebrowski, sich maßgeblich auf Barnett bezieht[102]. „Es gibt viele Nationen, die innerhalb der Globalisierung funktionieren. Das sind die Staaten, die die Regeln akzeptieren", so Cebrowski. Und weiter, fast im Stil Barnetts: „Wer die Globalisierung bekämpft, wer die Regeln zurückweist [...] wird möglicherweise das Interesse des amerikanischen Verteidigungsministeriums auf sich ziehen." Für ihn müsse das US-Militär künftig als „Systemadministrator" der Globalisierung fungieren[103]. Die Aufgabe der USA sei es, so Barnett und Cebrowski in einem gemeinsamen Artikel, als „militärischer Leviathan" den Regeln der Globalisierung, von ihnen auf die neoliberale Grundformel „Demokratie und freie Märkte" reduziert, Geltung zu verschaffen[104]. Konsequenterweise seien amerikanische Soldaten für Cebrowski „Erzwinger" (enforcer), die „die Normen internationalen Verhaltens durchsetzen"[105]. Das Ziel, die von den USA oktroyierte neoliberale Weltwirtschaftsordnung durchzusetzen und abzusichern, war demnach auch das Ziel der Transformation der US-Streitkräfte, die in der Ära George W. Bush diskutiert und umgesetzt wurde.

2. Der Ansatz der Trump-Administration: Abkehr von der Ideologie des „liberalen Internationalismus"

Die ersten Indizien sprachen dafür, dass sich die US-Außen- und Militärpolitik des 45. US-Präsidenten Donald Trump von dieser „Barnett-Doktrin" zu lösen beabsichtigte; politische Beobachter sahen daher seinerzeit die künftige US-Außenpolitik vor die Entscheidung „Globalismus versus Nationalismus" gestellt[106]. Dieser Gegensatz war den beiden US-Präsidentschaftskandidaten Donald Trump und Hillary Clinton schon während des Wahlkampfes voll bewusst; Trump selbst sagte in einer Rede in New York am 22. Juni 2016,

---

[102] Siehe: Arthur Cebrowski, Speech to the Heritage Foundation, 13.5.2003, www.defensedaily.com/reports/cebrowski.pdf, S. 1, aus: Jürgen Wagner: Afrika im Fadenkreuz. Vom vergessenen Kontinent zum Objekt der Begierde, unter: http://www.imi-online.de/2004/06/09/afrika-im-fadenkreuz/

[103] Ebda.

[104] Arthur Cebrowski und Thomas Barnett, The American Way of War, in: „Department of Defense: Trends in Transformation", 13.1.2003, S. 2, aus: Jürgen Wagner: Afrika im Fadenkreuz. Vom vergessenen Kontinent zum Objekt der Begierde, unter: http://www.imi-online.de/2004/06/09/afrika-im-fadenkreuz/

[105] Mark Mazetti, Pax Americana: Dispatched to distant outposts, in: „U.S. News & World Report", 6.10.2003, aus: Jürgen Wagner: Afrika im Fadenkreuz. Vom vergessenen Kontinent zum Objekt der Begierde, unter: http://www.imi-online.de/2004/06/09/afrika-im-fadenkreuz/

[106] Patrick Keller, Globalismus versus Nationalismus, in: Internationale Politik, November/Dezember 2016, S. 64-69

die Wahl entscheide zwischen seiner „Politik des Amerikanismus, die sich danach richtet, was gut ist für die amerikanische Mittelklasse" und Clintons „Politik des Globalismus, die sich danach richtet, Geld für große Konzerne zu machen"[107]. Die außenpolitische Ausrichtung Hillary Clintons stand in der Gesamtbetrachtung „für ein Amerika, das die Globalisierung vorantreibt, gestaltet und nutzt"[108]; insoweit erwies sie sich als in der Tradition der „Barnett-Doktrin" stehend. Grundlage dieser Politik ist „eine liberale internationale Ordnung wie sie die USA nach dem Zweiten Weltkrieg etabliert und seither im Wesentlichen durchgesetzt und geschützt haben"[109]; ihre Kernelemente bestehen aus Freihandel, Freiheit der Seewege und militärische Maßnahmen gegen jene Mächte, die gegen die „liberalen Prinzipien" verstoßen. Für Jake Sullivan, dem wichtigsten außenpolitischen Berater Clintons und ehemaligem Leiter ihres Planungsstabes, lag die Schlüsselaufgabe der nächsten US-Regierung daher auch „in der Verteidigung und Durchsetzung dieser liberalen internationalen Ordnung" – notfalls auch durch ein Vorgehen gegen solche Mächte, die ihre eigene Ordnungsvorstellung durchsetzen wollen[110].

Die außenpolitische Programmatik Trumps lief hingegen auf eine Abkehr von der „universalistischen Mission der USA"[111] hinaus. Er sah die Vereinigten Staaten nicht als eine „exceptional Nation" (die eine unverzichtbare Führungsrolle der USA einfordert) an, deren Funktion in der Sicherung und Durchsetzung einer liberalen internationalen Ordnung liegt und der nach Auffassung der „liberalen Interventionisten" die Aufgabe zukommt, ihre außenpolitische und militärische Kraft in internationalen Gremien wie die NATO oder die UN zur Wahrnehmung „internationaler Verantwortung" einzusetzen – mithin also ihre Verantwortung in der Welt als Teil des nationalen Interesses der USA zu begreifen. Trumps außenpolitischer Ansatz des „America first" stellte insoweit einen Ausbruch aus dem internationalistischen Konsens der US-Außenpolitik dar[112]. „Was sich programmatisch abzeichnet, ist eine rein an nationalen Interessen der USA ausgerichtete Weltmachtpolitik, ohne Beschränkung amerikanischen Handlungsspielraums, anti-interventionistisch im Hinblick auf die innere Umgestaltung anderer Staaten, aber nicht

---

[107] Ebda. , S. 65

[108] Ebda., S. 65

[109] Ebda., S. 65

[110] Ebda., S. 66

[111] Richard Herzinger, Trumps Wirrnis hat Methode, in: Die Welt v. 17.01.2017

[112] Peter Rudolf/Johannes Thimm, Mögliches Ende der „wohlwollenden Hegemonie". Tumps außenpolitische Agenda, in: Volker Perthes (Hrsg.), „Krisenlandschaften". Konfliktkonstellationen und Problemkomplexe internationaler Politik, Studie der Stiftung Wissenschaft und Politik, Januar 2017, S. 23 – 26 (S. 23)

anti-militaristisch. Die militärische Dominanz der USA soll bewahrt bleiben"[113]. In der Tat hatte sich Trump im Wahlkampf mehrfach explizit gegen eine interventionistische Politik des „Nation Building" sowie des „Regime Change" ausgesprochen. Deutlich brachte er dies am 1. Dezember 2016 bei einer in Cincinnatti gehaltenen Rede zum Ausdruck: „Leute! Wir werden eine neue US-Außenpolitik verfolgen, die endlich aus den Fehlern der Vergangenheit lernt. Wir werden mit dem Versuch aufhören, Regime zu Fall zu bringen und Regierungen zu stürzen ... Unser Ziel ist Stabilität, nicht Chaos"[114]. Bereits am 7. September 2016 hatte Trump in einer Rede zu Fragen der nationalen Sicherheit Ähnliches formuliert: „Wir wollen eine stabile, friedliche Welt verwirklichen – mit weniger Konflikten und mehr Gemeinsamkeiten ... Die gegenwärtige Strategie des Regime-Sturzes, die keinen Plan für den Tag danach hat, erzeugt lediglich ein Machtvakuum, das von Terroristen gefüllt wird"[115]. Maxime der US-Außenpolitik – das stellte Trump in seiner Amtsantrittsrede deutlich heraus – sollte stattdessen das klar definierte nationale Interesse sein: Er beschrieb es als das Recht aller Nationen, ihre eigenen Interessen vorn anzustellen[116]. Insoweit grenzte sich Trump von den bisherigen Formen des Interventionismus ab, indem er erklärte, dass Amerika nicht danach strebe, jemandem seine Lebensweise aufzuzwingen. Amerika solle jedoch – wenn auch im anti-interventionistischen Sinne in Bezug auf die Inszenierung von Regimewechseln – eine weltweite Vormacht bleiben, indem es zum einen als Beispiel für andere Nationen fungiere[117], aber auch, indem es seine militärische Schlagkraft sicherstelle. Letzteres hatte Trump in seiner programmatischen Schrift „Great again – Wie ich Amerika retten werde" klar unterstrichen: Dort stellte er die militärische Macht in das Zentrum seiner Überlegungen. „Meine Herangehensweise an die Außenpolitik beruht auf einem starken Fundament: von einer Position der Macht aus agieren. Und das bedeutet, wir müssen das stärkste Militär der Welt unterhalten, und zwar das mit Abstand stärkste"[118].

---

[113] Ebda.

[114] Trump's new foreign policy: 'We will stop looking to topple regimes', unter: http://www.washingtonexaminer.com/trumps-new-foreign-policy-we-will-stop-looking-to-topple-regimes/article/2608687

[115] Zit. aus: Anneliese Fikentscher/Anreas Neumann, Trump wirkt Wunder, unter: http://www.nrhz.de/flyer/beitrag.php?id=23388

[116] Donald Trump, „Dieses Massaker Amerikas endet hier und jetzt", unter: http://www.faz.net/aktuell/politik/trumps-praesidentschaft/trump-rede-im-wortlaut-dieses-massaker-amerikas-endet-hier-und-jetzt-14709309.html

[117] Ebda.

[118] Donald J. Trump, Great again – Wie ich Amerika retten werde, Kulmbach 2016, S. 48

a) Der Versuch einer historisch-ideologischen Einordnung der Trump-Administration

Versucht man, eine Einordnung der außenpolitischen Ansätze der Trump-Administration vorzunehmen, so wird man wohl zu dem Ergebnis kommen, dass die von Trump formulierte Außenpolitik der „Schule des klassischen Realismus" des US-Politikwissenschaftlers Hans J. Morgenthau zuzuordnen ist. Diese bildete sich in den 1940er Jahren heraus, und zwar als Kritik an den „idealistischen Hoffnungen auf die Kräfte der universellen Werte zur Sicherung des Friedens und die Überzeugung von der Fähigkeit einer internationalen Organisation in Form der Vereinten Nationen zur Beendigung des internationalen Machtkampfes und damit zur Beseitigung der Ursachen des Krieges"[119]. In seinem 1948 erschienenen Grundlagenwerk *Politics among Nations. The Struggle for Power and Peace* führte Morgenthau aus, dass das Streben der Staaten nach politischer Macht der entscheidende Bestimmungsfaktor der internationalen Politik sei. „Internationale Politik ist, wie alle Politik, ein Kampf um die Macht", so Morgenthau[120]. Der „klassische Realismus" im Sinne Hans J. Morgenthaus geht davon aus, dass in der Welt grundsätzlich ein offenes, multipolares Staatensystem ohne eine zentrale Entscheidungs- oder Sanktionsinstanz vorherrsche. Die Grundbausteine dieses Systems seien souveräne Nationalstaaten, die in einem Existenzkampf zueinander stünden, der letztlich auch die Definition ihrer Außenpolitik bestimme. Ausgehend von der Staatstheorie Thomas Hobbes sei das internationale System primär anarchisch und nicht in der Lage, dauerhafte übergeordnete Machtstrukturen herauszubilden. Das entscheidende Staatsziel sei dabei das eigene Überleben, und dieses lasse sich am ehesten dadurch erreichen, dass ein Staat mächtiger sei als die anderen, potentiell gegnerischen Staaten. Aus diesem Grund strebten die Staaten nach Macht. Die zentralen Variablen für die Machtposition eines Staates seien seine Größe, seine Wirtschaftskraft und seine militärische Schlagkraft. Dabei begriff Morgenthau politische Macht als etwas Faktisches; eine internationale Moral als konstituierendes Element der internationalen Politik lehnte er ab[121]. Triebkraft des politischen Handelns und somit des Strebens nach Macht ist Morgenthau zufolge in Anlehnung an Niccolo Machiavelli die „Staatsräson" bzw. das „Nationalinteresse" als „Maxime des staatlichen Handelns" und „Bewegungsgesetz des Staates"[122]. Daraus entwickelte Morgenthau seine Aufforderung an die Staatsmänner, beim politischen Handeln auf der internationalen Ebene der Realisierung des Nationalinteresses

---

[119] Xuewu Gu, Theorien der internationalen Beziehungen, München Wien 2000, S. 37

[120] Ebda., S. 41

[121] Ebda., S. 39

[122] Ebda., S. 39

40

die höchste Priorität einzuräumen[123]. Darauf aufbauend, würde ein Staat jede Gelegenheit nutzen, seine Macht zu erweitern, um sicherzustellen, dass er zum einen nicht in die Abhängigkeit von anderen Nationen gerate und zum anderen, dass er möglichst viele andere Staaten in Abhängigkeit von sich bringe. Insoweit versuche der Staat, auf globaler Ebene eine hegemoniale Position zu erwerben. Andererseits würden im Sinne eines defensiven Realismus Staaten je nach Lage auch danach streben, den Status quo zu verteidigen. Die Bemühungen eines Staates, eine Hegemonialposition anzustreben, würde gleichermaßen dazu führen, dass andere Staaten sich zu Gegenallianzen zusammenschließen könnten, um gegen den aufkommenden Hegemon eine möglichst mächtige Gegenposition einnehmen zu können. Zusammenfassend gründet sich der klassische Realismus auf den Grundelementen internationale Anarchie, Multipolarismus, Macht, Staatsräson, nationales Interesse, Gleichgewicht und Geopolitik.

b) Der Einfluss Henry Kissingers auf die Formulierung der Außenpolitik der Trump-Administration

Indiz dafür, dass die Trump-Administration an die Tradition der Schule des „klassischen Realismus" in der US-Außenpolitik anknüpfen wollte, war die auf Trumps Wunsch hin erfolgte Aufnahme *Henry A. Kissingers* – eines der Hauptvertreter der „realistischen Schule" der US-Außenpolitik – in dessen Beraterteam Ende Dezember 2016[124]. Kissinger hatte in seinem jüngsten Buch *Weltordnung* einen Plan entworfen, nach welchen Prinzipien die Welt unter US-Führung gestaltet werden müsste. Demzufolge sollten alle Länder sich nicht in die inneren Angelegenheiten anderer Staaten einmischen. Geopolitisch sei ein gut austariertes Gleichgewicht der Kräfte vonnöten; letzteres unter der umsichtigen Leitung der Vereinigten Staaten. Das Prinzip der Nichteinmischung gelegentlich zu ignorieren betrachtet Kissinger als ein notwendiges Vorrecht der USA. Kissingers staatspolitisches Denken knüpft an das Staatsmodell des Westfälischen Friedens an, mit dem 1648 der Dreißigjährige Krieg beendet wurde. In diesem Zusammenhang bezieht sich Kissinger auf den französischen Staatskanzler Kardinal Richelieu, der zu dieser Zeit Frankreichs Politik bestimmte und die Theorie aufgestellt hatte, dass der Staat, unabhängig von den Herrscherhäusern, „eine abstrakte und permanente Einheit sei". Und so sollte, schreibt Kissinger, „das berechenbaren Prinzipien folgende Nationalinteresse als Leitstern dienen". Das „nationale Interesse" und die sogenannten „Westfälischen Prinzipien" – sprich Anerkenntnis des Grundsatzes der staatlichen Souveränität und des Gleichgewichts der Mächte

---

[123] Ebda., S. 39

[124] F. William Engdahl, Is Trump the Back Door Man for Henry A. Kissinger & Co. ?, unter: http://journal-neo.org/2017/01/09/is-trump-the-back-door-man-for-henry-a-kissinger-co/

– gehören mithin zu den Grundlagen der außenpolitischen Doktrin Kissingers. Folgerichtig kritisiert Kissinger auch die Außenpolitik vieler US-Präsidenten, denen er vorwirft, dass sie sich in ihrer Politik davon aber meistens nicht haben leiten lassen. Viele Präsidenten der USA hätten Politik nicht nach realpolitischen, sondern nach moralisch-idealistischen Vorstellungen betrieben. Kissinger verwirft daher auch die Tradition der vom US-Präsidenten Wilson begründeten Traditionslinie des Idealismus: „Die Tragödie des Wilsonianismus", schreibt Kissinger, „liegt darin, dass er den Vereinigten Staaten als der entscheidenden Macht des 20. Jahrhunderts eine abgehobene außenpolitische Doktrin hinterlassen hat, die historischem oder geopolitischem Realitätssinn wenig Beachtung schenkt". Folgerichtig seien die USA auch schlecht beraten gewesen, als sie den Kalten Krieg „nicht als einen geopolitischen Kampf um die Grenzen der russischen Macht" betrachteten, sondern „als einen moralischen Kreuzzug für die freie Welt". Indessen beurteilt Kissinger auch die Außenpolitik Russlands unter Putin realistisch, und plädiert daher auch für eine Kooperation zwischen Russland und den USA im Bereich der Bekämpfung des islamischen Dschihadismus: „Russlands Ziele sind größtenteils strategischer Natur; es will zumindest verhindern, dass sich syrische und irakische dschihadistische Gruppen in den muslimischen Gebieten Russlands ausbreiten", so Kissinger. Daher wäre es laut Kissinger wünschenswert gewesen, dass sich Russland und die USA im Hinblick auf die islamistischen Terroristen verständigten, und er warnt daher auch vor einer Überbewertung der Ukraine-Krise, die eine solche Verständigung unmöglich mache und einen Rückfall in die Denkstrukturen des Kalten Krieges begründe. Die Ukraine ist aus Kissingers geostrategischer Sicht nicht so wichtig wie die Frage nach dem Verhältnis zwischen Russland und den USA.

Daher spricht einiges dafür, dass die Ankündigung Trumps, eine „konstruktive Kooperation" mit dem Kreml zu erreichen – die Hintergründe hierfür werden unten näher analysiert – im Wesentlichen von Kissinger konzipiert wurde. Auch ohne offizielle Funktion war Kissinger Beobachtern zufolge zu einem wichtigen Berater avanciert, der Trump auch konkrete Vorschläge gemacht hatte[125]. Wie die britische Tageszeitung *The Independent* schreibt, empfahl Kissinger dem designierten US-Präsidenten, die Krim-Annexion durch Russland zu akzeptieren. Die USA sollten – so Kissingers „Masterplan" für die Ukraine – offiziell anerkennen, dass die Krim Bestandteil Russlands ist. Zur Normalisierung der Beziehungen gehörte dem Kissinger-Plan zufolge auch die Aufhebung der Sanktionen gegen Russland, die nach der Krim-Annexion in Kraft getreten waren. Im Gegenzug müsste Russland die Unterstüt-

---

[125] Trump, Kissinger und der mögliche Deal mit Russland, unter:
http://www.tagesanzeiger.ch/ausland/europa/trump-kissinger-und-der-moegliche-deal-mit-russland/story/23548644

zung der separatistischen Rebellen in der Ostukraine einstellen. Nach Kissingers „Masterplan" sollte die Ukraine in die „europäische und in die Weltgemeinschaft integriert" werden, wobei sie aber als Brücke zwischen Russland und dem Westen dienen sollte, nicht aber als strategischer Vorposten einer Seite[126]. Kissinger hatte wiederholt deutlich Kritik an der Außenpolitik des Amtsvorgängers Barack Obama geübt, sich hingegen positiv über Trump geäußert, dem er zutraute, „als sehr würdiger US-Präsident in die Geschichte einzugehen". In einem Interview mit der Zeitschrift *The Atlantic* führte Kissinger aus, dass es in der derzeit chaotischen Welt gelte, zwei Probleme zu lösen: „Erstens geht es um die Frage, wie man regionales Chaos reduziert, und zweitens, wie man eine schlüssige Weltordnung schafft, die auf einvernehmlichen Prinzipien beruht, die für das Funktionieren des ganzen Systems nötig sind". Kissinger ist der Ansicht, dass „ein Gleichgewicht zwischen den USA und Russland die globale Stabilität stärkt"[127]. Marcel van Herpen, ein Russland-Experte der niederländischen Cicero-Foundation, erklärte hierzu, dass seinerzeit eine Vorbereitung Kissingers zu einer diplomatischen Offensive im Raume gestanden hätte; er – Kissinger – sei ein Realist, dessen wichtigstes Anliegen „ein internationales Gleichgewicht der Kräfte sei"[128].

In diesem Zusammenhang stellt sich die Frage nach den Hintergründen von Kissingers „Masterplan" und dem damit verbundenen Wandel der US-Außenpolitik, der darin bestand, „Putin zurück in das (Nato-)Lager zu holen"[129]. Kissingers Ziel ist es – soviel sei vorab angedeutet – die wachsende bilaterale Achse zwischen China und Russland zur Erosion zu bringen, die die globale Hegemonie der USA bedroht[130], und es war schließlich die US-Außenpolitik unter Obama während der Ukraine-Krise gewesen, die zur Intensivierung der geopolitischen Kooperation zwischen Moskau und Peking geführt hat[131]. Vor diesem Hintergrund war der Ansatz von Kissingers „Masterplan" durchaus klug gewählt, um über eine Interessenabgrenzung im Konfliktherd Ukraine eine Annäherung zwischen Washington und Moskau herbeizuführen. Sehr viel spricht dafür, dass Kissingers „Masterplan" gegen die eurasische Zusammenarbeit Moskau-Peking und letztlich gegen China selbst gerichtet war, was auch die *Washington Post* andeutete: „Kissinger glaubte schon in der Zeit, als

---

[126] Ebda.

[127] Ebda.

[128] Henry Kissinger has 'advised Donald Trump to accept' Crimea as part of Russia, unter: http://www.independent.co.uk/news/people/henry-kissinger-russia-trump-crimea-advises-latest-ukraine-a7497646.html

[129] F. William Engdahl, Is Trump the Back Door Man for Henry A. Kissinger & Co. ?, unter: http://journal-neo.org/2017/01/09/is-trump-the-back-door-man-for-henry-a-kissinger-co/

[130] Ebda.

[131] Vgl. hierzu Bernhard Rode, Pulverfaß Ukraine. Weltschlüsselkonflikt und Zentrum der Macht-Geometrie zwischen Ost- und West, Hohenrain, Tübingen 2016, S. 449 - 464

Nixon nach Peking reiste, dass langfristig China und nicht Russland die größte Gefahr ist"[132]. In seiner Funktion als Nationaler Sicherheitsberater des US-Präsidenten Nixon erklärte Kissinger seinerzeit die Hintergründe für die Annäherung Washingtons an Peking Anfang der 1970er Jahre: Notwendig sei es, dass die US-Diplomatie den russisch-chinesischen Gegensatz ausnützen und ein Spiel des Gleichgewichts der Mächte zwischen der damaligen UdSSR und China völlig emotionslos spielen müsse: „Gegenwärtig brauchen wir die Chinesen, um die Russen zu korrigieren und zu disziplinieren". Doch in Zukunft könne es umgekehrt sein, so formulierte er seinerzeit[133]. Daher ging es in Kissingers Masterplan darum, die USA und Russland zueinander zu führen, um das geopolitische, ökonomische und militärische Gewicht Chinas zu neutralisieren.

Entsprechende Gedankengänge zur Herstellung eines „Gleichgewichts der Kräfte in Eurasien", welches für die Weltführungsmacht USA von unabdingbarer Voraussetzung ist, hatte Kissinger bereits 1953 zu Beginn seiner Karriere als Politikwissenschaftler entwickelt: „In ihrem Verhältnis zum eurasischen Kontinent befinden sich die Vereinigten Staaten in derselben Lage wie Großbritannien im 19. Jahrhundert gegenüber dem europäischen Festland. Sie sind eine Inselmacht mit geringeren Ressourcen. Dies gilt gegenwärtig in Bezug auf die Bevölkerungsstärke, in Zukunft wohl auch hinsichtlich der Wirtschaftsleistung. Aus diesem Grund dürfen die Vereinigten Staaten die Konsolidierung des europäischen Kontinents unter der Herrschaft oder Kontrolle einer einzigen Macht, unabhängig von ihrer Regierungsform, auf keinen Fall zulassen. (…) Um ihre eigenen Ressourcen zu bewahren, sollte die US-Strategie versuchen, ein Machtgleichgewicht auf dem eurasischen Kontinent herzustellen. Dies bedeutet, dass man es der sowjetischen Sphäre unter keinen Umständen gestatten darf, sich auszudehnen – in Wahrheit sollte sie sogar verkleinert werden, denn die Konsolidierung eines chinesisch-sowjetisch-osteuropäischen Satellitenblocks muss im Lauf der Zeit eine tödliche Gefahr für die Sicherheit der Vereinigten Staaten darstellen"[134]. Diese Doktrin bildet den Grundsatz der Eurasienstrategie Kissingers, den er in einem seiner letzten außenpolitischen Werke, *Does America need a Foreign Policy?*[135], noch einmal

---

[132] Kissinger soll neuen Kalten Krieg verhindern, unter:
http://www.bild.de/politik/ausland/donald-trump/kissinger-will-zwischen-russland-und-usa-vermitteln-49482764.bild.html

[133] John Bomfret, 45 Years Ago, Kissinger envisioned a 'pivot' to Russia. Will Trump make it happen?, unter:
https://www.washingtonpost.com/news/global-opinions/wp/2016/12/14/45-years-ago-kissinger-envisioned-a-pivot-to-russia-will-trump-make-it-happen/?utm_term=.2a73d7d37e8f

[134] Zit. aus: Niall Ferguson, Kissinger. Der Idealist 1923 – 1968, Propyläen, München 2016, S. 362/363

[135] Deutsche Ausgabe: Henry Kissinger, Die Herausforderung Amerikas. Weltpolitik im 21.

deutlich präzisiert hat. Danach muss die US-amerikanische Asienpolitik das Ziel verfolgen, in Asien politisch, militärisch und wirtschaftlich präsent zu bleiben, um die Verwandlung Asiens in einen feindseligen Kontinentalblock zu verhindern. Ein feindseliger asiatischer Block, in dem die bevölkerungsreichsten Länder der Welt, mächtige Ressourcen und einige der fleißigsten Völker vereint seien, sei mit dem nationalen Interesse Amerikas unvereinbar[136].

c) Die Denkschulen der US-amerikanischen Außenpolitik: In welcher Tradition bewegt sich der außenpolitische Ansatz der Trump-Administration?

Schon kurz nach dem Wahlsieg Donald Trumps am 9. November 2016 bescheinigten Vertreter der transatlantischen Führungselite – allen voran die deutsche Bundeskanzlerin Angela Merkel und der Bundesaußenminister Frank-Walter Steinmeier –, dass der neue US-Präsident nicht über eine kohärente geopolitische Vision verfüge und dessen Programm „Make America great again" in sich widersprüchlich sei, keinen Sinn ergebe und man sich nicht darauf einstellen könne[137]. Vor diesem Hintergrund empfiehlt es sich, sich der Denkschulen der US-Außenpolitik zu vergegenwärtigen, um anhand dieser zu untersuchen, an welche Tradition die Außenpolitik der beginnenden Trump-Administration angeknüpft hatte und wie das neue geopolitische Selbstverständnis der USA in der Welt zu interpretieren ist.

Folgt man dem US-amerikanischen Politikwissenschaftler *Walter Russell Mead*, so haben sich seit der Unabhängigkeitserklärung der USA 1776 insgesamt vier Denkschulen bzw. Traditionen herausgebildet, die die Außenpolitik der USA bis heute prägen: Hamiltonianismus, Jeffersoniansimus, Jacksonianismus und Wilsonianismus.

Die Tradition des *Hamiltonianismus* ist benannt nach Alexander Hamilton, dem ersten Finanzminister der Vereinigten Staaten und engen Berater George Washingtons. Dieser Ansatz sieht die USA in der Tradition des britischen Empire[138], der die Aufgabe zukommt, für die Freiheit der See und des Welthandels Sorge zu tragen; er plädiert für Interventionen zur Durchsetzung

---

Jahrhundert, Ullstein 2003

[136] Henry Kissinger, Die Herausforderung Amerikas. Weltpolitik im 21. Jahrhundert, Ullstein 2003, S. 127

[137] Jörg Lau, Trump und wie er die Welt sieht, unter:
http://www.zeit.de/politik/ausland/2016-11/aussenpolitik-donald-trump-usa

[138] Walter Russell Mead, Special Providence: The American Foreign Policy Tradition, New York 2002, S. 87

wirtschaftlicher und politischer Interessen. Vertreter dieser Linie waren Theodore Roosevelt und George H.W. Bush[139]. Der Hamiltonianismus vertritt grundsätzlich einen globalistischen Ansatz; sein Ziel ist die ökonomische Globalisierung[140].

Demgegenüber sieht die Traditionslinie des *Jeffersoniansimus* – benannt nach dem dritten US-Präsidenten Thomas Jefferson – die Aufgabe der USA darin, sich aufgrund ihrer eigenen Geschichte grundsätzlich schützend hinter Revolutionen und Freiheitsbewegungen zu stellen, die „Despoten" zu bekämpfen und für Demokratie weltweit einzutreten[141]. Laut Jefferson sind die USA entstanden, um ein „Reich der Freiheit" (Empire of liberty) zu errichten – als gezielten Gegenentwurf zu den europäischen Mächten. Daran anknüpfend, verneint der Jeffersoniansimus jegliche Allianzen mit anderen (insbesondere europäischen) Mächten – hierin kommt die Tradition des Isolationismus zum Ausdruck –, betont aber die Freiheit des Handels und die Freiheit der Meere, die als Grundlage für die Beziehungen mit anderen Mächten interpretiert wird[142]. Der Kampf um die völkerrechtliche Regelung des internationalen Seehandels wurde unter Jefferson zu einer nationalen Aufgabe[143]. Vor diesem Hintergrund ist es nach dieser Doktrin Aufgabe der USA, eine „rechtliche Ordnung der Welt" anzustreben, und zwar als bewussten Gegensatz zum von Machtkämpfen heimgesuchten Europa. „Hier war einer der Berührungspunkte zwischen amerikanischer Außenpolitik und ethischem Sendungsbewußtsein, verstanden aus bewußter Abkehr vom damaligen Europa"[144].

Die Ideologie des *Wilsonianismus* sieht es als vorrangige Mission der US-Außenpolitik an, „Freiheit und Demokratie" sowie Freihandel weltweit zu verbreiten, was gleichfalls auch die Durchsetzung von „Regimewechseln" beinhaltet. Laut Mead ist es das erste Prinzip der Außenpolitik des Wilsonianismus, dass Demokratien bessere und zuverlässigere Partner seien als Monarchien und Diktatoren[145]. Bestandteil dieser Doktrin ist die Überzeugung, dass der innenpolitische Charakter eines Regimes sich auch auf dessen Außenpolitik

---

[139] Brendon O'Connor, American Foreign Policy Traditions: A Literature Review, Sidney 2009, S. 9

[140] Siehe hierzu die Übersicht über die Theorien der US-Außenpolitik:
http://westlake.k12.oh.us/schools/whs/haselswerdt/Lists/Calendar/Attachments/20/Theories%20of%20Foreign%20Policy.pdf

[141] Bernd Stöver, United States of America. Geschichte und Kultur, C.H. Beck, München 2012, S. 246

[142] Klaus Schoenthal, Amerikanische Außenpolitik. Eine Einführung, Kiepenheuer & Witsch, Köln 1965, S. 25 - 30

[143] Ebda., S. 30

[144] Ebda., S. 30

[145] Brendon O'Connor, American Foreign Policy Traditions: A Literature Review, Sidney 2009, S. 10

46

auswirke und dass sich in der Außenpolitik die tiefsten liberalen Werte demokratischer Gesellschaften ausdrücken müssten. Daraus wiederum wird abgeleitet, dass die amerikanische Macht zu moralischen Zwecken eingesetzt werden sollte und dass die Vereinigten Staaten sich auch weiterhin in internationalen Angelegenheiten engagieren müssten. Im Wesentlichen umfasst der Wilsonianismus vier Punkte: 1) weltweite Förderung der Verbreitung der Demokratie, 2) Förderung der Verbreitung der Marktwirtschaft und des Kapitalismus, 3) Ablehnung einer isolationistischen Politik und 4) bei Gefährdung des Weltfriedens oder eigener Interessen militärisches Eingreifen in Konflikte.

Als vierte Tradition der US-Außenpolitik gilt die Idee des sogenannten *Jacksonianismus* oder des *Jacksonian Populism*, benannt nach dem siebten Präsidenten der USA, Andrew Jackson (1829 – 1837). „Die historischen und kulturellen Wurzeln dieser Tradition liegen in den Frontier-Erfahrungen der weißen, protestantischen Siedler und frühen Farmer-Gemeinschaften. Sie grenzten sich von ihrer feindlichen Umwelt ab und wendeten erhebliche Mittel dafür auf, die Grenzen ihrer Siedlungsräume zu verteidigen"[146]. Für die außenpolitischen Debatte in den Vereinigten Staaten war der „Jacksonian Populism" jedoch kaum prägend[147]. Die „Jacksonians" sehen die Vereinigten Staaten als einen zurückhaltenden, prinzipiell gutmütigen „tough guy", der eigentlich in Ruhe seinen Geschäften nachgehen will, aber leider immer wieder von Neidern und Störern angegriffen wird. In der Außenpolitik sehen die „Jacksonians" die USA als eine Nation an, die am besten fährt, wenn sie ihre Interessen allein verfolgt. Der *Jacksonian Populism* erteilt der Ideologie des „liberalen Interventionismus" eine grundsätzliche Absage; die Vereinigten Staaten sollten sich – der *Jacksonianismus* ist insoweit als Gegenentwurf zum interventionistischen *Wilsonianismus* zu verstehen – in die Angelegenheiten anderer Staaten weder aus kommerziellen Interessen noch zum Zweck der Demokratieverbreitung tiefer einmischen. Nur dann, wenn die USA angegriffen werden, müssen sie nach Ansicht der „Jacksonians" mit massiver, überwältigender Vergeltung reagieren[148]. Außenpolitisch äußert sich diese Geistesströmung in einer sehr misstrauischen Haltung gegenüber allen globalistischen Bestrebungen, insbesondere gegenüber dem Glauben an der Errichtung einer Weltordnung durch internationales Recht, Multilateralismus und humanitäre Interventionen[149]; deutlich kommt hier die Tendenz zu einer isolationistischen, zurückhaltenden Position gegenüber auswärtigen Konflikten zum Ausdruck,

---

[146] Marco Overhaus/Lars Brozus, US-Außenpolitik nach den Wahlen 2016, Stiftung Wissenschaft und Politik, SWP-Aktuell 40, Juni 2016, S. 2

[147] Ebda.

[148] Jörg Lau, Trump und wie er die Welt sieht, unter:
http://www.zeit.de/politik/ausland/2016-11/aussenpolitik-donald-trump-usa

[149] Taesuh Cha, The Return of Jacksonianism: The International Implications of the Trump Phenomenon, in: The Washington Quaterly, Winter 2017, S. 83–97 (S. 86)

sofern sie konkrete US-amerikanische Interessen nicht berühren. Das bedeutet aber nicht, dass der Jacksonianismus anti-militaristisch ausgerichtet ist: Er ist zwar anti-interventionistisch im Hinblick auf die Strategie der „Regimewechsel", jedoch durchaus militaristisch und bekannt für ein gnadenloses Vorgehen, wenn es darum geht, eigene Interessen zu verteidigen oder sich gegenüber Angreifern zur Wehr zu setzen, und zwar ohne Konsultation von Verbündeten[150]. Innenpolitisch ist für den Jacksonianismus die kritische bis ablehnende Haltung zur Einwanderungsfrage sowie zur Machtelite des Ostküstenestablishments in den USA prägend[151].

Fragt man nach der historischen Einordnung des außen- und geopolitischen Ansatzes der Trump-Administration, so spricht sehr viel dafür, dass diese in der Tradition des Jacksonianismus stand; Politikwissenschaftler sprachen mitunter von einer „Rückkehr des Jacksonianismus"[152] - und vor dem Hintergrund dieser Doktrin wurden die von Trump formulierten Zielsetzungen schließlich auch nachvollziehbar: „Es mag sein, dass die Weltsicht des neuen Präsidenten den Deutschen, den Europäern, Amerikas Partnern im Nahen Osten und in Asien weder einleuchtet noch gefällt – aber sie ist weder vage noch unstimmig. Es ist einfach nicht wahr, dass Trump keine kohärente geopolitische Vision hätte. Im Übrigen entspricht sie einem der ältesten Stränge amerikanischer Außenpolitik. Er wird nach dem siebten Präsidenten Andrew Jackson (1829–1837), übrigens einem der Gründer der Demokratischen Partei, als Jacksonianismus bezeichnet", so eine Analyse der Wochenzeitung *Die Zeit*[153], und tatsächlich ist es der gescheiterte liberale und neokonservative Interventionismus der bisherigen Administrationen in Washington – verbunden mit der durch die Globalisierung ausgelösten Deindustrialisierung der US-Ökonomie, dem Niedergang der weißen Mittelschicht und den stagnierenden Einkommensverhältnissen der US-Arbeiter – gewesen, der ein Wiederaufleben des *Jacksonian Populism* ermöglicht hatte: „Wir halten uns künftig raus und schlagen nur noch massiv zu, wenn es uns nützt oder unvermeidlich ist – das ist Trumps Antwort auf die Krise jener imperialen Überdehnung amerikanischer Einmischungspolitik, für die Hillary Clinton stand"[154]. Der Aufstieg Trumps sei insoweit als ein Zeichen des endgültigen Kollapses des liberalen Konsenses der Gesellschaft Nachkriegs-Amerikas und als „Rückkehr des Geistes von Andrew Jackson in die politische Debatte" zu begreifen gewesen,

---

[150] Ebda., S. 86

[151] Ebda., S. 85

[152] So beispielsweise Taesuh Cha, The Return of Jacksonianism: The International Implications of the Trump Phenomenon, in: The Washington Quaterly, Winter 2017, S. 83–97

[153] Jörg Lau, Trump und wie er die Welt sieht, unter:
http://www.zeit.de/politik/ausland/2016-11/aussenpolitik-donald-trump-usa

[154] Ebda.

so der Politikwissenschaftler Teasuh Cha[155]. Trumps Wahlerfolg sei somit als Teil einer breiten „populistischen/nationalistischen Reaktion" gegen die neoliberale Globalisierung in den heutigen kapitalistischen Ländern zu begreifen[156]. Vor diesem Hintergrund verkörperte Trumps „Grand Strategy" auch den Ansatz einer „unorthodoxen Außenpolitik in der Republikanischen Partei", der sich insbesondere in den Angriffen gegen die hauptsächlichen Glaubenssätze der republikanischen Post-Reagan-Außenpolitik – nämlich Internationalismus, Demokratieförderung, Förderung des Freihandels und eine immigrationsfreundliche Haltung – zeigte[157]. Gewissermaßen als Gegenentwurf weist die „unorthodoxe Außenpolitik" Trumps vier Grundzüge auf: 1) Isolationismus (keine Beteiligung an militärischen Aktionen ohne direkten Bezug zur nationalen Sicherheit), 2) Protektionismus (an oberster Stelle steht der Schutz vor unfairem Wettbewerb), 3) Realismus (Verfolgung rein nationaler Interessen, was auch die Kooperation mit Staatsführern ungeachtet ideologischer Differenzen und ohne Rücksicht auf Wertediskussionen einschließt) und 4) Bruch mit dem Selbstverständnis der USA als Hegemon, der als Vorleistungen Institutionen wie NATO, UNO oder NAFTA bereitstellt[158]. „Diese neue Vision der Außenpolitik bedeutet eine Rückkehr zu einer anderen, Außenseiter-Tradition, nämlich der Jacksonian-Weltanschauung des populären Nationalismus", so Politikwissenschaftler Taesuh Cha[159]; im Wesentlichen stehe Trumps internationale Theorie für das Wiederaufleben der „Jacksonian-Doktrin" in der US-Diplomatie[160].

Insoweit waren die von Trump formulierten außenpolitischen Ideen weder widersprüchlich noch wirr, sondern entsprangen einer alten Traditionslinie US-amerikanischer Geopolitik, deren Bezugspunkt kein universaler Ordnungsentwurf im Sinne des „liberalen Internationalismus bzw. Interventionismus", sondern das konkrete Interesse des souveränen Nationalstaats im Sinne des „klassischen Realismus" der Schule Hans J. Morgenthaus ist.

---

[155] Taesuh Cha, The Return of Jacksonianism: The International Implications of the Trump Phenomenon, in: The Washington Quaterly, Winter 2017, S. 83 – 97 (S. 87)

[156] Ebda., S. 88

[157] Ebda., S. 88

[158] Jörg Lau, Trump und wie er die Welt sieht, unter:
http://www.zeit.de/politik/ausland/2016-11/aussenpolitik-donald-trump-usa

[159] Taesuh Cha, The Return of Jacksonianism: The International Implications of the Trump Phenomenon, in: The Washington Quaterly, Winter 2017, S. 83 – 97 (S. 88)

[160] Ebda., S. 89

III. Die geopolitischen Auswirkungen der Trump-Doktrin „America first"

Damit stellt sich die Frage, inwieweit sich mit der Verwirklichung der Trump-Doktrin „America first" eine geopolitische Revolution bzw. gar eine völlige Neuausrichtung der US-Außenpolitik verband oder ob sich in ihrer tatsächlichen Umsetzung nicht vielmehr die Formeln der traditionellen US-Geopolitik wiedergefunden hatten. Die Möglichkeit einer fundamentalen Verschiebung der „Grand Strategy" der USA unter dem Vorzeichen eines aufsteigenden „Jacksonianimus" hatte nicht nur bei den europäischen Mächten, sondern auch in Ostasien erhebliche Befürchtungen ausgelöst, dass eine Abkehr von Multilateralismus und eine ausschließliche Fokussierung auf nationale Interessen der USA die Sicherheitsbelange dieser geopolitischen Räume ernsthaft herausfordern könnten. Während unter den europäischen Mächten schon eine Auflösung des transatlantischen Bündnisses – welches mit einem verstärkten eigenen militärischen Aufrüstungsprogramm ausgeglichen werden müsse – diskutiert wurde, befürchteten die traditionellen ostasiatischen Verbündeten der USA – insbesondere Japan, Südkorea und Taiwan –, dass eine Verwirklichung eines Neo-Isolationismus in der US-Außenpolitik ein Machtvakuum zurücklassen könnte, was wiederum einen Ausbau der Hegemonie Chinas in dieser Region begünstigen würde[161]. Der von Trump verfügte Aufkündigung des „Transpazifischen Partnerschaftsabkommens" (TPP) am 23. Januar 2017 würde – so kritische Beobachter – Peking politische, wirtschaftliche und strategische Spielräume verschaffen, die weit über Chinas bisherige Einflusszone hinausgingen. „Für die Vorkämpfer eines nach außen stark und hegemonial auftretenden Amerika kommt Trumps Rückzug einer 'strategischen Kapitulation' ('Guardian') vor China gleich"[162]. In Bezug auf das transatlantische Verhältnis hatte Trump anfangs erklärt, dass die NATO in seinen Augen veraltet und „obsolet" sei. Insbesondere die europäischen Mitgliedsstaaten des transatlantischen Bündnisses hätten sich in Trumps Augen als undankbar erwiesen; seine verteidigungspolitische Formel verlangte eine stärkere finanzielle und militärische Beteiligung der europäischen Staaten, da andernfalls ein Abzug der US-amerikanischen Streitkräfte in Aussicht gestellt wurde. Amerikanische Garantien sollten Trump zufolge nur noch für die verbündeten Staaten gelten, die einen angemessenen Beitrag dafür zahlten. Vor diesem Hintergrund erklärte der ehemalige NATO-Generalsekretär Anders Fogh Rasmussen, dass unter Trump die Welt unsicherer würde, da im Fall

---

[161] Taesuh Cha, The Return of Jacksonianism: The International Implications of the Trump Phenomenon, in: The Washington Quaterly, Winter 2017, S. 83–97 (S. 90/91)

[162] Chinas große Chance, in: Der Spiegel 48/2016, S. 100–101 (S. 100)

50

eines Rückzuges der USA ein Machtvakuum drohe[163]. „Er hat damit eigentlich den Kern der NATO aufgekündigt“, so der Außenpolitik-Experte Josef Braml[164]. Nach dem Außenpolitik-Experten Damon Wilson, Vizepräsident der transatlantischen Denkfabrik Atlantic Council, der unter den Präsidenten Bill Clinton und George W. Bush im Nationalen Sicherheitsrat gearbeitet hat, stellte Trump „den internationalen Ansatz der amerikanischen Außenpolitik auf den Kopf“, so dass in sicherheitspolitischen Fragestellungen viel auf dem Spiel stünde[165]. Beobachter gingen seinerzeit davon aus, dass die „ganze Landkarte der Geopolitik neu gezeichnet“ werden sollte[166].

1. Russland: Die Rhetorik über einen Interessenausgleich weicht dem Fortbestehen des geopolitischen Antagonismus – Die US-Außenpolitik unter Trump knüpft wieder an die klassischen Doktrinen an

Für erhebliche Diskussionen sorgte Trumps anfängliche Haltung gegenüber Russland. Insbesondere während seines Wahlkampfes fiel er durch „für einen republikanischen Kandidaten untypische prorussische Aussagen“ auf[167], die als Ziel eine neue Partnerschaft mit Russland, einen „Great Deal“, ankündigten. Alte Feindschaften sollten begraben und stattdessen mit Russland eine Lösung in Syrien zur Bekämpfung des „Islamischen Staates“ gefunden werden[168]. Während Trumps Vizepräsident Mike Pence während des Wahlkampfes Russlands Politik in Syrien kritisierte, warf Trump die Frage auf: „Was ist falsch daran, mit Russland zusammenzuarbeiten, statt immer nur mit ihm zu kämpfen und zu kämpfen? Was ist falsch daran, Russland den IS so richtig bombardieren zu lassen? Was ist daran falsch?“[169]. Trump hatte während des Wahlkampfes Verständnis für Russlands Politik der Angliederung der Krim an die Russische Föderation im März 2014 geäußert; darüber hinaus hatte er in Frage gestellt, ob überhaupt russische Truppen im Donbass aktiv seien und

---

[163] … wenn das Irreale wahr wird, in: Handelsblatt v. 07/08./09. November 2016

[164] „Trump will sich aus der Welt zurückhalten“, unter:
http://www1.wdr.de/radio/wdr5/sendungen/morgenecho/braml-reaktion-auf-trump-100.html

[165] … wenn das Irreale wahr wird, in: Handelsblatt v. 07/08./09. November 2016

[166] „Die Landkarte der Geopolitik wird neu gezeichnet. Der Soziologe Richard Sennett über das Hegemoniestreben des neuen Präsidenten Trump und gefährliche globale Entwicklungen, in: Frankfurter Rundschau v. 12/.13. November 2016

[167] Putins „nützlicher Idiot“, in: Die Welt v. 03.11.2016

[168] … wenn das Irreale wahr wird, in: Handelsblatt v. 07/08./09. November 2016

[169] Zit. aus: James W. Carden, Donald Trump: Der Schrecken der Neocons, in: Blätter für deutsche und internationale Politik 4/2016, S. 41–45 (S. 43)

sich skeptisch zur Rolle der NATO und zur Beistandspflicht der USA hinsichtlich des Baltikums und Osteuropas geäußert[170]. In seiner außenpolitischen Rede Ende April 2016 beim Nixon-Center bekannte er sich in aller Deutlichkeit zu dem Ziel, aus der aktuellen Eskalationsdynamik im Verhältnis zu Russland und China aussteigen zu wollen: „Wir wünschen uns, mit Russland und China in Frieden und Freundschaft zu leben. Wir haben ernste Differenzen mit diesen beiden Ländern [...], aber wir müssen nicht gezwungenermaßen Feinde sein. Wir sollten Gemeinsamkeiten auf der Basis gemeinsamer Interessen suchen"[171]. Henry Kissinger, den Donald Trump Ende Dezember 2016 in seinen Beraterstab aufgenommen hatte, erklärte damals in diesem Zusammenhang, dass Trump „die Chance" hätte, durch eine Neubestimmung des Verhältnisses zu Moskau „als ein sehr bedeutender Präsident in die Geschichte einzugehen"[172]. Auch Stephen F. Cohen, Professor für Russlandstudien an der New-York- und Princeton-University, sah Trump als einen entscheidenden US-Präsidenten an, dessen außenpolitische Programmatik für einen Ausgleich mit Russland hätte stehen können. „Wir nähern uns einem Punkt, der mit der kubanischen Raketenkrise und ihrer nuklearen Konfrontation mit Russland auf allen Ebenen vergleichbar ist. Und darüber gibt es in den amerikanischen Medien absolut keine Diskussion, keine Debatte. (...) Dann kommt ganz unerwartet Donald Trump vorbei", führt Cohen weiter aus. „Er sagt, dass er den neuen Kalten Krieg beenden und mit Russland auf verschiedenen Gebieten zusammenarbeiten will und – zum allgemeinen Erstaunen – sind die Medien voll mit Beschuldigungen, (...) dass er ein russischer Agent ist, dass er ein Manchurian Kandidat ist und dass er ein Geschäftskunde von Putin ist. (...) Gehen wir zurück zu dem, was Trump über die NATO gesagt hat. Von Anfang an hat er gesagt, er wolle wissen, welche Mission die NATO – 60 Jahre nach ihrer Gründung – heute noch hat. Hunderte von Politik-Experten haben in Washington seit dem Ende der Sowjetunion vor 25 Jahren die gleiche Frage gestellt. Ist die NATO eine Organisation auf der Suche nach einer Mission? Das ist eine berechtigte Frage. Aber wir diskutieren sie nicht. Wir fragen nicht. Wir sagen nur, oh, Trump will die NATO verlassen"[173].

---

[170] Eine unbekannte Größe. Die internationale Politik reagiert abwartend auf Trumps Sieg, in. Neue Zürcher Zeitung v. 11.11.2016

[171] Jürgen Wagner, Donald Trump: Zweischneidiges Schwert als EU-Rüstungskatalysator?, unter: http://www.imi-online.de/2016/11/10/donald-trump-zweischneidiges-schwert-als-eu-ruestungskatalysator/

[172] Knut Mellenthin, Aufrüsten statt Frieden, in: Junge Welt v. 29.12.2016

[173] Rainer Rupp, Trump – Kandidat für den Frieden?, unter: https://deutsch.rt.com/meinung/39836-trump-kandidat-fur-frieden/

a) Der Versuch, Trump als „Manchurian Candidate" Russlands zu diskreditieren – ein verdeckter Krieg des neokonservativen Establishments gegen die neue Administration?

Trotz der Ankündigung Trumps, während seiner Präsidentschaft einen Ausgleich – einen „Deal" – mit Russland über wichtige sicherheitspolitische Fragen zu erreichen, blieben Präzisierungen zunächst aus. Besondere Brisanz enthielt das Verhältnis zu Russland noch wegen der Behauptungen über eine vermeintliche Einflussnahme Moskaus auf die US-Präsidentschaftswahl und bestehende Kontakte aus dem Trump-Team zu russischen Regierungs- und Geheimdienstvertretern, wobei aber hier vieles im Dunkeln liegt und spekulativ erscheint. Zu der Fragestellung, inwieweit Russland den Wahlkampf in den USA zu beeinflussen suchte, um Trump zum Sieg zu verhelfen, hatten die CIA, der Abhördienst NSA sowie das FBI im Januar 2017 einen Bericht vorgelegt, der jedoch keine Beweise für diese These enthielt. „Das Papier trägt jedoch nichts Neues zur Debatte bei", so eine damalige Analyse der *Neuen Zürcher Zeitung.* „Es erinnert vielmehr an eine Seminararbeit, die künstlich aufgebläht wurde (unter anderem mit einem völlig veralteten Teilbericht aus dem Jahr 2012, der länger ist als das Hauptkapitel), um auf eine respektable Länge zu kommen. Die Geheimdienste wiederholen ihre Einschätzung, Russland habe eine Kampagne zur Beeinflussung der amerikanischen Wahlen geführt, Trump gegenüber Clinton bevorzugt und in Hackerangriffen erbeutete Informationen über diverse Propaganda-Kanäle verbreitet. Doch die berühmte 'smoking gun', einen schlagenden Beweis, sucht man in dem Bericht vergeblich. Nichts deutet zum Beispiel darauf hin, dass der amerikanische Überwachungsapparat verdächtige Anordnungen aus Moskau oder Kommunikationen mit der Enthüllungsplattform Wikileaks abgefangen hätte"[174]. Dass enge Mitarbeiter Trumps – wie z.B. der bereits Mitte Februar 2017 entlassene General Michael T. Flynn, Trumps Wahlkampfleiter Paul Manafort, der Lobbyist des im Februar 2014 gestürzten ukrainischen Präsidenten Viktor Janukowitsch war, oder Carter Page, ein zeitweiliger außenpolitischer Berater Trumps und Angestellter einer amerikanischen Investmentbank in Moskau – während des Wahlkampfes Kontakte mit russischen Regierungsvertretern unterhielten, gilt hingegen als unbestritten und wurde auch vom russischen Außenministerium bestätigt. Tatsächlich jedoch ist eine solche Beziehungspflege per se weder anrüchig noch unüblich[175]. Die entscheidende Frage ist aber, ob

---

[174] Trump spielt mit dem Feuer, unter:
https://www.nzz.ch/meinung/putins-einfluss-in-washington-trump-spielt-mit-dem-feuer-ld.138670
[175] Trump und die Akte Russland, unter:
https://www.nzz.ch/international/die-vorwuerfe-im-ueberblick-trump-und-die-akte-russland-ld.152113

es dabei um politische Absprachen ging. Trumps Team bestritt dies vehement. „Beweise für eine politische Koordination der beiden Seiten liegen bis jetzt nicht vor", so die Analyse der *Neuen Zürcher Zeitung*[176]. Gleichfalls im Dunkeln liegen die Hintergründe eines 35-Seiten-Dossiers, welches von einem ehemaligen hohen britischen Geheimdienstmitarbeiter namens Christopher Steele im Dienst einer Beratungsfirma ab Mitte März 2016 zusammengestellt und später, auch nach der Wahl, laufend ergänzt wurde. Das Dossier soll zuerst von Republikanern bestellt worden sein, die Trump stoppen wollten, danach von den Demokraten[177]. Nach den Recherchen des *Wall Street Journal* steckte hinter dem Dossier die Londoner Firma Orbis Intelligence Limited, die für ihre Kunden Informationen sammelt; deren Eigner ist besagter Ex-Geheimdienstmitarbeiter Steele. Den Recherchen zufolge wurde Orbis im US-Wahlkampf von republikanischen wie demokratischen Gegnern Trumps beauftragt, kompromittierendes Material gegen den Kandidaten Trump zu sammeln[178]. Dieses Dokument wurde im Laufe des Wahlkampfes 2016 sowohl Kongressmitgliedern als auch Medien zugespielt. Gegenstand dieses Dossiers ist vermeintlich bloßstellendes Material – insbesondere ein angebliches Treffen Trumps mit Prostituierten in Moskau –, das angeblich von russischen Diensten zusammengetragen worden sei, um Trump gegebenenfalls zu erpressen. In dem nicht überprüften Dossier ist ferner zu lesen, dass Trumps engste Vertraute Hackerangriffe auf E-Mail-Accounts der US-Demokraten mit Russland abgestimmt haben sollen. Tatsächlich gibt es für die in dem Dossier enthaltenen Behauptungen keine Bestätigung aus glaubwürdiger Quelle[179]. Laut der Enthüllung des *Wall Street Journal* hatten diese Zeitung wie auch andere Medien versucht, Belege für die in dem Dossier enthaltenen Vorwürfe zu finden, sind aber an diesem Vorhaben gescheitert[180]. Nach Enthüllungen der *Neuen Zürcher Zeitung* hatten mehrere Medienunternehmen wie die „New York Times", die „Washington Post" und „Politico" schon im Oktober 2016 von dem Dossier Kenntnis erhalten. Da es ihnen nicht gelang, die Behauptungen durch weitere Quellen zu bestätigen, verzichteten sie auf eine

---

[176] Ebda.

[177] Angeblicher Autor des Trump-Dossiers untergetaucht, unter:
https://www.nzz.ch/international/britischer-ex-geheimdienstmann-als-quelle-angeblicher-autor-des-trump-dossiers-untergetaucht-ld.139479

[178] „Wall Street Journal" enttarnt britischen Ex-Agenten als Quelle, unter:
http://www.spiegel.de/politik/ausland/donald-trump-wall-street-journal-nennt-britische-ex-agenten-als-quelle-fuer-dossier-a-1129618.html

[179] Trump und die Akte Russland, unter: https://www.nzz.ch/international/die-vorwuerfe-im-ueberblick-trump-und-die-akte-russland-ld.152113

[180] „Wall Street Journal" enttarnt britischen Ex-Agenten als Quelle, unter:
http://www.spiegel.de/politik/ausland/donald-trump-wall-street-journal-nennt-britische-ex-agenten-als-quelle-fuer-dossier-a-1129618.html

Veröffentlichung[181]. Nach einer Stellungnahme des Geheimdienstkoordinators der Vereinigten Staaten, James Clapper, von Mitte Januar 2017 hätten die US-Dienste das Dokument gleichfalls als nicht glaubwürdig eingestuft[182]. Zu ergänzen ist zur Frage der Glaubwürdigkeit lediglich noch, dass die zweifelhafte Figur Christopher Steele zwischenzeitlich untergetaucht und spurlos verschwunden war[183]. Auch die Führung der US-Geheimdienste schien Zweifel an der These einer Verschwörung zwischen Trump und russischen Regierungsvertretern gehabt zu haben; neben Geheimdienstkoordinator Clapper, der Mitte März 2017 in einer Pressekonferenz erklärte, er sehe keine Beweise für ein Zusammenwirken zwischen Trump und Moskau, führte auch Obamas CIA-Chef Michael Morell auf einem Forum von Geheimdienstvertretern aus, es gebe in der Frage einer Verschwörung zwischen dem Trump-Team und russischen Vertretern während des Wahlkampfes bestenfalls Rauch, aber kein Feuer[184]. Ferner konnte der im Frühjahr 2019 erschienene Ermittlungsbericht des ehemaligen FBI-Direktors Robert Mueller gleichfalls kein konspiratives Zusammenwirken zwischen Trumps Wahlkampfteam und der russischen Regierung bestätigen[185]. Im Jahre 2020 kristallisierte sich heraus, dass Steeles Behauptungen „unbegründet waren oder gar gänzlich widerlegt wurden"[186].

aa) Die Drahtzieher einer antirussischen Kampagne

Nicht ausgeschlossen werden kann, dass es sich bei der antirussischen Kampagne – so hatte einer der einflussreichsten republikanischen Trump-Gegner, der Senator Lindsey Graham, bei der Münchner Sicherheitskonferenz im Februar 2017 gegenüber dem russischen Außenminister Lawrow erklärt, dass das Jahr 2017 das Jahr sein werde, in dem der Kongress „Russland in den Arsch" treten werde[187] – um eine Strategie antirussischer neokonservativer Kräfte unter den Demokraten und Republikanern handelte, um Trump die

---

[181] Trump und die Akte Russland, unter: https://www.nzz.ch/international/die-vorwuerfe-im-ueberblick-trump-und-die-akte-russland-ld.152113

[182] US-Geheimdienstchef eilt Trump zur Hilfe, unter:
http://www.handelsblatt.com/politik/international/geheimdienst-affaere-us-geheimdienstchef-eilt-trump-zur-hilfe/19242686.html

[183] Ebda.

[184] Glenn Greenwald, Key Democratic Officials now warning Base not to expect Evidence of Trum/Russia Collusion, unter: https://theintercept.com/2017/03/16/key-democratic-officials-now-warning-base-not-to-expect-evidence-of-trumprussia-collusion/

[185] Siehe hierzu zusammenfassend: Hubert Seipel, Putins Macht. Warum Europa Russland braucht, Hoffmann und Campe, Hamburg 2021, S. 227 - 230

[186] Unwanted Truths: Inside Trump's Battles with U.S. Intelligence Agencies, in: New York Times v. 08.08.2020

[187] Graham: US-Kongress wird Russland in den „Arsch" treten, unter:
http://www.zeit.de/news/2017-02/19/international-graham-us-kongress-wird-russland-in-den-arsch-treten-19114803

politische Glaubwürdigkeit zu entziehen, gewissermaßen als Vergeltung dafür, dass es ihnen nicht gelungen war, mit Hilfe der demokratischen Präsidentschaftskandidatin Hillary Clinton den politischen Einfluss in Washington zurückzuerobern.

An der Russlandfrage entzündete sich schließlich hinter den Kulissen der Machtkampf um die Hoheit und Definition der künftigen US-Außenpolitik, dessen Kontrahenten zum einen der eher „nationalistische" Flügel – repräsentiert durch die Sicherheitsberater Michael T. Flynn und Steven Bannon – und zum anderen das neokonservative Establishment sowie Mitglieder der Trump-Administration selbst waren. Die Wurzeln dieses Konflikts – aus dem schließlich das klassische außenpolitische Establishment als Sieger hervorgehen sollte – reichen in den Präsidentschaftswahlkampf 2016 zurück. Mit Hillary Clinton trat auf Seiten der Demokraten eine Politikerin an, die für ihre kompromisslose außenpolitische Haltung bekannt war, die die Konfrontation mit Russland suchte und von der Denkfabrik „Project for a New American Security" gefördert wurde, welche eine klar offensive außenpolitische Programmatik im Sinne einer „neuen amerikanischen Weltführungsmacht" verfocht. Zum Entsetzen vieler Demokraten und Republikaner und insbesondere jener neokonservativen Kräfte, die bislang die US-Außenpolitik bestimmten und auf Clintons interventionistischen Kurs setzten, deutete der Herausforderer Trump an, er habe Sympathien für Russlands Präsident Putin und wolle eine Annäherung an Russland suchen. Trump hatte „versprochen, eine Aufhebung der Sanktionen gegen Moskau in Erwägung zu ziehen, und sogar angedeutet, die Krim vielleicht als Teil Russlands anzuerkennen. Zudem hatte Trump die NATO als überholt kritisiert und einige der europäischen Bündnispartner Amerikas als Schmarotzer bezeichnet. Er hat verlauten lassen, dass die USA sie bei dem in Artikel 5 des NATO-Vertrags vereinbarten Bündnisfall nur dann gegen einen Angriff verteidigen würde, wenn sie ihren Verpflichtungen nachkommen und genug für ihre Verteidigung ausgeben würden. Trump hat sich von fast jeder in Washington vorherrschenden negativen Sicht von Russland distanziert. Auch erteilte er dem ukrainischen Präsidenten Petro Poroschenko eine Abfuhr, als dieser im September (2016) um ein Treffen bat. Und er forderte eine Zusammenarbeit zwischen den USA und Russland gegen den IS in Syrien, wobei er den syrischen Diktator Baschar al-Assad das kleinere Übel gegenüber den möglichen Alternativen nannte"[188].

Auf Hillary Clintons Niederlage im November 2016 schließlich reagierten die sie unterstützenden einflussreichen Kräfte mit einer gezielten antirussischen

---

[188] Simon Saradzhyan/William H. Tobey, Männerfreundschaft reicht nicht. Eine wirkliche Verbesserung der amerikanisch-russischen Beziehungen ist auch in der Ära Trump nicht zu erwarten, unter:
http://www.ipg-journal.de/rubriken/aussen-und-sicherheitspolitik/artikel/maennerfreundschaft-reicht-nicht-1760/

Kampagne, die darin bestand, Trump als „Putins Marionette" zu diskreditieren. Dabei lagen hauptsächlich zwei Motive zugrunde: Zum einen sollte Russland die Schuld an der Wahlniederlage Clintons zugewiesen werden, und zum
anderen wollte die bisherige außenpolitische Elite einen Politikwandel gegenüber Russland durch die neue Administration unbedingt verhindern[189]. Der
konstruierte Vorwurf lautete, Russland habe durch gezielte Hacker-Angriffe
in den Wahlkampf eingegriffen, um Trump zum Sieg zu verhelfen. Putin habe
Hacker-Angriffe auf die Demokratische Partei angeordnet und die geheimen
Informationen dann Wikileaks zugespielt – Thesen, für die es wie oben dargestellt keine stichhaltigen Beweise gibt. „Der Verweis auf Russland ermöglicht dem Establishment der Demokratischen Partei jedoch, die Tatsache zu
verschleiern, dass eine falsche Kandidatin und ein falsches Wahlprogramm
für die Wahlniederlage verantwortlich waren"[190]. Einflussreicher Drahtzieher
dieser antirussischen Kampagne ist die neokonservative Gruppe um die Familie Kagan, die für ihre Lobbyarbeit für US-Interventionen bekannt ist und
in Hillary Clinton die ideale Kandidatin für die Umsetzung ihrer Ziele sah[191].
Nach deren Wahlniederlage hatten die Familie Kagan und ihre neokonservativen Zirkel den Plan gefasst, die Trump-Administration zu destabilisieren
oder zumindest eine Änderung der außenpolitischen Linie in Richtung einer
„Reset-Politik" gegenüber Russland zu verhindern[192]. Robert Kagan versuchte dabei, besonders die Republikaner gegen Trumps Russland-Politik in
Stellung zu bringen, was er in einem Artikel in der *Washington Post* zum Ausdruck brachte[193].

Viel spricht also für einen Machtkampf innerhalb der US-Machtelite, dessen
Hauptinitiatoren die Neokonservativen waren, die bislang die US-Außenpolitik bestimmt hatten und die mit dem Machtwechsel in Washington befürchten
mussten, an Einfluss zu verlieren. Diese Einschätzung vertritt der US-amerikanische Enthüllungsjournalist Robert Parry. Er stellt fest, dass die amerikanischen Neokonservativen durch den Wahlsieg Donald Trumps ihren erhoff-
ten Zugang zum Machtzentrum in Washington vorerst verpasst hätten. Mit
Trump, so Robert Parry, war das von den Neokonservativen dominierte außenpolitische Establishment in den USA weit davon entfernt, Einfluss auf
die künftige Gestaltung der US-Außenpolitik zu nehmen. Die neue Strategie

---

[189] Mirko Peterson, Trump und Russland. Die Hysterie um eine neue Reset-Politik, in:
Ausdruck. Zeitschrift der Informationsstelle Militarisierung e.V., Ausgabe April 2/2017, S.
30/31 (S. 30)

[190] Ebda. S. 30

[191] Robert Parry, The Kagans are back; Wars to Follow, unter:
https://consortiumnews.com/2017/03/15/the-kagans-are-back-wars-to-follow/

[192] Ebda.

[193] Robert Kagan, Republicans are becoming Russia's accomplices, in: Washington Post v.
06.03.17

der beiden neokonservativen Vordenker Robert und Frederick Kagan ziele
darauf ab, das Weiße Haus mit Hilfe von Republikanern und Demokraten
„weich zu klopfen", um eine härtere Konfrontation mit Russland und eine
militärische Intervention in Syrien durchzusetzen[194]. Insbesondere der US-
Stratege Robert Kagan habe erkannt, dass nur über die Inszenierung eines
neuen kalten Krieges gegen Russland – und dafür eignete sich die These von
der russischen Intervention im US-Wahlkampf, die Kagan als höchstes nationales Sicherheitsrisiko deklariert, besonders – die Rückkehr der Neokonservativen zur Macht in Washington gelingen könne. Die sogenannte „Re-
sistance"-Bewegung gegen Trumps Präsidentschaft und Präsident Obamas
Instrumentalisierung der Geheimdienste, um Trump als russischen „mand-
schurischen Kandidaten" zu diskreditieren, habe den Neokonservativen und
ihrer Agenda neue Hoffnung sowie die Möglichkeit gegeben, sich neu zu
gruppieren und zu reorganisieren. Sie hätten jetzt die Hoffnung gehabt, in
Bezug auf Russland Trump bis zum Vorwurf des Landesverrates so unter
Druck zu setzen, dass er keine andere Ausweichmöglichkeit haben würde, als
sich der neokonservativen Agenda – laut Parry Konfrontation gegen Russland
sowie Durchsetzung einer Militärintervention in Syrien zum Sturz des Assad-
Regimes – anzuschließen[195]. In die gleiche Richtung argumentiert auch der
ehemalige CIA-Offizier Philip Giraldi, der in der Kampagne ein klares Ziel
einer einflussreichen Anti-Trump-Lobby vermutet. Er erblickt eine „koordinierte Anstrengung" mit dem Ziel, die Optionen des Weißen Hauses im Umgang mit Russland zu reduzieren; viele in Washington seien nicht an einer
Kooperation mit Russland interessiert. Die These einer Verstrickung des
Trump-Teams in eine russische Verschwörung erwies sich daher laut Giraldi
als probates Mittel, um eine mögliche Änderung der US-Außenpolitik von
vornherein zu unterbinden[196]. Aus diesem Grund – so ein weiterer Kritiker
der antirussischen Kampagne, der Historiker Stephen F. Cohen – sei nunmehr eine Hysterie inszeniert worden, die an die McCarthy-Ära der fünfziger
Jahre erinnert hätte[197]. Die Vorwürfe seien von politischen Kräften mit jeweils
verschiedener Agenda verbreitet: Vom Hillary-Clinton-Flügel der Demokratischen Partei, der darauf bestünde, dass er die Wahl nicht verloren habe, sondern diese vom russischen Präsidenten Wladimir Putin für Trump gestohlen

---

[194] Robert Parry, The Kagans are back; Wars to follow, unter:
http://www.middle-east-online.com/english/?id=82119
[195] Ebda.
[196] Philip Giraldi, More about Russia and Less about Flynn, unter:
http://www.theamericanconservative.com/articles/more-about-russia-and-less-about-flynn/
[197] Stephen F. Cohen, Why we must oppose the Kremelin-Baiting against Trump, unter:
https://www.thenation.com/article/why-we-must-oppose-the-kremlin-baiting-against-
trump/

worden sei, ferner von Feinden der von Trump vorgeschlagenen Entspannung mit Russland, die ihn und Putin diskreditieren wollten, aber auch von Republikanern und Demokraten, die darüber entsetzt gewesen seien, dass das Modell Trump insoweit funktioniert habe, als dass Trump ohne jede politische Erfahrung gewonnen und damit das etablierte Zwei-Parteien-System bedroht habe[198].

Tatsache ist, dass die Trump-Administration insbesondere im Hinblick auf ihre Russlandpolitik unter starkem innenpolitischem Druck stand, zumal Trump in manchen außenpolitischen Vorstellungen von der Meinung recht weit entfernt war, die unter den Republikanern im Kongress nach wie vor vorherrscht, was insbesondere in der Russlandpolitik der Fall ist[199]. Im Umgang mit Russland musste Trump mit der markant antirussischen Stimmung unter Republikanern im Kongress rechnen. „Zumindest 'Falken' wie Senator John McCain und Lindsey Graham werden Präsident Trump – durchaus im Zusammenspiel mit demokratischen Kollegen – in der Russland-Politik unter Druck setzen und seinen Handlungsspielraum zumindest politisch einzuengen versuchen"[200]. So wurde beispielsweise – was in einem folgenden Kapitel noch näher dargestellt wird - eine überparteilich angelegte Sanktionsinitiative durchgesetzt, die Russland wegen der (vermeintlichen) Einmischung in den amerikanischen Wahlkampf bestrafen sollte. Darüber hinaus gelang es den republikanischen Senatoren John McCain, Lindsey Graham und Marco Rubio zusammen mit demokratischen Kollegen, eine Initiative einzubringen, die darauf abzielte, dem Präsidenten die Aufhebung der gegen Russland verhängten Sanktionen zu erschweren. Diese Sanktionen sollten gesetzlich festgeschrieben werden; der Kongress sollte über ihre Aufhebung mitentscheiden können. In der Tat spricht sehr viel für die Einschätzung, dass sich das außenpolitische Establishment beider Parteien in Washington zusammengeschlossen hatte, um der Trump-Administration entgegenzutreten[201]. Deutlich wird dies an dem im Februar 2017 veröffentlichten Strategiedokument der Brookings Institution mit dem Titel *Building „Situations of Strength". A National Security Strategy for the United States,* an dem hochrangige Vertreter sowohl der Administration von George W. Bush als auch von Barack Obama mitgewirkt haben – Eric Edelman, Stephen Hadley und Kristen Silverberg vom republikanischen Flügel und Derek Chollet, Michèle Flournoy sowie Jake Sullivan auf der demokratischen Seite, zusammen mit Robert Kagan und den Mitgliedern der

---

[198] Ebda.

[199] Peter Rudolf, US-Außenpolitik unter Präsident Trump, Studie der Stiftung Wissenschaft und Politik, SWP-Aktuell 10 v. März 2017. S. 4

[200] Ebda., S. 4

[201] Uri Feldman, The Foreign Policy Establishment defends itself from Trump, unter: https://www.theatlantic.com/international/archive/2017/02/trump-brookings-international-order/517137/

Bookings Institution Martin Indyk, Bruce Jones und Thomas Wright. Diese Sicherheitsstudie stellte eine direkte Kampfansage gegen die von der Trump-Administration favorisierte Außenpolitik dar; einer der Autoren, der neokonservative US-Stratege Robert Kagan – ein Verfechter des „liberalen Interventionismus" – erklärte sogar, dass Trumps außenpolitischer Ansatz die Vereinigten Staaten in eine „Schurken-Supermacht" verwandeln würde[202]. Tatsächlich kam in dem Strategiedokument zum Ausdruck, dass insbesondere in außenpolitischen Angelegenheiten die ideologische Distanz zwischen den Vertretern der George-W.-Bush- und der Obama-Administration sehr viel schmaler war als die zwischen den „liberalen Internationalisten" und den „Nationalisten", die mit dem Wahlsieg Trumps zunächst die Politik im Weißen Haus bestimmten[203]. Offen heißt es in dem Strategiedokument: „Die Frage, mit der wir als Nation konfrontiert sind, ist so bedeutsam wie alle, mit denen wir seit den späten 1940er Jahren konfrontiert waren", so die Autoren. „Sollen die Vereinigten Staaten eine neue, große Strategie annehmen, die nicht mehr die Sicherung und Aufrechterhaltung einer von der USA geführten liberalen internationalen Ordnung priorisiert und stattdessen einen schmaleren, nationalistischeren Ansatz für die Außenpolitik verfolgt?". Die Autoren der Studie sind grundsätzliche Verfechter einer universalistischen Mission der USA und lehnen daher eine an rein nationalen Interessen orientierte US-Außenpolitik ab. „Kein Land in der Geschichte hat jemals die Rolle gespielt, die die Vereinigten Staaten in den letzten 70 Jahren gespielt haben", heißt es dort. „Es gibt keine vergleichbare Analogie; selbst das britische Reich, das oft als vergleichbar erwähnt wird, war ein herkömmliches ausbeuterisches Unternehmen, das vom Gleichgewicht der Mächte in Kontinentaleuropa fern bleiben wollte und daher das genaue Gegenteil von dem ist, was die Vereinigten Staaten nach 1945 zu erreichen suchten". Aufgrund ihrer Größe sei den Amerikanern ein höherer Zweck verliehen worden, „dass wir etwas mehr verfolgen als unsere engen Interessen, die einem bedeutenden Anteil der Menschheit zugutekamen"[204]. Konkret legen die Autoren dar, warum auf eine „universalistische Mission" der USA nicht verzichtet werden könne: Sie habe nach dem Zweiten Weltkrieg zu einer stabilen internationalen Ordnung geführt, wie der „Umwandlung Deutschlands und Japans in friedliche Demokratien und Wirtschaftsmächte", der „Eindämmung der Sowjetunion und des Kommunismus" mit „Verträgen, Institutionen und Regeln zur Bewältigung globaler Bedrohungen und Herausforderungen" sowie eines „System(s) von Allianzen", das dazu beigetragen habe, eine längere Zeit des Friedens und einer globalen

---

[202] Ebda.

[203] So die Interpretation von Uri Feldman, The Foreign Policy Establishment defends itself from Trump, unter: https://www.theatlantic.com/international/archive/2017/02/trump-brookings-international-order/517137/

[204] Zit. aus: Ebda.

60

amerikanischen Vorherrschaft zu errichten. Die größte neue Herausforderung für die USA sei im Prinzip eine alte, so die Autoren, und zwar die Rückkehr des Nationalismus in die Geopolitik. Der heftige Wettbewerb zwischen Großmächten – vor allem zwischen China, Russland und den Vereinigten Staaten – sei nach einer seltenen Periode in den 1990er und 2000er Jahren, als die führenden Mächte der Welt weitgehend kooperierten, wieder zurückgekehrt. Die Autoren gehen von einem geopolitischen und ideologischen Antagonismus zwischen Russland und China auf der einen Seite und den USA andererseits aus, der es prinzipiell verbiete, dass die USA eine „verengte", ausschließlich an ihren nationalen Interessen orientierte Außenpolitik verfolgten. Die „aufstrebende strategische Konkurrenz zwischen den Vereinigten Staaten, Russland und China bezieht sich dem Dokument zufolge auf zwei konkurrierende Visionen: Die amerikanische internationale Nachkriegsordnung und eine autoritäre Vision von einem System von Einflusssphären", in dem „China einen Großteil von Ostasien, Russland einen Großteil von Ost- und Mitteleuropa dominiere", während die USA sich vorrangig auf ihre eigene Hemisphäre und möglicherweise Westeuropa konzentrierten, so die Autoren. Eine Welt jedoch, die um „Sphären des Einflusses" herum organisiert sei, sei „inhärent instabil", fügen die Autoren hinzu, weil die Grenzen dieser Sphären tendenziell heftig umstritten seien. „Es ist eine für große Machtkonflikte anfällige Konfiguration" in einer Art, wie sie bestand, bevor sich die US-geführte internationale Ordnung etablierte. Vor diesem Hintergrund – so äußerte Robert Kagan in einem Interview – erweise sich Trumps „nationalistischer" außenpolitischer Ansatz als gefährlich, er verwandele die USA in eine „Schurken-Supermacht"[205].

Dieser ideologische Machtkampf zwischen dem überparteilichen außenpolitischen Establishment – dem sogenannten „Blob" – und der neuen Administration prägte seitdem die Politik in Washington, woraufhin auch der Journalist M. Scott Mahaskey in seiner umfassenden Reportage für das Magazin „Politico" hinweist[206]. „In nur wenigen Wochen als Präsident gelang es Trump – oder er drohte es an – viele der wichtigsten Überzeugungen des 'Blob' über die amerikanische Macht zu sprengen. Dabei vereint er schließlich Demokraten und viele Republikaner, Falken und Tauben, Neokonservative und Obama-Anhänger, in Sorge. Ob links oder rechts, heftige Verfechter der 'weichen Macht' oder Befürworter der 'Bomb, Bomb, Bomb'-Schule der internationalen Beziehungen, hatten die meisten Vertreter des außenpolitischen Es-

---

[205] Ebda.

[206] M. Scott Mahaskey, Trump takes on the Blob, unter:
http://www.politico.com/magazine/story/2017/03/trump-foreign-policy-elites-insiders-experts-international-relations-214846

tablishments der USA die Zeit seit dem 20. Januar (2017) in wechselnden Zuständen der Angst, Wut, Bestürzung, Verwirrung und geistigen Erschöpfung verbracht"[207]. Vor diesem Hintergrund muss sowohl die antirussische Kampagne wie auch der Versuch der Trump-Administration, eine neue Russland-Politik zu definieren, interpretiert werden.

bb) Wahlkampfeinmischungen auswärtiger Mächte: Eine übliche Praxis?

Trotz der Dramatisierung eines solchen „Russia-Gate" zwecks Diskreditierung Trumps als „Manchurian Candidate" Moskaus mit dem Ziel der Verhinderung eines Kurswechsels in der US-Außenpolitik muss jedoch bei sachlicher Anschauung der Thematik in Betracht gezogen werden, dass es sich bei ausländischen Wahlkampfeinmischungen nicht um eine wirklich außergewöhnliche und neuartige Erscheinung handelt. In diesem Zusammenhang hatte der Politikwissenschaftler Dov H. Levin vom Institute for Politics and Strategy an der Carnegie-Mellon University in Pittsburgh in seiner Dissertation *'George Washington must go': The Causes and Effects of Great Power Electoral Interventions* Wahlkampfeinmischungen durch die USA sowie die UdSSR/Russland in der Zeit von 1946 – 2000 dokumentiert. Dabei hatte er festgestellt, dass bei den insgesamt 117 Einmischungsversuchen der USA und der UdSSR auf nationale Wahlen in anderen Staaten in diesem Zeitraum die UdSSR 36 mal, die USA jedoch 81 mal aktiv waren[208]. Die externe Einflussnahme auf Wahlen stelle, so Levin, also kein neues Phänomen dar; vielmehr handele es sich um eine altbekannte Praxis. „In den amerikanischen Medien werden die Einmischungsversuche Russlands aber fälschlicherweise als außergewöhnlich und als eine Aktion von beispiellosem Ausmaß dargestellt"[209]. Tatsächlich hat es Levin zufolge in der Zeit von 1946 bis 2000 lediglich zwei Fälle gegeben, in denen die UdSSR versucht hatten, Wahlen in den USA zu beeinflussen: „Einmal 1948, damals sollte die Wahl Harry Trumans verhindert werden. Das andere Mal war 1984. Da wollten die Sowjets vermeiden, dass Ronald Reagan als Präsident wiedergewählt wird, er stand für eine harte außenpolitische Linie"[210]. Sehr gut dokumentiert ist hingegen die – umgekehrte – flagrante Einmischung der USA in den russischen Präsidentschaftswahlkampf 1996. „Die Amerikaner mischten sich 1996 intensiv bei den Wahlen in Russland ein. Sie waren besorgt, dass Gennadi Sjuganow, der Kandidat der Kommunistischen Partei, Präsident werden könnte. Sie unterstützten die

---

[207] Ebda.

[208] „Das sollte nicht verharmlost werden". Wie Russen und Amerikaner immer wieder versucht haben, Abstimmungen im Ausland zu beeinflussen, in: Süddeutsche Zeitung v. 23.02.17

[209] Ebda.

[210] Ebda.

Wiederwahl von Boris Jelzin. Das Problem war nur, dass Jelzin keine gute Figur abgab: In einer Umfrage lag er bei gerade mal acht Prozent"[211]. Um das Blatt zu wenden, schickten die USA „Wahlkampfberater und konzipierten für Jelzin eine neue Kampagne. Außerdem überredeten die USA den Internationalen Währungsfonds (IWF), Russland – und damit dem amtierenden Präsidenten Jelzin – eine Anleihe von zehn Milliarden Dollar zu gewähren, obwohl das Land die ökonomischen Kriterien nicht erfüllte. Wir reden hier vom zweithöchsten Betrag, den der IWF bis dahin je vergeben hatte". Insgesamt war die US-amerikanische Unterstützung für Jelzin[212] eine sehr offensichtliche Maßnahme. „Jelzin erschien sogar im russischen Fernsehen und bedankte sich bei seinem guten Freund Bill Clinton. Außerdem drohte der Chef des IWF: Falls die Kommunisten gewinnen und die Reformen Jelzins rückgängig machen, würde der Geldfluss versiegen. Das gab Jelzin großen Aufwind"[213]. Sehr überraschend ist laut Levin dabei, dass die Hauptziele der Wahlkampfeinmischungen der USA insbesondere auch die Staaten waren, die mit den USA am engsten verbündet sind. Levins Analyse zeigt, dass die USA bei den Wahlen in Italien acht Mal, in Japan fünf Mal und in Israel vier Mal interveniert hatten. Insgesamt ereigneten sich 33 Prozent der Einmischungen der USA in nationalen Wahlen in Europa, 28 Prozent in Asien, 28 Prozent in Lateinamerika, 8 Prozent im Mittleren Osten und 3 Prozent in Afrika[214]. Laut Levin erfolgte ein Drittel der US-Wahlkampfeinmischungen öffentlich, zu zwei Dritteln jedoch im Verborgenen[215]. Zur Ergänzung sei noch angefügt, dass Levins Analyse ausdrücklich nicht die von den USA inszenierten Militärputsche berücksichtigt hatte[216]; Levin bezieht sich dabei ausschließlich auf die US-Interventionen mittels der Strategie der „soft power", für die die Einmischung der USA im Wahlkampf in Italien 1948 zur Verhinderung einer kommunistischen Regierungsbeteiligung in Rom oder beim Sturz Milosevics und der heimlichen Unterstützung seines Konkurrenten Kostunica in Serbien im Jahr 2000 exemplarisch war.

---

[211] Ebda.

[212] Sehr ausführlich wird die Vorgehensweise der USA bei der Unterstützung Jelzins dokumentiert in: Michael Kramer, Rescuing Boris. The secret story of how four U.S. Advisers used polls, focus groups, negative ads and all the other techniques of American campaining to help Boris Yeltsin win, in: Time, July 15, 1996, S. 29–37, abgerufen unter: https://ccisf.org/wp-content/uploads/2016/12/201612201405.pdf

[213] „Das sollte nicht verharmlost werden". Wie Russen und Amerikaner immer wieder versucht haben, Abstimmungen im Ausland zu beeinflussen, in: Süddeutsche Zeitung v. 23.02.17

[214] Meddling in foreign Elections nothing new by Russia and US, unter: http://usa.chinadaily.com.cn/world/2017-01/09/content_27905271.htm

[215] Database Tracks History of U.S. Meddling in foreign Elections, unter: http://www.npr.org/2016/12/22/506625913/database-tracks-history-of-u-s-meddling-in-foreign-elections

[216] Ebda.

b) Prorussische Wahlkampfrhetorik und Fortsetzung antirussischer Geopolitik

Insgesamt stellen sich bei der Analyse der außenpolitischen Bekundungen der Trump-Administration Fragen, ob sich zum einen hinter der von Trump angekündigte Annäherung an Russland eine tiefergehende geopolitische Agenda verbarg und – andererseits – inwieweit diese eine reale Absicht widerspiegelte, zumal sie gegen fundamentale Prinzipien der US-Geopolitik verstieß. In Betracht zu ziehen ist nämlich, dass Trump im Wahlkampf kaum Details genannt hatte, wie er die zerrütteten Beziehungen Washingtons zu Moskau wiederherzustellen gedachte[217]. Seit dem Wahlkampf war auffällig geblieben, „dass trotz Trumps russlandfreundlicher Rhetorik dieser bisher keinen Vorschlag machte, wie das amerikanisch-russische Verhältnis zu verbessern sei“[218]. In der Tat war wenig geschehen, was auf eine Wende im russisch-amerikanischen Verhältnis hindeuten konnte. Die beiden Annahmen, die Trump-Administration würde gegenüber Russland Kooperation statt Konfrontation anstreben und die von Bush begonnene und von Obama ausgeweitete Praxis militärischer Interventionen beenden, wurden durch Trumps magere und oberflächliche Aussagen während des Wahlkampfes sowie zu Beginn seiner Amtszeit gar nicht oder nur schwach gestützt[219]. Ende Januar 2017 hatten Trump und der russische Präsident Wladimir Putin ihr erstes Telefonat geführt. Zwar hatten die beiden Staatschefs bei ihrem Telefonat über „die Wiederaufnahme von Handels- und Wirtschaftsbeziehungen“ gesprochen, etwas Konkretes vereinbart wurde aber nicht[220]. Während des Wahlkampfes hatte Trump zwar den Abbau der gegen Russland gerichteten Sanktionen angekündigt, die er an ein Abkommen zur atomaren Abrüstung geknüpft hatte. Dieser Vorschlag war jedoch ohne Folgen geblieben[221]. Vielmehr gaben seine Äußerungen Anlass zu Zweifel daran, ob auch die Trump-Administration Russland als gleichberechtigten Partner anerkennen würde: So erklärte Trump, dass er Vereinbarungen mit dem Kreml lediglich „aus der Position der Stärke heraus“ treffen werde: „Ich glaube, dass ein Abbau der Spannungen und verbesserte Beziehungen zu Russland – aus einer Position der Stärke heraus –

---

[217] Putin am Telefon – einig mit Trump, Warnung an Merkel, unter:
https://www.welt.de/politik/ausland/article159501363/Putin-am-Telefon-einig-mit-Trump-Warnung-an-Merkel.html

[218] Eine unbekannte Größe. Die internationale Politik reagiert abwartend auf Trumps Sieg, in: Neue Zürcher Zeitung v. 11.11.16

[219] Knut Mellenthin, Frieden mit Russland durch Trump?, unter:
https://www.hintergrund.de/politik/welt/frieden-mit-russland-durch-trump/

[220] Alexej Timofejtschew, USA-Rußland unter Trump: Neue Führung, alte Probleme, unter:
http://de.rbth.com/politik/2017/02/20/usa-russland-unter-trump-neue-fuhrung-alte-probleme_706101

[221] Ebda.

möglich sind. Der gesunde Menschenverstand sagt uns, dass dieser Kreislauf der Feindseligkeiten enden muss. Einige sagen, dass die Russen nicht vernünftig sind. Ich beabsichtige, das herauszufinden. Wenn wir keinen guten Deal mit Russland machen können, dann werden wir schnell vom Tisch aufstehen und gehen. So einfach ist das"[222]. Nach Einschätzung von Beobachtern ließ sich über Trumps Äußerungen zur künftigen Russland-Politik der USA „bei genauem Hinsehen bisher nichts definitiv Positives sagen"[223]. Zwar habe er den russischen Präsidenten Wladimir Putin wiederholt als starken Führer und klugen Mann gelobt. Aber über die von ihm angestrebten zwischenstaatlichen Beziehungen habe er nicht wesentlich mehr gesagt, als dass es sein Wunsch sei, mit Russland „gut auszukommen". In der Tat versprach Trump weder eine Lockerung der Sanktionen noch eine Revision der militärischen Einkreisung Russlands einschließlich des Abbaus des in Polen, Litauen und Rumänien geplanten oder schon begonnenen „Raketenschilds". Dieses Raketenabwehrsystem wird in Moskau als hochgradig bedrohlich und destabilisierend wahrgenommen, weil es Russlands nukleare Abschreckung außer Kraft setzen könnte[224].

In Russland selbst wurde daher auch der Amtsantritt Trumps kritisch beobachtet und vor allzu vorschneller positiver Beurteilung gewarnt. Natürlich erhoffte sich Moskau, dass Trump von einer interventionistischen Außenpolitik absah und sich für die Aufhebung der Sanktionen einsetzte. Gleichwohl aber warnten russische Analysten davor, den Wahlsieg Trumps zu überschätzen. „Allgemein wird eine Außenpolitik von ihm erwartet, die weniger ideologisch, stärker interessenorientiert ist. Dies kann sich natürlich auch gegen Russland richten"[225]. Doch war man sich in den Kreisen russischer Geopolitiker, Strategen, Militärs und Diplomaten der Tatsache bewusst, dass auch die Administrationen George W. Bushs und Obamas mit Bekundungen einer guten Zusammenarbeit mit Russland begannen, geopolitisch jedoch in offene Konfrontation endeten. Es sei „sehr wahrscheinlich", dass sich die aktuelle russisch-amerikanische Rivalität noch verschärfe", so der Programmdirektor des russischen Valdai-Diskussionsklubs Dmitri Suslow. Denn die USA würden „weiter ihr Konzept globaler Führerschaft" verfolgen – auch Trump[226].

---

[222] Wie Trump sich seine Weltherrschaft vorstellt – und was er dabei bewusst nicht sagt, unter:
http://www.focus.de/politik/ausland/is-putin-atomwaffen-muslime-wie-trump-sich-seine-weltherrschaft-vorstellt-und-was-er-dabei-bewusst-nicht-sagt_id_5478956.html
[223] Knut Mellenthin, Frieden mit Russland durch Trump?, unter:
https://www.hintergrund.de/politik/welt/frieden-mit-russland-durch-trump/
[224] Ebda.
[225] Eine unbekannte Größe, in: Neue Zürcher Zeitung v. 11.11.16
[226] … wenn das Irreale wahr wird, in: Handelsblatt v. 07/08./09. November 2016

aa) „Offshore Balancing" - Das Konzept hinter der Russlandpolitik Trumps

Einiges spricht dafür, dass der Druck des außenpolitischen Establishments schließlich auch die Russlandpolitik Trumps beeinflusst hatte. Ohnehin erschienen – wie oben bereits dargestellt – die Konturen der von Trump angekündigten Wende in der Russlandpolitik sehr offen und interpretationsbedürftig, da er Präzisierungen bislang nicht vorgetragen hatte. Er hatte angekündigt, die in Aussicht gestellte Politik der Annäherung an Moskau sollte „aus einer Position der Stärke" heraus erfolgen, wobei die eigentliche Motivation von dem amerikanischen Interesse geleitet sein dürfte, ein Gegengewicht gegen den hegemonialen Rivalen China in Position zu bringen[227]. Folgt man dem Kenner der US-amerikanischen Außenpolitik Peter Rudolf, so kann nicht ausgeschlossen werden, dass die Trump-Administration mit einer Entspannung des Verhältnisses zu Russland die Voraussetzungen dafür schaffen wollte, dass die USA – befreit von der „Last", Garant der europäischen Sicherheit zu sein – sich ganz der Konfrontation mit dem aufsteigenden China zuwenden können[228].

Nach Auffassung außenpolitischer Beobachter muss die Rolle Russlands daher im Zusammenhang mit Trumps geopolitischen Überlegungen in Bezug auf China interpretiert werden. Der Außenpolitik-Experte Josef Braml weist in diesem Zusammenhang darauf hin, dass Washingtons langfristige Russland-Strategie darauf ausgerichtet gewesen sei, die russisch-chinesische Kooperation, die sich insbesondere seit dem Ukraine-Konflikt verstärkt habe, zu torpedieren – so wie es die oben beschriebene „Grand Strategy" Kissingers auch vorgesehen hatte. Dazu sollte Russland gegen China in Stellung gebracht werden. Mit einer Allianz Washingtons mit Russland – so scheinbar das Kalkül Trumps – könnte China seinen wichtigsten Verbündeten verlieren und somit in die Knie gezwungen werden. „Die Amerikaner haben gemerkt, dass sie Moskau mit den Sanktionen in Pekings Arme getrieben haben. China ist aus US-Sicht eine immer größer werdende Gefahr. Amerika hat ein Interesse daran, Russland gegen China in Stellung zu bringen", so Josef Braml. „Die Amerikaner können die für China lebenswichtige Rohstoffzufuhr abdrücken, in der Straße von Hormus, in der Straße von Malakka durch Singapur, das mit den USA verbündet ist, in der Lombok- und Sundastraße über die Nordküste Australiens, mit dem man die Sicherheitsbeziehungen ausgebaut hat. Der ehemalige Schurkenstaat Myanmar wird im Eiltempo 'demokratisiert', um bei Bedarf Chinas Pipeline-Verbindung zu unterbinden. China bleibt noch der

---

[227] Peter Rudolf, US-Außenpolitik unter Präsident Trump, Studie der Stiftung Wissenschaft und Politik, SWP-Aktuell 10 v. März 2017. S. 4
[228] Ebda., S. 4

66

Landweg aus Russland"[229]. Mit anderen Worten: Mit einer wie auch immer gearteten Allianz zwischen Washington und Moskau wäre China an seiner eurasisch-kontinentalen Flanke isoliert, während auf der maritimen Seite – sprich im pazifischen und südostasiatischen Raum sowie im Indischen Ozean – dies bereits von den USA in Zusammenarbeit mit ihren lokalen Verbündeten wie Japan, Taiwan oder Südkorea bewerkstelligt wird. Es spricht sehr viel dafür, dass das von Kissinger und Nixon Anfang der 1970er Jahre geschaffene Machtdreieck zwischen Moskau, Peking und Washington durch Trump neu ausgerichtet werden sollte: Nunmehr mit Russland gegen China[230]. Nach Einschätzung des Außenpolitik-Experten Josef Braml besteht zwischen Russland und den USA ein gemeinsames Interesse daran, „das raumgreifende China einzudämmen"[231]. Schließlich hätte sich auch Moskaus Hoffnungen auf eine größere Unterstützung durch China nicht erfüllt. „Vielmehr intensiviert China seine Beziehungen zum Iran, auch um gegenüber Russland in eine bessere Verhandlungsposition zu kommen. Mehr iranisches Öl auf dem Weltmarkt drückt – zum Ärger Russlands – den Ölpreis. Ferner umwerben die Chinesen Kasachstan und andere Länder, die Russland in seine Eurasische Wirtschaftsunion einbeziehen will. Aufgrund der spürbar gesunkenen russischen Erdöleinnahmen gerät Moskau ins Hintertreffen gegenüber Chinas Scheckbuchdiplomatie"[232]. Diese Aspekte, so die Überlegungen amerikanischer Geostrategen, würden Russland dazu zwingen, sich den USA zuzuwenden, so dass es dann gegen China eingespannt werden könnte[233], denn „US-Sicherheitsexperten sehen nicht mehr die Russen, sondern vielmehr die Chinesen als die größte Bedrohung an"[234]. Der US-Stratege Joseph S. Nye bezeichnet die Bewältigung des globalen Aufstiegs Chinas als eine der großen außenpolitischen Herausforderungen des 21. Jahrhunderts[235], und viel spricht dafür, dass die USA eine Politik des Containment verfolgen und das Gesche-

---

[229] Warum die USA bald um Rußland buhlen werden, unter:
http://www.spiegel.de/politik/ausland/us-aussenpolitik-warum-amerika-russland-als-partner-umwerben-wird-a-1094427.html

[230] Thomas Gutschker, Donald Trump und die neue Ordnung der Welt, unter:
http://www.faz.net/aktuell/politik/ausland/russland-statt-china-donald-trumps-neue-weltordnung-14579133.html

[231] „Trump ist nicht so einfach gestrickt". Interview mit Josef Braml, unter:
https://www.sparkassenzeitung.de/trump-ist-nicht-so-einfach-gestrickt/150/154/83929/

[232] Ebda.

[233] „Mit Präsident Trump können wir den Freihandel vergessen". Interview mit Josef Braml, unter: http://www.srf.ch/news/international/us-wahlen/mit-praesident-trump-koennen-wir-den-freihandel-vergessen

[234] Ebda.

[235] Joseph S. Nye, Trumps weltpolitische Herausforderungen, in: Neue Zürcher Zeitung v. 11.11.2016

hen beeinflussen, indem sie ihre Verbündeten stärken und zu einem bestimmten Verhalten anregen, statt zu versuchen, direkte militärische Kontrolle auszuüben[236], da eine solche Vorgehensweise – so Nye – zu kostspielig und auch kontraproduktiv wäre.

Insoweit kam in der vermeintlich prorussischen Rhetorik der Trump-Administration eine Globalstrategie zum Ausdruck, die die Politikwissenschaftler John J. Mearsheimer und Stephen M. Walt als *Offshore Balancing* beschreiben. Hauptbestandteil dieser Politik – auf die die Trump-Administration zu setzen schien – ist es, bei der Verteidigung und Durchsetzung US-amerikanischer Interessen auf verbündete Regionalmächte zu setzen. „Die Strategie des Offshore-Balancing (...) macht sich die glückliche geographische Lage (der USA, der Verf.) zunutze und versteht die starken Anreize anderer Staaten, allzu mächtige oder ehrgeizige Nachbarn auszubalancieren. Sie respektiert die Macht des Nationalismus, unterlässt es, fremden Gesellschaften amerikanische Werte aufzuzwingen und konzentriert sich darauf, anderen ein nachahmenswertes Beispiel zu sein"[237]. Die Bedeutung der Globalstrategie des *Offshore Balancing* besteht darin, die US-Dominanz in der westlichen Hemisphäre aufrechtzuerhalten und potentielle Hegemonialmächte in Europa, Nordostasien und im Persischen Golf durch Verbündete auszubalancieren. Anstatt eine globale Polizeifunktion auszuüben, sollen die USA andere, verbündete Regionalmächte in diesen geopolitischen Schlüsselregionen ermutigen, die Führung bei der Kontrolle und gegebenenfalls Eindämmung aufsteigender konkurrierender Mächte zu übernehmen und selbst nur dann militärisch zu intervenieren, wenn es unbedingt notwendig ist[238]. Überlegt angewendet würde die Strategie des *Offshore Balancing* laut Mearsheimer und Walt die globale US-Vorherrschaft „bis weit in die Zukunft bewahren", gleichzeitig aber materielle Ressourcen schonen, die dann für Investitionen zu Hause eingesetzt werden können[239]. Vor dem Hintergrund dieses strategischen Ansatzes liegt die Schlussfolgerung nahe, dass die neue Administration in Washington beabsichtigte, Russland von seinen Partnern China und Iran zu trennen und gegen sie auszuspielen[240].

---

[236] So Joseph S. Nye, Ebda.

[237] John J. Mearsheimer/Stephen M. Walt, The Case for Offshore Balancing: A Superior U.S. Grand Strategy, unter:
http://mearsheimer.uchicago.edu/pdfs/Offshore%20Balancing.pdf

[238] Ebda.

[239] Ebda.

[240] Knut Mellenthin, Trump gegen „Vergewaltigung", in: Junge Welt v. 19.12.2016

bb) „Preserving the Balance": Auch die Trump-Administration will die Integration Eurasiens verhindern

In diesen strategischen Ansätzen spiegelt sich letztlich wider, dass auch die Trump-Administration die „Große Strategie" verfolgte, eine Integration Eurasiens zu verhindern. Insoweit verblieb sie in der Tradition der klassischen US-Geopolitik, die der ehemalige US-Sicherheitsberater Zbigniew Brzezinski in seinem Grundlagenwerk *The Grand Chessboard. American Primacy and its Geostrategic Imperatives* erläutert hatte. Tatsächlich hatte General James Mattis, der von Trump in das Amt des US-Verteidigungsministers berufen wurde, als Experte für strategische Fragen an der Hoover Institution im Februar 2015 für eine neue „Grand Strategy" geworben[241], bei vor allem auch Eurasien im Fokus stehen sollte. Mattis sprach hier vom Erfordernis der Eindämmung Chinas, einer „Politik, die ein Gegengewicht bildet, wenn China mit der Ausbreitung seiner tyrannischen Rolle im südchinesischen Meer oder sonstwo fortfährt. Dieses Gegengewicht muss China die Rolle einer Veto-Macht über territoriale, sicherheitspolitische und ökonomische Verhältnisse im Pazifik verweigern"[242]. Der Aufstieg Chinas zu einer Macht, die in ihrem Sinne an einer Integration Eurasiens unter Einschluss Russlands und auch des Iran arbeitet, war von US-Strategen längst als die entscheidende strategische Herausforderung erkannt worden. „Wenn Peking seine Interessen breiter definiert, andere Staaten stärker an sich bindet und das global wichtige Kerngebiet Eurasien in seinem Sinne vernetzt, läuten bei Weltplanern in Washington die Alarmglocken", so Josef Braml[243]. „Anstelle des bisherigen Flickwerks einzelner Strategien gegenüber diversen Ländern und in bestimmten Politikfeldern (Sicherheits-, Handels- oder Energiepolitik) sollten die USA wieder eine globale, themenübergreifende Ausrichtung, eben eine Grand Strategy, verfolgen. Damit solle auf jeden Fall verhindert werden, dass ein möglicher Rivale den USA die See- oder Lufthoheit im eurasischen Raum – die Landmasse der beiden Kontinente Europa und Asien, dem bevölkerungsreichsten und wirtschaftlich interessantesten Gebiet dieser Erde – streitig macht und wirtschaftliche Aktivitäten der USA unterbindet oder ihnen den Zugang zu Ressourcen verwehrt"[244]. Eine Analyse des Congressional Research Service, des überpartei-

---

[241] Jim Mattis, A new American Grand Strategy, unter: http://www.hoover.org/research/new-american-grand-strategy

[242] Ebda.

[243] „Trump ist nicht so einfach gestrickt". Interview mit Josef Braml, unter: https://www.sparkassenzeitung.de/trump-ist-nicht-so-einfach-gestrickt/150/154/83929/

[244] Josef Braml, Amerikas Schwäche im globalen Wettbewerb mit China, unter: https://dgap.org/de/think-tank/publikationen/dgapstandpunkt/amerikas-schwaeche-im-globalen-wettbewerb-mit-china#_edn2

lichen wissenschaftlichen Dienstes des Kongresses, besagt, dass die Militäroperationen und diplomatischen Aktivitäten der USA in den vergangenen Dekaden genau dieses zentrale Ziel – die Verhinderung der Entstehung eines Rivalen in Eurasien – verfolgt hätten[245]. In dieser Analyse unter dem Titel *A Shift in the International Security Environment: Potential Implications for Defense – Issues for Congress,* verfasst von dem Navalisten Ronald O'Rourke, wird eindeutig darauf hingewiesen, dass „der Wiederaufstieg Russlands und das kontinuierliche Wachstum Chinas eine neue Periode der Großmachtrivalitäten" geschaffen habe, die das Bedürfnis einer „soliden großen Strategie" Washingtons nach sich ziehe. Von der US-Perspektive aus müsse sich der Fokus einer solchen „Großen Strategie und Geopolitik" insbesondere auf Eurasien richten, und – so die Analyse – in den vergangenen Jahrzehnten hätten es US-Politiker als „ein Schlüsselelement der nationalen Strategie der USA" angesehen, den Aufstieg eines regionalen Hegemons in Eurasien zu verhindern[246]. Eben dieses Ziel bleibt laut dieser Analyse auch eine Konstante der US-Diplomatie, Geo- und Militärpolitik, und insbesondere die Rüstungspolitik müsse derart gestaltet sein, um das erforderliche Gerät für Militäroperationen in Eurasien zur Verhinderung des Aufstiegs eines konkurrierenden Hegemons bereitzustellen[247]. Noch weiter geht in diesem Zusammenhang ein Bericht der Denkfabrik „Center for Strategic and Budgetary Assessments" (CSBA) mit dem Titel *Preserving the Balance: A U.S. Eurasia Defense Strategy* (Wahrung des Gleichgewichts – eine amerikanisch-eurasische Verteidigungsstrategie), der Anfang 2017 erschienen ist[248]. Der Vorsitzende des CSBA war Andrew Krepinevich, der auch den Bericht verfasst hatte. Im Vorstand der Organisation sitzen Personen wie der ehemalige Staatssekretär für die Armee, Nelson Ford, der ehemalige CIA-Direktor James Woolsey und der ehemalige General Jack Keane. Das Vorwort dieses Berichts unterstreicht deutlich das „seit langer Zeit bestehende Interesse der USA, den Aufstieg einer Hegemonialmacht auf der eurasischen Landmasse zu unterbinden"[249]. Wenn es einer einzigen Macht gelingen sollte, die Dominanz entweder über Europa oder Asien zu erlangen, so würde sie substantiell größere Manpower, wirtschaftliche und technische Kapazitäten – und daher ein größeres militärisches Potential – als die Verei-

---

[245] Ebda.

[246] Ronald O'Rourke, A Shift in the International Security Environment: Potential Implications for Defense – Issues for Congress, Congressional Research Service 7-5700, June 8, 2016, S. 12

[247] Ebda.

[248] Andrew F. Krepinevich, Preserving the Balance. A U.S. Eurasia Defense Strategy, CBSA 2017

[249] Ebda., S. I

nigten Staaten besitzen. „Eine solche Entwicklung würde eine Hauptbedrohung für die Sicherheit der USA darstellen"[250]. Heute – im Jahr 2017 – stünden die USA vor einem „strategischen Wendepunkt"; ihre „seit langer Zeit
bestehenden Sicherheitsinteressen entlang der Peripherie Eurasiens werden
durch revisionistische Mächte – in diesem Fall China, Russland und Iran –
herausgefordert, die versuchen, die internationale Ordnung im Westpazifik,
in Europa und im Mittleren Osten umzustürzen"[251]. China wird in diesem
Bericht als die langfristig größte Gefahr beschrieben; Peking sei eine führende
revisionistische Macht, die im Begriff sei, ein „Großchina" zu schaffen, welches nicht nur Taiwan, sondern auch das strittige Südchinesische Meer und
seine Inselwelt einschließlich Japans Senkaku-Inseln umfasse. Falls China bei
der Durchsetzung seiner territorialen Ambitionen erfolgreich sei, würde es
die Hegemonie in Ostasien und dem Westpazifik erhalten. Auch Moskau unter Putin – gleichfalls eine „eindeutig revisionistische Macht" – strebe eine
Ausweitung seiner Interessensphäre an, was nicht nur die Frontlinie der
NATO in Osteuropa, sondern auch die Interessen der USA im Mittleren Osten insbesondere in der Syrienfrage bedrohe. Die Herausforderung der US-
amerikanischen Sicherheitsinteressen an der Peripherie Eurasiens verbinde
sich – so der CSBA-Bericht – mit dem radikalen Islamismus. Die iranische
Führung versuche, den Iran als den dominierenden Staat des Mittleren Ostens
zu etablieren, indem er die vorwiegend sunnitischen arabischen Rivalen isoliere, die Herrschaft der sunnitischen Araber in Staaten mit überwiegend schiitischer Bevölkerung unterwandere und den iranischen Einfluss im Libanon
und Syrien stabilisiere. Alle drei „revisionistischen Mächte" zusammen seien
darüber hinaus eine wirtschaftliche Macht, die die Stellung der USA ernstlich
herausfordern könne. Der Bericht fordert die USA dazu auf, für Eurasien –
auch unter Einschluss militärischer Optionen – eine Strategie des Gleichgewichts, eine „balance of power" zu entwickeln, um potentielle Hegemonialmächte zu entmutigen, ihre Ziele durch Aggression oder Zwang zu erreichen.
Zur Durchsetzung dieses Ziels hält der Bericht auch die Option des (begrenzten) Nuklearkrieges für denkbar. Krepinevich schreibt: „Man muss das Problem eines begrenzten Atomkriegs überdenken, egal ob die USA direkt daran
beteiligt sind, oder ob er zwischen Parteien stattfindet, an denen die USA aus
sicherheitspolitischen Gründen interessiert sind. (…) Im Kalten Krieg stellte
man sich als Folge eines Atomkriegs zwischen den Supermächten eine weltweite Apokalypse vor. Doch nach einem Krieg zwischen kleineren Atommächten oder sogar zwischen den USA und einem atomar bewaffneten Iran
oder Nordkorea würde die Welt höchstwahrscheinlich noch funktionieren.
Daher müssen die amerikanischen Streitkräfte darauf vorbereitet sein, auf

---

[250] Ebda.
[251] Ebda.

unterschiedliche strategische Kriegsführungen an der eurasischen Peripherie zu reagieren". Als Prämisse jeder US-Strategie benennt der Bericht Krepinevichs einen Lehrsatz des US-Strategen Nicholas Spykman: „Die Vereinigten Staaten müssen wieder einmal und dauerhaft erkennen, dass die Mächtekonstellation in Europa und Asien für sie von dauerhafter Sorge ist, sowohl in Zeiten des Krieges als auch in Zeiten des Friedens", und bezugnehmend auf die Containment-Doktrin des US-Diplomaten George F. Kennan – auf den der Bericht gleichfalls Bezug nimmt – müsse daraus für die USA die Erkenntnis abgeleitet werden, dass „jedes Mächtegleichgewicht in der Welt zuerst und vor allem ein Gleichgewicht auf der eurasischen Landmasse" bedeute.

Tatsächlich hatten sich im Jahr 2015 auf der Eurasischen Landmasse Entwicklungen abgezeichnet, die die USA als Herausforderung dieses nationalen Sicherheitsinteresses ansehen mussten. Vom 8. – 10. Juli 2015 trafen sich unter Federführung von Russland und China die Staatschefs der „Shanghaier Organisation für Zusammenarbeit" (SOZ) und der BRICS-Staaten im russischen Ufa, um über alternative Gegenmodelle zu den Wirtschafts- und Finanzinstitutionen des transatlantischen Westens und über Schritte zur weiteren wirtschaftlichen Integration Eurasiens zu beraten. „Indem Moskau alle Führer der SOZ und BRICS unter einem Dach versammelte, zeigte es eine Vision der dynamischen geopolitischen Struktur, die in der eurasischen Integration verankert ist", so beschrieb der politische Journalist Pepe Escobar die geopolitische Bedeutung dieses Gipfels[252]. Russland setzte dabei seine Hoffnungen vor allem in die von China und den BRICS-Staaten geschaffenen neuen Entwicklungsbanken wie die „Banco del Sur" oder die von Peking am 29. Juni 2015 ins Leben gerufene Asiatische Infrastrukturinvestmentbank (AIIB), um die ökonomische Hegemonie des Westens zu neutralisieren. Tatsächlich gelang es, auf der 7. BRICS-Gipfelkonferenz in Ufa, die Institutionalisierung einer vom transatlantischen Westen losgelösten alternativen Finanzordnung durchzusetzen: 1) Es wurde analog zum IWF und zur Weltbank eine mit 100 Milliarden US-Dollar ausgestattete „New Development Bank" ins Leben gerufen, die die Aufgabe hat, zusammen mit der AIIB Kredite für Infrastrukturprojekte in den BRICS-Staaten bereitzustellen. 2) Parallel dazu vereinbarten die beteiligten Staaten das sogenannte „Contingent-Reserve-Agreement", das eine Art Versicherungspool der Währungen der BRICS-Staaten darstellt. 3) Zum ersten Mal zeigte sich mit dem gleichzeitigen Treffen der BRICS, der SOZ und der 2014 gegründeten Eurasischen Wirtschaftsunion (EEU), dass diese alternativen Bündnisse im Begriff sind, koordinierte Strategien nicht nur im ökonomischen, sondern auch im sicherheitspolitischen Bereich zu entwickeln. Diesem Gipfel vorausgegangen war eine

---

[252] Washington zu Tode erschrocken vor Putins Eurasien-Projekt, unter:
https://de.sputniknews.com/politik/20150727303473054/

72

am 9. Mai 2015 unterzeichnete Vereinbarung zwischen Russland und China über Perspektiven einer künftigen Vereinigung der Eurasischen Wirtschaftsunion mit dem „Seidenstraßenkonzept" Pekings[253]. Geopolitisch nicht ohne Bedeutung war in diesem Zusammenhang, dass bei der Verwirklichung der eurasischen Integrationsprojekte dem Iran eine wichtige Rolle zugewiesen wurde; „aufgrund seiner geographischen Lage wird Teheran zu einem führenden Knotenpunkt in Eurasien, da es einen perfekten Zugang zu den offenen Meeren hat, über welchen Russland nicht verfügt"[254]. Folgerichtig kam es auf dem Gipfeltreffen in Ufa auch zu einem Treffen zwischen dem damaligen russischen Präsidenten Putin und dem iranischen Staatspräsidenten Hassan Rohani; dem Iran wurde – ebenso wie Pakistan – offiziell die Vollmitgliedschaft in der SOZ angeboten.

Somit gingen vom eurasischen Gipfel in Ufa im Juli 2015 unmissverständliche Signale aus, die sich ohne weiteres als Verschiebung der tektonischen Platten der Geopolitik zwischen dem Ural und dem Pazifik interpretieren lassen[255]. „Russland und China sind dabei, eine neue Weltordnung zu entwerfen, die nicht länger von Amerika und Europa dominiert wird. Dies jedenfalls ist die Botschaft, die vorige Woche von der im südlichen Ural gelegenen Stadt Ufa ausging. Dort versammelten sich in den diesen Tagen nacheinander die Staats- und Regierungschefs der Brics und der Shanghai Cooperation Organization (SCO) – zweier Zusammenschlüsse von Staaten, die entschlossen sind, sich der westlichen Vorherrschaft zu entziehen, die sie als unerträgliche Bevormundung empfinden. (…) Das Ziel der beiden Uralgipfel war ein doppeltes. Zum einen, Wachstum und Konkurrenzfähigkeit der Brics-Staaten zu erhöhen und der neoliberalen Wirtschaftsführung Paroli zu bieten; zum anderen, eine neue 'multipolare Weltordnung' zu schaffen, die nicht dem Diktat des Westens unterliegt. Zu diesem Zweck sollen Putins Eurasische Union und die Seidenstraßen-Initiative der Chinesen verknüpft werden"[256].

Diese Schritte in Richtung Integration Eurasiens in Verbindung mit den Konfliktfeldern in den geographischen Bereichen, in denen sich die Einflusszonen der eurasischen Mächte Russland und China mit denen der US-amerikanischen Hegemonialsphäre überschneiden – sprich in Osteuropa, der Ukraine und im Südchinesischen Meer – führten schließlich dazu, dass sich die Militärstrategie der USA wieder auf die klassische Containmentpolitik gegen die

---

[253] Zwei Megaprojekte auf Integrationskurs: Eurasien-Union und „Seidenstraße", unter: https://de.sputniknews.com/wirtschaft/20150707303120360/
[254] Washington zu Tode erschrocken vor Putins Eurasien-Projekt, unter: https://de.sputniknews.com/politik/20150727303473054/
[255] Theo Sommer, Russland und China entwerfen eine neue Weltordnung, unter: http://www.zeit.de/politik/ausland/2015-07/brics-sco-ufa-gipfel-geopolitik
[256] Ebda.

eurasischen Zentralmächte verlegte. „Das gefährlichste Szenario wäre möglicherweise eine große Koalition zwischen China, Russland und vielleicht dem Iran, ein nicht durch Ideologie, sondern durch die tiefsitzende Unzufriedenheit aller Beteiligten geeintes antihegemoniales Bündnis", erklärte der US-Stratege Zbigniew Brzezinski[257], und einiges spricht dafür, dass die Trump-Administration den Plan verfolgte, durch eine Herauslösung Russlands aus dem eurasischen Bündnis dieses zum Zusammenbruch zu bringen.

cc)   Die Empfehlungen des US-Strategen Zbigniew Brzezinski

Insoweit schien auf dem ersten Blick Trump der Empfehlung des ehemaligen US-Sicherheitsberaters und Politikwissenschaftlers Zbigniew Brzezinski gefolgt zu sein, die dieser in seinem 2013 erschienenen Buch *Strategic Vision. America and the crisis of global Power* niedergelegt hatte. Darin kam er zu der Erkenntnis, dass der Niedergang der globalen US-Vormachtstellung nur durch eine Neuausrichtung der Bündnispolitik insbesondere im eurasischen Raum aufgehalten werden könne: „Angesichts des neuen dynamischen und international komplexen und politisch erwachenden Asiens ist die neue Realität die, dass keine Macht versuchen kann – in Mackinders Worten – Eurasien ‚zu beherrschen‘ und so die Welt zu ‚kommandieren‘. Amerikas Rolle, besonders nachdem es zwanzig Jahre vergeudet hat, muss jetzt sowohl subtiler als auch verantwortlicher gegenüber Asiens neuen Machtrealitäten sein. Herrschaft durch einen einzigen Staat, wie mächtig auch immer, ist angesichts des Hochkommens neuer regionaler Protagonisten nicht länger möglich"[258]. Diese Formel war letztlich die Schlussfolgerung Brzezinskis, die sich nach seiner Ansicht aus den Versäumnissen der Administrationen von George H.W. Bush, Clinton und vor allem von George W. Bush ergeben hatte. In seinem Buch *Second Chance* aus dem Jahr 2007 hatte Brzezinski offen die Versäumnisse dieser Administrationen kritisiert. Insbesondere das offen imperiale Auftreten der Administration George W. Bushs habe verhindert, dass die USA ein für das 21. Jahrhundert verbindliches Weltsystem hätten errichten können. Der Krieg gegen den Terror sei in der islamischen Welt als Krieg gegen den Islam verstanden worden und habe die Stellung Amerikas in der Region geschwächt. Zudem hätten die Neokonservativen zu wenig gegen das sich herausbildende chinesisch-russische Bündnis getan. Überhaupt sei die Bush-Administration zu nachgiebig mit Russland umgegangen[259]. Die „Zweite Chance", diese strategischen Prämissen umzusetzen, haben sich laut Brzezinski auch mit der

---

[257] Zbigniew Brzezinski, Die einzige Weltmacht. Amerikas Strategie der Vorherrschaft, Fischer, Frankfurt am Main 1999, S. 87

[258] Zbigniew Brzezinski, Strategic Vision. America and the crisis of global power, Basic Books, S. 131

[259] Hauke Ritz, Warum die Welt Russland braucht, unter:

Obama-Administration nicht erfüllt, wie er es seiner Analyse *Strategic Vision* dargestellt hatte. Angesichts der neuen Machtrealitäten in Eurasien müsse Amerikas Rolle in Zukunft subtiler und verantwortungsbewusster ausgeübt werden; Dominanz durch einen einzigen Staat, egal wie mächtig er sei, sei nicht länger möglich, insbesondere seitdem neue regionale Mächte in Erscheinung getreten seien[260]. Brzezinksi kam zu dem Ergebnis, dass nunmehr eine Epoche zu Ende gehe, in der stets atlantische Mächte die Welt dominiert hätten. Nach den Folgen dieser Entwicklung gefragt, äußert er: „Es bedeutet vor allem, dass wir nicht länger diktieren können. Wir können nicht mehr der abschreckende und für alle internationalen Belange zuständige Akteur auf der globalen Szene sein"[261]. Brzezinski nannte in seinem Werk *Strategic Vision* sechs Punkte, die letztlich die Schwäche und Erstarrung Amerikas begründet hätten: 1. Ein festgefahrenes und reformunfähiges politisches System, 2. Bankrott durch militärische Abenteuer und übermäßige Rüstung, 3. sinkender Lebensstandard der Bevölkerung, 4. eine politische Klasse, die zunehmend unsensibel für die steigende soziale Ungleichheit ist und nur darauf bedacht ist, ihre Privilegien zu verteidigen, 5. Versuche, den innenpolitischen Legitimitätsverlust durch außenpolitische Feindseligkeit zu kompensieren, und 6. eine Außenpolitik, die in die Selbstisolation führt[262]. Außenpolitisch könne der Westen und Amerika angesichts des Aufstiegs alternativer Machtzentren es dennoch verhindern, in der Welt von morgen politisch marginalisiert zu werden. „Allerdings bedarf es hierzu seiner Vitalisierung und einer strategischen Vision. In außenpolitischer Hinsicht sei diese Strategische Vision die Einbeziehung der Türkei und Russlands in den Westen. Die Türkei würde sich bereits seit hundert Jahren an der politischen Kultur des Westens orientieren und müsse weiter in den Westen integriert werden, womit Brzezinski vermutlich eine EU-Mitgliedschaft meint. Und die Einbeziehung Russlands in einen vergrößerten Westen sei entscheidend für die Stärkung und zukünftige Glaubwürdigkeit des Staatenbündnisses"[263]. Hinter diesen Überlegungen standen die Befürchtungen Brzezinskis, dass Russland – sollte es außerhalb des Westens bleiben – sehr wahrscheinlich Teil eines alternativen größeren Bündnisses innerhalb der südlichen und östlichen Hemisphäre werden würde[264]. „Besonders die ersten bereits erfolgten Schritte hin zu einer russisch-chinesischen Allianz bereiten Brzezinski Sorgen. Ein solches Bündnis

---

https://www.blaetter.de/archiv/jahrgaenge/2012/juli/warum-der-westen-russland-braucht
[260] Ebda.

[261] Zbigniew Brzezinski, Conversations, in: „PBS Newshour", 08.02.2012, zit. aus: Ebda.

[262] Hauke Ritz, Warum die Welt Russland braucht, unter:

https://www.blaetter.de/archiv/jahrgaenge/2012/juli/warum-der-westen-russland-braucht
[263] Ebda.

[264] Hauke Ritz, Das Ende der US-Dominanz? Neueste Debatten in den außenpolitischen Überlegungen der USA am Beispiel Zbigniew Brzezinskis, unter:

möchte er durch die Einbeziehung Russlands in den Westen unbedingt verhindern. Damit verfolgt er eine ähnliche Strategie wie einst Richard Nixon. Dieser hatte bereits vor über 40 Jahren versucht, durch die Aufnahme diplomatischer Beziehungen mit China das russisch-chinesische Bündnis aus der Anfangszeit des Kalten Krieges endgültig aufzubrechen. Damals war China gegenüber der UdSSR der schwächere Partner und somit der Ansatzpunkt für eine amerikanische Bündnispolitik. Heute kommt diese Rolle Russland zu, da China inzwischen erheblich an Macht gewonnen hat"[265]. Vor diesem Hintergrund plädierte Brzezinski schließlich auch für eine „Trump-Doktrin" in der US-Außenpolitik, deren Kernbestandteil darin bestehen sollte, die Machtgewichte zwischen Russland und China im Sinne einer „divide et impera"-Politik gegeneinander auszutarieren: „Amerika muss sich auch der Gefahr bewusst sein, dass China und Russland eine strategische Allianz bilden könnten. Aus diesem Grund müssen die Vereinigten Staaten darauf achten, in Richtung China nicht so zu handeln, als ob es ein Untergebener wäre: Das würde eine engere Verbindung zwischen China und Russland fast garantieren"[266]. Zusätzlich – so Brzezinski – sei auch Trumps Wunsch nach konstruktiven Beziehungen zu Russland durchaus vernünftig, und Brzezinksi verwies dabei auf die derzeit prekäre geopolitische Lage Russlands im eurasischen Raum: Es sei mit nicht-russischen ehemaligen Sowjetrepubliken konfrontiert, die wie die Ukraine oder Usbekistan ihre Unabhängigkeit zu konsolidieren suchten, während Chinas wirtschaftliche Durchdringung Zentralasiens die Rolle Russlands in dieser Region reduziert habe[267]. Gleichzeitig sollte Brzezinski zufolge die Trump-Doktrin auch darin bestehen, auf Russland einen gewissen Einkreisungsdruck auszuüben: Demzufolge sollten die Vereinigten Staaten Russland klarmachen, „dass jeder militärische Einbruch in Europa, einschließlich des Einsatzes der Taktik der 'Grünen Männchen', wie sie zu Beginn des Konflikts in der Ukraine gesehen wurden, als Strafe eine Blockade des maritimen Zugangs Russlands zum Westen mit der Folge der Beeinträchtigung von zwei Dritteln des gesamten russischen Seehandels verursachen würde"[268]. Zusammengefasst sah Brzezinski als Antwort auf den Niedergang der USA das Erfordernis einer neuen diplomatisch-außenpolitischen Offensive vor, die das Ziel haben sollte, ein eurasisches russisch-chinesisches Bündnis zu unterbinden bzw. aufzubrechen, stattdessen die politischen Gewichte beider Mächte

---

http://www.ialana.de/files/pdf/nato-kongress-doku/Das_Ende_der_US-
Dominanz_Hauke_Ritz-1.pdf

[265] Ebda.

[266] Zbigniew Brzezinski/Paul Wassermann, Why the World needs a Trump-Doctrine, unter:
https://www.nytimes.com/2017/02/20/opinion/why-the-world-needs-a-trump-
doctrine.html?_r=0

[267] Ebda.

[268] Ebda.

gegeneinander auszutarieren und gegebenenfalls gleichzeitig einen Einkreisungsdruck auf beide Mächte auszuüben.

dd) Die Aufrechterhaltung der antirussischen Containment-Politik

Vor diesem Hintergrund hatte auch der private US-amerikanische Nachrichtendienst *Strategic Forecast (Stratfor)* seinerzeit herausgestellt, dass die USA auch unter einer Präsidentschaft Donald Trumps nicht von dem Ziel einer Eindämmung und Schwächung Russlands abweichen würden. „Gleichgültig, wer im Weißen Haus sitzt, Washingtons Imperativ, einen regionalen Hegemon einzudämmen, wird weiterhin ein Grundsatz seiner Außenpolitik sein. Da Europa seit dem Brexit-Referendum zunehmend geteilt wird, hat Russland eine weitere Chance, sich von seinen strategischen Rückschlägen zu erholen und im kommenden Jahr wieder Einfluss auf die Eurasische Region zu nehmen. [...] Die Beziehungen zwischen Washington und Moskau werden sich sicherlich unter Trump entwickeln. Einige taktische Verschiebungen, einschließlich etwaiger Anpassungen im Bereich der US-Sanktionen und einer maßvollen Zusammenarbeit in Syrien, werden zweifellos stattfinden. Washingtons Politik der Eindämmung ist jedoch immer noch sehr stark in Kraft, und sie wird in der US-Strategie auch weit über die Trump-Regierung hinaus starke Gültigkeit haben", so eine Studie[269]. George Friedman, Stratfor-Präsident, führte hierzu aus, dass die Amerikaner auch weiterhin eine „russische Expansion" nicht zulassen würden; „in ihren Augen ist Russland schwach und soll es auch bleiben"[270]. Friedman plädierte für eine Lastenverteilung zwischen den Europäern und den USA im Hinblick auf das Ziel der Eindämmung Russlands; aus diesem Grund hatte Trump wiederholt erklärt, die USA wollen nicht mehr die Verteidigung der europäischen Staaten subventionieren. Die USA „wollen auch nicht als einziges Land für die Eindämmung Russlands verantwortlich sein. Deshalb muss gewährleistet werden, dass die osteuropäischen Länder in der Lage sind, sich zu verteidigen und russische Vorstöße abzuwehren. Trumps Wahl zum Präsidenten ändert nichts an der wirtschaftlichen Schwäche Russlands oder der strategischen Notwendigkeit, Russland in seine Schranken zu weisen. Das Verhältnis wird in Zukunft etwas freundlicher sein", so Friedman, „und vielleicht werden die beiden Seiten in Syrien stärker kooperieren. Doch Trump kann die Verbündeten der USA in Osteuropa nicht im Stich lassen – ebenso wenig, wie Putin mit seiner begrenzten militärischen Macht in Osteuropa einmarschieren kann. Im

---

[269] US-Russland-Politik: Plus ca change, unter: http://www.imi-online.de/2017/01/24/us-russland-politik-plus-ca-change/

[270] George Friedman, Trumps neue Welt. Der künftige US-Präsident steht vor großen außenpolitischen Herausforderungen. Ein Überblick, in: Cicero, Ausgabe Dezember 2016, S. 24–27 (S. 27)

Moment herrscht eine Pattsituation"[271].

Schon in der Zusammensetzung der Regierungsmannschaft der Trump-Administration und ihren Verlautbarungen sollte sich zeigen, dass der Grundbaustein der US-Globalstrategie – die Eindämmung Russlands – auch weiterhin Bestand haben und die vermeintlich prorussische Wahlkampfrhetorik Trumps alsbald unterlaufen werden sollte – und dies nicht zuletzt aufgrund des Drucks des überparteilichen außenpolitischen Establishments in den USA. Zwar wurde anfangs die Ernennung des Generals Michael T. Flynns zum Nationalen Sicherheitsberater und die Nominierung von ExxonMobil-Generaldirektor Rex Tillerson für das Amt des Außenministers als positives Signal in Richtung Russland gedeutet[272]. Tillerson hatte als Manager des Ölkonzerns in den vergangenen Jahren Kooperationsabkommen mit russischen Unternehmen geschlossen; darüber hinaus hatte er 2013 den Freundschaftsorden des Kreml erhalten. Nach der Angliederung der Krim durch Russland sprach sich Tillerson dann gegen Sanktionen aus[273]. Von Anfang an jedoch standen Trump und Tillerson bezüglich ihrer Ankündigung, das Verhältnis zu Russland zu verbessern, unter starkem Druck der neokonservativen Hardliner sowohl unter den Demokraten als auch den Republikanern. John McCain, Führer der Hardliner-Riege im US-Senat, hatte seinerzeit verkündet, dass Tillerson ihm „Sorgen" mache. Bob Menendez, ranghöchster Vertreter der Demokraten im Außenpolitischen Ausschuss des Senats, bezeichnete die Nominierung des ExxonMobil-Chefs als „alarmierend und absurd". Dadurch würde Russland einen „willigen Komplizen im Kabinett des Präsidenten" erhalten[274]. In einem Strategiepapier der neokonservativen „Heritage Foundation", das zwei Tage nach der Wahl Trumps zum US-Präsidenten veröffentlicht wurde, wurde der künftige Präsident aufgefordert, „anzuerkennen, dass Wladimir Putin für die USA kein Partner in der transatlantischen Region ist". Trump solle sich eine „realistische Einstellung zu Russland" aneignen. Solange Putin an der Macht bleibe, könne Russland, wie die Erfahrung der Regierungszeiten von Bush und Obama zeige, „kein glaubwürdiger Partner der USA" sein[275].

Schon während der Senatsanhörung Mitte Januar 2017 sollte sich zeigen, dass

---

[271] Ebda.

[272] Experte: Trump hat einen großen Plan für die US-Außenpolitik, unter: http://www.focus.de/politik/experten/jaeger/rex-tillerson-nominiert-trumps-wahl-was-die-nominierung-des-aussenministers-ueber-seine-politik-aussagt_id_6360719.html

[273] Des Team Trump nimmt Konturen an, in: Internationale Politik, Januar/Februar 2017, S. 26–27 (S. 27)

[274] Knut Mellenthin, Frieden mit Russland durch Trump?, unter: https://www.hintergrund.de/politik/welt/frieden-mit-russland-durch-trump/

[275] Ebda.

– nicht zuletzt aufgrund dieses Drucks – die entscheidenden Ministerkandidaten auf Distanz zur prorussischen Wahlkampfrhetorik gingen. Deutlich hatten Tillerson und der für das Pentagon vorgesehene General James Mattis Trumps Russlandfreundlichkeit zurückgewiesen[276]. Mattis hatte deutlich erklärt, die neue Administration müsse „die Realität anerkennen, (…) dass Herr Putin gerade versucht, die Nordatlantische Allianz aufzubrechen". Russland habe entschieden, Amerika als „strategischer Wettbewerber und in Schlüsselgebieten als Gegner" gegenüberzutreten. Es gebe immer mehr Felder, auf denen Washington Russland entgegentreten müsse, und Mattis erklärte weiter, dass es seit der Konferenz von Jalta 1945 eine lange Liste von Versuchen gegeben habe, Russland positiv einzubinden. „Aber wir haben eine recht kurze Liste von Erfolgen in dieser Hinsicht". Nun liege es an Amerika, sich in diplomatischer, wirtschaftlicher und militärischer Zusammenarbeit mit seinen Verbündeten „zu verteidigen, wo wir uns verteidigen müssen"[277]. „Russland wirft an mehreren Fronten ernsthafte Bedenken auf", fügte Mattis hinzu. Sowohl James Mattis als auch Mike Pompeo, der designierte CIA-Chef und spätere US-Außenminister, hatten in der Senatsanhörung insgesamt „eine harte Haltung gegenüber Russland gefordert"[278]. Gefragt nach den größten Bedrohungen für US-Interessen, erklärte Mattis: „Ich würde sagen, die Hauptbedrohungen fangen mit Russland an". Der designierte US-Verteidigungsminister machte sich für eine Politik der Abschreckung gegenüber Moskau stark und unterstrich dabei die Verbundenheit der USA zur NATO[279]. In diesem Zusammenhang sprach sich Mattis eindeutig für eine dauerhafte Präsenz des US-Militärs in den baltischen Staaten aus[280]. Die US-Regierung müsse ihre Allianz gegen Russland stärken und bereit sein, sowohl diplomatische als auch militärische Abschreckungsmaßnahmen zu ergreifen, unterstrich der neue Pentagon-Chef. „Meine Ansicht ist, dass Nationen mit Verbündeten Erfolg haben, Nationen ohne Verbündete nicht"[281]. Insgesamt bewertete Mattis die Aussichten von Trumps Vorhaben, engere Beziehungen mit Russland einzugehen und die Zusammenarbeit in internationalen Fragen auszubauen, als unverhohlen skeptisch[282].

---

[276] Andreas Ross, Alle gegen Trump, in: Frankfurter Allgemeine Zeitung v. 14.01.2017

[277] Ebda.

[278] Tumps Kandidaten warnen vor Russland, unter:
http://www.sueddeutsche.de/politik/mattis-und-pompeo-trumps-kandidaten-warnen-vor-russland-1.3331482

[279] Ebda.

[280] Ebda.

[281] Trumps Kandidat für das Pentagon warnt vor Putin, unter:
http://www.zeit.de/gesellschaft/zeitgeschehen/2017-01/james-mattis-us-verteidigungsminister-donald-trump-rex-tillerson-mike-pompeo

[282] Auch Trumps designierter Verteidigungsminister warnt vor Putin, unter:

Tags zuvor wurde Rex Tillerson bereits vom Sprecher der Fraktion der Republikanischen Partei, Marco Rubio, mit provozierenden Fragen unter Druck gesetzt. Rubio fragte Tillerson: „Ist Wladimir Putin ein Kriegsverbrecher?" Tillerson antwortete darauf, er „würde diesen Begriff nicht benutzen". Daraufhin erwähnte Rubio Russlands Militärintervention gegen Washingtons geplanten Regimewechsel in Syrien und seine Unterstützung für prorussische Separatisten in der Ostukraine und erklärte, er sei „enttäuscht" von Tillersons Antwort. Dann wollte er wissen: „Glauben Sie, dass Wladimir Putin und seine Kumpanen die Ermordung von zahllosen Dissidenten, Journalisten und politischen Gegnern angeordnet haben?" Tillerson erklärte darauf, er habe für diese Behauptung „nicht genug Informationen". Rubio beschuldigte Putin daraufhin direkt ohne jegliche Beweise, er habe die Ermordung von politischen Gegnern in Russland und im Rest der Welt organisiert[283]. Gleichwohl aber nahm Tillerson eine aggressive Haltung gegenüber Russland ein, indem er das Land zu einer „Gefahr" für die USA erklärte und der Obama-Administration vorwarf, sie habe nach der Abspaltung der Krim von der Ukraine 2014 nicht genug Vergeltungsmaßnahmen gegen Russland getroffen[284]. Tillerson erklärte, Russland habe das Ausbleiben einer „entschiedenen und kräftigen Reaktion" der USA auf Russlands Angliederung der Krim als Schwäche ausgelegt. Auf diese Weise habe Obama „Russlands späteren Einmarsch in die Ukraine begünstigt". Er erklärte weiter, er hätte im Jahr 2014 die Lieferung von Waffen an die Ukraine befürwortet, anstatt „hinterher" Sanktionen zu verhängen[285]. Insgesamt war Kritikern zufolge die Anhörung Tillersons vor dem außenpolitischen Ausschuss des Senats, in der der US-Außenminister von Repräsentanten beider Parteien genötigt werden sollte, den russischen Präsidenten Putin als Kriegsverbrecher und Mörder zu bezeichnen, „von einer Hetzkampagne gegen Russland" geprägt[286]. Den Demokraten ging es wohl hauptsächlich darum, von dem staatssicherheitsgefährdenden Umgang Hillary Clintons mit ihrem dienstlichen E-Mail-Verkehr, den sie über ihren privaten Server laufen ließ, und dem entlarvenden Inhalt ihrer von Wikileaks veröffentlichen E-Mail-Korrespondenz abzulenken: Der Widerstand der Vertreter der Demokratischen Partei im außenpolitischen Ausschuss des Senates „richtete sich ausschließlich gegen die fehlende Bereitschaft von Tillerson und Trump, die Hetzkampagne gegen Russland zu unterstützen, die bereits vor

---

http://www.faz.net/aktuell/politik/ausland/trumps-kandidat-fuer-das-pentagon-warnt-bei-seiner-anhoerung-vor-putin-14632413.html

[283] Andre Damon, Antirussische Kriegstreiberei bei Senatsanhörung über Trumps Außenminister, unter:
https://www.wsws.org/de/articles/2017/01/13/till-j13.html

[284] Ebda.

[285] Ebda.

[286] Ebda.

dem Parteitag der Demokraten im letzten Juli (2016) eingesetzt hatte. Damals versuchten Hillary Clinton und die Demokraten von den entlarvenden Inhalten der von Wikileaks veröffentlichten E-Mails abzulenken, indem sie Russland vorwarfen, es habe ihre Computer gehackt und dafür gesorgt, dass Wikileaks die interne Kommunikation der Demokraten öffentlich macht. Auf dieser Grundlage griffen die Demokraten den rechten Milliardär Trump von rechts an, indem sie ihn als Putins Handlanger darstellten. Nach der Wahl wurde die Kampagne gegen Russland wiederaufgenommen, als deutlich wurde, dass syrische Regierungstruppen mit russischer Luftunterstützung kurz davor standen, die von den USA unterstützten islamistischen Milizen aus ihrer letzten städtischen Hochburg in Ost-Aleppo zu vertreiben. Nach der Rückeroberung von Aleppo durch das Regime des syrischen Präsidenten Baschar al-Assad wurde die Hetze gegen Russland noch weiter verschärft. Diese Kampagne richtet sich vor allem gegen Tillerson, weil er in seiner Zeit als Vorstandschef von Exxon Mobil enge Beziehungen mit Moskau aufgebaut hat. Besondere Aufmerksamkeit wird darauf gelenkt, dass er im Jahr 2013 von Präsident Putin den Freundschaftsorden erhalten hat"[287].

Festzuhalten ist insgesamt, dass sich die neue Führungsmannschaft der Administration im Hinblick auf die Russlandfrage deutlich vom designierten Präsidenten distanzierte und stattdessen auf der Linie der klassischen US-Geopolitik verharrte.

ee) Die Realität der US-Außenpolitik: Die Annäherung an Russland erfolgt nicht, stattdessen wird der Kalte Krieg fortgesetzt

Hinsichtlich der Fragestellung, ob und wie sich Trump eine Annäherung an Russland vorgestellt hatte, lag vieles im Dunkeln. So soll beispielsweise Trumps Anwalt Michael Cohen einen geheimen Friedensplan für die Ukraine ausgearbeitet haben, der als Grundlage für einen Interessenausgleich mit Moskau dienen sollte. Cohen soll den Plan zusammen mit Trumps Geschäftsfreund Felix Sater, der ohnehin in Verdacht stand, fragliche Geschäftsbeziehungen nach Russland zu unterhalten, und dem ukrainischen Abgeordneten Andrii Artemenko entworfen haben. Die Eckpunkte des Friedensplans: Die russischen Truppen sollen sich aus der Ost-Ukraine zurückziehen, die Krim nach einer Volksabstimmung in der Ukraine für 50 oder 100 Jahre an Russland verpachtet werden. Die USA könnten im Gegenzug die Sanktionen gegen Russland aufheben[288]. Den Recherchen der *New York Times* zufolge hatte der

---

[287] Ebda.

[288] Geheimer Friedensplan mit Russland. Trumps Anwalt verstrickt sich in Widersprüche, unter:
http://www.huffingtonpost.de/2017/02/23/trump-russland-geheimplan_n_14953332.html

ukrainische Politiker Artemenko erklärt, das Umfeld des russischen Präsidenten Putin habe Bereitschaft signalisiert, sich auf einen solchen Deal einzulassen; der ukrainische Botschafter in den USA hingegen zeigte sich „entsetzt" über die Pläne, auf diesem Wege das Minsker Abkommen zu umgehen.
Hintergründe und Umstände dieses Friedensplanes liegen nach wie vor im
Verborgenen; laut Ermittlungen der *Huffington Post* wurde letztlich massiver
Druck auf Cohen ausgeübt, so dass er sich in Widersprüche verwickelte, letztlich aber nicht in Abrede stellte, dass ein Friedensplan wohl grundsätzlich
existierte. „Ein solches Geheimabkommen wäre ein Paukenschlag für die internationalen Beziehungen. Kein Wunder, dass es hohe Wellen schlägt – und
Trumps Anwalt Cohen unter Druck setzt"[289]. Tatsächlich sorgte letztlich wohl
die russlandkritische Lobby des außenpolitischen Establishments dafür, dass
der Plan aus der öffentlichen Diskussion verschwand: „Nicht nur die Ukraine
beobachtet den Vorstoß mit Sorge. In Kiew glaubt man nicht an ein für beide
Seiten befriedigendes Übereinkommen aus der Feder der russlandfreundlichen Trump-Gefolgschaft. Auch das republikanische Establishment will von
dem Plan nichts wissen. Im Senat arbeiten hochrangige Parteifreunde des Präsidenten bereits an einem Gesetzentwurf, der die Sanktionen gegen Putin ausweiten soll, statt sie zu lockern"[290]. Zu beachten ist aber – und das spricht für
die Authentizität des Plans –, dass er im Wesentlichen der bereits dargestellten
Konzeption Kissingers zur Herbeiführung eines Interessenausgleichs mit
Russland entsprach.

Festzuhalten ist, dass es im weiteren Verlauf nicht zu einer Kursänderung
Washingtons in der Russlandpolitik gekommen war; vielmehr wiesen Trumps
bisherige Schritte darauf hin, dass die neue Administration vor einer radikalen
Umorientierung zurückschreckte[291]. Die im Wesentlichen ungeklärten Vorwürfe inoffizieller Kontakte der Trump-Administration zu russischen Regie-
rungs- und Geheimdienstvertretern waren zu einem Instrument des Machtkampfes um die Ausrichtung der künftigen US-Außenpolitik geworden, „und
die Abgeordneten der Demokratischen Partei tun alles, um die Sache am Ko-
chen zu halten. Unterstützung erhalten sie von russlandkritischen Republikanern. Das Thema Russland ist so für Trump zum Minenfeld geworden. Wie
immer er es jetzt auch anpackt, er kann dabei eigentlich nur verlieren", so eine
Darstellung der *Frankfurter Allgemeinen Zeitung*[292].

---

[289] Ebda.

[290] Ebda.

[291] Trump und die Akte Russland, unter:
https://www.nzz.ch/international/die-vorwuerfe-im-ueberblick-trump-und-die-akte-
russland-ld.152113

[292] Markus Wehner, Putin hat Trump nichts zu bieten, unter:
http://www.faz.net/aktuell/politik/trumps-praesidentschaft/trump-interessiert-sich-kaum-
fuer-russland-14953049.html

Dabei wären die außenpolitischen Voraussetzungen für einen Ausgleich mit Russland ausgesprochen günstig gewesen. Russlands Hauptinteresse liegt in einer Aufhebung des Sanktionsregimes, welches Obama wegen der Angliederung der Krim gegen Moskau verhängt hatte. Ein solcher Schritt wäre auch ohne weiteres – nicht zuletzt auch mit Hilfe einiger Staaten der EU – möglich gewesen. „Dort will eine Reihe von Mitgliedstaaten – beispielsweise Italien – schon lange die Sanktionen schleifen; das zu verhindern wäre für Deutschland, Frankreich und andere EU-Länder nach einer Aufhebung durch Washington kaum mehr möglich"[293]. Darüber hinaus hatte Moskau mit den „Disengagement"-Erklärungen Trumps die Hoffnung verbunden, dass Washington Russland Einfluss- und Interessensphären in Osteuropa und im eurasischen Raum zugestehen würde – eine Hoffnung, die durch Trumps Erklärung, die NATO sei „obsolet", genährt wurde. Durch die Unterstützung der syrischen Regierungstruppen bei der Rückeroberung von Ost-Aleppo hatte Russland zu dieser Zeit überdies die Voraussetzungen für Verhandlungen auch in der Syrien-Problematik geschaffen[294].

Unterm Strich war von diesen Möglichkeiten nichts übriggeblieben. Stattdessen hatte Trump eine Reihe von Signalen gesetzt, die der Kreml als bedrohlich empfinden musste[295]. So besetzte Trump zum einen Schlüsselpositionen in seiner Administration mit Leuten, die Russland nicht als Partner, sondern als Widersacher und Gefahr einstuften. Zu ihnen zählten Verteidigungsminister James Mattis, der neue Sicherheitsberater H.R. McMaster sowie UNO-Botschafterin Nikki Haley. Ferner hatte das von Außenminister Rex Tillerson geleitete State Department zum dritten Jahrestag der Angliederung der Krim an Russland bekräftigt, dass Moskau die Halbinsel an die Ukraine zurückgeben müsse. Solang dies nicht geschehe, blieben die entsprechenden Sanktionen in Kraft. Trumps Sprecher Sean Spicer erklärte Mitte Februar 2017, dass der US-Präsident von Russland erwarte, in der Ukraine deeskalierend gegen die Gewalt einzuwirken und die Krim an die Ukraine zurückzugeben[296]. Schon kurz nach Trumps Amtsantritt hatte die amerikanische UN-Botschafterin Nikki Haley Russland bei ihrem ersten Erscheinen im US-Sicherheitsrat heftig kritisiert. Sie sprach von einer „aggressiven" russischen Vorgehensweise in der Ukraine. Die Strafmaßnahmen blieben bestehen, sagte Haley schon damals, „bis Russland die Kontrolle über die Halbinsel an die Ukraine zurückgegeben

---

[293] Ebda.
[294] Ebda.
[295] Ebda.
[296] Trump fordert Rückgabe der Krim an die Ukraine, unter:
http://www.spiegel.de/politik/ausland/russland-politik-donald-trump-fordert-rueckgabe-der-krim-an-die-ukraine-a-1134627.html

hat"[297]. Außerdem blieben auch die von Obama als Vergeltung für die mutmaßlichen russischen Hackerangriffe verhängten Sanktionen gegen die russischen Geheimdienste FSB und GRU in Kraft[298]. Darüber hinaus mussten auch Trumps Nuklearraketen-Rüstungspläne von Russland als Bedrohung für das militärstrategische Gleichgewicht angesehen werden. Als Putin im ersten Telefonat mit Trump eine Verlängerung des „New Start"-Vertrags anbot, war Trump erst über die Sache nicht informiert und lehnte das Angebot nach einer Pause ab, weil der Vertrag „einer von mehreren schlechten Deals" der Obama-Regierung gewesen sei[299]. Nach dem Vertrag, der bis 2021 befristet war (und im Februar 2021 von der Biden-Administration um weitere fünf Jahre verlängert wurde), verringern Russland und Amerika die Abschussvorrichtungen für Nuklearraketen um die Hälfte[300]. Noch gravierender für Putin war Trumps Aussage, die Vereinigten Staaten würden ihre Nuklearwaffen modernisieren. „Das heißt auch, dass Trump an der amerikanischen Raketenabwehr in Europa festhält. Die aber schmerzt die Russen besonders, weil sie dadurch das strategische Gleichgewicht in Frage gestellt sehen. Denn das besteht nur, wenn die nuklearen Supermächte die Möglichkeit zu einem erfolgreichen Zweitschlag haben"[301]. Trump hatte Ende Februar 2017 unterstrichen, Amerika müsse immer die führende Atommacht sein, selbst vor befreundeten Nationen. „Es wäre wunderbar, es wäre ein Traum, wenn kein Staat Atomwaffen hätte", sagte Trump. „Aber solange Staaten Atomwaffen haben, werden wir im Rudel ganz oben stehen". Die USA seien auf diesem Gebiet zurückgefallen[302]. Diese Ankündigung wiederum musste Russland als Bedrohung seiner nuklearen Abschreckungsfähigkeit sehen.

In diesem Zusammenhang müssen Querverbindungen zwischen der Trump-Administration und der neokonservativen „Heritage Foundation" Berücksichtigung finden: Seine Vorstellungen zum „Wiederaufbau" der angeblich „ausgelaugten" Streitkräfte hatte sich Präsident Donald Trump von der „Heritage Foundation" schreiben lassen [303]. Sein Vizepräsident Michael

---

[297] Ebda.

[298] Trump und die Akte Russland, unter: https://www.nzz.ch/international/die-vorwuerfe-im-ueberblick-trump-und-die-akte-russland-ld.152113

[299] Markus Wehner, Putin hat Trump nichts zu bieten, unter: http://www.faz.net/aktuell/politik/trumps-praesidentschaft/trump-interessiert-sich-kaum-fuer-russland-14953049.html

[300] Ebda.

[301] Ebda.

[302] Trump will Atomarsenal der USA vergrößern, unter: http://www.spiegel.de/politik/ausland/donald-trump-will-atomarsenal-der-usa-aufruesten-a-1136082.html

[303] Knut Mellenthin, Gefährliche Ratschläge. Die Heritage Foundation setzt auf die nukleare Aufrüstung der USA, in: Junge Welt v. 04.03.2017

„Mike" Pence war dem Unternehmen verbunden. Mit James Carafano gehörte ein leitender Mitarbeiter der Stiftung zu Trumps Team. Der Plan der „Heritage Foundation" sah eine Aufkündigung sämtlicher Vereinbarungen der USA mit Russland bezüglich der Nuklearwaffen vor, was mithin auf eine Strategie der Führbarkeit eines Atomkrieges hinauslaufen sollte. Im Einzelnen beinhaltete der Plan folgende Schritte: 1. Kündigung des im April 2010 zwischen den USA und Russland geschlossenen „New START"-Vertrags zur zahlenmäßigen Begrenzung der strategischen Atomwaffen; 2. Kündigung des im Dezember 1987 zwischen Washington und Moskau geschlossenen INF-Vertrags über die Beseitigung der nuklearen Mittelstreckensysteme; 3. Ausarbeitung eines neuen Grundsatzpapiers zur „Atomwaffenpolitik" der USA, das wie üblich aus einem freigegebenen und einem geheimen Teil bestehen sollte. Die letzte „Nuclear Posture Review" wurde 2010 im zweiten Amtsjahr von Barack Obama erstellt. Die „Heritage Foundation" wollte einige der zentralen Aussagen dieses Papiers revidieren lassen. Für revisionsbedürftig hielt sie die damalige Feststellung aus dem Jahr 2010, dass sich die russisch-amerikanischen Beziehungen seit dem Ende des Kalten Krieges „grundlegend geändert" hätten, dass die beiden Staaten „nicht mehr länger Gegner" seien und dass die Wahrscheinlichkeit einer militärischen Konfrontation zwischen ihnen „dramatisch abgenommen" habe[304]. In diesem Zusammenhang stellte das Strategiepapier der „Heritage Foundation" auch die 2010 formulierte Ankündigung der Obama-Regierung in Frage, die Rolle der Atomwaffen in der Militärstrategie der USA „noch weiter zu verringern" und sie weitgehend auf die Abschreckung nuklearer Angriffe zu beschränken. Das Strategiepapier der „Heritage Foundation" forderte stattdessen, dass die Vereinigten Staaten ihre traditionelle Doktrin der „nuklearen Unberechenbarkeit" aufrechterhalten oder wiederherstellen müssten. Gemeint war die Verweigerung einer offiziellen Definition der Umstände, unter denen die Regierung zum Einsatz von Atomwaffen bereit wäre. Kritiker deuteten seinerzeit an, die Einbeziehung dieses Plans in das militärstrategische Konzept der Trump-Administration würde dazu führen, dass die neue US-Militärstrategie wieder von der Führbarkeit eines Atomkrieges bestimmt wäre[305] – was Russland zwangsläufig als Bedrohung des strategischen Gleichgewichts interpretieren musste, zumal Trump zudem ankündigte, die Raketenabwehr – deren „Vernachlässigung" er seinem Vorgänger Barack Obama vorwarf – beschleunigt auszubauen und mehrere hundert Milliarden US-Dollar in die „Modernisierung" des Atomwaffenarsenals zu stecken[306].

Auch deutete sich frühzeitig an, dass die NATO für die Globalstrategie der

---

[304] Ebda.
[305] Ebda.
[306] Knut Mellenthin, Schon wieder ein General, in: Junge Welt v. 23.02.2017

USA auch der Trump-Administration ihre (ursprüngliche) Containment-Funktion weiterhin ausüben sollte. So hatte US-Außenminister Tillerson auf dem Treffen der NATO-Außenminister in Brüssel Ende März 2017 deutlich gemacht, die Allianz müsse über die Antwort auf „Russlands Aggression in der Ukraine und anderswo" und ihre Aufstellung in Osteuropa diskutieren[307]. Auf der anderen Seite hatte Russland Vorschläge zu einer Zusammenarbeit mit der NATO angeregt. Demzufolge zeigte sich Moskau bereit, im Anti-Terror-Kampf mit der NATO zusammenzuarbeiten. Davon „würden nicht nur die Sicherheitsinteressen Russlands profitieren, sondern auch die Sicherheitsinteressen der NATO. Die terroristische Bedrohung kennt keine Grenzen", so Russlands NATO-Botschafter Alexander Gruschko. „Wenn die Nato-Staaten wirklich daran interessiert sind, gegen diese terroristischen Bedrohungen zu kämpfen, müssen sie ihre Politik der Abschreckung gegenüber Russland überdenken"[308]. Diese russischen Vorschläge zur Entwicklung einer gemeinsamen Terrorbekämpfungsstrategie hatte die Trump-Administration allerdings nicht aufgenommen.

Nach Einschätzung des amerikanischen Außenpolitik-Experten Walter Russell Mead war Trump in der Gesamtbetrachtung alles andere als eine russische Marionette. Wäre er dies gewesen, so Mead, so hätte Trump vier wichtige Maßnahmen, die man von einem russlandfreundlichen Präsidenten erwarten würde, umsetzen müssen. Dazu gehöre die Begrenzung der „Fracking"-Technologie, Verhinderung des Baus von Öl- und Gaspipelines, Verhandlungen über Atomwaffenreduktion, Verkleinerung des Militärhaushaltes sowie Kooperation mit dem Iran[309]. Wie Mead hervorhebt, machte bzw. plante Trump das genaue Gegenteil dieser Maßnahmen, weshalb er ganz und gar nicht wie „Russlands Marionette" ausgesehen hätte[310]. Walter Russell Mead zufolge beabsichtigte Trump vielmehr, in die Fußstapfen des US-Präsidenten Ronald Reagan zu treten, durch eine Aufrüstung die amerikanische Macht voranzutreiben mit dem unvermeidlichen Ergebnis der Marginalisierung russischer Macht und Prestiges[311]. Laut Mead war das von Trump favorisierte militäri-

---

[307] Markus Wehner, Putin hat Trump nichts zu bieten, unter:
http://www.faz.net/aktuell/politik/trumps-praesidentschaft/trump-interessiert-sich-kaum-fuer-russland-14953049.html

[308] „Damit hat sich die Nato selbst ins Knie geschossen", unter:
https://www.welt.de/politik/ausland/article162341054/Damit-hat-sich-die-Nato-selbst-ins-Knie-geschossen.html

[309] Walter Russel Mead, Trump isn't sounding like a Russian Mole, unter: https://www.the-american-interest.com/2017/02/24/trump-isnt-sounding-like-a-russian-mole/

[310] Ebda.

[311] Ebda.

sche Aufrüstungsprogramm wesentlich antirussischer als das gesamte Sanktionsregime der Obama-Administration[312]. Auch andere US-Außenpolitikexperten zeigten sich hinsichtlich der Möglichkeiten eines amerikanisch-russischen Interessenausgleichs skeptisch. So legten beispielsweise die Politikwissenschaftler Simon Saradzhyan und William H. Tobey dar, dass wesentliche Ansprüche Russlands auf internationale Gleichberechtigung mit dem von Trump verfolgten Anspruch der USA auf eine globale dominante Stellung nicht in Übereinstimmung zu bringen gewesen seien: Zu den strittigen Punkten gehört zum einen „das Bestreben der USA, Russland davon abzuhalten, seine Präsenz im Nahen und Mittleren Osten auszubauen. Eine andere Hürde betrifft Russlands Forderung nach verbindlichen Zusagen, auf eine NATO-Erweiterung zu verzichten und das US-Raketenabwehrsystem einzuschränken. Beide Punkte hat Moskau kürzlich als Bedingungen genannt, um die bilaterale Zusammenarbeit über nukleare Sicherheit wiederaufzunehmen. Aber diese Bedingungen laufen den US-Interessen zuwider. Außerdem will Russland eine ans 21. Jahrhundert angepasste Version des 'Konzerts der Großmächte', das nicht nur für Europa, sondern für die ganze Welt gelten soll, in dem Russland neben den USA, China und der Europäischen Union eine gleichberechtigte Rolle spielt. Washington hegt in keiner Weise die Absicht, so einer Weltordnung zuzustimmen"[313]. Überdies war die Wahrscheinlichkeit groß, dass Trump – selbst wenn er eine Lösung der zwischen Russland und den USA bestehenden Streitpunkte tatsächlich in Angriff nehmen wollte – spätestens am US-Kongress sowie am bestehenden außenpolitischen Establishment in Washington gescheitert wäre. „Selbst wenn er wollte, könnte Trump Moskaus Wünsche gar nicht erfüllen. Bei oben angesprochenen und anderen problematischen Themen ist er an die Entscheidungen des Kongresses gebunden, auch in Bezug auf eine Aufhebung der Sanktionen. Im Kongress erachten aber viele die Raketenabwehr als ein grundlegendes strategisches Interesse der USA. Viele in Washington bezeichnen das, was Russland als Ausübung des Rechts der Selbstbestimmung ausgibt, als gewaltsame Annexion der Krim, für die sie Russland verantwortlich machen. Ähnlich gegensätzliche Ansichten herrschen auch über die Aufstandsbewegung in der Ost-Ukraine. Für die Amerikaner stellt die Situation einen gefährlichen Präzedenzfall dar, den Moskau möglicherweise in den osteuropäischen Ländern wiederholen könnte, die Amerikas NATO-Verbündete sind. Und letztlich wird

---

[312] Ebda.

[313] Simon Saradzhyan/William H. Tobey, Männerfreundschaft reicht nicht. Eine wirkliche Verbesserung der amerikanisch-russischen Beziehungen ist auch in der Ära Trump nicht zu erwarten, unter:
http://www.ipg-journal.de/rubriken/aussen-und-sicherheitspolitik/artikel/maennerfreundschaft-reicht-nicht-1760/

Trump, der sich in gewisser Weise als Vertreter einer Isolationspolitik präsentiert, vermutlich Westeuropa die Verhandlungen über die Lösung des Ukraine-Konflikts überlassen und hat auch schon von Deutschland gefordert, hier eine Führungsrolle zu spielen"[314].

Nach Einschätzung des Politologen Dmitri Trenin, dem Direktor des Moskauer Carnegie-Zentrums, gab es daher keine Ansätze für eine neue Ära in den Beziehungen zwischen Russland und den USA. Allenfalls seien punktuelle Kooperationen denkbar gewesen, prognostizierte der Politologe seinerzeit. Russland sei an Investitionen interessiert, Trumps Interesse hätte sich auf eine Zusammenarbeit mit Moskau in Syrien bei der Bekämpfung des „Islamischen Staates" beschränkt. Einer weitergehenden Partnerschaft hätten sich Pentagon und andere Sicherheitsorgane in Washington massiv entgegengestellt, weil die Vorbehalte gegen Moskau dort nach wie vor sehr stark seien, so die damalige Beurteilung Trenins[315]. Trump ging es in erster Linie darum, US-Interessen Vorrang vor allem anderen zu verschaffen. Dies wiederum, so der US-amerikanische Politologe Michael T. Klare, „lässt keinen Platz für Arrangements, die als Aufgabe der dominanten Stellung Amerikas auf dem globalen Schachbrett interpretiert werden könnten"[316]. Insbesondere die militärischen Aufrüstungspläne Trumps konnten in diesem Zusammenhang von Russland als Bedrohung seiner eigenen strategischen Position interpretiert werden. „Zwar zielen viele seiner Vorschläge, insbesondere eine wesentliche Vergrößerung der Marine, offenbar in erster Linie auf China, doch einige werden auch Russland Unbehagen bereiten. Das gilt beispielsweise für Trumps Forderung, die strategische Bomberflotte der USA zu modernisieren und ein hochmodernes Raketenabwehrsystem zu schaffen. Diese Initiativen bedrohen China, würden aber besonders Russland stören, weil es sich zur Abschreckung westlicher Militäraktionen vor allem auf Atomwaffen stützt. Putin selbst hat sich in seiner jährlichen Ansprache zur Lage der Nation am 1. Dezember (2016) besorgt über diese Vorschläge geäußert: 'Ich möchte betonen, dass Versuche, die strategische Parität aufzubrechen, äußerst gefährlich sind und zu einer globalen Katastrophe führen können'"[317].

---

[314] Ebda.

[315] Russland: Gedämpfte Vorfreude im Kreml, unter:
http://www.handelsblatt.com/politik/international/amtseinfuehrung-donald-trump-russland-gedaempfte-vorfreude-im-kreml/19279694-2.html

[316] Michael T. Klare, Die Welt, wie Trump sie sieht, unter:
https://www.blaetter.de/archiv/jahrgaenge/2017/februar/die-welt-wie-trump-sie-sieht

[317] Ebda.

c) Die Metamorphose der US-Außenpolitik unter Trump vom „Jacksonian Populism" hin zu den klassischen Doktrinen

Im weiteren Verlauf der Präsidentschaft Trumps zeichnete sich ab, dass sich die bisherige außenpolitische Elite in dem Machtkampf um die Ausrichtung der US-Außenpolitik durchgesetzt hatte, was neben personellen Verschiebungen in der Trump-Administration auch in dem US-Raketenangriff auf den syrischen Luftwaffenstützpunkt Al-Schairat Anfang April 2017 zum Ausdruck kam. „Diese Militäraktion ist ein klares Zeichen für die extreme Abhängigkeit des US-Präsidenten von den Ansichten des Washingtoner Establishments", so interpretierte der damalige russische Premierminister Dimitrij Medwedjew das Vorgehen der Trump-Administration in der Syrienfrage. „Der Premier hat richtig beobachtet – im Weißen Haus vollzieht sich eine Machtverschiebung", so eine Analyse des *Handelsblatts*. „Auf die feindliche Übernahme der Republikaner durch den Außenseiter Trump folgt die heimliche Übernahme der Trump-Administration durch das politische Establishment. Die Nationalisten um Trumps Chefstrategen Steve Bannon verlieren an Einfluss"[318]. Im internen Machtkampf gingen vor allem auch die Generäle gestärkt hervor, die Trump in seine Regierung berufen hatte, nämlich der Sicherheitsberater H.R. McMaster und Verteidigungsminister James Mattis, die beide eine eher konfrontative Haltung gegenüber Russland einnahmen. „Von der 'America first'-Doktrin der neuen Regierung bleibt nicht mehr viel übrig. Eigentlich hatte Trump einen Paradigmenwechsel ausgerufen. Er wollte Amerika abschotten und es von seinen internationalen Verpflichtungen befreien. Zwar gilt der neue US-Präsident durchaus als wankelmütig, doch zu seinen wenigen Grundüberzeugungen zählte bisher, dass die Rolle des Weltpolizisten ein schlechter Deal für die USA sei. Nun die Kehrtwende"[319] – die darin bestand, die nationalistisch-isolationistische Programmatik der Wahlkampfrhetorik preiszugeben und stattdessen an die klassische Politik der amerikanischen Weltführerschaft wiederanzuknüpfen[320]. „Was auffällig für mich ist, ist eine subtile, aber klare Abkehr von der Rhetorik des reinen eng definierten amerikanischen Selbstinteresses, wie es der Kandidat Donald Trump proklamiert hatte", sagte Robert Danin, ein führendes Mitglied des Council on Foreign Relations. „Was entstanden ist, ist eine neue Sprache der amerikanischen Führung in der Welt, die wir noch nicht von Präsident Trump gehört haben"[321]. Mit dem Militärschlag in Syrien Anfang April 2017 fand Trump

---

[318] Kriegerische Kälte, in: Handelsblatt v. 10.04.2017
[319] Ebda.
[320] Trump dispenses with his own dogma, in: New York Times v. 10.04.2017
[321] Ebda.

jedenfalls Rückhalt bei jenen, die ihn bis dato bekämpft hatten. „Der wichtigste Erfolg der Militäraktion für Donald Trump war ohnehin an der Heimatfront. Nach zweieinhalb Monaten im Amt, hat er dort auf einen Schlag Unterstützung und Beifall bei Freund und Feind gefunden. Der republikanische Senator John McCain, der zuvor Trumps außenpolitische und militärische Kompetenz bezweifelt und ihn scharf wegen seiner russischen Verbindungen kritisiert hatte, lobt ihn jetzt"[322]. Seitdem zählten auch die bisherigen Clinton-Förderer – allen voran Anne-Marie Slaughter, die als ehemalige Mitarbeiterin im US-Außenministerin unter Clinton deren Interventionspolitik in Libyen und Syrien massiv unterstützt hatte – nunmehr zu den Trump-Unterstützern[323]. So war das Vorgehen der Trump-Administration in Syrien wie auch die Fortsetzung einer gegen Russland gerichteten Konfrontationspolitik auch als eine Art „Flucht nach vorn" zu interpretieren, um dem wachsenden Druck des politischen Establishments zu entgehen, das Trump bereits als „gescheiterten Präsidenten" diskreditierte und die vermeintlichen Russland-Kontakte als neues „Watergate" propagandistisch hochstilisierte, um ihn zu Fall zu bringen.

aa) Die Zäsur für die Umkehr in die klassische Russland-Politik: Die Entlassung des Nationalen Sicherheitsberaters General Michael T. Flynn und seine Ersetzung durch den US-Generalleutnant H.R. McMaster

Als eigentliche Zäsur für die Abkehr von der prorussischen Rhetorik der Trump-Administration und die Wiederanknüpfung an die klassische gegen Russland gerichtete „Containment"-Politik gilt die Entlassung des US-Generals Michael T. Flynn, der von Trump seinerzeit in den Nationalen Sicherheitsrat berufen wurde und als Exponent einer russlandfreundlichen Politik anzusehen war, und seine Ersetzung durch den US-Generalleutnant Herbert Raymond McMaster. Direkt im Anschluss an Flynns Entlassung Mitte Februar 2017 legte die neue Administration ein starkes Bemühen an den Tag, Russland bewusst mit Härte gegenüberzutreten[324]. Im unmittelbaren Zusammenhang mit den personellen Verschiebungen verlangte die neue Administration, Russland müsse die Halbinsel Krim an die Ukraine zurückgeben; zusätzlich erklärte US-Außenminister Rex Tillerson, er habe Russland aufgefordert, seine Verpflichtungen aus dem Minsker Abkommen einzuhalten und zu einer Deeskalation der Gewalt in der Ukraine beizutragen[325] – beides galt als

---

[322] Ein Erfolg an der Heimatfront, in: Die Tageszeitung v. 10.04.2017

[323] Ebda.

[324] Trumpgate, in: Der Spiegel 8/2017, S. 72–75 (S. 75)

[325] USA erhöhen Druck auf Russland in der Ukraine-Krise, unter:
http://www.sueddeutsche.de/politik/usarussland-usa-erhoehen-druck-auf-russland-in-der-

die bislang deutlichste Distanzierung von Moskau aus dem Umfeld des Weißen Hauses[326]. Indessen zeigte die russische Regierung nach wie vor ihre Bereitschaft, im sicherheitspolitischen Bereich mit den USA zusammenarbeiten zu wollen und hob gemeinsame Sicherheitsinteressen insbesondere im Bereich der Terrorismusbekämpfung hervor. Der Kreml erklärte, die russische Regierung sei bereit, die Zusammenarbeit mit dem US-Verteidigungsministerium zu verbessern. Dies sei aber nur möglich, wenn die USA nicht versuchten, „von einer Position der Stärke aus" zu agieren. Ein solcher Versuch wäre „zwecklos", führte der russische Verteidigungsminister Sergej Schoigu aus; man erwarte Klarheit über die Position des Pentagons[327]. US-Verteidigungsminister James Mattis hingegen erteilte diesem Wunsch eine klare Absage. Das US-Militär sei nicht zu einer Kooperation mit Russland bereit. „Zum jetzigen Zeitpunkt sind wir noch nicht in der Lage, auf militärischem Gebiet zusammenzuarbeiten, aber unsere politischen Führer werden sich darum kümmern, Gemeinsamkeiten oder einen Weg nach vorn zu finden", so der US-Verteidigungsminister zu dem russischen Kooperationsvorschlag[328]. Die Analyse der *Süddeutschen Zeitung* benennt in diesem Zusammenhang auch die Gründe, die zu dieser Konfrontationspolitik geführt hatten: „Die US-Regierung steht wegen der Affäre um die Russland-Kontakte des zurückgetretenen Nationalen Sicherheitsberaters Michael Flynn massiv unter Druck. Das Weiße Haus bemüht sich nun, Schaden von Trump abzuwenden. Sprecher Sean Spicer sagte, der US-Präsident sei im Umgang mit Russland 'unglaublich hart'"[329].

(1) Die Pläne des US-Generalleutnants Michael T. Flynn: Partnerschaft mit Russland und Bekämpfung des Dschihadismus

Der US-Generalleutnant Michael T. Flynn war von 2001 an für verschiedene militärische US-Geheimdiensteinheiten in Afghanistan sowie im Irak im Einsatz. 2012 berief ihn der damalige US-Präsident Barack Obama zum Direktor des Militärgeheimdienstes DIA (Defense Intelligence Agency), wurde jedoch nach zwei Jahren wieder entlassen. Die Hintergründe hierfür liegen nach wie vor im Dunkeln. Viel spricht dafür, dass Ursache der Entlassung Flynns Opposition zur Syrien-Politik Obamas war. Im Sommer 2013 hatte die von ihm

---

ukraine-krise-1.3382587

[326] Gefährliche Beziehungen, in: Die Welt v. 16.02.2017

[327] USA erhöhen Druck auf Russland in der Ukraine-Krise, unter:
http://www.sueddeutsche.de/politik/usarussland-usa-erhoehen-druck-auf-russland-in-der-ukraine-krise-1.3382587

[328] Ebda.

[329] Ebda.

geführte DIA in Kooperation mit den Vereinigten Stabschefs der US-Streitkräfte in einem Geheimpapier vorhergesagt, dass der Sturz des Assad-Regimes Chaos auslösen und in der Übernahme Syriens durch dschihadistische
Extremisten münden könnte; insbesondere warf Flynn der Obama-Administration vor, dass ihr geheimes Projekt der Aufrüstung der syrischen Rebellen
letztlich zur Stärkung dschihadistischer Gruppen wie der Al-Nusra-Front und
des „Islamischen Staates" geführt habe[330]. Auch in der Folgezeit hatte Flynn
die Obama-Administration in Geheimpapieren ständig vor den verheerenden
Folgen eines Sturzes von Assad gewarnt; auch hob er die dubiose Rolle der
Türkei beim Waffenschmuggel an syrische Dschihadisten hervor[331]. Die DIA-
Berichte seien aber bei der Obama-Administration auf „enormen Widerstand" gestoßen, so Flynn. „Ich hatte das Gefühl, man wollte die Wahrheit
nicht hören"[332]. Flynn hatte insbesondere auch einen geheimen DIA-Bericht
vom August 2012 zu verantworten, in dem es eindeutig hieß, dass „die Salafisten, die Muslimbruderschaft und al-Qaida im Irak (AQI) die Haupt-
kräfte" seien, „die den Aufstand in Syrien anführen" und der Westen, die Türkei sowie die Golfmonarchien diese Entwicklung unterstützten, um dem Iran
mit der Destabilisierung Syriens das strategische Rückgrat zu brechen. Oberst
Patrick Lang, der zehn Jahre für die DIA gearbeitet hatte, erklärte, dass Flynn
„den Zorn des Weissen Hauses auf sich zog, weil er darauf pochte, die Wahrheit über Syrien zu sagen. (…) Er weigerte sich, den Mund zu halten"[333]. Nach
seiner Demissionierung im Jahr 2014 wies Flynn regelmäßig darauf hin, dass
die außenpolitische Elite in Washington die sicherheitspolitische Bedrohung
durch den dschihadistischen Islam völlig unterschätze. In Flynns Augen hatte
die amerikanische Verteidigungs- und Außenpolitik der Präsidentschaften
von George W. Bush und Barack Obama die USA „von einem Schlamassel in
den nächsten" geführt. „Wir sind im Krieg mit einer radikalen Komponente
des Islam. Und ich glaube, dass der Islam eine politische Ideologie ist, die auf
einer Religion fußt", sagte er in einem Interview mit dem qatarischen Sender
Al-Jazeera[334]. Flynn wies verschiedentlich darauf hin, dass die „desaströse Au-
ßen- und Sicherheitspolitik der USA in den letzten Jahren" zu Chaos und
Verwerfungen im Nahen und Mittleren Osten sowie zur Stärkung islamis-
tisch-dschihadistischer Elemente geführt habe. Ohne den Irak-Krieg, so
Flynn, würde es den „Islamischen Staat" heute nicht geben. „Flynn kritisiert

---

[330] Seymour M. Hersh, Die Akte Assad, in: Cicero 5/2016, S. 16–32 (S. 16)

[331] Ebda.

[332] Ebda.

[333] Zit. aus: Donald Trump ernennt Flynn zum Nationalen Sicherheitsberater, unter:
http://www.zeit-fragen.ch/de/ausgaben/2016/nr-27-22-november-2016/europa-und-der-
neue-us-praesident.html

[334] Christoph Rieke, Das ist Trumps rechte Hand. Flynn wird nationaler Sicherheitsberater,
unter: http://www.n-tv.de/politik/Das-ist-Trumps-rechte-Hand-article19126951.html

die Irak-Politik der Präsidenten George W. Bush und Obama. Die von Bush angeordnete Irak-Invasion (2003) sei eine große Dummheit gewesen, ebenso der von Obama vollzogene Rückzug acht Jahre später, sagte Flynn (...). Er sprach von 'nicht durchdachten' sowie von 'strategisch unglaublich dummen Entscheidungen'. Als weitere Dummheit bezeichnete Flynn die Intervention in Libyen. 'Das alles ist ein Albtraum für unsere nationale Sicherheit'"[335]. Mehrfach hatte Flynn seine Positionierung gegenüber dem Iran zum Ausdruck gebracht, den er als einen Urheber von Terrorismus bezeichnete. Zusammen mit dem neokonservativen Publizisten Michael Ledeen hatte er ein Buch mit dem Titel *The Field of Fight: How We can Win the Global War Against Radical Islam and Its Allies* („Kampffelder: Wie wir den globalen Krieg gegen den radikalen Islam und seine Verbündeten gewinnen können") geschrieben. Darin skizzierte er Pläne für einen Krieg gegen den Iran und bezeichnete das Land als „Dreh- und Angelpunkt" einer Koalition aus Nationalstaaten und terroristischen Vereinigungen, die Angriffe auf die USA planen[336]. Laut Flynn sollte die Bekämpfung des „Islamischen Staates" oberste Priorität haben, und hierfür hielt er eine Zusammenarbeit mit Rußland für unerlässlich. Wladimir Putin könne in verschiedenen Bereichen ein verlässlicher Partner der USA sein, war Flynn überzeugt[337]. Flynns ablehnende Haltung gegenüber den US-Interventionen im Nahen und Mittleren Osten sowie seine Kritik am fundamentalistischen politischen Islam führten dazu, dass Trump – der vergleichbare Positionen vertreten hatte - ihn Anfang des Jahres 2016 in sein Wahlkampfteam und schließlich nach seinem Wahlsieg im November 2016 in das Amt des Nationalen Sicherheitsberaters berief, womit er „das wichtigste sicherheitspolitische Amt innerhalb der US-Regierung" erhielt, in dem sämtliche Fäden der Außen- und Sicherheitspolitik zusammenlaufen.

(2) Die Hintergründe des Rücktritts Flynns: Der Versuch des US-Establishments, Trump an eine Neuausrichtung der amerikanischen Russlandpolitik zu hindern

„Flynn stand für einen prinzipiellen Neuanfang in der US-amerikanischen Außen- und Sicherheitspolitik. So befürwortete er beispielsweise ein enges Bündnis mit Russland. Das hat Trump während seines Wahlkampfes auch noch so gesehen", so der Experte für Internationale und Außenpolitik

---

[335] Trump-Einflüsterer und Russland-Versteher, unter:

http://www.tagesanzeiger.ch/ausland/amerika/trumpeinfluesterer-und-russlandversteher/story/18441286

[336] Peter Symonds, Weißes Haus richtet Kriegsdrohung gegen den Iran, unter: https://www.wsws.org/de/articles/2017/02/03/iran-f03.html

[337] Trump-Einflüsterer und Russland-Versteher, unter:

http://www.tagesanzeiger.ch/ausland/amerika/trumpeinfluesterer-und-russlandversteher/story/18441286

Thomas Jäger[338]. Insoweit galt Flynn als zentraler Exponent einer russland-freundlichen Politik der USA[339], womit er natürlich in der Kritik des außen-politischen Establishments stand[340]. Sehr viel spricht dafür, dass Flynn letzt-lich das Bauernopfer des geschilderten Machtkampfes um die Deutungsho-heit der US-Politik war, und mit seiner Entlassung hatten „die Traditionalisten gegen die Umstürzler in der amerikanischen Außenpolitik einen Punktsieg erreicht"[341]. Als eigentlicher Anlass für die Demissionierung gelten Telefonate Flynns mit dem russischen Botschafter in den USA Sergej Kisljak, deren In-halte aber im Wesentlichen umstritten sind. Hintergrund war eine Auswei-sungsverfügung des damaligen US-Präsidenten Obama gegen 35 russische Diplomaten und Sanktionen gegen russische Geheimdienste als Vergeltung für die unterstellte Einmischung Russlands in den US-amerikanischen Wahl-kampf, die dieser am 29. Dezember 2016 ausgesprochen hatte. Mehrmals soll Flynn daraufhin am selben Tag mit Kisljak telefoniert und Moskau vor einer „Überreaktion" gewarnt haben[342]. Am Folgetag hatte Russlands Präsident Pu-tin erklärt, man werde nicht mit Vergeltungsmaßnahmen reagieren. Formell hatte Flynn mit seinen Telefonaten mit Kisljak gegen den sogenannten „Lo-gan Act", einem antiquierten Gesetz aus dem Jahre 1799, verstoßen, der Pri-vatleuten unautorisierte Kontakte zu ausländischen Regierungen untersagt. Dieses Gesetz aber wurde noch nie angewandt und hätte aller Wahrschein-lichkeit auch nicht ausgereicht, um Flynn strafbares Handeln nachzuweisen[343]. Die Streitfrage, die sich stellte, war, ob Flynn in den Telefonaten Russland eine mögliche Aufhebung der Sanktionen in Aussicht gestellt hatte, sobald die neue Administration installiert sei. Am 12. Januar 2017 – mit Näherrücken des Termins der Amtsübernahme – warf die clintonfreundliche *Washington Post* genau diese Frage auf. Flynn hatte daraufhin gegenüber dem Vizepräsi-denten Pence und Trumps Sprecher Spicer erklärt, es sei bei den Telefonaten nie um Obamas Sanktionen gegangen. Beide – Pence und Spicer – bekräftig-ten dies auch in einer Pressekonferenz. In der Obama-Administration wurde daraufhin verstärkt darüber diskutiert, ob man den neuen Präsidenten nicht

---

[338] Das steckt wirklich hinter dem Rücktritt von Trumps Sicherheitsberater, unter: http://www.focus.de/politik/ausland/usa/michael-flynn-experte-das-steckt-wirklich-hinter-dem-ruecktritt-von-trumps-sicherheitsberater_id_6645270.html

[339] Was ist noch Westen?, in: Die Welt v. 16.02.2017

[340] Trump-Einflüsterer und Russland-Versteher, unter: http://www.tagesanzeiger.ch/ausland/amerika/trumpeinfluesterer-und-russlandversteher/story/18441286

[341] Das steckt wirklich hinter dem Rücktritt von Trumps Sicherheitsberater, unter: http://www.focus.de/politik/ausland/usa/michael-flynn-experte-das-steckt-wirklich-hinter-dem-ruecktritt-von-trumps-sicherheitsberater_id_6645270.html

[342] Streng geheim und total gelogen, in: Frankfurter Allgemeine Zeitung v. 16.02.2017

[343] Knut Mellenthin, Mann über Bord, in: Junge Welt v. 15.02.2017

über die Gespräche Flynns mit Kisljak informieren müsse und Trump möglicherweise erpressbar sei. An der Diskussion beteiligt gewesen seien die stellvertretende Justizministerin Sally Yates, Geheimdienstkoordinator James R. Clapper, CIA-Direktor John Brennan und FBI-Chef James B. Comey. Schließlich habe Yates die Informationen über den Rechtsberater des Weißen Hauses, Donald McGahn, an Trump herangetragen[344]. Nach Darstellung der *Washington Post* soll Yates aber schon Wochen vorher das Weiße Haus über den Inhalt der Telefonate informiert haben, obschon das Weiße Haus nach der Weitergabe der Information durch Yates an den Rechtsberater des Weißen Hauses bekanntgab, vorher nichts von den Telefonaten Flynns gewusst zu haben. Der Druck wurde schließlich dadurch erhöht, dass das FBI mit den Transkripten der abgehörten Telefonate drohte. Erst nach dieser Darstellung der *Washington Post* entschloss sich Trump, seinen Nationalen Sicherheitsberater zu entlassen, dem dieser jedoch durch seinen Rücktritt zuvorkam.

Fraglich ist, inwieweit Flynn bezüglich seiner Kontakte mit dem russischen Botschafter überhaupt ein Vorwurf gemacht werden konnte. Laut der Berichterstattung der *Washington Post* kurz nach der Amtseinführung Trumps hatte das FBI nach der Prüfung der Inhalte der Kommunikation Flynns mit russischen Offiziellen „keinen Beweis für fehlerhaftes Verhalten oder illegale Beziehungen zur russischen Regierung" gefunden[345]. Der Historiker Stephen F. Cohen wies darauf hin, dass im Übrigen Kontakte und Treffen von Vertretern von US-Präsidenten mit ausländischen Offiziellen im Laufe der Jahre „gemeinsame Praxis" geworden ist. So hatte beispielsweise Jack Matlock, unter Reagan und Bush US-Botschafter in Moskau, zuvor Treffen für das Team des gewählten Präsidenten Carter in Moskau vereinbart. Auch Obamas Russlandberater und späterer US-Botschafter in Moskau Michael McFaul hatte erklärt, dass er noch vor dessen Wahl 2008 Moskau für Gespräche mit russischen Beamten besuchte[346]. McFaul und dessen Vorgänger im Amt des US-Botschafters in Moskau John Beyrle gaben darüber hinaus an, dass es keinen Beweis für ein illegales Zusammenwirken zwischen dem russischen Botschafter Kisljak und dem Trump-Team gegeben habe[347]. Nach den bisherigen Erkenntnissen war überhaupt fraglich, worin die Pflichtverletzung Flynns überhaupt genau bestanden haben soll. So erklärte ein namentlich nicht genannter Beamter des Weißen Hauses, der Kenntnis von den Gesprächen Flynns hat,

---

[344] Ebda.

[345] FBI reviewed Flynn's calls with Russian ambassador but found nothing illicit, in: Washington Post v. 23.01.2017

[346] Stephen F. Cohen, Why we must oppose the Kremlin-Baiting against Trump, unter: https://www.thenation.com/article/why-we-must-oppose-the-kremlin-baiting-against-trump/

[347] Diplomats warn of Russia hysteria, unter: http://thehill.com/homenews/administration/323479-diplomats-warn-of-russia-hysteria

dass der russische Botschafter zwar die Frage der Sanktionen angesprochen, Flynn jedoch darauf hingewiesen habe, dass das Trump-Team in wenigen Wochen die Regierung übernehmen werde und die Politik und die Sanktionen gegen Russland überprüfen würde. „Das ist weder illegal noch unsachgemäß"[348]. Laut dem Enthüllungsjournalisten Gareth Porter zeigt die genaue Analyse der Vorgänge lediglich eine Kampagne der Obama-Administration und ihr loyaler Geheimdienstbeamter mit dem Ziel, durch ungesicherte Anspielungen Druck auf die Trump-Administration auszuüben, um jegliche Bemühungen, den neuen Kalten Krieg gegen Russland zu beenden, zu unterminieren[349].

(3)   Das Programm des neuen Nationalen Sicherheitsberaters H.R. McMaster: Kampf gegen die „revisionistischen Mächte" Russland, China und Iran

Der Rücktritt Flynns und die anschließende Ernennung des US-Generalleutnants Herbert Raymond McMaster zum Nationalen Sicherheitsberater markierte schließlich auch personell das Ende eines etwaigen russlandfreundlichen Kurses der US-Außenpolitik. McMaster war bisher Direktor einer Denkfabrik des Heeres, des „Army Capabilities Integration Center", das den Auftrag hat, über künftige Kriegführung zu forschen. In den letzten Jahren hat er die Militärdoktrin der USA erheblich mitgeprägt[350]; als Militärtheoretiker ist er 1997 durch das militärhistorische Standardwerk „Dereliction of Duty", eine Studie über den Vietnamkrieg, in Erscheinung getreten. Darin stellte er die verbreitete These in Frage, allein die zivile Führung in den USA habe das Desaster in Südostasien zu verantworten gehabt. Stattdessen warf er der US-Generalität vor, sich in einen Krieg gestürzt zu haben, der nicht zu gewinnen gewesen sei, statt dem US-Präsidenten ehrliche Ratschläge zu geben. Trotz seiner Bereitschaft, den Status quo in Frage zu stellen und gegebenenfalls auch unkonventionelle Wege zu gehen[351], ist McMaster Repräsentant einer US-Globalstrategie, die in den Mächten Russland, China und Iran Herausforderer des weltpolitischen Führungsanspruchs der USA sieht. Dies hatte er in einem Vortrag vor dem „Center for Strategic and International Studies" (CSIS) am 4. Mai 2016 deutlich gemacht. In diesem beschuldigte er Russland, eine

---

[348] The Political Assassination of Michael Flynn, unter:
https://www.bloomberg.com/view/articles/2017-02-14/the-political-assassination-of-michael-flynn

[349] Gareth Porter, How 'New Cold Warriors' cornered Trump, unter:
https://consortiumnews.com/2017/02/25/how-new-cold-warriors-cornered-trump/

[350] Selbstkritischer Stratege im Weißen Haus, in: Neue Zürcher Zeitung v. 24.02.2017

[351] So seine Charakterisierung in: Notorischer Störenfried. Trumps neuer Sicherheitsberater McMaster stellt den Status quo gern infrage, in: Frankfurter Rundschau v. 22.02.2017

96

„Invasion der Ukraine" vorzunehmen, während China nach seiner Einschätzung „US-amerikanische Interessen in der Reichweite amerikanischer Macht" herausfordert[352]. Darüber hinaus definierte er Nordkorea und den Iran als Bedrohung für die USA; insbesondere den Iran klagte er an, „Milizen aufzubauen", um mit deren Hilfe Regierungen des Mittleren Ostens entweder zu kontrollieren oder sie gegebenenfalls zu unterminieren[353]. McMaster unterstrich in dem Vortrag, dass die USA in ihrem Kampf gegen „feindliche revisionistische Mächte", die „Territorien annektieren, unsere Verbündeten einschüchtern, Nuklearwaffen entwickeln und Stellvertreter unter dem Deckmantel moderner konventioneller Streitkräfte nutzen", einer „strategischen Vision" bedürften[354]. Es bestehen keine Zweifel daran, dass er mit den „feindlichen revisionistischen Mächten" Russland, China, den Iran und auch Nordkorea meinte. Deutlich plädierte McMaster dafür, dass bei der Entwicklung dieser „strategischen Vision" die Betrachtung geopolitischer Zusammenhänge erforderlich sei, denn die „Geopolitik ist zurückgekehrt, seitdem Konkurrenten der USA von Europa über den Nahen und Mittleren Osten bis nach Ostasien versuchten, die Wirtschafts- und Sicherheitsordnung nach dem Zweiten Weltkrieg zum Einsturz zu bringen"[355], McMaster verortete den Kampf gegen die sogenannten „revisionistischen Mächte" ganz in der Tradition US-amerikanischer Geopolitik auf der eurasischen Landmasse. „Weltweit ändert sich die Situation im Zusammenhang mit den vitalen Interessen und der Sicherheit der USA in eine Richtung, die zusätzliche Herausforderungen an die Nationale Sicherheit der USA und die USA selbst stellen wird", so McMaster. „Was wir sehen, ist eine Verschiebung in geopolitischen Bereichen in einer Weise, in der sich große Gefahren aufdrängen und die das Risiko einer großen internationalen militärischen Krise auf das höchste Niveau in den letzten 70 Jahren gehoben hat. Eine Reihe von Gelehrten schreibt darüber – insbesondere Jakub Grygiel und Wess Mitchell in ihrem bedeutenden Buch 'Unquiet Frontier', in dem sie die revisionistischen Mächte auf der eurasischen Landmasse, Russland und China insbesondere, beschreiben, die von schwachen Staaten umgeben sind, die jetzt Schlachtfelder werden, Felder des Wettbewerbs in der Reichweite amerikanischer Macht"[356]. McMasters Credo

---

[352] Tony Cartalucci, National Security Adviser General McMaster: Resident Parrot of the Military Industrial War Complex, unter:
http://www.globalresearch.ca/national-security-adviser-general-mcmaster-resident-parrot-of-the-military-industrial-war-complex/5576238

[353] Ebda.

[354] Trump's new National Security Adviser is hawkish on Russia – a big reversal from Michael Flynn, unter:
http://www.businessinsider.de/mcmaster-reversal-michael-flynn-national-security-coucil-russia-hawk-2017-2

[355] Ebda.

[356] Mike Whitney, McMaster takes Charge: Trump relinquishes Control of Foreign Policy,

lautete daher auch, dass die Geopolitik zurückgekehrt und der Urlaub von der Geschichte in der Periode nach dem Kalten Krieg endgültig vorbei sei[357]. Dieses Ende der Periode nach dem Kalten Krieg sah McMaster in der – wie er es formulierte – „Invasion der Ukraine und der Annexion der Krim durch Russland. Nun, das war nicht wirklich eine neue Entwicklung in Bezug auf die russische Aggression. Ich denke, dass man bis zu den Denial-of-Service-Angriffen auf die baltischen Staaten 2007, sicherlich aber bis zur Invasion von Georgien im Jahr 2008 zurückgehen kann"[358]. Als Gegenmittel nannte McMaster eine offensive Abschreckungsstrategie mit dem Ziel, den Gegner davon zu überzeugen, dass er seine Ziele nicht zu einem vernünftigen Preis erreichen kann[359]. Es solle Russland so schwer und so kostspielig wie möglich gemacht werden, seine strategischen Ziele zu erreichen. „Indem er ISIS in Ostsyrien besiegt und permanente US-Militärbasen etabliert, beabsichtigt McMaster, Russland daran zu hindern, die souveränen Grenzen Syriens wiederherzustellen, was eines der Hauptziele der (russischen) Mission ist. Die 'sicheren Zonen', von denen Trump vor kurzem gesprochen hat, passen perfekt zu dieser Strategie, da sie die Bemühungen Moskaus, den Staat wiederzuvereinen und den Konflikt zu beenden, untergraben"[360]. Eindeutig sprach sich McMaster für eine verstärkte US-Truppenstationierung zur Durchsetzung einer Eindämmungsstrategie gegen Russland aus. In der gleichen Rede nannte er nämlich den Mangel an ausreichender US-Militärpräsenz in Übersee und insbesondere in Europa als Ursache für eine von ihm so bezeichnete „aggressive geostrategische Haltung" Russlands. Konkret führte er aus: „Auch wenn es zumindest seit 2008 offensichtlich war, dass Russland sein geostrategisches Verhalten änderte und sich darin (…) übte, die Reichweite der amerikanischen Macht zu erproben, lag unsere strategische Antwort darin, den Rückzug von (..) Streitkräften zu beschleunigen. Und was wir jetzt sehen, ist, dass wir diese Bedrohung aus Russland, das einen begrenzten Krieg für begrenzte Ziele führt, offensichtlich geweckt haben. Annexion der Krim. Invasion der Ukraine. Ohne Kosten. Und es konsolidiert seine Gewinne in diesen Territorien und stellt die Reaktion von uns und unseren Partnern als Eskalation dar. (…) Was erforderlich ist, ist eine vorwärtsgerichtete Abschreckung (...)"[361]. In McMasters Sichtweise müssten die USA nunmehr genau festlegen,

---

unter:
http://www.counterpunch.org/2017/02/24/mcmaster-takes-charge-trump-relinquishes-control-of-foreign-policy/

[357] Ebda.

[358] Ebda.

[359] Ebda.

[360] Ebda.

[361] Daniel McAdams, Trump's NSC Pick McMaster is a major Hawk, unter:
https://www.antiwar.com/blog/2017/02/20/daniel-mcadams-trumps-nsc-pick-mcmaster-is-

was ein strategischer Gewinn in der Auseinandersetzung mit den „feindlichen revisionistischen Mächten" sei. „Ein anderes Ziel als zu gewinnen ist nicht nur kontraproduktiv, sondern auch unverantwortlich und verschwenderisch. Unter gewissen Umständen ist ein anderes Ziel als das Gewinnen unethisch", sagte McMaster und erneuerte damit seine bisherige Kritik am Vietnam-Krieg und an den Irak-Kriegen. In seiner Vergangenheit hatte McMaster in diesem Zusammenhang auch Strategien entwickelt, wie dieser „strategische Gewinn" zu erreichen ist. Er war der führende Kopf eines Projekts der US-Armee mit dem Namen „Russlands neue Generation der Kriegsführung" (Russia's New Generation Warfare). Die Teilnehmer an diesem Projekt hatten mehrfach die Schlachtfelder der Ostukraine besucht, um Russlands militärische Fähigkeiten zu studieren und Strategien sowie Waffensysteme zu entwickeln, um die russischen Streitkräfte zu schlagen. McMaster hatte die Vorbereitung auf einen konventionellen Krieg hoher Intensitätsstufe gegen Russland gefordert, in dem neben „Nahkämpfen" auch Langstreckenraketen und Tarnkappenflugzeuge zum Einsatz kommen sollten[362]. Neben diesen Plänen zu einer konventionellen Kriegführung diskutierten die Strategen der US-amerikanischen Denkfabriken aber auch darüber, was notwendig wäre, um einen Atomkrieg zu gewinnen. Das „Center for Strategic and Budgetary Assessments" (CSBA) veröffentlichte in diesem Zusammenhang im Februar 2017 den bereits erwähnten Bericht mit dem Titel „Preserving the Balance: A U.S. Eurasia Defense Strategy", in dem dieses Thema detailliert diskutiert wurde[363]. In diesem Bericht heißt es: „Man muss das Problem eines begrenzten Atomkriegs überdenken, egal ob die USA direkt daran beteiligt sind, oder ob er zwischen Parteien stattfindet, an denen die USA aus sicherheitspolitischen Gründen interessiert sind … Im Kalten Krieg stellte man sich als Folge eines Atomkriegs zwischen den Supermächten eine weltweite Apokalypse vor. Doch nach einem Krieg zwischen kleineren Atommächten oder sogar zwischen den USA und einem atomar bewaffneten Iran oder Nordkorea würde die Welt höchstwahrscheinlich noch funktionieren. Daher müssen die amerikanischen Streitkräfte darauf vorbereitet sein, auf unterschiedliche strategische Kriegführungen an der eurasischen Peripherie zu reagieren"[364]. Tatsächlich wurde im Rahmen der Modernisierung das amerikanischen Atomwaffenarsenals mit der Umsetzung dieser Pläne begonnen. Im Mittelpunkt dieses Programms, das noch von Obama in Auftrag gegeben wurde, steht der Erwerb von kleineren, manövrierfähigen Atomwaffen, die eher im Kampf ein-

---

a-major-hawk/

[362] Andre Damon, Wie viele Todesopfer würde ein Krieg zwischen den USA und Russland fordern?, unter: https://www.wsws.org/de/articles/2017/02/22/pers-f22.html

[363] Ebda.

[364] Zit. aus: Ebda.

gesetzt werden. Allerdings hatte das „Defense Science Board", ein Beraterkomitee des Pentagon, die Trump-Regierung zusätzlich zu weiteren Maßnahmen aufgefordert. Sie solle Waffen entwickeln lassen, die für einen „begrenzten Einsatz" im Rahmen einer „maßgeschneiderten nuklearen Option" geeignet seien[365]. Deutlich ist damit zu erkennen, dass mit der Amtseinsetzung von McMaster die Möglichkeit einer begrenzten Atomkriegführung gegen Russland wieder Bestandteil der militärstrategischen Planung der USA wurde.

Mit seiner eher antirussischen Haltung unterschied sich der neue Nationale Sicherheitsberater, der „als Querdenker und Russland-Kritiker" gilt[366], ganz von seinem Amtsvorgänger Michael T. Flynn. „Trumps Entscheidung, McMaster zu benennen, dürfte dem Kreml kaum gefallen", so das Nachrichtenmagazin *Spiegel Online* zusammenfassend. „Im Gegensatz zu seinem Vorgänger gilt der neue Sicherheitsberater mindestens als Russland-Skeptiker. Das wurde bei einem Auftritt McMasters im Mai vergangenen Jahres in Washington deutlich. Vor Besuchern des Zentrums für Strategische und Internationale Studien legte er dar, was aus seiner Sicht derzeit die nationale und internationale Sicherheit bedrohe: Außer Nordkorea, China, Syrien und der Terrormiliz 'Islamischer Staat' sprach McMaster auch über Russland. Moskau versuche, mit der Invasion der Ukraine und der Annexion der Krim die seit dem Ende des Kalten Krieges geltende Ordnung zu seinen Gunsten aufzuheben, so McMaster. Zudem warf er Russland vor, zum einen rechte Parteien in Europa zu finanzieren, zum anderen den Krieg in Syrien und die Fluchtbewegungen durch das eigene Handeln noch zu verschärfen"[367]. Mit der Ernennung McMasters zum Nationalen Sicherheitsberater konnte sich Trump daher auch der Zustimmung des neokonservativen Establishments sicher sein. John McCain, Vorsitzender des Streitkräfteausschusses des US-Senats, gratulierte dem Weißen Haus zu McMasters Ernennung. Der Republikaner gehörte zu den härtesten Kritikern von Trumps angeblich „weichem" Kurs gegenüber Russland. Nachdem er auf der Münchner Sicherheitskonferenz im Februar 2017 den Zustand seiner eigenen Regierung noch als „unsortiert" bezeichnet hatte, lobte McCain jetzt die Personalentscheidung Trumps. „Ich könnte mir kein besseres, fähigeres Team für die nationale Sicherheit vorstellen"[368]. Ähnlich euphorisch reagierte auch der neokonservative Vordenker Max Boot[369].

---

[365] Ebda.

[366] Neuer US-Sicherheitsberater McMaster: Trump entscheidet sich – und erntet Lob, unter:
http://www.spiegel.de/politik/ausland/donald-trump-und-sein-neuer-sicherheitsberater-h-r-mcmaster-es-gibt-lob-a-1135527.html

[367] Ebda.

[368] Bill van Auken, Neuer Sicherheitsberater McMaster steht für Konfrontationskurs gegen Russland, unter:
https://www.wsws.org/de/articles/2017/02/23/pers-f23.html?view=article_mobile

[369] Daniel McAdams, Trump's NSC Pick McMaster is a major Hawk, unter:

Vor dem Hintergrund des Machtkampfes in der außenpolitischen Elite der USA machte sich mit der Ernennung von McMaster der Eindruck breit, dass die antirussische Kampagne gegen die Trump-Administration Wirkung zu zeigen begann[370]; Trumps Entscheidung für McMaster galt allgemein als Zugeständnis an seine antirussischen Kritiker aus Politik und Geheimdiensten[371]. In Moskau hingegen wurde McMasters Ernennung denn auch als unmissverständliches Signal aufgefasst: „McMaster ist (...) eine hundertprozentige Drohung der USA gegen Russland von ungeminderter Intensität. Die Verteidigungs- und Geheimdienstkreise Washingtons werden eine Politik betreiben, bei der Russland als Feind dargestellt wird", erklärte Franz Klinzewitsch, Vizechef des Verteidigungs- und Sicherheitsausschusses des russischen Föderationsrates[372].

bb) Der amerikanische Militärschlag gegen den syrischen Luftwaffenstützpunkt al-Schairat Anfang April 2017 – Die antirussische Politik der neuen Administration formiert sich

In der Syrienfrage sollte sich dann der auf Konfrontation mit Russland ausgerichtete neue Kurs der Außenpolitik der Trump-Administration fortsetzen. Auslöser hierfür war der bis dato ungeklärte Angriff syrischer Luftstreitkräfte auf die von der islamistischen Aufständischengruppierung Ha'yat al-Tahrir al-Sham (ehemals al-Nusra-Front, einem Al-Qaida-Ableger) gehaltene Stadt Chan Scheichun am 4. April 2017, bei dem 87 Menschen durch das Giftgas Sarin getötet wurden. Nach wie vor sind jedoch die Umstände und Hintergründe, wie es zur Freisetzung des Giftgases kommen konnte, ungeklärt. Die USA reagierten schließlich auf dieses Ereignis am 6. April 2017 mit einem US-Angriff auf einen syrischen Luftwaffenstützpunkt al-Schairat bei Damaskus mit Tomahawk-Raketen. Dieses militärische Vorgehen wiederum war verbunden mit diplomatischen Schritten, die darauf ausgerichtet waren, verstärkten Druck auf Russland auszuüben. Russland, das seit Ende September 2015 auf Einladung der syrischen Regierung militärische Unterstützung bei der Bekämpfung der islamistischen Aufständischen leistet, um ein weiteres Abgleiten des Nahen und Mittleren Ostens in Staatszerfall sowie ethnischen und

---

https://www.antiwar.com/blog/2017/02/20/daniel-mcadams-trumps-nsc-pick-mcmaster-is-a-major-hawk/

[370] Bill van Auken, Neuer Sicherheitsberater McMaster steht für Konfrontationskurs gegen Russland, unter:
https://www.wsws.org/de/articles/2017/02/23/pers-f23.html?view=article_mobile

[371] Andre Damon, Wie viele Todesopfer würde ein Krieg zwischen den USA und Russland fordern?, unter: https://www.wsws.org/de/articles/2017/02/22/pers-f22.html

[372] Zit. aus: Bill van Auken, Neuer Sicherheitsberater McMaster steht für Konfrontationskurs gegen Russland, unter:
https://www.wsws.org/de/articles/2017/02/23/pers-f23.html?view=article_mobile

religiösen Extremismus zu verhindern, musste erkennen, dass es von Washington nicht mehr als etwaiger gleichwertiger Bündnispartner angesehen wurde. US-Präsident Donald Trump hatte Russland laut seiner Botschafterin bei den Vereinten Nationen, Nikki Haley, im Zuge der Eskalation in Syrien als „Problem" bezeichnet. Diese habe Gespräche mit Trump geführt, „in denen er sagte, er sehe Russland als Problem an", sagte Haley bei einer Rede in New York[373]. Haley verurteilte in diesem Zusammenhang auch die Politik Moskaus im Ukraine-Konflikt, darunter die Angliederung der Krim, sowie die russische Unterstützung des syrischen Präsidenten Baschar al-Assad. „Das sind Dinge, die wir nicht durchgehen lassen", sagte die Diplomatin. „Ich habe Russland öfter einen auf den Deckel gegeben, als ich zählen kann", erklärte Haley weiter[374]. Moskau selbst hatte sich aufgrund der fehlenden Dialogbereitschaft der Trump-Administration in der Ukraine- und Syrienfrage Mitte März 2017 enttäuscht gezeigt[375]. Die Giftgastoten von Chan Scheichun wurden nunmehr von der amerikanischen Seite dazu instrumentalisiert, auch moralischen Druck auf Russland auszuüben; US-Außenminister Tillerson hatte Moskau eine „moralische Verantwortung" für die Toten zugeschrieben[376]. Unter Missachtung russischer Interessen erklärte Tillerson nach einem G-7-Gipfeltreffen im italienischen Lucca, dass es nach Ansicht der USA für den syrischen Präsidenten Assad keine künftige Rolle in Syrien gebe und allen klar sei, dass die Regentschaft der Assad-Familie zu einem Ende komme[377]. Tillerson avancierte zum „obersten Moskau-Kritiker" und nannte Russland wegen seiner Unterstützung des Assad-Regimes „entweder mitschuldig oder unfähig"[378]. Mit der Formel Tillersons auf dem G-7-Gipfel, Russland müsse sich entscheiden, ob es sich mit den USA und ihren Alliierten oder mit Assad, dem Iran und der Hisbollah verbünden wolle, um insoweit eine klare Position zu beziehen, dokumentierte die Trump-Administration eine deutliche Abkehr von einer etwaigen Zusammenarbeit mit Moskau zur Lösung des Syrienkonflikts. Insoweit unterstrich sie eine Rückkehr zu einer unilateralen Außenpolitik, wie sie auch für die früheren Administrationen kennzeichnend war. Sie zeigte nunmehr, dass die USA offenbar Abstand nahmen von der isolationistischen „America-first"-Strategie, die Trump noch während des Wahlkampfes

---

[373] Kehrtwende nach Giftgas-Angriff. Trump soll Russland als „Problem" ansehen, unter: http://www.n-tv.de/politik/Trump-soll-Russland-als-Problem-ansehen-article19782384.html

[374] Ebda.

[375] Ebda.

[376] Ebda.

[377] Kampf gegen IS bleibt für USA Priorität, unter: http://www.zeit.de/politik/ausland/2017-04/james-mattis-us-verteidigungsminister-syrien-is-baschar-al-assad-un-sicherheitsrat

[378] Heikle Mission für Trumps Greenhorn-Minister, unter: http://www.spiegel.de/politik/ausland/syrien-rex-tillerson-auf-heikler-mission-in-russland-a-1142777.html

angekündigt hatte[379]. „Trump hat seine Position um 180 Grad gedreht. Im Wahlkampf sagte er, humanitäre Interventionen interessieren ihn nicht, es gehe nur um *America First*. Aber amerikanische Interessen stehen in Syrien nicht unmittelbar auf dem Spiel. Jetzt verfolgt Trump einen ähnlichen Kurs, den auch Clinton verfolgt hätte. Ein bemerkenswerter Wandel seiner Außenpolitik", so Außenpolitik-Experte Stephan Bierling. „Und er nimmt nicht länger Rücksicht auf Russland in der Syrien-Frage"[380]. Gerade diesen Aspekt hatte das Weiße Haus in einer Erklärung vom 6. April 2017 auch unterstrichen: „Russland hat die Wahl", so hieß es dort, „Entweder es übernimmt die Verantwortung dafür, dass Assad diese Waffen niederlegt, wozu sich Russland verpflichtet hat, oder es gibt zu, dass es nicht in der Lage ist, Assad zu kontrollieren"[381]. Einiges spricht dafür, dass sich hinter diesen Äußerungen die Absicht der Trump-Administration verborgen hatte, Russland zu diskreditieren und als internationale Großmacht – geschweige denn als Bündnispartner – unglaubwürdig erscheinen zu lassen, so dass dessen Interessen daher auch keine weitere Berücksichtigung zu finden hätten. Unterstrichen wird diese Einschätzung durch den geopolitischen Analysten George Friedman: „Russland sieht sich ohnehin schon internationaler Kritik für seine Unterstützung des Assad-Regimes ausgesetzt. Umso monströser das Verhalten des Regimes ist, umso schwieriger wird es für Russland sein, sich für seine Positionierung zu rechtfertigen. (…) Ein Chemiegas-Angriff von syrischer Seite lässt Russland entweder wie Assads brutaler Komplize dastehen, oder aber als unfähig, Assads Pläne zu kennen beziehungsweise sie zu kontrollieren. Im Moment wirken die Russen entweder wie Verbrecher oder wie Stümper. Das russische Versagen, seinen Mandanten unter Kontrolle zu haben, untergräbt das Bestreben des Landes, sein Ansehen neu zu formen. Der russische Einspruch gegen die US-amerikanischen Anschläge lässt Russland in einer ungünstigen Lage zurück. Haben doch die Russen offenbar versagt, das Regime zu kontrollieren, nachdem sie dieses durch ihre Intervention zuvor noch gerettet hatten"[382].

---

[379] „Wir wollen jeden zur Rechenschaft ziehen", unter:
http://www.zeit.de/politik/ausland/2017-04/rex-tillerson-usa-aussenminister-g7-sigmar-gabriel

[380] US-Militärschlag in Syrien: „Trump nimmt nicht länger Rücksicht auf Russland", unter:
https://www.euractiv.de/section/eu-aussenpolitik/interview/us-militaerschlag-in-syrien-trump-nimmt-nicht-laenger-ruecksicht-auf-russland/

[381] Zit. aus: Niall Ferguson, Die Welt hat einen neuen Sheriff, in: Handelsblatt v. 11.04.2017

[382] George Friedman, Trump und die Unmöglichkeit der Untätigkeit, unter:
http://cicero.de/weltbuehne/usluftschlag-in-syrien-trump-und-die-unmoeglichkeit-der-untaetigkeit

(1)   Das US-amerikanische Vorgehen vom April 2017 in Syrien: Haben sich die Neokonservativen in der US-Außenpolitik der Trump-Administration durchgesetzt?

Der Historiker Niall Ferguson erblickte in dem Vorgehen der Trump-Administration in Syrien das Bestreben, die Theorie, Trump sei ein vom Kreml kontrollierter „Moskauer Kandidat", zu widerlegen, und in der Tat spricht einiges dafür, dass dieser Militärschlag ein Signal dafür war, dass sich die Neokonservativen in der Bestimmung des außenpolitischen Kurses der Trump-Administration endgültig durchgesetzt hatten[383]. Das Vorgehen der Trump-Administration fand folgerichtig auch umgehend Zustimmung bei Robert Kagan und den „liberalen Interventionisten", die den US-Militärschlag von Al-Schairat als Grundlage für eine neue expansive US-Außenpolitik im Nahen und Mittleren Osten interpretierten, die den USA darüber hinaus die Möglichkeit eröffne, auch mit Russland „abzurechnen". Der amerikanische Raketenangriff, so Robert Kagan, müsse die „Eröffnungssalve in einer breiteren Kampagne sein, nicht nur um das syrische Volk vor der Brutalität des Regimes von Bashar al-Assad zu schützen, sondern auch, um die Abwärtsspirale der Macht und des Einflusses im Nahen Osten und in der ganzen Welt umzukehren. Ein einziger Raketenschlag kann leider den Schaden, den die Politik der Obama-Regierung in den vergangenen sechs Jahren verursacht hat, nicht rückgängig machen"[384]. Nach der Militäraktion von Al-Schairat musste nach Kagan der Auftrag der US-Außenpolitik darin bestehen, den Einfluss Russlands und auch des Iran im Nahen und Mittleren Osten einzudämmen. „Russland hat (...) seine militärische Präsenz im östlichen Mittelmeerraum stark erweitert", erklärte Kagan. „Dank der Politik von Obama hat Russland die Vereinigten Staaten zunehmend als großen Machtvermittler in der Region verdrängt. Auch US-Verbündete wie die Türkei, Ägypten und Israel sehen zunehmend nach Moskau als bedeutenden regionalen Spieler. Obamas Politik ermöglichte auch eine beispiellose Erweiterung der Macht und des Einflusses des Iran. (...)"[385]. Trump, so Kagan, habe nunmehr einen ersten richtigen Schritt getan, um diesen Schaden zu reparieren, aber der Raketenschlag dürfe nicht das Ende dieser Geschichte sein, denn Amerikas Gegner würden nicht von einem Raketenschlag davon überzeugt sein, dass die Vereinigten Staaten wieder im Begriff seien, eine Machtprojektion durchzuführen, um ihre Interessen und die Weltordnung zu verteidigen[386]. Anstatt ein einmaliges Ereignis

---

[383] So Robert Parry in: Neocons have Trump on his knees, unter:
https://consortiumnews.com/2017/04/10/neocons-have-trump-on-his-knees/
[384] Zit. aus: ebda.
[385] Zit. aus: ebda.
[386] Ebda.

104

zu sein, müsse der Raketenangriff eine umfassende politische, diplomatische und militärische Strategie eröffnen, mit dem Ziel, die Situation in Syrien im amerikanischen Sinne neu auszugleichen. „Das bedeutet, dass einige dieser Vorschläge, die Obama in den vergangenen vier Jahren abgelehnt hat, wiederbelebt werden: Eine Flugverbotszone zum Schutz der syrischen Zivilbevölkerung, die Ausschaltung der syrischen Luftwaffe und die wirksame Bewaffnung und Ausbildung der gemäßigten Opposition" mit dem Ziel, das Assad-Regime zu Fall zu bringen[387]. Das Engagement der Vereinigten Staaten, führte Kagan weiter aus, müsse klar genug sein, um Russland davon abzuhalten, es zu stören. Dies wiederum mache eine Verstärkung der militärischen Präsenz der USA in der Region erforderlich, so dass weder Russland noch der Iran versuchen würden, den Konflikt zu einer Krise eskalieren zu lassen. „Wir hoffen, dass die Trump-Administration für den nächsten Schritt vorbereitet ist. Wenn es so ist, dann gibt es eine echte Chance, den Kurs des globalen Rückzugs umzukehren, den Obama begann. Eine starke US-Antwort in Syrien würde es den Leuten von Putin, Xi Jinping, Ayatollah Ali Khamenei und Kim Jong Un klar machen, dass die Tage der amerikanischen Passivität vorbei sind", so Kagan zusammenfassend[388]. Dass der US-Raketenangriff in Syrien auch ein klare gegen Russland gerichtete Botschaft beinhaltete, bestätigt auch der Außenpolitik-Experte Stephan Bierling: „Trumps Intervention ist ein deutliches Signal, dass Russland in der Nahostpolitik keine freie Hand mehr haben wird, sondern mit Widerstand rechnen muss"[389].

So kann insgesamt festgestellt werden, dass die Einsetzung des US-Generalleutnants H.R. McMaster – im Übrigen ein Protégé des dem neokonservativen Establishment nahestehenden Generals David Petraeus – und der US-Militärschlag in Syrien den Einfluss der „liberalen Interventionisten" und des neokonservativen Establishments auf die US-Außenpolitik wiederbelebt hatte, was insoweit einen Wendepunkt in der außenpolitischen Positionierung der Trump-Administration in Richtung der Intensivierung eines neuen Kalten Krieges gegen Russland darstellte.

(2) Die behaupteten Giftgaseinsätze der syrischen Regierungstruppen: Eine propagandistische Kampagne, um einen US-Militärschlag in Syrien zu legitimieren?

In diesem Zusammenhang stellt sich die Frage, ob die Vorwürfe, die syrische

---

[387] Ebda.

[388] Zit. aus: Ebda.

[389] US-Militärschlag in Syrien: „Trump nimmt nicht länger Rücksicht auf Russland", unter: https://www.euractiv.de/section/eu-aussenpolitik/interview/us-militaerschlag-in-syrien-trump-nimmt-nicht-laenger-ruecksicht-auf-russland/

Armeeführung habe gezielt Giftgas gegen die islamistischen Rebellen und gegen Zivilisten eingesetzt, überhaupt gerechtfertigt waren. Während ein US-Geheimdienstbericht erklärte, es bestünde kein Zweifel an der Verantwortung des Assad-Regimes, lagen jedoch durchaus Indizien vor, die diese Annahme erschüttern. Fraglich ist schließlich, wer überhaupt aus der These eines Giftgas-Angriffs Nutzen ziehen konnte. Dies lässt sich nach Ansicht des Nahost-Experten Günter Meyer klar beantworten: „Von einem solchen Giftgaseinsatz können nur die bewaffneten Oppositionsgruppen profitieren", erklärt der Leiter des Zentrums für Forschung zur Arabischen Welt an der Universität Mainz. „Sie stehen mit dem Rücken zur Wand, haben de-facto keine Chance, sich militärisch gegen das Regime zu wehren. Und wie die jüngsten Reaktionen von US-Präsident Trump zeigen, ermöglichen ihnen solche Aktionen, wieder die Unterstützung der Assad-Gegner zu bekommen", so Meyer. Die von US-Präsident Barack Obama 2012 gezogene rote Linie, nach der das Assad-

Regime mit einem Militärschlag der USA zu rechnen habe, wenn es Giftgas einsetze, wertet der Nahostexperte in der Praxis als „Einladung an die Assad-Gegner, Giftgaseinsätze durchzuführen, für die dann das Assad-Regime verantwortlich gemacht wird"[390]. So hatte sich bereits im August 2013 in Ghouta, einem Vorort von Damaskus, ein vergleichbarer Vorfall ereignet, und der amerikanische Enthüllungsjournalist Seymour Hersh hatte nachzuweisen versucht, dass die bewaffnete islamistische Opposition in Syrien durchaus in der Lage war, Giftgas zu produzieren und auch einzusetzen[391]. Hersh zitiert ein Dokument des US-Militärgeheimdienstes DIA aus dem Jahr 2013. Demzufolge verfügte der syrische Al-Qaida-Ableger al-Nusra-Front über das Nervengas Sarin. In seinem Beitrag versucht Hersh nachzuweisen, der landläufig ebenfalls Assad zugeschriebene Giftgasangriff auf den Damaszener Vorort Ghouta im August 2013 sei in Wahrheit eine Aktion der Rebellen gewesen. Das Ziel sei es gewesen, die US-Administration wegen des vermeintlichen Überschreitens von Obamas roter Linie in einen Krieg gegen Assad zu ziehen[392]. Ende August 2013 gelang es dem US-Geheimdienstchef James Clapper, den damaligen US-Präsidenten Obama davon abzuhalten, dass die bereits im Mittelmeer stationierten Lenkwaffenzerstörer ihre Marschflugkörper gegen Syrien abfeuerten. Clapper soll in diesem Zusammenhang auf eine Analyse von in Ghouta genommenen Sarin-Proben durch ein Chemiewaffenlabor des britischen Militärs im englischen Porton Down verwiesen

---

[390] Assads Giftgas?, unter:
http://www.dw.com/de/assads-giftgas/a-38326578
[391] Seymour Hersh, The Red Line and the Rat Line, unter:
https://www.lrb.co.uk/v36/n08/seymour-m-hersh/the-red-line-and-the-rat-line
[392] Ebda.

haben. Das in Ghouta gefundene Gas soll demnach eine andere Zusammensetzung gehabt haben als das aus den Beständen der syrischen Armee[393]. Darüber hinaus muss noch in Betracht gezogen werden, dass der seinerzeitige Giftgas-Angriff von Ghouta ausgerechnet in eine Zeit fiel, als UN-Chemiewaffenkontrolleure im Land waren, und zwar – so Nahost-Experte Günter Meyer – auf Aufforderung von Assad hin. Denn schon im März 2013 hatte es einen Chemiewaffenangriff gegeben, nördlich von Aleppo. Dabei waren auch Soldaten der syrischen Armee ums Leben gekommen. Assad wollte mit Hilfe der UN-Kontrolleure die Verantwortlichen für diesen Angriff identifizieren, so Meyer. „Es ist unsinnig zu erwarten, dass das Regime einen derartigen Angriff gerade dann ausführt, wenn diese Kommission eintrifft", urteilt der Mainzer Orient-Experte[394]. Auch die beiden ehemaligen US-Waffeninspektoren Richard Lloyd und Theodore Postol kamen Anfang 2014 in einem Bericht zu dem Ergebnis, dass die in Ghouta eingeschlagenen Giftgasgeschosse nur aus dem Rebellengebiet abgefeuert sein konnten[395]. Schließlich hatten die USA im August 2014 die vollständige Vernichtung der Kampfmittel in Syrien gemeldet, wobei allerdings nicht ausgeschlossen werden konnte, dass irgendwo noch Bestände zurückgehalten worden sind[396]. Syrien hatte 2013 die Chemiewaffenkonvention unterzeichnet und sein Arsenal unter internationale Kontrolle gestellt. 2015 erklärte die UN-Organisation für den Schutz vor Chemiewaffen, alle derartigen Waffen aus Syrien seien aus dem Land abtransportiert und vernichtet worden[397]. Hingegen war von den seit 2013 beim US-Militärgeheimdienst DIA aktenkundigen Chemiewaffen der al-Nusra-Front gar nichts bekannt. Die islamistische Al-Nusra-Front, ein al-Qaida-Ableger, ist gerade in der nordsyrischen Provinz Idlib, wo sich der ominöse Giftgaseinsatz vom 4. April 2017 ereignete, die vorherrschende Rebellengruppe. „Die Nusra-Front hat sich – jetzt unter neuem Namen – in Idlib mit anderen extremistischen Dschihadisten zusammengeschlossen und bildet dort gegenwärtig die entscheidende, die mächtigste Gruppe der Islamisten. Das heißt: In Idlib hat de-facto Al-Kaida – vertreten durch die Nusra-Front – das Sagen", so Günter Meyer[398]. Tatsächlich – und das zeigt der fünfseitige

---

[393] Assads Giftgas?, unter:
http://www.dw.com/de/assads-giftgas/a-38326578
[394] Ebda.
[395] Richard Lloyd/Theodore A. Postol, US Technical Intelligence in the Damascus Nerve Agent Attack of August 21, 2013, unter:
https://s3.amazonaws.com/s3.documentcloud.org/documents/1006045/possible-implications-of-bad-intelligence.pdf
[396] Assads Giftgas?, unter:
http://www.dw.com/de/assads-giftgas/a-38326578
[397] Karin Leukefeld, Sprengköpfe gegen das Völkerrecht, in: junge Welt v. 08.04.2017
[398] Assads Giftgas?, unter:
http://www.dw.com/de/assads-giftgas/a-38326578

DIA-Bericht aus dem Jahr 2013 für den stellvertretenden DIA-Direktor David Shedd – schien die al-Nusra-Front wenig Skrupel hinsichtlich der Führung eines Krieges auch mit Giftgas zu haben. Dort heißt es: „Die relative Operationsfreiheit der al-Nusra-Front in Syrien führt uns zu der Annahme, dass die Bestrebungen der Gruppe, Chemiewaffen zu erlangen, in Zukunft schwer zu kontrollieren sein werden. (...) Chemie-Zwischenhändler aus der Türkei und Saudi-Arabien (...) haben versucht, große Mengen von Grundstoffen für Sarin zu erwerben, in zweistelligen Kilo-Mengen, vermutlich zur Produktion in großem Stil in Syrien"[399]. Im Mai 2013 waren Mitglieder der al-Nusra-Front in der Türkei mit zwei Kilogramm Sarin verhaftet worden. In einer 130-seitigen Anklageschrift wurde ihnen vorgeworfen, versucht zu haben, „Sicherungen und Rohre für den Bau von Granatwerfern und chemischen Vorstufen für Sarin zu erwerben". Alle Verhafteten wurden entweder auf Kaution freigelassen, oder die Anklagen wurden fallengelassen. Vor diesen Verhaftungen kam es im März und April 2013 zu Anschlägen mit Chemiewaffen, bei denen eine UN-Untersuchungskommission unter der Leitung von Carla del Ponte Beweise fand, die auf die Schuld der syrischen Aufständischen hindeuteten[400].

Der ehemalige UN-Waffeninspekteur Theodore A. Postol vom Massachusetts Institute for Technology war es denn auch, der die Schlussfolgerungen des Berichts der US-Geheimdienste zu den Vorfällen in Chan Scheichun – der die Verantwortung der syrischen Regierung zuwies - in Frage stellte. In seinem Bericht *A Quick Turnaround Assessment of the White House Intelligence Report, Issued on April 11, 2017, about the Nerve Agent Attack in Khan Shaykhun, Syria* stellte er heraus, dass der Behälter, aus dem das Gas entwichen war, nicht von einer Rakete habe herrühren können; der markante Riss auf dem Behälter habe auf eine Gewalteinwirkung hingedeutet, wie sie etwa bei einem Schlag mit einem Hammer auf eine Zahnpasta-Tube zu beobachten sei. Deswegen spreche vieles dafür, dass eine Sprengladung, die zuvor auf dem zerplatzten Behälter angebracht worden sei, einen solchen Effekt auf das Material ausgeübt und solche Spuren hinterlassen habe[401]. Konkret hieß es in der Replik Theodore Postols auf den US-Geheimdienstbericht vom 11. April 2017: „Ich habe mir das Dokument aufmerksam angesehen, und ich glaube, dass man zweifelsfrei zeigen kann, dass das Dokument keinen Beweis irgendeiner Art

---

[399] Zit. aus: Patrick Martin, Türkei inszenierte Giftgas-Angriff, um Krieg zwischen USA und Syrien zu provozieren, unter:
https://www.wsws.org/de/articles/2014/04/09/syri-a09.html
[400] Ebda.
[401] Thomas Pany, Giftgas-Angriff in Chan Scheichun: Die Fakten des Weißen Hauses sind keine, unter:
https://www.heise.de/tp/features/Giftgas-Angriff-in-Chan-Scheichun-Die-Fakten-des-Weissen-Hauses-sind-keine-3685499.html

dafür liefert, dass die US-Regierung konkret weiß, dass die syrische Regierung Verursacher des Giftgasangriffs in Khan Shaykhun, Syrien, um ca. 6:00 bis 7:00 Uhr am 4. April 2017 war. Tatsache ist, dass ein in dem Dokument angeführtes Beweisstück auf einen Angriff hinweist, der am Morgen des 4. April von Einzelpersonen am Boden verübt wurde, nicht aus der Luft. […] Eine Analyse der Trümmer auf den Bildern im Bericht des Weißen Hauses weist deutlich darauf hin, dass die Munition höchstwahrscheinlich mit einer separaten, direkt darauf angebrachten Sprengstoffeinheit am Boden platziert wurde, die den Behälter zerstört hat und die behauptete Sarin-Ladung hat austreten lassen"[402]. Insgesamt könne dem Bericht der US-Geheimdienste keine Beweiskraft zugemessen werden: „Die einzige unbestreitbare Tatsache im Bericht des Weißen Hauses ist, dass an jenem Morgen in Khan Shaykhun ein Chemiewaffenangriff mit Giftgas stattgefunden hat. Der Report wiederholt diesen Punkt an vielen Stellen, aber er enthält absolut keinen Beweis dafür, dass es sich dabei um einen Angriff mit einer Munition handelt, die aus einem Flugzeug abgeworfen wurde. Tatsächlich gibt es im Report keinen Beweis dafür, wer der Urheber dieser Gräueltat war"[403]. Auf die von den USA erhobenen Vorwürfe, „russische oder syrische Kampfflugzeuge" seien für die Giftgas-Attacke verantwortlich, erklärte das russische Verteidigungsministerium, zu dem besagten Zeitpunkt keine Angriffe im betroffenen Gebiet geflogen zu haben. Die syrische Luftwaffe habe dort ein Waffenlager bombardiert, in dem vermutlich Giftgas produziert oder gelagert worden sei. Die russische Luftüberwachung habe ergeben, dass „die syrische Luftwaffe zwischen 11.30 und 12.30 Uhr am östlichen Rand von Khan Scheikhun einen Luftangriff auf ein zentrales Munitionslager und militärisches Material" durchgeführt habe, sagte der Sprecher des russischen Verteidigungsministeriums, Generalmajor Igor Konaschenko. „Auf diesem Gebiet waren auch Werkstätten, in denen Geschosse mit giftigem Material gefüllt wurden"[404].

Überdies kann die These einer möglichen Inszenierung eines Giftgas-Angriffs durch die islamistischen Aufständischen auch nicht ganz verneint werden. In Betracht gezogen werden muss schließlich, dass sich der Vorfall von Chan Scheichun ereignete, nachdem Trumps Diplomaten offiziell erklärt hatten, Amerika würde Assad nicht von der Macht entfernen, sondern stattdessen die Syrer selbst über Assads Schicksal entscheiden lassen[405]. Vor diesem Hintergrund ist es nicht ganz fernliegend, dass das strategische Kalkül der islamistischen Aufständischen darin bestanden haben könnte, mit einer „false

---

[402] Deutsche Übersetzung des Postol-Berichts unter:
http://www.nachdenkseiten.de/?p=37887
[403] Ebda.
[404] Karin Leukefeld, Was geschah in Idlib?, in: Junge Welt v. 06.04.2017
[405] Jetzt ist es Trumps Krieg, unter:
http://www.sueddeutsche.de/politik/usa-und-syrien-jetzt-ist-es-trumps-krieg-1.3451910

Flag"-Operation eine Überschreitung der von Obama beschriebenen „roten Linie" zu inszenieren und durch einen auf diese Weise provozierten US-Militärschlag den Sturz von Assad zu beschleunigen.

Tatsächlich wurde mit dem US-Militärschlag von al-Schairat die internationale Zusammenarbeit bei der Aufklärung des Vorfalls von Chan Scheichun torpediert. Laut Diplomatenberichten war schon während der Sondersitzung des UN-Sicherheitsrates klar, dass die US-Regierung einen Angriff vorbereitet habe – wodurch die Verhandlungen über die drei vorgelegten UN-Resolutionen, welche eine Untersuchung des Vorfalls durch die OPCW (Organisation für das Verbot chemischer Waffen) zum Gegenstand hatte – zur Farce wurden[406]. Der russische Präsident Putin erklärte, Washingtons Schritte habe den „russisch-amerikanischen Beziehungen, die bereits schlecht sind, einen schweren Schlag versetzt"; damit werde die Bildung einer internationalen Antiterror-Koalition erschwert. Als ersten Schritt stieg Russland aus dem Abkommen mit den USA aus, mit dem Flugsicherheit in Syrien gewahrt und riskante Vorfälle bzw. Kollisionen verhindert werden sollten[407]. Als Reaktion auf den US-amerikanischen Raketenangriff bekundete das russische Verteidigungsministerium, die syrische Luftabwehr stärken zu wollen; zusätzlich sollte die Fregatte „Admiral Grigorowitsch", die Marschflugkörper vom Typ „Kalibr" am Bord hat, aus dem Schwarzen Meer an die syrische Küste verlegt werden[408]. Insgesamt steigerten sich damit die Risiken eines militärischen Zusammenstoßes zwischen Russland und den USA in Syrien. Das unilaterale Vorgehen der Trump-Administration stellte vor diesem Hintergrund insgesamt eine Bloßstellung und eine Brüskierung Russlands in der Syrienfrage dar. „Durch den US-Militärschlag sind alle russischen Erfolge in Syrien und ihre Auswirkungen auf das internationale Machtgefüge infrage gestellt"[409]. Moskau hatte seine Hoffnung darin gesetzt, dass mit der Trump-Administration eine Neuausrichtung der US-Außenpolitik verbunden wäre, die anstelle eines „liberalen Interventionismus" eine klar definierte Interessenpolitik beinhalten würde. Insbesondere in Syrien hoffte der Kreml auf eine Zusammenarbeit mit den USA unter der Fahne des gemeinsamen Kampfes gegen den Terror.

---

[406] Florian Rötzer, Putin: „Washington hat den russisch-amerikanischen Beziehungen einen schweren Schlag versetzt", unter:
https://www.heise.de/tp/features/Putin-Washington-hat-den-russisch-amerikanischen-Beziehungen-einen-schweren-Schlag-versetzt-3677809.html

[407] Ebda.

[408] Julia Smirnowa, Trump hat Putin kalt erwischt, unter:
https://www.welt.de/politik/ausland/article163503073/Trump-hat-Putin-kalt-erwischt.html

[409] Russlans Annahmen für Syrien gelten nicht mehr, unter:
http://www.zeit.de/politik/ausland/2017-04/russland-syrien-us-angriff-wladimir-putin-moskau

Parallel wollte sich Moskau mit Washington auf eine politische Lösung in Syrien einigen, die auch russische Interessen im Nahen Osten sichert[410]. Diese Pläne waren jetzt gefährdet. „Ich fürchte, dass die gewünschte russisch-amerikanische Anti-Terror-Koalition in Syrien, über die so viel nach Trumps Amtsantritt gesprochen wurde, mit solchen Ansätzen dahinscheidet, bevor sie überhaupt geboren ist", schrieb der russische Senator Konstantin Kossatschew bei Facebook. „Und dabei begann alles so gut. Sehr schade"[411].

(3) „Trump's Red Line" - Die Erkenntnisse des US-amerikanischen Enthüllungsjournalisten Seymour Hersh zu den Vorfällen in Chan Scheichun vom 4. April 2017

Dem US-amerikanischen Enthüllungsjournalisten Seymour Hersh war es indessen gelungen, unter Bezug auf hochrangige Quellen aus dem US-Sicherheitsapparat zu Erkenntnissen zu gelangen, die die offizielle Version der Geschehnisse massiv in Frage stellen. In seinem Artikel *Trump's Red Line*[412] kam er zu dem Ergebnis, dass die syrische Luftwaffe kein Giftgas eingesetzt habe. Vielmehr habe sie ein hochrangiges Treffen von Kommandeuren islamistischer Gruppierungen mit einer schweren, lasergesteuerten konventionellen Bombe angegriffen. Die Russen hätten der syrischen Luftwaffe die Bombe zur Verfügung gestellt. Im unteren Stock des Gebäudes, in dem das Treffen der Kommandeure der Dschihadisten stattgefunden habe, habe sich aber auch ein Lager mit Dünger und Desinfektionsmitteln befunden. Bei dem Angriff habe sich eine giftige Wolke gebildet, die unter anderem Chlor enthalten habe. Der Angriff sei den US-Militärs zuvor im üblichen Rahmen angekündigt worden. Dabei handelte es sich um eine Praxis, die verhindern sollte, dass man sich gegenseitig im gefährlichen syrischen Luftraum in die Quere kam. Laut Hershs Quelle ging es jedoch auch darum, dass die US-Dienste ihre Informanten oder Agenten unter den Dshihadisten vor dem Angriff warnen konnten. Die Bombardierung – so Hersh – war augenscheinlich erfolgreich gewesen; Geheimdienstberichten zufolge konnten vier Kommandeure ausgeschaltet werden. Hershs Quelle aus dem US-Sicherheitsapparat konnte letztlich die genauen Hintergründe der Giftgasfreisetzung auch nicht mit letzter Sicherheit beweisen; sie berief sich zu einen darauf, dass sich im Erdgeschoss des zerstörten Gebäudes ein Lager für Düngemittel, Insektizide und chlorhaltige Desinfektionsmittel befunden habe, das durch eine „Sekundärexplo-

---

[410] Julia Smirnowa, Trump hat Putin kalt erwischt, unter:
https://www.welt.de/politik/ausland/article163503073/Trump-hat-Putin-kalt-erwischt.html
[411] Ebda.
[412] Seymour M. Hersh, Trump's Red Line, unter:
https://www.welt.de/politik/ausland/article165905578/Trump-s-Red-Line.html

sion" chemische Giftstoffe freigesetzt habe. Deutlich aber hob die US-Geheimdienstquelle hervor, dass Assad nicht nur kein Motiv gehabt habe, sondern dass ein Giftgasangriff sogar ganz entschieden gegen die syrischen Interessen gerichtet sei. „Was den meisten Amerikanern gar nicht in den Sinn kommt, ist, dass ein syrischer Giftgasangriff, den Bashar [al Assad] befohlen haben soll, die Russen zehnmal mehr verärgert hätte als den Westen. Die russische Strategie gegen den IS, die ja eine Kooperation mit dem Westen vorsieht, wäre dahin und Bashar [al Assad] wäre dafür verantwortlich, Russland vor's Schienbein getreten zu haben, ohne die Konsequenzen für ihn zu bedenken. Würde Bashar [al Assad] so was tun? Wo er gerade dabei ist, den Krieg zu gewinnen? Wollt Ihr mich veräppeln?", so der Originalton der Geheimdienstquelle[413]. Folgt man den Recherchen Hershs weiter, so hätte Trump die Folgen des vermeintlichen Giftgasangriffs zusammen mit dem jordanischen König verfolgt und sei vom ersten Moment an schockiert gewesen. Angesichts der Bilder von Leichen „unschuldiger Babies" forderte Trump – wohl aus einer impulsiven Reaktion heraus – einen Vergeltungsschlag, und da die Medien Assad bereits als Schlächter ausgemacht hatte, so sollte er es sein, der die Vergeltung der USA zu spüren bekommen sollte. Die US-Dienste hätten jedoch mehrfach unterstrichen, dass es kein Indiz für eine Täterschaft der syrischen Regierung gebe und noch nicht einmal ein Beweis dafür existiere, dass es überhaupt einen Giftgasangriff gegeben habe. Diese Einwände jedoch sollen Trump nicht davon abgehalten haben, eine Vergeltung anzuordnen. Es ging Trump nicht mehr um das „ob, sondern um das „wann"[414]. Beschlossen wurde der Vergeltungsschlag schließlich bei einem Treffen des inneren Zirkels auf Trumps Anwesen in Mar-a-Lago. Dort habe man insgesamt vier Optionen diskutiert: „Option eins war, nichts zu machen. […] Option zwei war eine leichte Bestrafung: einen Flugplatz in Syrien zu bombardieren, aber erst nachdem man die Russen gewarnt hat und durch sie die Syrer, um allzu viele Opfer zu vermeiden. Einige der Planer nannten das die ‹Gorilla Option›: Amerika würde finster blicken und sich auf die Brust schlagen, um Furcht zu erzeugen, und Entschlossenheit zeigen, aber wenig bedeutsamen Schaden verursachen. Die dritte Option war, das Angriffspaket zu übernehmen, das Obama 2013 vorgelegt worden war und welches er letztlich nicht umsetzen wollte. Dieser Plan sah eine massive Bombardierung der wichtigsten syrischen Luftwaffenstützpunkte und Kommando- und Kontrollzentralen durch B1- und B52-Bomber vor, die von ihren Stützpunkten in den USA aus starten würden. Option vier war die ‹Enthauptung›: Assad zu beseitigen, indem man seinen Palast in Damaskus bombardiert sowie sein Befehls- und Kontrollnetzwerk und

---

[413] Zit. aus: Ebda.

[414] Seymour Hersh zu Assads angeblichem Giftgasangriff und Trumps angeblichem Vergeltungsschlag, unter:
http://www.nachdenkseiten.de/?p=38923

sämtliche Untergrundbunker, in die er sich möglicherweise in der Not zurückziehen könnte"[415]. Von vornherein seien die Optionen, gar nichts zu tun oder aber einen Enthauptungsschlag gegen die syrische Führung zu führen, ausgeschlossen worden. Übriggeblieben sei letzten Endes die eher symbolische Bombardierung eines syrischen Luftwaffenstützpunktes und eine groß angelegte Bombardierung zahlreicher Einrichtungen des syrischen Militärs. Dabei soll – so Hershs Quelle – die „politische Seite", allen voran Trump und Außenminister Rex Tillerson, eigentlich die letztere Option bevorzugt haben. Jedoch konnten sich die Militärberater, die darauf hinwiesen, dass einem groß angelegten Bombardement auch russische Soldaten in den Luftabwehrstellungen zum Opfer fallen würden, durchsetzen, und man entschied sich für einen symbolischen Akt, der möglichst wenig Schaden verursachen sollte. Nachdem man vorher die Russen und damit indirekt auch die Syrer vorwarnte, blieben die Folgen überschaubar: Offenbar traf nur ein Bruchteil der 60 Marschflugkörper überhaupt das Ziel und zerstörte dort lediglich neun, ohnehin nicht mehr einsatzfähige, Flugzeuge.

Obwohl die militärischen Auswirkungen des amerikanischen Militärschlages verhältnismäßig gering waren, waren es die politischen Folgen hingegen nicht. Mit seinem Vorgehen setzte sich Trump nunmehr selbst eine „rote Linie", hinter die er bei weiteren Ereignissen dieser Art nicht mehr zurückweichen konnte, sondern vielmehr unter Zugzwang stand, künftige militärische Reaktionen deutlicher ausfallen zu lassen. Damit hatte sich die Trump-Administration – um international glaubwürdig zu bleiben – ihrer Optionsfreiheit begeben, was wiederum als eine Einladung an die aufständischen Dschihadisten verstanden werden konnte, durch inszenierte Vorfälle eine Überschreitung dieser „roten Linie" herbeizuführen.

cc) Die Fortsetzung der antirussischen Energiegeopolitik der Obama-Administration

Einer Analyse der *New York Times* zufolge hatte Trump in der Außenpolitik wesentliche Schlüsselelemente der Obama-Administration übernommen[416]. Deutlich wird dies auch an der faktisch konsequenten Fortführung der Energiegeopolitik Obamas, was durch die Sanktionspolitik der neuen Administration gegenüber Russland deutlich zum Ausdruck kam.

---

[415] Seymour M. Hersh, Trump's Red Line, unter:
https://www.welt.de/politik/ausland/article165905578/Trump-s-Red-Line.html
[416] Trump adopts key points of Obama foreign policy, unter: New York Times v. 04./05.02.2017

(1) „Fracking" und „Reverse Flow" als energiegeopolitische Waffen der Obama-Administration

Kernelement der Energiegeopolitik der Obama-Administration war die Förderung der heimischen Energievorräte mit Hilfe der „Fracking"-Technologie mit dem Ziel, die USA zu einem Hauptlieferanten von Schieferöl- und -gas zu machen[417]. Dahinter verbarg sich – wie Robert D. Blackwill und Meghan L. O'Sullivan in ihrer Analyse *America's Energy Edge: The Geopolitical Consequences of the Shale Revolution* ausführlich darlegen – eine konkrete geopolitische Absicht, nämlich die wirtschaftliche Basis Russlands und seine Rolle als maßgeblicher Lieferant von fossilen Energieträgern an Europa unter Druck zu setzen[418]. In dieser Analyse hatten die beiden US-Strategen empfohlen, dass die US-Regierung die Erfolge neuer Erdöl- und Erdgasfördertechnik in ihre Außenpolitik integrieren sollte. Zwei Programme des US-Außenministeriums - das „Unconventional Gas Technical Engagement Program" und die „Energy Governance and Capacity Initiative" – seien bereits auf dem Weg gebracht worden, um die Erfahrung mit der „Fracking"-Technologie anderen Ländern zu vermitteln, um ihre eigenen Öl- und Gasförderindustrien aufzubauen[419]. Diese Bemühungen – so die Autoren – sollte die US-Regierung weiter ausbauen und in einer größere Bündnisstrategie einbringen, um solche Länder wie Polen und die Ukraine bei der Förderung ihrer eigenen Schiefergasreserven zu unterstützen[420].

Tatsächlich hatte die US-Außenpolitik die Offensive ihrer Energiekonzerne in Osteuropa bereits seit langem vorbereitet. Schon 2010, unmittelbar nach dem Machtantritt von Barack Obama, richtete das US-Außenministerium eine besondere Abteilung ein, die den weltweiten Export der Fracking-Technologie unterstützen sollte[421]. „Diese *Global Shale Gas Initiative* leitete David Goldwyn, Koordinator für internationale Energie-Angelegenheiten. In einem Beitrag für die New York Times sagte er bereits 2012 voraus, dass der Fracking-Boom die weltpolitischen Gegebenheiten massiv verändern werde und es sogar ermögliche, Energie in die westliche Hemisphäre zu exportieren. 'Das ist

---

[417] Vgl. hierzu ausführlich: Bernhard Rode, Pulverfaß Ukraine. Weltschlüsselkonflikt und Zentrum der Macht-Geometrie zwischen Ost und West, Hohenrain, Tübingen 2016, S. 385-425

[418] Robert D. Blackwill, Meghan L. O'Sullivan, America's Energy Edge: The Geopolitcal Consequenzes of Shale Revolution, aufgerufen unter:
http://www.isn.ethz.ch/Digital-Library/Articles/Detail/?id=177844

[419] Robert D. Blackwill, Meghan L. O'Sullivan, America's Energy Edge: The Geopolitcal Consequenzes of Shale Revolution, aufgerufen unter:
http://www.isn.ethz.ch/Digital-Library/Articles/Detail/?id=177844

[420] Ebda.

[421] Malte Daniljuk, Neue Energie für Europa, Teil 1, unter:
http://www.heise.de/tp/druck/mb/artikel/43/43800/1.html

114

ein diplomatischer Royal Flush', die Beste der zehn möglichen Poker-Kombinationen, so David Goldwyn. Die großen Verlierer seien die Exportländer mit hohen Preisen – wie etwa Russland. 'Washington sollte den Zugang zu neuen Explorationsgebiete fördern, um Investitionen zu gewährleisten', so seine zentrale Empfehlung"[422]. Nach einem Bericht der *New York Times* hatte die damalige US-Außenministerin Hillary Clinton Ende 2011 ein „Büro für Energieressourcen" eingerichtet, um Energie- und Außenpolitik miteinander zu verbinden „mit dem Zweck, den einheimischen Energieboom in ein geopolitisches Werkzeug zum Vorteil der amerikanischen Interessen rund um die Welt umzulenken"[423]. Als Chef dieses Büros wurde 2011 der ehemalige Botschafter in der Ukraine Carlos Pasqual eingesetzt; dieser erklärte in einem Interview, dass sein Büro Putins Einfluss geschwächt und der Ukraine dabei geholfen habe, ihre Abhängigkeit von russischem Erdgas von 90 auf 60 Prozent zu senken[424]. Pasqual erklärte, dass sein Team daran arbeite, der Ukraine und anderen europäischen Ländern dabei zu helfen, sich aus der Abhängigkeit von russischem Gas zu befreien und sich nach anderen Lieferanten, einschließlich Afrika, umzusehen, ihre Gaslager auszubauen und ihre eigenen Erdgasressourcen zu erschließen, „einschließlich Partnerschaften mit amerikanischen Energiegiganten. Halliburton hat das Fracking von Erdgas in Polen begonnen, während Shell im vergangenen Jahr (2013) in der Ukraine mit dem Explorieren von Erdgas begonnen habe"[425]. Wenn mehr Erdgas auf den Weltmarkt komme, werde das die Position des russischen Monopolisten Gasprom schwächen. „In den kommenden Jahren wird der Einfluss Gazproms weiter geschwächt, wenn amerikanische Angebote auf den Weltmarkt verschifft werden", so Carlos Pasqual[426]. Um den Zugang zu neuen Explorationsgebieten in Osteuropa zu fördern und Investitionen zu gewährleisten, gründete das US-Außenministerium das *Unconventional Gas Technical Engagement Program*. „Allein im Jahr 2014 investierte das Ministerium sieben Millionen Dollar, um systematisch Kontakte mit anderen Regierungen anzubahnen, für Workshops und Beratungen für die Finanzierung möglicher Fracking-Projekte. In Osteuropa standen neben der Ukraine auch Litauen, die Slowakei und Slowenien, Ungarn und die Tschechische Republik auf dem Programm"[427]. Nachdem erste Pilot-Projekte für Fracking in der Ukraine gescheitert waren, reiste der neokonservative US-Senator John McCain mit dem

---

[422] Ebda.

[423] Coral Davenport/Steven Erlanger, U.S. Hopes Boom in Natural Gas can curb Putin, in: New York Times v. 05.03.2014

[424] Ebda.

[425] Ebda.

[426] Ebda.

[427] Malte Daniljuk, Neue Energie für Europa, Teil 1, unter:
http://www.heise.de/tp/druck/mb/artikel/43/43800/1.html

republikanischen Senator John Hoeven „durch mehrere europäische Länder. Hoeven, von Hause aus Banker, war zuvor Gouverneur des Bundesstaates North-Dakota, der größten Fracking-Region der USA. Die beiden nannten als Ziel ihrer Reise, dass sie 'die Abhängigkeit von russischem Gas in der Ukraine und Europa reduzieren' wollten. Neben den üblichen Initiativen für den Export von Fracking-Technologie, unter anderem an Norwegens staatlichen Ölkonzern Statoil, warben sie für Flüssiggasimporte aus den USA"[428].

Eindeutig hatte diese „Fracking"-Strategie das Ziel, den energiegeopolitischen Einfluss Russlands zu vermindern und einzudämmen. „So wird immer deutlicher, dass sich für die US-Außenpolitik mit der Ukraine-Krise vor allem eine Perspektive verbindet: Den russischen Konkurrenten vom europäischen Energiemarkt zu verdrängen", so Malte Daniljuk[429]. Ähnlich formulierte es auch die *New York Times:* „Die Krise auf der Krim kündigt den Aufstieg einer neuen Ära der amerikanischen Energie-Diplomatie an, als die Obama-Administration versucht, das umfangreiche neue Angebot von Erdgas in den Vereinigten Staaten als Waffe einzusetzen, um den Einfluss des russischen Präsidenten Putin in der Ukraine und Europa zu unterlaufen. Die Krise hat eine Initiative des Außenministeriums vorangetrieben, den neuen Boom von amerikanischem Erdgas als eine Brechstange gegen Russland zu verwenden, welches 60 Prozent des ukrainischen Erdgases liefert (…). Die Strategie der Administration ist es, die Vorteile der neuen Ressourcen aggressiv einzusetzen, um russische Erdgasverkäufe in die Ukraine und Europa zu unterbieten (...)"[430]. Einfach formuliert: Strategisch wollen die USA den Russen die Gas-Waffe aus der Hand schlagen und selbst darüber verfügen, so Beobachter.

Nach den Plänen der US-Strategen sollten „Fracking" und die Lieferung von Flüssiggas die Instrumentarien der US-Geopolitik sein, um den energiegeopolitischen Einfluss Russlands auf Europa zu beseitigen und US-Energiekonzerne nunmehr als Hauptenergielieferanten Europas in Stellung zu bringen. Es geht darum, „den russischen Konkurrenten vom europäischen Energiemarkt zu verdrängen"[431], Russland zu isolieren, die Bedeutung des russischen Erdöls und Erdgases auf den Weltenergiemärkten zu verkleinern, um auf diese Weise auch die Devisenquellen für Moskau zum Versiegen zu bringen, was letztlich – so das Kalkül – die politische Ordnung in Russland zum Kollaps bringen und einen „Regimewechsel" herbeiführen soll. Einer der Vordenker der US-amerikanischen Vorherrschaft, der US-Politologe Joseph S.

---

[428] Ebda.

[429] Ebda.

[430] Coral Davenport/Steven Erlanger, U.S. Hopes Boom in Natural Gas can curb Putin, in: New York Times v. 05.03.2014

[431] Malte Daniljuk, Neue Energie für Europa, Teil 1, unter: http://www.heise.de/tp/druck/mb/artikel/43/43800/1.html

Nye, forderte in seinem Strategiepapier „Eine westliche Strategie für den russischen Niedergang", dass sich die westlichen Sanktionen auch gezielt gegen den Energie- und Finanzsektor Russlands richten sollten.

Tatsächlich handelt es sich bei den strategischen Absichten Washingtons, die „Energieunabhängigkeit" Europas von Russland herzustellen, nicht nur um ein Mittel, die europäischen Ökonomien aus dem Einflussbereich Russlands herauszubrechen bzw. die energiegeopolitische Position Moskaus in Europa empfindlich zu schwächen, sondern letztlich um ein geopolitisch motiviertes Projekt der USA, um ihren Einfluss in Europa zu verstärken und dieses stärker an sich zu binden. Mit dem Begriff der „Energieunabhängigkeit" ist lediglich größere Unabhängigkeit von Russland gemeint, jedoch keinesfalls von den USA, deren Energiekonzerne mit Hilfe der „Fracking"-Offensive die energiegeopolitische Vorherrschaft der USA in Europa gegen Russland durchsetzen sollen. Richard N. Haass, Präsident des Council on Foreign Relations, erklärte zu der Frage, welche Optionen die USA jenseits von militärischem Eingreifen hätten, um Russland zurückzudrängen: „Lassen Sie mich einige vorschlagen. Eine Sache, die wir tun sollten, ist, den Export von amerikanischem Rohöl zu erlauben und die Ausfuhr von amerikanischem Erdgas zu erweitern. Insbesondere sollten wir es Ländern zur Verfügung stellen, die wir – wie die Ukraine – gerne aus der Abhängigkeit von Russland befreit sähen. Die US-Energietransformation der letzten Jahre stellt uns Optionen zur Verfügung, die wir einige Jahre zuvor nicht hatten. Wir sollten sondieren, wie wir diese Optionen nutzen können"[432]. Hierzu aber, so Beobachter, „müssen aber zunächst die lange gewachsenen ökonomischen Beziehungen zwischen Russland und den betreffenden Abnehmerländern in spe zerrüttet werden"[433].

Das Schlüsselwort für diese Strategie lautet „Reverse Flow". Mit diesem Begriff ist der Plan umschrieben, die Energieströme von Ost nach West in die entgegengesetzte Richtung, nämlich von West nach Ost umzuleiten. Ausgangspunkt dafür ist zum einen die Förderung der „Fracking"-Technologie insbesondere in den USA, welche zum Zentrum einer exportfähigen Erdgasproduktion mittels dieser neuen Fördertechnik ausgebaut werden soll, und zum anderen der Ausbau des Flüssiggassektors und der dazugehörigen Transporttechnologie, um langfristig Pipelinekorridore überflüssig zu machen. Der US-amerikanische Politikwissenschaftler Vali R. Nasr, Dekan an der John-Hopkins-School of Advanced International Studies, spricht von einer „neuen Landkarte, definiert von Erdgas"[434]: „Machen Sie sich bereit für eine neue Karte globaler Wirtschaftsmacht, diesmal neu gezeichnet von amerikani-

---

[432] Zit. aus: Ebda.

[433] Ebda.

[434] Vali R. Nasr, A new Map, defined by gas, in: International New York Times v. 11.06.2014

schem Schiefergas. Sie könnte die Landschaft auf zwei Wegen verändern: Erneute Hoffnung für die amerikanische Industrie und Erweckung einer amerikanisch-russischen Rivalität über den Export von Energie nach Europa und Asien"[435]. Laut Nasr habe mit dem Aufstieg Chinas der größte Transfer von globaler Macht und Wohlstand stattgefunden, während der Westen zurückgeblieben sei. Das amerikanische Schiefergas jedoch könnte diese Entwicklung wieder umkehren. Aufgrund der Tatsache, dass Erdgas der sauberste natürliche fossile Energieträger sei und im Westen der Ausstieg aus der Atomenergie lauter werde, werde sich innerhalb der nächsten zwanzig Jahre der Bedarf an Erdgas verdoppeln. Die Förderung von Schiefergas würde – so Nasr – nunmehr Amerika in eine Rivalität zu Russland und den Iran versetzen, und zwar „für die Stellung des mächtigsten Energielieferanten der Welt"[436]. Nasr zufolge wird es künftig zu einer Rivalität zwischen den USA einerseits und Russland sowie Iran auf der anderen Seite um die Belieferung der wirtschaftlichen Rivalen der USA in Europa und Asien mit Erdgas kommen; er nennt die Belieferung Deutschlands und Chinas durch Russland als Beispiel. „Dieses Szenario stellt eine strategische Herausforderung für die Vereinigten Staaten dar: Russland könnte mit großer Anstrengung die Lieferung und den Preis für Erdgas beherrschen, möglicherweise die gleiche Rolle wie Saudi-Arabien zum Höhepunkt der Abhängigkeit von mittelöstlichem Öl spielen und alle wirtschaftlichen Hauptrivalen Amerikas in Europa und Asien von sich abhängig machen. Um ein solches Ergebnis zu vermeiden, müssen die USA jetzt eine globale Energiestrategie in Gang setzen, die darauf ausgerichtet ist, mit Russland zu konkurrieren und sowohl Asien als auch Europa mit lebensfähigen Alternativen zu russischem Gas zu versorgen"[437]. Am wichtigsten sei es, dass der US-Kongress den Export von amerikanischem Erdgas genehmigt und den Bau von Terminals unterstützt, um dieses zu verschiffen. Amerika sollte ferner seine Aufmerksamkeit darauf richten, wie Russland langfristige Gaslieferverträge mit Europa und mit Asien abzuschließen. „Dies könnte es den USA erlauben, als Gewinner auf beiden Fronten der neuen Karte der ökonomischen Rivalitäten hervorzugehen"[438]. Damit hat der US-Politologe Vali R. Nasr die Eckpunkte der neuen Energiestrategie der USA umrissen: Durch die Förderung der eigenen Schiefergasvorräte mittels der „Fracking"-Technologie und durch ihren Export sollen die USA in die Lage versetzt werden, ihre wirtschaftlichen Konkurrenten in Europa und Asien – insbesondere Deutschland und China – von sich abhängig zu machen und damit gleichzeitig den russischen Einfluss zurückzudrängen. Erdgas – das ist hier als Ergebnis

---

[435] Ebda.
[436] Ebda.
[437] Ebda.
[438] Ebda.

festzuhalten – soll damit zu einer strategischen Waffe der USA ausgebaut werden, um ihre Konkurrenten in Europa und Asien zu kontrollieren und gleichermaßen Russland sowie den Iran einzudämmen.

Strategischen Analysen zufolge hat der „Schiefergasboom" schon mittelfristig Auswirkungen auf Russland: „Angesichts der sich seit einigen Jahren in Europa zeigenden Auswirkungen der amerikanischen Schiefergasproduktion kamen die Langfristverträge für Pipelinegas mit ihren Preisformeln unter Druck. Durch die Binnenmarktliberalisierung in Westeuropa wurde eine ohnehin politisch gewollte verbesserte Liquidität der Gasmärkte zusätzlich beflügelt. Zudem wurde verflüssigtes Erdgas aus dem Mittleren Osten (z.B. aus Katar) nicht mehr in die USA, sondern nach Europa geliefert. Aus diesen Gründen setzen die europäischen Partnerunternehmen im Rahmen ihrer Verhandlungen darauf, die Verträge mit Gazprom an die neue Marktlage anzupassen"[439]. Eine weitere Ausdehnung des Handels mit Schiefer- und Flüssiggas hätte dabei nachhaltige Auswirkungen auf die russische Wirtschaft: „Ein Boom des Schiefergases könnte den Druck auf russische Exportmengen verstärken und sich negativ auf den Haushalt und das russische Bruttoinlandsprodukt auswirken, wenn die Einnahmen bei geringerem Export künftig sinken würden. (…) Auch eine Studie des Instituts für Energieforschung (INEI) der Russischen Akademie der Wissenschaften kommt zu dem Ergebnis, dass sich der Export von russischem Gas und Öl in den nächsten zehn bis 15 Jahren um über 20 Prozent verringern könnte, wenn die Schiefergasförderung in anderen Teilen der Welt einen Durchbruch erlebt"[440].

Mit der neuen Globalstrategie des Westens im Energiesektor, durch den „Reverse Flow" die Energieströme von West nach Ost umzulenken, sprich also amerikanisches Schiefergas nach Europa zu bringen, verfolgen die USA gleichzeitig zwei Ziele: Neben der gegen Russland gerichteten Eindämmung und der Abkoppelung Russlands von den energiehungrigen Märkten in Europa und Asien haben die USA mit dem neu gewonnenen Einfluss auf die Energielieferströme in diese Großregionen ferner die Möglichkeit, ihre europäischen und asiatischen Rivalen zu kontrollieren.

(2) Das von US-Senat und US-Repräsentantenhaus im Juni/Juli 2017 verabschiedete Sanktionsgesetz in der Kontinuität der antirussischen Energiegeopolitik Obamas

Erst im Zuge der Diskussion um die Fortführung der gegen Russland gerichteten Sanktionen offenbarten sich auch die Elemente der Energiegeopolitik

---

[439] Joachim Lang/Peter Hohaus, Kein Gas-Peak in Sicht, in: Internationale Politik, Januar/Februar 2014, S. 102–107 (S. 105)
[440] Ebda.

der Trump-Administration, zu deren Konturen es bis dato keine Hinweise gegeben hatte. Energieminister Rick Perry hob ihren strategischen Charakter hervor, als er die Energiepolitik als ein „lebenswichtiges Element der US-Außenpolitik" beschrieb und herausstellte, dass es von entscheidender Bedeutung sei, die enormen Gasvorräte des eigenen Landes zu nutzen, um sie nach Übersee zu exportieren. „Wir werden eine dominante Energiemacht werden", so Perry[441]. Schließlich hatte der US-Senat mit dem im Juni 2017 eingebrachten Sanktionsgesetzesentwurf gegen Russland deutlich gemacht, dass die beschriebenen Elemente der Energiepolitik der Obama-Administration fortgesetzt werden sollten. Im Juli 2017 erfolgte schließlich die Einigung mit dem US-Repräsentantenhaus auf einen gemeinsamen Vorschlag zu „scharfen Sanktionen" gegen Russland. In dem Sanktionsgesetz, Sektion 257, mit dem Titel „Ukrainische Energie-Sicherheit" machten die USA deutlich, dass ihr Energieplan darauf hinausläuft, Russland vom europäischen Markt abzudrängen und sich selbst an dessen Stelle zu setzen. In diesem Abschnitt des Gesetzes wurde die US-Regierung aufgefordert, „dem Export von US-Energieressourcen den Vorrang (zu) geben, um amerikanische Jobs zu schaffen, amerikanischen Verbündeten und Partnern zu helfen und die US-Außenpolitik zu stärken"[442]. Deutlich richtete sich das Sanktionsgesetz gegen die deutsch-russische Energiekooperation, insbesondere das gemeinsame Pipelineprojekt „Nord-Stream-2". „Die USA werden weiter gegen die von Berlin und Moskau geplante Nord-Stream-2-Pipeline vorgehen", so der Nachrichtendienst *Spiegel Online*[443]; dieses Pipelineprojekt wurde im Sanktionsgesetz auch ausdrücklich benannt. Es ging sowohl Demokraten und auch Republikanern darum, „Russlands Einfluss in Europa zu kontern", wie es in dem Sanktionsgesetz heißt[444]. Nord-Stream-2 stellt eine Erweiterung zu den 2011 eröffneten zwei Strängen der Ostseepipeline dar, durch die der russische Energiekonzern Gazprom direkt Erdgas von Russland nach Deutschland und Mitteleuropa schafft, ohne von den Transitländern Polen, Weißrussland und der Ukraine abhängig zu sein. Mit der geplanten Erweiterung der Ostseepipeline ist Russland imstande, seinen Erdgas-Marktanteil in Deutschland von derzeit 37 Prozent auf 60 Prozent zu erhöhen[445]. Dies hat für Russland eine entscheidende Bedeutung, da sich aufgrund der „Fracking"-Technologie und der bereits umgesetzten Strategie des „Reverse Flow" die energiegeopolitische Landschaft

---

[441] US-Sanktionen gegen Europa, in: Handelsblatt v. 20.07.2017

[442] Benjamin Ridder, Worum es im Gasstreit wirklich geht, unter: http://www.spiegel.de/wirtschaft/unternehmen/russland-was-steckt-hinter-dem-gas-streit-a-1152643.html

[443] Ebda.

[444] Ebda.

[445] Ebda.

in Europa verändert hat: „Zahlreiche Länder haben große Terminals zur Anlandung von Flüssiggas gebaut, das über den Seeweg transportiert wird. Das europäische Gasnetz wurde weiterentwickelt und neue Verdichterstationen gebaut. So können die Gasströme im Notfall umgedreht werden: Sollte Russland Polen die Ost-West-Leitung abdrehen, könnte Deutschland Gas von West nach Ost umleiten"[446]. Ferner, so der Russland-Experte der „Deutschen Gesellschaft für Außenpolitik" Stefan Meister, habe zwischenzeitlich infolge der Überversorgung des Weltmarktes mit Erdgas die Macht der Abnehmer gegenüber den Anbietern zugenommen, so dass es zum russischen Gas mehrere Alternativen gebe[447]. Für Russland, so Meister, sei das Pipelineprojekt daher von entscheidender strategischer Bedeutung: „Nachdem viele Projekte mit den Chinesen gescheitert sind, will Gazprom mit Nord-Stream-2 den europäischen Markt für sich absichern"[448]. Innerhalb der EU wiederum ist die Befürchtung groß, dass das russisch-deutsche Pipelineprojekt die von Brüssel verfolgte Strategie der Diversifizierung der Energielieferungen infrage stellen könnte. „Nord Stream verträgt sich nicht mit unserer Strategie, die Lieferungen zu diversifizieren", erklärte Maros Sefcovic, der für Energie zuständige EU-Kommissar. Die Pipeline werde „die gesamte Gasbalance in Mittel- und Osteuropa verändern"[449]. Insbesondere Polen ist ein entschiedener Gegner des „Nord-Stream-2"-Projekts. Bislang wird es über Transitrouten mit Gas aus Russland versorgt, die bis nach Deutschland weiterführen. Im Konfliktfall, so die Befürchtung, könnte Russland Polen und anderen osteuropäischen Staaten das Gas abstellen, Deutschland aber weiter über die Nord-Stream-Pipeline versorgen[450]. Dieses Szenario wird von Energie-Experten jedoch als unwahrscheinlich beurteilt, zumal als Alternative ausreichend Flüssiggas zur Verfügung stünde, so dass kaum eine Situation denkbar wäre, in der russisches Gas wirksam als Waffe eingesetzt werden könnte[451]. Darüber hinaus will Polen, übrigens ebenso wie die Ukraine, nicht die Transitgebühren verlieren, die Gazprom bislang für den Transport von Gas über polnisches Territorium verlangt. Dabei ist zu beachten, dass die USA mit diesen Sanktionen gleichzeitig das Ziel verfolgen, eine Schwächung der osteuropäischen Bündnispartner Washingtons, nämlich der Ukraine und Polens, zu verhindern[452].

---

[446] Ebda.

[447] Ebda.

[448] Zit. aus: Ebda.

[449] Ebda.

[450] Ebda.

[451] „Die USA nutzen ihr Gas als außenpolitisches Instrument", Interview mit Kirsten Westphal, Energie-Expertin der Stiftung Wissenschaft und Politik (SWP), unter:
http://www.spiegel.de/wirtschaft/unternehmen/nord-stream-wie-die-usa-gegen-die-ostseepipeline-kaempfen-a-1154901.html

[452] Sanktionsimperialismus, in: Frankfurter Allgemeine Zeitung v. 25.07.2017

In diesem Kampf um den europäischen Energiemarkt streben nunmehr die USA an, eine führende Rolle einzunehmen und unter Ausnutzung des Sanktionsregimes Russland (und auch Deutschland) unter Druck zu setzen, um die russische Energiewirtschaft letztlich von Europa abzudrängen und eine deutsch-russische Kooperation zu beseitigen. Ein entscheidender Beweggrund liegt darin, dass amerikanische Unternehmen, denen wegen der Sanktionen Geschäfte mit Russland verboten sind, nicht durch europäische ersetzt würden, die aus der Gunst der Stunde Profit schlagen könnten. Dass europäische, insbesondere deutsche Energiekonzerne an Stelle der Amerikaner in die Bresche springen, soll so verhindert werden[453]. Mit dem Sanktionsgesetz, auf das sich beide Kammern des US-Kongresses geeinigt hatten, wurde beschlossen, sämtliche Unternehmen mit Sanktionen zu belegen, die dabei helfen, russische Gas- und Ölpipelines zu bauen, zu betreiben und auch nur zu warten[454]. „Die Unternehmen sollen so gezwungen werden, ihre Russland-Aktivitäten einzustellen. Die Maßnahme, die vor allem Russland schwächen soll, trifft gleichzeitig Europa"[455]. Matthias Warnig, der Chef des Pipelineprojekts Nord-Stream-2, befürchtete vor diesem Hintergrund eklatante Auswirkungen auf die gesamte Öl- und Gasversorgung Europas; insbesondere Deutschland wäre von der Umsetzung des Sanktionsregimes erheblich betroffen[456]. Die Sanktionen, so Beobachter, würden tief in den Betrieb der russischen Pipelines eingreifen, die Öl und Gas nach Europa bringen. „Beobachter sehen darin den Versuch, unter dem Deckmantel von Russland-Sanktionen die US-Interessen auf dem internationalen Gasmarkt durchzusetzen"[457]. Durch den Fracking-Boom der vergangenen Jahre wurden die USA vom Gas-Importeur zum Gas-Exporteur; Ziel der USA ist es, zum großen Spieler auf dem internationalen Gasmarkt zu werden. Dabei wird das fehlende Pipelinenetz für den Export durch die Flüssiggas-Technologie und den Ausbau entsprechender Tankerschiffe ersetzt. Mit dieser Art von „Sanktionsimperialismus"[458] wird unverhohlen das Ziel formuliert, amerikanischen Gasexport zu fördern. Kirsten Westphal, Gasmarkt-Expertin der „Stiftung Wissenschaft und Politik" (SWP), spricht davon, dass sich vor dem Hintergrund der Sanktionsdiskussionen ein Kampf um Erdgas-Marktanteile abspielt, und „die Amerikaner können ihre Position im internationalen Gasgeschäft stärken, wenn die Sanktionen umgesetzt werden. Da wird mit harten Bandagen gekämpft in Konkurrenz um Marktanteile. Dass die USA und Russland um den

---

[453] Ebda.

[454] US-Sanktionen gegen Europa, in: Handelsblatt v. 20.07.2017

[455] Ebda.

[456] Ebda.

[457] Ebda.

[458] So die Frankfurter Allgemeine Zeitung v. 25.07.2017

Absatz in Europa konkurrieren, hat es noch nicht gegeben"[459]. Dabei verfolgen die USA auch ein konkretes wirtschaftspolitisches Ziel: Wenn Deutschland verflüssigtes Erdgas aus den USA importieren müsste, würde sich die Handelsbilanz zugunsten der USA verschieben, und der deutsche Exportüberschuss war der Trump-Administration ohnehin ein Dorn im Auge. Viel spricht also für ein Kalkül Washingtons, auf diesem Wege auch Deutschlands Exportüberschuss durch höhere Energiepreise zu drosseln[460]. Insoweit nutzen die USA, so Kirsten Westphal, ihre Erdgasexporte zunehmend als außen- und wirtschaftspolitisches Instrument[461]. „Die Amerikaner haben durch das Fracking außenpolitische Handlungsspielräume bekommen. Diese nutzen sie nun, um ihre Interessen durchzusetzen. Aber dass sie ihre Position derart unverfroren mittels Russland-Sanktionen ausbauen wollen, überrascht. Besorgniserregend sind auch die Auswirkungen auf die transatlantische Kooperation und den Zusammenhalt der EU"[462]. Tatsächlich, so Westphal, gehe es nicht mehr darum, Russlands zukünftige Fördermöglichkeiten zu sanktionieren, sondern darüber hinaus russischen Export von Öl und Erdgas zu begrenzen. Der Entwurf des US-Senates gehe weit über Nord-Stream-2 hinaus und würde letztlich jedes Unternehmen betreffen, das in Russland am Bau neuer oder am Erhalt bestehender Öl- oder Gaspipelines beteiligt ist; insoweit greifen die Sanktionen „massiv in die innereuropäische Frage der Energieversorgung ein, indem sie größere Investitionen in Pipeline- oder Förderprojekte mit russischer Beteiligung untersagen"[463]. Das würde Rückwirkungen für die gesamte europäische Gasversorgung haben. „Wenn jedes europäische Unternehmen, das in Russland im Gas- und Ölpipelinegeschäft tätig ist, mit US-Sanktionen rechnen muss, haben die Amerikaner ein starkes Druckmittel in der Hand"[464]. Insoweit – so das *Handelsblatt* – spricht sehr viel dafür, dass es die Amerikaner mit dem Sanktionsgesetz darauf abgesehen haben, Europa zum Kauf vom amerikanischen Flüssiggas zu zwingen[465], und aus diesem Grund seien die Sanktionen bewusst so angelegt, dass sie „extraterritoriale Wirkung entfalten", so der Außenwirtschaftchef der Deutschen Industrie-

---

[459] Zit. aus: US-Sanktionen gegen Europa, in: Handelsblatt v. 20.07.2017

[460] „Die USA nutzen ihr Gas als außenpolitisches Instrument", Interview mit Kirsten Westphal, Energie-Expertin der Stiftung Wissenschaft und Politik (SWP), unter: http://www.spiegel.de/wirtschaft/unternehmen/nord-stream-wie-die-usa-gegen-die-ostseepipeline-kaempfen-a-1154901.html

[461] Ebda.

[462] „Da wird mit harten Bandagen gekämpft", Interview mit Kirsten Westphal, in: Handelsblatt v. 20.07.2017

[463] Ein Gesetz, viele Verlierer, in: Handelsblatt v. 26.07.2017

[464] „Da wird mit harten Bandagen gekämpft", Interview mit Kirsten Westphal, in: Handelsblatt v. 20.07.2017

[465] Europa zwischen den Fronten, in: Handelsblatt v. 25.07.2017

und Handelskammer, Volker Treier. „Diese Sanktionen träfen auch die deutsche Wirtschaft empfindlich". Wichtige Projekte für die Versorgungssicherheit, bei der Russland eine wichtige Rolle spielt, könnten zum Stillstand kommen, europäische Unternehmen könnten bei Großprojekten in Russland außen vor bleiben[466]. Mithin liest sich das rund 70 Seiten umfassende Sanktionsgesetz in Teilen „wie eine wirtschaftliche Kriegserklärung gegen Russland", so der Nachrichtendienst *Spiegel Online,* dessen Sinn und Zweck darin bestünde, „Russland wirtschaftlich in die Knie zu zwingen"[467].

(a) Das Sanktionsgesetz als vorläufiger Sieg der Neokonservativen über Trump: Der Trump-Administration wird die Möglichkeit einer eigenständigen Russlandpolitik genommen

Die Gesamtumstände lassen den Schluss zu, dass auch das Sanktionsgesetz – das sowohl vom US-Senat als auch vom Repräsentantenhaus von einer überwältigenden Mehrheit verabschiedet wurde – Ausdruck des beschriebenen Machtkampfes einer parteiübergreifenden neokonservativen Opposition im US-Kongress gegen die Außenpolitik der Trump-Administration war. Die Trump-Administration selbst lehnte die Sanktionen ab, stand aber unter Druck des US-amerikanischen Kongresses, in der die Mehrheit einer russisch-amerikanischen Annäherung und der von Trump ursprünglich angekündigten Neuausrichtung der US-Außenpolitik ablehnend gegenüberstand. Der Ruf nach möglichst harten Russland-Sanktionen war – so das *Handelsblatt* – insbesondere der Tatsache geschuldet, dass das „Unbehagen der Senatoren und Abgeordneten über die Trump-Regierung und ihre prorussische Politik" wuchs"[468]. Ausschlaggebend dabei waren wohl die im Zuge des G-20-Gipfels eingetretenen Ansätze einer Annäherungspolitik an Russland in der Syrienfrage und die Entscheidung der Trump-Administration, Waffenlieferungen der CIA an die sunnitischen Rebellen zu stoppen, die in Syrien gegen Assad kämpfen[469]. Diese Entscheidung wurde von Kritikern als Entgegenkommen Trumps in Richtung Russland interpretiert. „Der zentrale Beweggrund für das Gesetzeswerk ist es, dem amerikanischen Präsidenten Donald Trump in der Russland-Politik die Hände zu fesseln", so die *Frankfurter Allgemeine Zeitung*[470]. Mit dem Entwurf beider Häuser des US-Kongresses werden

---

[466] Ebda.

[467] Benjamin Ridder, Amerikas dummer Alleingang, unter:
http://www.spiegel.de/wirtschaft/unternehmen/russland-sanktionen-der-usa-amerikas-dummer-alleingang-kommentar-a-1159856.html

[468] Europa zwischen den Fronten, in: Handelsblatt v. 25.07.2017

[469] Ebda.

[470] Ebda.

124

dem Präsidenten die Befugnisse genommen, Sanktionen gegen Personen, Firmen und Institutionen ohne Zustimmung des US-Kongresses wieder aufzuheben[471]. „Gemeinsam beschneiden Republikaner und Demokraten die außenpolitischen Kompetenzen der Regierung, ein bis vor kurzem fast undenkbarer Vorgang. Der Grund ist klar: Selbst in Zeiten, in denen es kaum noch ideologische Schnittmengen zwischen Demokraten und Republikanern gibt, stößt Trumps russland-freundlicher Kurs auf parteiübergreifendes Misstrauen"[472]. Insoweit stellte das Gesetz eine „schmerzhafte Ohrfeige dar für den Präsidenten und seinen Annäherungskurs an Russland"[473]; es unterstreicht gewissermaßen den antirussischen Grundkonsens der US-Außenpolitik der neokonservativen US-Machtelite, die im US-Kongress über großen Einfluss verfügt und alles daransetzte, dem neuen Präsidenten Entscheidungsfreiheit in außenpolitischen Fragen zu nehmen. Damit wurden Trump jegliche Chancen genommen, gegenüber Russland diplomatische Initiativen in Gang zu setzen. Insoweit warf die Debatte um die US-Sanktionen auch ein Schlaglicht auf das komplizierte Machtgefüge in Washington[474]. „Es ging darum, Präsident Donald Trump an die Kandare zu nehmen. Er steht bereits stark unter Druck, jetzt hat er noch weniger Spielraum, den russischen Interessen entgegenzukommen"[475]. In dem innenpolitischen Machtkampf, dessen Teil die Diskussion um die Russland-Sanktionen war, stand Trump mit dem Rücken zur Wand, und vor diesem Hintergrund blieb ihm kaum eine andere Möglichkeit, als sich „hinter den harten Kurs gegen Russland" zu stellen, wie seine Sprecherin Sarah Sanders andeutete[476]. Selbst wenn Trump gegen das Sanktionsgesetz Position bezogen hätte, hätte sich durch sein Veto der Eindruck verfestigt, „dass der US-Präsident unter russischem Einfluss steht"[477]. Insoweit spricht sehr viel dafür, dass Trump gar nichts anderes übrigbleiben konnte, als die Sanktionen mitzutragen[478]. Überraschend unterstützte das Weiße Haus dann auch den vom US-Kongress gewünschten Kurs, als es bekanntgab, dass die Administration einen „harten Kurs gegenüber Russland, speziell auch diese Sanktionen" unterstütze[479] – eine Art Flucht nach vorn.

---

[471] Clemens Wergin, Daumenschrauben für Trump, in: Die Welt v. 24.07.2017

[472] In die Enge getrieben, in: Handelsblatt v. 25.07.2017

[473] Ebda.

[474] US-Sanktionen gegen Europa, in: Handelsblatt v. 20.07.17

[475] „Die USA nutzen ihr Gas als außenpolitisches Instrument", Interview mit Kirsten Westphl, Energie-Expertin der Stiftung Wissenschaft und Politik (SWP), unter: http://www.spiegel.de/wirtschaft/unternehmen/nord-stream-wie-die-usa-gegen-die-ostseepipeline-kaempfen-a-1154901.html

[476] Ein Gesetz, viele Verlierer, in: Handelsblatt v. 26.07.2017

[477] Ebda.

[478] Trump für Sanktionen, in: Süddeutsche Zeitung v. 25.07.2017

[479] Europa zwischen zwei Fronten, in: Handelsblatt v. 25.07.2017

Vor diesem Hintergrund muss das Sanktionsgesetz auch als ein Sieg der etablierten Machtelite gegenüber der Trump-Administration interpretiert werden, der es mit Hilfe des Parlamentes gelang, die außenpolitischen Kompetenzen der neuen Administration zu beschneiden und damit dafür Sorge zu tragen, dass sich die US-Außenpolitik weiterhin im traditionellen – sprich neokonservativen – Rahmen bewegen sollte.

Nach der bisherigen Bilanz blieb die US-Energiegeopolitik daher weiterhin in den traditionellen Bahnen, was schließlich auch in der Fortsetzung des Widerstandes gegen das Nord-Stream-2-Projekt zum Ausdruck gekommen ist. Der Ankündigung im Sanktionsgesetz, die USA würden sich „weiter der Nord-Stream-Pipeline entgegenstellen, angesichts der schädlichen Auswirkungen des Projekts für die Energiesicherheit in der EU"[480], waren schon Schritte vorausgegangen, um – wie es in dem Gesetz heißt – „Russlands Einfluss in Europa zu kontern". US-Vertreter hatten sich bemüht, mehrere Ostsee-Anrainerstaaten zu bewegen, den Pipelineausbau nicht zu genehmigen. So flog schon im August 2016 Obamas Vizepräsident Biden nach Schweden, um vor dem „für Europa sehr schlechten Deal" zu warnen. Im Mai 2017 reiste die im State Department für Energiefragen zuständige Diplomatin Robin Dunnigan nach Dänemark, wo sie klar die US-Absichten zum Ausdruck brachte: Die Amerikaner verwandelten sich gerade von einem „Nullspieler" zu einem Lieferanten von Flüssiggas, „der für bis zu 20 Prozent der Weltproduktion steht". Dieses mit gigantischen Schiffen nach Europa gebrachte Flüssiggas „wird billiger sein, als das Gas, das durch Pipelines strömt"[481].

(b) Die Folgen des Sanktionsgesetzes: Das Zerwürfnis zwischen den USA und Deutschland

Diese offen gegen eine deutsch-russische Kooperation gerichtete US-Energiepolitik rief schließlich auch eine ungewöhnlich scharfe Reaktion der deutschen Außenpolitik hervor und markierte nicht nur einen Einriss in den transatlantischen Beziehungen, sondern verdeutlichte auch eine – von Washington durchaus beabsichtigte – Spaltung Europas. Man könne „die Drohung mit völkerrechtswidrigen extraterritorialen Sanktionen gegen europäische Unternehmen, die sich am Ausbau der europäischen Energieversorgung beteiligen, nicht akzeptieren", so der damalige deutsche Außenminister Gabriel in einer gemeinsamen Stellungnahme mit Österreichs seinerzeitigem Bundeskanzler

---

[480] „Die USA nutzen ihr Gas als außenpolitisches Instrument", Interview mit Kirsten Westphal, Energie-Expertin der Stiftung Wissenschaft und Politik (SWP), unter: http://www.spiegel.de/wirtschaft/unternehmen/nord-stream-wie-die-usa-gegen-die-ostseepipeline-kaempfen-a-1154901.html

[481] Benjamin Ridder, Worum es im Gasstreit wirklich geht, unter: http://www.spiegel.de/wirtschaft/unternehmen/russland-was-steckt-hinter-dem-gas-streit-a-1152643.html

Christian Kern. Der Vorgang bringe „eine völlig neue und sehr negative Qualität in die europäisch-amerikanischen Beziehungen". Es stehe „die Wettbewerbsfähigkeit unserer energieintensiven Industrie" auf dem Spiel. „Europas Energieversorgung ist eine Angelegenheit Europas", äußerten Gabriel und Kern. „Wer uns Energie liefert und wie, entscheiden wir"[482]. Die Stellungnahme wurde dabei ausdrücklich von der Bundeskanzlerin Angela Merkel unterstützt. Washington gehe „eigenwillig" und „befremdlich" vor, erklärte Regierungssprecher Steffen Seibert. Halte Washington an seinem Vorhaben fest, dann werde man Gegenmaßnahmen ergreifen, hieß es in Berlin[483]. Offen wurde das US-amerikanische Sanktionsregime als Herausforderung, mithin als Bedrohung für die europäische außen- und wirtschaftspolitische Souveränität gekennzeichnet. Wörtlich hieß es in der deutsch-österreichischen Stellungnahme: „In bemerkenswerter Offenheit beschreibt der US-Gesetzentwurf, worum es eigentlich geht: Um den Verkauf amerikanischen Flüssiggases und die Verdrängung russischer Erdgaslieferungen vom europäischen Markt. Ziel sei es, Arbeitsplätze in der Erdgas- und Erdölindustrie der USA zu sichern (...). Europas Energieversorgung ist eine Angelegenheit Europas, und nicht der Vereinigen Staaten von Amerika! (...) Keine Vermengung außenpolitischer Interessen mit wirtschaftlichen!"[484]. Am 16. Juli 2017 warnte der Leiter der Münchner Sicherheitskonferenz Wolfgang Ischinger im *Wall Street Journal*, diese Sanktionen seien eine inakzeptable Einmischung in europäische Angelegenheiten und würden nicht nur die Energieversorgung, sondern auch das Verhältnis zwischen den USA und der EU gefährden. Denn was der Gesetzentwurf regeln wolle, sei „keine Frage, die in Washington entschieden werden sollte", sondern „eine europäische Angelegenheit, die Europäer nach europäischem Recht und Regeln zu entscheiden" hätten[485]. Insbesondere die deutsche Energiewirtschaft ist sich der Risiken für die europäische Energiesicherheit bewusst, die mit der Verwirklichung der Sanktionen einhergehen könnten. Matthias Warnig, der Vorsitzende der Nord-Stream-2-Entwicklungsgesellschaft, an der unter anderem Eon und BASF beteiligt sind, warnte vor „eklatanten Auswirkungen auf die gesamte Öl- und Gasversorgung", wenn die neuen US-Sanktionen tatsächlich in Kraft treten sollten.

---

[482] Drei Fronten, unter:
http://www.german-foreign-policy.com/de/fulltext/59620/print
[483] Ebda.
[484] Knut Mellenthin, Harte Töne Richtung USA, unter:
https://www.jungewelt.de/artikel/312587.harte-t%C3%B6ne-richtung-usa.html
[485] Peter Mühlbauer, Neue US-Russlandsanktionen: Sorge um Energiesicherheit in Europa, unter:
https://www.heise.de/tp/features/Neue-US-Russlandsanktionen-Sorge-um-Energiesicherheit-in-Europa-3779027.html

Konkreter wurde sein Kollege Rainer Seele, Chef des österreichischen Energiekonzerns OMV: Seinen Zahlen nach sind „aus europäischer Sicht (…) zusätzliche Erdgasmengen aus Russland notwendig, da die eigene Produktion deutlich zurückgeht"[486], und gerade für die deutsche Wirtschaft sind Gaslieferungen aus Russland von großer Bedeutung[487].

Eine gegenteilige Haltung hatte in dieser Konfliktkonstellation Polen vertreten, welches auf diplomatischer Ebene daran arbeitet, den Ausbau der Ostseepipeline zu verhindern und zu diesem Zweck ein sowohl gegen die Pläne Deutschlands als auch gegen Russland gerichtetes mitteleuropäisches Bündnissystem mit Ungarn, Rumänien, Litauen, Lettland, Estland und der Slowakei ins Leben gerufen hat. Zur Begründung führt die polnische Regierung an, die Leitung nütze zwar den wirtschaftlichen Interessen Deutschlands, schade aber dem EU-Ziel, unabhängiger von russischen Gaslieferungen zu werden. Außerdem schwäche man durch die zweite Ostseepipeline die Ukraine, die knapp zwei Milliarden Euro jährlich an Durchleitungsgebühren einbüßen würde. Der Verlust solcher Durchleitungsgebühren dürfte auch die slowakische Regierung maßgeblich motiviert haben, die polnische Forderung zu unterstützen: Denn auch dort könnte man etwa 400 Millionen Euro jährlich weniger kassieren, wenn mehr Gas durch die Ostseeleitungen fließt[488]. Insgesamt ist für die Regierung in Warschau „Nord Stream 2 auch eine Art politische Ressource in der Außenpolitik", in der sie von den Staaten der Visegrad-Gruppe Mitteleuropas unterstützt wird. In diesem Zusammenhang versucht die rechtskonservative Regierung in Warschau, geopolitische Gemeinsamkeiten mit den USA zu betonen[489]. Warschau unterstreicht damit, dass es – wie im folgenden Kapitel dargestellt wird – an geopolitische Traditionen der polnischen Außenpolitik anknüpft, die gegen eine deutsch-russische Kooperation und damit gegen eine eurasische Integration gerichtet sind, was hingegen den Zielsetzungen der traditionellen US-amerikanischen Außenpolitik entgegenkommt.

Zusammenfassend betrachtet hatte die Fortsetzung der antirussischen Energiegeopolitik durch Washington einstweilen dazu geführt, dass sich zum einen der transatlantische Riss vertiefte und andererseits die Herausbildung eines mitteleuropäischen „Cordon sanitaire" zwischen Ostsee und Schwarzem

---

[486] US-Sanktionen gegen Europa, in: Handelsblatt v. 20.07.2017

[487] Europa zwischen zwei Fronten, in: Handelsblatt v. 25.07.2017

[488] Peter Mühlbauer, Russland nimmt Unterwasserkabel zur Krim in Betrieb, unter: https://www.heise.de/tp/features/Russland-nimmt-Unterwasserkabel-zur-Krim-in-Betrieb-3377013.html

[489] „Die USA nutzen ihr Gas als außenpolitisches Instrument", Interview mit Kirsten Westphal, Energie-Expertin der Stiftung Wissenschaft und Politik (SWP), unter: http://www.spiegel.de/wirtschaft/unternehmen/nord-stream-wie-die-usa-gegen-die-ostseepipeline-kaempfen-a-1154901.html

Meer mit Polen als Zentrum verstärkte, der die Tradition der US-amerikanischen Eurasienpolitik unterstützen hilft, eine Zusammenarbeit Berlins und Moskaus zu verhindern. Die deutsche Außenpolitik hatte diese ungünstige geopolitische Konstellation noch durch die Fortsetzung der Konfrontationspolitik gegen Russland verschärft. Zwar hatten die Regierungen in Berlin und Wien schon wiederholt ihr Interesse angedeutet, die seit 2014 von den USA und ihren Verbündeten gegen Russland praktizierten Sanktionen zurückzufahren. Merkel und Gabriel verknüpften das allerdings mit der unrealistischen Erwartung, Russland müsse gleichzeitig zu „Zugeständnissen" auf der Krim, in der Ostukraine und möglichst auch noch in Syrien oder anderen Teilen der Welt bereit sein. Vor diesem Hintergrund enthielt auch die deutsch-österreichische Pressemitteilung vom Juni 2017 „ein pflichtschuldiges Grundsatzbekenntnis zur Frontbildung gegen Russland und zur Fortsetzung eines 'geschlossenen und entschlossenen Vorgehens der EU und der USA bei der Lösung des Ukraine-Konflikts'"[490]. Bundespräsident Steinmeier hatte verlauten lassen, dass „überraschende Annäherungen zwischen Europa und Russland (…) nicht zu erwarten seien"[491]. Die deutsche Bundesregierung hatte zudem durch ein NATO-Manöver mit starker deutscher Beteiligung im Baltikum im Juni 2017 auch militärisch den Druck auf Russland aufrechterhalten[492]. Somit war Deutschland zusehends in eine geopolitische Konfliktkonstellation an drei Fronten geraten: Zum einen gegen die Neuausrichtung der US-Außen-, Wirtschafts- und Handelspolitik, zum anderen gegen ein von Polen errichtetes mitteleuropäisches Bündnissystem und zuletzt auch gegen Russland. Diese Entwicklung jedoch kam der Trump-Administration, die Deutschland als Handelskonkurrenten ausbremsen und isolieren wollte, nicht ungelegen.

dd) Trump unterstützt die geopolitischen Mitteleuropa-Ambitionen Polens

Der Polen-Besuch Trumps Anfang Juli 2017 war gewissermaßen die Fortsetzung einer in der Tradition Halford Mackinders und Zbigniew Brzezinskis stehenden US-Geopolitik, die auf eine Spaltung Europas setzt, um eine deutsch-russische Kooperation zu verhindern. Ansatzpunkt hierfür ist die Unterstützung der geopolitischen Ambitionen Polens im Raum zwischen Ostsee, Adria und Schwarzem Meer, die auf einen Sicherheitspakt unter Führung Warschaus hinauslaufen, der der Eindämmung sowohl Russlands

---

[490] Knut Mellenthin, Harte Töne Richtung USA, unter:
https://www.jungewelt.de/artikel/312587.harte-t%C3%B6ne-richtung-usa.html
[491] Drei Fronten, unter:
http://www.german-foreign-policy.com/de/fulltext/59620/print
[492] Ebda.

als auch Deutschlands dienen soll[493]. Dieses als *Intermarium* bezeichnete strategische Konzept Polens bezeichnet einen Verteidigungsbund zwischen dem Schwarzen Meer und der Ostsee, teilweise einschließlich der Ägäis und der Adria, welches in etwa den Einflussraum der ehemaligen Polnisch-Litauischen Union des 16. und 17. Jahrhunderts umfasst. Verbunden ist dieses Konzept mit einer als *Prometheus* benannten Strategie Warschaus, benachbarte Staaten in ihrem Bestreben nach Unabhängigkeit von Russland zu unterstützen und dadurch politisch an sich zu binden. Ziel dieses Konzepts ist die Schwächung Russlands, während die eigene Position Polens als regionaler Hegemon eine Stärkung erfahren soll. Dieses Konzept richtet sich immer auch gegen eine deutsche Vorherrschaft in Europa[494]. Im Oktober 2016 hatte der polnische Staatspräsident Andrzej Duda bei seinem Besuch in Kiew in einer Rede vor ukrainischen Diplomaten ein als „Drei-Meere-Initiative" bezeichnetes Staatenbündnis skizziert, das alle Länder zwischen Deutschland und Russland umfassen könnte. Seine Grenzen sollten die Ostsee im Nordosten sein, das Schwarze Meer im Südosten und die Adriaküste im Südwesten. Präsident Duda sagte: „Dieses Gebiet können wir deshalb auch als Drei-Meer-Region bezeichnen. Hier sind sowohl die Polen als auch die Ukrainer historisch verwurzelt. Damit diese Region Wirklichkeit werden kann, muss das östliche Mitteleuropa selbstständiger werden, innerhalb der Integration in die EU und die NATO. Das ist notwendig, um das Gleichgewicht in dieser Weltgegend zu erhalten, in der - wie wir aus der Vergangenheit wissen - die Dominanz fremder Hegemonialmächte Krieg und Konflikte gebracht hat"[495]. Im Umfeld der rechtskonservativen polnischen Regierungspartei PiS gibt es viele Anhänger des Konzepts, so Tomasz Sakiewicz, Chefredakteur der Wochenzeitung „Gazeta Polska", in der er ausführte: „Es geht nicht darum, einen gemeinsamen Staat zu schaffen, sondern um die politische, ökonomische und kulturelle Zusammenarbeit. Die Länder sollen dabei ihre Identität behalten. Das Wichtigste an dem Projekt ist heute, dass es den russischen Imperialismus aufhalten kann"[496]. Im kroatischen Dubrovnik fand im August 2016 ein Forum mit zwölf EU-Ländern statt, das das Fundament des sogenannten „Drei-Meere"-Konzepts Polens bilden sollte; einer der wichtigsten Ziele liegt in der Kooperation dieser Staaten vor allem im Bereich der Energiepolitik, um von russischen Energielieferungen unabhängiger zu werden. Zu diesem Zweck setzt

---

[493] Vgl. hierzu ausführlich: Bernhard Rode, Das Eurasische Schachbrett. Amerikas neuer Kalter Krieg gegen Rußland, Hohenrain, Tübingen 2012, S. 817-823 u. 838-844

[494] Trump-Besuch in Polen: Washington kehrt zur Intermarium-Strategie zurück, unter: https://www.wsws.org/de/articles/2017/06/14/pole-j14.html

[495] Alte Gedankenspiele zu neuem Staatenbündnis, unter: http://www.deutschlandfunk.de/polen-alte-gedankenspiele-zu-neuem-staatenbuendnis.795.de.html?dram:article_id=368074

[496] Zit. aus: Ebda.

dieses „Drei-Meere"-Bündnis auf den Ausbau der „Fracking"-Technologie und den Import von Flüssiggas, um von russischen Energielieferungen unabhängig zu werden. Damit dies erreicht werden kann, soll der Flüssiggasterminal im polnischen Swinemünde ausgebaut und ein vergleichbarer Terminal auf der kroatischen Insel Krk zur Versorgung mit Gaslieferungen für die gesamte Region errichtet werden[497]. Insbesondere in der Frage der Energiegeopolitik „hat die Drei-Meeres-Initiative tatsächlich eine gegen Deutschland gerichtete Spitze", so die *Frankfurter Allgemeine Zeitung*[498], welche insbesondere auf die deutsch-russische Energiekooperation abzielt. Im September 2016 veröffentlichte die „Drei-Meere"-Initiative ein Manifest. Darin bezeichnet sie sich als „informelle Plattform" zur Organisierung und politischen Unterstützung von transnationalen und regionalen Projekten, die für die betreffenden Staaten von „strategischer Bedeutung" seien. Genannt werden dabei u.a. die Sektoren Energie, Transport, Digitales und insgesamt die Wirtschaft in Ost- und Mitteleuropa[499]. In diesem Zusammenhang laufen die polnischen Pläne darauf hinaus, auf der Basis der „Drei-Meere"-Initiative eine Alternative zur EU zu bilden, wie es der bereits zitierte Chefredakteur der „Gazeta Polska", Tomasz Sakiewicz, beschrieben hatte: „Das Projekt birgt auch die Chance für eine Reform der Europäischen Union, die auseinanderzufallen beginnt. Großbritannien tritt aus, vielleicht folgen andere Länder. Da sollte die EU nach Osten blicken. Es liegt ja auch in der Luft, dass die EU umgestaltet wird. Vielleicht entsteht eine EU-West und eine EU-Ost"[500]. Bei der Verwirklichung dieses geopolitischen Modells setzt die rechtskonservative polnische Führung auf ein Bündnis mit den USA. So hatte der polnische Außenminister Witold Waszczykowski bereits am 16. Februar 2016 in einem Gastbeitrag in der „New York Times" deutlich ausgeführt, dass „Polen und die USA (...) mehr als nur strategische Partner" seien. „Wir sind enge Freunde und Alliierte mit einer gemeinsamen Geschichte und Werten. Nach den Attacken von 9/11 folgte Amerikas Ruf nach Solidarität und entsandte seine Soldaten in den Irak. Polen schickte eines der größten Militärkontingente der Nato-Mission nach Afghanistan und unsere Militärberater helfen weiterhin dabei, afghanische Truppen zu trainieren". Nachdem Waszczykowski beschrieb, wie tief die EU in einer Wirtschaftskrise stecke und die russische „Aggression" ein besonderes Problem für die Ukraine, Polen und seine östlichen Nachbarn sei, schlussfolgerte er: „Polens Recht- und Gerechtigkeitspartei ist entschlossen, seine internationalen Herausforderungen mit einem mutigen Gesicht, realistisch

---

[497] Reinhard Veser, Zwischen drei Meeren, in: Frankfurter Allgemeine Zeitung v. 08.07.2017
[498] Ebda.
[499] Trump-Besuch in Polen: Washington kehrt zur Intermarium-Strategie zurück, unter: https://www.wsws.org/de/articles/2017/06/14/pole-j14.html
[500] Zit. aus: Ebda.

und vor allem mit einer effektiven Außenpolitik zu begegnen. Aber wir können dies nicht alleine tun. Wir brauchen die Unterstützung der USA und ihrer Nato-Verbündeten. Polen nimmt seine Nato-Verpflichtungen sehr ernst." Dabei plädierte der polnische Außenminister dafür, dass die NATO ihre Präsenz in Polen und in der Region verstärkt und ausbaut. Polen brauche die USA, um die Vorwärts-Präsenz an der NATO-Ostflanke zu einer multinationalen Angelegenheit zu machen. Polen und USA könnten Europa zu einer stabileren Gegend machen[501].

Die geopolitische „Intermarium"-Planung oder „Drei-Meere"-Initiative fand schließlich auch Rückhalt bei führenden US-Strategen. Einflussreiche Analysten wie George Friedman und Robert D. Kaplan, die der CIA und dem US-Militär nahestehen, treten seit Jahren dafür ein, dass die USA wieder auf eine Intermariums-Allianz setzen, um gegen Russland und auch Deutschland vorzugehen. Polen und Rumänien, die über die größten Armeen der Region verfügen, sehen sie dabei als Schlüsselpartner der USA[502]. Der US-Geopolitiker und Präsident des Nachrichtendienstes *Stratfor*, George Friedman, hatte bereits im Jahr 2012 herausgestellt, dass Polen lediglich die Option habe, mit einer Macht außerhalb Europas ein Bündnis einzugehen, um seine Interessen zu wahren. „Diese Macht ist derzeit die USA (…) Polen könnte nicht in der Lage sein, sich permanent zu verteidigen. Es braucht einen Garanten, dessen Interessen mit den polnischen Interessen übereinstimmen. Einen gemeinsamen russisch-deutschen Angriff würde das Land nicht überleben und diese Mehrfront-Angriffe sind nichts Außergewöhnliches in der polnischen Geschichte (…) Die Polen wissen, dass Deutschland und Russland mit erschreckender Geschwindigkeit ihre Regime und Strategien ändern können. Eine konservative Strategie erfordert eine bilaterale Beziehung mit den USA." Friedman plädiert dafür, dass die USA ein enges Bündnis mit Polen eingehen, um eine Kooperation zwischen Russland und Deutschland zu verhindern. Zu diesem Zweck müsse Polen zu einer Macht in Mitteleuropa aufgebaut werden. Polen müsse eine Allianz in Europa anführen, die vom Baltikum bis ans Schwarze Meer reiche (Intermarium-Konzept). Die Verlängerung des Intermariums schließt auch die Türkei ein, mit der der Zugang der Russen ins Mittelmeer und in den Nahen Osten verhindert werden soll[503]. In einer Analyse vom Oktober 2016 unter dem Titel *U.S. Relations with Poland* stellte das US-Außenministerium die Notwendigkeit einer polnisch-amerikanischen

---

[501] Witold Waszczykowski, Why Poland needs American Support, unter:
https://www.nytimes.com/2016/02/16/opinion/why-poland-needs-american-support.html
[502] Trump-Besuch in Polen: Washington kehrt zur Intermarium-Strategie zurück, unter:
https://www.wsws.org/de/articles/2017/06/14/pole-j14.html
[503] George Friedman, Poland's Strategy, unter:
https://worldview.stratfor.com/weekly/polands-strategy

Zusammenarbeit heraus, insbesondere um gegen das deutsch-russische Pipeline-Projekt Nord-Stream-2 vorzugehen und Russland vom Zugang zum europäischen Energiemarkt abzuschneiden[504]. Insbesondere nach dem Austritt Großbritanniens aus der EU plant Polen laut dem Informationsdienst *Politico*, ein Gegengewicht gegen Deutschland innerhalb der EU aufzubauen. Es befürchtet, dass Deutschland die EU nach dem Austritt Großbritanniens komplett dominieren würde. Zu diesem Zweck setzt die polnische Außenpolitik sowohl auf eine „Allianz vom Baltikum bis zum Schwarzen Meer" als auch auf ein Bündnis mit den USA[505]. Deutlich wird, dass Warschau hier eindeutig das „Intermarium"-Konzept wiederbelebt, das von den Amerikanern erwünscht ist, um Deutschland zu isolieren und Russland und Deutschland von einer Allianz abzuhalten[506].

Mit seinem Besuch in Polen Anfang Juli 2017, der auch eine Teilnahme an einem Treffen der „Drei-Meere"-Initiative in Warschau mit beinhaltete, schloss sich die Trump-Administration an diese geopolitische Tradition an. Trumps Treffen mit den Staatschefs dieses Bündnisses war damit „ein deutliches Signal, dass das Weiße Haus wieder an die Intermarium-Strategie anknüpft, was die Konflikte mit Deutschland verschärfen wird"[507]. Damit reagierte Trump gleichzeitig auf den wachsenden innenpolitischen Druck vor allem seitens des neokonservativen Establishments, das die Administration dazu bringen wollte, einen härteren Kurs gegen Russland zu fahren[508]. Deutlich wurde dies durch ein eindeutiges Bekenntnis Trumps zur NATO-Verteidigungspolitik insbesondere in Bezug auf die osteuropäischen Bündnisstaaten. Vorher hatte er seine Haltung zur NATO und damit auch zur Allianz mit den osteuropäischen Staaten monatelang im Unklaren gelassen; beim Brüsseler NATO-Gipfel im Mai 2017 hatte Trump die europäischen NATO-Verbündeten noch als säumige Schuldner abgekanzelt und war selbst ein Bekenntnis zur NATO-Beistandsklausel schuldig geblieben. Bekannt wurde zudem, dass sich die USA mit Polen über den Verkauf von „Patriot"-Raketen einigen konnten; die Verhandlungen hatte die Trump-Administration beschleunigt[509]. Damit hatte sie sich über die Sicherheitsbedenken Russlands

---

[504] U.S. Department of State, U.S. Relations with Poland, unter:
https://www.state.gov/r/pa/ei/bgn/2875.htm
[505] Poland mourns Brexit. The UK's departure leaves Warsaw with a few allies, unter:
http://www.politico.eu/article/poland-mourns-brexit/
[506] Langsamer Abschied aus der EU: Polen sieht Zukunft an der Seite der USA, unter:
https://deutsche-wirtschafts-nachrichten.de/2016/07/29/langsamer-abschied-aus-der-eu-polen-sieht-zukunft-an-der-seite-der-usa/
[507] Trump-Besuch in Polen: Washington kehrt zur Intermarium-Strategie zurück, unter:
https://www.wsws.org/de/articles/2017/06/14/pole-j14.html
[508] Ebda.
[509] Trump kommt zum G-20-Gipfel mit Russland-Kritik, in: Der Tagesspiegel v. 07.07.2017

hinweggesetzt[510]. Trump hatte Polens geopolitische Initiative als ein prinzipiell gegen Russlands Einfluss in Europa gerichtetes Bündnis hervorgehoben, als er Russland deutlich als „destabilisierenden Faktor" bezeichnet und die Spannungen mit Moskau noch durch die Zusage verschärft hatte, Polen künftig mit Flüssiggas zu versorgen[511]. Im Rahmen seiner Teilnahme an der Konferenz der „Drei-Meere"-Initiative hatte Trump die energiegeopolitische Partnerschaft der USA mit den mittel- und osteuropäischen Mitgliedern dieses lockeren Bündnisses herausgestellt und klargemacht, dass mit Hilfe US-amerikanischer Flüssiggaslieferungen jegliche Möglichkeit einer russischen Einflussnahme auf die osteuropäische Energieversorgung unterbunden würde[512]. Nach Einschätzung von Bálint Ablonczy, Politikchef des ungarischen Wochenmagazins „Heit Válasz", war allein schon die Teilnahme Trumps am Treffen der „Drei-Meere"-Initiative eine „klare Aussage". Was er dort über die Staatenwelt zwischen Ostsee, Adria und Schwarzem Meer sagte, sei der Beurteilung der polnischen Publizistin Aleksandra Rybinska zufolge ein klares Signal gewesen. Trump habe „dort das Wort Mitteleuropa an die 30 Mal erwähnt und klar gemacht, dass die USA eine stärkere Kooperation dieser Länder untereinander unterstützen, und dass er diese Region als zentral für Europas Zukunft sieht"[513]. Vor diesem Hintergrund hatte er in der Rede vor dem Forum der „Drei-Meere"-Initiative dieser „die volle Unterstützung der Vereinigten Staaten zugesagt"[514]. Das weitere geopolitische Signal Trumps, das er mit der Unterstützung des polnischen Integrationsprojektes zum Ausdruck brachte, war durchaus unmissverständlich: „Trump nutzte seinen Auftritt auch, um klare Kante zu zeigen gegen Russland. Die USA stünden zu Artikel 5 des Nato-Vertrages (...)"[515].

Trumps Treffen mit den osteuropäischen Staaten deuten Beobachter als Versuch, durch deren geopolitische Aufwertung die Europäische Union zu spalten und zu schwächen, zumal sich das Verhältnis zwischen Deutschland und den mittel- bzw. osteuropäischen EU-Mitgliedern als konfliktbeladen gestaltet hatte. Insoweit ging es Trump in erster Linie darum, Verbündete sowohl gegen eine Vormachtstellung Deutschlands als auch gegen einen Einfluss Russlands in Europa zu finden[516]. Um diese beiden Ziele sicherzustellen, setzte die

---

[510] Die Trump-Show, in: Handelsblatt v. 07.07.2017

[511] Ebda.

[512] Mit Liebe – und Sinn fürs Geschäft, in: Süddeutsche Zeitung v. 07.07.2017

[513] Zit. aus: Boris Kálnoky, „Ein tiefes, detailliertes Verständnis für unser Land", in: Die Welt v. 07.07.2017

[514] Reinhard Veser, Zwischen drei Meeren, in: Frankfurter Allgemeine Zeitung v. 08.07.2017

[515] Boris Kálnoky, „Ein tiefes, detailliertes Verständnis für unser Land", in: Die Welt v. 07.07.2017

[516] Ein Treffen von Trump in Polen könnte auf eine gefährliche Entwicklung hindeuten, unter: http://www.businessinsider.de/trump-nimmt-vor-g20-gipfel-an-der-intermarium-konferenz-

Trump-Administration auf ein Bündnis Washingtons mit „Intermarium", dem „Staatenbund von der Ostsee bis zum Schwarzen Meer als Gegengewicht zu Russland – und zu Deutschland, dem neuen Hegemon in Europa"[517]. Folgt man dem geopolitischen Analysten Andrew Korybko, verfolgen die USA das Interesse, das von Polen vertretene geopolitische Modell in einen Rammbock zu verwandeln, um Russland und die EU auseinanderzudividieren[518]. Insgesamt, so der *Tagesspiegel,* zeigte dieses Vorgehen Trumps in Polen, „wie leicht es ihm fällt, Europa als einen vielfältig gespaltenen Kontinent erscheinen zu lassen. Trump wirbt auffällig offen um neue EU- und Nato-Mitglieder in Ostmitteleuropa. Er belebt damit die Erinnerung an die Spaltung der EU während des Irakkriegs 2003, als die meisten westeuropäischen Staaten den Krieg zum Sturz Saddam Husseins ablehnten, die Mittel- und Südosteuropäer sich hingegen der 'Koalition der Willigen' anschlossen. Der damalige US-Verteidigungsminister Donald Rumsfeld sprach damals von einem 'neuen Europa' an der Seite der USA und einem 'alten Europa'"[519]. Eine solche Auffassung vertritt auch Charles Kupchan, Professor für Internationale Beziehungen an der Georgetown-Universität in Washington. Seiner Einschätzung nach hatte Trumps Offerte an die polnische Regierung, mit Gaslieferungen aus den USA einen Ausweg aus der Abhängigkeit von russischem Erdgas zu weisen, das Potential, sich zu einem europäischen Sprengsatz zu entwickeln. „Keine Frage: Trumps Polen-Besuch wird zu Spannungen mit Westeuropa führen. Und möglicherweise könnte dies zu einer Spaltung in eine 'Altes Europa' und ein 'Neues Europa' führen, wie wir es unter George W. Bush erlebt haben"[520]. Den Grund dafür sieht Kupchan darin, dass die beabsichtigten US-amerikanischen Gaslieferungen nicht nur eine Kampfansage an die Energiegeopolitik Russlands seien, sondern auch eine „unverhohlene Kritik an Deutschland und dem deutsch-russischen Pipeline-Projekt Nordstream-2" darstellten, welches nicht nur in den USA auf heftige Kritik stoße, sondern auch auf heftigen Widerstand Polens und der Ukraine treffe. Damit

---

teil-2017-6

[517] Markus Wehner, Ein Polen ganz nach seinem Geschmack, unter:
http://www.faz.net/aktuell/politik/ausland/europa/kaczynski-ein-polen-ganz-nach-seinem-geschmack-13975604.html

[518] Andrew Korybko, Geostrategic Insights into the Joint Polish-Croatian „Thress Seas Initiative", unter:
http://www.globalresearch.ca/geostrategic-insights-into-the-joint-polish-croatian-three-seas-initiative/5598048

[519] Trumps Spiel mit Europa, unter:
http://www.tagesspiegel.de/politik/gemischte-signale-vor-g-20-gipfel-trump-spielt-mit-europa/19920664.html

[520] Unterstützer oder Spalter, unter:
http://www.deutschlandfunk.de/trump-besucht-polen-unterstuetzer-oder-spalter.1773.de.html?dram:article_id=390356

sei das umstrittene Pipeline-Projekt für Trump der Anlass, „genau hier den Hebel anzusetzen, um einen Keil in die EU zu treiben"[521]. Insoweit steht hinter der Strategie Washingtons, die neue „Intermarium"-Konzeption Warschaus energiegeopolitisch und durch eine klare militärische Bündniszusage zu unterstützen, ein Versuch, die „inneren Spannungen und Risse Europas zu instrumentalisieren", um US-Interessen durchsetzen zu können – sprich den Handelskonkurrenten Deutschland zu destabilisieren und eine russisch-deutsche Kooperation zu verhindern.

ee) Die neokonservative Lobby verhindert jeglichen Ansatz zum Ausgleich mit Russland

Der Machtkampf um das Sanktionsgesetz machte offenbar, dass die Trump-Administration in der Russlandpolitik keinesfalls als frei und souverän handelnde Exekutive agieren konnte. Vielmehr wurde deutlich, dass ihr Handlungsspielraum eng begrenzt war, und mit dem Sanktionsgesetz sollten auch ihre verfassungsrechtlichen Kompetenzen in der Außenpolitik empfindlich eingeschränkt werden. Diese Entwicklungen verdeutlichten jedoch, dass der im Wahlkampf angekündigte Wandel in der US-Russlandpolitik ausbleiben sollte.

Dabei hatte das US-Außenministerium unter Rex Tillerson im Sommer 2017 einen Plan zum Umgang mit Russland entwickelt. Dieser Plan wurde in Auszügen vom Internetportal „BuzzFeed" veröffentlicht; in ihm wurde sich mit der Frage auseinandergesetzt, auf welcher Ebene aus strategischer Sicht der USA eventuell eine Zusammenarbeit mit Moskau möglich sein könnte. Dieser Plan war laut dem Portal nicht sehr ambitiös, aber auf den Aufbau „konstruktiver Arbeitsbeziehungen" zu Moskau gerichtet. „Die Beziehungen zu Moskau liegen jetzt buchstäblich in einem Abflussgraben. Wir wollen erreichen, dass sie nicht in den Gully gespült werden", äußerte diesbezüglich ein ranghoher Vertreter des US-Außenministeriums, der anonym bleiben wollte[522]. Nach den vorliegenden Informationen sollte Tillersons Plan drei Säulen umfassen. Als erstes sollte Russland davon überzeugt werden, sich solcher Handlungen zu enthalten, die die USA als „aggressiv" beurteilen. Moskau sollte dabei zu verstehen gegeben werden, dass die USA auf Handlungen, die ihres Erachtens gegen ihre Interessen gerichtet sind, reagieren würden[523]. Als Bei-

---

[521] Ebda.

[522] USA haben neuen Plan zum Aufbau der Russland-Beziehungen, unter: https://de.sputniknews.com/politik/20170620316233364-usa-neuer-plan-russland-beziehungen/

[523] The Trump Administration has a new Plan for Dealing with Russia, unter: ttps://www.buzzfeed.com/johnhudson/this-is-the-trump-administrations-plan-for-dealing-with?utm_term=.eu4Lx3gJb#.ovpy9Q0KY

spiel nannte der „Tillerson-Plan" russische Waffenlieferungen an die afghanischen Taliban[524]. Die zweite Säule sah Kontakte zur russischen Seite in Fragen vor, die für die Vereinigten Staaten ein strategisches Interesse darstellten. Benannt wurden der Bürgerkrieg in Syrien, das Nuklearprogramm Nordkoreas sowie Fragen der Cybersicherheit und -spionage. So hatte Tillerson eine aktivere Koordination mit Russland im Kampf gegen den „Islamischen Staat" angeregt, wobei der Bericht aber darauf verwies, dass der US-Außenminister nicht wisse, wie dies zu erreichen sei. In Bezug auf Nordkorea sei vorgesehen, das Wachstum des Handels zwischen Moskau und Pjöngjang „rückläufig zu machen", um Nordkorea zu isolieren. Im dritten Punkt wurden die Aspekte genannt, die aus US-amerikanischer Sicht zur Erhaltung der „strategischen Stabilität" mit Russland erforderlich sind; damit war die Rüstungskontrolle, vor allem aber die Kontrolle über die Kernwaffen, gemeint. Der Hauptunterschied dieses Plans zu den Initiativen in der Amtszeit des Präsidenten Barack Obama bestehe darin, dass er keine ständige Unterstützung der Russland umgebenden Länder gegen von Moskau mutmaßlich unternommene feindselige Handlungen vorsehe, so das Portal. Diese Bemühungen hätten in der Vergangenheit die NATO-Osterweiterung und vielzählige Programme zur „Förderung der Demokratie" umfasst. Dabei erklärte das Außenministerium, dass es Osteuropa weiterhin unterstützen würde, selbst wenn dies nicht im Plan zum Aufbau der Beziehungen zu Russland vermerkt sein sollte[525].

Es stellt sich nunmehr die Frage nach der Bedeutung dieses Plans. Seitens des US-Außenministeriums war keine Stellungnahme zu erfahren. Nach Einschätzung von James Carafano, einem Verteidigungsexperten des „Trump Transition Teams", ging es bei diesem Plan wohl darum, Trump die Grenzen eines Engagements mit Russland aufzuzeigen. Putin werde in Bezug auf Syrien und Nordkorea nichts liefern, und das werde es Tillerson erlauben, Trump zu zeigen, dass man es versucht habe, einen Ausgleich zu erreichen. Insoweit, so Carafano, stellte der „Tillerson-Plan" keinen „Reset" der Beziehungen dar[526]. Darüber hinaus muss der Plan auch vor dem Hintergrund des neokonservativen „tiefen Staates" interpretiert werden, der wiederum eine substantielle Annäherung an Russland nicht zulassen und daher der Trump-Administration kaum Möglichkeiten einräumen wollte, einen Ausgleich mit

---

[524] Die Hintergründe des amerikanisch-russischen Zerwürfnisses in Bezug auf Afghanistan werden in einem späteren Kapitel analysiert

[525] USA haben neuen Plan zum Aufbau der Russland-Beziehungen, unter: https://de.sputniknews.com/politik/20170620316233364-usa-neuer-plan-russland-beziehungen/

[526] The Trump Administration has a new Plan for Dealing with Russia, unter: ttps://www.buzzfeed.com/johnhudson/this-is-the-trump-administrations-plan-for-dealing-with?utm_term=.eu4Lx3gJb#.ovpy9Q0KY

Moskau zu suchen[527]. Nach einer russischen Analyse wurde dieser Plan in Bezug auf Syrien von Trump selbst durch die von ihm eingeleiteten militärischen Aktionen sowie durch die Unterstützung Saudi-Arabiens gegen den Iran bereits unterlaufen, und dieser Umstand hätte „nicht viel Raum für eine Kooperation" zwischen den USA und Russland gelassen[528]. Jedenfalls, so der russische politische Analyst Viktor Olevich, hätte es keine Anzeichen für eine Normalisierung der russisch-amerikanischen Beziehungen gegeben[529]. Schlüsselfragen wie die Sanktionen, die zunehmenden Spannungen in Osteuropa, das US-Raketenabwehrsystem in der Region sowie die Expansion der NATO nach Ost- und Südosteuropa seien in dem Dokument völlig weggelassen worden, so russische Politikwissenschaftler und Analysten, so dass sich die Frage gestellt habe, inwieweit dieser Plan des US-Außenministeriums etwas substantiell Neues hätten bringen können[530].

Die kritische Haltung russischer Politikwissenschaftler und Sicherheitsexperten gegenüber amerikanischen Plänen einer Annäherung an Russland erschienen indes nicht unberechtigt. In der Tat hatten die neokonservativen Hardliner und Trump-Gegner im Sommer 2017 zwischenzeitlich mit der *Alliance for Securing Democracy* unter dem Dach des „German Marshall Fund of the United States" eine eigenständige Denkfabrik erhalten, die ihrer Zielsetzung nach vor allem gegen Russland mobil machen sollte[531]. Wie der Enthüllungsjournalist Glenn Greenwald darstellt, handelt es sich bei dieser nach wie vor existierenden Allianz um ein Bündnis von demokratischen Clinton-Unterstützern mit den Neokonservativen der Ära George W. Bush[532]. Die Gruppe beschreibt sich selbst eine „parteienübergreifende, transatlantische Initiative", die „eine umfassende Strategie entwickeln wird, um die Bemühungen russischer und anderer staatlicher Akteure, die Demokratie und demokratische Institutionen zu untergraben, zu bekämpfen und abzuschrecken". Insbesondere sollen „Wladimir Putins laufende Bemühungen, die Demokratie in den Vereinigten

---

[527] Vladimir Mikheev, Should Moscow put a brake on rapprochement with Washington?, unter:
https://www.rbth.com/opinion/2017/06/21/should-moscow-put-a-brake-on-rapprochement-with-washington_787240

[528] Ebda.

[529] Is „Tillerson Plan" for Ties with Russia connected to New US Sanctions Bill ?, unter:
https://sputniknews.com/politics/201706221054873849-tillerson-plan-russia-sanctions/

[530] Expert: Tillerson's Plan is a dud, but Russia offers no alternative, unter:
https://www.rbth.com/international/2017/06/21/expert-tillersons-plan-is-a-dud-but-russia-offers-no-alternative_787190

[531] Hochzeit der Hardliner, unter:
http://www.imi-online.de/2017/07/18/hochzeit-der-hardliner/

[532] Glenn Greenwald, With new D.C. Policy Group, Dems continue to rehabilitate and unify with Bush-Era Neocons, unter:
https://theintercept.com/2017/07/17/with-new-d-c-policy-group-dems-continue-to-rehabilitate-and-unify-with-bush-era-neocons/

Staaten und Europa zu unterminieren", entlarvt werden[533]. Geleitet wird diese Allianz von der Demokratin Laura Rosenberger, einer außenpolitischen Beraterin Hillary Clintons in ihrem Wahlkampf 2016, dem Republikaner Jamie Fly, außenpolitischer Berater von Marco Rubio, einem der „Falken" im US-Senat, sowie dem einflussreichen neokonservativen Publizisten William Kristol. Jamie Fly war überdies ausführender Direktor der „Foreign Policy Initiative", einer von William Kristol und zwei anderen führenden Neocons, Robert Kagan und Dan Senor, gegründeten Gruppe, die ein „erneuertes Engagement für amerikanische Führerschaft" einfordert, da „die Vereinigten Staaten die unentbehrliche Nation der Welt bleiben"[534]. Neben einer klar akzentuierten Feindseligkeit gegenüber Trump und seiner Außenpolitik zeichnet die *Alliance for Securing Democracy* und ihre Mitglieder eine deutlich antirussische Positionierung aus; Russland unter Putin wird von ihr als die eigentliche Bedrohung für den Westen interpretiert. Die nach wie vor im Wesentlichen ungeklärten Beziehungen zwischen dem Umfeld Trumps zu russischen Kreisen ermöglichte es dieser Organisation nunmehr, starken Einfluss auf die öffentliche Meinung gegen die Trump-Administration und ihre vermeintliche pro-russische außenpolitische Ausrichtung zu nehmen. Ihre neokonservative Prägung und ihre Intention lassen dabei keinen Zweifel zu, dass sie sich als ein „transatlantisches Projekt" begreift, „das darauf ausgerichtet ist, dem russischen Informationskrieg entgegenzuwirken"[535]. Was sich zu dieser Zeit abzeichnete, so Greenwald, war eine Verbindung der führenden außenpolitischen Experten der Demokraten mit den „schlimmsten Neocons" zur Bildung einer neuen, breit angelegten politischen Interessenvertretungsgruppe mit dem Ziel, „die Außenpolitik der USA in eine kriegerische, auf die die Position der (neokonservativen) 'Falken' ausgerichtet Haltung neu zu gestalten. Wir sehen keine isolierte Übereinstimmung (der Außenpolitik-Experten der Demokraten) mit den Neokonservativen in Opposition zu Trump oder in Debatten zu einzelnen Fragen, sondern eine umfassende Umarmung mit ihnen", um die „Neocons" wieder zu Einfluss in der US-Außenpolitik zu führen[536].

---

[533] Ebda.

[534] Zit. aus: ebda.

[535] https://en.wikipedia.org/wiki/Alliance_for_Securing_Democracy

[536] Glenn Greenwald, With new D.C. Policy Group, Dems continue to rehabilitate and unify with Bush-Era Neocons, unter:
https://theintercept.com/2017/07/17/with-new-d-c-policy-group-dems-continue-to-rehabilitate-and-unify-with-bush-era-neocons/

d) Der Grund des neokonservativen Establishments, eine Zusammenarbeit mit Russland zu verhindern: Der Wiederaufstieg Russlands als Machtfaktor in der internationalen Politik

Ein Kernbestandteil der neokonservativen Ideologie liegt darin, einer jeglichen Kooperation der USA mit Russland oder dessen Behandlung als gleichrangigen Partner in der internationalen Politik grundsätzlich eine Absage zu erteilen, und vor diesem Hintergrund sahen die Neokonservativen den ursprünglichen russlandpolitischen Ansatz Trumps als eine Bedrohung US-amerikanischer Interessen an. Mit dem Kreml zu reden, um die Lage zu entspannen, bringt aus der Sicht der Neokonservativen nur noch schlimmeres Unglück. So hatte der langjährige Vorsitzende des Verteidigungsausschusses des US-Senats John McCain den gewählten Präsidenten Donald Trump und dessen außenpolitisches Team davor gewarnt, sich mit dem russischen Präsidenten Wladimir Putin einzulassen. „Der letzte Versuch durch die Obama-Regierung, die Beziehungen zu Russland zu normalisieren", habe zum „Einmarsch Putins in der Ukraine und zu einer militärischen Intervention im Nahen Osten" geführt, so McCain[537]. Noch deutlicher wurde in diesem Zusammenhang Mark Stout, Direktor des MA-Programms in Global Security Studies an der John- Hopkins-University in Washington, der vormals dreizehn Jahre als Analyst in der Geheimdienstabteilung des US-Außenministeriums und später bei der CIA arbeitete und in weiterer Folge im Pentagon und am Institut für Verteidigungsanalyse tätig war[538]. In seiner Darstellung *The Danger of Inadvertent War in the Next Four Years*[539] vertritt er die Auffassung, die Gefahr eines erneuten Weltkriegs liege nicht in einer Feindschaft zwischen den USA und Russland, sondern vielmehr in dem „gemütlichen Verhältnis zwischen Trump und Putin" sowie der Bereitschaft Trumps, russische Positionen anzuerkennen und mit dem Kreml als gleichberechtigten Partner zusammenarbeiten zu wollen[540]. „Der Aufstieg von Trump ist die größte Gefahr für einen ungewollten Krieg in Europa, der wahrscheinlich in den baltischen Staaten ausbricht", so Stout. „Stellen Sie sich folgendes Szenario vor: Putin brennt immer noch darauf, das historische Unrecht der Zerschlagung der Sowjetunion rückgängig zu machen. Ermutigt durch seinen Landraub in Georgien und der Ukraine will er als nächstes die ethnischen Russen, die in den baltischen Staaten leben, heim nach Russland holen. Da er sich der Skepsis

---

[537] Rainer Rupp, Warnung der Falken: Entspannung mit Russland führt zum Dritten Weltkrieg, unter:
https://deutsch.rt.com/meinung/43433-warnung-falken-trumps-entspannungswillen-krieg/
[538] Ebda.
[539] Mark Stout, The Danger of Inadvertent War in the next Four Years, unter:
https://warontherocks.com/2016/11/the-danger-of-inadvertent-war-in-the-next-four-years/
[540] Ebda.

Trumps bezüglich des Nutzens der NATO bewusst ist, ist er zuversichtlich, dass der amerikanische Präsident entweder auf seiner Seite steht, anfällig für russische Manipulation ist oder an Osteuropa kein Interesse hat. Mit anderen Worten: Putin glaubt nicht an die amerikanische Abschreckung"[541]. Anders formuliert ist nach den Ansätzen Stouts nur eine Eindämmung Russlands konfliktvermeidend. In die gleiche Richtung argumentierte auch Paul D. Miller, ein ehemaliger Mitarbeiter des Weißen Hauses unter den Präsidenten George W. Bush und Barack Obama und scharfer neokonservativer Trump-Kritiker. In seinem Aufsatz *How World War III could begin in Latvia* in der Zeitschrift *Foreign Policy*[542] behauptete er, Putin sei es schon durch die „russischen Invasionen Georgiens und der Ukraine" gelungen, „(…) die Glaubwürdigkeit der NATO zu zerstören". Daher habe Putin aktuell „das günstigste internationale Umfeld seit dem Ende des Kalten Krieges, um die russische Expansion fortzusetzen". Die europäische Einheit sei gebrochen; Allianzmitglieder hinterfragten den Wert des gegenseitigen Sicherheitspakts. „Und der nächste amerikanische Präsident scheint Russland offen gegenüberzustehen und bereit zu sein, Russlands unverantwortliches Verhalten zu entschuldigen", entsetzte sich Miller[543]. Wie jedoch nach Einschätzung des außen- und verteidigungspolitischen Establishments in den USA und in der NATO eine Russlandpolitik aussehen sollte, ließ sich in einer programmatischen Schrift wiederfinden, die die NATO-Generäle Wesley Clark, Egon Ramms und Richard Shirreff im Mai 2016 zur Vorbereitung auf den NATO-Gipfel in Warschau unter dem Titel „Closing NATO's Baltic Gap" veröffentlichten[544]. Darin legten sie dar, dass die Politik Russlands darauf abziele, „die nach dem Kalten Krieg entstandene internationale Ordnung zu ändern, die Nato zu untergraben und seine Dominanz über das sogenannte nahe Ausland wieder zu errichten"[545]; Moskau sei „ein gemeinsamer destabilisierender Nenner in den Krisen an der östlichen und der südlichen Flanke"[546]. Zudem sei Russland militärisch keine verrottende Kalte-Kriegs-Macht mit veralteten oder schwindenden Fähigkeiten mehr. Aus diesem Grund plädierten die NATO-Generäle für eine Strategie, um „unmissverständlich Stärke und Glaubwürdigkeit zu projizieren, um Russland abzuschrecken"[547], wofür die NATO bislang aber nicht „hinreichend robust" aufgestellt sei.

---

[541] Ebda.

[542] Paul D. Miller, How World War III could begin in Latvia, unter:
http://foreignpolicy.com/2016/11/16/how-world-war-iii-could-begin-in-latvia/

[543] Ebda.

[544] Jörg Kronauer, Barbarossa II., in: Konkret 4/2017, S. 12–14 (S. 13).

[545] Zit. aus: Ebda.

[546] Zit. aus: Ebda (S. 14)

[547] Zit. aus: Ebda. (S. 13)

Zusammengefasst sieht das von der neokonservativen Ideologie geprägte außen- und militärpolitische Establishment der USA in einer gleichberechtigten Zusammenarbeit mit Russland eine fundamentale Bedrohung westlicher Interessen, da ein solcher Ansatz – so die Behauptung – den Kreml ermutigen würde, eine ihm unterstellte Expansionsstrategie durchzusetzen. Aus diesem Grund liegt nach den neokonservativen Gedankengängen allein in einer Eindämmung und Abschreckung der „richtige" Umgang mit Russland.

aa) Der Aufstieg Russlands zu einem zentralen Akteur in der internationalen Politik und Krisenbewältigung

Vor diesem Hintergrund war es den Neokonservativen auch ein Dorn im Auge, dass Russland in der jüngsten Vergangenheit seine Stellung und seinen Einfluss in der internationalen Politik deutlich ausbauen konnte, was insbesondere in Bemühungen Moskaus, bereits lange schwelende Konflikte beizulegen, zum Ausdruck gekommen ist. „Russland hat heute mehr Einfluss auf internationale Krisen, als dies in den letzten 25 Jahren je der Fall war", so die Außenpolitik-Expertin Sabine Fischer. „Das Land hat seinen Handlungsmodus grundlegend verändert und seinen Handlungsradius deutlich erweitert. Im Jahr 2016 zeigt sich Russland als Akteur, der Konflikte jenseits seiner Grenzen im eigenen Interesse entscheidend mitgestalten kann"[548]. Motiviert wurde der Wiederaufstieg Russlands im Wesentlichen durch die Ausdehnungsbestrebungen des transatlantischen Bündnisses, und Moskau machte sich zusehends Territorialkonflikte in benachbarten Staaten zunutze, um zu verhindern, dass diese sich nach Westen wendeten[549]. Die Entfremdung zwischen Moskau und dem Westen wurde in der Folgezeit noch dadurch verstärkt, dass die USA ohne vorherige Konsultationen mit Russland im Rahmen der UNO ihre Kriege gegen den Irak (2003) und schließlich gegen Libyen (2011) durchsetzten; insoweit war der westliche Unilateralismus eine strategische Herausforderung für Russland, dessen Interessen als Großmacht in Washington und Brüssel unbeachtet blieben. Die Konflikte in der Ukraine und in Syrien zeigten schließlich, dass Russland nicht länger in außen- und militärpolitischer Passivität verharren konnte, wollte es in entscheidenden geopolitischen Schlüsselregionen durch vom Westen inszenierte Regimewechsel nicht noch weiter an Einfluss verlieren. Insbesondere Russlands militärische Intervention in Syrien unterstrich das Ziel des Kreml, „einen weiteren vom Westen kontrollierten 'Systemwechsel' im Nahen Osten zu verhindern, sich

---

[548] Sabine Fischer, Vom Getriebenen zum „Gestalter": Russland in internationalen Krisenlandschaften, in: Volker Perthes (Hg.), „Krisenlandschaften". Konfliktkonstellationen und Problemkomplexe internationaler Politik, Studie der Stiftung Wissenschaft und Politik, Januar 2017, S. 31–34 (S. 31)

[549] Ebda., S. 31

Mitbestimmung bei der Neuordnung der Region nach Ende des Krieges zu sichern, den sogenannten Islamischen Staat zu bekämpfen und aus der internationalen Isolation auszubrechen"[550]. Vor diesem Hintergrund hat Russland im vergangenen Jahrzehnt seinen Handlungsradius erweitert und sein Instrumentarium ausgebaut, so dass seine Bedeutung als Akteur in internationalen Krisenlandschaften enorm zugenommen hat[551]. Beobachtern zufolge war insbesondere das Jahr 2016 ein entscheidendes Jahr für die russische Außenpolitik, im dem sich Russland in internationalen Konflikten einbringen konnte[552]. Die russische Außenpolitik hat es demzufolge vermocht, dass „das Land nun als eine Macht wahrgenommen werden sollte, die nicht nur harte Worte findet, sondern auch machtvoll agiert, wenn es um die Wahrung von Russlands Interessen in der als der seinigen betrachteten Region und auch darüber hinaus geht"[553]. In der neuen „Konzeption der Außenpolitik der Russischen Föderation" vom 30. November 2016 wurden die strategischen Ziele des Kreml herausgestellt: Die Errichtung einer multipolaren Weltordnung wird als oberstes strategisches Ziel Russlands definiert, in der sich Russland als ein Einflusszentrum – als ein Pol innerhalb des Systems internationaler Beziehungen – etablieren müsse[554]. Als strategische Bedrohung für dieses System wird die interventionistische Haltung des Westens beschrieben, die „Einmischung in die inneren Angelegenheiten anderer Staaten (…), u.a. zum Zweck deren Destabilisierung und des Sturzes legitimer Regierungen"[555]. Das wird insbesondere in der Syrien-Frage deutlich, in der die „Konzeption der Außenpolitik der Russischen Föderation" den grundsätzlichen Erhalt des Status quo in Gestalt souveräner Nationalstaaten im Nahen und Mittleren Osten betont. Russland werde die „Einheit, Unabhängigkeit und territoriale Integrität der Arabischen Republik Syrien als säkularen, demokratischen und pluralistischen Staat [unterstützen, in dem] die Vertreter aller ethnischen und konfessionellen Gruppen in Frieden und Sicherheit leben und gleiche Rechte und Möglichkeiten genießen (...)"[556]. Darüber hinaus hebt das Dokument die von Moskau inspirierten Bündnisse der Eurasischen Wirtschaftsunion sowie die Organisation des Vertrags über kollektive Sicherheit (OVKS) als wichtige Elemente zur Stabilisierung des eurasischen Umfeldes heraus. Als einer „der grundlegendsten Aspekte der regionalen und globalen Stabilität" wird die Zusammenarbeit

---

[550] Ebda., S. 32

[551] Ebda., S. 33

[552] Aglaya Snetkov, Risiken, die sich wirklich ausgezahlt haben könnten?- Die Außenpolitik Russlands, unter: http://www.bpb.de/internationales/europa/russland/241856/analyse-risiken-die-sich-wirklich-ausgezahlt-haben-koennten-die-aussenpolitik-russlands

[553] Ebda.

[554] Ebda.

[555] Zit. aus: Ebda.

[556] Zit. aus Ebda.

mit China angesehen und die Kooperation in Zentral- und Ostasien im Rahmen der Shanghaier Organisation für Zusammenarbeit (SOZ), des Ostasien-Gipfels (EAS), des ASEAN-Regionalforums und der wirtschaftlichen Zusammenarbeit im asiatisch-pazifischen Raum[557].

bb) Russlands „Rückkehr" nach Afghanistan

Zusammengefasst hat sich Russland „vom schwachen Krisenkoordinator zum aktiven Gestalter" der globalen Politik entwickelt, und „dieser Trend wird sich höchstwahrscheinlich auch in Zukunft fortsetzen"[558]. Zeigen sollte sich dies vor allem in den Krisenregionen, in denen der Westen durch Regimewechsel und inszenierte Konflikte „Zonen der Instabilität" zurückgelassen hat und in denen Russland nunmehr versucht, sich als Krisenmanager zu positionieren. So hatte Russland beispielsweise seit 2016 in Afghanistan machtpolitische Fortschritte erzielt. Hier schuf Moskau die Voraussetzungen für einen trilateralen Dialog zusammen mit Peking und Pakistan über die Zukunft Afghanistans, in den auch die Taliban mit eingebunden werden sollten. Grund für das verstärkte Engagement Russlands am Hindukusch war das de-facto-Scheitern der Militärintervention der USA und der NATO, die zwar von Moskau unterstützt wurde, aber keine Erfolge gezeitigt hatte, sondern insbesondere nach dem Ende der ISAF-Mission 2014 weitere Instabilität, einen Anstieg der Drogenproduktion auf Rekordhöhe sowie die Etablierung eines Ablegers des „Islamischen Staates" (IS) an der afghanisch-pakistanischen Grenze zur Folge hatte mit der Gefahr der Ausbreitung eines islamistischen Terrornetzwerkes bis nach Zentralasien[559] – eine Entwicklung, die Russlands Stabilität an seiner Südflanke bedroht. Mitte Februar 2017 wurde in der russischen Hauptstadt eine wichtige Konferenz abgehalten, auf der über einen möglichen Frieden am Hindukusch verhandelt wurde – erstmals ohne Beteiligung der USA. Mitte April 2017 veranstaltete Moskau eine Fortsetzung der internationalen Verhandlungsrunde zu Afghanistan in Moskau, an der China, Pakistan, der Iran sowie Vertreter der fünf zentralasiatischen Republiken sowie der afghanischen Regierung teilnahmen. Die Russen schlugen vor, Friedensgespräche zwischen der Zentralregierung in Kabul und den Taliban zu moderieren[560]. Mit dieser „großen Afghanistankonferenz will Russland (...)

---

[557] Ebda.

[558] Sabine Fischer, Vom Getriebenen zum „Gestalter": Russland in internationalen Krisenlandschaften, in: Volker Perthes (Hg.), „Krisenlandschaften". Konfliktkonstellationen und Problemkomplexe internationaler Politik, Studie der Stiftung Wissenschaft und Politik, Januar 2017, S. 31 – 34 (S. 33)

[559] Russia Returns to Afghanistan, unter:
http://nationalinterest.org/feature/russia-returns-afghanistan-19040

[560] Zankapfel Afghanistan, in: Frankfurter Rundschau v. 29.04.17

144

seinen Einfluss auf die Entwicklungen am Hindukusch festigen"[561]. Einer der wichtigsten Sorgen Moskaus ist dabei das Einsickern des „Islamischen Staates" in Afghanistan, das seit 2015 deutlich zutage getreten ist und auch trotz massiver Luftangriffe der USA nicht verhindert werden konnte. Geheimdienste berichteten außerdem, dass IS-Kämpfer auf der Flucht aus Syrien und dem Irak in Afghanistan und Zentralasien eine neue Basis suchen könnten[562], und daher will Moskau verhindern, dass der IS in unmittelbarer Nähe zu Zentralasien Fuß fasst. „Russlands Präsident Wladimir Putin sieht in einer dauerhaften Präsenz des IS in Afghanistan eine Bedrohung für sein Land", so der ehemalige afghanische Diplomat Ahmad Said, und die Furcht vor dem IS hat die Taliban und Russland einander nähergebracht. Laut afghanischen Sicherheitsbehörden waren seit geraumer Zeit hunderte Terroristen aus den arabischen Ländern, Tschetschenen, Uiguren, Usbeken, Tadschiken und Pakistaner aus dem pakistanischen Nord-Waziristan nach Afghanistan eingedrungen, um dort zu kämpfen. Seit 2015 wurde der Norden Afghanistans verstärkt Schauplatz blutiger Auseinandersetzungen. Laut einem Bericht der UN vom September 2015 waren IS-Kämpfer bereits in 25 der 34 afghanischen Provinzen aktiv. Vor diesem Hintergrund versucht Moskau, auch die Taliban verstärkt in den Dialog einzubinden, denn diese gelten als erbitterte Gegner des IS; sie haben sogar „Spezialkräfte" gegen den IS ausgerüstet. Der russische Spezialbeauftragte für Afghanistan, Samir Kabulow, hatte der Nachrichtenagentur Interfax schon Ende 2015 gesagt, dass sich die Interessen der Taliban in der Frage der Bekämpfung des IS „objektiv mit unseren Interessen" überschneiden[563]. Der gemeinsame Nenner beider Parteien – Moskaus und der Taliban – ist die Sorge um die zunehmende Präsenz des IS in Afghanistan. Die Russen nähmen den IS als deutlich größere Bedrohung ihrer Interessen wahr, so der Südostasienexperte Javid Ahmad von der Yale Universität. Die Taliban seien nur an Afghanistan interessiert, der IS hingegen international aktiv. „Deshalb reden die Russen jetzt auch mit ihren ehemaligen Erzfeinden: den Taliban"[564]. Bemerkenswert in diesem Zusammenhang ist, dass die USA an den Friedensgesprächen nicht teilgenommen hatten; sie hatten ihre Teilnahme abgesagt[565]. Einiges spricht dafür, dass es in Afghanistan

---

[561] Russlands unklare Strategie in Afghanistan, unter:
http://www.handelsblatt.com/politik/international/konferenz-in-moskau-russlands-unklare-strategie-in-afghanistan/19670954.html
[562] Ebda.
[563] Ebda.
[564] Russlands neue Rolle in Afghanistan, unter:
http://www.dw.com/de/russlands-neue-rolle-in-afghanistan/a-19086785
[565] Russlands unklare Strategie in Afghanistan, unter:
http://www.handelsblatt.com/politik/international/konferenz-in-moskau-russlands-unklare-strategie-in-afghanistan/19670954.html

zu einem neuen „Great Game" zwischen den USA und Russland um Einfluss am Hindukusch kommen könnte[566], und es besteht der Verdacht, dass die USA mit dem Abwurf der MOAB-Bombe GBU 43/B im afghanischen Nangarhar am Vorabend der Moskauer Konferenz Mitte April 2017 die russischen Friedensbemühungen sabotieren wollten. „Möglicherweise war der Bombenangriff aber auch als Warnung gedacht. Auffällig ist nämlich, dass sich der Bombenabwurf ereignete, während in Moskau eine Afghanistan-Konferenz stattfindet. An der Konferenz nehmen zwölf Länder inklusive Afghanistan, China, Indien, der Iran und Pakistan teil, aber nicht die USA, die eine Einladung ausgeschlagen hatten. Russland versucht seit einiger Zeit seinen Einfluss auf Afghanistan mit der Hilfe von Pakistan und dem Iran auszudehnen. Der Bombenabwurf könnte also auch ein Signal sein, dass Washingtons reduziertes Engagement in Afghanistan nicht als Schwäche gedeutet werden dürfe"[567]. Eine ähnliche Einschätzung vertritt auch der ehemalige afghanische General Attiqullah Amarkhail: „Die USA präsentieren ihre militärischen Fähigkeiten mit Blick auf Russland und China", ist er überzeugt. „Der Zeitpunkt des Bombenabwurfs ist entscheidend"[568]. Darüber hinaus hatten die USA die Kontaktanbahnung zwischen Moskau und den Taliban als Anlass für eine Kampagne genommen, in der sie Russland vorwerfen, mit der Unterstützung der Taliban die Sicherheitsinteressen der USA am Hindukusch zu gefährden. Laut Omar Nessar, Direktor am Moskauer Zentrum für Moderne Afghanistanstudien, handelt es sich hierbei aber um bloße Propaganda. „Alle regionalen Mächte und Großmächte pflegen Kontakte zu den Taliban", so der Experte. „Ob es Pakistan, China, Japan oder der Iran ist – alle Länder haben ein Recht auf Kontakt zu den Taliban. Warum nicht auch Russland?". Laut Nessar würden diesbezügliche Berichte von den westlichen und afghanischen Medien oft verdreht und fehlinterpretiert. „Das Ziel dabei ist, denke ich, das Vertrauen beider Länder zu schwächen und eine erneute Aktivität Russlands in Afghanistan zu verhindern". Russland, so Nessar, habe immer noch starke Feinde in Afghanistan[569] – und auch in der US-Machtelite, die verhindern will, dass Moskau nach dem de-facto Rückzug von NATO und USA am Hindukusch an Einfluss gewinnt.

---

[566] Ebda.

[567] US-Mega-Bombe als Botschaft, unter:
http://www.dw.com/de/us-mega-bombe-als-botschaft/a-38427833

[568] Zit. aus: Ebda.

[569] Russlands neue Rolle in Afghanistan, unter:
http://www.dw.com/de/russlands-neue-rolle-in-afghanistan/a-19086785

cc) Russlands Bemühungen um eine Bewältigung des libyschen Krisenherdes

Einen Positionsgewinn konnte Russland auch in einem weiteren durch westliche Militärintervention geschaffenen Krisenherd erzielen, nämlich in Libyen, das seit der westlichen Militärintervention und dem blutigen „Regimewechsel" 2011 – sprich der Ermordung Gaddafis – als Staat de facto nicht mehr existiert. Im Zuge der libyschen Parlamentswahl am 25. Juni 2014 vollzog sich schließlich die Teilung des Landes. Nachdem der Oberste Gerichtshof Libyens auf eine Klage eines islamistischen Abgeordneten hin feststellte, dass die Wahlen zu diesem Parlament verfassungswidrig waren[570], dieses aber gleichwohl international anerkannt wurde, kam es zur Konfrontation mit den dortigen islamistischen Kräften. In diesem neuen Parlament, das aus Furcht vor den islamistischen Milizen aus Tripolis nach Tobruk floh, waren die Islamisten nur noch marginal vertreten. Deren Reaktion ließ nicht lange auf sich warten: Sie erkannten diese Wahl nicht an. Gleichzeitig riefen die islamistischen Fraktionen des alten Nationalkongresses – des vorangegangenen Übergangsparlaments – ein Gegenparlament sowie eine Gegenregierung unter Omar al-Hassi aus. Die ursprüngliche Regierung al-Thinni wurde vom neuen Parlament in Tobruk bestätigt, während das islamistische Gegenparlament diese für abgesetzt erklärte. Das einstweilige Ergebnis des Machtkampfes war ein Abdriften Libyens in einen Warlordstaat mit zwei Parlamenten und zwei Regierungen – der islamistischen Regierung der Nationalen Rettung in Tripolis und der prowestlichen Regierung des Repräsentantenhauses in Tobruk. Im Land blieb der islamistische Einfluss stark; „tatsächlich sind die Dschihadisten in Libyen eine mächtige Kraft"[571]. Muslimbrüder, Salafisten und Dschihadisten, welche das Gegenparlament und die Gegenregierung in Tripolis stellten, zogen in den Ministerien die Fäden, während sich die Regierung al-Thinni trotz internationaler Anerkennung als weitgehend machtlos zeigte[572] und lediglich einen Rumpfstaat im Osten des Landes kontrollierte[573]. In der Folgezeit versuchten die UNO und die USA unter dem UN-Sonderbeauftragten für Libyen Martin Kobler, aus den verfeindeten Regierungen eine „Regierung der Nationalen Einheit" (GNA) unter der Führung von Fajis al-Sarradsch zu konstruieren; dies erfolgte im Januar 2016 unter der Schirmherrschaft der UNO auf der Grundlage des „Libyan Political Agreements" (LPA). Beobachtern zufolge sollte die Etablierung der Regierung al-Sarradsch wohl u.a. auch dazu dienen, etwaigen westlichen Interventionen in diesem Raum eine Legitimationsgrundlage zu verschaffen. „Die Installation der Einheitsregierung

---

[570] Libyens Parlament für illegal erklärt, in: Frankfurter Allgemeine Zeitung v. 07.11.2014
[571] Vom Machtkampf zerrissen, in: Süddeutsche Zeitung v. 21.10.2014
[572] Mirko Keilberth, Parlament für illegal erklärt, in: Die Tageszeitung v. 06.11.2014
[573] Parlament verfassungswidrig, in: Süddeutsche Zeitung v. 07.11.2014

dient wohl in erster Linie nicht zur Befriedung des zerrissenen Landes durch eine wirkliche politische Lösung des Bürgerkriegs, sondern zur Legitimation für eine erneute, schon länger geplante militärische Intervention zur Niederschlagung des 'Islamischen Staats', der dort ein weiteres Machtzentrum in dem Gebiet um die Hafenstadt Sirte zwischen den von Tripolis und Tobruk kontrollierten Territorien aufgebaut hat"[574]. Tatsächlich hatte das „US Africa Command" im Vorfeld bereits Ziele für mögliche systematische Militärschläge ausgewählt, vor allem in Sirte, der libyschen „Hauptstadt" des IS, aber auch in Ajdabiya, Sabratha und Derna. Der Eindruck des Vasallenstatus der Regierung al-Sarradsch wurde schließlich umgehend bestätigt, denn die erste Anweisung aus Washington lautete, die GNA möge Luftangriffe auf Sirte anfordern[575]. Die US-Militärintervention vom August 2016, die zwar formell gegen den „Islamischen Staat" gerichtet war, verfolgte jedoch noch eine weitergehende geopolitische Agenda: Beobachtern zufolge waren die Luftangriffe in Sirte Bestandteil einer größeren Operation, die nicht nur Washingtons Kontrolle über Libyen und seine Erdölfelder sichern sollte, sondern auch als Warnung gegen Moskau und Peking gedacht war[576]. Es sollte sich herausstellen, dass die von der UNO eingerichtete Regierung al-Sarradsch weder über militärischen noch über politischen Rückhalt im Lande verfügte. Laut dem „Libyan Political Agreement" stand und fiel diese mit der Zustimmung des prowestlichen Tobruker Parlaments, welches ihr aber im August 2016 die Anerkennung verweigert hatte. Der eigentliche „starke Mann" in Libyen ist hingegen der Militärmachthaber Khalifa Haftar, ein General der alten libyschen Armee, der 1987 von der CIA rekrutiert wurde und danach 20 Jahre im Exil in Virginia lebte. 2011 kehrte er mit Unterstützung der USA nach Libyen zurück und war führend am Aufstand gegen Gaddafi beteiligt. Nach seinem „Putsch" im Mai 2014 gelang es ihm, die ehemaligen Kommandeure der Luftwaffe, der Marine, der Luftverteidigungskräfte und der Militärpolizei auf seine Seite zu ziehen und zu einer schlagkräftigen „Libyschen Nationalen Armee" (LNA) zu formieren; insoweit konnte sich die LNA als mächtigste militärische Kraft im Lande etablieren[577]. Haftar hatte den Westen achtzehn Monate lang aufgefordert, ihn zu unterstützen, wobei die CIA ihn offenbar schon vor einiger Zeit fallen ließ[578]. Der Grund dafür mag darin gelegen haben, dass Haftar im libyschen Machtkampf zunehmend eigenständig agierte und sich

---

[574] Florian Rötzer, Nächstes militärisches Abenteuer droht in Libyen, unter:
https://www.heise.de/tp/features/Naechstes-militaerisches-Abenteuer-droht-in-Libyen-3379396.html
[575] Libyen ist nicht mehr, in: Le Monde diplomatique v. April 2017
[576] Peter Symonds, Neue US-Luftangriffe in Libyen, unter:
https://www.wsws.org/de/articles/2016/08/04/liby-a04.html
[577] Libyen ist nicht mehr, in: Le Monde diplomatique v. April 2017
[578] Ebda.

überdies weigerte, die vom Westen installierte Regierung al-Sarradsch anzuerkennen geschweige denn sich ihr zu unterstellen, zumal seine LNA zwischenzeitlich die Hälfte des Landes kontrollierte[579] und es ihm im Jahr 2016 gelang, die wichtigsten Erdölproduktionsstätten des Landes einzunehmen. Diese Konfliktkonstellation gab wiederum Russland die Möglichkeit, in Libyen wieder an Boden zu gewinnen. Zu beachten ist, dass Moskau durch den Sturz des Gaddafi-Regimes Rüstungs-, Energie- und Infrastrukturverträge im Umfang von mindestens vier Milliarden Dollar verloren hatte[580]; 2010 war Libyen noch der zweitwichtigste Abnehmer russischer Rüstungsausfuhren. Haftar soll in Aussicht gestellt haben, die von Gaddafi unterzeichneten Verträge teilweise wieder in Kraft zu setzen und Waffen in Russland zu kaufen[581]. Darüber hinaus verfolgt Russland in Libyen auch energiepolitische Interessen: Im Februar 2017 hatte der russische Erdölkonzern Rosneft mit der libyschen Ölgesellschaft „Libyan National Oil Corporation" einen Vertrag über die Zusammenarbeit bei der Erdölproduktion und der Erschließung neuer Erdölvorkommen abgeschlossen. Dieses Abkommen sei von großer Bedeutung, weil Russland auf diese Weise die Möglichkeit bekomme, „wirtschaftliche und andere Beziehungen wiederherzustellen, die durch den Sturz Gaddafis unterbrochen wurden", so die „Nesawissimaja Gazeta"[582]. Moskau hatte deutlich gemacht, dass Haftar der Mann ist, auf den Russland in Libyen seine Hoffnungen setzt. Bereits im Juni 2016 und Ende desselben Jahres befand sich Haftar zu strategischen Gesprächen in Moskau, unter anderem mit Außenminister Lawrow, Verteidigungsminister Schoigu und dem einflussreichen Sekretär des Sicherheitsrates Nikolai Patruschew. Ende September 2016 schickte Haftar seinen Vertrauensmann, den libyschen Botschafter in Saudi-Arabien, um die Frage einer russischen Militärintervention gegen Islamisten nach syrischem Modell zu erörtern[583]. Beobachtern zufolge spricht einiges dafür, dass Russland versucht, sich in Libyen als Makler und zentraler politischer Akteur zu positionieren; Berichten zufolge war Moskau bestrebt, zwischen Haftar

---

[579] Christina Hebel/Christoph Sydow, Libyscher General Haftar: Putins Wüstenfuchs, unter: http://www.spiegel.de/politik/ausland/libyens-general-khalifa-haftar-wladimir-putins-wuestenfuchs-a-1139580.html

[580] Welche Rolle spielt Russland im libyschen Chaos ?, unter: http://www.faz.net/aktuell/politik/ausland/unterstuetzt-putin-general-haftar-in-libyen-14835324.html

[581] Christina Hebel/Christoph Sydow, Libyscher General Haftar: Putins Wüstenfuchs, unter: http://www.spiegel.de/politik/ausland/libyens-general-khalifa-haftar-wladimir-putins-wuestenfuchs-a-1139580.html

[582] Ebda.

[583] Welche Rolle spielt Russland im libyschen Chaos?, unter: http://www.faz.net/aktuell/politik/ausland/unterstuetzt-putin-general-haftar-in-libyen-14835324.html

und al-Sarradsch zu vermitteln, um eine Einigung zwischen beiden herbeizuführen[584]. So traf sich Anfang März 2017 Haftars Berater al-Basdi mit dem stellvertretenden russischen Verteidigungsminister Mikhail Bogdanov in Moskau. Beide „hätten sich auf die Notwendigkeit verständigt, einen kollektiven Dialog zu begründen, an dem Vertreter aller politischen sowie der Stammesgruppen teilnehmen sollten", hieß es aus dem russischen Verteidigungsministerium[585]. Unterstützung erfuhr Russland hierbei durch den ägyptischen Staatschef Abdel Fattah al-Sisi, der gleichfalls mit Moskau in der Libyen-Frage zusammenarbeitet. Das ägyptische Militär hatte in diesem Zusammenhang erstmals seit dem Ende der Nasser-Ära wieder gemeinsame Militärmanöver mit Moskau durchgeführt – und mit der Unterstützung Haftars würde in Libyen ein Militärführer an die Macht gelangen, der sich auch nach Russland orientiert. In dem bereits erwähnten Strategiedokument des Kreml zur russischen Außenpolitik heißt es, dass Moskau weiterhin zur Stabilität in der Region beitragen und den Schwerpunkt „auf die politisch-diplomatische Beilegung von Konflikten" richten wolle. „Das Engagement Moskaus in Libyen folgt nun dieser Strategie in der MENA-Region (Mittlerer Osten und Nordafrika)"[586]. Dabei unterstreicht das Dokument die Notwendigkeit multilateraler Lösungen in Konfliktkonstellationen: „Heute, da die gegenseitige Abhängigkeit zwischen Völkern und Staaten signifikant angestiegen ist, haben Versuche, Sicherheit und Stabilität auf einem fremden Territorium zu begründen, keine Zukunft", heißt es in dem Papier. In anderen Worten: Die Zeit, in der eine fremde Macht die Politik eines anderen Landes nach eigenem Gutdünken gestalten kann, ist vorbei[587], und laut dem Analysten Samuel Ramani vom Russian International Affairs Council (RIAC) würde ein Erfolg Russlands an dem Ort, an dem die USA und Europa gescheitert sind, beweisen, dass Russland eine unentbehrliche Nation in Weltangelegenheiten ist, die es verdient, bei internationalen Krisen vom Westen konsultiert zu werden[588]. Insgesamt zeichnet sich mit dem Moskauer Libyen-Engagement ab, dass der Einfluss Russlands nach dem Chaos des „Arabischen Frühlings" der eigentliche Gewinner im Kampf um den Einfluss im Mittelmeerraum ist, in dem der Westen durch seine Strategie der „Regimewechsel" ein geopolitisches Chaos zurückgelassen hatte. „Inzwischen steht Libyen für das Scheitern der

---

[584] Ebda.

[585] Russlands neue Strategie in Nahost, unter:
http://www.dw.com/de/russlands-neue-strategie-in-nahost/a-37950230

[586] Ebda.

[587] Ebda.

[588] Ali Özkök, Libysche Zuneigung: Haftar könnte von Verständigung zwischen Westen und Russland profitieren, unter:
https://deutsch.rt.com/afrika/46643-libyen-interview/

westlichen Widersacher und erscheint mithin als Ort, um Russlands geopolitischen Einfluss ausweiten zu können"[589], und die Ausweitung des russischen Einflusses nach Libyen ist nach Einschätzung des US-amerikanischen Sicherheitsdienstes Stratfor „nur ein Element von Russlands weitaus umfassenderer Strategie, seine Aktivitäten im südlichen Mittelmeer zu stärken – und eine Einflusszone wie in Sowjetzeiten zu schaffen"[590]. Sollte es den russischen Alliierten gelingen, sich in Libyen durchzusetzen, so der geopolitische Analyst Samuel Ramani, so eröffnet eine solche Entwicklung Moskau einen entscheidenden Zugang zum Mittelmeer. „Russland würde seine strategische Position deutlich ausbauen. Unterdessen baut die russische Marine ihren Stützpunkt in Syrien aus. Bereits unter Gaddafis Zeiten durfte die russische Marine im Hafen von Bengasi ankern, was auch nach einem Abkommen mit Haftar der Fall sein könnte. Es gibt Vermutungen, dass Russland seine Machtposition sogar stärker ausbauen könnte als noch vor 2011. Von einem Standpunkt ausgehend, wonach Russland eine internationale Statusmacht ist, vermutet Moskau, dass sich Haftar wohl erfolgreich konsolidieren wird. Ein Sieg Haftars würde Russland eine ganze Vielzahl von neuen Verbündeten im Nahen Osten bescheren. Libyen, Algerien, Israel, Irak, Iran, die Türkei und Syrien würden in den Orbit der Kooperationspartner Russlands fallen, was für den Kreml einen unglaublichen Balance-Akt in einem polarisierten Nahen Osten bedeutet"[591].

dd) Russlands Versuche einer Konfliktlösung in Syrien

Die russische Militärintervention in Syrien ab dem 30. September 2015 und die nachfolgenden Versuche des Kreml zur Herbeiführung einer diplomatischen Lösung waren gewissermaßen der Prototyp einer Strategie Moskaus, eine Stabilisierung in einer Region herbeizuführen, die nicht zuletzt auch durch vorherige Aktivitäten des Westens in Instabilität und Chaos abgedriftet ist. Diese Strategie ist aber gleichzeitig von einer Kooperationsbereitschaft mit dem Westen verbunden; Russlands konstruktive Rolle bei den Iran-Verhandlungen hatte Washington gezeigt, dass außerhalb der postsowjetischen Staaten Zusammenarbeit möglich ist[592]. Die Hintergründe der Intervention Russlands in den Syrien-Konflikt liegen in der Besorgnis, dass mit der Etablierung

---

[589] Welche Rolle spielt Russland im libyschen Chaos?, unter:
http://www.faz.net/aktuell/politik/ausland/unterstuetzt-putin-general-haftar-in-libyen-14835324.html
[590] Russlands neue Strategie in Nahost, unter:
http://www.dw.com/de/russlands-neue-strategie-in-nahost/a-37950230
[591] Ali Özkök, Libysche Zuneigung: Haftar könnte von Verständigung zwischen Westen und Russland profitieren, unter:
https://deutsch.rt.com/afrika/46643-libyen-interview/
[592] Stefan Meister, Welche Interessen verfolgt Russland in Syrien?, unter:

eines sunnitisch-islamistischen Regimes in Damaskus die gesamte Region in einen ethnisch-religiös-tribalistischen Unruheherd verwandelt werden könnte, der letztlich auch das Staatsgefüge der Russischen Föderation insbesondere in der Kaukasusregion gefährden könnte. Mit dem Bürgerkrieg in Syrien, so die Befürchtung des Kreml, sei „die Etablierung islamistischer Regime zu befürchten. Als Beleg dafür werden die Wahlergebnisse in Tunesien und Ägypten sowie die Einmischung Saudi-Arabiens und der Golfmonarchien in den syrischen Bürgerkrieg gesehen. Für Moskau stellt diese Entwicklung auch sicherheitspolitisch ein Risiko dar. Es wird befürchtet, dass dadurch islamistische Kräfte im Nordkaukasus und Zentralasien Unterstützung erhalten könnten"[593]. Diesen Aspekt hebt auch der strategische Analyst Dmitri Trenin hervor: „Die russische Furcht richtet sich darauf, dass ein gewaltsamer Sturz von Präsident Assad zuerst ein Chaos nach sich ziehen würde, das es radikalen Gruppen und al-Qaida-Elementen erlauben würde, in Syrien Fuß zu fassen. Und das nur einige hundert Meilen entfernt von Russlands eigenem, turbulenten Nordkaukasus. Obwohl es bei den dortigen Fragen um hausgemachte Probleme geht, lassen sich die kaukasischen Dschihadisten durch die Ereignisse im Nahen Osten inspirieren und erhalten auch Beistand aus der Region"[594]. Tatsächlich stellte sich die militärische Lage in Syrien vor dem Eingriff Russlands als äußerst prekär für die legitime Assad-Regierung dar. Ende August 2015 war in Syrien eine bedrohliche militärische Lage entstanden. 80 Prozent des Territoriums des syrischen Staates wurden von den IS-Milizen und anderen dschihadistischen Gruppierungen kontrolliert. Die syrische Regierung stand militärisch am Abgrund, und auf ihre Bitten hin griff Russland dann in den Bürgerkrieg ein[595]. Nach Einschätzung des früheren Generalinspekteurs der Bundeswehr, Harald Kujat, hat diese Militärintervention Moskaus überhaupt die Ingangsetzung einer Verhandlungslösung im Syrien-Konflikt sichergestellt. „Die Russen haben mit ihrem militärischen Eingreifen den Friedensprozess erst ermöglicht". Bis September 2015 habe dort Stillstand geherrscht. „Weder die Amerikaner noch die Europäer hatten eine Strategie für ein friedliches Syrien und waren auch nicht bereit, sich massiv zu engagieren. Die Russen haben es gemacht und damit ein Fenster für eine politische Lösung aufgestoßen", so Kujat. Vor dem russischen Eingreifen habe die sy-

---

https://dgap.org/de/think-tank/publikationen/fuenf-fragen/welche-interessen-verfolgt-russland-syrien

[593] Margarete Klein, Analyse: Russlands Syrienpolitik, unter:
http://www.bpb.de/internationales/europa/russland/157047/analyse-russlands-syrienpolitik?p=all

[594] Marcel Pott, Der Kampf um die arabische Seele. Der steinige Weg zur islamischen Demokratie, Kiepenheuer & Witsch, Köln 2012, S. 184

[595] Ralf Rudolph/Uwe Markus, Warum Syrien?, Phalanx 2016, S. 76

rische Armee vor ihrem Ende gestanden. „Ich hätte ihr nur noch wenige Wochen gegeben. Dann wäre Syrien kollabiert und der IS hätte das Land übernommen". Das nächste Ziel wäre dann der Libanon gewesen – und das übernächste Israel. „Das hätte weitreichende Folgen auch für uns gehabt"[596]. Im Westen wurde die Intervention Russlands jedoch von massiven Vorwürfen begleitet, die insbesondere während der Schlacht um Ost-Aleppo Ende 2016 verstärkt wurden. Die beharrliche Positionierung des Westens auf Seiten der syrischen Aufständischen hatte zuletzt etwa der britische Nahostkorrespondent Robert Fisk scharf kritisiert. Fisk, ein Kenner der Region, hatte darauf hingewiesen, dass die gemeinhin als „Rebellen" bezeichneten Milizionäre in Aleppo zu einem guten Teil aus Dschihadisten bestanden, darunter Kämpfern des al-Qaida-Ablegers Jabhat Fatah al Sham: Es sei bemerkenswert, schrieb er, dass die Organisation, die die Anschläge von 11. September 2001 zu verantworten hätte, in Ost-Aleppo für ihren Kampf gegen die syrische Armee gelobt und politisch unterstützt würde[597]. Fisk wies zudem darauf hin, dass die islamistischen Milizionäre in Ost-Aleppo ihrerseits schwere Verbrechen begangen hätten[598]. Tatsächlich hatte die UNO berichtet, dass Aufständische nicht nur Zivilisten, die fliehen wollten, beschossen hatten; auch hatten der al-Qaida-Ableger Fatah al Sham und eine weitere Miliz eine unbekannte Zahl an Zivilisten verschleppt und ermordet, weil sie die Milizionäre gebeten hatten, die Kämpfe nicht von ihren Wohngebieten aus zu führen[599]. Mit dem Angriff auf Ost-Aleppo hatte Russland entgegen der Propaganda die Lage nicht verschärft, sondern vielmehr einen strategischen Plan verfolgt. Das Ziel lautete, den Vormarsch der syrischen Truppen in Richtung IS-Gebiet zu unterstützen, und Aleppo war auf diesem Weg wie ein Sperrriegel gewesen, weil die Stadt von den aufständischen Dschihadisten gehalten wurde[600]. Wenige Tage nach der Eroberung von Aleppo im Dezember 2016 verabredeten Assad und mehrere Rebellengruppen eine Waffenruhe, die für ganz Syrien gelten

---

[596] Kujat: Ohne Moskaus Bomben kein Frieden, unter:
http://www.n-tv.de/politik/Kujat-Ohne-Russlands-Bomben-kein-Frieden-article16981166.html

[597] Robert Fisk: It was bizarre to watch Samantha Power at the UN conveniently forget to mention all the massacres done in America's name, unter:
http://www.independent.co.uk/voices/samantha-power-un-us-ambassador-america-syria-aleppo-massacres-srebrenica-rwandan-genocide-bizarre-a7476556.html

[598] Robert Fisk: There is more than one truth to tell in the heartbreaking story of Aleppo, unter: http://www.independent.co.uk/voices/aleppo-falls-to-syrian-regime-bashar-al-assad-rebels-uk-government-more-than-one-story-robert-fisk-a7471576.html

[599] Briefing Notes v. 9 December 2016, unter:
http://www.ohchr.org/EN/NewsEvents/Pages/DisplayNews.aspx?NewsID=21007&LangID=E

[600] Kujat: Ohne Moskaus Bomben kein Frieden, unter:
http://www.n-tv.de/politik/Kujat-Ohne-Russlands-Bomben-kein-Frieden-article16981166.html

und zum 30. Dezember 2016 in Kraft treten sollte; Garantiemächte waren Russland, die Türkei und der Iran[601]. Gegenstand der Verabredung war der Abzug der Rebellen aus der Stadt Aleppo. Die russisch-iranisch-türkische Vereinbarung sah außerdem vor, aufbauend auf den Waffenstillstand weitere Friedensgespräche einzuleiten. Bemerkenswert war in diesem Zusammenhang, dass an dieser Vereinbarung weder die USA noch die UNO beteiligt waren. Während die UNO zu einer neuen Runde der Friedensgespräche nach Genf eingeladen hatte, kündigte Russlands Präsident Putin Friedensverhandlungen in der kasachischen Hauptstadt Astana an. Mit diesem Schachzug hatte Russland den Amerikanern die Grenzen ihrer Macht aufgezeigt: „Inmitten eines schwierigen Machtübergangs in Washington hat Mr. Putin die Vereinigten Staaten wirkungsvoll marginalisiert und sich in die Position des beherrschenden internationalen Spielers in Syrien manövriert", kommentiert die New *York Times* diesen Vorgang[602]. Ermöglicht wurde dies aber erst durch einen Ausgleich zwischen Russland und der Türkei. Während Ankara zunächst die Linie des Westens zum Sturz des Assad-Regimes vertreten, zu diesem Zweck dschihadistische Gruppierungen unterstützt und sich deswegen mit Moskau überworfen hatte, kam es nach dem Putsch in der Türkei im Juli 2016 zu einem Einschwenken Ankaras auf die eurasische Linie. Die Annäherung der Türkei an Russland ist taktisch – und wohl zu einem Gutteil der Frustration über die USA geschuldet: Das größte Ärgernis für Ankara war, dass die USA die PKK-nahen syrischen YPG-Milizen für den Kampf gegen den IS hochrüsteten. Die USA ihrerseits akzeptierten nur zähneknirschend, dass die Türkei mit ihren Bodentruppen in Syrien nicht nur den IS, sondern auch die YPG bekämpft. Insoweit konnten sich Russen, Türken und Iraner über informelle Einflusszonen in Syrien verständigen und waren übereingekommen, dass Assad bis zur nächsten Präsidentschaftswahl im Amt bleiben könne, um dann durch einen anderen Vertreter des Regimes abgelöst zu werden. Die UNO schwenkte daraufhin auf den russisch-türkisch-iranischen Vermittlungsvorschlag ein und verabschiedete am Silvestertag 2016 eine Resolution, in der die Feuerpause unterstützt und das geplante Treffen in Astana als „wichtiger Schritt" hin zu den Genfer Verhandlungen begrüßt wurde. „Moskau hat sein wohl wichtigstes Kriegsziel erreicht: Der Sturz des syrischen Präsidenten ist verhindert worden", so die Darstellung der *Frankfurter Allgemeinen Zeitung*. „Die Rückeroberung Aleppos war ein wichtiger militärischer Sieg. Dass sie ohne maßgebliche Gegenwehr seitens der ausländischen Unterstützer der Rebellen erfolgen konnte, ist ein deutliches Zeichen dafür, dass man sich damit abgefunden hat, dass Assad bis auf weiteres Staatsoberhaupt

---

[601] Frieden schaffen mit Putins Waffen?, unter:
http://www.zeit.de/politik/ausland/2017-01/krieg-syrien-russland-iran-tuerkei-waffenruhe-5vor8

[602] Zit. aus: Ebda.

in Syrien bleibt. Auch der Ausbau der russischen Militärpräsenz in Syrien dürfte kaum mehr abzuwenden sein. Für Putin, der sich militärisch nicht zu tief in den Krieg verstricken lassen will, scheint die Zeit jetzt günstig zu sein, einen Frieden nach seinen Vorstellungen durchzusetzen. Und die jüngste Annäherung an den starken Mann in der Türkei, Präsident Recep Tayyip Erdogan, hat ihm neue Möglichkeiten eröffnet"[603]. Mit diesem Ergebnis bekamen auf der anderen Seite die Vereinten Nationen und die USA ihre Machtlosigkeit vor Augen geführt[604]. Mit der russisch-türkisch-iranischen Vereinbarung von Ende Dezember 2016, bei der Washington ausdrücklich außen vor blieb, ging es Russland allerdings nicht darum, die USA zu demütigen; vielmehr hatte Moskau allen Grund, Waffenstillstandsvereinbarungen unter Einschluss der Amerikaner zu misstrauen und war deshalb daran interessiert, sie jetzt nicht zu beteiligen: Am 10. September 2016 hatten Moskau und Washington schon einmal ein Waffenstillstandsabkommen für Aleppo vereinbart, das zu einigen Hoffnungen Anlass gab. Doch kaum eine Woche später war die Vereinbarung gegenstandslos. Am 17. September 2016 drangen US-Kampfflugzeuge in den syrischen Luftraum ein und bombardierten in Deir al-Zor im Osten des Landes – aus „Versehen", wie offiziell behauptet wurde – Stellungen der Regierungstruppen. Dabei wurde eine Einheit der syrischen Armee ausgelöscht; dank des Bombardements gelang es dem IS, die Stellung der syrischen Armee zu erobern (die IS-Einheiten wurden jedoch später von Einheiten der syrischen Armee zurückgeschlagen). Man darf jedoch hier eine Absicht der Amerikaner unterstellen, die Friedensbemühungen zu sabotieren, denn den Amerikanern hätte bekannt sein dürfen, wen sie auf dem Berg al-Tharda im Umfeld des Flughafens Deir al-Zor angegriffen hatten. Ein anonymer Vertreter des US Central Command erklärte gegenüber der *New York Times*, amerikanische Überwachungsflugzeuge hätten die Einheiten der syrischen Armee „über mehrere Tage" verfolgt, bevor sie von den amerikanischen Flugzeugen angegriffen wurden. „Der Angriff dauerte etwa zwanzig Minuten. Die Flugzeuge zerstörten die Fahrzeuge und schossen Dutzende Menschen in der offenen Wüste nieder", erklärte der Sprecher. „Kurz darauf ging im Kommandozentrum des US-Militärs in Katar ein dringender Anruf eines russischen Offiziers ein. Er behauptete, die amerikanischen Flugzeuge würden syrische Truppen bombardieren, der Angriff solle sofort abgebrochen werden"[605]. Doch laut der offiziellen Schilderung des Centcom brachen die amerikanischen Flugzeuge den Angriff erst ab, nachdem sie den syrischen

---

[603] Nach dem Kuhhandel von Aleppo, unter:
http://www.faz.net/aktuell/politik/ausland/russland-und-tuerkei-bestimmen-ueber-syriens-zukunft-14598019.html?printPagedArticle=true#pageIndex_2
[604] Ebda.
[605] Alex Lantier, 62 Tote und 100 Verwundete bei US-Luftangriff auf Deir ez-Zor, unter:
https://www.wsws.org/de/articles/2016/09/20/syri-s20.html

Stützpunkt noch für mehrere Minuten bombardiert hatten[606]. Zu beachten ist ferner, dass die USA über die wohl beste Satellitenaufklärung der Welt verfügen. „Nach eigenen Angaben hat die von Amerika geführte Koalition gegen den IS bisher mehr als 5.000 Angriffe in Syrien geflogen. Nie zuvor wurden Regimekräfte getroffen. Es blieb zunächst unklar, warum dies ausgerechnet kurz nach Abschluss des in Washington umstrittenen Abkommens mit Russland geschah", so die *Frankfurter Allgemeine Zeitung*[607]. Die Vermutung, dass der Angriff von antirussischen Kräften im Pentagon eingefädelt wurde, um den Kompromiss mit Putin zu sabotieren, liegt nahe. Tatsächlich hatten die USA den syrischen Präsidenten Assad bislang stets als Teil des Problems und nicht als der Teil der Lösung des Konflikts betrachtet. Russland hingegen sieht eine Lösung des Konflikts nur dann als realistisch an, wenn die derzeitige Regierung in Damaskus sich an der Lösung des Konflikts beteiligt. Neben geopolitischen Interessen geht es Moskau um die Durchsetzung eines tragfähigen Kompromisses zwischen der Assad-Regierung und der sogenannten syrischen Opposition, um diese angemessen an der Macht im Land teilhaben zu lassen[608]. Die Pattsituation hatte es Russland ermöglicht, sich im Nahen Osten wieder als politische Ordnungsmacht zu etablieren, die den US-amerikanischen Führungsanspruch in der Region unterlaufen dürfte: „Die Einbeziehung des Irans – nicht nur in Syrien, sondern auch bei der Neuordnung des Iraks – spielt in der neuen russischen Nah-/ Mittelostpolitik eine wesentliche Rolle. Erst Ende September 2015 wurde die Einrichtung eines russisch-irakisch-iranischen Joint Intelligence Coordination Centre in Bagdad bekanntgegeben – ein Schritt, der gut in das Gesamtbild der neuen russischen Nah-/ Mittelostpolitik passt. Einmal mehr wurden die USA davon überrascht. (...) Die USA scheinen besorgt, dass dem Iran nicht nur beim Zustandekommen eines Lösungsansatzes in Syrien, sondern auch im Irak eine wesentliche Rolle zuerkannt wird, die längerfristig weder im amerikanischen noch im israelischen Interesse liegt. In den letzten Jahren haben sich die Wirtschaftsbeziehungen zwischen Syrien und dem Iran stark entwickelt"[609]. Bei den Gesprächen im kasachischen Astana, die am 23. Januar 2017 begannen und bei denen über die Umsetzung des Waffenstillstandes verhandelt werden sollte[610], waren

---

[606] Ebda.

[607] Zit. aus: Bernhard Tomaschitz, Pakt mit dem Teufel, in: Compact. Magazin für Souveränität, Ausgabe 11/2016, S. 31–33 (S. 32)

[608] Gert R. Polli, USA verlieren Einfluss: Russlands Engagement in Syrien ist langfristig, unter: https://deutsche-wirtschafts-nachrichten.de/2015/10/01/usa-verlieren-einfluss-russlands-engagement-in-syrien-ist-langfristig/

[609] Ebda.

[610] Syrien-Gespräche: In Astana sitzt Russland im Führersitz, unter: derstandard.at/2000051314906/Syrien-Gespraeche-In-Astana-sitzt-Russland-im-Fuehrersitz: Das Assad-Regime hatte seinen Botschafter bei der UNO in New York, Bashar al-Jaafari, entsandt. Die Rebellen werden von Mohammed Alloush vertreten, dessen im Dezember 2015

die USA trotz Einladung Moskaus nur marginal vertreten; es war lediglich der US-Botschafter in Kasachstan vertreten. Insoweit waren die Waffenstillstandsgespräche „eine rein russisch-türkische Angelegenheit gewesen: Russland als Vertreter des Regimes Bashar al-Assads, die Türkei im Namen der Rebellen"[611]. Unter Moskaus Führung hatten Russland, der Iran und die Türkei sich darauf verständigt, künftige gemeinsam zu kontrollieren, ob die syrische Regierung und die bewaffnete Opposition die Waffenstillstandsvereinbarungen einhalten; dabei wurde den Kontrahenten gleichfalls ein Verfassungsentwurf für die künftige Gestaltung Syriens vorgeschlagen. Zwar hatten die bisherigen Gesprächsrunden noch keinen Durchbruch gebracht, jedoch war es Russland gelungen, seine Rolle als Gestaltungsmacht im Nahen und Mittleren Osten zu festigen; darüber hinaus – so die Politikwissenschaftlerin Margarethe Klein – hat Moskau „ein neues Modell für die Regionalordnung" andeuten wollen, „in dem die USA und Europa nur in der zweiten Reihe mitspielen"[612]. Schon die Tatsache, dass der damalige UN-Sonderbeauftragte für Syrien, di Mistura, dem russischen Außenminister Lawrow Unterstützung für die Friedensgespräche in Astana zugesagt hatte, dokumentiert die Anerkennung des Scheiterns der USA und auch der EU im syrischen Konflikt; beide spielen bis dato in den Friedens- und Neuordnungsbemühungen zu Syrien nur mehr eine Nebenrolle. „In der Tat ist es Moskau gelungen, aufbauend auf seinen militärischen Erfolgen nicht zuletzt in Aleppo einen Waffenstillstand zu vermitteln, der die Grundlage der aktuellen Friedensverhandlungen in Syrien bildet; an den Waffenstillstands-Gesprächen im kasachischen Astana beteiligt waren die Türkei und Iran, nicht hingegen die westlichen Mächte – ein schwerer Schlag für Washington, Berlin und die EU"[613].

Insgesamt hatte Russland durch seine Initiativen in den drei – nicht zuletzt auch durch westliche Interventionen geschaffenen – Krisenherden insbeson-

---

getöteter Bruder Zahran als Chef der islamistischen Jaish al-Islam (Armee des Islam) einer der mächtigsten Rebellenführer Syriens war. Alloush vertrat jedoch nicht alle Rebellen, so nahm z.B. die gleichfalls islamistische Ahrar al-Sham etwa machen nicht mit. Explizit ausgeschlossen sind die Fatah al-Sham (früher Nusra-Front und zu Al-Kaida gehörig) und der "Islamische Staat". Und die Türkei hat die Teilnahme der starken syrisch-kurdischen YPG-Milizen verhindert. Im Vorfeld der Gespräche gäbe es Streit um die Teilnehmerliste; so wollte das syrische Regime Katar und Saudi-Arabien nicht dabei haben. Unstimmigkeiten gab es ferner zwischen dem Iran und Russland; während Moskau eine Teilnahme Washingtons an den Gesprächen ausdrücklich befürwortete, stand Teheran diesem Plan kritisch gegenüber.

[611] Syrien-Gespräche: In Astana sitzt Russland im Führersitz, unter:
http://derstandard.at/2000051314906/Syrien-Gespraeche-In-Astana-sitzt-Russland-im-Fuehrersitz
[612] Friedensgespräche in Astana: In Syrien sucht Russland eine neue Rolle, unter:
http://www.dw.com/de/in-syrien-sucht-russland-eine-neue-rolle/a-37272619
[613] Vom Krisenstaat zum Gestalter, unter:
http://www.german-foreign-policy.com/de/fulltext/59557

dere Washington deutlich dessen Unfähigkeit, in geopolitisch brisanten Regionen Sicherheit und Stabilität zu schaffen, vor Augen geführt, zumal es Moskau zumindest einstweilen gelungen war, die USA und auch die EU hier diplomatisch an den Rand zu drängen. Eine solche Entwicklung, wie sie sich in den vergangenen Jahren abzeichnete, ist jedoch mit den Plänen der neokonservativen Machtelite in Washington nicht vereinbar, denen zufolge die USA als unverzichtbare Nation den Auftrag hätten, eine internationale Ordnung zu schaffen. Prägendes Element dieses Ansatzes ist die „No-Rivals-Doktrin" Paul Wolfowitz', derzufolge das oberste Ziel amerikanischer Außen- und Militärpolitik darin bestünde, die Wiedererstehung eines neuen Rivalen, sei es auf dem Territorium der ehemaligen Sowjetunion oder anderswo, zu verhindern. Vor diesem Hintergrund ist es kaum verwunderlich, dass der Aufstieg Russlands zu einem globalen Akteur das neokonservative Establishment aufgeschreckt hatte und die Notwendigkeit sah, einen Präsidentschaftskandidaten, der in seinem Wahlkampf angekündigt hatte, einen Ausgleich mit Moskau zu suchen, in die Schranken zu weisen.

e) Die amerikanisch-russischen Beziehungen auf dem Tiefpunkt

Nach Einschätzung des Politikwissenschaftlers Hannes Adomeit befanden sich vor dem Hintergrund der geschilderten Entwicklungen die amerikanisch-russischen Beziehungen bereits im Jahr 2017 auf dem Tiefpunkt[614]. Auch in der Folgezeit zeigte sich, dass sich die USA infolge der beschriebenen Einflussnahmen der neokonservativen Machtelite auch unter der Trump-Administration nicht von ihrem Anspruch entfernten, globale Führungsmacht zu sein und gegen etwaige Rivalen eine Containment-Strategie zum Einsatz zu bringen. Folgt man einer Studie des Instituts für Strategie und Sicherheitspolitik der Landesverteidigungsakademie Wien, so ließ die Trump-Administration keine Zweifel aufkommen, dass sie sich in der Tradition des strategischen Konzepts Zbigniew Brzezinskis bewegte und das Ziel verfolgte, russischen Interessen bzw. einer Ausdehnung russischen Einflussbereiches aktiv entgegenzutreten[615]. Demnach müsse es das Ziel US-amerikanischer Politik sein, keinen eurasischen Herausforderer aufkommen zu lassen. „Das geopolitische Argument, die Kontrolle einer Macht über Eurasien gebe ihr Potentiale an die Hand, die weltweite Vorherrschaft und eine Gefährdung des amerikanischen Territoriums ermöglichten, entstammt zwar einer Zeit, in der wirtschaftliche Interdependenz gering ausgeprägt war und Nuklearwaffen noch nicht der ultimative Garant der Sicherheit waren. Nur wurde und wird diese geopolitische

---

[614] Hannes Adomeit, Auf dem Tiefpunkt. USA-Russland unter Trump und Putin, unter: https://zeitschrift-osteuropa.de/hefte/2017/5/auf-dem-tiefpunkt/

[615] Herwig Jedlaucnik (Hg.), Zur strategischen Lage. Jahresbeginn 2018, 2. erweiterte Auflage, Institut für Strategie und Sicherheitspolitik, Landesverteidigungsakademie, Wien 2018, S. 11

Betrachtungsweise im außenpolitischen Diskurs der USA konserviert und perpetuiert"[616]. Das Festhalten an dieser Fundamentaldoktrin der US-Geopolitik, die sich auf Eurasien fokussiert, muss die USA jedoch zwangsläufig in Konfrontation zu Russland bringen. Dies gilt umso mehr, da in der Weltpolitik eine Ära neuer Großmachtrivalitäten begonnen hat, die auch in den Strategiedokumenten der Trump-Administration ihren Niederschlag gefunden hat. In diesen vier Dokumenten – der Nationalen Sicherheitsstrategie vom 18. Dezember 2017, der Nationalen Verteidigungsstrategie vom 19. Januar 2018, der Nuclear Posture Review vom 2. Februar 2018 sowie der Missile Defense Review vom 17. Januar 2019 – ist der Terrorismus sowie die Bedrohung durch „Schurkenstaaten" in den Hintergrund gerückt; an ihre Stelle ist die strategische Konkurrenz durch die Weltmächte China und Russland getreten. Die USA sehen sich durch diese beiden als „revisionistisch" charakterisierten Mächte, die die internationale Ordnung zu ihren Gunsten zu verändern suchten, herausgefordert und in ihrem Führungsanspruch bedroht[617]. Der Politikwissenschaftler Peter Rudolf sieht hier eine Anknüpfung an die geopolitischen Doktrinen Brzezinskis: Der Umstand, dass Russland und China jeweils danach streben, sich eine Einflusszone aufzubauen, „läuft dem traditionellen geopolitischen Kerninteresse der USA zuwider", nämlich „zu verhindern, dass eine oder mehrere feindliche Großmächte die Kontrolle über die Ressourcen Eurasiens gewinnen"[618].

Nach dem Ende des Ost-West-Konfliktes waren die USA bestrebt, dieses Ziel u.a. auch durch die Aufrechterhaltung einer globalen militärischen Überlegenheit zu erreichen. Die Überlegung der US-Strategen war, „andere Großmächte ließen sich durch überlegene Machtressourcen (der USA, der Verf.) von vornherein entmutigen, als Gegenmächte aufzutreten und die von den USA geführte Ordnung herauszufordern"[619]. Mit dem Wiedererstarken Russlands und dem Aufstieg Chinas geriet die Großmachtrivalität wieder in den Fokus der US-Militärstrategie. „Es galt, beiden potentiellen Gegnern demonstrativ militärisch die Stirn zu bieten, und zwar mit der Fähigkeit zur Konfliktdominanz"[620].

Auch die Trump-Administration hatte keinen Zweifel daran gelassen, dass sie

---

[616] Peter Rudolf, US-Geopolitik und nukleare Abschreckung in der Ära neuer Großmachtrivalitäten, SWP-Studie 5, Berlin, Mai 2018, S. 12
[617] Ebda., S. 5
[618] Ebda., S. 5
[619] Ebda., S. 13
[620] Ebda., S. 13/14

bestrebt war, die globale militärische Überlegenheit der USA aufrechtzuerhalten[621], und in der *Nationalen Sicherheitsstrategie* hieß es daher auch, das US-Militär müsse befähigt sein, den Gegner davon zu überzeugen, dass er seine Ziele nicht durch Gewalt oder andere Formen der Aggression erreichen könne. Der geplante Kriegführungsansatz lag darin, Peking oder Moskau mit überlegenen Kräften vor die Wahl zu stellen, „den Krieg in einer Weise auszuweiten, die den USA zum Vorteil gereicht, oder die bittere, aber erträgliche Pille zu schlucken, zu Bedingungen einzulenken, die die Vereinigten Staaten akzeptieren können"[622]. Die Konsequenz war, dass sich auch in der Nuklearstrategie der Trump-Administration die Rückkehr zur Großmächterivalität widerspiegelte[623]. Während in dem Nuclear Posture Review von 2010 die Verhinderung von nuklearer Proliferation und Nuklearterrorismus im Vordergrund stand, hatte die Trump-Administration den Nuklearwaffen eine wichtige Rolle zur Abschreckung der strategischen Rivalen Russland und China eingeräumt. Das Ziel war die Sicherstellung der militärischen Dominanz der USA durch Abschreckung[624]; der Rüstungskontrolle wurde hingegen keine bedeutsame Rolle zugewiesen[625]. Bestandteil dieser neuen Nuklearstrategie war „der Versuch, den Einsatz von Nuklearwaffen zu normalisieren"[626] mit dem Ziel, einen „begrenzten Atomkrieg" mit „kleineren", sogenannten „Low Yield"-Atomwaffen führen zu können. Mit dem neuen Nuklearstrategiekonzept wurden mögliche Einsatzgebiete für „kleinere" Atomwaffen ausgeweitet; sie wurden als eine mögliche Antwort auf „nichtnukleare strategische Angriffe" auf die USA betrachtet[627]. Insgesamt sollte die Nuklearoption „flexibilisiert" werden. Wie aus dem Entwurf für die Nukleardoktrin hervorging, wurde diese Konzeption mit einer angeblichen Bedrohung durch Russland gerechtfertigt: Die nukleare Abschreckung der USA, so die Autoren der Doktrin, weise eine Lücke auf. Russland könne sich ermutigt sehen, begrenzte Schläge mit kleinformatigen Atomwaffen durchzuführen, weil die USA keine genau passende Antwort parat hätten und darum vor einem verheerenden Gegenschlag zurückschrecken würden („Eskalation zur Deeskalation"). Deshalb benötigten

---

[621] Ebda., S. 14

[622] Testimony Before The Senate Armed Services Committee, Hearing on Implementation of the National Defense Strategy, E.A. Colby, 29.01.2019, S. 6

[623] Oliver Thränert, Präsident Trumps Kernwaffendoktrin, CSS Analysen zur Sicherheitspolitik, Zürich, Nr. 223 v. März 2018

[624] Marco Overhaus, Die ziemlich traditionelle Trump-Doktrin, unter: https://www.swp-berlin.org/publikation/die-ziemlich-traditionelle-trump-doktrin

[625] Oliver Thränert, Präsident Trumps Kernwaffendoktrin, CSS Analysen zur Sicherheitspolitik, Zürich, Nr. 223 v. März 2018

[626] Für Trumps Regierung ist Konfrontation der Normalzustand, in: Der Tagesspiegel v. 05.02.2018

[627] Ebda.

die USA statt eines „Einheitsgrößen-Ansatzes" eine „flexible, maßgeschneiderte Nuklearstrategie" mit „vielfältigen Fähigkeiten", darunter neue taktische Atomwaffen[628]. An der Stichhaltigkeit dieses Ansatzes bestanden jedoch erhebliche Zweifel: Wie der Sicherheitsexperte Dmitri Trenin, Direktor des Carnegie Moscow Center, ausführt, lehnt die russische Nukleardoktrin die Führung eines „begrenzten Atomkriegs" (und die Russland unterstellte Strategie der „Eskalation zur Deeskalation" wäre ein solcher) gerade ab, da dieser „auf dem Territorium Russlands oder in dessen Nähe ausgetragen" werden würde[629]. Stattdessen vertraue Russland auf die Kraft seines Abschreckungspotentials, ohne sich auf einen realen Kernwaffeneinsatz festzulegen. Ebenso wenig nachvollziehbar ist Kritikern zufolge die Aussage der neuen US-Nukleardoktrin, die USA verfügten über zu wenig Atomwaffen geringer Sprengkraft. Tatsächlich verfügen die US-Streitkräfte über mehr als 1.000 Waffen mit weniger als 20 Kilotonnen Sprengkraft, was ungefähr ein Viertel des gesamten US-Nukleararsenals ausmacht. Auch US-Militärs bestätigten, dass den US-Streitkräften ausreichend Potential für flexible Optionen zur Verfügung stünden, so dass es einer zusätzlichen „flexiblen" Nuklearstreitkraft nicht bedürfe[630]. Viel spricht deshalb dafür, dass es der Trump-Administration darum ging, eine neue Qualität absoluter, lückenloser Gefechtsfeldbeherrschung auf dem eurasischen Kontinent gegen Russland, aber auch gegen China herbeizuführen. Damit verbunden war das Ziel, die „zweite Atomkriegsfront gegen Russland in Europa" zu verstärken, indem das see- und luftgestützte taktische Nuklearwaffenpotential der USA und auch der europäischen Verbündeten modernisiert werden sollte, um sie auf ein „strategisches Niveau" zu heben: „Die NATO arbeitet an einer umfassenden Modernisierung ihrer nuklearen Aufstellung in Europa, was die Aufrüstung ihrer Bomben, Flugzeuge und Waffenlagerungssysteme einschließt"[631]. Viele Aspekte der Nukleardoktrin Trumps erinnern an die Nuklearstrategie der USA am Ende der Carter-Ära und zu Beginn der Präsidentschaft Reagans, deren Gegenstand eine „begrenzte Atomkriegführung" gegen die UdSSR unter Beibehaltung der absoluten Eskalationsdominanz war. Nach der damaligen Strategie sollten die USA in die Lage versetzt werden, offensiv einen Entwaffnungs- und Ent-

---

[628] Neue Nukleardoktrin: Trump soll Mini-Atomwaffen bekommen, unter:
https://www.spiegel.de/politik/ausland/donald-trump-soll-mini-atomwaffen-bekommen-a-1188028.html

[629] Dmitri Trenin, Decoding Russia's Official Nuclear Deterrence Paper. Foreign and Security Policy, unter: https://carnegiemoscow.org/commentary/81983

[630] Neue Nukleardoktrin: Trump soll Mini-Atomwaffen bekommen, unter:
https://www.spiegel.de/politik/ausland/donald-trump-soll-mini-atomwaffen-bekommen-a-1188028.html

[631] Siehe hierzu: Hans M. Kristensen/Matt Corda, United States Nuclear Forces 2019, Bulletin of the Atomic Scientists, vol. 75 v. 29.04.2019, S. 122-134

hauptungsschlag gegen die Sowjetunion zu führen und gleichzeitig einen sowjetischen Vergeltungsschlag unwirksam werden zu lassen. In diesem Zusammenhang sollte den aktuellen Planungen zufolge das Bedrohungspotential zu Lasten Russlands noch durch die atomare Wiederbewaffnung der substrategischen seegestützten Marschflugkörper (SLCM) mittlerer Reichweite verschärft werden. Diese „werden von Unterseebooten und Überwasserschiffen aus eingesetzt. (…) Mit der atomaren Bewaffnung von SLCM revidiert die Trump-Administration die Entscheidung Obamas von 2010, nukleare SLCM aufzugeben. Sie unterliegen weder den Begrenzungen des New-START-Vertrags noch denen des Vertrags über das Verbot (landgestützter) Mittelstreckensysteme (Intermediate Range Nuclear Forces, INF), auch wenn ihre Reichweiten weit mehr als 500 km betragen. Auch Russland hat seine nuklearfähigen SLCM behalten und modernisiert. Gleichwohl können die 'substrategischen' atomaren SLCM eine strategische Wirkung entfalten, da sie von den europäischen oder asiatischen Randmeeren aus Landziele von vitaler Bedeutung für den Gegner erreichen können"[632]. Ferner wurde durch die verlängerte Reichweite von luftgestützten Marschflugkörpern die Fähigkeit der USA verbessert, mit ihrer Bomberflotte Ziele aus großem Abstand und mit hoher Treffsicherheit anzugreifen, ohne in die weiträumige Luftverteidigung Russlands und Chinas eindringen zu müssen[633]. Vor diesem Hintergrund schien aus der Sicht Russlands das nuklearstrategische Gleichgewicht beeinträchtigt. Russland hatte seit dem Georgienkrieg 2008 seine verbliebenen taktischen Kernwaffenbestände modernisiert und Kurzstreckenraketen Typ „Iskander" im westlichen Militärbezirk stationiert. Dies hatten die USA als Vorwand für die Modernisierung ihrer substrategischen Waffensysteme herangezogen. Aus der Sicht Moskaus jedoch, so der Rüstungsexperte Wolfgang Richter, blieben bei dieser Betrachtungsweise die in den USA bereitgehaltenen B61-Bomben und nuklearfähigen Trägerflugzeuge sowie die Atomwaffen Frankreichs, Großbritanniens und der vier Kernwaffenstaaten an Russlands südlicher und östlicher Peripherie unberücksichtigt, die Moskau als Gefahr für die strategische Symmetrie betrachtete. Zudem gilt es dabei noch die prekäre geostrategisch exponierte Lage Russlands zu berücksichtigen, die nicht mit der Insellage der USA vergleichbar ist, deren Flanken durch zwei weite Ozeane geschützt sind. Durch seine Kurz- und Mittelstreckenraketen versucht Russland, seine globale konventionelle Unterlegenheit zu kompensieren[634] und auch die Nachteile seiner langgezogenen, offenen und extrem verwundbaren Kontinentalgrenzen auszugleichen.

---

[632] Wolfgang Richter, Erneuerung der nuklearen Abschreckung. Die USA wollen nukleare Einsatzoptionen und globale Eskalationsdominanz stärken, SWP-Aktuell 15, Berlin, März 2018, S. 2-3
[633] Ebda., S. 3
[634] Ebda., S. 5

Am 2. Februar 2019 kündigten die USA den INF-Vertrag zum Verbot landgestützter Mittelstreckenraketen mit einer Reichweite von 500 bis 5.500 km auf. Viel spricht dafür, dass die USA diesen Schritt bewusst gezielt herbeigeführt hatten, um rüstungstechnisch freie Hand zu haben, um den eurasischen Kontinentalmächten entgegentreten zu können. Begründet wurde dieser Schritt mit der Behauptung, Russland habe durch die Stationierung des Marschflugkörpers 9M726 (NATO-Codename SSC-8) den INF-Vertrag verletzt. Allerdings hielten die Vorwürfe gegen Russland einer genauen Betrachtungsweise nicht stand: Russland wies darauf hin, dass die Reichweite des 9M729-Systems unter 500 km liege und nicht, wie von Washington behauptet, bei 2.000 km, so dass keine Vertragsverletzung vorgelegen haben. Darüber hinaus hatte es Vor-Ort-Inspektionen angeboten, um Bedenken auszuräumen, was von den USA unbeachtet blieb. „Das russische Angebot, Vor-Ort-Inspektionen zuzulassen, wurde von Washington abgelehnt"[635]. Nach Einschätzung des Rüstungsexperten Wolfgang Richter hätte eine solche Verifikation aber ermöglicht, etwaige Fehleinschätzungen aus dem Weg zu räumen. „Das würde zumindest einmal erlauben, das System zu überprüfen, die äußeren Dimensionen zu sehen, und von daher abzuschätzen, handelt es sich um eine Langstreckenwaffe oder nicht. Das Detail, also, wird die Rakete nur eine Reichweite von 480 Kilometern haben oder 520, dazu müsste man dann mehr wissen, beispielsweise das Masseverhältnis zwischen Gefechtskopf und Tank. Aber die unterstellte Abweichung ist eine sehr große, das könnte man alles vor Ost feststellen"[636]. Drittens wies Moskau darauf hin, dass Teile des in Osteuropa stationierten Raketenabwehrsystems gegen den INF-Vertrag verstoßen würden. Russland argumentiert, die USA hätten den INF-Vertrag gebrochen, indem sie eine landgestützte vertikale Abschussvorrichtung (Mk 41) verwendeten. Die Stationierung solcher Vorrichtungen in Rumänien und die Pläne für ein vergleichbares Raketensystem in Polen seien gleichfalls vertragswidrig, da diese Systeme auch zum Abschuss von Marschflugkörpern geeignet seien[637]. „Dies ist das vergleichsweise stärkste russische Argument, da Abschussvorrichtungen für landgestützte Marschflugkörper (…) laut INF-Vertrag untersagt sind und mit Mk-41-Systemen tatsächlich Tomahawk-Marschflugkörper von Schiffen aus verschossen wurden"[638]. Von Rumänien und Polen aus, so Rüstungsexperte Wolfgang Richter, könnten die USA landgestützte

---

[635] Robert Baag/Klaus Remme, Zerfall des INF-Vertrags. Die Wiederkehr des atomaren Wettrüstens, unter:
https://www.deutschlandfunk.de/zerfall-des-inf-vertrags-die-wiederkehr-des-atomaren-100.html
[636] Zit. aus: Ebda.
[637] Moritz Pieper, Russland und die Krise der nuklearen Rüstungskontrolle, SWP-Studie 12, Berlin, Juni 2020, S. 7/8
[638] Ebda., S. 8, Fn. 6

Marschflugkörper gegen Ziele in Russland starten. „Diese Option wird ausdrücklich auch in der Nuclear Posture Review der USA vom Februar 2018 erwähnt"[639]. Darüber hinaus hatte Russland in der Vergangenheit mehrfach vorgeschlagen, den INF-Vertrag zu multilateralisieren, da Russland an seinen südlichen und östlichen Grenzen Proliferationsrisiken stärker ausgesetzt sei als etwa die USA, die durch zwei Ozeane geschützt seien. Ein Verbot von Aufrüstung im Mittelstreckenbereich nur für Russland und die USA spiegele nicht die Realitäten wider, da auch andere Staaten im Begriff seien, ohne vertragliche Bindung Mittelstreckenraketen zu entwickeln und zu stationieren[640]. Vor diesem Hintergrund vermutete Russland, dass die USA mit den Vorwürfen angeblicher Vertragsbrüche Moskaus lediglich einen Vorwand suchten, um den INF-Vertrag aufzukündigen.

In der Tat schien einiges dafür zu sprechen, dass es den US-Strategen darauf ankam, sich der Beschränkungen des INF-Vertrages zu entledigen, um ein Maximum an Handlungsmöglichkeiten auf dem eurasischen Gefechtsfeld zu haben. „Es spricht nicht gerade für die US-Regierung, dass sie russische Einladungen, den strittigen Marschflugkörper zu begutachten, und Gesprächsangebote ausgeschlagen hat. Da drängt sich der Verdacht auf, dass es den USA in Wirklichkeit um etwas anderes geht: um die Möglichkeit, selbst neue Waffensysteme zu bauen und zur Abschreckung zu stationieren, vor allem in Ostasien, ohne die lästigen Fesseln eines Abrüstungsvertrages"[641]. Verfolgt man die Diskussion der US-Militärstrategen, so zeigte sich, dass die USA ein Aufrüstungskonzept verfolgten mit dem Ziel, hauptsächlich das Mittelstreckenraketenarsenal Chinas ins Visier zu nehmen. 90 Prozent aller landgestützten Raketen Chinas sind Mittelstreckenraketen; zudem war China nicht in den INF-Vertrag mit eingebunden. Der ehemalige stellvertretende US-Verteidigungsstaatssekretär Thomas G. Mahnken hatte einige Monate nach Aufkündigung des INF-Vertrages die Aufstellung konventioneller Mittelstreckenraketen im Indopazifik eingefordert[642]. Nach Ablauf der sechsmonatigen Austrittsfrist Anfang August 2019 hatten die USA offiziell die Stationierung neuer

---

[639] Wolfgang Richter, Der INF-Vertrag vor dem Aus, SWP-Aktuell 63, Berlin, November 2018, S. 2

[640] Moritz Pieper, Zwischen militärischer Ambivalenz und politischem Vertragsbindungswillen: Russlands nukleare Rüstungskontrollpolitik, unter:
https://www.bpb.de/internationales/europa/russland/analysen/318626/analyse-russlands-nukleare-ruestungskontrollpolitik

[641] So die Darstellung der *Neuen Osnabrücker Zeitung*, zit. aus: Jürgen Wagner, Die Stunde der Kalten Krieger. Vom INF-Vertrag zum neuen Wettrüsten, unter: https://www.imi-online.de/2019/08/05/inf-vertrag/

[642] Thomas G. Mahnken, Countering Missiles with Missiles. U.S. Military Posture after the INF Treaty, unter:
https://warontherocks.com/2019/07/countering-missiles-with-missiles-the-u-s-military-after-the-inf-treaty/

konventioneller Mittelstreckenraketen angekündigt, „um dem zunehmenden militärischen Einfluss Chinas in der Region zu begegnen"[643]. Russland griff noch einmal die Idee auf, den INF-Vertrag zu multilateralisieren, das heißt, nicht nur China, sondern auch Großbritannien und Frankreich in diesen Vertrag miteinzubeziehen. Ferner hatte Russland unmittelbar nach Bekanntwerden des Ausstiegs der USA aus dem INF-Vertrag die Idee eines Moratoriums der Stationierung von Mittelstreckenraketen vorgetragen, wonach Russland keine dieser Waffensysteme in Europa oder anderswo stationieren werde, solange die USA ebenfalls auf die Stationierung solcher Waffen in entsprechenden Regionen verzichten[644]. Im September 2019 versuchte die russische Führung größere internationale Zustimmung für einen vorläufigen Verzicht auf Stationierungen im Mittelstreckenbereich mit gegenseitigen Verifikationen zu gewinnen, was Putin in einem Brief an über 50 Regierungen bekräftigte. Unter den NATO-Staaten stieß die Moratoriumsidee aber weitgehend auf Ablehnung[645], was damit begründet wurde, dass Moskau Marschflugkörper des Typs 9M729 stationiert habe. Russland hatte die Entwicklung seines Potentials an substrategischen Nuklearwaffen mit dem Hinweis auf das US-amerikanische „Prompt-Global-Strike"-System gerechtfertigt, welches mit seiner Fähigkeit zu schnellen konventionellen Schlägen globaler Reichweite die russische Zweitschlagsfähigkeit in Frage stellte[646]. Diese Asymmetrie zu Lasten Russlands wurde noch durch die „quantitative Überlegenheit US-amerikanischer Flugzeugträger und Marschflugkörper sowie die Entwicklung letaler autonomer Waffensysteme und von Raketenabwehrsystemen im Weltall" verstärkt[647]. Das Verhalten der USA nach Auslaufen des INF-Vertrages bestärkte die russischen Befürchtungen, dass es den Amerikanern mit der Kündigung dieses Vertrages darum ging, neue Waffensysteme in Asien zu platzieren, die die Handlungsspielräume des US-Militärs erheblich erweiterten. Kurze Zeit nach Auslaufen des Vertrages begannen die USA mit Testflügen von Marschflugkörpern mit einer nach INF-Regeln verbotenen Reichweite. Der russische Beauftragte für die arktische Kooperation, Nikolai Kortschunow, äußerte die Befürchtung, die USA würden nunmehr in den nördlichen Breitengraden Mittelstreckenraketen stationieren. Einige Indizien legen den Schluss nahe, dass die USA tatsächlich seit längerem planten, Raketensysteme zu entwickeln und zu stationieren, die jedoch bislang dem Verbot des INF-Vertrages unterlagen.

---

[643] Washington will baldige Stationierung neuer Raketen in Asien, unter:
https://www.faz.net/aktuell/politik/ausland/washington-strebt-stationierung-neuer-raketen-in-asien-an-16316380.html?GEPC=s3#void
[644] Moritz Pieper, Russland und die Krise der nuklearen Rüstungskontrolle, SWP-Studie 12, Berlin, Juni 2020, S. 23/24
[645] Ebda., S. 24
[646] Ebda., S. 15
[647] Ebda., S. 15

So räumten US-Militärs schon im März 2019 ein, die USA hätten mit „Fabrikationsaktivitäten begonnen", die „bis zum 2. Februar (2019) nicht mit den US-Verpflichtungen unter dem [INF-]Vertrag zu vereinbaren gewesen wären"[648]. Bereits im Oktober 2018 wurde bekannt, dass die USA an der Entwicklung eines neuen Mittelstreckenraketentyps für den europäischen Kriegsschauplatz – genannt Precision Strike Missile – arbeiteten, der den Regeln des INF-Vertrages widersprach. Dies erfolgte auch vor der konkret geäußerten Annahme, dass der INF-Vertrag sehr bald Geschichte sein würde[649]. „Die Außerkraftsetzung des Vertrages eröffnet auch die Möglichkeit, weiter reichende 'strategische Feuer' wie von Raketen angetriebene Granaten und landgestützte Hyperschall-Raketen zu bauen, die beide in der Lage wären, Zielobjekte über eine Entfernung von tausend Meilen hinaus zu treffen"[650]. Vor dem Hintergrund dieser Entwicklungen musste Russland also mit einer „eigenständigen nuklearen Triade der USA in Europa rechnen – luft-, see- und landgestützten, hyperschallschnellen Atomwaffen, mit taktischer und strategischer Artillerie mit raketengetriebenen Geschossen – die dem amerikanischen Militär die Möglichkeit eröffnet, so gut wie ohne Vorwarnzeit Luft- und Raketenabwehrstellungen, Führungszentren, Infrastruktur und natürlich die Kernwaffen im gesamten europäischen Teil des Landes zu vernichten"[651]. Die Gefahr einer „nuklearen Abkoppelung" zu Lasten Russlands zeigte sich dann im August 2019, als die USA einen landbeweglichen Marschflugkörper im verbotenen Reichweitensystem testeten. Dazu nutzten sie das Mk-41 „Vertical Launch System", das auf Aegis-Schiffen für den Start von seegestützten Marschflugkörpern des Typs „Tomahawk" oder Abwehrraketen vom Typ SM-3 in Dienst gestellt ist. „In einer modifizierten Version wird dieses Startgerät auch für 'Aegis-ashore'-Systeme zur Raketenabwehr in Europa verwendet. Russland wertet dies seit Jahren als Vertragsbruch, da der INF-Vertrag auch bodengestützte Startgeräte für Mittelstreckensysteme verbietet"[652].

Strategisches Ziel der russischen Führung in der Diskussion um die Rüstungskontrolle ist die Aufrechterhaltung einer strategischen Balance zwischen den USA und Russland. Darüber hinaus geht es Moskau auch um das Ziel der

---

[648] U.S. to start fabricating parts for ground launched cruise missile sytems, unter: https://www.reuters.com/article/usa-russia-inf/us-to-start-fabricating-parts-for-ground-launched-cruise-missile-systems-idUSL1N20Y0KS

[649] Patrick Tucker, This Army Missile Might be the Petagon's First Post INF Weapon, unter: https://www.defenseone.com/technology/2018/10/army-missile-might-be-pentagons-first-post-inf-weapon/152354/

[650] Ebda.

[651] Die amerikanische Weltmacht treibt die Entmachtung ihres russischen Rivalen voran, unter: https://de.gegenstandpunkt.com/artikel/usa-treiben-entmachtung-ihres-russischen-rivalen-voran#section11

[652] Wolfgang Richter, Nukleare Rüstungskontrolle in Gefahr, SWP-Aktuell 34, Berlin, Mai 2020, S. 3

Sicherstellung einer nuklearen Zweitschlagsfähigkeit. Die Bewahrung der „strategischen Balance" zwischen beiden Mächten ist „eine wesentliche Triebkraft der Nuklearwaffenpolitik Russlands, die als Garant für dessen Ebenbürtigkeit mit den USA gesehen wird"[653]. Um die strategische Stabilität zu sichern, hatte sich Moskau auch für die Verlängerung des New-START-Vertrages ausgesprochen, der im Februar 2021 auszulaufen drohte. New-START ist der letzte Vertrag, der den Besitz von Nuklearwaffen begrenzt und deren gegenseitige Verifikation erlaubt. Dieser Vertrag – im Jahr 2010 zwischen den USA und Russland vereinbart – begrenzt die Zahl der Sprengköpfe und strategischen Trägersysteme mit einer Reichweite von 5.500 km; er soll verhindern, dass eine Rüstungsspirale in Gang kommt, in der beide Seiten versuchen, eine Eskalationsdominanz in Form einer Erstschlagfähigkeit zu erlangen. Das Interesse Russlands am New-START-Vertrag ist dabei auch von der Überlegung bestimmt, zu verhindern, dass die USA andernfalls die Zahl ihrer nuklearen Sprengköpfe auf Interkontinentalraketen verdoppeln könnten[654]. Putin hatte eine bedingungslose Verlängerung des Abkommens ohne Vorbedingungen angeboten. Dies hatten die USA aber abgelehnt; vielmehr wurde die Bereitschaft zu einer Verlängerung an Bedingungen geknüpft, das russische Atomarsenal zu begrenzen oder „einzufrieren"[655]. Trump stellte sich auf den Standpunkt, dass die USA diesen Vertrag gar nicht nötig hätten; darum stellten die USA „in den Verhandlungen alle möglichen Bedingungen, unter anderem, dass China mit seinen Raketen Teil des Vertrags sein müsse"[656]. Der Machtwechsel in Washington Anfang 2021 verhinderte schließlich das Ende dieses Vertrages.

Trumps Gegnerschaft zu Rüstungskontrollvereinbarungen zeigte sich ferner am 22. November 2020, als die USA den multilateralen Vertrag über den Offenen Himmel („Open-Skies"-Vertrag) verließen. Dieser Vertrag erlaubte kooperative Beobachtungsflüge auf dem Territorium der Vertragsstaaten im OSZE-Raum zwischen Vancouver und Wladiwoskok und diente der Transparenz militärischer Aktivitäten sowie der Verifikation von Rüstungskontrollvereinbarungen. Die Trump-Administration begründete auch diesen Schritt mit einem angeblichen Verstoß Russlands gegen die Regularien dieses Abkommens, indem es die Flugstrecken über der Exklave Kaliningrad eingeschränkt

---

[653] Moritz Pieper, Russland und die Krise der nuklearen Rüstungskontrolle, SWP-Studie 12, Berlin, Juni 2020, S. 15

[654] Ebda., S. 28

[655] USA lehnen Putins Vorschlag zur Verlängerung des New-Start-Vertrages ab, unter: https://www.tagesspiegel.de/politik/atomarer-abruestungsvertrag-usa-lehnen-putins-vorschlag-zu-verlaengerung-des-new-start-vertrages-ab/26281890.html

[656] Michael Thumann, Nur eine Atempause, unter: https://www.zeit.de/politik/ausland/2021-01/new-start-vertrag-abruestung-usa-russland-5vor8

und einen Streifen an den umstrittenen Grenzen Georgiens festgelegt hatte, der nicht überflogen werden durfte. Dem stand jedoch entgegen, dass auch die USA Einschränkungen verhängt hatten; so hatten sie russische Überwachungsflüge über Alaska und den pazifischen Inseln seit 2017 eingeschränkt[657]. Auch Vorwürfe der US-amerikanischen Seite, durch den „Open-Skies"-Vertrag würden die USA strategisch benachteiligt oder einer russischen Spionage ausgesetzt, entbehren dem Rüstungsexperten Wolfgang Richter zufolge jeder Grundlage[658]. Als mögliche Hintergründe für die Entscheidung der Trump-Administration wurde – ebenso wie bei der Aufkündigung des INF-Vertrags – deren Fokus auf China genannt, das bei der Unterzeichnung des „Open-Skies"-Vertrages 1992 nicht Vertragspartner war. Möglicherweise strebte die Trump-Administration eine Neuverhandlung über diesen Vertrag an, mit dem Ziel, auch China in das Überwachungs- und Verifikationssystem miteinzubeziehen[659].

Insgesamt musste Russland diese Schritte als Bedrohung der strategischen Symmetrie und Stabilität ansehen, zumal sehr viel dafür spricht, dass die USA mit ihren Plänen zur Modernisierung ihres Arsenals danach streben, eine nukleare Erstschlagfähigkeit zu erreichen und Russland die Möglichkeit eines Zweitschlags zu verwehren. So hatten die Rüstungsexperten Keir A. Lieber und Daryl K. Press bereits im Jahr 2006 festgestellt, dass es den USA darum geht, eine nukleare Vorherrschaft zu erreichen und in der Lage zu sein, „einen präemptiven Entwaffnungsschlag gegen Russland oder China zu führen"[660]. In einer weiteren Analyse aus dem Jahr 2017, die in der Zeitschrift „International Security" unter dem Titel „The New Era of Counterforce" erschienen ist, kamen sie zu dem Ergebnis, dass die Modernisierung der US-Atomwaffen die USA noch einmal deutlich näher in Richtung einer Erstschlagfähigkeit gegen Russland rücken würde[661]. Aus diesem Grund, so der Ex-Chef des NATO-Militärausschusses, Harald Kujat, sei die „massive Investition Russlands in moderne Waffensysteme" eine Maßnahme zur „Aufrechterhaltung des strategischen Gleichgewichts mit den Vereinigten Staaten"[662]. So haben

---

[657] Wolfgang Richter, Angriff auf den Open-Skies-Vertrag, SWP Aktuell 38, Mai 2020, S. 1

[658] Ebda., S. 5

[659] Peter Mühlbauer, „Wir werden aussteigen, bis sie sich daran halten", unter: https://www.heise.de/tp/features/Wir-werden-aussteigen-bis-sie-sich-daran-halten-4726877.html

[660] Zit. aus: Jürgen Wagner, Die Stunde der Kalten Krieger. Vom INF-Vertrag zum neuen Wettrüsten, unter: https://www.imi-online.de/2019/08/05/inf-vertrag/

[661] Ebda.

[662] „Russland bereitet sich auf Kriege in Europa vor". So realistisch ist das Horror-Szenario, unter: https://www.focus.de/politik/deutschland/vor-ende-des-inf-vertrages-russland-bereitet-sich-auf-kriege-in-europa-vor-wie-realistisch-ist-das-horror-szenario_id_10928064.html

die neu entwickelten russischen Hyperschallraketen die Funktion, die Zweitschlagsfähigkeit Russlands zu sichern und so das nukleare Gleichgewicht mit den USA zu sichern, welches Moskau durch die Raketenabwehr und die US-Konzeption des „Prompt Global Strike" bedroht sieht[663].

Unter der Trump-Administration wurde schließlich auch die „Vorwärtspräsenz" der USA an der West- und Südflanke Russlands verstärkt. Unter dem Namen „European Reassurance Initiative" hatte Washington Kapazitäten für eine erweiterte militärische Präsenz der USA in Ost- und Südosteuropa bereitgestellt, die auch unter der Präsidentschaft Trumps noch einmal erhöht wurden[664]. Ferner wurden 2017 rund 3.500 US-Soldaten nach Osteuropa transferiert und schließlich im Baltikum, Polen, Ungarn, Bulgarien und Rumänien stationiert. Dies stellte eine der größten Verlegungen von US-Truppen nach Europa seit 1991 dar[665]. Auf diese zunehmende Militärpräsenz hatte Russland zusammen mit Belarus mit einem als Defensivübung deklarierten Manöver „Zapad 2017" reagiert. Auf diese russischen Gegenmaßnahmen hatte die NATO im November 2017 mit einer Neustrukturierung ihrer Kommandostrukturen „als eine eindeutige Maßnahme gegen Russland" reagiert[666]. Dies nahm die russische Führung zum Anlass, ihrerseits die Modifizierung der NATO-Kommandostruktur als Bedrohung der eigenen Sicherheit zu interpretieren. Insgesamt hatte sich vor dem Hintergrund dieser Entwicklungen das Konfliktrisiko zwischen der NATO und Russland erheblich erhöht. Folgt man einer Analyse der RAND-Corporation unter dem Titel *„How NATO Could Accidentally Trigger a War with Russia"*, so hatte die NATO hierfür einen wesentlichen Verantwortungsanteil. In dieser Analyse wird argumentiert, dass unter gewissen Umständen die von der NATO eingeleiteten Verteidigungsaktivitäten tatsächlich zu einem Krieg mit Russland führen könnten. Es wird ausgeführt, dass es keine Anzeichen dafür gebe, dass Russlands Strategie darauf abzielen würde, die baltischen Staaten anzugreifen, obwohl russische Streitkräfte innerhalb von 60 Stunden die Hauptstädte von Estland, Lettland und Litauen besetzen könnten. In diesem Fall würden die USA wahrscheinlich mit nuklearen Waffen antworten. Durch Aktivitäten der NATO an der russischen Grenze, so die Analyse, könnte sich Russland aber tatsächlich bedroht fühlen, was zu einer unbeabsichtigten militärischen Reaktion führen

---

[663] Moritz Pieper, Russland und die Krise der nuklearen Rüstungskontrolle: Akteure, Interessen, Perspektiven, SWP-Studie 12, Berlin, Juni 2020, S. 27

[664] Die amerikanische Weltmacht treibt die Entmachtung ihres russischen Rivalen voran, unter: https://de.gegenstandpunkt.com/artikel/usa-treiben-entmachtung-ihres-russischen-rivalen-voran#section11

[665] Jacob Kriminger, The New Cold War: US-Russian Relations Under the Trump-Administration, East Carolina University, December 2020, S. 35

[666] Herwig Jedlaucnik (Hg.), Zur strategischen Lage. Jahresbeginn 2018, 2. erweiterte Auflage, Institut für Strategie und Sicherheitspolitik, Landesverteidigungsakademie, Wien 2018, S. 46

könnte[667]. Diese Gefahr hatte die Trump-Administration durch den Ausstieg aus dem Rüstungskontrollmechanismus gesteigert und somit den Weg in einen neuen Kalten Krieg gegen Russland weiter gebahnt.

2. Der geopolitische Hauptfeind der Trump-Administration: Die Volksrepublik China

a) Die geopolitischen Wurzeln des chinesisch-amerikanischen Gegensatzes

Bereits mit der Obama-Administration hatte sich der geopolitische Interessenschwerpunkt der USA auf den Pazifik und Ostasien verlegt. Ziel der von Barack Obama und der seinerzeitigen US-Außenministerin Hillary Clinton verfolgten Strategie des „Pivot to Asia" war die Eindämmung Chinas, und zwar sowohl im Bereich der Wirtschafts- und Handelspolitik durch das „Transpazifische Partnerschaftsabkommen" TPP als auch im militärischen Bereich durch die Kooperation mit den ostasiatischen/pazifischen Partnerstaaten Washingtons. Beunruhigend für die strategischen Planer in Washington ist seit geraumer Zeit das wirtschaftliche und militärische Wachstum Chinas sowie seine territorialen Ansprüche im Ost- und Südchinesischen Meer, die die US-amerikanische Hegemonie in dieser Region herausfordern[668]. Dieser geopolitische Aspekt wird von den maßgeblichen außenpolitischen Kreisen in Washington als Bedrohung eines „liberal-hegemonialen Weltbildes", auf dessen Grundlagen die USA die Welt nach ihren marktliberalen Interessen ordnen, interpretiert[669]. Als eine wesentliche Herausforderung der US-Interessen wird Chinas Energiesicherheitspolitik betrachtet, die zum einen darin besteht, Erdöl- und Erdgasvorräte exklusiv mittels bilateraler Verträge zu vereinnahmen (womit Peking die von den USA aufgestellten multilateralen Regeln unterläuft), und zum anderen zum Ausbau einer hochseetauglichen chinesischen Marine geführt hat, die sich wichtige Stützpunkte entlang des Ost- und Südchinesischen Meeres und des Indischen Ozeans im Sinne einer „Perlenkettenstrategie" sichern möchte[670]. „Die Konkurrenz zwischen den Weltmächten USA und China, deren Wirtschaften und Außenpolitiken von einem enormen Energiehunger befeuert werden, wird sich weiter verschärfen"[671]. Pekings Staatspräsident Xi Jinping hatte gleich zu Beginn seiner

---

[667] Ebda., S. 46

[668] Josef Braml, Trumps Amerika – Auf Kosten der Freiheit. Der Ausverkauf Amerikas und die Folgen für Europa, Quadriga-Verlag 2016, S. 194

[669] Ebda., S. 194

[670] Ebda., S. 208

[671] Ebda., S. 209

Amtszeit die außenpolitischen Ambitionen des aufsteigenden China deutlich gemacht: Im September 2013 erläuterte er im Rahmen einer Auslandsreise nach Zentralasien die Vision einer „neuen Seidenstraße", eines sogenannten „Seidenstraßenwirtschaftsgürtels"[672]. Ergänzt werden soll dieses Projekt durch das Modell einer „maritimen Seidenstraße des 21. Jahrhunderts", das Xi Jinping im Oktober 2013 bei einem Besuch in Südostasien vorstellte. Mit dieser als „ein Gürtel, eine Straße" (One Belt, one Road) bezeichneten außenpolitischen Initiative soll China „über den Land- und Seeweg mit den Nachbarn in der Region, mit Westasien, Afrika und Europa verbunden werden. Dafür stehen auch Investitionsmittel, ein Fonds in Höhe von 40 Milliarden Dollar, bereit. Mit der multilateralen, gleichwohl von China dominierten Asiatischen Infrastruktur-Investitionsbank (Asian Infrastructure Investment Bank, AIIB), an der sich auch finanzstarke EU-Staaten beteiligen wollen, sollen ebenso Infrastrukturnetzwerke wie Straßen, Bahnlinien, Flughäfen, Häfen und Telekommunikationsverbindungen finanziert werden. China versucht des Weiteren, Russland dafür zu gewinnen, eine Entwicklungsbank der Shanghaier Organisation für Zusammenarbeit (SOZ) auf den Weg zu bringen und mit Indien und Pakistan neue Mitglieder in die SOZ aufzunehmen. Denn schließlich sollen nach den Bauplänen Pekings auch die Wirtschaftskorridore China-Pakistan und Bangladesh-China-Indien-Myanmar in das umfassende Seidenstraßenprojekt eingebunden werden"[673]. Neben dieser neuen geopolitischen Machtverteilung kommt noch hinzu, dass China nicht mehr wie bisher bereit ist, mit seinen Währungsreserven die Staatsverschuldung der USA zu finanzieren, sondern diese vielmehr in die beschriebenen Infrastrukturprojekte investiert[674]. Peking ist seit geraumer Zeit dazu übergangen, seine Anlagen aus dem Dollar und US-amerikanischen Staatsanleihen herauszunehmen und steht im Begriff, seine eigene Währung – den Yuan – behutsam zu internationalisieren und an den internationalen Börsen zu platzieren. Insoweit laufen auch weitere währungspolitische Schritte Pekings auf eine Entmachtung des Dollars hinaus: „Um den Dollar zu umgehen, hat China unter anderem schon Vereinbarungen zur gegenseitigen Anerkennung von Währungen mit Japan und Südkorea geschlossen. Neben entsprechenden Abkommen mit zahlreichen asiatischen Ländern hat China auch mit Brasilien, Indien und Russland vereinbart, den Handel untereinander in nationalen Währungen abzuwickeln. Mittlerweile reinvestieren auch die OPEC-Staaten die Petro-Dollars der USA und der Asiaten nicht mehr im Land der unbegrenzten Möglichkeiten, sondern in China. China arbeitet daran, eine multipolare Ordnung

---

[672] Ebda., S. 209

[673] Ebda., S. 209

[674] „Trump ist nicht so einfach gestrickt". Interview mit Josef Braml, unter: https://www.sparkassenzeitung.de/trump-ist-nicht-so-einfach-gestrickt/150/154/83929/

mit mehreren Leitwährungen zu etablieren"[675]. Eine solche Entwicklung hätte zur Folge, dass die USA künftig nicht mehr den Gutteil der Währungsreserven Chinas zum Nulltarif erhalten und wie bisher kreditfinanziert über ihre Verhältnisse wirtschaften können – was langfristig nicht nur die Wirtschaft, sondern auch die militärische Rüstung der USA in Mitleidenschaft ziehen könnte[676].

Diese ausgreifenden Pläne Pekings und die russisch-chinesische Zusammenarbeit können daher geostrategisch nicht im Interesse der USA sein, „zumal die langfristig angelegten Pläne Moskaus und Pekings darauf hindeuten, dass neben Nordkorea auch westlich orientierte Staaten wie Japan und Südkorea durch Energielieferungen noch stärker in diese Allianz eingebunden werden sollen. Ohnehin sehen US-Strategen mit Sorge, dass Japan und Südkorea wirtschaftlich bereits mehr mit dem Reich der Mitte verflochten sind als mit den USA"[677]. Aufgrund dieser Entwicklung hatte schon die Obama-Administration Eurasien und dabei insbesondere die „revisionistischen Mächte" China und Russland ins Visier genommen, was in der im Juni 2015 veröffentlichten „Nationalen Sicherheitsstrategie" der USA ihren Niederschlag gefunden hat, in der eine Neuausrichtung der US-Militär- und Sicherheitspolitik in Richtung der klassischen Containmentpolitik eingefordert wurde[678]. Die Antwort der Obama-Administration auf diese strategischen Herausforderungen lag in dem „Transpazifischen Partnerschaftsabkommen", dem eine eindeutige geopolitische Komponente zugrunde gelegen hatte[679], sowie in einer militärischen Einkreisung durch Kooperation Washingtons mit den verbündeten ost- und südostasiatischen Anrainerstaaten.

Auch die Trump-Administration folgte dieser gegen Eurasien – insbesondere gegen China – gerichteten geopolitischen Traditionslinie. Trump hatte kaum

---

[675] Josef Braml, Trumps Amerika – Auf Kosten der Freiheit. Der Ausverkauf Amerikas und die Folgen für Europa, Quadriga-Verlag 2016, S. 194

[676] Ebda., S. 211

[677] Ebda., S. 210

[678] Ebda., S. 211/212

[679] Michael Froman, ehemaliger Handelsbeauftragter der USA und davor als stellvertretender Nationaler Sicherheitsberater für Wirtschaftsfragen, führte hierzu aus: „In wirtschaftlicher Hinsicht würde TPP eine Gruppe zusammenbinden, die 40 Prozent der globalen Wirtschaftsleistung und ein Drittel des Welthandels repräsentiert. Strategisch gesehen ist TPP der Weg, über den die USA in Zusammenarbeit mit knapp einem Dutzend weiterer Länder (eine weiteres halbes Dutzend in Wartestellung) eine Führungsrolle einnehmen können, um die Regeln in einer entscheidenden, im Wandel begriffenen Region zu bestimmen". US-Präsident Obama wurde in seiner Ansprache zur Lage der Nation vom 20. Januar 2015 zu diesem Komplex noch deutlicher: „Während ich hier zu Ihnen spreche, will China die Regeln der weltweit am stärksten wachsenden Region schreiben. Das würde unsere Arbeiter und Unternehmen benachteiligen. Warum sollten wir das hinnehmen? Wir sollten diese Regeln schreiben" (zit. aus: Josef Braml, Josef Braml, Trumps Amerika – Auf Kosten der Freiheit. Der Ausverkauf Amerikas und die Folgen für Europa, Quadriga-Verlag 2016, S. 180)

Interesse an einer wie auch immer gearteten Einbindung Chinas in eine Weltwirtschaftsordnung nach dem Rezept des liberalen Internationalismus[680]. „Die lange gewünschte Initiative, China in die multilaterale Architektur der Weltwirtschaft einzubeziehen, wird von den Jacksonians kaum geschätzt", so Taesuh Cha. „In ihren Augen ist China kein Wirtschaftspartner, sondern der Erzfeind, der die Währung manipuliert, US-Jobs stiehlt und konsequent den Hintergrund der US-Wirtschaft zerstört"[681]. In der Tradition des Jacksonianismus hatte Trump während seines Wahlkampfes erklärt, dass die USA es nicht weiterhin erlauben könnten, „dass China unser Land stiehlt", und es zeigte sich, dass der Kernbestandteil des geopolitischen Selbstverständnisses der Trump-Administration eine forcierte Containment-Politik gegenüber China auf sämtlichen Ebenen sein sollte. Bereits in seiner Bewerbungsrede vom Juni 2015 sprach er darüber, wie China sich militärisch im Südchinesischen Meer ausdehnt und erklärte „Sie stocken ihr Militär in einem Maße auf, das beängstigend ist. Wir haben ein Problem mit dem 'Islamischen Staat'. Wir haben ein größeres Problem mit China"[682]. Dies macht deutlich, dass es Trump in der China-Frage nicht allein um amerikanische Jobs oder „better Deals" ging. Es ging vor allem darum, „Chinas Ausdehnung einzudämmen"[683]. In diesem Kontext wiesen die Pläne Trumps auf eine militärische Lösung hin, indem die Militärpräsenz der USA im Ost- und Südchinesischen Meer verstärkt werden sollte mit dem Ziel, „chinesische Abenteuer zu entmutigen, die amerikanische Interessen in Asien gefährden, und unsere Stärke (zu) zeigen, wenn wir anfangen, unsere Handelsbeziehungen zu China neu zu verhandeln. Eine starke Militärpräsenz wird ein klares Signal an China und andere Nationen in Asien und der ganzen Welt sein, dass Amerika in die globale Führerschaft zurückgekehrt ist"[684]. So hatte Trump im Wahlkampf angekündigt, nach den Landkriegen in Afghanistan und im Irak nunmehr große Summen in den Ausbau der Seestreitkräfte zu investieren. Die Marine sollte von 273 auf 350 Kriegsschiffe anwachsen – darunter neue Lenkwaffenkreuzer und moderne Jagd-U-Boote. Der Kopf hinter diesem Plan war der Trump-Vertraute Randy Forbes, ein Kongressabgeordneter aus Virginia, der im Sep-

---

[680] Taesuh Cha, The Return of Jacksonianism: The International Implications of the Trump Phenomenon, in: The Washington Quaterly, Winter 2017, S. 83–97 (S. 91)

[681] Ebda., S. 91

[682] Thomas Gutschker, Russland statt China. Donald Trump und die neue Ordnung der Welt, unter:
http://www.faz.net/aktuell/politik/ausland/russland-statt-china-donald-trumps-neue-weltordnung-14579133.html

[683] Ebda.

[684] Zit. aus: Tim Daiss, A President Trump would have limited South China Sear Options, unter: https://www.forbes.com/sites/timdaiss/2016/05/27/tough-talking-trump-would-have-limited-south-china-sea-options/#47acbe804dca

tember 2016 erklärte, „dass mehr als Rhetorik notwendig ist, um ein Gegengewicht zur immer größeren militärischen Macht und zum wachsenden Durchsetzungsvermögen Chinas zu schaffen"[685]. Infolgedessen wurden Mitte Januar 2017 von der U.S. Navy Pläne für eine massive Aufrüstung vorgetragen. Demnach sollte die Flotte auf 355 Kriegsschiffe erweitert werden. Diese Zahl nannte Marinestaatssekretär Ray Mabus und berief sich dabei auf das Ergebnis eines jährlichen Pentagonberichts über den Bedarf der zukünftigen Seestreitkräfte, genannt Force Structure Assessment (FSA). Seinerzeit bestand die US-Flotte aus 272 Schiffen. „Sollte dem milliardenschweren Vorschlag stattgegeben werden, wäre es die größte Aufrüstung der USA seit dem Kalten Krieg"[686]. Die mögliche Auseinandersetzung mit China und Russland nannte Marinestaatssekretär Mabus als einen entscheidenden Grund für das massive maritime Aufrüstungsprogramm: „Für die weitere Terrorismusbekämpfung und eine Konkurrenz auf Augenhöhe mit einem stärker werdenden China und einem wieder auflebenden Russland muss unsere Marine weiter wachsen", so Marinestaatssekretär Mabus. „Schon seit acht Jahren brauchen wir eine größere Flotte"[687].

b) Der Einfluss der Taiwan-Lobby in der Trump-Administration

Noch vor seinem Amtsantritt hatte Trump bereits einen Streit mit China ausgelöst. Anlass war ein Telefonat, das er am 2. Dezember 2016 mit der Präsidentin Taiwans, Tsai Ing-wen, führte. Dieses war das erste Gespräch, das ein amtierender bzw. designierter US-Präsident mit Taiwans Oberhaupt führte, seitdem Washington 1979 die diplomatischen Beziehungen mit der „Republik China" (Taiwan) abgebrochen und zur Volksrepublik China aufgenommen hatte[688]. Dieses war ein flagranter Verstoß gegen das „Shanghai -Kommuniqué" und der darin niedergelegten Verpflichtung Washingtons zur „Ein-China-Politik" vom 28. Februar 1972, welches vom damaligen US-Präsidenten Nixon unterzeichnet wurde. Wenige Monate vorher hatte die Vollversammlung der Vereinten Nationen am 25. Oktober 1971 den Ausschluss Taiwans aus der UNO und die Aufnahme der Volksrepublik beschlossen. Allerdings hatte die US-Führung noch bis 1979 an der Anerkennung Taiwans fest-

[685] Zit. aus: Thomas Gutschker, Russland statt China. Donald Trump und die neue Ordnung der Welt, unter:
http://www.faz.net/aktuell/politik/ausland/russland-statt-china-donald-trumps-neue-weltordnung-14579133.html
[686] US-Navy plant immense Aufrüstung in der Trump-Ära, unter:
https://www.welt.de/politik/ausland/article161023364/US-Navy-plant-immense-Aufruestung-in-der-Trump-Aera.html
[687] Ebda.
[688] Knut Mellenthin, Trump gegen „Vergewaltigung", in: Junge Welt v. 19.12.2016

174

gehalten. Aus diesem Grund enthält das Kommuniqué zur „Ein-China-Politik" nur eine Kompromissformel: „Die Vereinigten Staaten erkennen an, dass alle Chinesen auf beiden Seiten der Taiwan-Straße davon ausgehen, dass es nur ein China gibt und dass Taiwan ein Teil Chinas ist. Die Regierung der USA stellt diese Position nicht in Frage"[689]. Erst mit dem gemeinsamen Kommuniqué über die Aufnahme diplomatischer Beziehungen, das am 1. Januar 1979 unter Präsident Carter veröffentlicht wurde, brachen die USA die zwischenstaatlichen Beziehungen zu Taiwan ab. Zugleich hieß es aber in der Vereinbarung: „In diesem Rahmen wird das Volk der Vereinigten Staaten kulturelle, kommerzielle und andere inoffizielle Beziehungen mit dem Volk von Taiwan aufrechterhalten"[690]. Gewissermaßen als Kompensation für den Abbruch der diplomatischen Beziehungen mit Taipeh erließ der US-Kongress am 10. April 1979 den „Taiwan Relations Act", der die Beziehungen der USA zu Taiwan regelt und in dem sich die USA zu einem militärischen Schutz der Insel vor einem etwaigen chinesischen Angriff verpflichtet haben, was auch die Lieferung von Rüstungsgütern miteinschließt[691]. In der offiziellen Diplomatie jedoch haben sich die USA seitdem zu dem Prinzip verpflichtet, dass es nur einen chinesischen Staat gibt und dass Taiwan ein Teil dieses Staates ist. Mit der Politik der „strategischen Ambiguität" haben es die USA allerdings vermieden, sich bewusst auf eine Reaktionsweise im Fall einer kriegerischen Auseinandersetzung zwischen der Volksrepublik China und Taiwan festzulegen.

Das Vorgehen der neuen Administration musste von Peking, das sich von Trump zunächst eine Entspannung der US-chinesischen Streitigkeiten (die Obamas und Clintons „Pivot to Asia" ausgelöst hatten) erhoffte[692], als Provokation aufgefasst werden. Dies galt umso mehr, da mit dem Wahlsieg Tsai Ing-wens von der demokratischen Fortschrittspartei DPP im Januar 2016 in Taipeh eine Verfechterin eines größeren Abstandes zur Volksrepublik China, mithin einer Unabhängigkeit von Peking, in die Regierungsverantwortung gelangt ist[693] und damit die bislang regierende Kuomintang-Partei unter dem Vorgänger Tsai Ing-wens, Präsident Ma Ying-jeou abgelöst wurde. Ma Ying-jeou stand hingegen für „eine beispiellose Politik der Annäherung an China", was nicht zuletzt auch in Vereinbarungen von mehr als 20 Handelsverträgen

---

[689] Ebda.

[690] Ebda.

[691] Ebda.

[692] Gehen China und USA auf Konfrontation?, unter:
https://www.hintergrund.de/politik/welt/gehen-china-und-usa-auf-konfrontation/

[693] Taiwan hat jetzt auch eine Merkel, unter:
http://www.sueddeutsche.de/politik/neue-praesidentin-tsai-ing-wen-taiwans-angela-merkel-1.2821134

mit Peking zum Ausdruck kam[694]. Dieser Machtwechsel in Taiwan 2016 stellte für China eine strategische Niederlage im Spannungsfeld der Taiwan-Straße dar, denn während die bislang regierende Kuomintang-Partei der Zusammenarbeit mit Peking aufgeschlossen gegenüberstand, bringt die DPP immer wieder den Gedanken einer formalen Unabhängigkeitserklärung ins Spiel[695]. Eine diplomatische Aufwertung Taiwans – welche mit dem Telefonat Trumps mit der taiwanesischen Präsidentin unweigerlich verbunden war – war daher eine klare Provokation Chinas und seiner Sicherheitsinteressen in der Taiwan-Straße.

Nach Erkenntnissen der *Washington Post* war das „historische Telefonat" Trumps jedoch kein Zufall, sondern ein wohl kalkuliertes Signal an die Adresse Pekings. Es habe sich um eine „bewusste Provokation" gehandelt, die bereits Monate vorher geplant gewesen sei[696]. „Demnach haben Trumps Berater schon mit den Überlegungen begonnen, als der Milliardär noch gar nicht zum offiziellen Kandidaten der Republikaner gekürt war. Sie hätten es bewusst so inszeniert, dass der Anruf von Taiwans Präsident ausging und es somit nach einem standardmäßigen Glückwunschtelefonat aussah"[697]. Bei den Beratern Trumps, die dieses Telefonat eingefädelt haben sollen, handelte es sich nach den Erkenntnissen der *Washington Post* um Vertreter einer Lobby, die für neue feste strategische Beziehungen zu Taiwan gegen China eintritt[698]. Einige Vertreter dieser außenpolitischen Linie, die auf eine verstärkte Konfrontation gegen China setzt, sahen mit einer Präsidentschaft Trumps eine historische Möglichkeit, die Beziehungen zu Taiwan im Sinne eines „Resets" zu erneuern und Taipeh als einen strategischen Alliierten in Ostasien in Position zu bringen[699]. Die eindeutig antichinesische Ausrichtung dieses hintergründig geplanten Vorgehens hatte Stephen Moore, der Trump in Wirtschaftsfragen beraten hatte, unterstrichen, als er Kritik an dem Telefonat mit klaren Worten zurückgewiesen hatte. Es sei ihm egal, ob China sich darüber aufrege, sagte er laut einem CNN-Bericht dem lokalen Radiosender WLS AM890. „Taiwan ist unser Verbündeter. Wir sollten unsere Verbündeten unterstützen, und wenn China das nicht gefällt - scheiß auf sie!". Er liebe es,

---

[694] Ebda.

[695] Knut Mellenthin, Trump gegen „Vergewaltigung", in: Junge Welt v. 19.12.2016

[696] Trumps Taiwan-Telefonat soll lange vorbereitet gewesen sein, unter:
http://www.spiegel.de/politik/ausland/donald-trump-telefonat-mit-taiwan-soll-lange-vorbereitet-gewesen-sein-a-1124577.html

[697] Ebda.

[698] Trump's Taiwan phone call was long planned, say people who were involved, unter:
https://www.washingtonpost.com/politics/trumps-taiwan-phone-call-was-weeks-in-the-planning-say-people-who-were-involved/2016/12/04/f8be4b0c-ba4e-11e6-94ac-3d324840106c_story.html?hpid=hp_rhp-top-table-main_trump-taiwan-835pm%3Ahomepage%2Fstory&utm_term=.993a156c0af2

[699] Ebda.

dass Trump mit Taiwans Präsidentin telefoniert habe. Es gebe zu viele Außenpolitiker, die zu viel Rücksicht auf Befindlichkeiten nehmen würden, sagte Moore. „Mir ist es egal, ob wir die Chinesen beleidigen"[700].

Tatsächlich hat Taiwan in politischen, militärischen und wirtschaftlichen Kreisen der USA noch immer eine starke Lobby, die insbesondere unter Trumps Beratern gut vertreten war[701]. Einer von ihnen ist Trumps Fachmann für Asien, der Ökonom an der University of California-Irvine, *Peter Navarro*. Dieser hatte zusammen mit Alexander Gray in der Zeitschrift *Foreign Policy* den programmatischen Artikel *Donald Trump's Peace through Strength - Vision for the Asia Pacific*[702] veröffentlicht, in dem er eine China-Politik skizzierte, in der sich die Vereinigten Staaten auf die Seite Taiwans stellten und die Insel massiv aufrüsteten. Der Beitrag endete mit der Forderung, dass die USA aufhören müssten, Freunde wie Taiwan zu opfern, um stattdessen China entgegenzutreten, „das sich von einem Handelspartner und strategischen Rivalen in einen feindseligen Gegner verwandelt"[703]. Navarro und Gray beklagten in dem Artikel, dass die Obama-Administration der Volksrepublik China zu viel Aktionsfreiheit gelassen habe und eine Verkümmerung der US-Streitkräfte zu verantworten habe. Die Folge sei eine Entmutigung der Partner der USA in der Region gewesen, die bis zur Abwendung geführt habe. Die Behandlung Taiwans durch die Obama-Administration wurde als „ungeheuerlich" kritisiert; insbesondere wurde kritisch hervorgehoben, dass die Wünsche Taipehs nach Waffenlieferungen nicht in vollem Umfang erfüllt worden seien[704]. Vor diesem Hintergrund plädierten Navarro und Gray neben der Aufrüstung Taiwans auch für eine Aufrüstung der US-Kriegsmarine und die Verstärkung ihrer Präsenz im Westpazifik. Navarro spricht sich darüber hinaus für einen offensiven Handelskrieg gegen China aus, was er bereits in seinen Büchern *The Coming China Wars: Where They Will be Fought and How They Can Be Won*, *Death by China: Confronting the Dragon—A Global Call to Action* sowie *Crouching Tiger: What Chinese Militarism Means for the World* dargelegt und eingefordert hatte[705]. Insbesondere in seinem Buch *Death by China* kritistiert er das amerikanische Handelsdefizit mit dem Reich der Mitte und bezeichnet das Un-

---

[700] Ebda.

[701] Knut Mellenthin, Trump gegen „Vergewaltigung", in: Junge Welt v. 19.12.2016

[702] Alexander Grey, Peter Navarro, Donald Trump's Peace through Strength – Vision for the Asia Pacific, unter:
http://foreignpolicy.com/2016/11/07/donald-trumps-peace-through-strength-vision-for-the-asia-pacific/

[703] Ebda.

[704] Knut Mellenthin, Trump gegen „Vergewaltigung", in: Junge Welt v. 19.12.2016

[705] Peter Symonds, Trump's New White House office for trade war, unter:
http://intsse.com/wswspdf/en/articles/2016/12/24/trad-d24.pdf

gleichgewicht der amerikanischen Exporte nach China und den Import chinesischer Waren nach Amerika als „tickende Zeitbombe"[706]. In einem Artikel im *National Interest* mit dem Titel *Amerika kann Taiwan nicht fallen lassen* führte Navarro aus, dass engere US-Beziehungen zu Taiwan an Vorbereitungen zu einem Konflikt mit China gebunden seien. „Taiwan als einen unabhängigen, proamerikanischen Alliierten beizubehalten ist absolut entscheidend für einen strategischen Ausgleich gegen den Aufstieg eines militaristischen China", so Navarro[707]. Navarro steht im Kontakt zur taiwanischen Regierung und ist im Übrigen verbunden mit dem Republikaner Bob Dole, der gleichfalls ein Lobbyist in Diensten Taiwans ist[708]. In Trumps neu gegründetem nationalen Handelsrat wurde Peter Navarro mit dem Vorsitz betraut[709], und die Installation des Rates sowie seine personelle Besetzung boten weitere Hinweise auf eine zukünftige Zunahme der Spannungen zwischen den Handelspartnern China und USA[710].

Auch Reinhold Richard „Reince" Priebus, der damalige Chef des Parteivorstandes der Republikaner und bis Juli 2017 Trumps Stabschef im Weißen Haus, pflegt seit vielen Jahren enge Beziehungen nach Taiwan. Im Oktober 2015 reiste er mit einer Republikaner-Delegation auf die Insel und traf sich mitten im Wahlkampf mit Tsai Ing-wen. Deren Außenminister David Lee bezeichnete später die Nominierung von Priebus als „gute Nachricht für Taiwan"[711]. Überdies weist auch das Programm der republikanischen Partei starke gegen China gerichtete Tendenzen auf. Darin heißt es ganz unverblümt: „Chinas Verhalten hat die optimistische Einschätzung unseres letzten Programms hinsichtlich der Beziehungen zu China zunichte gemacht." Es enthält scharfe Verurteilungen Chinas in Bezug auf Menschenrechte, Chinas „absurden Anspruch auf das gesamte Südchinesische Meer" und den Inselbau, bezüglich Währungsmanipulationen und des Urheberrechts, das „in einer Wirtschaft, die auf Piraterie basiert", zur Farce geworden sei. Das Dokument betont erneut die „starke Unterstützung" für Taiwan in Form von umfangreicheren Handelsbeziehungen, Waffenverkäufen und der Unterstützung von

---

[706] Wenn Amerika gegen China Handelskrieg führt, in: Frankfurter Allgemeine Zeitung v. 06.02.2017

[707] Ebda.

[708] Thomas Gutschker, Russland statt China. Donald Trump und die neue Ordnung der Welt, unter:
http://www.faz.net/aktuell/politik/ausland/russland-statt-china-donald-trumps-neue-weltordnung-14579133.html

[709] Wenn Amerika gegen China Handelskrieg führt, in: Frankfurter Allgemeine Zeitung v. 06.02.2017

[710] Trump macht scharfen China-Kritiker zum Handelschef, unter:
https://deutsche-wirtschafts-nachrichten.de/2016/12/23/trump-macht-scharfen-china-kritiker-zum-handels-chef/

[711] Knut Mellenthin, Trump gegen „Vergewaltigung", in: Junge Welt v. 19.12.2016

Taiwans Teilnahme an internationalen Organisationen[712]. Die Ankündigungen Trumps und der hinter ihm stehenden Taiwan-Lobby deckten sich im Übrigen mit einem Strategiepapier der US-Kriegsmarine vom März 2015, in dem die „zunehmende Bedeutung der indo-asiatischen Pazifik-Region" betont wurde. Die von den Vereinigten Staaten forcierte Aufrüstung in den südostasiatischen Gewässern solle demnach „unsere Gegner daran hindern, die Weltmeere zu unserem Nachteil zu nutzen. (…) Die Fähigkeit, Operationen in entfernten internationalen Gewässern durchführen zu können, ist ein deutlicher Vorteil für die Vereinigten Staaten", heißt es darin[713].

In der Folgezeit schien Trump von seiner kritischen Haltung gegenüber der „Ein-China-Politik" zunächst abzurücken. In einem Telefonat mit dem chinesischen Präsidenten Xi Jinping Anfang Februar 2017 versicherte Trump, dass er sich der Bedeutung der „Ein-China-Politik" bewusst sei und seine Regierung sich an sie halten werde[714]. In diesem Telefonat sollen sich Trump und Xi Jinping darauf verständigt haben, Handel und Investitionen zwischen beiden Ländern zu stärken[715]. Was Trump zu diesem Umschwung bewogen haben mochte, blieb – so die Darstellung der *Frankfurter Allgemeinen Zeitung* – offen[716]; viel spricht dafür, dass das Bekenntnis Trumps zur Ein-China-Politik nicht ganz freiwillig war und es vielmehr auf Bitten des chinesischen Präsidenten abgegeben wurde[717]. Es liegt nahe, dass Politiker und Wirtschaftsberater aus der Umgebung Trumps davor gewarnt hatten, dass ein Infragestellen der Ein-China-Politik die Beziehungen zu Peking in eine Krise stürzen könnte[718], was insoweit auch für Washington ernste Konsequenzen hätte, da die USA in einigen sicherheits- und wirtschaftspolitischen Fragen von einer Zusammenarbeit mit Peking abhängig sind. Vor diesem Hintergrund bestand ferner die Möglichkeit, dass der amerikanische Präsident nach seiner Wahl Peking bewusst lange Zeit im Unklaren lassen wollte, weil er den bisherigen Status quo auf den Prüfstand zu stellen beabsichtigte, um Peking einen

---

[712] Peter Symonds, Wachsende Spannungen zwischen USA und China: Taiwans Präsidentin trifft führende Republikaner, unter: https://www.wsws.org/de/articles/2017/01/13/taiw-j13.html

[713] Nach Trumps Sieg: Gehen China und USA auf Konfrontation?, unter: https://www.hintergrund.de/politik/welt/gehen-china-und-usa-auf-konfrontation/

[714] Trump bekräftigt Ein-China-Politik, in: Frankfurter Allgemeine Zeitung v. 11.02.2017

[715] Auch Trump kennt nur ein China, in: Neue Zürcher Zeitung v. 13.02.2017

[716] Petra Kolonko, Ein Sieg des Pragmatismus?, unter: http://www.faz.net/aktuell/politik/trumps-praesidentschaft/trump-lenkt-in-der-ein-china-frage-ein-14871165.html

[717] Auch Trump kennt nur ein China, in: Neue Zürcher Zeitung v. 13.02.2017

[718] Petra Kolonko, Ein Sieg des Pragmatismus?, unter: http://www.faz.net/aktuell/politik/trumps-praesidentschaft/trump-lenkt-in-der-ein-china-frage-ein-14871165.html

„Deal" abzuringen. Das Spiel mit der „Ein-China-Politik" – so der amerikanische Politikwissenschaftler Michael T. Klare – „kann im gleichen Sinne – als Aufbau von Gegendruck – verstanden werden: als Warnung, dass eine Trump-Administration härtere Maßnahmen ergreifen werde, falls China sich den amerikanischen Präferenzen nicht beugt. Unausgesprochen, aber für die chinesischen Führer unmissverständlich, stellt Trump damit weitere Nackenschläge in Aussicht: etwa die diplomatische Anerkennung Taiwans oder Militäraktionen gegen chinesische Einrichtungen im Südchinesischen Meer"[719]. Insbesondere in der Nordkorea-Frage – eines der dringendsten sicherheitspolitischen Probleme in Ostasien - benötigte auch die neue Administration in Washington die Unterstützung Pekings, wenn Pjöngjang dazu gezwungen werden sollte, sein Nuklearprogramm aufzugeben, und schon während des Wahlkampfes hatte Trump erklärt, dass „China dieses Problem für uns lösen" sollte[720]. „Das aber liefe natürlich auf schwierige Verhandlungen mit Peking hinaus und würde amerikanische Gegenleistungen erfordern. Auch wenn er bei einigen Themen, die ihm – wie beispielsweise der Handel – wichtig sind, ein chinesisches Einlenken erwartet, ist ihm durchaus klar, dass er bei anderen Problemen auf Pekings Mitwirkung angewiesen ist und deshalb selbst seinerseits ebenfalls Zugeständnisse wird machen müssen"[721]. Hinzu kommt noch ein weiterer Aspekt, der die Trump-Administration zunächst zu einem moderaten Umgang mit China motiviert haben könnte: Die USA sind hoch verschuldet und permanent auf ausländische Darlehen angewiesen, und prekär ist für Washington, dass die Hauptgläubiger – Japan und China – gegenwärtig im Begriff sind, ihre Bestände an amerikanischen Staatsanleihen kontinuierlich zu verringern. „Rein rechnerisch hat die Volksrepublik sogar mehr abgegeben als Japan, seit Juni 2016 hat Peking das Volumen seiner Kredite an Amerika um rund 200 Milliarden Dollar gekappt. Die jüngste Bewegung ist der stärkste Ausstieg von Ausländern aus dem Treasury-Markt seit Anfang des Jahrhunderts (...)"[722]. Der Aufkauf von US-Staatsanleihen jedoch ist Garant für niedrige Zinsen in den Vereinigten Staaten, und finden sich nicht genug Käufer für die Staatsanleihen, dann werden die amerikanischen Marktzinsen nach oben gerissen[723]. Dies aber hätte das ambitionierte Konjunktur- und Steuerprogramm der Trump-Administration – von Infrastruktur-Inves-

---

[719] Michael T. Klare, Die Welt, wie Trump sie sieht, unter:
https://www.blaetter.de/archiv/jahrgaenge/2017/februar/die-welt-wie-trump-sie-sieht%20%20

[720] Ebda.

[721] Ebda.

[722] China und Japan treffen Trump an seiner größten Schwachstelle, in: Die Welt v. 14.02.2017

[723] Ebda.

titionen in Höhe von einer Billion Dollar war die Rede – erheblich gefährdet[724]. Tatsächlich jedoch trat genau diese nach wie vor andauernde - für die US-Wirtschaft gefährliche - Entwicklung ein, dass insbesondere Geldgeber aus den Schwellenländern sich nun endgültig von Amerika abnabeln wollen und versuchen, sich mit eigenen Strukturen wie der Asiatischen Infrastruktur-Investitionsbank AIIB als Alternative zur Weltbank oder der New Development Bank als Alternative zum IWF zu emanzipieren. „Insbesondere China und Russland wenden sich vom Dollar als Reservewährung ab und räumen Gold als Devisenreserve mehr Platz ein. Dieser Prozess ist strategisch, und er wird sich fortsetzen"[725]. Vor diesem Hintergrund wurde ersichtlich, dass ein Kurs der geopolitisch-militärischen Konfrontation sowie ein Handelskrieg gegen das Reich der Mitte für das wirtschaftliche Reformprogramm der Trump-Administration ein ernstliches Gefährdungspotential darstellte und daher Washington einstweilen zu einer moderateren Haltung gegenüber Peking veranlasst haben könnte.

c) Die Fortsetzung der gegen China gerichteten Politik des „Rebalancing" in Ostasien

Auch wenn Trump im Telefonat mit dem chinesischen Präsidenten Xi Jinping Anfang Februar 2017 die Fortsetzung der „Ein-China-Politik" bekräftigt hatte, so sollte es doch im weiteren Verlauf bei der von Obama durchgesetzten Politik des „Rebalancing" im Westpazifik und in Ostasien – sprich einer gegen das Reich der Mitte gerichteten Containment-Politik – bleiben. Donald Trump selbst hatte angekündigt, „China hart anzufassen"[726]. Trump wolle sich ernsthaft mit China anlegen, so China-Experte Felix Lee. „Mehr noch: Er hat China zum Hauptfeind erkoren"[727]. Tatsächlich fürchtet die strategische Elite in den USA, dass es bald zu spät sein könnte, dem historischen Niedergang der USA und dem Aufstieg Chinas noch etwas entgegenzusetzen. Evan Feigenbaum, ein ehemaliges Mitglied der Bush-Administration, erklärte in der Zeitschrift *National Interest*, dass Trump „im Hinblick auf Peking vor einer härteren Herausforderung steht als seine acht Vorgänger" seit Nixons Annäherung an Peking 1972. „China hat heute mehr Gewicht und Einfluss in der Welt und kann dem Druck der USA besser standhalten oder Gegenwehr leisten, es verfügt über mehr wirtschaftspolitische Instrumente und militärische Stärke als je zuvor. Daher muss Washington in seinem Verhalten

---

[724] Ebda.

[725] Ebda.

[726] China rüstet gegen Trump auf, in: Frankfurter Rundschau v. 03.02.2017

[727] Felix Lee, Staatsfeind Nummer eins, in: die tageszeitung v. 07.02.2017

gegenüber China und Asien vom Reagieren zum Agieren übergehen", so Feigenbaums Rat[728].

Bereits die Anhörungen von Trumps designierten Kabinettsmitgliedern durch das Komitee des US-Senats für Auswärtige Angelegenheiten Anfang Januar 2017 machten deutlich, „dass seine Regierung plant, die Forderungen nach umfangreichen wirtschaftlichen und strategischen Zugeständnissen der chinesischen Regierung zu verschärfen"[729]. So hatte sich der ehemalige Vorstandsvorsitzende des US-Ölkonzerns ExxonMobil Rex Tillerson, der von Trump zum US-Außenminister benannt wurde, in recht scharfer Weise zur Haltung der Trump-Administration in Bezug auf Chinas Landansprüche und Bauaktivitäten auf den Inseln und Riffen im Südchinesischen Meer, die Peking als sein Hoheitsgebiet beansprucht, geäußert. Tillerson hatte Chinas Vorgehen im Südchinesischen Meer mit der Angliederung der Krim durch Russland verglichen und gefordert, chinesischen Schiffen die Zufahrt zu den von China neu aufgeschütteten Inseln zu verwehren[730]. Zudem forderte er Peking ultimativ auf, den Bau der Inseln einzustellen. Tatsächlich überschneiden sich die Ansprüche Chinas in der Region mit denen der Nachbarstaaten wie die Philippinen, Malaysia, Vietnam, Taiwan und Brunai, und Peking will die Territorialstreitigkeiten in bilateralen Abkommen erörtern, und zwar unter Ausschluss von Staaten, die von diesem Konflikt nicht betroffen sind[731]. In diesem Zusammenhang sollte nicht unberücksichtigt bleiben, dass Tillerson als ehemaliger Vorstandsvorsitzender des Erdölkonzerns ExxonMobil zu einer amerikanischen Unternehmerelite gehört, die vor allem China als ihren größten wirtschaftlichen, geopolitischen und auch militärischen Konkurrenten ansieht[732]. Unter Tillerson hatte ExxonMobil in Zusammenarbeit mit Vietnam und unter Außerachtlassung der Gebietsansprüche Chinas versucht, Zugang zu den potentiellen Erdöl- und Erdgasfeldern im Südchinesischen Meer zu bekommen. Während sich die allermeisten westlichen Ölkonzerne bislang von dieser Region ferngehalten hatten, galt dies jedoch für ExxonMobil keineswegs. Ein bereits 2006 von Wikileaks veröffentlichtes Telegramm des U.S.

---

[728] Evan Feigenbaum, Not since Nixon hat a U.S. President faced such a tough China Challenge, unter:
http://nationalinterest.org/feature/not-since-nixon-has-us-president-faced-such-tough-china-18777

[729] James Cogan, Trumps China-Politik droht Atomkrieg auszulösen, unter:
https://www.wsws.org/de/articles/2017/01/14/pers-j14.html

[730] Warnungen aus China vor militärischem Konflikt mit Amerika, in: Frankfurter Allgemeine Zeitung v. 14.01.2017

[731] Ebda.

[732] James Cogan, Trumps China-Politik droht Atomkrieg auszulösen, unter:
https://www.wsws.org/de/articles/2017/01/14/pers-j14.html

State Department verdeutlicht, dass die Chinesen bereits damals damit begonnen hatten, andere Länder vor der Erschließung und Erkundung von Öl- und Gasvorkommen im Südchinesischen Meer zu warnen, und dies exakt zu einem Zeitpunkt, als Tillerson Geschäftsführer bei ExxonMobil wurde[733]. Unter der Amtszeit Tillersons versuchte der US-Erdölkonzern jedoch enge Beziehungen zur Regierung Vietnams zu knüpfen, die 2009 schließlich in der Unterzeichnung eines Abkommens mit der staatlichen vietnamesischen Öl-firma PetroVietnam mündeten. Dadurch wurde dem US-Konzern eingeräumt, in zwei – zwischen China und Vietnam umstrittenen – Zonen nach Öl und Gas zu bohren. Dieses Abkommen wurde laut einem veröffentlichen US-amerikanischen Diplomatenbericht in aller Schnelligkeit unterzeichnet, da man eine Kollision mit chinesischen Ansprüchen fürchtete[734]. Laut einem Bericht der United States Energy Information Administration schien dieses Abkommen für ExxonMobil sehr lukrativ zu sein[735]. In der Folgezeit kam es dann jedoch zu einer Konfrontation zwischen dem US-Konzern und China: 2014 wurde eines der von ExxonMobil beanspruchten Felder von einer chinesischen Erdölplattform besetzt[736]. Zur weiteren Konfrontation mit Peking führte der Umstand, dass ExxonMobils Bestrebungen, eine Beteiligung an der Energieerzeugung und -verteilung auf dem chinesischen Festland zu erhalten, ebenfalls durch die Vorherrschaft der chinesischen staatseigenen Betriebe verhindert wurde, die die heimische Industrie monopolisieren[737]. Überall auf der Welt, selbst in dem von den USA besetzten Irak, wurden die Bewerbungen von amerikanischen Energieunternehmen um Verträge von ihren chinesischen Konkurrenten unterboten. So ist im Fall Tillerson die Frage nicht unberechtigt, inwieweit die Geschäftsinteressen des von ihm geführten Exxon-Mobil-Konzerns seine gegen China gerichtete Haltung beeinflusst hat.

Eine ähnlich deutliche Haltung gegenüber China hatte auch der designierte US-Verteidigungsminister, der US-General James Mattis, bei der Senatsanhörung zum Ausdruck gebracht. Er bezeichnete die Militarisierung des Südchinesischen Meeres als „Bedrohung der internationalen Ordnung"[738]. Mattis

---

[733] Steve Horn, Rex Tillerson backs aggressive Policy in Disputed South China Sea als Exxon, Russia Eye Region's Oil and Gas, unter:
http://www.globalresearch.ca/rex-tillerson-backs-aggressive-policy-in-disputed-south-china-sea-as-exxon-russia-eye-regions-oil-and-gas/5572581
[734] Michael Forsythe, Rex Tillerson's South Sea Remarks Foreshadow possible Foreign Policy Crisis, in: New York Times v. 12.01.2017
[735] Ebda.
[736] James Cogan, Trumps China-Politik droht Atomkrieg auszulösen, unter: https://www.wsws.org/de/articles/2017/01/14/pers-j14.html
[737] Michael Forsythe, Rex Tillerson's South Sea Remarks Foreshadow possible Foreign Policy Crisis, in: New York Times v. 12.01.2017
[738] Warnungen aus China vor militärischem Konflikt mit Amerika, in: Frankfurter Allgemeine Zeitung v. 14.01.2017

hatte die Stärkung der US-amerikanischen Marine und die Stationierung modernerer militärischer Hardware in Asien gefordert, um der behaupteten Aggression Chinas entgegenzutreten. In diesem Zusammenhang erklärte Mattis, mit den Bemühungen um positive Beziehungen zu China müsse die Politik einhergehen, „ein Gegengewicht zu China zu schaffen, wenn China im Südchinesischen Meer und anderswo auftrumpft"[739]. Dieser Fortführung der Strategie des „Rebalancing" diente schließlich auch die Reise des neuen US-Verteidigungsministers nach Ostasien Anfang Februar 2017, mit der er die militärische Unterstützung der Verbündeten Washingtons in der Region bekräftigte, was auch als eindeutiges Signal der Trump-Administration an China verstanden werden sollte[740]. Bei dem Besuch Mattis' in Südkorea und Japan ging es der Trump-Administration darum, diesen beiden wichtigsten Verbündeten der USA in der Region die Sorge zu nehmen, dass die engen Beziehungen Washingtons zu ihnen mit der neuen Administration Schaden nehmen könnten. In seinem Wahlkampf hatte Donald Trump die Sicherheitspartnerschaft der USA mit Südkorea und Japan in Frage gestellt und sie aufgefordert, sich selbst zu verteidigen oder einen fairen Anteil an den Kosten der Verteidigung zu übernehmen. Mattis sicherte den Regierungen in Seoul und Tokio nunmehr zu, dass „die Vereinigten Staaten zu 100 Prozent Schulter an Schulter an ihrer Seite stünden"[741]. Mattis führte aus, dass jeder Angriff auf die Vereinigten Staaten oder deren Verbündeten bezwungen werden und jede Verwendung von Atomwaffen auf eine effektive und überwältigende Antwort treffen würde. Auch wenn sich diese Verteidigungszusagen formell auf das Raketen- und Nuklearprogramm Nordkoreas bezogen, so richteten sich Mattis' Botschaften indirekt an China[742], denn „jeder Schritt der USA gegen Nordkorea ist zugleich gegen China gerichtet"[743]. US-Verteidigungsminister Mattis sicherte dem japanischen Premierminister Shinzo Abe gleichfalls zu, dass die amerikanische Verteidigungszusage sich auch auf die von Japan verwalteten Senkaku-Inseln erstrecken sollte[744]. Diese Inseln im Ostchinesischen Meer werden jedoch auch von China unter dem Namen Diaoyu-Inseln beansprucht. Tatsächlich war es dem Erzrivalen Chinas, dem japanischen Ministerpräsidenten Abe, im November 2016 sowie im Februar 2017 gelungen, mit

---

[739] Peter Symonds, Trumps Telefonat mit Taiwan: eine Provokation gegen China, unter:
https://www.wsws.org/de/articles/2016/12/07/pers-d07.html

[740] Petra Kolonko, Trumps Signal an China, in: Frankfurter Allgemeine Zeitung v. 02.02.2017

[741] Mattis: Stehen Schulter an Schulter mit Japan, in: Frankfurter Allgemeine Zeitung v. 04.02.2017

[742] Ebda.

[743] Peter Symonds, USA rühren Kriegstrommel gegen Nordkorea, unter:
https://www.wsws.org/de/articles/2017/02/15/pers-f15.html

[744] Mattis: Stehen Schulter an Schulter mit Japan, in: Frankfurter Allgemeine Zeitung v. 04.02.2017

dem neuen US-Präsidenten zusammenzutreffen und Trump eine klare Bestätigung der Allianz Washingtons mit Tokio abzuringen, in deren Zusammenhang Trump Japan versichert hatte, dass die zwischen China und Japan umstrittenen Senkaku- bzw. Diaoyu-Inseln unter den Schutz des amerikanischen Bündnisses fallen würden[745]. Dieses diplomatische Vorgehen stellte eine erneute Eskalationsstufe im amerikanisch-chinesischen Konflikt dar, da die neue US-Administration hiermit direkt die territorialen Ansprüche Chinas in Frage stellte und deutlich machte, dass sie in den – im Wesentlichen ungeklärten - territorialen Streitfragen die Position und Ansprüche der verbündeten Regionalmächte unterstützte, während sich die Obama-Administration zumindest in Bezug auf die Gebietsstreitigkeiten neutral verhalten hatte, zugleich jedoch das „nationale Interesse" der USA an der freien Seefahrt im Südchinesischen Meer betonte.

Für die US-Strategie in Ostasien ist Japan ein wichtiger Alliierter; dessen Kooperation ist für die Kontrolle der ostasiatischen Gegenküste sowie der Aufrechterhaltung der „Freiheit der Meere" im Ost- und Südchinesischen Meer von fundamentaler Wichtigkeit. „Für die USA ist die Allianz mit Japan nicht nur von zentraler Bedeutung für die amerikanische Nordostasienpolitik, sondern entwickelt sich zum Kernstück der amerikanischen Asienpolitik. Sie ist eine Konstante sowohl der amerikanischen China-Politik als auch der US-Politik gegenüber Südostasien, und nunmehr gewinnt sie auch Bedeutung für die amerikanische Südasienpolitik und den Schutz der Seewege bis in das Arabische Meer und den angrenzenden Persischen Golf"[746].

aa) Die Raketentests Pjöngjangs als Vorwand für Washington, die Militarisierung der koreanischen Halbinsel voranzutreiben

Bei seinem Besuch im südkoreanischen Seoul unterstrich Mattis, dass die Vereinigten Staaten beabsichtigten, die bereits unter Präsident Barack Obama im Juli 2016 vereinbarte Stationierung des amerikanischen Raketenabwehrsystems THAAD (Terminal High Altitude Air Defense) in Südkorea zu verwirklichen. Dessen Zweck lag offiziell in der Neutralisierung des nordkoreanischen Raketenpotentials. Vorausgegangen waren fünfmonatige Verhandlungen mit der konservativen Regierung von Präsidentin Park Geun-hye. Park ist die Amerika sehr freundlich gesonnene Tochter von Park Chung-hee, einem engen Verbündeten Washingtons während des Kalten Krieges. Laut Pressemitteilung des Pentagons handelte es sich bei der Entscheidung für THAAD

---

[745] Petra Kolonko, Trump knickt ein – Vorteil China, in: Frankfurter Allgemeine Zeitung v. 14.02.2017

[746] Heinrich Kreft, Japan und die USA: Sicherheitsallianz auf dem Weg zur strategischen Partnerschaft mit globaler Reichweite, in: Auslandsinformationen der Konrad-Adenauer-Stiftung (KAS-AI) 1/03, S. 4–13 (S. 11)

um eine „rein defensive Maßnahme zur Gewährleistung der Sicherheit Südkoreas und seiner Bevölkerung und zum Schutz der verbündeten militärischen Kräfte vor Nordkoreas Massenvernichtungswaffen und der Bedrohung durch ballistische Raketen"[747]. Es stellt sich jedoch die Frage, ob mit dem Raketenabwehrsystem THAAD nicht noch eine weitere strategische Absicht Washingtons verfolgt werden sollte, die sich gegen das Militärpotential Chinas richtet. Das THAAD-Raketenabwehrsystem – übrigens eines der modernsten Raketenabfangsysteme der USA – ist mit dem dazugehörigen Radar X-band AN/TPY-2 ausgestattet. „Es kann noch weiter nach China reinschauen als die beiden gleichen Radarsysteme, die in Japan stationiert sind. Das ärgert Peking. Denn die Amerikaner wissen so früher, wenn chinesische Interkontinentalraketen losfliegen", so China-Experte Frank Sieren[748]. Mit anderen Worten: Das X-Band-Radarsystem ermöglicht es den USA, die ballistische Erstschlags-Kapazität gegen China sicherzustellen, und zwar bei gleichzeitiger Reduzierung des Risikos, selbst einem ballistischen Schlag Pekings ausgesetzt zu sein. Diese Befürchtungen wurden schließlich auch in Kreisen chinesischer Militärs und Sicherheitsexperten gehegt: Washington nutze Nordkorea als Schreckgespenst für seine Zwecke, sagte auch der ehemalige chinesische Oberst Fan Gaoyue, früher an der Behörde für ausländische Militärbelange und heute an der Universität Sichuan tätig. „THAAD ist dafür ausgelegt, Raketen in ihrer finalen Phase in großen Höhen abzufangen. Das bedeutet, das System hat die Abwehr von ballistischen Mittelstreckenraketen optimiert, ist aber von geringem Nutzen gegen die Kurzstrecken- und taktischen Raketen, die gegen Südkorea aller Wahrscheinlichkeit nach zum Einsatz kämen", erklärte der Militärexperte kürzlich in einem Interview für das Magazin *China-US Focus*. „Ganz abgesehen davon, kann THAAD überhaupt nichts bewirken gegen die reale und realistische Bedrohung, die die Artillerie Nordkoreas darstellt. Wenn man bedenkt, dass bei Kurzstreckenraketen Nordkoreas Typen, Mengen und Möglichkeiten eher begrenzt sind und dass das US-Militär bereits 30 bis 44 Raketensysteme vom Typ Patriot PAC-3 in Südkorea stationiert hat, wird es schwer für Nordkoreas Kurzstreckenraketen, eine wirklich schwere Bedrohung für Südkorea darzustellen. Die echten, realistischen und schweren Bedrohungen, denen sich Südkorea ausgesetzt sieht, sind das Heer Nordkoreas und seine 21.100 Artillerie-Geschütze, von denen die meisten entlang des 38. Breitengrads stationiert sind und direkt den Großraum Seoul unter Beschuss nehmen können"[749]. Vor diesem Hintergrund spricht einiges

---

[747] F. William Engdahl, Washington treibt nicht nur mit Russland Machtspielchen, sondern jetzt auch mit China, unter:
http://info.kopp-verlag.de/hintergruende/geostrategie/f-william-engdahl/washington-treibt-nicht-nur-mit-russland-machtspielchen-sondern-jetzt-auch-mit-china.html
[748] Frank Sieren, Kein Obst mehr von Lotte, in: Handelsblatt v. 17.03.2017
[749] Zit. aus: F. William Engdahl, Washington treibt nicht nur mit Russland Machtspielchen,

dafür, dass das THAAD-System tatsächlich dazu dienen sollte, sämtliche Vergeltungsschläge sowohl von China als auch von Russland zu neutralisieren und auf diese Weise die ballistischen Angriffsmöglichkeiten der USA gegen China im Sinne der „Air-Land-Battle"-Doktrin erheblich zu erweitern. Dafür spricht auch, dass der „U.S. National Defense Authorisation Act" des Jahres 2017 den Umfang des amerikanischen Raketenabwehrprogramms durch einen Zusatzartikel zum National Missile Defense Act von 1999 deutlich ausgeweitet hatte. Dieser forderte nunmehr „robuste" Verteidigung gegen komplexe Bedrohungen statt Raketenabwehrmaßnahmen gegen eine „begrenzte" Bedrohung[750]. Die USA hatten zunächst eine THAAD-Batterie auf Guam stationiert, zwei dazugehörige Radarsysteme vom Typ X-Band befinden sich in Japan. Das Höhenabfangsystem ist Teil eines umfassenderen Netzwerks aus land- und schiffbasierten Kurzstrecken-Raketenabwehrsystemen[751]. Bereits unter Obamas Amtszeit hatten sich die Streitkräfte der USA wie auch Südkoreas auf neue gemeinsame Operationspläne (OPLAN 5015) geeinigt, die statt einer defensiven Haltung im Falle eines Kriegs mit Nordkorea eine offensive Konzeption vorsahen. Geplant waren für diesen Fall Präventivschläge gegen nordkoreanische Raketen und Atomwaffen und „Enthauptungsschläge" gegen das Regime in Pjöngjang[752]. Ende Januar 2017 hatte der US-Generalstabschef Joseph Dunfort in einem Artikel in der *Joint Forces Quarterly* angedeutet, dass ein Krieg mit Nordkorea nicht auf die koreanische Halbinsel beschränkt bleiben würde. Er schrieb: „Heute könnten Nordkoreas Interkontinentalraketen und seine Fähigkeit zur Kriegsführung im Cyberspace und im Weltraum schnell auch das Staatsgebiet unserer Verbündeten im der asiatischen Pazifikregion bedrohen". Weiter schrieb Dunford: „Um eine Bedrohung aus Nordkorea abzuschrecken und nötigenfalls zurückzuschlagen, müssen die gemeinsamen Streitkräfte in der Lage sein, fast sofort alle Regionen, Bereiche und Funktionen einzubinden". Diese Äußerungen der US-Militärführung verdeutlichen, dass man sich in Washington in der Tat auf einen großen militärischen Konflikt in Ostasien vorzubereiten beabsichtigte, in den in kürzester Zeit auch andere Mächte der Region hineingezogen werden konnten, insbesondere auch China. Der Umstand, dass das Ziel des ersten Auslandsbesuchs des neuen US-Verteidigungsministers Asien war, zeigte in diesem Zusammenhang, dass der eigentliche strategische Fokus Washingtons

---

sondern jetzt auch mit China, unter:
http://info.kopp-verlag.de/hintergruende/geostrategie/f-william-engdahl/washington-treibt-nicht-nur-mit-russland-machtspielchen-sondern-jetzt-auch-mit-china.html

[750] Peter Symonds, China und Russland beschließen Maßnahmen gegen US-Raketenabwehrsystem in Asien, unter:
https://www.wsws.org/de/articles/2017/01/16/chru-j16.html

[751] Ebda.

[752] Peter Symonds, US-Verteidigungsminister droht Nordkorea mit Gewalt, unter:
https://www.wsws.org/de/articles/2017/02/06/kore-f06.html

Peking sein sollte[753].

bb) Die Nordkoreapolitik der Trump-Administration: Eigentliches Ziel China?

Trump hatte angedeutet, dass Nordkorea nach seiner Amtsübernahme an erster Stelle seiner außenpolitischen Agenda stehen würde[754], und nach einer Analyse der *New York Times* war es der Amtsvorgänger Barack Obama, der die drastischsten Maßnahmen gegen Pjöngjang erwogen und Trump nach seinem Wahlsieg angehalten hatte, Nordkorea die oberste sicherheitspolitische Priorität einzuräumen[755]. Dass die Trump-Administration mit der Nordkorea-Frage jedoch eigentlich Peking in den Fokus nehmen wollte, wurde bereits daran erkennbar, dass sie China als den eigentlichen Urheber der Korea-Krise brandmarkte und die chinesische Führung für Nordkoreas nukleare Aufrüstung verantwortlich machte. So hatte US-Außenminister Tillerson im Januar 2017 den Druck auf China und Nordkorea erhöht, indem er erklärte, die USA dürften Pekings „leere Versprechen", Druck auf Pjöngjang auszuüben, nicht mehr länger hinnehmen. Seine Herangehensweise an Nordkorea bestünde aus einem langfristigen Plan auf der Grundlage weiterer Sanktionen und deren angemessener Umsetzung. Auf die Frage, ob Washington „sekundäre Sanktionen" gegen chinesische Unternehmen in Betracht ziehe, die gegen bestehende Sanktionen gegen Nordkorea verstießen, erklärte Tillerson: „Wenn China sich nicht an die Sanktionen der UN hält, ist es angemessen, dass die USA Sanktionen erwägen, um sie zur Zusammenarbeit zu zwingen"[756].

Zu einer Konfrontationspolitik der Trump-Administration gegen Pjöngjang kam es im März 2017, deren unmittelbarer Vorwand die Teststarts von vier nordkoreanischen Mittelstreckenraketen waren. Zuvor hatte Nordkorea bereits im Februar eine neu entwickelte Mittelstreckenrakete gestartet. Diese Ereignisse waren für Washington nicht wirklich überraschend, da der nordkoreanische Machthaber Kim Jong-un in seiner Neujahrsansprache 2017 weitere Raketentests – auch den einer Interkontinentalrakete – angekündigt hatte[757].

---

[753] Peter Symonds, US Defence Secretary backs Japan, threatens War against China over disputed islands, unter:
http://www.globalresearch.ca/us-defence-secretary-backs-japan-threatens-war-against-china-over-disputed-islets/5573228

[754] Peter Symonds, China und Russland beschließen Maßnahmen gegen US-Raketenabwehrsystem in Asien, unter:
https://www.wsws.org/de/articles/2017/01/16/chru-j16.html

[755] Bereiten die USA einen Krieg gegen Nordkorea vor?, unter:
https://www.wsws.org/de/articles/2017/03/14/pers-m14.html

[756] Ebda.

[757] Kim will Interkontinentalrakete testen, unter:
http://www.handelsblatt.com/politik/international/nordkorea-kim-will-

Bereits im März 2016 hatte Kim Jong-un erklärt, dass Nordkorea über die Technologie für entsprechende Marschflugkörper verfüge. Als Grund für die ballistische Aufrüstung Nordkoreas wurden von den dortigen Machthabern – und das hatte Kim Jong-un in seiner Neujahrsansprache auch betont[758] – die alljährlichen amerikanisch-südkoreanischen Militärmanöver angegeben, denen nach Einschätzung nordkoreanischer Militärs eine Angriffsabsicht zugrunde lag, was jedoch von Washington als auch von Seoul bestritten wurde. Tatsächlich lagen den Übungen neue, offensiv ausgerichtete Operationspläne zugrunde, die unter anderem Präventivschläge gegen nordkoreanische Militäreinrichtungen und sogenannte Enthauptungsschläge („decapitation raids") auf die Führung des Landes vorsahen[759]. Überdies erscheint bis heute fragwürdig, welche Schlagkraft das Raketenarsenal Nordkoreas überhaupt besitzt. „Wieviel davon Bluff ist, weiß niemand genau", so die *Süddeutsche Zeitung*. „Offizielle Bilder früherer Raketentests hat Robert Schmucker, Professor für Raumfahrttechnik an der TU München, als Photoshop-Fiktionen entlarvt. Manche Skeptiker meinen, die USA und ihre Alliierten übertrieben die Bedrohung durch Nordkorea; sie helfe ihnen, die Stationierung von US-Truppen in Südkorea und auf Okinawa zu rechtfertigen – und auch Japans Abkehr vom Pazifismus"[760]. Hinter dem Vorgehen Nordkoreas stand nach Einschätzung von Experten die Absicht der Führung Pjöngjangs, den neuen US-Präsidenten Trump dazu zu motivieren, seinem Wahlkampfversprechen, das direkte Gespräch mit Kim Jong-un zu suchen, auch tatsächlich Folge zu leisten. „Das Ziel des nordkoreanischen Diktators sei es, die USA an den Verhandlungstisch zu bringen, vermutet der Politologe Narushige Michishita vom National Graduate Institute for Policy Studies in Tokio"[761]. Im Wahlkampf hatte Trump diese Hoffnung mehrfach genährt. Davon war er aber schon wieder zwischenzeitlich abgewichen, und aus diesem Grund schien die nordkoreanische Führung zu versuchen, durch Provokationen auf sich aufmerksam zu machen[762].

Seit Beginn von Trumps Amtszeit hatte die neue Administration die Strategie gegenüber Pjöngjang auf höchster Ebene bewerten lassen. Nach Erkenntnissen des *Wall Street Journal* erwog sie dabei jede Option, auch solche „außerhalb des Mainstreams", wie es ein Vertreter des Weißen Hauses formulierte. Dazu

---

interkontinentalrakete-testen/19195768.html

[758] Ebda.

[759] Bereiten die USA einen Krieg gegen Nordkorea vor?, unter: https://www.wsws.org/de/articles/2017/03/14/pers-m14.html

[760] Scharfe Worte an Kim, in: Süddeutsche Zeitung v. 18.03.2017

[761] Peking weiß nicht mehr weiter, unter: http://www.taz.de/!5385717/

[762] Ebda.

gehörten Optionen wie die Herbeiführung eines „Regimewechsels" oder Militärschläge gegen nordkoreanische Atomanlagen und militärische Einrichtungen[763]. Diese Politik der direkten Konfrontation gegen Nordkorea hatte der designierte US-Außenminister Tillerson auf seiner Antrittsreise in Ostasien Mitte März 2017 in Japan und Südkorea unterstrichen, als er deutlich machte, dass die „Politik der strategischen Geduld" vorbei sei, „neue politische, diplomatische und wirtschaftliche Mittel" ankündigte und erklärte, dass „alle Optionen auf dem Tisch" seien, zu denen nach Einschätzung von Beobachtern auch präventive Militärschläge gehören sollen. Deutlich hatte Tillerson Gespräche und Verhandlungen mit Nordkorea mit dem Ziel, das Waffenprogramm Pjöngjangs einzufrieren, abgelehnt[764]. Er deutete stattdessen an, dass die Vereinigten Staaten Vorleistungen erwarteten. Nach Tillersons Worten würde sich Amerika eine präventive militärische Reaktion offenhalten, sollte Nordkorea es mit militärischen Drohungen zu weit treiben[765]. der Darstellung der *Frankfurter Allgemeinen Zeitung* zufolge arbeitete die neue Administration in Washington in dieser Zeit an einem Konzept für ein entschlosseneres Vorgehen gegenüber Nordkorea[766].

Ob damals in der Anfangszeit der Trump-Administration tatsächlich ein verschärfter Kurs Washingtons gegen Pjöngjang bis hin zu einem Militärschlag geplant war, erschien im Hinblick auf die weiteren Entwicklungen fraglich. Im Gegensatz zu den früheren US-Präsidenten, die ein Gipfeltreffen mit der nordkoreanischen Staatsführung von Vorleistungen Pjöngjangs in Gestalt signifikanter Abrüstungsschritte abhängig gemacht hatten, schlug Trump einen entgegengesetzten Kurs ein. Er plante, durch einen Gipfel eine entsprechende Lösung des Konfliktes zu erreichen und die Führung in Pjöngjang zu einem atomaren Verzicht zu bewegen. Am 12. Juni 2018 traf er sich mit Kim Jong-un in Singapur. Dieses Gipfeltreffen endete mit einem Kommuniqué, das u.a. auch eine Absichtserklärung Kim Jong-uns enthielt, dass Nordkorea daran arbeiten werde, an der Denuklearisierung der koreanischen Halbinsel mitzuwirken. „Beide Seiten machten (...) vor und nach dem Gipfel von Singapur eine Reihe von Gesten, die der Vertrauensbildung dienen sollten. So deklarierte Nordkorea einen vorläufigen Stopp seiner Raketen- und Atomtests und erklärte, dass es sein Atomtestgelände bei Punggye Ri zerstört habe. Zudem liess es mehrere inhaftierte amerikanische Staatsbürger frei"[767]. Nach ihrem

---

[763] Bereiten die USA einen Krieg gegen Nordkorea vor ?, unter:
https://www.wsws.org/de/articles/2017/03/14/pers-m14.html
[764] Amerika droht Nordkorea mit Präventivschlag, in: Frankfurter Allgemeine Zeitung v. 18.03.2017
[765]Ebda.
[766] Ebda.
[767] Atomstreit mit Nordkorea: Das Kim-Regime führt offenbar neuen Hyperschall-Waffentest durch, China und Russland fordern Lockerung der Sanktionen, unter:

ersten Gipfel trafen sich Trump und Kim Jong-un noch zweimal, Ende Februar 2019 in Hanoi und Ende Juni 2019 in Panmunjon an der innerkoreanischen Grenze. Allerdings zeigten diese letzten Treffen, dass sich die Fronten zwischenzeitlich verhärtet hatten. Dies lag auch in der Enttäuschung Nordkoreas darüber begründet, dass eine amerikanische Erklärung über die Beendigung des Kriegszustandes ausgeblieben war. „Das Regime in Pjöngjang fordert eine Friedenslösung, bevor es zu substanziellen Abrüstungsschritten bereit ist"[768]. Folgerichtig hat die nordkoreanische Führung den Begriff „Denuklearisierung" in der Form interpretiert, „dass die Amerikaner ihr gegen Nordkorea gerichtetes atomares Drohpotenzial abbauen, bevor das Land seine eigenen Atomwaffen aufgibt"[769]. Da die Positionen in der Folge jedoch weiter verhärtet blieben, gab es danach keinerlei Fortschritte mehr. Seit dem Herbst 2019 – so Beobachter – stellte „sich Nordkorea auf den Standpunkt, dass weitere Treffen sinnlos seien, solange Amerika seine 'feindliche' Politik nicht aufgebe. An einem weiteren Gipfeltreffen habe Pjongjang vor diesem Hintergrund kein Interesse"[770]. Nordkorea begann, sowohl seine Atomanlagen als auch sein Raketenprogramm wieder auszubauen. Nichtsdestotrotz hatte es die Trump-Administration durch ihre Bereitschaft, das direkte Gespräch mit der nordkoreanischen Staatsführung zu suchen, zunächst vermocht, die Gefahr einer militärischen Eskalation zu reduzieren[771].

In diesem Zusammenhang muss ferner in Betracht gezogen werden, dass auch die vorangegangenen US-Administrationen zu Beginn ihrer Amtszeit stets mit einer Verschärfung der Konfrontation gegen Nordkorea gedroht hatten. Im Jahr 2010 verkündete die seinerzeitige US-Außenministerin Hillary Clinton neue Maßnahmen und härtere Sanktionen gegen Nordkorea an. Auch die Administration George W. Bush sagte wie später auch Tillerson, alle Optionen seien auf dem Tisch, und der damalige US-Vizepräsident Dick Cheney sprach damals vom Erfordernis eines „chirurgischen Militärschlags". Bill Clinton ließ 1994 einen Militärschlag gegen Nordkorea detailliert planen, der nach Einschätzung von Experten eine Million Todesopfer gekostet hätte. Später ließ Clinton mit Nordkorea verhandeln – wie George W. Bush in seiner zweiten Amtszeit auch.

Der Umgang Washingtons mit Nordkorea lässt in der Gesamtbetrachtung den Schluss auf eine US-Strategie zu, in der es im Wesentlichen darum geht, den koreanischen Spannungsherd aufrechtzuerhalten. An einer Öffnung Nordkoreas und einem Friedensvertrag zwischen Pjöngjang und Washington

---

https://www.nzz.ch/international/amerika-und-nordkoreas-atomprogramm-das-wichtigste-im-ueberblick-ld.1399947

[768] Ebda.

[769] Ebda.

[770] Ebda.

[771] Ebda.

sind die USA dem Grunde nach wenig interessiert, weil sie damit aus dem Spiel in Asien wären[772] – ein Friedensvertrag oder gar eine Wiedervereinigung Koreas macht schließlich die US-Militärpräsenz in Ostasien überflüssig, und dies würde nach Ansicht führender US-Strategen die Fähigkeit der USA zur strategisch-militärischen Eindämmung Chinas erheblich gefährden. Dies hatte die US-amerikanische strategische Studie mit dem Titel *Rebuilding America's Defenses* der neokonservativen „Projektgruppe für ein Neues Amerikanisches Jahrhundert" vom September 2000 auch deutlich hervorgehoben. Demzufolge würden die in Südkorea und Japan stationierten US-Streitkräfte „weiterhin für den Fall einer koreanischen Wiedervereinigung und eines Anstiegs der chinesischen Militärmacht eine entscheidende Rolle in der amerikanischen Sicherheitsstrategie spielen müssen. [...] Wenn die USA der Sicherheitsgarant in Nordostasien bleiben und eine de-facto-Allianz, dessen andere Säulen Korea und Japan sind, zusammenhalten wollen, ist die Aufrechterhaltung vorwärts-stationierter Truppen von entscheidender Bedeutung. [...] Eine steigende militärische Stärke der USA in Ostasien ist der Schlüssel, mit Chinas Aufstieg zu einem Großmachtstatus umzugehen. [...] Keine US-Strategie kann eine chinesische Herausforderung für Amerikas regionale Führung einschränken, wenn unsere Sicherheitsgarantien für Südostasien vorübergehend sind und die US-Militärpräsenz eine befristete Angelegenheit ist"[773]. Auch der amerikanische Ostasien-Experte Chalmers Johnson weist darauf hin, dass die eigentliche Funktion der in Südkorea und Japan stationierten US-Truppen darin bestünde, China einzudämmen und Japan zu warnen, keine von den USA unabhängige Außenpolitik zu betreiben[774]. Ebenso präzise formuliert es Zbigniew Brzezinski, der in seinem Werk *The Grand Chessboard. American Primacy and its geostrategic Imperatives* deutlich macht, dass ein Abbau der US-amerikanischen Truppenstärke in Japan und Südkorea nicht wünschenswert sei, da ein solcher Truppenabzug die Allianz der USA mit Tokio und Seoul gefährden könnte, welche für die US-Strategie notwendig sei, um „Chinas regionale Bestrebungen auszugleichen und deren willkürlichere Auswüchse zügeln (zu) können"[775]. Die Grundlage für die Stabilisierung dieser Bündnisse wiederum ist die Existenz einer Bedrohung durch Nordkorea, die – worauf schon der Reagan-Berater Doug Bandow hingewiesen hatte – „nichts anderes als ein Codewort für die Aufrechterhaltung einer Militärpräsenz (ist), um China einzudämmen und Japan in die Schranken zu verweisen"[776]. Vor diesem

---

[772] Frank Sieren, Kein Obst mehr von Lotte, in: Handelsblatt v. 17.03.2017

[773] Rebuilding America's Defenses. A Report of the Project for the New American Century, September 2000, S. 18 f.

[774] Chalmers Johnson, Ein Imperium verfällt, Goldmann, München 2000, S. 183/184

[775] Zbigniew Brzezinski, Die einzige Weltmacht. Amerikas Strategie der Vorherrschaft, Fischer, Frankfurt am Main 2001, S. 275

[776] Doug Bandow, Korean Détente: A Threat to Washington's Anachronistic Military Presence?

Hintergrund erscheint es sehr plausibel anzunehmen, dass „Washingtons vorrangiges Ziel darin besteht, die 'nordkoreanische Krise' unter allen Umständen zu perpetuieren und somit jegliche Entspannungstendenzen dauerhaft zu untergraben. Nur hierdurch können die US-Truppen weiterhin in Südkorea stationiert bleiben, ohne deren eigentlichen Zweck, die Eindämmung Chinas, offen legen zu müssen", so Rüstungs-Experte Jürgen Wagner[777]. In der Tat ging in der Ära George W. Bush die Verschärfung des US-amerikanischen Kurses gegen Nordkorea Hand in Hand mit einer Überprüfung der US-Militärstrategie in Ostasien, für die sich der Pentagon-Stratege Andrew W. Marshall verantwortlich zeichnete. Das Pentagon integrierte Marshalls Empfehlungen im „Quadrennial Defense Review" vom September 2001 in seine Vision von einer stärkeren militärischen Präsenz der Vereinigten Staaten in Asien. Diese Vision sollte dabei vor allem dazu dienen, den Vereinigten Staaten den Zugang und die Kontrolle über die gesamte Region vom „Golf von Bengalen bis zum Japanischen Meer" einzuräumen[778].

Einige Indizien sprechen dafür, dass sich auch die Trump-Administration in dieser Tradition bewegte – und zwar bedingt durch den Einfluss der neokonservativen Machtelite. So bekämpfte der spätere Nationale Sicherheitsberater John Bolton – der als neokonservativer Hardliner bekannt ist - Trumps Bereitschaft zu einem Gipfeltreffen mit Kim Jong-un, wie dieser später in seinen Erinnerungen „The Room Where it happened" darlegte. Noch bei seinem Bewerbungsgespräch als Sicherheitsberater des Präsidenten hatte er sich mit Trump über Nordkorea unterhalten und versucht, ihm klar zu machen, dass Kim Jong-un sich in einer kritischen Phase seines Nuklearprojekts befände und nichts effektiver wäre, als militärischer Druck, um ihn zum Einlenken zu bewegen, schildert Bolton in dem Buch. Es war letztlich auch die Frage das Umgangs mit Nordkorea, durch die Trump in die Konfrontation mit den Neokonservativen geriet.

Die Raketentests Nordkoreas im Frühjahr 2017, unter deren Vorzeichen die Besuche Tillersons in Südkorea und Japan Mitte März 2017 erfolgten, führten zu einer Festigung des Bündnisses der USA mit Japan. „Japan kann den Besuch Tillersons als Erfolg verbuchen. Tillerson nannte das amerikanisch-japanische Bündnis einen Eckpfeiler für Frieden und Stabilität. Er unterstrich zudem, dass die Kooperation zwischen den USA, Japan und Südkorea unabdingbar sei, um den Provokationen Pjöngjangs zu begegnen"[779]. Tatsächlich

CATO Foreign Policy Briefing, No. 59, 17.08.2000, S. 1

[777] Jürgen Wagner, Eskalation mit Ansage. Nordkorea und die US-Ziele in Ostasien, Studie der „Informationsstelle Militarisierung e.V." 2006/08, v. Oktober 2006, ISSN 1611-2571, S. 10

[778] John Pfeffer, Nordkorea und die USA. Die amerikanischen Interessen auf der koreanischen Halbinsel, Diederichs, München 2004, S. 98

[779] Tillerson fordert neuen Ansatz für Nordkorea, in: Neue Zürcher Zeitung v. 18.03.2017

ging es der US-Diplomatie aber weniger um eine Entspannung auf der koreanischen Halbinsel, sondern vielmehr darum, das Militärbündnis Washingtons mit seinen lokalen ostasiatischen Alliierten gegen China zu festigen. Zum einen hatte Tillerson Verhandlungen mit Pjöngjang mit dem Ziel des Einfrierens seiner militärischen Aktivitäten eine eindeutige Absage erteilt. Bedeutsamer und aussagekräftiger war in diesem Zusammenhang die ablehnende Haltung Washingtons gegenüber den Deeskalationsbemühungen Pekings, mit denen die US-Diplomatie deutlich machte, dass es auf der koreanischen Halbinsel gerade nicht um Entspannungsbemühungen in Kooperation mit Peking, sondern um Instrumentalisierung des Krisenherdes zur Rechtfertigung des Aufbaus eines militärischen Szenarios zur Eindämmung des Reiches der Mitte geht. Anfang März 2017 hatte der chinesische Außenminister Wang Yi den Vorschlag unterbreitet, dass Nordkorea seine Atom- und Raketentests aussetzen solle, wenn die USA und Südkorea ihrerseits im Gegenzug ihre Militärmanöver aussetzen würden[780]. China selbst hat ein Interesse an einer Deeskalation auf der koreanischen Halbinsel; es befürchtet nicht zu Unrecht, dass mit einer Verstärkung der Konfrontation durch Stationierung von US-Truppen und eines Raketenabwehrschildes THAAD seine eigene militärstrategische Position gefährdet wird und der Einkreisungsdruck im Ostchinesischen Meer wächst. Aus diesem Grund hatte die Volksrepublik China verstärkt Druck auf Nordkorea ausgeübt mit dem Ziel, dass das Land sein Nuklear- und Raketenprogramm aufgab. Im Februar 2017 setzte Peking alle Kohleimporte aus Nordkorea bis zum Ende des Jahres aus; ein Schritt, mit dem China Pjöngjang gleichzeitig auch den Zugang zu seiner Währung entzog. Die USA hatten jedoch den Entspannungsvorschlag Chinas abgelehnt. Auch Nordkorea selbst hatte bereits 2015 einen entsprechenden diplomatischen Vorstoß- Aussetzung der Raketentests gegen Aussetzung der Militärmanöver - unternommen, der jedoch gleichfalls von den USA und Südkorea zurückgewiesen wurde mit der Begründung, die amerikanisch-südkoreanischen Militärmanöver gebe es schon lange, während Nordkorea mit seinem Atom- und Raketenprogramm gegen Beschlüsse der Vereinten Nationen verstoße[781]. Die amerikanische Botschafterin bei den Vereinten Nationen, Nikki Haley, erklärte auf den Deeskalationsvorschlag Pekings lediglich, Nordkoreas Staatschef Kim Jong-un handele irrational und versuche, durch Provokationen Aufmerksamkeit zu erregen. Nordkorea müsse erst einige „positive Aktionen" unternehmen, bevor es ernst genommen werden könne[782]. Der Sprecher des US-Außenministeri-

---

[780] USA lehnen Vorschlag von Chinas Außenminister ab, unter:
http://www.handelsblatt.com/politik/international/korea-konflikt-usa-lehnen-vorschlag-
von-chinas-aussenminister-ab/19492556.html
[781] Ebda.
[782] Ebda.

ums Mark Toner sah den chinesischen Vorschlag „nicht als machbares Abkommen" an, während Pentagon-Vertreter Gary Ross eine Verknüpfung der US-Militäraktivitäten in Südkorea mit dem Raketenprogramm Nordkoreas grundsätzlich für unzulässig hielt[783]. Damit schloss Washington eine Konzessionsbereitschaft – auch gegenüber China – grundsätzlich aus.

Dieser Aspekt zeigt, dass der eigentliche Adressat der Nordkorea-Politik der Trump-Administration die Volksrepublik China war. Während China eine einvernehmliche multilaterale Lösung im Sinne der auf Eis gelegten Sechs-Parteien-Gespräche einforderte, brachten die USA mit ihrer Ablehnung des chinesischen Vorschlags zum Ausdruck, dass eine Einbeziehung Pekings zur Lösung der geopolitischen Spannungen in Ostasien dem Grunde nach nicht in das Ostasien-Konzept der USA passte. „Durch seine Ablehnung von Verhandlungen begibt sich das Weiße Haus nicht nur gegen Nordkorea auf Konfrontationskurs, sondern auch gegen China"[784]. Vielmehr – so schien es – sollte China selbst auf die von Washington bestimmte Linie festgelegt werden. „Die Trump-Administration greift zu einer harten Linie gegen Nordkorea, die den Start für eine neue auf China abzielende Sanktionskampagne signalisieren könnte"[785]. Folgerichtig richteten sich auch die Drohungen Tillersons und Trumps im Wesentlichen gegen die Volksrepublik. Bei seinen Gesprächen in Japan und Südkorea im März 2017 machte Tillerson klar, dass die neue Administration in Washington vor allem von China Bewegung erwarte, um mehr Druck auf das Regime von Nordkorea auszuüben. Er forderte die Regierung in Peking auf, ihren Verpflichtungen nachzukommen und die wirtschaftlichen Sanktionen gegen Pjöngjang umzusetzen. Zur Verschärfung dieses gegen China gerichteten Kurses trug noch die Stationierung des US-Raketenabwehrsystems THAAD bei. Auch anlässlich seines Besuchs in Peking, der sich den Gesprächen in Südkorea und Japan unmittelbar anschloss, hatte Tillerson entsprechend Druck ausgeübt. Das Land müsse seine Sanktionen gegen Nordkorea voll durchsetzen, sagte Tillerson. Außerdem müsse China aufhören, Südkorea für die geplante Stationierung des US-Raketenabwehrsystems THAAD in der Region zu bestrafen; die wirtschaftlichen Sanktionen seien „unangemessen und beunruhigend". Er erteilte Chinas Entspannungsvorschlag abermals eine Absage, indem er erklärte, dass es neue diplomatische Gesprächsrunden erst dann geben werden, wenn Nordkorea atomar abrüste

---

[783] USA lehnen Chinas Kompromiss ab, unter:
http://www.taz.de/!5390936/
[784] Bereiten die USA einen Krieg gegen Nordkorea vor?, unter:
https://www.wsws.org/de/articles/2017/03/14/pers-m14.html
[785] Rebecca Kheel/Ellen Mitchell, US sends warning to North Korea – with China the likely audience, unter:
http://thehill.com/policy/defense/324591-us-sends-warning-to-north-korea-with-china-the-likely-audience

und sein Programm für Massenvernichtungswaffen einstelle[786].

Indes erschienen die Vorwürfe Tillersons gegen Peking – und das mag ebenfalls die These unterstreichen, derzufolge das Reich der Mitte der eigentliche Adressat der Nordkorea-Politik der Trump-Administration sein sollte – nicht ganz berechtigt. Der im Februar 2017 verhängte Importstopp nordkoreanischer Kohle durch Peking – befristet bis zum Jahresende – stellte für die nordkoreanische Volkswirtschaft eine empfindliche Sanktion dar, was auch durch einen darauffolgenden offenen Brief der Führung Pjöngjangs an Peking deutlich wurde[787]. Der Kohleimportstopp hatte nämlich einen wunden Punkt der nordkoreanischen Wirtschaft getroffen, und zwar die Deviseneinnahmen. 2016 machte Kohle immerhin 42 Prozent von Nordkoreas Ausfuhren aus. Alison Evans vom Risikoberater IHS Country Risk schätzte den Devisenverlust Nordkoreas durch den chinesischen Importstopp auf eine Milliarden Dollar ein. „Aber der wirtschaftliche Schaden dürfte größer sein, da China eine der wenigen Devisenquellen Nordkoreas ist"[788]. Stephen Haggard vom Peterson Institute of International Economics, einem amerikanischen Thinktank, sah in Chinas Schritt daher „möglicherweise eine der wichtigsten Entwicklungen auf der koreanischen Halbinsel" seit 2002. Damals startete Nordkorea sein Atomwaffenprogramm neu[789]. Mit diesem Importstopp hatte China die UN-Resolution 2321 vom November 2016 umgesetzt, die den Kohlehandel gedeckelt hatte. Hintergrund dieses Vorgehens Pekings war, dass sich das Verhältnis Chinas zu Nordkorea als durchaus spannungsgeladen entwickelt hatte, zumal die Militärpolitik Pjöngjangs die militärstrategischen Gewichte in Ostasien zu Lasten Pekings zu verschieben drohte. Pekings Interesse besteht an einer umfassenden Denuklearisierung der koreanischen Halbinsel. Eine Nuklearbewaffnung und ein Raketensystem in Nordkorea würden schließlich zu einem Rüstungswettlauf mit Japan und Südkorea führen; unvermeidlich würden sich die USA stärker auf Seiten ihrer Verbündeten engagieren, womit sich der Einkreisungsring gegen China in Ostasien verschärfen würde. Eine solche Entwicklung würde die Sicherheitsinteressen Pekings erheblich herausfordern, welche u.a. darin bestehen, Nordkorea als neutralen Pufferstaat zu erhalten und eine direkte militärische Bedrohung seiner Yalu-Grenze abzuwenden. Nach Ansicht von Experten stellt der gegenwärtige Machthaber in Pjöngjang für Peking lediglich das kleinere Übel dar.

---

[786] Tillerson fordert China auf, Sanktionen durchzusetzen, unter:
http://www.zeit.de/politik/ausland/2017-03/nordkorea-rex-tillerson-china-forderung-konflikt

[787] Kim Jong-un geht in die Offensive, unter:
http://www.handelsblatt.com/politik/international/zoff-zwischen-china-und-nordkorea-kim-jong-un-geht-in-die-offensive/19442086.html

[788] Ebda.

[789] Ebda.

Peking fürchtet letztlich, dass eine Implosion Nordkoreas zu einer Gefahr für China selbst werden könnte. „Diese Angst ist weit größer als die vor einem wiedervereinigten kapitalistischen Korea. Nordkorea wird dann zur Gefahr, wenn das Regime kollabiert, wenn Hunger oder Bürgerkrieg das Land ins Chaos stürzen und Abermillionen Flüchtlinge über die gemeinsame 1400 Kilometer lange Grenze drängen. Dann würde aus Nordkorea das Syrien Ostasiens"[790]. Diplomatisch ist das Verhältnis zwischen beiden Staaten als eisig zu bezeichnen; während Chinas Parteichef Xi Jinping die Hauptrivalin Pjöngjangs, die südkoreanische Präsidentin Park Geun Hye im September 2015 nach Peking eingeladen hatte, kam es bis zu diesem Zeitpunkt noch nicht zu einem Treffen mit den nordkoreanischen Machthabern. Überdies hat China nach Einschätzung von Experten kaum noch Einfluss auf die Führung in Pjöngjang. Seit der Ermordung des Onkels des jetzigen Machthabers, Jang Song-thaek, im Jahr 2012, der für einen chinesischen Kurs der wirtschaftlichen Öffnung Nordkoreas stand, verfügt Peking über keinen Ansprechpartner mehr in Pjöngjang[791]. Einige Beobachter neigen sogar zu der Schlussfolgerung, dass das Regime in Pjöngjang China zu seiner Geisel gemacht habe, zumal sein Raketenprogramm China erheblich gefährde, da dieses schließlich der Anlass für Washington gewesen sei, die Stationierung des Raketenabwehrsystem THAAD in Südkorea durchzusetzen. „Für Chinas Führung ist die THAAD-Ankündigung ein Albtraum, ihr strategisches Ziel ist es schließlich, die USA aus Ostasien schrittweise zurückzudrängen"[792].

Objektiv lässt sich daher durchaus von Interessenübereinstimmungen zwischen China und den Vereinigten Staaten in der Nordkoreafrage sprechen, die eine Kooperation beider Pazifikanrainer ermöglichen würde. Hält man sich jedoch vor Augen, welche Bedeutung die Nordkorea-Krise für die US-Strategie wirklich hat – nämlich als Vorwand für eine verstärkte Militarisierung Ostasiens zur Eindämmung Chinas zu dienen – so wird nachvollziehbar, warum die USA Chinas Vorschlag zur militärischen Entspannung und zur Rückkehr zu den sogenannten Sechs-Parteien-Gesprächen, an denen neben den beiden Korea auch China, USA, Japan und Russland teilnehmen, zurückgewiesen hatten. Folgerichtig setzten die USA daher auch auf eine Verschärfung des Kurses insbesondere auch gegen China. So forderte Victor Cha, Korea-Experte beim Center for Strategic and International Studies, Anfang Februar 2017 im außenpolitischen Ausschuss des US-Kongresses: „Die neue Politik gegenüber Nordkorea muss daher ein höheres Risiko der USA akzeptieren"[793]

---

[790] Kai Strittmatter, Warum China Kim Jung-un stützt, unter:
http://www.sueddeutsche.de/politik/nordkorea-chinas-albtraum-1.2854216
[791] Peking weiß nicht mehr weiter, unter:
http://www.taz.de/!5385717/
[792] Ebda.
[793] Kim Jong-un geht in die Offensive, unter:

- das heißt wohl auch eine Konfrontation mit China. Militärisch ist der Handlungsspielraum der USA nach Einschätzung von Beobachtern eher begrenzt; Präventivschläge gegen Atomanlagen sind eher keine Option, denn Südkoreas Hauptstadt Seoul liegt in der Reichweite nordkoreanischer Artillerie. „Für Cha bedeutet höheres Risiko daher vor allem, mit neuen Sanktionen nicht nur Nordkorea härter zu treffen, sondern auch chinesische Banken, Unternehmen oder Organisationen, die dem Norden bewusst oder unbewusst helfen"[794]. Vor diesem Hintergrund sollte nach Einschätzung des Korea-Experten Stephen Haggard vom Peterson Institute of International Economics der von Peking verhängte Stopp der Kohleimporte China aus Trumps Schusslinie nehmen und die USA zurück an den Verhandlungstisch mit Nordkorea bringen. Tatsächlich drängte Chinas Außenminister Wang Yi bei einem ersten Treffen seinen amerikanischen Kollegen Rex Tillerson bereits in diese Richtung. Auch einige westliche Korea-Experten unterstützten Zugeständnisse, beispielsweise eine Garantie an Kim, das Regime nicht stürzen zu wollen, oder die Einigung auf ein Einfrieren des Atomprogramms[795]. „Beides wird allerdings vom sicherheitspolitischen Establishment in Washington strikt abgelehnt"[796].

cc)   Die erneute Eskalation in Ostasien im Sommer 2017

Im Sommer 2017 spitzte sich die Situation in Ostasien erneut zu. Hintergrund dafür war ein Ende Juli 2017 von Pjöngjang eingeleiteter Test einer Langstreckenrakete, die angeblich New York erreichen konnte. Seitens des Pentagon wurde jedoch betont, dass diese Rakete keine Bedrohung für die USA dargestellt habe, was vom Pentagon-Sprecher Jeff Davis in einer Stellungnahme klar herausgestellt wurde[797]. Bereits zuvor hatte Nordkorea Anfang Juli 2017 einen Langstreckenraketentest gestartet, der von der Trump-Administration zum Vorwand genommen wurde, die Eskalation gegenüber Peking zu erhöhen, und zwar durch „umfangreiche Waffenverkäufe an Taiwan, ein weiteres Eindringen eines US-Zerstörers in die von China beanspruchten Gewässer im Südchinesischen Meer und die Verhängung von Sanktionen gegen chinesische Unternehmen und Personen, die Handel mit Nordkorea betreiben"[798].

---

http://www.handelsblatt.com/politik/international/zoff-zwischen-china-und-nordkorea-kim-jong-un-geht-in-die-offensive/19442086.html

[794] Ebda.

[795] Ebda.

[796] Ebda.

[797] Pentagon Spokesman Comments on North Korean Missile Launch, unter: https://www.defense.gov/News/Article/Article/1261474/pentagon-spokesman-comments-on-north-korean-missile-launch/

[798] Peter Symonds, Der nordkoreanische Raketentest erhöht die Kriegsgefahr, unter: https://www.wsws.org/de/articles/2017/07/06/kore-j06.html

In einem Telefongespräch mit dem chinesischen Premierminister Xi Jinping versuchte Trump, Peking auf den US-amerikanischen Kurs festzulegen, indem er deutlich machte, die USA würden selber handeln, wenn es Peking nicht gelinge, Pjöngjang zum Verzicht auf sein Nuklear- und Raketenprogramm zu zwingen[799]. Die Stellungnahmen der US-amerikanischen Führung ließen in diesem Zusammenhang den Verdacht aufkommen, die Sanktionsdrohungen zum Vorwand zu nehmen und den von Trump avisierten Wirtschaftskrieg gegen China in die Wege zu leiten. Als Antwort auf den nordkoreanischen Raketentests verschärfte US-Außenminister Tillerson die diplomatische Rhetorik, als er ein „globales Eingreifen" und „schärfere Maßnahmen" durch den UN-Sicherheitsrat forderte. Ferner drohte Tillerson indirekt mit Maßnahmen gegen Länder, die sich in der Nordkorea-Frage dem US-amerikanischen Kurs verweigerten, indem er erklärte: „Alle Länder, die nordkoreanische Gastarbeiter aufnehmen, [diesem Land] irgendeine wirtschaftliche oder militärische Unterstützung leisten oder die Resolutionen des UN-Sicherheitsrates nicht in vollem Umfang umsetzen, unterstützen und begünstigen ein gefährliches Regime"[800]. Beobachtern zufolge war diese Drohung eindeutig gegen China und Russland gerichtet, die enge Beziehungen zu Nordkorea unterhalten[801]. Es kristallisierte sich heraus, dass die Trump-Administration nunmehr deutlich auf eine militärische Konfrontation hinarbeitete; Trumps Nationaler Sicherheitsberater H.R. McMaster hob hervor, dass der Präsident ihn angewiesen habe, „eine Reihe von Optionen vorzubereiten, darunter auch militärische, die niemand ergreifen möchte"[802]. Die USA und Südkorea verstärkten daraufhin ihrerseits Raketentests im südkoreanischen Meer. Das US-Pazifikkommando erklärte, seine Raketen verfügten über „eine weitreichende hohe Präzision". In einer Stellungnahme der US-Armee hieß es, die Waffen könnten auch „unter Zeitdruck und unter allen Wetterbedingungen eine ganze Palette an Zielen erreichen"[803]. Tatsächlich hatten die USA in der Nähe der koreanischen Halbinsel zwischenzeitlich eine „Armada" zusammengezogen, wie Trump erklärte. Dazu gehörten zwei Flugzeugträger-Flottenverbände und eine unbekannte Anzahl an Atom-U-Booten. Diese Seestreitkräfte wurden von Stützpunkten in Südkorea, Japan, Guam und aus dem weiter entfernten Nordaustralien sowie von Hawaii aus unterstützt. Der US-Verteidigungsminister James Mattis warnte, jedem Versuch Nordkoreas, sein winziges Atomwaffenarsenal einzusetzen, würde man mit einer „wirkungs-

---

[799] Ebda.
[800] Zit. aus: Ebda.
[801] Ebda.
[802] Zit. aus: Ebda.
[803] Ebda.

vollen und erdrückenden" Reaktion begegnen, d.h. einer atomaren Vernichtung[804].

Es schien sich zu bestätigen, dass die Trump-Administration mit ihrer Konfrontationspolitik gegenüber Nordkorea auch auf die Außenwirtschaft und den Außenhandel Chinas abzielte und die Koreakrise instrumentalisierte, um einen umfassenden Wirtschaftskrieg gegen China vorzubereiten, der ja als Kernbestandteil der Agenda Trumps galt. Tatsächlich hatte Nikki Haley, die US-Botschafterin bei den Vereinten Nationen, erklärt, dass China seinen gesamten Handel mit den USA aufs Spiel setze, wenn es als wichtigster Handelspartner Nordkoreas die Sanktionen gegen Pjöngjang weiterhin missachte[805]. Donald Trump selbst schrieb auf Twitter, China habe seinen Handel mit Nordkorea weiter gesteigert, statt das Land wirtschaftlich unter Druck zu setzen. In einem zweiten Tweet mahnte er ein Ende der US-chinesischen Handelsbeziehungen an: „Die Vereinigten Staaten haben einige der schlechtesten Handelsabkommen in der Geschichte der Welt gemacht. Warum sollten wir diese Abkommen fortsetzen, mit Ländern, die uns nicht helfen?"[806]. Botschafterin Haley versuchte, den Druck auf China zu erhöhen, indem sie unterstrich, dass China eine Schlüsselrolle bei der Erhaltung des Friedens und der Verhinderung einer Katastrophe in der Region haben, und sprach dabei in Richtung China eine unverhohlene Drohung aus: „Wir werden nicht ausschließlich Nordkorea anschauen. Wir werden jedes Land anschauen, das sich dazu entscheidet, Geschäfte mit diesem verbrecherischen Regime zu machen"[807]. China ist für 90 Prozent des nordkoreanischen Handelsvolumens verantwortlich. Obwohl offiziell ein Zusammenhang mit der Nordkorea-Krise verneint wurde, hatte Trump Mitte August 2017 Chinas Industriepolitik ins Visier genommen, als er seinen Handelsbeauftragten angewiesen hatte, eine Untersuchung chinesischer Praktiken, welche amerikanische Firmen angeblich um ihr geistiges Eigentum und ihre Innovationskraft bringen würden, einzuleiten[808]. Diese Vorgehensweise stellte eine erneute Eskalation im US-chinesischen Handelskonflikt dar. „In der Darstellung des US-Präsidenten sieht die Welt ganz einfach aus", so das *Handelsblatt*. „Solange sich Peking in die Strategie der Amerikaner einspannen lässt, ist alles gut. Aber seit ihm klar wird, dass China keine Sanktionen gegen Nordkorea mittragen wird, die einen Zusammenbruch des Regimes von Kim Jong Un herbeiführen könnten, sucht er nach neuen Drohmitteln. Und da kommt ihm die Debatte über die unfaire

---

[804] Ebda.

[805] USA erhöhen Druck im Nordkorea-Konflikt, unter:
http://www.zeit.de/politik/ausland/2017-07/raketentest-nordkorea-konflikt-usa-china-druck-sanktionen

[806] Ebda.

[807] Ebda.

[808] Die USA machen Druck auf China, in: Neue Zürcher Zeitung v. 16.08.2017

Behandlung von US-Firmen in China gerade recht"[809].

Die chinesische Führung sträubte sich jedoch, die bereits im Frühjahr verhängten Sanktionen gegen Nordkorea zu verschärfen, da sie befürchtete, damit einen Zusammenbruch der nordkoreanischen Regimes auszulösen, den Washington wiederum hätte ausnutzen können. Vor diesem Hintergrund kam es Anfang Juli 2017 zu einem Treffen zwischen Xi Jinping und dem russischen Präsidenten Putin in Moskau. In einer gemeinsamen Erklärung des russischen und des chinesischen Außenministeriums wurde daraufhin der nordkoreanische Raketentest verurteilt; Pjöngjang wurde aufgefordert, seine Atom- und Raketentests zu stoppen. Im Gegenzug sollten die USA ihre umfangreichen Militärmanöver mit Südkorea einstellen – ein Vorschlag, den die USA bereits im Frühjahr 2017 abgelehnt hatten[810]. Die gemeinsame Erklärung wendete sich auch gegen die Aufstellung des US-Raketenabwehrsystems Terminal High Altitude Area Defence (THAAD) in Südkorea. Dieses „verletzt [die] strategischen Sicherheitsinteressen der regionalen Mächte, auch die Russlands und Chinas, erheblich". Moskau und Peking waren sich sehr wohl bewusst, dass der militärische Aufmarsch der USA im asiatisch-pazifischen Raum sich nicht in erster Linie gegen das kleine, verarmte Nordkorea richtete, sondern die Vorbereitung auf eine Eskalation gegen ihre Länder darstellte, so kritische Beobachter[811]. „US-Präsident Donald Trump mag auf Twitter den nordkoreanischen Herrscher beschimpfen, die realen Handlungen der US-Militärs richten sich (...) in erster Linie gegen China"[812]. Im Juli 2017 kündigte US-Admiral Scott Swift, seinerzeit Kommandeur der US-Pazifikflotte, an, bei einem ihm befohlenen Atomangriff auf China nicht zögern zu wollen[813]. Zu dieser Zeit nahmen Provokationen amerikanischer Kriegsschiffe in chinesischen Gewässern bis hin zur Verletzung der 12-Meilen-Zone bei den Spratley-Inseln zu[814].

Den nordkoreanischen Raketentests vorausgegangen waren militärische Drohungen seitens Washingtons. Im Juni 2017 hatte US-Präsident Trump auf Twitter erklärt, China habe Nordkorea nicht dazu bringen können, sich den Forderungen der USA zu unterwerfen. Daher könnten die USA jetzt zu einseitigen Maßnahmen übergehen, möglicherweise auch zu Militärschlägen, so

---

[809] USA und China: Schlag auf Schlag, in: Handelsblatt v. 16.08.2017

[810] Peter Symonds, Der nordkoreanische Raketentest erhöht die Kriegsgefahr, unter: https://www.wsws.org/de/articles/2017/07/06/kore-j06.html

[811] Ebda.

[812] Sebastian Carlens, Das Ziel ist China: US-Aggression in Ostasien, in: Junge Welt v. 12.08.2017

[813] James Cogan, US-Militär: Zeit bis zu einem Krieg mit Nordkorea „wird knapp", unter: https://www.wsws.org/de/articles/2017/07/29/nkor-j29.html

[814] Sebastian Carlens, Das Ziel ist China: US-Aggression in Ostasien, in: Junge Welt v. 12.08.2017

Trump[815]. Diese „bedrohliche und riskante Äußerung" fiel im Vorfeld von Spitzengesprächen zwischen amerikanischen und chinesischen Regierungsvertretern in Washington, die die Frage des Vorgehens in der Korea-Krise zum Gegenstand hatten. Ziel dieser Gespräche war es, China dazu zu bewegen, den Druck auf Pjöngjang zu verstärken. Derweil hatte das US-Außenministerium angekündigt, dem Thema Nordkorea die höchste Priorität einzuräumen und dabei Peking auf die Linie Washingtons zu bringen. Begleitet wurde dieser diplomatische Druck mit dem Aufbau eines militärischen Drohpotentials gegen Pjöngjang; vor der nordkoreanischen Halbinsel wurden zwei Flugzeugträgerkampfgruppen zusammengezogen, hinzu kamen Atom-U-Boote sowie eine beträchtliche Anzahl von US-Truppen, die bereits in Japan, Südkorea sowie auf Guam stationiert waren. Von Guam aus flogen zwei strategische Bomber vom Typ B1 über die koreanische Halbinsel, was als eindeutige Warnung gegen Pjöngjang dienen sollte, wie Pentagon-Sprecher Jeff Davis unterstrichen hatte, als er erklärte, die USA könnten „in sehr kurzer Zeit Langstreckenbomber über die koreanische Halbinsel bringen und dort Einsätze fliegen"[816] - ein Vorgehen, das Gegenmaßnahmen Pjöngjangs geradezu herausfordern musste. „Das Pentagon inszenierte eine militärische Machtdemonstration nach der anderen. Den gemeinsamen Gefechtsübungen mit Südkorea, bei denen auch Raketen ins Meer abgeschossen wurden, folgten Flüge von strategischen B1-Bombern über der koreanischen Halbinsel"[817]. Darüber hinaus hatten „die USA ihre eigene Interkontinentalrakete (ICBM) über dem Pazifik getestet – der vierte Testabschuss in diesem Jahr (2017)"[818].

Die Antwort Pjöngjangs erfolgte am 28. Juli 2017 mit dem Abschluss einer Langstreckenrakete, die – wie oben schon erwähnt – nach Einschätzung des Pentagons keine Gefahr für die USA dargestellt hatte. Diese beantwortete US-Präsident Trump mit einer harten Anklage gegen China, in der er abermals die Möglichkeit eines Handelskrieges gegen Peking andeutete. „Ich bin sehr enttäuscht von China", erklärte Trump per Twitter. Das Land erziele jährlich Hunderte Milliarden Dollar im Handel mit den Vereinigten Staaten, würde aber im Fall Nordkorea nichts für diese tun – außer zu reden. „Wir werden das nicht länger zulassen, China könnte das Problem leicht lösen", so Trump[819]. Die USA und Südkorea reagierten auf den Test ihrerseits mit Raketenmanövern vor der südkoreanischen Ostküste. Zudem ließ das Pentagon zwei Überschall-Langstreckenbomber vom Typ Boeing 1B die Halbinsel

---

[815] Peter Symonds, Trump bereitet Krieg mit Nordkorea vor, unter:
https://www.wsws.org/de/articles/2017/06/22/nkor-j22.html
[816] Ebda.
[817] Peter Symonds, UNO beschließt harte Sanktionen gegen Nordkorea, unter:
https://www.wsws.org/de/articles/2017/08/08/nkor-a08.html
[818] Ebda.
[819] Arnold Schölzel, Gefährder im Weißen Haus, in: Junge Welt v. 31.07.2017

überfliegen, wie das US-Pazifikkommando mitteilte. Darüber hinaus übte das US-Außenministerium nicht nur auf China, sondern auch auf Russland Druck aus. Beide Staaten ermöglichten es Pjöngjang, diese Raketenprogramme zu entwickeln; deshalb hätten sie auch eine besondere Verantwortung für die wachsende Gefahr in der Region, hieß es in einer Erklärung des US-Außenministeriums. Die USA würden niemals ein mit Atomwaffen ausgerüstetes Nordkorea akzeptieren oder ihre Verpflichtungen gegenüber den Verbündeten aufgeben. Peking versuchte, deeskalierend auf beide Seiten zu wirken, indem es sich eindeutig gegen weitere Raketentests aussprach und alle Seiten aufrief, „bedacht" zu handeln, um die Spannungen auf der Halbinsel nicht noch zu schüren.

Unter großem Druck der USA hatte der UN-Sicherheitsrat Anfang August 2017 einstimmig eine Resolution verabschiedet, die die Strafmaßnahmen gegen Nordkorea erheblich verschärfte. Neu an diesem Sanktionsregime war, dass es anders als die früheren UN-Sanktionen, die sich gezielt gegen Pjöngjangs Atom- und Raketenprogramm richteten, nunmehr darauf abzielte, Nordkorea wirtschaftlich lahmzulegen. Die neue Sanktion vom August 2017 verhängte totale Ausfuhrverbote für Kohle, Eisen, Blei und Meeresfrüchte aus Nordkorea. Damalige Schätzungen gingen davon aus, dass dadurch die Exporteinkünfte des Landes um eine Milliarde Dollar bzw. ein Drittel der gesamten Einnahmen reduziert würden[820]. Mit dieser Resolution wurde ein potentieller Zusammenbruch des Landes in Kauf genommen. Die Resolution verbot außerdem, dass Länder zusätzliche nordkoreanische Arbeiter einstellen und neue Joint Ventures mit Nordkorea eingehen oder neue Investitionen in schon bestehende Unternehmen tätigen. Neun weitere Personen und vier Unternehmen wurden auf die schwarze Liste der UN für Einreiseverbote und das Einfrieren von Vermögen gesetzt. Dazu gehörte auch Nordkoreas staatseigene Außenhandelsbank, die als die wichtigste Devisenbank fungiert. Die US-Botschafterin bei der UNO, Nikki Haley, unterstrich die Härte des amerikanischen Vorgehens durch den Hinweis, dass nunmehr „die schärfsten Sanktionen, die einem Land seit einer Generation" auferlegt wurden, verhängt worden seien[821]. Indessen versuchte die chinesische Diplomatie, die Situation zu entschärfen, indem sie ihrerseits Vorschläge für eine Wiederaufnahme der Gespräche mit Nordkorea voranzubringen versuchte: „Pjöngjang solle seine Atom- und Raketentests beenden und im Gegenzug sollten die USA und Südkorea ihre großen gemeinsamen Militärübungen stoppen. Washington hat wiederholt abgelehnt, diese Übungen auszusetzen oder zu beenden, die im

---

[820] Peter Symonds, UNO beschließt harte Sanktionen gegen Nordkorea, unter:
https://www.wsws.org/de/articles/2017/08/08/nkor-a08.html
[821] Ebda.

Wesentlichen eine Generalprobe für einen Krieg mit Nordkorea sind"[822]. Es gelang China, in der UN-Resolution den Aufruf zur Rückkehr zu den Sechs-Parteien-Gesprächen durchzusetzen. Diese Verhandlungen waren seinerzeit gescheitert, nachdem der damalige US-Präsident Bush 2007 das Abkommen zur atomaren Entwaffnung Nordkoreas von 2007 dadurch unterlaufen hatte, dass er weitere Inspektionen und Sicherheiten verlangte.

Wohl unter dem Eindruck der chinesischen Bemühungen versuchte US-Außenminister Rex Tillerson, nunmehr Grundlagen für Verhandlungen mit Nordkorea zu schaffen. Er erklärte, man wolle der nordkoreanischen Regierung vermitteln, dass man nicht ihr Feind sei. Bei einer Pressekonferenz fügte er hinzu, ein Regierungswechsel in Pjöngjang sei nicht das Ziel der USA. „Uns geht es nicht um einen Zusammenbruch des Regimes. Uns geht es nicht um eine beschleunigte Wiedervereinigung der koreanischen Halbinsel". Man suche auch nicht nach einem Vorwand für einen Einsatz des US-Militärs, sondern wolle „friedlichen Druck" auf Nordkorea ausüben, um die Regierung zu diplomatischen Gesprächen zu bewegen. Eine Bedingung dafür sei aber die Aufgabe des Atomprogramms. Unter dem Eindruck der neuen Sanktionen und des militärischen Drohpotentials der USA musste diese Ankündigung für die nordkoreanische Führung wenig glaubhaft klingen; darüber hinaus hatte Trump „vorsätzlich die Bemühungen von US-Außenminister Rex Tillerson" sabotiert, als er Nordkorea drohte, auf weitere Herausforderungen Pjöngjangs mit „Feuer, Wut und überwältigender Macht zu reagieren, wie die Welt sie noch nicht gesehen hat"[823]. Gleichzeitig hatte US-Verteidigungsminister James Mattis indirekt mit der Vernichtung Nordkoreas gedroht, als er Pjöngjang ultimativ aufforderte, es solle jegliche Schritte unterlassen, die „zum Ende seines Regimes und zur Vernichtung seines Volkes führen werden"[824]. Nordkorea reagierte „auf die sich steigernden Kriegsdrohungen der US-Regierung", indem es die Option prüfte, als „ernsthaftes Warnsignal" an US-Präsident Trump vier Mittelstreckenraketen in Richtung des US-Militärstützpunktes Guam abzuschießen – jedoch sollten sie nach den Planungen der nordkoreanischen Streitkräfte in einem internationalen Seegebiet aufschlagen, das 30 bis 40 Kilometer von der Insel entfernt lag[825]. Zu einer weiteren Eskalation kam es indes nicht, was möglicherweise auch der chinesischen Diplomatie zuzurechnen war. In einem Telefongespräch mit Trump hatte der chinesische Ministerpräsident Xi Jinping die Kontrahenten erneut

---

[822] Ebda.

[823] Trump droht Nordkorea mit „Feuer und Wut", unter:
https://www.wsws.org/de/articles/2017/08/10/pers-a10.html

[824] US-Verteidigungsminister droht mit „Vernichtung" Nordkoreas, unter:
http://www.spiegel.de/politik/ausland/atom-krise-us-verteidigungsminister-droht-mit-vernichtung-nordkoreas-a-1162123.html

[825] Knut Mellenthin, Die Guam-Option, in: Junge Welt v. 12.08.2017

zur Mäßigung aufgerufen und erklärt, dass China grundsätzlich bereit sei, mit den USA zusammenzuarbeiten, um auf eine „angemessene Lösung zu drängen". Nach wie vor besteht Peking auf einen Stopp der nordkoreanischen Waffentests und im Gegenzug darauf, dass die USA und Südkorea auf ihre gemeinsamen Militärübungen verzichten. Dies hatte Washington wiederholt zurückgewiesen.

China hatte deutlich gemacht, dass es bereit sei, die Sanktionen gegen Nordkorea mitzutragen, und so hatte es Mitte August 2017 einen Importstopp für Eisen, Blei, Kohle, Erze und Meeresfrüchte aus Nordkorea verhängt. Pekings Interesse liegt an einer geopolitischen Stabilität in der Region, und jegliche militärische Eskalation in Ostasien – verbunden mit einer vermehrten Stationierung US-amerikanischer Waffensysteme – würde den Einkreisungsdruck auf Peking vom Pazifik her erhöhen. Für Peking erfüllt Nordkorea die Funktion eines geostrategischen Puffers; dessen Wegfall – ob durch einen Zusammenbruch des Regimes oder einen Militärschlag – „ist eine Schreckensvorstellung für die chinesische Führung", so Minxin Pei, Politologe und Fellow des German Marshall Fund of the United States. China werde einen US-Eingriff im eigenen Einflussgebiet nicht tolerieren – es gehe darum, Nordkorea einzugrenzen und auch die USA abzuschrecken[826]. Deutlicher hatte es Henry Kissinger angesichts der aktuellen Zuspitzung formuliert: „Ein einseitiges, präventives militärisches Vorgehen der USA würde die Gefahr eines Konflikts mit China beinhalten". Auch wenn China ein solches Vorgehen vorübergehend dulden würde, so Kissinger, werde Peking „eine amerikanische Strategie nicht sehr lange ertragen, die darüber bestimmt, was am Rand von Chinas Kernland passiert; das hat sein [Pekings] Eingreifen in den Koreakrieg in den 1950er-Jahren bewiesen"[827]. Pjöngjang seinerseits hatte schließlich deutlich gemacht, von weiteren militärischen Aktivitäten gegenüber den USA abzusehen. Viel spricht dafür, dass es der nordkoreanischen Führung nach wie vor grundsätzlich darum geht, durch Unterstreichung seines militärischen Potentials direkt in Gespräche mit den USA eintreten zu können. „Zuversichtlich nach den offenbar erfolgreichen Tests zweiter Interkontinentalraketen und ausgerüstet mit dem Plan eines Angriffes auf Guam, sieht sich Kim Jong-un in der Lage, weniger kriegerische Nachrichten nach Washington zu schicken und Lösungsmöglichkeiten anzubieten"[828]. Laut der nordkoreanischen Nachrichtenagentur KCNA forderte Kim Jong-un die USA auf, ihre „arroganten Provokationen und einseitigen Druck auf Nordkorea" aufzugeben. Um die

---

[826] Der Hebel liegt in Peking, unter:
http://www.fr.de/politik/nordkorea-krise-der-hebel-liegt-in-peking-a-1328839
[827] Zit. aus: Peter Symonds, USA weiterhin zu Angriff auf Nordkorea bereit, unter:
https://www.wsws.org/de/articles/2017/08/15/usnk-a15.html
[828] Entspannungssignale aus Pjöngjang, in: Frankfurter Allgemeine Zeitung v. 16.08.2017

gefährliche Situation zu entspannen und einen militärischen Konflikt zu vermeiden, sei es notwendig, dass Amerika die richtige Option wähle und dies auch durch Taten zum Ausdruck bringe, so Kim Jong-un[829]. Worin diese Option liegen sollte, ließ er offen, „doch man weiß, dass das Regime in Pjöngjang vorerst zwei Ziele verfolgt: Die amerikanisch-südkoreanischen Manöver sollen eingestellt werden, und das Regime will direkte Gespräche mit der amerikanischen Regierung führen. Washington hat aber mehrfach erklärt, dass eine Beendigung der amerikanisch-südkoreanischen Manöver nicht in Frage komme"[830].

In der Zuspitzung der Krise in Ostasien im Sommer 2017 war deutlich geworden, dass die Ostasienstrategie Trumps schwerpunktmäßig darin bestand, den nordkoreanischen Krisenherd mit einer offensiven Chinapolitik zu verbinden. Seine Option war es, China stärker als bisher dazu zu bewegen, seinen eigenen, vor allem wirtschaftlichen Einfluss auf Nordkorea geltend zu machen. „Dieser Ansatz scheint ein zentrales Element von Trumps Nuklearstrategie zu werden. So hatte er im Wahlkampf angekündigt, er werde die 'enorme wirtschaftliche Macht' der USA gegenüber China nutzen, um Peking dazu zu bringen, das Problem im Rahmen 'eines Treffens oder eines Telefonats' im Sinne der USA zu lösen"[831]. Mit einer solchen Strategie, so das Kalkül Trumps, bestanden gleichermaßen Möglichkeiten, die Wirtschafts- und Handelspolitik Chinas im Sinne Washingtons zu beeinflussen, und sämtliche Indizien ließen deutlich werden, dass ein etwaiges nichtkonformes Verhalten Pekings im Nordkoreakonflikt als Vorwand genommen werden sollte, um gegebenenfalls einen Handelskrieg gegen Peking vom Zaun brechen zu können. In der Sicht Trumps sollte das strategische Dilemma Chinas, das sich aus seiner Doppelrolle als Systemgarant und Sanktionsmacht gegenüber Nordkorea ergibt, instrumentalisiert werden, um es – nicht zuletzt auch handels- und industriepolitisch – auf einen US-amerikanischen Kurs festzulegen[832].

dd) Die Trump-Administration treibt die Konfrontation gegen China voran

Insgesamt ist festzuhalten, dass auch die Trump-Administration in der China-Politik den klassischen Doktrinen der US-amerikanischen Geopolitik folgte,

---

[829] Ebda.

[830] Ebda.

[831] Markus Liegl, Endstation für Illusionen: Trumps Optionen für die amerikanische Nordkoreapolitik, Arbeitspapier Sicherheitspolitik Nr. 5/2017 der Bundesakademie für Sicherheitspolitik, unter:
https://www.baks.bund.de/sites/baks010/files/arbeitspapier_sicherheitspolitik_2017_05.pdf
[832] Ebda.

die darauf ausgerichtet ist, die Entstehung einer konkurrierenden Hegemoni-almacht und eines konkurrierenden hegemonialen Staatenblocks in Asien zu verhindern. Folgerichtig blieb die Eindämmung Chinas ein wesentliches Anliegen auch der Trump-Administration. General James Mattis, der vor seinem Einsatz als Verteidigungsminister in der Trump-Regierung Vordenker in der Hoover Institution war, mahnte daher zu einer neuen „Grand Strategy", die insbesondere China ins Visier nehmen und verhindern soll, dass ein möglicher Rivale den USA die See- oder Lufthoheit im eurasischen Raum streitig macht, wirtschaftliche Aktivitäten der USA unterbindet oder ihnen den Zugang zu Ressourcen verwehrt[833]. Zu diesem Zweck hatte die Trump-Administration auch von einigen Wahlkampfversprechen Abstand genommen und die japanisch-amerikanische Allianz ganz konventionell als „Eckstein des Friedens und der Stabilität in der Pazifik-Region" gewürdigt, anstatt noch mehr Geld von den Verbündeten für den amerikanischen Schutzschirm über den Pazifik zu verlangen, wie dies noch im Wahlkampf geäußert wurde[834]. Anders als Obama, der mit seiner Strategie des „Pivot to Asia" die Eindäm-mung Chinas mit einer Transpazifischen Partnerschaftsinitiative TPP han-delspolitisch in Kooperation mit den ost- und südostasiatischen Verbündeten vorantreiben wollte, setzte die Trump-Administration augenscheinlich allein auf die Wirtschaftsstärke der USA, um einen direkten Handelskrieg mit China zu forcieren[835]. Dafür spricht die Einrichtung des „Nationalen Handelsrates" unter dem Vorsitz von Peter Navarro, der wie oben dargelegt ein Verfechter eines konfrontativen Kurses gegen China ist, wie auch die Ernennung von Wilbur Ross zum US-Handelsminister, der sich gleichfalls für scharfe protektionistische Maßnahmen gegen chinesische Importe ausgesprochen hatte. Nach Einschätzung des Sicherheitsexperten Enrico Fels hatte sich seit der Machtübernahme im Weißen Haus durch Donald Trump die Rivalität zwischen den USA und China weiter zugespitzt; folgt man seiner Analyse, so war die Gefahr eines Krieges zwischen beiden Pazifikanrainer nicht gering[836].

---

[833] Josef Braml, Unter Trump wollen die USA China mit Stärke begegnen, aber sie sind verwundbarer denn je, unter:
http://www.focus.de/finanzen/experten/kampf-um-einfluss-und-wohlstand-unter-trump-wollen-die-usa-china-mit-staerke-begegnen-doch-sie-sind-verwundbarer-denn-je_id_6573517.html

[834] Unberechenbar aus Prinzip, in: Frankfurter Allgemeine Zeitung v. 13.02.2017

[835] Josef Braml, Unter Trump wollen die USA China mit Stärke begegnen, aber sie sind verwundbarer denn je, unter:
http://www.focus.de/finanzen/experten/kampf-um-einfluss-und-wohlstand-unter-trump-wollen-die-usa-china-mit-staerke-begegnen-doch-sie-sind-verwundbarer-denn-je_id_6573517.html

[836] Enrico Fels, China und USA im Streit: Von 15 ähnlichen Krisen in 500 Jahren führten elf zum Krieg, unter:
http://www.focus.de/politik/experten/machtspiele-im-suedchinesischen-meer-warum-trumps-politik-schnell-zum-krieg-zwischen-china-und-den-usa-fuehren-

Enrico Fels verweist dabei auf die Stellungnahme des ersten Außenministers der Trump-Administration, Rex Tillerson, während seiner Anhörung im Senat am 11. Januar 2017, in der er seine Sympathie für eine aggressivere Positionierung der USA im Südchinesischen Meer deutlich machte und eine konfrontativere Positionierung gegenüber China befürwortete, die bis zu einer amerikanischen Blockade-Politik gehen sollte, bei der der Volksrepublik der Zugang zu den strittigen Inseln vollständig verweigert werden würde[837]. Ähnlich hatte sich am 24. Januar 2017 der Sprecher des Weißen Hauses, Sean Spicer, geäußert, als er die Problematik der strittigen Seegebiete erneut zum Thema machte. Er untermauerte den Willen der Trump-Administration, Amerikas nationale Interessen in der Region zu wahren und „internationales Gebiet vor der Übernahme eines Landes zu beschützen". Spicer erklärte rundheraus: „Die USA werden sicherstellen, dass ihre Interessen dort gewahrt bleiben"[838]. Zu den von China kontrollierten Inseln in den strittigen Gewässern führte er aus: „Es ist die Frage, ob diese Inseln tatsächlich in internationalen Gewässern liegen und nicht Teil des chinesischen Territoriums sind. Wenn doch, dann werden wir sicherstellen, dass internationale Territorien nicht von einem Land übernommen werden"[839]. Diese Äußerungen stellen in der Tat eine Kehrtwende gegenüber der bisherigen Haltung Washingtons dar, das sich bis dahin bezüglich der Gebietsstreitigkeiten im Südchinesischen Meer zumindest nominell neutral verhalten hatte, gleichwohl jedoch sein „nationales Interesse" an der freien Schifffahrt im Südchinesischen Meer betonte[840]. Zum Zeichen der Machtdemonstration hatte die US-Navy unter der Obama-Administration dreimal provokativ Lenkwaffenzerstörer in die Zwölf-Meilen-Zone um kleine chinesische Inseln entsandt. Die erneute Eskalationsstufe bestand nunmehr darin, dass die Trump-Administration jetzt direkt die Kontrolle Chinas über diese Inseln in Frage stellt[841], und die einzige Möglichkeit, China den Zugang zu verweigern, wäre eine See- und Luftblockade im Südchinesischen Meer, die wiederum ein de-facto-Kriegsakt wäre. Die besondere Brisanz der Situation ergibt sich aus der besonderen geopolitischen Bedeutung der strittigen Seegewässer und ihrer Inseln. Zum einen „verlaufen wichtige Schifffahrtsrouten durch das Gebiet, über welche jährlich Waren in einem Gesamtwert von über 5,2 Billionen US-Dollar transportiert werden. Mehr als dreimal so viele Schiffe wie im Suez-Kanal und fünfmal so

---

kann_id_6581816.html

[837] Ebda.

[838] Peter Symonds, Trumps Drohungen wegen Südchinesischem Meer verstärken Gefahr von Atomkrieg, unter:
https://www.wsws.org/de/articles/2017/01/26/sued-j26.html

[839] Ebda.

[840] Ebda.

[841] Ebda.

viele wie im Panama-Kanal durchqueren das Gebiet pro Jahr"[842]. Hinzu kommt, dass verschiedene Anrainerstaaten Ansprüche auf Gebiete im Südchinesischen Meer erheben, wobei China und Taiwan etwa 80 Prozent des Gebietes mit Verweis auf historische Rechte beanspruchen. Zur Absicherung ihrer Interessen in der Region schüttete die Volksrepublik bislang über 1200 Hektar an Fläche insbesondere im Bereich der Spratly-Inseln auf[843]. „Dank der größeren Fläche konnte auf den acht von China gehaltenen Spratly-Inseln eine moderne Infrastruktur aufgebaut werden. Diese umfasst neben Landebahnen und Flugzeughallen auch leistungsfähige Radaranlagen. Andere Anrainerstaaten wie etwa die Philippinen, Malaysia, Taiwan oder Vietnam kommen im gleichen Zeitraum zusammen nur auf einen Bruchteil dieser neugeschaffenen künstlichen Territorien – und sind militärisch zudem viel schwächer aufgestellt"[844]. Unmittelbar nach seinem Wahlsieg hatte Trump diese Bauprojekte Chinas als „massiven militärischen Komplex" bezeichnet[845]. Für China wiederum stellt das Südchinesische Meer eine lebenswichtige Handels- und Wirtschaftsader dar, was der geopolitische Analyst Robert Kaplan deutlich hervorgehoben hatte: „Wenn es zwischen Amerika und China hart auf hart kommt, wird es um das Südchinesische Meer gehen. Ein Drittel des gesamten weltweiten Seehandels und die Hälfte aller Energielieferungen für Japan, die Halbinsel Korea und Nordostchina wird dort durchgeführt. Dieses Meer ermöglicht Beijing über die Straße von Malakka den Zugang zum Indischen Ozean und somit zum ganzen islamischen Bogen von Ostafrika bis nach Südostasien"[846] – kurz gesagt, wer das Südchinesische Meer kontrolliert, kann letztlich die Wirtschaft Chinas und somit China selbst beeinflussen. Dieses Seegebiet gehört zu den geostrategisch wichtigsten Wasserwegen der Welt und ist eine Schlüsselroute für die Energieimporte Chinas. Etwa achtzig Prozent aller chinesischen Öleinfuhren kommen aus dem Nahen und Mittleren Osten und Afrika über den Indischen Ozean und die Straße von Malakka ins Südchinesische Meer. Ähnlich abhängig von dieser Passage sind jedoch auch Südkorea, Japan und andere asiatische Länder, was den Zündstoff in dieser Region vermehrt. Beschließen die USA und ihre Verbündeten eines Tages, Chinas Energienachschub zu blockieren, geschähe dies entweder hier oder im

---

[842] Enrico Fels, China und USA im Streit: Von 15 ähnlichen Krisen in 500 Jahren führten elf zum Krieg, unter:
http://www.focus.de/politik/experten/machtspiele-im-suedchinesischen-meer-warum-trumps-politik-schnell-zum-krieg-zwischen-china-und-den-usa-fuehren-kann_id_6581816.html

[843] Ebda.

[844] Ebda.

[845] Ebda.

[846] Zit. aus: John Chan, Diplomatische Offensive der USA soll China strategisch einkreisen, unter:
https://www.wsws.org/de/articles/2010/11/chin-n18.html

Indischen Ozean. Vor diesem Hintergrund wird auch geopolitisch erklärbar, warum China trotz des Urteils eines internationalen Schiedsgerichts, welches das Vorgehen Pekings im Südchinesischen Meer als rechtswidrig deklariert hatte, seine Aktivitäten dort fortsetzt. Vor diesem Hintergrund übt ein nicht nur wirtschaftlich, sondern auch militärstrategisch mächtigeres China immer stärkeren Druck auf den geopolitischen Status quo aus. „Dies ist auch nachvollziehbar", so Sicherheitsexperte Enrico Fels. „Wie auch andere Großmächte möchte China das eigene Umfeld stärker im Sinne eigener Interessen beeinflussen. Allerdings sind die Vereinigten Staaten nach wie vor sehr an der Wahrung der eigenen regionalen Position interessiert"[847]. Folgt man der Beurteilung des Politikwissenschaftlers Graham Allison, so kann eine solche Konstellation leicht zu einer militärischen Auseinandersetzung führen. Allison argumentiert, dass „in jenen Fällen, in welchen eine aufstrebende eine etablierte Großmacht von der Spitze zu verdrängen droht, diplomatische Krisen schneller eskalieren und zu militärischen Auseinandersetzungen führen als in jenen Situationen, in welchen sich die führende Großmacht in ihrer dominanten Stellung unbedroht von aufsteigenden Herausforderern fühlt". Nach Allisons Zählung gab es seit dem Jahr 1500 15 Fälle, in denen so eine Situation vorlag; elf dieser Zusammentreffen führten zu Krieg[848]. Bereits zu Beginn der Amtszeit Trumps sprachen sämtliche Indizien dafür, dass auch die neue Administration ungeachtet dieses historischen Sachverhaltes beabsichtigte, weiterhin einen Konfrontationskurs gegen China zu steuern. Unter Zugrundelegung der Äußerungen führender Regierungsvertreter „gilt China im Weißen Haus als eine der zentralen Bedrohungen für die Sicherheit und die Wirtschaft der USA"[849]. Insoweit wurde erkennbar, dass die Trump-Administration die Politik Obamas fortsetzen wollte, gar noch ihre Verschärfung anstrebte. „Durch die Verlagerung militärischer Fähigkeiten nach Asien sollte nachgeholt werden, was frühere US-Regierungen nach Auffassung der Obama-Administration aus einer Mischung von Überschätzung amerikanischer und Unterschätzung chinesischer Stärke versäumt hatten. Diese Logik gilt unter Trump fort. Dabei war Obamas Anspruch einer maritimen 'Rebalance' mit einer mehrere Jahre dauernden Verlegung von 20 Schiffen vom Atlantik in den Pazifik minimalistisch. Ein Präsident, der wie Trump dramatisch höhere Verteidigungsausgaben und eine größere Flotte versprochen hat, wird

---

[847] Enrico Fels, China und USA im Streit: Von 15 ähnlichen Krisen in 500 Jahren führten elf zum Krieg, unter:
http://www.focus.de/politik/experten/machtspiele-im-suedchinesischen-meer-warum-trumps-politik-schnell-zum-krieg-zwischen-china-und-den-usa-fuehren-kann_id_6581816.html
[848] Ebda.
[849] Michael Paul, Trump und der „Asia Pivot", Studie der Stiftung Wissenschaft und Politik, SWP-Aktuell 20, März 2017, S. 1/2

diese noch stärker auf den asiatisch-pazifischen Raum konzentrieren, da China als Gegner der Zukunft gilt"[850]. Zu diesem Zweck wurde ein Ausbau der US-Flotte in Angriff genommen. „Die Flotte der US-Marine ist seit Ende des Kalten Krieges erheblich geschrumpft: Während der Reagan-Administration (1981–1989) verfügte sie über 590 Schiffe, im Jahr 1997 über 350 Schiffe und derzeit über 275 Schiffe. Zuletzt war geplant, den Bestand bis 2025 moderat auf 308 Schiffe aufzustocken; nun sollen es 355 werden. Unter den geplanten 47 zusätzlichen Schiffen sind bis zu 19 Angriffsunterseeboote, ein Flugzeugträger und 16 Großkampfschiffe (Kreuzer und Zerstörer). Dies entspricht der von Trump im Wahlkampf geforderten Größenordnung auch mit Blick auf die Rüstung Chinas: Dessen Flotte soll nach Meinung von Trump-Beratern bis 2030 auf 415 Schiffe und fast 100 Unterseeboote anwachsen"[851]. Nach den Planungen der Trump-Administration sollte verhindert werden, dass Chinas Außenposten im Südchinesischen Meer als Grundlage dafür dienen, die militärische Macht Pekings in den See- und Luftraum auszuweiten. „Der neue nationale Sicherheitsberater Herbert McMaster hat sich in seiner früheren Position als Armeestratege bereits mit Reaktionen auf das chinesische Vorgehen befasst; so könnten US-Landstreitkräfte künftig mit Waffensystemen ausgerüstet werden, die gegen Bodenziele wie auch gegen Schiffe einsetzbar sind. Ein maritimer Schwerpunkt in der Streitkräfteplanung wurde schon unter Obama erkennbar. Auch in den Empfehlungen John McCains, des Vorsitzenden des Streitkräfteausschusses, werden die Marine und das Marinekorps vorrangig behandelt"[852]. Das bedeutet in der Gesamtschau, dass auch die Trump-Administration ein grundlegendes nationales Interesse am Südchinesischen Meer, dem Pazifikraum und Ostasien erkannte und darin mehr Kontinuität als Wandel zeigte[853].

ee) Die Verfestigung des amerikanisch-chinesischen Weltkonflikts

Wenn sich anfangs auch Möglichkeiten einer Kooperation mit China im Hinblick auf das Nordkoreaproblem zeigten, so verfestigte sich in der Folgezeit in der Trump-Administration die Auffassung, dass der Niedergang der USA die Kehrseite des Aufstiegs des Rivalen China sei[854]. Die Sicherung der US-amerikanischen Vorherrschaft mache daher eine Eindämmung Chinas erforderlich. In der *Nationalen Sicherheitsstrategie* der USA vom Dezember 2017 heißt

---

[850] Ebda., S. 2/3

[851] Ebda., S. 3

[852] Ebda., S. 4

[853] Ebda., S. 4

[854] Peter Rudolf, Der amerikanisch-chinesische Weltkonflikt, SWP-Studie 23, Berlin, Oktober 2019

es daher auch, eine Welt, die amerikanische Interessen unterstütze und amerikanische Werte widerspiegle, mache Amerika sicherer und mehre seinen Wohlstand[855]. „Der Großteil des US-amerikanischen Establishments glaubt, dass die Aufrechterhaltung der global-liberalen Werteordnung ein wesentliches US-amerikanisches Interesse ist. Gleichzeitig dient diese Ordnung geostrategischen US-amerikanischen Interessen. Sie bindet die westlichen Verbündeten an die USA und garantiert dieser politische, wirschaftliche und militärische Präsenz an ihren Gegenküsten. Das dahinterstehende strategische Ziel der USA ist die Aufrechterhaltung seiner globalen Dominanz. Dazu wollen und werden sie weiterhin nicht nur den amerikanischen Kontinent, sondern auch die europäische und asiatische Gegenküste dominieren"[856].

Daher besteht in der „Strategic Community" der USA die Sorge, dass Chinas wirtschaftlich erfolgreicher „autoritärer Kapitalismus" international ausstrahlt und Resonanz findet in einer Zeit, in der das US-amerikanische Wirtschaftsmodell nicht zuletzt bedingt durch die Finanzkrise 2008 an Glaubwürdigkeit verliert. Insoweit verbinden sich hier geopolitische Machtkonkurrenz und geoökonomische Systemkonkurrenz[857]. Hinzu kommt, dass China mit der „Belt and Road"-Initiative und der Asiatischen Infrastruktur-Investitionsbank an einer Integration und Vernetzung Eurasiens arbeitet, an der die USA nicht beteiligt sind. Diese Entwicklung wurde auch von der Trump-Administration mit Argwohn betrachtet[858]. Vor diesem Hintergrund spielte Eurasien eine wichtige Rolle in der außenpolitischen Konzeption der Trump-Administration[859].

Daher wurde auch in der *Nationalen Verteidigungsstrategie* der USA von 2018 nicht mehr der Terrorismus, sondern der Aufstieg der eurasischen Mächte Russland und China als zentrale Bedrohung für die Sicherheit der USA beschrieben[860]. Insbesondere China wird als „langfristiger strategischer Rivale" definiert, dessen weiterer Aufstieg möglichst verhindert werden müsse. „Das Land soll, so Amerikas Plan, in der sogenannten 'middle income trap',

---

[855] Christian Schaller, „America First" - Wie Präsident Trump das Völkerrecht strapaziert, SWP-Studie 27, Berlin, Dezember 2019, S. 8

[856] Herwig Jedlaucnik (Hg.), Zur Strategischen Lage. Jahresbeginn 2021, Landesverteidigungsakademie, Institut für Strategie und Sicherheitspolitik, Wien 2021, S. 6

[857] Peter Rudolf, Der amerikanisch-chinesische Weltkonflikt, SWP-Studie 23, Berlin, Oktober 2019, S. 15

[858] Ebda., S. 23

[859] Bruno Macaes, Trump's Pivot to Eurasia, unter:
https://www.the-american-interest.com/2018/08/21/trumps-pivot-to-eurasia/

[860] Christian Schaller, „America First" - Wie Präsident Trump das Völkerrecht strapaziert, SWP-Studie 27, Berlin, Dezember 2019, S. 8

also auf dem Niveau eines Schwellenlandes, steckenbleiben"[861]. Nach Einschätzung des US-Ökonomen Kenneth Rogoff geht es den USA darum, ein System zu schaffen, „dass die amerikanische Dominanz verlängert"[862].

Vor dem Hintergrund dieser Überlegungen hatte die Trump-Administration eine umfassende Containment-Strategie eingeleitet, deren Ziel darin bestand, „mit allen Mitteln und an allen Fronten Chinas Fortschritt (zu) verhindern oder zumindest (zu) bremsen"[863]. Eine wichtige Rolle spielte dabei die Hochtechnologie, denn Voraussetzung für die US-amerikanische Vorherrschaft ist auch die Sicherung des technologischen Vorsprungs. Die Strategen um Trump sahen die Fortschritte der chinesischen Industrie- und Technologiepolitik als einen strategischen Machtfaktor an, welcher die industriellen Grundlagen der USA und ihre Innovationsfähigkeit gefährdet – und damit letztlich auch die Voraussetzungen militärischer Vorherrschaft. Der strategische Rivale China sollte darum „nicht durch den wirtschaftlichen Austausch mit Amerika in seinem ökonomischen und technologischen Aufstieg zusätzlich gestärkt werden"[864]. Um das Tempo der Modernisierung Chinas zu stoppen, hielt es die Trump-Administration „für ratsam, anstelle der bisherigen Politik der Einbindung und Integration eine Strategie der wirtschaftlichen Entkoppelung Amerikas von China zu verfolgen"[865]. Diese Strategie des „Decoupling" sollte mit den Instrumentarien Zölle, Investitionskontrollen und Lieferboykotte durchgesetzt werden.

Gestützt auf einen Untersuchungsbericht des US-Handelsbeauftragen vom März 2018 ergriff die Trump-Administration eine Anzahl von Maßnahmen, die auf den Handels-, Kapital- und Technologieverkehr mit China abzielten: So wurden Sonderzölle in Höhe von 25 Prozent auf etwa die Hälfte der amerikanischen Einfuhren aus China erhoben. Ausländische Direktinvestitionen sowie der Waren- und Lizenzexport für sicherheitsrelevante Technologien aus den USA wurden staatlicher Kontrolle unterworfen. Chinesischen Unternehmen und Personen, die auf der „Entity List" des US-Handelsministeriums als kritisch eingestuft wurden, wurde Einkäufe in den USA bzw. von amerikanischen Unternehmen nicht gestattet. Hierunter fiel beispielsweise der chinesische Technologiekonzern Huawei[866], das im Mai 2019 auf diese Liste gesetzt wurde.

---

[861] Stefan Baron, Ami go home. Eine Neuvermessung der Welt, Econ, Berlin 2021, S. 168

[862] Ebda., S. 169

[863] Ebda., S. 168

[864] Hans Günther Hilpert, Handel, Wirtschaft, Finanzen: Rivalitäten, Konflikte, Eskalationsrisiken, in: Baraba Lippert/Volger Perthes (Hg.), Strategische Rivalität zwischen USA und China, SWP-Studie 1, Berlin, Februar 2020, S. 27–36 (S. 29)

[865] Ebda., S. 29

[866] Ebda., S. 29

Insbesondere die US-Kampagne gegen den chinesischen Huawei-Technologiekonzern zeigt das Bestreben der USA, den Einfluss Chinas auf die Zukunftstechnologie – sprich den Ausbau des 5G-Netzes – zu beschneiden. „Die USA möchten Huawei zerstören", so der Politikwissenschaftler John Mearsheimer. „Sie möchten 5G kontrollieren und in allen modernen anspruchsvollen Technologien an der Spitze stehen. Das sehen sie durch China gefährdet"[867]. Zu diesem Zweck setzten sie auch Verbündete unter Druck mit dem Ziel, Huawei vom 5G-Netzausbau auszuschließen. Im Mai 2020 dehnte Washington unter Androhung exterritorialer Sanktionen das Lieferverbot für Computerchips an China auch auf alle ausländischen Unternehmen aus, die mit Hilfe amerikanischer Hard- oder Software Halbleiter produzieren oder entwickeln[868]. In der Tat gelang es den USA, dass viele Staaten Europas Huawei beim Ausbau ihrer 5G-Netzwerke ausschlossen. „Die USA schnitten Huawei von praktisch allen wichtigen Lieferketten ab und zwingen auch Zulieferer in anderen Ländern, nicht mehr mit Huawei zusammenzuarbeiten - wenn sie ihre Geschäfte in Amerika weiter betreiben wollen. Das bis dahin erfolgreiche Smartphone-Geschäft im Ausland einschließlich Deutschlands ist praktisch zum Erliegen gekommen, da Google dem Unternehmen nicht länger sein Betriebssystem Android zur Verfügung stellen darf"[869]. Insbesondere das von den USA initiierte Lieferverbot von Halbleitern stellte für China eine Bedrohung dar, da sein Selbstversorgungsgrad in diesem Bereich bei allenfalls zwanzig Prozent liegt[870]. „Solange Amerika die Entwicklung und Produktion hochleistungsfähiger Chips dominiert und China hier noch nicht mitzuhalten vermag, kann es Peking sehr wehtun"[871]. Dem Ziel, die chinesische Computertechnologie global einzuschränken und einzudämmen, diente auch das von US-Außenminister Pompeo Anfang August 2020 verkündete „Clean-Network"-Programm. Hierbei handelte es sich um eine „breit angelegte Initiative", die Apps, Cloud-Dienste, Telekommunikations-Netzwerke, Unterseekabel und Smartphones umfassen sollte. Damit machte Washingtons seine Absicht klar, auf technologischer Ebene „ein internationales Bündnis gegen die zweitgrößte Volkswirtschaft der Welt" zu schmieden[872] mit dem

---

[867] Zit. aus: Stefan Baron, Ami go home. Eine Neuvermessung der Welt, Econ, Berlin 2021, S. 185

[868] Ebda., S. 194

[869] Huawei gerät in Machtkampf zwischen USA und China – Konzernchef erklärt neue Pläne, unter:
https://www.merkur.de/wirtschaft/huawei-china-geopolitik-usa-technologie-5g-zr-90975086.html

[870] Stefan Baron, Ami go home. Eine Neuvermessung der Welt, Econ, Berlin 2021, S. 194
[871] Ebda., S. 194
[872] Amerika stellt Cyber-Offensive gegen China vor, unter:
https://www.faz.net/aktuell/wirtschaft/digitec/usa-stellen-cyber-strategie-gegen-china-vor-16892500.html?service=printPreview

Ziel, chinesische Produkte aus westlichen Technologiekreisläufen zu verbannen. „Praktisch gesehen befinden sich die Vereinigten Staaten mit China im Krieg", so fasste der ehemalige Direktor des Geheimdienstes NSA, General Keith Alexander, diese Vorgehensweise zusammen[873].

Um den technologischen und wirtschaftlichen Einfluss Chinas zu beschneiden, versuchten die USA weltweit andere Staaten – insbesondere auch ihre Verbündeten – davon abzubringen, wirtschaftliche Beziehungen mit China auszubauen[874]. Hierbei ging es nicht nur um die Unterbindung eines Technologietransfers, sondern auch darum, China den Zugang zu Handelswegen zu verlegen. So warnte Washington beispielsweise Israel vor Infrastrukturprojekten mit Peking, die sich auf den Hafen von Haifa bezogen. Bei seinem Besuch in Panama im Oktober 2018 warnte der US-Außenminister Pompeo davor, wirtschaftliche Kontakte mit China auszubauen, um die wachsende Präsens Pekings in der „westlichen Hemisphäre" einzudämmen[875]. Auch der Vorstoß Trumps Mitte August 2019 an die dänische Regierung, Grönland kaufen zu wollen, muss im Zusammenhang mit der antichinesischen Geopolitik gesehen werden: Es ging darum, Chinas Bemühungen, in der Arktis Fuß zu fassen, zu unterlaufen. Die Arktis ist für Peking insoweit interessant, als dass sich über die nördliche Seeroute die Verbindung zwischen China und Europa erheblich verkürzen würde; ferner ist China daran interessiert, Ressourcenvorkommen in der Arktis zu erschließen[876]. Chinas Interesse an Grönland bezieht sich einerseits auf die Förderung von Zink und Seltenen Erden, zum anderen auf den Erwerb einer ehemaligen amerikanischen Marinebasis und den Ausbau eines Flughafens. Letztes scheiterte am Veto der dänischen Regierung sowie einer Intervention des damaligen US-Verteidigungsministers Mattis[877]. Durch die Aktivitäten und Pläne Chinas in der Arktis wurden die USA aufgeschreckt: „In der Nordpolarregion ist Amerika nämlich vom Tatendrang und der Wucht überrascht worden, mit der Peking arktische Schifffahrtswege als wesentlichen Teil seiner 'Neuen Seidenstraßen'-Initiative sieht und sich damit politische und ökonomische Vorteile zu schaffen trachte. Peking interessiert sich schon seit längerer Zeit an der Finanzierung und Realisierung diverser Infrastrukturprojekte"[878].

Zentraler Dreh- und Angelpunkt des amerikanisch-chinesischen Weltkonfliktes sollte jedoch der indo-pazifische Raum sein. Als Gegenmodell zur „Belt

---

[873] Ebda.

[874] Peter Rudolf, Der amerikanisch-chinesische Weltkonflikt, SWP-Studie 23, Berlin, Oktober 2019, S. 24

[875] Ebda., S. 25

[876] Ebda., S. 26

[877] Ebda., S. 26

[878] Grönland im Fokus der USA und China, unter:
https://www.oemz-online.at/pages/viewpage.action?pageId=29917204

and Road"-Initiative Pekings proklamierte die Trump-Administration den „Free and Open Indo-Pacific" (FOIP)[879], den Trump erstmals im November 2017 auf dem Gipfel der Asia-Pacific Economic Cooperation (APEC) in Hanoi vorstellte. Diese Konzeption beinhaltet Rüstungsexporte an verbündete Staaten in der ostasiatischen Region, Kooperationen im Rüstungssektor sowie Investitionen der USA in Infrastrukturprojekte im indo-pazifischen Raum. Kernintention des FOIP-Konzepts ist „ein kohärenter, ressortübergreifender Gegenentwurf der USA zum wachsenden Einfluss Chinas in der Region"[880], mithin also ein zusätzliches Instrumentarium zur Eindämmung Chinas. Militärstrategisch steht dieses Modell mit dem US-amerikanischen Gegenküsten-Konzept im Zusammenhang: Die Kontrolle nicht nur der europäischen, sondern auch der asiatischen Gegenküste wird als elementare Voraussetzung für die eigene Sicherheit und geostrategische Vormachtstellung angesehen. Von entscheidender Bedeutung für die US-Pazifikstrategie ist dabei die sogenannte „erste Inselkette", die sich entlang der Linie Japan – Taiwan – Diaoyu-Inseln – Philippinen erstreckt. „Für die USA stellt diese Inselkette ein wichtiges Mittel zur Eindämmung einer potenziellen chinesischen Expansion dar"[881]. Chinas Gegenentwurf läuft darauf hinaus, durch den Ausbau seiner militärischen Präsenz eine Unterbrechung seiner maritimen Transportwege zu verhindern, welche für die wirtschaftliche Entwicklung des Landes essentiell sind. Die USA jedoch versuchen nicht zuletzt mit der FOIP-Konzeption, „einen solchen Machtausbau zu verhindern – offiziell, um die 'Freiheit der Schifffahrt' sicherzustellen – realpolitisch jedoch, um die eigene ordnungspolitische Dominanz aufrechtzuerhalten, China einzudämmen und gegebenenfalls die Logistikrouten Chinas unterbrechen zu können"[882].

3. Der Nahe und Mittlere Osten:
Die Trump-Administration setzt auf eine Eindämmung des Iran

Trumps Aussagen hinsichtlich seiner Politik im Nahen und Mittleren Osten erwiesen sich anfangs als indifferent und wenig präzise, mitunter sogar widersprüchlich. Die Wahlkampfrhetorik ließ zunächst eine „radikale Wende in der amerikanischen Nahost-Politik" erkennen. „Statt der bisherigen interventionistischen Haltung würde Washington die Region mehr als bisher sich selbst

---

[879] Peter Rudolf, Der amerikanisch-chinesische Weltkonflikt, SWP-Studie 23, Berlin, Oktober 2019, S. 24

[880] Siehe hierzu: Felix Heiduk/Gudrun Wacker, Vom Asien-Pazifik zum Indo-Pazifik. Bedeutung, Umsetzung und Herausforderung, SWP-Studie 9, Berlin, Mai 2020, S. 17

[881] Herwig Jedlaucnik (Hg.), Zur Strategischen Lage. Jahresbeginn 2021, Landesverteidigungsakademie, Institut für Strategie und Sicherheitspolitik, Wien 2021, S. 7

[882] Ebda., S. 7

überlassen"[883]. Deutlich erteilte Trump einer Strategie der Regimewechsel und einer Demokratisierung der Region eine Absage. In einem Interview mit der Nachrichtenagentur Reuters vom 25. Oktober 2016 führte Trump aus, dass die Pläne Hillary Clintons, in Syrien eine Sicherheits- und Flugverbotszone zu errichten, die USA in einen dritten Weltkrieg hineinziehen könnten. Amerika, so Trump, stehe in Syrien ja nicht nur dem Machthaber Assad gegenüber, sondern auch dem Iran und Russland. Trump plädierte dafür, dem Kampf gegen den „Islamischen Staat" eine höhere Priorität einzuräumen als dem Sturz der Assad-Regierung. „Wir sollten uns auf den IS konzentrieren und nicht auf Syrien"[884]; zuvor hatte Trump bereits angekündigt, er werde „den Mist aus dem IS" bomben und „das Öl zurücknehmen". Trump hielt seinerzeit den Ansatz eines gleichzeitigen Kampfes gegen Assad und den IS für „wahnsinnig und idiotisch. Sie kämpfen gegeneinander und wir kämpfen gegen beide. (…) Unser viel größeres Problem als Assad ist der IS"[885]. Im Kampf gegen den IS plädierte Trump für eine engere Zusammenarbeit mit Russland. „Ich denke, wir können mit Russland im Kampf gegen den IS eine gemeinsame Grundlage finden. Für sie steht zu viel auf dem Spiel in Syrien, und sie hatten schon ihre eigenen Kämpfe gegen den islamischen Terrorismus"[886]. Die Strategie Obamas war darauf hinausgelaufen, im Nahen Osten ein geopolitisches Gleichgewicht zwischen den verfeindeten Regionalmächten Saudi-Arabien und Iran herbeizuführen; er hatte sie aufgefordert, sich den Nahen Osten „zu teilen"[887]. Trumps Äußerungen während des Wahlkampfes ließen hingegen darauf schließen, dass sich die USA und Russland den Nahen Osten teilen sollten[888]. In den Äußerungen Trumps zum Nahen Osten hat es vor allem eine Konstante gegeben: Seine Skepsis gegenüber militärischen Interventionen, die – etwa im Irak oder in Libyen – mit der Notwendigkeit eines Regimewechsels begründet worden sind. Im Juli 2016 erklärte er auf dem Nominierungsparteitag der Republikanischen Partei: „Nach 15 Jahren Kriegen im Nahen Osten, nach Billionen ausgegebener Dollar und Tausenden Toten ist die Lage dort schlimmer als je zuvor". Lediglich den IS nahm er als möglichen Grund für ein Engagement heraus, sollte dieser Amerika gefährden[889]. Insgesamt hatte Trump den Nahen Osten als einen „großen Sumpf" bezeichnet.

---

[883] Rainer Herrmann, Rückzug aus dem großen Sumpf, in: Frankfurter Allgemeine Zeitung v. 11.11.2016
[884] Ebda.
[885] Interview mit „The New York Times" v. 27.03.2016
[886] Wahlkampfrede in Ohio v. 15.08.2016
[887] Rainer Herrmann, Rückzug aus dem großen Sumpf, in: Frankfurter Allgemeine Zeitung v. 11.11.2016
[888] Ebda.
[889] Ebda.

Dennoch ließ diese Haltung nicht den Schluss zu, dass Trump jeglicher Militärintervention im Nahen und Mittleren Osten grundsätzlich ablehnend gegenüberstand; seine Äußerungen legten nahe, dass punktuelle Angriffe durchaus erforderlich sein konnten, sofern es amerikanische Interessen verlangen. Trump sagte kurz nach seiner Amtseinführung, in den Kriegen der letzten Jahre „haben wir nicht alle unsere wirklich verfügbaren Mittel eingesetzt. Uns wurden Zügel angelegt. Wir müssen den IS schlagen. Wir müssen es. Uns bleibt keine Wahl. Der radikal-islamische Terrorismus muss ausradiert werden." Die CIA werde sich dessen annehmen. „Wir werden ihn beenden. Es ist Zeit." Das erinnerte rhetorisch an den Wunsch des damaligen Vize-Verteidigungsministers Paul Wolfowitz nach dem 11. September 2001, „Staaten zu vernichten, die den Terrorismus fördern". Der Irak-Krieg, sagte Trump, sei ein Fehler gewesen, aber der Abzug aus dem Irak ebenso. „Hätten wir das irakische Öl behalten, hätte es den IS so wohl nicht gegeben, denn vor allem damit haben sie Geld gemacht." Vielleicht gebe es „ja noch eine zweite Chance"[890]. Offen blieb, ob er damit eine erneute Intervention der USA im Irak forderte, um sich unter dem Vorwand der Bekämpfung des IS die Kontrolle über das Erdöl zu sichern. Gerade in dieser Hinsicht sandte Trump widersprüchliche Signale aus: Obwohl er erklärt hatte, er habe die US-Invasion im Irak 2003 abgelehnt, zeigten seine ersten Erwägungen zur Besetzung der Regierungsmannschaft eine gegenteilige Haltung: So hatte er zunächst John Bolton für die Leitung des State Department vorgesehen[891] (2018 wurde dieser sogar zum Nationalen Sicherheitsberater ernannt), und der ehemalige CIA-Chef James Woolsey sollte mit dem Amt des Nationalen Sicherheitsberaters betraut werden[892]. Bei beiden handelt es sich jedoch um neokonservative Hardliner und ausdrückliche Befürworter des Irak-Krieges der Bush-Ära sowie ehemalige Mitglieder des neokonservativen „Project for the New American Century". Deutlich aber dürfte sein, dass Trump in der Region mit einer Politik nach dem Prinzip „Frieden durch militärische Stärke" agieren wollte, jedoch nicht zum Zweck, sich in militärische Abenteuer zu engagieren oder US-Allianzen zu stärken, sondern um potentielle Gegner abzuschrecken und notfalls niederzuringen, wenn sie die Vereinigten Staaten bedrohen. Trump hatte sich verpflichtet, die militärische Kampagne gegen den „Islamischen Staat" und andere terroristische Gruppen zu intensivieren – aber gleichzeitig kritisierte er die Politik der „Regimewechsel" und des „Nation Building". Im

---

[890] Torsten Krauel, Das müssen Sie über Trumps erstes Wochenende wissen, unter: https://www.welt.de/politik/deutschland/article161411485/Das-muessen-Sie-ueber-Trumps-erstes-Wochenende-wissen.html

[891] Bolton Außenminister?, unter: http://www.imi-online.de/2016/11/15/bolton-aussenminister/

[892] Woolsey Chefberater, unter: http://www.imi-online.de/2016/11/16/woolsey-chefberater/

Krieg gegen den „Islamischen Staat" wollte Trump auf die lokalen und regionalen „muslimischen Kräfte" setzen, um den Kampf fortzusetzen, während die Rolle des US-Militärs darauf beschränkt sein sollte, den „Mist aus dem IS" herauszubomben – und gegebenenfalls strategische Ressourcen zu sichern[893]. „US-Präsidenten der Vergangenheit wollten ein Amerika, das stark genug war, um globale Angelegenheiten zu gestalten, Trump scheint ein Amerika zu wollen, das stark genug ist, um Terrorismus zu beseitigen und dann einfach allein gelassen zu werden"[894].

a) Der Hauptgegner Trumps im Nahen und Mittleren Osten: Der Iran

Wenn Trumps Ansatz für die Politik im Nahen und Mittleren Ostens zwar anti-interventionistisch in Bezug auf „Regime Change" und „Nation Building" war, so war sie jedoch nicht notwendigerweise antimilitaristisch, wenn es darum gehen sollte, einen strategischen Herausforderer in die Schranken zu weisen. Gerade in Bezug auf den Nahen Osten stellte Trump die militärische Macht in das Zentrum seiner ganzen Überlegungen: „Meine Herangehensweise an die Außenpolitik beruht auf einem starken Fundament: Von einer Position der Macht aus agieren. Und das bedeutet, wir müssen das stärkste Militär der Welt unterhalten, und zwar das mit Abstand stärkste"[895]. Dabei setzte Trump klar auf Einschüchterung und Androhung von Gewalt. „Wenn die Menschen wissen, dass wir, wenn nötig, Gewalt anwenden werden und dass es uns ernst damit ist, wird man anders mit uns umgehen. Mit Respekt"[896]. Neben den „Islamischen Staat" sah Trump in der Islamischen Republik Iran eine ernste Bedrohung für die Stabilität der Region. Seiner Einschätzung nach betreibt der Iran „ein widerrechtliches Atomprogramm, er unterstützt den Terrorismus in der Region und Milizen im Irak, er bedroht Israels Existenz und er leugnet den Holocaust"[897]. Nach Trumps Ansicht unterstützt der Iran Terrororganisationen in aller Welt. Dies Gruppen seien eine echte Gefahr für die USA und die US-Militärangehörigen, die im Ausland Dienst tun. „Wir müssen den Iran stoppen, er darf diese Mörder nicht länger unterstützen"[898]. Von Anfang an stand Trump auch der Wiener Vereinbarung zwischen dem Iran und den fünf UNO-Vetomächten und Deutschland bezüglich seines Nuklearprogramms vom Juli 2015 ablehnend gegenüber. Im

---

[893] Colin Kahl/Hal Brands, Trump's Grand Strategic Train Wreck, unter:
http://foreignpolicy.com/2017/01/31/trumps-grand-strategic-train-wreck/
[894] Ebda.
[895] Donald J. Trump, Great Again – Wie ich Amerika retten werde, Kulmbach 2016, S. 48
[896] Ebda., S. 49
[897] Ebda., S. 55
[898] Ebda., S. 56

Wahlkampf bezeichnete er das Atomabkommen mit dem Iran als den „schlechtesten Deal, der je verhandelt wurde". Als US-Präsident würde er den Vertrag zerreißen und anschließend eine neue Vereinbarung aushandeln[899]. Trump schrieb, er hätte seinerzeit stattdessen die Sanktionen verschärft, „bis die Bedingungen so furchtbar gewesen wären, dass die iranische Führung um eine Vereinbarung gebettelt hätte. (…) Ich hätte mich mit nicht weniger begnügt als einem vollständigen Abbau sämtlicher Atomanlagen, der Zerstörung all ihrer Zentrifugen und dem Zugeständnis, wann und wo auch immer Inspektionen vornehmen zu können"[900]. Nach Trumps Ansicht hat das Wiener Abkommen dem Iran langfristig erlaubt, eigene Atomwaffen zu entwickeln. Der Welt sei lediglich ein Aufschub von wenigen Jahren gewährt worden, bevor Teheran über Nuklearwaffen verfüge. „Ich werde den Vertrag auf eine Art umsetzen, dass sie nicht dazu in der Lage sein werden. Ich werde Dinge tun, die du nicht für möglich hältst"[901]. Auch in der Trump-Administration fanden sich fundamentale Iran-Gegner: Neben dem zwischenzeitlich entlassenen Nationalen Sicherheitsberater Michael T. Flynn, der wie oben bereits dargestellt das Erfordernis eines Krieges gegen den Iran skizziert hatte, war mit der Wahl des ehemaligen Armeegenerals James Mattis als US-Verteidigungsminister ein ausgesprochener anti-iranischer Hardliner ins Pentagon eingezogen. „Mattis, der mit der Belagerung der irakischen Stadt Falludscha für eines der blutigsten Kapitel des Irak-Krieges verantwortlich ist, gilt als vehementer Befürworter einer aggressiveren Iran-Politik"[902]. So hatte Mattis während einer Rede vor der Washingtoner Denkfabrik „Center for Strategic and International Studies" den Iran Anfang des Jahres 2016 als „die größte einzelne Bedrohung für Stabilität und Frieden im Nahen Osten" bezeichnet. Das Land sei „kein Nationalstaat, es ist ein revolutionäres Anliegen, das sich dem Chaos verpflichtet hat.[903] Diesen „Anti-Iran-Groll" hatte Mattis während seiner gesamten 33-jährigen militärischen Laufbahn beibehalten; er war Kern all seiner strategischen Überlegungen bezüglich des Nahen und Mittleren Ostens[904]. Im April 2017 plädierte auch der US-Außenminister Tillerson

---

[899] Christoph Sydow, Der „schlechteste Deal aller Zeiten" … funktioniert, unter: http://www.spiegel.de/politik/ausland/donald-trump-und-iran-der-schlechteste-deal-aller-zeiten-funktioniert-a-1137665.html

[900] Donald J. Trump, Great Again – Wie ich Amerika retten werde, Kulmbach 2016, S. 57

[901] Reinhard Baumgarten, Auf Konfrontationskurs mit dem Iran, unter: http://www.deutschlandfunk.de/neue-us-aussenpolitik-auf-konfrontationskurs-mit-dem-iran.724.de.html?dram:article_id=379266

[902] Fabian Köhler, Wird Trump das Atomabkommen mit Iran zurücknehmen?, unter: https://www.heise.de/tp/features/Wird-Trump-das-Atomabkommen-mit-Iran-zuruecknehmen-3557046.html

[903] Zit. aus: Ebda.

[904] Mark Perry, James Mattis 33-Year Grudge against Iran, unter: http://www.politico.com/magazine/story/2016/12/james-mattis-iran-secretary-of-defense-

für eine Kündigung des Atomabkommens mit dem Iran; dieses sei „ein weiteres Beispiel für das Freikaufen einer Macht, die atomare Ambitionen hat". Das Abkommen halte das Land nicht von der Entwicklung von Atomwaffen ab, sondern verzögere den Prozess nur: Dieses Abkommen steht für denselben gescheiterten Ansatz der Vergangenheit, der uns zu der gegenwärtigen Bedrohung aus Nordkorea geführt hat"; aus diesem Grund sei es erforderlich, das Atomabkommen auf den Prüfstand zu stellen[905]. Tillerson warf dem Iran außerdem „alarmierende Provokationen" vor, um den Nahen Osten zu destabilisieren. Außerdem unterminiere das Land mit seinem Verhalten die US-Interessen in Syrien, im Irak, im Jemen und im Libanon. Zahlreiche andere Bedrohungen durch den Iran würden in dem Abkommen außer Acht gelassen, fügte er hinzu. Die USA seien dabei, Irans Politik in all ihren Facetten unter die Lupe zu nehmen[906].

So kündigte sich bereits in der Anfangsphase der Trump-Administration an, was sie schließlich im Mai 2018 mit der gänzlichen Aufkündigung des Atomabkommens und der „Strategie des maximalen Drucks" verwirklichen wollte, welche in den zwölf Bedingungen des späteren US-Außenministers Pompeo für die Wiederaufnahme von Verhandlungen ihren Niederschlag fanden. Zusammenfassend ging es der Trump-Administration um drei Dinge: Eliminierung des iranischen Atomprogramms, Eindämmung und Zurückdrängung des Einflusses Teherans in der Region sowie den Zusammenbruch des dortigen Regimes.

Zu einer ersten Machtprobe kam es Ende Januar 2017, als der Iran den Test eines Marschflugkörpers Typ Sumar durchführte, auf den die neue Administration mit der Androhung von weiteren Sanktionen antwortete. Der seinerzeitige Nationale Sicherheitsberater Michael T. Flynn verkündete daraufhin eine Stellungnahme, wonach der Iran nunmehr „offiziell verwarnt" wurde; Trump erklärte per Tweet, dass der Iran „kurz vor dem Kollaps" gestanden habe, bevor die USA unter Obama das Land „mit dem Atomabkommen gerettet" hätten. Dieser Raketentest des Iran war eine Reaktion auf wachsende Aufrüstungsbemühungen in der Region; das Erfordernis, gemäß der Erklärung des iranischen Außenministers Dschawad Sarif, das eigene Volk schüt-

---

214500

[905] Tillerson rechnet mit nuklearer Bewaffnung des Iran, unter:
http://www.zeit.de/politik/ausland/2017-04/rex-tillerson-iran-atomabkommen-kritik-ueberpruefung
[906] Tillerson kritisiert Atomabkommen mit Iran heftig, unter:
http://www.spiegel.de/politik/ausland/rex-tillerson-kritisiert-atomabkommen-mit-iran-heftig-a-1143979.html

zen zu müssen, war mit Blick auf die hochgerüsteten Nachbarn nicht zwingend von der Hand zu weisen[907]. Saudi-Arabien überholte mit seinen Rüstungsausgaben 2015 Russland, und Israel schloss mit den USA unter Barack Obama eine Waffenlieferung von 36 Milliarden Dollar ab[908]. Darüber hinaus lag in der Vorgehensweise des Iran kein Verstoß gegen internationale Vereinbarungen, die der Iran unterzeichnet hatte. Nach Angaben des Rüstungsexperten Hans Rühle „werden Marschflugkörper in keinem Abkommen mit Teheran erwähnt. Sie unterliegen also keinerlei Beschränkungen"[909]. Laut dem von der Staatengemeinschaft vereinbarten Atomabkommen und der dazu gefassten UN-Resolution 2231 wird der Iran lediglich aufgefordert, keine ballistischen Raketen zu starten, die auch nuklear bestückt werden können, wobei aber zu beachten ist, dass der Iran nicht über atomare Sprengköpfe verfügt[910]. Darüber hinaus stellt diese Aufforderung kein explizites Verbot dar, das Raketenprogramm des Landes weiterzuentwickeln[911]. Nach Auffassung von Kennern der Materie, den Autoren Kelsey Davenport und Daryl Kimball von der Arms Control Association, verstieß der Iran damit nicht gegen Vorgaben des Nukleardeals, allerdings – und das ist strittig - gegen den Geist des Abkommens[912]. Ferner konnte die Internationale Atomenergiebehörde (IAEA) in ihrem Prüfbericht von Anfang 2017 keine Verstöße Teherans gegen das Atomabkommen feststellen[913]. Gleichwohl aber hatten die USA mehrere Strafmaßnahmen gegen den Iran aufrechterhalten. Noch im Dezember 2016 beschlossen beide Kammern des US-Kongresses die Verlängerung eines Sanktionsgesetzes von 1996 um weitere zehn Jahre, was vom Iran wiederum als ein Bruch des Atomabkommens interpretiert wurde[914].

---

[907] In Teheran kennt man das, unter:
http://www.zeit.de/politik/ausland/2017-02/usa-iran-donald-trump-sanktionen-rakentest-eskalation

[908] Ebda.

[909] Iran testet erstmals erfolgreich den Marschflugkörper Sumar, in: Die Welt v. 03.02.2017

[910] Sanktionen gegen Iran, in: Frankfurter Rundschau v. 04./05.02.2017

[911] Trump verwarnt Iran „formell", unter:
http://www.zeit.de/politik/ausland/2017-02/raketentest-iran-usa-donald-trump-verwarnt

[912] Thomas Pany, Raketentest: US-Regierung verwarnt Iran, unter:
https://www.heise.de/tp/features/Raketentest-US-Regierung-verwarnt-Iran-3616856.html

[913] Christoph Sydow, Der „schlechteste Deal aller Zeiten" … funktioniert, unter:
http://www.spiegel.de/politik/ausland/donald-trump-und-iran-der-schlechteste-deal-aller-zeiten-funktioniert-a-1137665.html: Die IAEA hatte in ihrem Prüfbericht von Anfang 2017 den iranischen Vorrat an schwach angereichertem Uran auf 101,7 Kilogramm beziffert. Laut dem Atomvertrag dürfte Teheran bis zu 300 Kilogramm Uran mit einem Anreicherungsgrad von 3,67 Prozent besitzen. Für eine Atombombe bräuchte das Land Uran, das auf 90 Prozent angereichert ist.

[914] Tillerson rechnet mit nuklearer Bewaffnung des Iran, unter:
http://www.zeit.de/politik/ausland/2017-04/rex-tillerson-iran-atomabkommen-kritik-ueberpruefung

Kurz nach seiner Amtseinführung trug der erklärte Iran-Gegner Trump zur Eskalation der Situation bei, als er in einer Rede vor dem „American Israel Public Affairs Committee" (AIPAC), einer der einflussreichsten Lobby-Organisationen in den USA, erklärte, das Raketenprogramm des Iran könne nicht nur Israel, sondern auch Europa und die Vereinigten Staaten selber bedrohen, was „wir nicht zulassen" würden[915]. Vor diesem Hintergrund schloss Trump auch den Einsatz militärischer Mittel nicht aus, und auf die Frage eines Journalisten entgegnete er knapp: „Nichts ist ausgeschlossen"[916]. Laut einem Bericht des *Wall Street Journal* arbeitete der US-Kongress zu jener Zeit an Maßnahmen gegen die iranischen Revolutionsgarden sowie an „einer ganzen Reihe von Optionen"[917].

aa) Trumps strategischer „Masterplan": Eindämmung des Iran mit Hilfe regionaler Verbündeter

Was bedeutete dies für die Nah- und Mittelostpolitik der Trump-Administration? Aus ihren Verlautbarungen und darauffolgenden Maßnahmen ließ sich sehr schnell erkennen, dass sie gegen den zunehmenden Einfluss Teherans in der nah- und mittelöstlichen Region eine Strategie der Eindämmung gewählt hatte. Diese „Containment"-Politik sollte durch eine verstärkte Kooperation Washingtons mit seinen traditionellen Verbündeten in der Region wie Israel, Saudi-Arabien, Ägypten, Jordanien und den weiteren Golfmonarchien erreicht werden. Mit dem Konfrontationskurs gegen Teheran „signalisieren die USA, dass sie in regionalpolitischen Fragen wieder nah an ihre alten Verbündeten Israel und Saudi-Arabien rücken werden. Schließlich gingen den deutlich formulierten Statements des Weißen Hauses ausführliche Telefonate des Präsidenten mit dem israelischen Premierminister Benjamin Netanjahu und dem saudischen König Salman voraus"[918]. In seiner ersten Rede vor dem US-Kongress hatte Trump deutlich gemacht, dass er in der Iran-Frage eine Kooperation mit Israel anstrebte: „Ich habe neue Sanktionen gegen Organisationen und Personen verhängt, die Irans Raketenprogramm unterstützen, und ich habe unsere unverbrüchliche Allianz mit Israel bekräftigt"[919]. Beobachter

---

[915] Ruhani vs. Trump, unter:
http://www.zeit.de/politik/ausland/2017-01/atomabkommen-iran-hassan-ruhani-un
[916] Sanktionen gegen Iran, in: Frankfurter Rundschau v. 04./05.02.2017
[917] Trump verwarnt Iran „formell", unter:
http://www.zeit.de/politik/ausland/2017-02/raketentest-iran-usa-donald-trump-verwarnt
[918] In Teheran kennt man das, unter:
http://www.zeit.de/politik/ausland/2017-02/usa-iran-donald-trump-sanktionen-rakentest-eskalation
[919] Christoph Sydow, Der „schlechteste Deal aller Zeiten" … funktioniert, unter:
http://www.spiegel.de/politik/ausland/donald-trump-und-iran-der-schlechteste-deal-aller-zeiten-funktioniert-a-1137665.html

sprachen hier von einer „Neuausrichtung der US-Politik in der Krisenregion": Wenig sei derzeit so klar wie der Wunsch Washingtons, den Iran in die Schranken zu weisen. „Das ist eine offenkundige Kehrtwende. Obama setzte auf Aussöhnung mit dem schiitischen Gottesstaat und stieß so die traditionellen sunnitischen Partner in der Region vor den Kopf. Davon will Trump nichts mehr wissen. Er hat verbal aufgerüstet und setzt auf Verbündete aus alten Zeiten: den Autokraten in Ankara, die Königsfamilie in Riad, den Feldmarschall-Präsidenten in Kairo. Erdogan, Salman und al Sisi – sie sollen Teil der Anti-Teheran-Front werden. Am besten mit Israel als Verstärkung"[920].

In der Tat schien sich Trump einen gegen den Iran gerichteten „Containment"-Strategieplan Israels zu eigen gemacht zu haben. Im Februar 2017 hatte Israels Verteidigungsminister Avigdor Lieberman entsprechende Bündnispläne im Sinne einer „Anti-Iran-NATO" vorangetrieben. Er erklärte, die „gemäßigten sunnitischen Staaten" hätten verstanden, „dass die größte Gefahr für sie nicht Israel ist oder der Zionismus oder die Juden, sondern der Iran"[921]. Tatsächlich hatte sich seit geraumer Zeit schon eine stillschweigende Zusammenarbeit zwischen Saudi-Arabien sowie anderen sunnitisch-arabischen Staaten einerseits und Israel andererseits zur Eindämmung des iranischen Einflusses in der arabischen Welt herauskristallisiert[922]. In Washington kursierten Berichte, nach denen die USA eine „der NATO ähnlichen" Allianz mit „gemäßigten" arabischen Staaten anstrebten, und laut Mitteilung des damaligen israelischen Geheimdienstministers Katz arbeitete die neue Administration in Washington bereits frühzeitig an der Stärkung der Beziehungen zwischen Israel und „gemäßigten" sunnitischen Staaten in der Region[923] mit dem Ziel einer „nahöstlichen NATO" zur Eindämmung des Iran – wie es der israelische Verteidigungsminister Lieberman zum Ausdruck gebracht hatte. Viele Indizien deuteten darauf hin, dass Trump ein regelrechtes Militärbündnis mit Saudi-Arabien und Israel im Zentrum favorisierte, um den Iran zu isolieren[924]. Die Idee einer solchen „sunnitischen Allianz" mit Israel stammte bereits aus der Zeit der Reagan-Administration und wurde später von George W. Bush wieder aufgenommen. Im Februar 2016 berichtete die israelische Zeitung *Haaretz*, dass auf einem geheimen Gipfeltreffen mit dem damaligen US-Außenminister John Kerry von Salman al-Ansari, dem Präsidenten der in Washington ansässigen saudischen Lobby-Organisation „Saudisch-Amerikanischer Ausschuss für Öffentlichkeitsarbeit" (SAPRAC), eine entsprechende

---

[920] Verbale Aufrüstung, in: Der Tagesspiegel v. 14.02.2017

[921] Richard Herzinger, Ein Nahost-Bündnis aus verfreundeten Feinden, in: Die Welt v. 01.03.2017

[922] Ebda.

[923] Ebda.

[924] Ebda.

regionale „Friedensinitiative" vorgestellt worden sei[925]. Ziel war die Bildung einer „Allianz der Zusammenarbeit" Saudi-Arabiens mit Israel, die vom Königshaus in Riad auch gefördert wird. Neben der Eindämmung des iranischen Einflusses im Irak und in Syrien sollte damit auch die Lösung der Palästina-Frage erreicht werden, was – so die Initiatoren – gleichfalls helfen sollte, den Iran zu stoppen[926]. Zuvor hatte der ägyptische Präsident al-Sisi im Februar 2015 ein solches Bündnisprojekt vorgestellt, welches dann einen Monat später – im März 2015 – auf einer Konferenz der Arabischen Liga erörtert wurde, so dass es in der Folgezeit zu Treffen von Militärs der beteiligten Staaten kam, um Details eines solchen Bündnisses auszuarbeiten.

Trump sah mit einer solchen „arabischen NATO", gegründet von sunnitischen arabischen Staaten und unterstützt vom geheimdienstlichen sowie militärischen Potential der USA und Israels, gleich mehrere Ziele seiner Nahost-Politik verwirklicht: Die Bekämpfung des IS und anderer dschihadistischer Gruppen, die Neutralisierung des iranischen Einflusses in der Region, und die Forderung, dass die verbündeten arabischen Staaten die Lasten ihrer Verteidigung selbst tragen sollten[927]. Generalleutnant Michael T. Flynn hatte im Juni 2015 als bereits demissionierter Direktor der DIA gegenüber dem US-Kongress angeregt, dass die USA Strukturen und Rahmenbedingungen für eine „arabische NATO" voll unterstützen und organisieren sollten, mit dem Ziel der Gründung einer arabischen Armee, die die regionalen Verantwortlichkeiten der verbündeten arabischen Staaten sichern kann[928]. Flynns Absicht war es dabei insbesondere, den von Russland unterstützten Iran mit Hilfe eines solchen Bündnisses abzuschrecken[929]. Nachdem er US-Präsident wurde, reaktivierte Trump sofort den von al-Sisi und Flynn entwickelten Plan. Da Trump sich nicht mehr bereit zeigte, Amerikas enorme militärische Lasten im Nahen Osten zu akzeptieren, versuchte er, unter Einschaltung Flynns, der zwischenzeitlich Nationaler Sicherheitsberater wurde, und des designierten Verteidigungsministers James Mattis den Plan einer arabischen NATO bei Diplomaten der verbündeten arabischen Staaten durchzusetzen. Dabei fand Trump auch Unterstützung vom israelischen Premierminister Netanjahu, der

---

[925] Anthony F. Shaker, Trump's Art of Confusion in Syria, unter:
http://www.globalresearch.ca/trumps-art-of-confusion-in-syria/5586124
[926] Ebda.
[927] Lawrence Salmomon, With an Arab NATO and a contained Iran, Trump is changing the Middle East, unter:
http://news.nationalpost.com/full-comment/lawrence-solomon-with-an-arab-nato-and-a-contained-iran-trump-is-changing-the-middle-east
[928] Ebda.
[929] Ebda.

sich diesen Plänen sehr aufgeschlossen zeigte[930], was er auch auf einer gemeinsamen Pressekonferenz in Washington mit Trump im Februar 2017 deutlich gemacht hatte. „In kurzer Zeit hat Trump begonnen, die arabischen Streitkräfte neu auszurichten und ihnen gleichzeitig zu zeigen, dass er ihnen Rückhalt gegen eine Nuklearmacht Iran, der die Hegemonie über den Nahen und Mittleren Osten anstrebt, gewährt"[931]. Nach Informationen des „Middle East Research Institute" hatten diese Pläne dazu geführt, dass sich der Iran in einem Belagerungszustand und angesichts einer umfassenden US-arabisch-israelischen Allianz einer aufkommenden existentiellen Bedrohung ausgesetzt sah, welche militärische Gegenreaktionen Teherans erwarten ließen.

Konkretisierungen dieses Bündnisplans wurden bereits Anfang 2017 eingeleitet. Nach einem Bericht des *Wall Street Journal* hatte die Trump-Administration mit mehreren sunnitisch-arabischen Staaten Mitte Februar 2017 über eine „NATO-ähnliche" Militärkoalition gegen den Iran verhandelt, die von den USA unterstützt werden und an der sich Israel mit Geheimdienstinformationen beteiligen sollte. Als Indiz für derartige bestehende Pläne wertete die Zeitung Stellungnahmen Trumps und Netanjahus auf einer gemeinsamen Pressekonferenz Mitte Februar 2017. „Ich glaube, eine großartige Gelegenheit für Frieden kommt von einem regionalen Ansatz, der unsere neuen arabischen Partner einbezieht", sagte Netanjahu, und Trump fügte hinzu: „Es ist etwas ganz anderes, was bisher nicht diskutiert wurde. Und es ist ein viel größeres Abkommen, viel wichtiger auf eine Weise. Es würde viele Länder betreffen und ein sehr großes Gebiet umfassen"[932]. Wie der Nachrichtendienst *Strategic Forecast* berichtet, hatte Saudi-Arabien bereits mit dem „Arabischen Frühling" und insbesondere infolge des Atomabkommens mit dem Iran verstärkt auf eine solche Bündnisoption gesetzt, die sich aus der Sorge vor einem schrittweisen Rückzug der USA und einer wachsenden Konfrontation mit dem Iran begründet hatte[933]. Nach den zu jener Zeit bekanntgewordenen Plänen sollte ein derartiger NATO-ähnlicher Verteidigungspakt Ägypten, Jordanien, Saudi-Arabien, die Vereinigten Arabischen Emirate und noch weitere Staaten der Region umfassen; diese eint die Sorge um die Einflussausdehnung des schiitischen Iran. Das Ziel war es, einen Pakt zu vereinbaren, demzufolge ein Angriff auf eines dieser Länder als Aggression gegen sie alle behandelt würde. Nach den seinerzeitigen Verlautbarungen waren die USA und Israel nicht direkt an dem Pakt beteiligt; jedoch sollten beide Staaten Geheimdienstinformationen bereitstellen und den Pakt unterstützen[934]. Israel hatte mit

---

[930] Ebda.

[931] Ebda.

[932] Ebda.

[933] Gulf States consider starting an „Arab NATO", unter:
https://www.stratfor.com/analysis/gulf-states-consider-starting-arab-nato

[934] US looks to form Arab Alliance against Iran – Report, unter:

226

Ägypten und Jordanien Friedensverträge abgeschlossen, unterhält jedoch mit Saudi-Arabien (und zu jenem Zeitpunkt auch mit den übrigen arabischen Staaten) keine offiziellen Beziehungen. Es gab aber seit Langem Gerüchte, dass die beiden Staaten im Geheimen Sicherheitsfragen in der Region beraten hatten, und es vermehrten sich in der Folgezeit Anzeichen dafür, dass sich die Beziehungen zwischen Israel und Saudi-Arabien verbessern sollten[935]. Ein weiteres Indiz für die Zusammenarbeit Washingtons mit den sunnitischen Golfstaaten war die Ende März 2017 erfolgte Vereinbarung einer Lieferung von Kampfflugzeugen an den Golfstaat Bahrain, die eine eindeutige Signalwirkung hatte: „Beobachter führen die Entscheidung auf den erklärten Willen der Regierung von Präsident Donald Trump zurück, den Einfluss Irans im Persischen Golf zu begrenzen. Die sunnitischen Führungen in Bahrein und Saudi-Arabien sehen den schiitischen Gottesstaat Iran als Bedrohung an. Überdies ist Bahrein ein wichtiger Stützpunkt der Vereinigten Staaten in der Region. Dort ist die fünfte Flotte der U.S. Navy stationiert. Die Schifffahrtswege im Golf offen zu halten, ist für Amerika von großem strategischem Interesse“[936].

Eine solche sunnitisch-arabische NATO mit den USA und Israel als Unterstützer konnte gleichzeitig dazu dienen, die Eindämmung Russlands und insbesondere Chinas in Eurasien voranzutreiben bzw. deren Bemühungen zur wirtschaftlichen und infrastrukturellen Kooperation im eurasischen Raum zu unterminieren. Die eurasischen Integrationsbemühungen dieser Mächte weisen dem Iran schließlich eine strategische Schlüsselposition im Rahmen des Seidenstraßenkonzepts „One Belt, one Road“ zu. So kam es im Februar 2017 zu einem Treffen von Vertretern der „National Iranian Oil Company“ (NIOC) und des chinesischen Energie-Riesen Sinopec in Teheran, bei dem die Beteiligung des chinesischen Konzerns an der Entwicklung von Öl- und Gasfeldern im Iran erörtert wurde. Im Fokus von Sinopec liegt dabei das Yadavaran-Ölfeld in der iranischen Provinz Chusistan[937]. Die geostrategische Bedeutung des Iran für Chinas Pläne liegt nach finnischen Botschaftsberichten gerade darin, als Drehkreuz zwischen Ost und West im Rahmen der Seidenstraße zu fungieren[938], und für die kontinentalen Infrastrukturprojekte Pekings bildet der Iran eine entscheidende Landbrücke zur Mittelmeerküste, was auch durch

---

http://www.timesofisrael.com/us-looks-to-form-arab-alliance-against-iran-report/

[935] Ebda.

[936] Trump will Militärdeal mit Bahrein trotz Menschenrechtsproblemen, unter: http://www.faz.net/aktuell/politik/donald-trump-will-militaerdeal-mit-bahrein-14949168.html

[937] USA wollen im Iran den Aufstieg Chinas zur Weltmacht stoppen, unter: https://deutsche-wirtschafts-nachrichten.de/2017/02/23/usa-wollen-im-iran-den-aufstieg-chinas-zur-weltmacht-stoppen/

[938] Ebda.

Investitionsabkommen Pekings mit Teheran im Januar 2016 bekräftigt wurde[939]. Bestätigt wurde dies auch durch Analysen des türkischen Militärs sowie des türkischen Geheimdienstes MIT. Diesen zufolge hatte China das Projekt zur Wiederbelebung des Handels von China über den Iran, Irak und Syrien bis nach Europa deshalb in Gang gebracht, weil das Land befürchtet, dass sein Containerhandel über den Seeweg gezielt von den USA behindert werden könnte[940]. „Im Fokus Chinas stehen der Nahe Osten und Afrika", so ein Analyst des türkischen Geheimdienstes MIT. „China möchte, dass die Türkei und der Iran gute Beziehungen haben, um im Nahen Osten seinen Einfluss geltend zu machen. Peking versucht, Ankara und Teheran als Partner zu gewinnen, und diese beiden Staaten als wirtschaftliches Tor in den Nahen Osten und nach Afrika zu nutzen"[941]. Für Russland wiederum ist der Iran ein wichtiger Partner sowohl zur Absicherung seiner Sicherheitsinteressen im eurasischen und nahöstlichen Raum (z.B. Syrien) als auch für die energiegeopolitischen Pläne des Kreml in Richtung einer „Gas-OPEC", die seit 2007 zwischen beiden Mächten diskutiert wird.

Vor diesem Hintergrund wäre mit der Verwirklichung einer sunnitisch-arabischen NATO über die strategische Eindämmung und Isolierung des Iran gleichermaßen ein weiteres geopolitisches Ziel erreicht worden, nämlich die Verhinderung einer eurasischen Integration und der Versuch, das von Peking vorangetriebene „Seidenstraßen"-Konzept zu unterminieren. Insoweit ermöglichten die nah- und mittelöstlichen Bündnispläne der Trump-Administration die Realisierung fundamentaler geopolitischer Zielsetzungen: Zum einen die Stärkung der beiden traditionell wichtigsten Säulen der US-Hegemonie in der nahöstlichen Region, nämlich Israels und Saudi-Arabiens, und zum anderen die Bekämpfung der geopolitischen Rivalen China und Russland durch Isolierung eines wichtigen Verbündeten.

bb) Der Aufstieg des Iran – eine Machtverschiebung, die den Westen herausfordert

Die gegen Teheran gerichtete Haltung der Trump-Administration war untrennbar mit den geopolitischen Machtverschiebungen im nah- und mittelöstlichen Raum verbunden, die mit der Irak-Invasion Washingtons 2003 einsetzten und insbesondere durch den Bürgerkrieg in Syrien seit 2011 an Intensität zugenommen hatten. Der Konflikt in Syrien löschte „endgültig zwei Axiome des 20. Jahrhunderts". Das eine lautete: „Der Westen ordnet den Nahen Osten. Kolonialmächte wie Frankreich und Großbritannien hatten sich einst

---

[939] Ebda.

[940] Ebda.

[941] Zit. aus: Ebda.

228

Territorien und Ressourcen aufgeteilt, die Supermächte USA und Sowjet-union im Kalten Krieg ihre Einflusszonen gesichert. Das andere Axiom: Die religiöse und politische Vormacht in der Region gehört der arabisch-sunniti-schen Mehrheit, angeführt von der saudischen Monarchie. Mit beiden Axio-men ist es zu Beginn des 21. Jahrhunderts vorbei"[942] - und zwar bedingt durch den Aufstieg des regionalen Hegemon Iran, der sich zusammen mit Russland und der Türkei zwischenzeitlich im Syrienkonflikt als Ordnungsmacht etab-lieren konnte.

Folgt man dem Islamwissenschaftler Wilfried Buchta, so ist der eigentliche Gewinner der seit 2003 in der nah- und mittelöstlichen Region eingetretenen Veränderungen die Islamischen Republik Iran: „Analysiert man, zu wessen Gunsten sich seit 2003 die Machtbalance im Nahen und Mittleren Osten durch Regimeumstürze, Militärinvasionen, Bürgerkriege, Volksaufstände und den Aufstieg dschihadistischer Terrororganisationen vom Schlag des IS ver-schoben hat, bleibt nur ein Gewinner übrig: die Islamische Republik Iran"[943], und dies, obwohl diese in der von Sunniten regierten arabisch-islamischen Welt weitgehend isoliert blieb. Im Zuge des Iran-Irak-Krieges 1980-1988 konnte Teheran seinen Einfluss lediglich unter den schiitischen Minderheiten in den arabischen Golfstaaten ausbauen; den größten Erfolg erzielte es dabei im Libanon, wo es mithalf, Anfang der 1980er Jahre die schiitische Hisbollah-Miliz aufzubauen, die sich zwischenzeitlich zur politisch-militärisch stärksten Macht in der Zedernrepublik und zum treuesten Verbündeten des Iran in der Levante entwickelt hat[944]. Ein Fundament der Außenpolitik des Iran war und ist das Bündnis mit Syrien, welches seit 1979 besteht. Die Allianz beider Staa-ten war „stets von defensivem Charakter und dabei auf drei gemeinsame Ziele beschränkt: Eindämmung des amerikanischen Einflusses im Nahen Osten, die Schwächung Israels und die Einhegung der regionalen Machtansprüche des Irak"[945]. Das Bündnis Teherans mit Damaskus erwies sich zur Absiche-rung iranischer Interessen im Nahen und Mittleren Osten als durchaus effek-tiv: Beide Staaten verhinderten gemeinsam den Aufstieg des Irak zur Füh-rungsmacht im Nahen Osten. Ferner erzwangen sie im Jahr 1984 gemeinsam den Rückzug amerikanischer Friedenstruppen aus dem Libanon und behin-

---

[942] Andrea Böhm/Michael Thumann, Und der Sieger heißt: Iran, unter:
http://www.zeit.de/2017/04/mittlerer-osten-iran-macht-syrien-krieg
[943] Wilfried Buchta, Der Siegeszug des Iran, in: Cicero, April 2017, S. 52–58 (S. 54)
[944] Ebda., S. 54
[945] Die Interessen des Iran und der Türkei in Syrien. Analyse des Wissenschaftlichen Dienstes des Deutschen Bundestages, unter:
https://www.bundestag.de/blob/419330/5c3bd6ad5eae20bba55bce003fbbdaef/wd-2-001-16-pdf-data.pdf

derten 18 Jahre lang die Versuche Israels, den Libanon zu seinem Einflussgebiet zu machen, was mit Israels Abzug im Jahr 2000 auch erfolgreich war[946]. Nach dem Ende des Iran-Irak-Krieges 1988 und dem Tod des schiitischen Revolutionsführers Khomeini 1989 beendete der Iran seine bisherige Strategie des „schiitischen Revolutionsexportes" in der arabischen Welt und begann unter den nachfolgenden Präsidenten Rafsandschani (1989 – 1997) und Katami (1997 – 2005) einen Kurs der pragmatischen Außenpolitik, die dem iranischen Nationalinteresse die höchste Priorität einräumte[947] – ein Kurs, der sich auch unter den Präsidenten Ahmadinedschad und Rohani fortsetzen sollte.

Es war letztlich die Irak-Invasion der USA 2003, die im Nahen und Mittleren Osten eine „geopolitische Revolution" einleitete und damit den Aufstieg des Iran zur Regionalmacht begünstigte[948]. Mit dem Sturz Saddam Husseins in Bagdad und der Taliban in Afghanistan wurden gefährliche Gegner Irans entmachtet[949]. Die „geopolitische Revolution" der Irak-Invasion der USA 2003 bestand in zweierlei – für Teheran ausgesprochen günstigen – Auswirkungen: Erstens wurde mit dem Sturz des sunnitischen Diktators Saddam Hussein der stärkste militärische Feind Teherans beseitigt, und zweitens eröffneten sich dem Iran durch die Einführung des demokratischen Prinzips im Zweistromland, das die schiitische Mehrheit begünstigte, ungeahnte Möglichkeiten, seinen Einfluss im Irak auszuweiten[950]. Zur Hilfe kamen Teheran dabei die aus dem iranischen Exil zurückgekehrten irakischen Schiitenparteien, die die Regierung in Bagdad seit 2005 dauerhaft dominieren sollten[951]. Auf diese Weise gelang es dem Iran, das Machtvakuum im Irak – welches die USA mit ihrem Truppenabzug 2011 hinterlassen sollten – auszufüllen und sich dort zum entscheidenden Akteur zu formieren[952]. „Der Irak wurde zu einem politischen Trabanten des Iran"[953]. Die Sicherheitsinteressen des Iran im Zweistromland liegen bis heute darin, zu verhindern, dass sich in Bagdad ein mit den USA verbündetes starkes zentralistisches sunnitisches Regime etabliert. Aus diesem Grund befürwortet der Iran ein föderatives System im Irak mit einem starken schiitischen Element, um zu verhindern, dass der Irak durch die USA instrumentalisiert wird, um eine Basis für eine Eindämmungsstrategie oder gar für

---

[946] Ebda.

[947] Wilfried Buchta, Der Siegeszug des Iran, in: Cicero, April 2017, S. 52–58 (S. 55)

[948] Volker Perthes, Iran als außenpolitischer Akteur, unter:

http://www.bpb.de/apuz/31562/iran-als-aussenpolitischer-akteur?p=all

[949] Ebda.

[950] Wilfried Buchta, Der Siegeszug des Iran, in: Cicero, April 2017, S. 52–58 (S. 55)

[951] Ebda.

[952] Ebda.

[953] Ebda.

militärischen Aktionen gegen Teheran zu erhalten[954].

Der Ausbruch des Bürgerkrieges in Syrien 2011 schuf für den Iran eine erhebliche geopolitische Herausforderung, die schließlich seine diplomatische und auch militärische Intervention erforderlich machte. „Der Krieg in Syrien stellt eine signifikante Bedrohung für die strategische Allianz des Irans, Syriens und der Hisbollah dar. Die syrische Regierung, lebenswichtige Verbindung zwischen dem Iran und der Hisbollah, droht zu fallen. Der Iran kann es sich nicht leisten, seine wichtigste Stütze in der Levante, und die Hisbollah nicht riskieren, ihren Zugang zur für sie kritisch wichtigen iranischen und syrischen Unterstützung zu verlieren"[955]. Dem Iran drohte überdies wie oben ausgeführt ein Verlust des Bündnispartners in Damaskus; deren Allianz trug erheblich zur Verteidigung iranischer Interessen im Nahen Osten bei. Eine besondere Bedrohung stellt für den Iran ferner die Tatsache dar, dass Saudi-Arabien und die sunnitisch-wahabitischen Golfmonarchien den „schiitischen Halbmond" von Teheran über Irak, Syrien bis zum Libanon liquidieren, somit den Iran eindämmen möchten und zu diesem Zweck Syrien zum Austragungsort eines Stellvertreterkrieges gegen Teheran auserkoren haben. „Die Versuche Saudi-Arabiens und der Golfstaaten, durch Unterstützung sunnitischer Milizen das syrische Regime zu stürzen, haben Syrien zum Austragungsort des langjährigen Machtkampfes zwischen dem schiitischen Iran und den sunnitischen Monarchien der Arabischen Halbinsel gemacht. In Syrien findet daher auch ein Stellvertreterkrieg zwischen dem Iran und insbesondere Saudi-Arabien statt"[956]. Um das Assad-Regime in Damaskus zu stabilisieren, unterstützt Teheran Damaskus mit Hilfe von Milliardenkrediten, Waffen- und Öllieferungen sowie mit Militärberatern; auf den Schlachtfeldern Syriens kämpfen Einheiten der iranischen Revolutionswächter sowie der libanesischen Hisbollah. Konkret geht es Teheran in Syrien um die Durchsetzung dreier wichtiger Ziele: 1) Aufrechterhaltung des Korridors zum Libanon, 2) Ausbau Syriens zum Bollwerk gegen den „Islamischen Staat", dessen fundamentalistische sunnitisch-wahhabitische Ideologie vom schiitischen Iran als existentielle Bedrohung definiert wird, und 3) Durchsetzung des Anspruchs auf die Position einer Hegemonialmacht gegenüber Saudi-Arabien[957]. Durch einen Sturz des Assad-Regimes wiederum „verlöre der Iran fast jeglichen Einfluss in der

---

[954] Volker Perthes, Iran als außenpolitischer Akteur, unter:
http://www.bpb.de/apuz/31562/iran-als-aussenpolitischer-akteur?p=all
[955] Marisa Sullivan, Hezbollah in Syria, S. 4, Institute for the Study of War, April 2014, unter:
http://www.understandingwar.org/sites/default/files/Hezbollah_Sullivan_FINAL.pdf
[956] Die Interessen des Iran und der Türkei in Syrien. Analyse des Wissenschaftlichen Dienstes des Deutschen Bundestages, unter:
https://www.bundestag.de/blob/419330/5c3bd6ad5eae20bba55bce003fbbdaef/wd-2-001-16-pdf-data.pdf
[957] Wilfried Buchta, Der Siegeszug des Iran, in: Cicero, April 2017, S. 52–58 (S. 56)

Levante. Mit seinem beherrschenden Einfluss in drei arabischen Hauptstäd-
ten – Bagdad, Damaskus und Beirut – verfügt der Iran über wichtige Trumpf-
karten im Ringen mit Saudi-Arabien um die Vorherrschaft in Nahost"[958].
Nach Einschätzung von geopolitischen Beobachtern ist Kern der strategischen Überlegungen Teherans in dem Kampf um die Hegemonie in der nahöstlichen Region „ein iranisch kontrollierter Landkorridor durch den Irak und
Syrien bis ans Mittelmeer. Er würde Teheran eine Einflusssphäre verschaffen,
die tief in arabisches Gebiet reicht. Architekten dieses geostrategischen Um-
baus sind die Revolutionsgarden, allen voran ihre für Auslandsoperationen
zuständigen Al-Kuds-Brigaden unter Kassem Suleimani, einem engen Ver-
trauten des obersten Religionsführers Ajatollah Ali Chamenei"[959]. In diesem
Zusammenhang hatte Teheran in der Schlacht um die vom „Islamischen
Staat" gehaltene Stadt Mossul – diese kurdische Region Nordiraks dient als
wichtige Landbrücke nach Syrien – schließlich auch dafür gesorgt, dass die
pro-iranischen schiitischen „Haschd al-Schaabi"-Milizen zum Einsatz kamen,
mit dem Ziel, einen strategisch wichtigen Korridor von Irak nach Syrien militärisch abzusichern. Auf diese Weise baut der Iran seinen Einfluss in der
Region weiter aus. Analysen der französischen Denkfabrik „Centre Français
de Recherche" bestätigen die Absicht Teherans, einen iranischen Korridor bis
nach Latakia zu errichten, schrieb der ehemalige französische Geheimdien-
stoffizier Alain Rodier. Dort, an der syrischen Küste, beabsichtige der Iran,
dann eine Marinebasis zu bauen. Damit hätte das iranische Militär seine Einflusssphäre bis an das Mittelmeer ausgedehnt[960].

Der geopolitische Aufstieg des Iran hatte die sunnitischen Machthaber in den
Staaten des Golfkooperationsrates (Bahrain, Katar, Kuwait, Oman, Saudi-
Arabien und die Vereinigten Arabischen Emirate) und in Jordanien aufgeschreckt. Sie hatten sich in der Vergangenheit vergeblich bemüht, einen Keil
zwischen Damaskus und Teheran zu treiben, um die „schiitische Achse" zu
durchbrechen und somit den iranischen Einfluss einzudämmen[961]. Saudi-Arabien, Schutzmacht des sunnitischen Islams, möchte gern zum Status vor 1979
– sprich der schiitischen Revolution in Teheran – zurückkehren, verfügt aber
weder über die notwendigen Machtmittel noch über starke regionale Verbündete, um den Iran in der Levante und im Mittleren Osten zu verdrängen. Im
Libanon hatte sich Saad Hariri, der Mann der Saudis, als schwach erwiesen;
auch in Syrien hat Riad keine schlagkräftigen Unterstützer, und im Irak findet

---

[958] Ebda.

[959] Andrea Böhm/Michael Thumann, Und der Sieger heißt: Iran, in: Die Zeit v. 19.01.2017

[960] Alfred Hackensberger, Kampf um den Korridor zum Mittelmeer, unter:
https://www.welt.de/print/die_welt/politik/article163180451/Kampf-um-den-Korridor-
zum-Mittelmeer.html

[961] Volker Perthes, Iran als außenpolitischer Akteur, unter:
http://www.bpb.de/apuz/31562/iran-als-aussenpolitischer-akteur?p=all

die sunnitische Minderheit keine Strategie gegen die schiitische Mehrheit[962]. Zur Verhinderung des Aufstiegs des Irans hatte sich die Administration George W. Bush seinerzeit darum bemüht, mit den sunnitisch-arabischen Staaten und Israel eine Allianz gegen den Iran zu bilden[963], während die Obama-Administration angesichts der politisch-ideologischen Polarisierung in der nah- und mittelöstlichen Region Saudi-Arabien und Iran dazu aufgefordert hatte, sich die Region untereinander zu teilen[964]. Gerade vor dem Hintergrund, dass die Obama-Administration sich nicht bereit zeigte, an der Seite Saudi-Arabiens in den Krisenherden der Region zu intervenieren, sondern mit dem geopolitischen Erzfeind Iran sogar noch ein Nuklearabkommen abschloss und ihn damit als politischen Machtfaktor anerkannte, legte Saudi-Arabien nunmehr seine Hoffnungen auf die Trump-Administration, deren anti-iranische Containment-Strategie den Interessen Riads sehr entgegengekommen war. Nach einem Telefonat Trumps mit dem saudischen König Salman am 29. Januar 2017 erklärte das Weiße Haus, man sei sich einig, gegen die „destabilisierenden Aktivitäten Irans in der Region" vorzugehen[965], und Riad hegte die große Hoffnung, dass sich die neue Administration in Washington entschieden gegen den Iran Stellung bezog[966].

Trump seinerseits hatte deutlich gemacht, dass sich seine Präsidentschaft der Einflussausdehnung Teherans entgegenstellen würde. Dabei war er sich jedoch im Klaren darüber, dass eine offene militärische Intervention gegen den Iran ein endgültiges Ausufern der Konfliktkonstellation in der Region zur Folge hätte; die Risiken eines aus der Kontrolle geratenen Konflikts mit dem Iran hätten den Nahen und Mittleren Osten vollends ins Chaos abdriften lassen. In diesem Zusammenhang war sich auch die Trump-Administration, die sich die Auslöschung des „Islamischen Staates" zum Ziel gesetzt hatte, bewusst, dass sie eine Destabilisierung des Iran nicht in Kauf nehmen konnte, ohne dieses Ziel zu gefährden. Deshalb hatte sich schon unter Obama seit 2014 im Irak eine informelle Koordination zwischen den iranischen Revolutionswächtern, die den Großteil der irakischen Schiitenmilizen kontrollieren, und den von den USA entsandten Militärberatern entwickelt. „Sie trug maßgeblich zu der seit 2015 erfolgreichen Zurückdrängung des IS im Irak bei. Sollte Trump gegenüber dem Iran auf totale Konfrontation umschalten, würde dem IS also wieder Auftrieb verschafft"[967]. Aus diesem Grund griff die Trump-Administration auf eine indirekte „hybride" Strategie gegen den

---

[962] Rainer Hermann, Gewinner Iran, in: Frankfurter Allgemeine Zeitung v. 08.02.2017

[963] Volker Perthes, Iran als außenpolitischer Akteur, unter:
http://www.bpb.de/apuz/31562/iran-als-aussenpolitischer-akteur?p=all

[964] Rainer Hermann, Gewinner Iran, in: Frankfurter Allgemeine Zeitung v. 08.02.2017

[965] Alain Gresh, Unruhe im Hause Saud, in: Le Monde diplomatique v. Februar 2017

[966] Ebda.

[967] Wilfried Buchta, Der Siegeszug des Iran, in: Cicero, April 2017, S. 52–58 (S. 58)

Iran zurück: Sie unterstützte regionale Bündnissysteme, um eine Machtexpansion Teherans einzudämmen, und verband dies mit der Aufrechterhaltung unilateraler Handels- und Finanzsanktionen gegen den Iran, die Anfang 2017 noch einmal erweitert wurden[968]. Damit wollte „Washington die wirtschaftliche Erholung des Iran erschweren und so dessen Expansionsdrang bremsen"[969].

cc) Trumps Bemühungen, das Nuklearabkommen mit dem Iran vom Juli 2015 zu sabotieren – mit dem Ziel der „Neutralisierung" des iranischen Einflusses im Nahen Osten

Wie bereits erwähnt, hatte Trump mehrfach erklärt, dass das Wiener Nuklearabkommen mit dem Iran vom Juli 2015 – der „Joint Comprehensive Plan of Action" (JCPOA) – der „schlechteste Vertrag aller Zeiten" gewesen sei, der „nicht im Interesse unserer nationalen Sicherheit" gelegen habe. Vor diesem Hintergrund hatte er schon zu Anfang verschiedentlich gedroht, dieses Abkommen aufzukündigen, da es – so Trump – nur dem Iran Vorteile bringen und es ihn zur Einmischung in Konflikte wie in Syrien und im Jemen ermuntere[970]; Trump betonte, die Vereinbarung habe die Islamische Republik nicht von „aggressivem Verhalten" in Bereichen außerhalb des Atomprogramms abgehalten. Tatsächlich war der Administration zunächst eine Aufkündigung des Nuklearabkommens nicht möglich, denn sowohl die Vereinten Nationen wie auch das US-Außenministerium hatten Teheran vertragskonformes Verhalten bescheinigt[971]. Nach Angaben der Inspektoren wurden seit 2015 fast die ganzen Vorräte an angereichertem Uran außer Landes gebracht, zwei Drittel der Zentrifugen abgebaut und 400 Kontrollen durchgeführt, die dem Iran bescheinigten, dass er sich an die Auflagen gehalten habe[972]. Ferner hatte entgegen den Behauptungen Trumps die Internationale Atomenergieagentur (IAEA) in Wien, die für die Überwachung und Kontrolle zuständig ist, Teheran bereits achtmal die Einhaltung des Atomabkommens bestätigt[973]. Vor diesem Hintergrund gab es für die Trump-Administration zunächst keine Vorwände, das erstrebte Ziel – das Abkommen aufzukündigen und das Sanktionsregime wieder zu verschärfen – zu erreichen. In diesem Zusammenhang ist zu beachten, dass ein vom US-Kongress am 22. Mai 2015 beschlossenes Gesetz das US-Außenministerium verpflichtet hatte, dem Kongress spätestens alle 90 Tage über den Status aller künftigen Abkommen mit dem Iran im

---

[968] Ebda.

[969] Ebda.

[970] Trump setzt auf Sanktionen, in: Der Tagesspiegel v. 14.10.2017

[971] Ebda.

[972] Ein Deal für Trump, in: Der Spiegel 42/2017, S. 86–89 (S. 86)

[973] Teheran erfüllt laut IAEA Verpflichtungen, in: Neue Zürcher Zeitung v. 16.10.2017

Rahmen einer „Zertifizierung" Bericht zu erstatten. Dabei waren zwei Fragen zu beantworten. Erstens: Erfüllt die Gegenseite ihre Verpflichtungen? Zweitens: Liegt es „im grundlegenden nationalen Interesse" der USA, sich weiterhin an die Vereinbarungen, insbesondere an die Suspendierung bestimmter Sanktionen, zu halten? Seit Trumps Amtsantritt hatte das State Department im ersten Halbjahr seiner Präsidentschaft zwei Mal, im April und im Juli 2017, die erforderliche Erklärung an den Kongress abgegeben.

Angesichts dieses Dilemmas – der Islamischen Republik Iran waren bis dato keine Verstöße gegen die technischen Bestimmungen des Wiener Abkommens nachzuweisen – verlegte sich die Trump-Administration Mitte Oktober 2017 zunächst auf eine Strategie, die zum einen (auch im Hinblick auf die am Abkommen beteiligten europäischen Mächte sowie China und Russland) eine formelle Kündigung des Wiener Abkommens durch Washington vermeiden sollte, es jedoch Washington erlauben würde, zu erklären, dass das Nuklearabkommen nicht mit dem nationalen Sicherheitsinteresse der USA in Übereinstimmung gebracht werden könne[974]. Die von der US-Führung nunmehr beschlossene Lösung bestand in einem Mechanismus, der es ermöglichte, das Abkommen politisch zu verdammen, ohne es aber rechtlich aufzugeben, und gleichzeitig eine Verschärfung der US-Politik gegen den Iran einzuleiten. Auf der Grundlage dieser Überlegungen wurde geplant, ein neues Gesetz zu verabschieden, in dem neue, wesentlich schärfere „rote Linien" definiert werden sollten. Erst wenn der Iran gegen diese verstieß, sollten die Sanktionen wieder verhängt werden. Nach dem hierzu veröffentlichten Strategiepapier des Weißen Hauses wurde klar formuliert, um was es gehen sollte, nämlich über die Vereinbarungen des Wiener Abkommens hinaus den Druck auf den Iran zu erhöhen, ohne das Atomabkommen formell zu kündigen[975]. Deutlich wurde hervorgehoben, dass es der US-Führung nicht mehr allein um das Nuklearabkommen ging. Die eigentliche Absicht der Trump-Administration lag darin, über das Atomabkommen hinaus den Einfluss des Iran im Nahen und Mittleren Osten zu „neutralisieren"[976], wie es im „fact sheet" des Weißen Hauses in diesem Zusammenhang ausgesprochen wurde. Da sich nach Auffassung Trumps dessen Vorgänger Obama „kurzsichtig" nur mit dem Atomprogramm befasst hatte, sei der iranische Einfluss immer weiter gewachsen. „Dem will Trump einen Riegel vorschieben"[977]. Um den „destabilisierenden Einfluss der iranischen Regierung zu neutralisieren und ihre Aggression, insbesondere ihre Unterstützung für den Terrorismus und militante Gruppen, einzudämmen", so das Papier, würden die USA ihre „traditionellen Bündnisse

---

[974] Trump rückt vom Atomvertrag mit Iran ab, in: Süddeutsche Zeitung v. 14.10.2017

[975] Zu viel für Trump, in: Süddeutsche Zeitung v. 14.10.2017

[976] Vorerst keine Aussetzung des Atomabkommens mit Iran, in: Frankfurter Allgemeine Zeitung v. 14.10.2017

[977] Trump will härter gegen Iran vorgehen, in: Der Tagesspiegel v. 14.10.2017

und regionalen Partnerschaften als Bollwerke gegen die iranische Subversion mit neuem Leben erfüllen und ein stabileres Kräfteverhältnis in der Region herstellen"[978]. Ein Schritt in diese Richtung waren ausweislich des vom Weißen Haus publizierten Strategiepapiers Sanktionen gegen die iranischen Revolutionsgarden, ferner wurde das Langstreckenraketenprogramm Teherans ins Visier genommen[979]. Darüber hinaus sollte nicht nur das Atomprogramm des Iran einer dauerhaften Beschränkung und Kontrolle unterworfen werden, sondern auch seine gesamten Militäranlagen, was mit den Wiener Vereinbarungen nicht in Übereinstimmung zu bringen war[980]. Damit war das, was die Trump-Administration plante, wesentlich mehr als nur eine Modifikation des Nuklearabkommens. „Es ist der Versuch, Iran in der Region zu isolieren", seine Expansionspolitik und seine Unterstützung von Gruppierungen wie der Hisbollah zu stoppen[981]. Ziel der Trump-Administration war es dabei, die Interpretation durchzusetzen, dass der Iran gegen den „Geist" des Abkommens verstieß, indem es Raketen testete, Gruppierungen wie die Hisbollah unterstützte sowie Kämpfer nach Syrien und in den Irak entsandte, um seinen Einfluss auszuweiten[982] – kurz gesagt, Ziel war Druckausübung und Beeinflussung der iranischen Außen- und Sicherheitspolitik. Problematisch war in diesem Zusammenhang nur: „Einen 'Geist' des Abkommens gibt es nicht, es gibt nur einen nüchternen, sehr technischen Vertrag. Und um die iranische Außenpolitik oder das Raketenprogramm geht es dabei nicht. Das würde Trump gern ändern (...)"[983].

Um diese Strategie durchzusetzen, hatte Trumps Umfeld bereits vorher eine entsprechende Drohkulisse gegen Teheran aufgebaut; es wurden Argumente gesammelt, um das Nuklearabkommen platzen zu lassen. „Offenbar setzte Trump auch die eigenen Geheimdienste unter Druck: Er forderte eine Bestätigung, dass das iranische Regime gegen den Nuklearvertrag verstoße. Seine Regierung ist zudem erpicht darauf, Iran als Terrorunterstützer zu brandmarken"[984]. Absehbar war, dass die Folgen einer solchen Politik indes zu einer weiteren Instabilität und Konfrontation in der Region führten. Eine Verhängung von Sanktionen unter Umgehung der Wiener Vereinbarungen durch Washington wurde von Teheran als Vertragsbruch gewertet – und der irani-

---

[978] Knut Mellenthin, „Neue Strategie" gegen Iran, in: Junge Welt v. 14.10.2017

[979] Trump will härter gegen Iran vorgehen, in: Der Tagesspiegel v. 14.10.2017

[980] Trump setzt auf Sanktionen, in: Der Tagesspiegel v. 14.10.2017; Knut Mellenthin, „Neue Strategie" gegen Iran, in: Junge Welt v. 14.10.2017

[981] Ein Deal für Trump, in: Der Spiegel 42/2017, S. 86–89 (S. 88)

[982] Ebda., S. 86

[983] Ebda., S. 86

[984] Ebda., S. 86

sche Vizepräsident Ali Akbar Salehi hatte für diesen Fall mit einer Wiederaufnahme des Urananreicherungsprogrammes gedroht[985]. Und ein solcher Schritt wiederum hätte eine militärische Intervention Israels zur Konsequenz gehabt. Ferner war mit den Sanktionen gegen die iranischen Revolutionsgarden ein Kollaps des gesamten Handels mit dem Iran zu befürchten, da diese nach Expertenangaben direkt oder indirekt 40 Prozent der iranischen Wirtschaft kontrollieren[986]. Diese Entwicklungen sollten letztlich eine geopolitische – sprich eurasische – Neuausrichtung der iranischen Außen- und Außenwirtschaftspolitik zur Folge haben: „Würden die Amerikaner Sanktionen verhängen oder Teile des Abkommens neu verhandeln wollen, würden die Iraner wohl versuchen, mit den Europäern, Russland und China zusammenzuarbeiten und die USA zu isolieren"[987]. Es drohte sich abzuzeichnen, dass Trumps Strategie zu einer geopolitischen Konfrontation zweier Bündnissysteme im Nahen und Mittleren Osten führen würde, in der eine eurasische Koalition aus dem Iran, Russland, China und Europa (in diesem Zusammenhang hatte der damalige Bundesaußenminister Gabriel erklärt, dass das Verhalten der US-Amerikaner in der Iran-Frage die Europäer zu einer gemeinsamen Position mit Russland und China gegen die USA treiben werde[988]) einem Bündnis zwischen den USA, Israel und Saudi-Arabien gegenübersteht. Tatsächlich fiel die neue Iran-Strategie der Trump-Administration auf enorme Zustimmung in Riad, das sich damit in seiner offensiven Anti-Iran-Politik bestätigt sah[989]. Mit einem Ausstieg aus dem Wiener Abkommen, so der Nachrichtendienst *Spiegel Online,* „würden die USA eine gefährliche Kettenreaktion auslösen, den Nahen Osten destabilisieren – und sich als Verhandlungspartner diskreditieren"[990].

dd) Die Steigerung der Konfrontation mit dem Iran

Das Ziel der Maßnahmen der Trump-Administration lag darin, den regionalen Einfluss des Iran einzudämmen, wobei auch ein Regimesturz in Kauf genommen wurde. Diesem Ziel entgegen stand die Nuklearvereinbarung mit Teheran von 2015 (der „Joint Comprehensive Plan of Action", JCPOA). Trump kam es deshalb darauf an, dieses völkerrechtliche Hindernis aus dem Weg zu räumen, um freie Hand zu haben, mit einer Politik des „maximalen

---

[985] Ebda., S. 86

[986] Ebda., S. 88/89

[987] Ebda., S. 88

[988] Knut Mellenthin, „Neue Strategie" gegen Iran, in: Junge Welt v. 14.10.2017

[989] Nichts eint so sehr wie ein Feind, in: Süddeutsche Zeitung v. 16.10.2017

[990] Trumps riskanter Anti-Iran-Kurs, unter:
http://www.spiegel.de/politik/ausland/donald-trump-worum-es-bei-der-neuen-iran-strategie-geht-a-1172883.html

Drucks" den Iran zu isolieren. Im Mai 2018 kündigte Präsident Trump an, dass sich die USA aus dem JCPOA zurückziehen würden; konkret weigerte er sich, die Vorgaben des JCPOA weiter zu verfolgen[991]. Dies eröffnete ihm die Möglichkeit, den Iran auf breiter Ebene mit Sanktionen zu belegen[992] und ihn mittels eines Katalogs von zwölf Forderungen, die US-Außenminister Pompeo im Mai 2018 bekanntgab, zum Rückzug und zur Preisgabe seiner bisherigen strategischen Gewinne zu zwingen. Ferner wurden Anfang 2019 die gesamten Revolutionsgarden des Iran, die ein Teil der regulären iranischen Streitkräfte sind, als Terrororganisation eingestuft. Hintergrund für diese Entscheidung war wohl, dass die Revolutionsgarden – insbesondere die Eliteeinheit al-Quds-Brigade – eng mit schiitischen Milizen in der nah- und mittelöstlichen Region zusammenarbeiten; die al-Quds-Brigade „ist ein zentrales strategisches Instrument der iranischen Führung, ihren Einfluss in diesem Raum zu festigen"[993]. Dieser Schritt ermöglichte es der Trump-Administration, gegen diese im Wege von Drohneneinsätzen und extralegalen Exekutionen vorzugehen, ohne in einen formellen Kriegszustand gegen den Iran einzutreten. Höhepunkt dieses Vorgehens war die Tötung des Kommandeurs der al-Quds-Brigade Kassem Suleimani Anfang Januar 2020.

Über die Gründe hierfür gab es mehrere Spekulationen: Zum einen stand der Drohnenanschlag auf Suleimani im Zusammenhang mit Raketenangriffen proiranischer Milizen im Irak auf eine Militärbasis in Kirkuk im Dezember 2019, wo auch US-Soldaten stationiert waren. Daraufhin hatten die US-Militärs dem Präsidenten u.a. auch vorgeschlagen, einen Anschlag auf den al-Kuds-Kommandeur durchzuführen. Trump hatte dies jedoch abgelehnt und hatte stattdessen als Vergeltung Ende Dezember 2019 Stellungen der proiranischen Kataeb-Hisbollah-Brigaden angreifen lassen[994]. Als Milizionäre dieser Einheit daraufhin die US-Botschaft in Bagdad angriffen, hatte sich Trump dann für die extremere Option, die Tötung Suleimanis, entschieden. Diese Entscheidung – so eine Interpretation – musste im Zusammenhang mit dem Angriff von islamistischen Milizen auf das US-Konsulat im libyschen Benghazi im September 2012 gesehen werden, bei dem u.a. auch der US-Botschafter ums Leben kam. Trump schien dieser Interpretation zufolge ein sol-

---

[991] Christian Schaller, „America First" - Wie Präsident Trump das Völkerrecht strapaziert, SWP-Studie 27, Berlin, Dezember 2019, S. 21

[992] Ebda., S. 21

[993] Herwig Jedlaucnik (Hg.), ISS aktuell. Zur strategischen Lage. Jahresbeginn 2020, Landesverteidigungsakademie, Institut für Strategie und Sicherheitspolitik, Wien 2020, S. 14

[994] Florian Rötzer, Was bewegte Trump zur Entscheidung, Soleimani zu ermorden?, unter: https://www.heise.de/tp/features/Was-bewegte-Trump-zur-Entscheidung-Soleimani-zu-ermorden-4629954.html

ches Szenario auch hier befürchtet zu haben und wollte dies durch einen Militärschlag mit entsprechender Symbolwirkung verhindern[995].

Nach einer anderen Theorie wollte Trump mit Hilfe des Drohnenanschlags einen möglichen Ausgleich zwischen dem Iran und Saudi-Arabien sabotieren. Als Zeuge für diese Ansicht kommt der ehemalige irakische Ministerpräsident Adil Abdul-Mahdi in Betracht, der dem irakischen Parlament berichtet hatte, er habe sich mit Soleimani am Morgen des Tages treffen wollen, an dem er ermordet wurde: „Er kam, um mir eine Botschaft aus dem Iran als Antwort auf eine Botschaft zu bringen, die wir von Saudi-Arabien an den Iran übermittelt haben"[996]. Ein möglicher Grund für eine etwaige Annäherung Saudi-Arabiens an den Iran waren die militärischen Ereignisse im September 2019, als die saudische Ölraffinerie in Abkaik Ziel eines Drohnenangriffs vermutlich jemenitischer Huthi-Milizen wurde. Auf diesen Angriff auf einen der wichtigsten Verbündeten der USA in dieser Region reagierte Washington bis zuletzt nicht militärisch, was von der saudischen Führung als „grundsätzlich inakzeptable Schwäche der USA" interpretiert wurde und für sie ein Umdenken in der Iranpolitik nahelegte. Eine solche Annäherung Riads an Teheran stand jedoch im Widerspruch zu Trumps Containment-Strategie zur Eindämmung und Isolation des Iran, in die auch die Golfmonarchien miteinbezogen werden sollten.

Ferner wurde das Sanktionsregime gegen den Iran verschärft mit dem Ziel, die Versorgungslage im Land zu verschärfen und dadurch innere Unruhen – bis hin zum Regimesturz – zu provozieren. Dieses Sanktionsregime hatte sich als „äußerst erfolgreich" dargestellt. Im Jahr 2019 sanken die Warenimporte in den Iran auf 77 Prozent, die iranischen Exporte auf 68 Prozent des Vor-Sanktions-Niveaus[997]. Bereits Ende 2019 konnte die iranische Führung Proteste gegen die Kürzung von Benzinpreissubventionen nur mit Gewalt niederschlagen. Diese hingen mit den massiven wirtschaftlichen Problemen zusammen, die zum Teil auf die US-Sanktionen gegen den Iran zurückgingen, allerdings ebenfalls durch hausgemachte Probleme wie Korruption und Missmanagement mitverursacht wurden[998]. „Der Iran steckt in einer tiefen Wirtschaftskrise, die durch harte US-Sanktionen gegen das Land ausgelöst wurde",

---

[995] Herwig Jedlaucnik (Hg.), ISS aktuell. Zur strategischen Lage. Jahresbeginn 2020, Landesverteidigungsakademie, Institut für Strategie und Sicherheitspolitik, Wien 2020, S. 15

[996] Florian Rötzer, Was bewegte Trump zur Entscheidung, Soleimani zu ermorden?, unter: https://www.heise.de/tp/features/Was-bewegte-Trump-zur-Entscheidung-Soleimani-zu-ermorden-4629954.html

[997] Herwig Jedlaucnik (Hg.), ISS aktuell. Zur strategischen Lage. Jahresbeginn 2020, Landesverteidigungsakademie, Institut für Strategie und Sicherheitspolitik, Wien 2020, S. 14

[998] Geraten die Mullahs in Bedrängnis?, unter: https://www.tagesspiegel.de/politik/unruhen-im-iran-geraten-die-mullahs-in-bedraengnis/25249428.html

so die damalige Beurteilung des *Handelsblatts*[999].

Auf diese Maßnahmen der US-Regierung reagierte Teheran mit einer Politik der Nadelstiche und griff mit Hilfe der mit ihm verbündeten Milizen US-Kräfte vor allem im Irak immer wieder an, ohne dass die Trump-Administration darauf mit offener militärischer Gewalt reagierte. Am Beispiel des Iran zeigte sich, dass sich Trump zur Einhegung und Eindämmung regionaler Rivalen auf eine indirekte Strategie verlegt hatte, die primär eine Wirtschaftskriegführung zum Gegenstand hatte und in der militärische Mittel allenfalls symbolisch zum Einsatz kommen sollten[1000]. Mit ihrer geoökonomischen Strategie des „maximalen Drucks" durch Etablierung eines Sanktionsregimes wollten die USA versuchen, Teheran dazu zu nötigen, nicht nur sein Nuklearprogramm, sondern auch seine regionalen Aktivitäten einzuschränken[1001], wenn nicht gar aufzugeben. „Der Iran wird dadurch indirekt destabilisiert", so das mit dem erzwungenen wirtschaftlichen Niedergang angestrebte Ziel[1002]. Ferner beeinflussten die USA auch die Entscheidung Indiens, auf den Bau der geplanten Iran-Pakistan-Indien-Pipeline zu verzichten und damit dem iranischen Regime diese wirtschaftliche Unterstützung zu entziehen[1003]. Europäische Firmen hatten auf US-amerikanischen Druck ihr Engagement ebenfalls eingeschränkt, um gemeinsam mit Washington den Druck auf Iran zu erhöhen, sein Nuklearprogramm aufzugeben[1004].

Die europäischen Vertragspartner des JCPOA – Deutschland, Frankreich und Großbritannien – hatten zusammen mit Russland und China an den 2015 getroffenen Vereinbarungen mit dem Iran festgehalten und Ende Januar 2019 die Zweckgesellschaft INSTEX (Instrument in Support of Trade Exchanges) geschaffen mit dem Ziel, die US-Sanktionen zu umgehen und den Zahlungsverkehr mit dem Iran aufrechtzuerhalten[1005]. Jedoch hatte sich INSTEX als

---

[999] USA verurteilen Einsatz „tödlicher Gewalt" gegen Demonstranten im Iran, unter: https://www.handelsblatt.com/politik/international/proteste-gegen-hoehere-benzinpreise-usa-verurteilen-einsatz-toedlicher-gewalt-gegen-demonstranten-im-iran/25238910.html?ticket=ST-307134-ORcT60BLu4FGWgJLitCe-ap6

[1000] Herwig Jedlaucnik (Hg.), ISS aktuell. Zur strategischen Lage. Jahresbeginn 2020, Landesverteidigungsakademie, Institut für Strategie und Sicherheitspolitik, Wien 2020, S. 14/15

[1001] Josef Braml, Von Verbündeten zu Erzfeinden. Zur kurzen, aber wirkmächtigen Geschichte der USA-Iran-Beziehungen, unter: https://www.bpb.de/apuz/309946/usa-iran-beziehungen

[1002] Herwig Jedlaucnik (Hg.), ISS aktuell. Zur strategischen Lage. Jahresbeginn 2020, Landesverteidigungsakademie, Institut für Strategie und Sicherheitspolitik, Wien 2020, S. 14

[1003] Josef Braml, Von Verbündeten zu Erzfeinden. Zur kurzen, aber wirkmächtigen Geschichte der USA-Iran-Beziehungen, unter: https://www.bpb.de/apuz/309946/usa-iran-beziehungen

[1004] Ebda.

[1005] Ebda.

wirkungslos gegenüber den US-Sanktionen erwiesen[1006], was auf den Druck der USA zurückzuführen war, die eine autonome europäische Geopolitik nicht zulassen wollten. Insoweit war es der Trump-Administration gelungen, die europäischen Vertragsparteien auf ihren geoökonomischen Kurs festzulegen, denn „wer in den Vereinigten Staaten Geschäfte machen oder Geschäfte über den US-Dollar abwickeln will, muss sich wohl oder übel der Wirtschafts- und Militärmacht USA beugen"[1007].

Der Iran, der sich von diesen Entwicklungen enttäuscht zeigte, versuchte nunmehr, durch eine strategische Ausrichtung nach Osten alternative Märkte und Verbündete in Asien zu finden. So begannen sich die Verbindungen mit China, die bereits 2016 angeknüpft wurden, zusehends zu verfestigen. Für China hat eine Allianz mit dem Iran eine fundamentale strategische Bedeutung im Rahmen der „Seidenstraßeninitiative" Pekings. Ergänzend hatten der Iran, die Türkei und Katar 2019 eine gemeinsame geoökonomische Allianz im Sinne einer „Middle Eastern Entente" gegründet, deren Absicht es auch war, sich gegen die USA und ihre Sanktionen zur Wehr zu setzen[1008] und ein alternatives mittelöstliches Integrationsmodell zu begründen. „Unter anderem sollen katarisches und iranisches Öl und Gas mit Pipelines über Iran und Irak zum syrischen Mittelmeerhafen Latakia gepumpt werden", so der Politikwissenschaftler Josef Braml. Diese sollten auch mit türkischen Pipelines verbunden werden. Die Türkei bezieht die Hälfte ihrer Ölversorgung aus dem Iran „und widersetzt sich auch den US-Sanktionen, die das iranische Regime isolieren und ökonomisch unter Druck setzen sollten. Iran verhandelt bereits mit Syrien, um dessen wichtigsten Hafen Latakia betreiben und die Handelsroute von Teheran bis zum Mittelmeer vorantreiben zu können"[1009]. Diese Infrastrukturprojekte sollen dann mit der „Seidenstraße" Chinas verbunden werden. „Neben den Pipelines und dem ebenso geplanten Eisenbahnnetz soll der Mittelmeerhafen (Latakia) darüber hinaus einen weiteren strategischen Knotenpunkt in Chinas umfassender 'Seidenstraßeninitiative' [...] bilden. Nicht nur wegen seiner Öl- und Gasressourcen, sondern auch dank seiner guten wirtschaftlichen und diplomatischen Beziehungen mit zentralasiatischen Staaten spielt Iran eine wichtige Rolle in Chinas Seidenstraßenplänen"[1010].

Die USA können eine solche Integration Eurasiens, in der dem Iran aufgrund seiner strategischen Lage und Vernetzung eine Schlüsselrolle zukommt und in der sie kaum eine Rolle spielen, nicht ohne weiteres akzeptieren. Sie sehen sich durch solche Bestrebungen in ihrer Vormachtstellung bedroht; so hatte

---

[1006] Ebda.
[1007] Ebda.
[1008] Ebda.
[1009] Ebda.
[1010] Ebda.

bereits der ehemalige Sicherheitsberater Zbigniew Brzezinski vor einem Bündnis des Iran mit den eurasischen Mächten gewarnt und ein solches als Herausforderung für die Machtstellung der USA interpretiert. Aufgrund dieser Überlegungen bleibt der Mittlere Osten – insbesondere der Iran – im Fokus der USA. Dies muss im Zusammenhang mit der Auseinandersetzung und der geplanten Einkreisung Chinas gesehen werden. Für China kommt es darauf an, Energielieferanten und Lieferwege zu diversifizieren[1011], und eine engere kontinentale geoökonomische Kooperation Pekings mit Teheran könnte die Bedrohung durch eine Blockade der chinesischen Energieversorgung seitens der USA von der See her abmildern. Auch darum zielten die USA auf eine Isolation und Eindämmung des Iran ab, um damit gleichzeitig die kontinentalen geoökonomischen Verbindungslinien und Lebensadern Chinas zu treffen. „Die Kontrolle des Persischen Golfs bedeutet Kontrolle über Europa, Japan und China", so der Konfliktforscher Michael Klare[1012].

Trotz ihrer vermeintlichen Energieunabhängigkeit infolge der „Schiefergasrevolution" und ihrer Umorientierung nach Asien haben sich die USA also „nicht vom Nahen und Mittleren Osten abgewendet", so Josef Braml. „Im Gegenteil: Die Weltmacht wird einer möglichen globalen Kräfteverschiebung in dieser geostrategisch wichtigen Region nicht tatenlos zusehen"[1013].

b) Trumps Syrienpolitik zwischen Exit-Strategie und Containment-Strategie gegen Iran und Russland

Vor dem Hintergrund einer Interessenkollision mit dem Iran und Russland muss schließlich auch die Syrienpolitik Trumps interpretiert werden, welche sich – wie die gesamte Bilanz der Nah- und Mittelostpolitik der Trump-Administration im Jahr 2017 – auf dem ersten Blick als wenig durchschaubar und gar widersprüchlich zeigte. Wie oben bereits ausgeführt, hatte sich unter dem Einfluss des neokonservativen Establishments im Laufe des Jahres 2017 eine Metamorphose der US-Außenpolitik von einer verkündeten Partnerschaft mit Russland hin zu einer klassischen Eindämmungspolitik gegen Moskau vollzogen. Dieser Wandel sollte sich schließlich auch auf die Syrienpolitik auswirken. Viel spricht dafür, dass Trump – gewissermaßen als Alternative zu einem Regimesturz in Damaskus, den die vorherige US-Administration verfolgt hatte – vielmehr auf ein kontrolliertes Ausbluten des Konfliktes und möglicherweise auf eine Teilung des Landes in Interessensphären setzte, auch mit dem Ziel, auf diese Weise eine Eindämmung Irans und auch Russlands

---

[1011] Ebda.

[1012] Robert Dreyfuss, The Thirty-year Itch, in: Mother Jones v. 01.03.2003

[1013] Josef Braml, Von Verbündeten zu Erzfeinden. Zur kurzen, aber wirkmächtigen Geschichte der USA-Iran-Beziehungen, unter:
https://www.bpb.de/apuz/309946/usa-iran-beziehungen

sicherstellen zu können.

aa) Trumps Ablehnung eines Regimesturzes in Damaskus

In seinem Wahlkampf hatte Trump mehrfach erklärt, dass er eine US-Militärintervention in Syrien als Gefährdung amerikanischer Sicherheitsinteressen ansah. Gleichfalls hatte er auch einem Sturz des Assad-Regimes eine Absage erteilt. In seiner Rede in Youngstown, Ohio, vom 15. August 2016, erklärte er, dass die „Ära des Aufbaus demokratischer Staaten" vorbei sei, falls er Präsident werde. Am 22. November 2016 – also zwei Wochen nach der Präsidentschaftswahl – erklärte er: „Ich habe eine andere Meinung zu Syrien als jeder andere. Nicht jeder andere, aber als viele andere Leute. … Ich musste mir anhören, wie (der republikanische Senator) Lindsey Graham darüber spricht, Syrien anzugreifen … und das ist jetzt, als würde man Russland angreifen, als würde man den Iran angreifen … Und was haben wir davon?". Weiter sagte Trump, er habe „sehr starke Ideen" zu Syrien. Auf die Frage, ob er diese ausführen könne, antwortete er: „Ich kann nur das sagen: Wir müssen den Wahnsinn beenden, der in Syrien abläuft"[1014]. Auf einer Wahlkampfrede in Florida am 3. November 2016 stellte er noch einmal die verhängnisvollen Auswirkungen der US-Interventionen im Nahen und Mittleren Osten heraus: „Unsere neue Außenpolitik wird Amerika an erste Stelle setzen. Hillary (Clinton) hat Tod und Verderben nach Irak, Syrien, Libyen gebracht. Sie hat den Iran mächtig gemacht und den IS entfesselt. Sie will den IS beseitigen? Sie ist diejenige, die ihn in Gang gesetzt hat. … Jetzt will sie einen Krieg in Syrien anfangen – in einem Konflikt mit einem nuklear bewaffneten Russland. Das könnte zum dritten Weltkrieg führen. … Hillary und unser gescheitertes Establishment in Washington haben sechs Billionen Dollar für Kriege im Nahen Osten ausgegeben – Kriege, die wir nie gewinnen. … Sie haben uns in ausländische Kriege gezogen"[1015]. In einer TV-Debatte vom 10. Oktober 2016 führte Trump abermals aus, dass er nicht bereit sei, militärisch gegen des Assad-Regime vorzugehen. Der Moderator wies Trump auf eine Äußerung seines Vizepräsidentschaftskandidaten Mike Pence hin, der zufolge russische Provokationen mit Stärke beantwortet werden und dass die USA bereit sein müssten, militärische Ziele des Assad-Regimes anzugreifen. Trumps Antwort lautete: „Er (Pence) und ich haben (darüber) nicht gesprochen, und ich stimme dem nicht zu"[1016].

[1014] Donald Trump's New York Times Interview: Full Transcript, in: New York Times v. 23.11.2016

[1015] Was Trump bisher über Syrien sagte, unter:
http://www.n-tv.de/politik/Was-Trump-bisher-ueber-Syrien-sagte-article19784447.html

[1016] Zit. aus: Ebda.

Einige Indizien sprechen dafür, dass Trump auf ein sogenanntes „kontrolliertes Abbrennen" des Konflikts zu setzen schien, in dem sich die Kontrahenten gegenseitig ausbluten sollten, um dann eine Ordnung in Gestalt einer Kantonisierung des Landes durchzusetzen. Gerade vor diesem Hintergrund hielt er denn auch Aktionen zum Sturz des Assad Regimes für fehlerhaft. Gleichzeitig war sich Trump auch im Klaren darüber, dass Syrien die Schlüsselregion einer geopolitischen Auseinandersetzung mit den eurasischen Kontrahenten Russland und Iran ist und dass somit jede direkte US-amerikanische Intervention in der Levante entweder eine Konfrontation oder aber eine Abgrenzung von Interessensphären in der Region mit diesen Mächten zur Folge haben musste. Dies hatte Trump auch in der TV-Debatte vom 10. Oktober 2016 zum Ausdruck gebracht: „Syrien bekämpft den IS. Wir haben Leute (in der US-Regierung), die beide zur gleichen Zeit bekämpfen wollen. Aber Syrien ist nicht mehr Syrien. Syrien ist Russland und es ist Iran"[1017]. Am 28. September 2015 formulierte er die Notwendigkeit einer Instrumentalisierung des Assad-Regimes und auch Russlands zur Bekämpfung des „Islamischen Staates", den Trump als Hauptbedrohung der amerikanischen Sicherheit deklariert hatte: „Ich verstehe wirklich, was in Syrien vor sich geht. Denn wenn man sich das ansieht, ist es zuallererst eine Katastrophe. Es ist ein einziges Chaos, und wir helfen dabei, es zu einem Chaos zu machen. … Russland ist auf der Seite von Assad und Russland will den IS genauso gerne loswerden wie wir, wenn nicht mehr, denn sie wollen nicht, dass er nach Russland kommt. … Sollen Syrien und der IS sich doch bekämpfen. Was geht es uns an? … Soll Russland sich doch um den IS kümmern. An wie vielen Orten können wir sein? … Wir müssen den IS loswerden, sehr wichtig, aber ich sehe mir (den syrischen Präsidenten) Assad an, und Assad scheint mir besser zu sein als die andere Seite"[1018]. An dieser Beurteilung hatte sich auch angesichts des US-Militärschlags von Anfang April 2017 nichts geändert. In einem Telefoninterview mit der „New York Post" hatte Trump bestritten, dass sich seine Syrienpolitik mit dem Tomahawk-Angriff auf eine Stellung der syrischen Armee verändert hatte. „Unsere Politik ist dieselbe – sie hat sich nicht geändert, wir gehen nicht nach Syrien"[1019]. „Den IS loswerden" war Trump zufolge weiterhin „unsere große Mission" in Syrien. Der Tomahawk-Schlag sei, so Trump, deshalb kein Beginn einer Regime-Change-Kampagne gewesen, sondern ein „humanitärer Akt", weil der syrische Präsidenten Baschar al-Assad ein „Metzger" und ein „Barbar" sei, der Saringas eingesetzt habe, an dem

---

[1017] Zit. aus: Ebda.

[1018] Zit. aus: Ebda.

[1019] Zit. und übersetzt aus: Peter Mühlbauer, Trump bestreitet Änderung seiner Syrienpolitik, unter:
https://www.heise.de/tp/features/Trump-bestreitet-Aenderung-seiner-Syrienpolitik-3684027.html

Kinder erstickt seien. Nach reiflicher Überlegung habe er – Trump – sich entschieden, darauf nur mit einem begrenzten Schlag zu reagieren. „Wir hoffen", so der US-Präsident, „dass er [Assad] nicht weiter vergasen wird"[1020]. Zwar erklärte Nikki Haley, US-Botschafterin bei den Vereinten Nationen, dass die USA in Syrien „mehrere Prioritäten" verfolgten neben dem Ziel, den sogenannten „Islamischen Staat" zu besiegen, gehe es Washington auch um einen Regimewechsel in Damaskus, denn man sehe „kein friedliches Syrien mit Assad"[1021]. Auf der anderen Seite jedoch schlug US-Außenminister Tillerson weit vorsichtigere Töne an, als er durchblicken ließ, dass man sich durchaus Verhandlungen mit der syrischen Regierung vorstellen könne[1022]. Vorrangiges Ziel sei es, den IS zu besiegen und so eine zentrale Bedrohung „nicht nur für die Vereinigten Staaten", sondern „auch für die gesamte Stabilität der Region" zu „beseitigen, wenigstens aber zu minimieren". Danach könne man die verschiedenen Konfliktparteien an einen Tisch bringen, um „einen Prozess der politischen Gespräche in Gang zu setzen". Und ja, ein solcher Diskurs erfordere auch die Teilnahme des Assad-Regimes[1023]. Insoweit schien im Jahr 2017 einiges für einen Richtungsstreit innerhalb der Trump-Administration zu sprechen.

Analysiert man die Stellungnahmen Trumps, so kommt man zu dem Ergebnis, dass er einer militärischen Intervention aus dem Grunde ablehnend gegenüberstand, weil sie einfach nicht siegreich durchgesetzt werden konnte, sondern vielmehr zu Chaos und einem Machtvakuum führen musste, das von geopolitischen Kontrahenten der USA gefüllt werden konnte. Die Verneinung einer Militärintervention nach dem Vorbild des Irakkrieges 2003 – die Trump mehrfach deutlich hervorgehoben hatte – bedeutete aber nicht, dass die Trump-Administration im Nahen Osten keine Interessenpolitik verfolgte. Die US-Botschafterin bei den Vereinten Nationen Haley erklärte, dass es zu den Prioritäten der US-Politik in Syrien gehöre, „den iranischen Einfluss" aus Syrien „herauszubekommen". Erst dann, so fasste Haley zusammen, könne man sich „auf eine politische Lösung zubewegen"[1024]. Mittels des selektiven Militärschlags von Anfang April 2017 ging es der Trump-Administration darum, deutlich zu machen, dass eine Verwandlung Syriens in eine alleinige Einflusszone Russlands und Irans nicht im US-amerikanischen Interesse lag; Te-

---

[1020] Ebda.

[1021] Trumps Syrien-Politik: Alle Optionen offen, unter:
http://www.faz.net/aktuell/politik/trumps-praesidentschaft/syrien-politik-von-donald-trump-ist-voller-widersprueche-14965301.html

[1022] Ebda.

[1023] Ebda.

[1024] Ebda.

heran bzw. Moskau gegenüber sollte dokumentiert werden, dass die USA bereit waren, ihnen gegebenenfalls mit militärischer Härte entgegenzutreten[1025]. Die Bereitschaft der Trump-Administration, eine russische Intervention in Syrien zu akzeptieren, reduzierte sich in diesem Zusammenhang lediglich auf die Bekämpfung des „Islamischen Staates".

bb) Die Zerlegung Syriens in Einfluss- und Sicherheitszonen als mögliches Ziel der Syrienpolitik Trumps

Es stellt sich nunmehr die Frage, welche konkreten Ansätze die Trump-Administration in Syrien zur Verwirklichung der oben dargestellten Strategie verfolgt hatte. Kurz nach seiner Amtseinführung hatte sich Trump für die Errichtung von sogenannten „Sicherheitszonen" ausgesprochen. Ende Januar 2017 verabschiedete Trump einen Erlass an das Außen- und Verteidigungsministerium, binnen 90 Tagen entsprechende Pläne zu Schaffung „sicherer Gebiete in Syrien und der umliegenden Region" zu erstellen; ein Schritt, der allerdings auch mit einer deutlichen Ausweitung des Militärengagements der USA in Syrien verbunden sein musste[1026]. Einiges spricht dafür, dass mit der Errichtung von solchen Schutzzonen auch bezweckt war, „Russland und dem Iran deutlich (zu) machen, dass ihre Unterstützung des Assad-Regimes einen Preis haben, dass Irans Wunsch, seine Einflusszone über den Irak bis zum Mittelmeer auszudehnen, ein Traum bleiben wird. Schutzzonen für die syrische Bevölkerung, wie Trump sie im Wahlkampf versprochen hat, sollten erwogen werden. Zum Beispiel an den Grenzen zu Jordanien und der Türkei. Gesichert durch Flugverbotszonen, an deren Etablierung auch NATO-Mitglieder und regionale Verbündete mitzuwirken hätten", so ein Kommentator[1027]. Worauf diese Politik der Errichtung von Schutzzonen hinauslaufen sollte, hatte der Chefkommentator der *New York Times*, Thomas Friedman, deutlich hervorgehoben: „Die am wenigsten schlechte Lösung ist eine Teilung Syriens und die Schaffung einer primär sunnitisch-geschützten Region – geschützt durch die internationalen Streitkräfte, US-Truppen – wenn notwendig – mit eingeschlossen"[1028].

Tatsächlich wurden Pläne einer Kantonisierung Syriens in US-Militärkreisen

---

[1025] Trumps PR-Raketen, unter:
http://www.spiegel.de/politik/ausland/donald-trump-und-der-us-kurswechsel-in-syrien-kommentar-a-1142324.html

[1026] USA wollen Sicherheitszonen in Syrien, unter: http://www.zeit.de/politik/ausland/2017-01/krieg-syrien-usa-donald-trump

[1027] Schlag gegen Syrien: Trump besteht ersten außenpolitischen Test mit Bravour, unter:
https://www.tichyseinblick.de/meinungen/schlag-gegen-syrien-trump-besteht-ersten-aussenpolitischen-test-mit-bravour/

[1028] Thomas L. Friedman, President Trump's Real-World Syria Lesson, in: New York Times v. 05.04.2017

seit längerem diskutiert. So hatte die RAND-Corporation, die dem Pentagon nahesteht, im Jahr 2015 einen Bericht unter dem Titel *A Peace Plan for Syria* [1029] veröffentlicht, in dem sie eine Lösung des Syrienkonflikts auf der Grundlage des „bosnischen Modells" vorschlägt. „In diesem Sinne wird der Frieden – wie in Bosnien Mitte der 1990er Jahre – durch demografische Veränderungen vor Ort, die externe Zustimmung für derartige Veränderungen und die Erschöpfung der Kampfparteien erleichtert werden. Anders als in Bosnien würde der Frieden aber nicht aus einer detaillierten formalen Vereinbarung, sondern aus einer Reihe von lokalen und internationalen Verständnissen entstehen. Um die vielfältigen Verständnisse zu erreichen, ist das Waffenstillstandsabkommen von Russland, der Türkei und dem Iran ein guter Ausgangspunkt, aber es ist unzureichend. Nachhaltige langfristige Vereinbarungen werden am effektivsten sein, wenn sie das Einverständnis anderer wichtiger Akteure beinhalten, darunter die USA, ihre Golfpartner und andere Unterstützer der Opposition gegen Assad"[1030]. Die RAND-Corporation fordert eine Dezentralisierung des Landes in Kontrollzonen. Das Gebiet von der Westküste bis nach Deir al-Zor unter Ausschluss von Rakka soll von der Regierung in Damaskus und den Russen kontrolliert werden. Das von der Türkei im Rahmen der Operation „Euphrates Shield" befreite Gebiet und die Provinz Idlib würde unter türkischer Kontrolle stehen. Das südliche Gebiet in Daraa – an der Grenze zu Israel – würde von einer von der RAND-Corporation nicht näher beschriebenen „Opposition" kontrolliert werden. Ein Großteil Nordsyriens würde den Syrisch-Demokratischen-Kräften (SDF), die aus Kurden-Milizen bestehen und von den USA geführt werden, zufallen. Hervorzuheben ist dabei der Vorschlag der RAND-Corporation, die ISIS-Hochburgen und Öl-Zentren Rakka und Deir al-Zor unter eine „internationale Administration" zu stellen. „Wir empfehlen daher, dass die USA die Provinz Rakka nach ihrer Befreiung unter eine internationale Übergangsverwaltung stellt, wodurch ein neutrales Gebiet geschaffen wird, das weder vom Regime noch von der Opposition bis zur endgültigen Lösung des Bürgerkriegs gehalten wird." Das Gebiet sollte von der UN unter Einsetzung von ihr beaufsichtigter Provinzräte kontrolliert werden. Die RAND-Corporation spricht sich aber dagegen aus, dass eine reine UN-Friedenstruppe in die internationale Zone entsandt wird. Stattdessen sollten die USA und Russland den Einsatz einer „Koalitions-Truppe" organisieren, die ein UN-Mandat erhält. Mit einer der-

---

[1029] James Dobbins/Philip Gordon/Jeffrey Martini, A Peace Plan for Syria, unter: https://www.rand.org/content/dam/rand/pubs/perspectives/PE100/PE182/RAND_PE182.pdf

[1030] Übersetzt in: US-Plan zur Teilung Syriens kann neue Fluchtbewegung auslösen, unter: https://deutsche-wirtschafts-nachrichten.de/2017/02/25/usa-planen-internationale-verwaltung-in-syrien/

artigen Lösung wären nicht nur die USA und Russland, sondern auch die Türkei „und weitere regionale US-Verbündete" einverstanden, die Rakka und
Deir al-Zor weder der Kontrolle durch die Terror-Miliz ISIS noch der Kontrolle durch die Kurden-Milizen überlassen möchten, so die RAND-Corporation[1031]. Zusammengefasst sieht das US-Strategiepapier vor, Syrien in vier
Gebiete zu teilen, die jeweils unter US-amerikanischem, türkischem, jordani-
schem und russischem Schutz stehen.

Recherchen des russischen Nachrichtendienstes *Russia Today* lassen den
Schluss zu, dass die Trump-Administration sich einen solchen Plan zu eigen
gemacht zu haben schien. Demzufolge wollten die USA „das Land teilen,
neue Einflusszonen in Südsyrien einrichten und diese mit US-Verbündeten in
Nordsyrien verbinden"[1032]. Der Syrien-Analyst des *Atlantic Council*, Faysal I-
tani, kritisierte in diesem Zusammenhang zwei Tage vor dem Raketenangriff
der USA Anfang April 2017 die vorherrschende militärische Rolle Russlands
im Syrienkonflikt, die die amerikanischen Optionen dort erheblich beeinträchtigen würde und die es darum zurückzudrängen gelte. „Der Hauptgrund,
warum es uns nicht gelungen ist, [das Land zu dominieren], ist, weil eine andere Partei im Konflikt in einer viel besseren Lage ist". Aus diesem Grund sei
ein härteres Durchgreifen Washingtons erforderlich: „Das lässt einzig eine
militärische Option übrig oder eine militärische Option kombiniert mit Diplomatie". Die USA müssten entweder einen militärischen Stellvertreter aufbauen, der richtig kämpfen könne, oder aber selbst an der Seite der Verbündeten im Land aktiv werden.[1033] *Russia Today* berichtet in diesem Zusammenhang von einem gleichfalls Anfang April 2017 stattgefundenen Diskussions-
forum US-amerikanischer und britischer Sicherheits- und Nahost-Analysten,
die zu dem Ergebnis kamen, dass es „eine gute Sache" sei, „Gebiete aufzubauen, die nicht mehr unter Kontrolle von Assad stehen. Diese müssen mit
den [US-unterstützten und von der Kurden-Miliz YPG angeführten] Demokratischen Kräften Syriens angebunden werden, die von Norden nach Süden
vorrücken. Darüber gab es bereits Gespräche. Die Frage ist die Bereitschaft
der Verbündeten"[1034].

Ein Indiz dafür, dass Trump auf die Errichtung sogenannter autonomer Sicherheitszonen setzte, ist der Umstand, dass er – gemäß dem Strategieplan
der RAND-Corporation – schon recht frühzeitig die Aufrüstung der nordsyrischen Kurdenverbände in Angriff genommen hatte. Im März 2017 wurden

---

[1031] Ebda.

[1032] Exklusiv: USA planen „umfassende militärische Option in Syrien", unter:
https://deutsch.rt.com/der-nahe-osten/48902-exklusiv-usa-planen-umfassende-militarische/

[1033] Zit. aus: Ebda.

[1034] Zit. aus: Ebda.

die vorher etwa 500 offiziell in Syrien stationierten US-Soldaten um 400 Marines verstärkt, die der Kurden-Miliz YPG bei der Einkesselung und Eroberung der vom IS gehaltenen Stadt Rakka mit Artillerie unterstützen sollten[1035]. Die syrisch-kurdische Partei der Demokratischen Union (PYD) dirigiert die Volksverteidigungseinheiten (YPG), die wiederum als militärischer Arm den Großteil Nordsyriens kontrollieren. Schon Ende 2015 schlossen sich die kurdischen Milizen mit einigen arabischen Gruppierungen auf US-amerikanische Initiative hin zu den „Syrisch-Demokratischen Streitkräften" (SDF) zusammen, die in Nordsyrien ein Territorium freikämpfen konnten. Dieses Territorium diente dem US-Militär als Stützpunkt für die Versorgung der kurdischen Milizen; folgerichtig bauten die US-Streitkräfte zu diesem Zweck dort zwei Flugplätze aus[1036]. Die ersten Lieferungen gepanzerter US-Kampffahrzeuge an die kurdischen Milizen erfolgte bereits im Januar 2017; Anfang März 2017 trafen jeweils rund 200 US-Marineinfanteristen und Army Rangers vor Ort ein[1037]. Nach Einschätzung des russischen Analysten Schamsudin Mamajew stellte dieses Vorgehen der Trump-Administration, die kurdischen Milizen auszurüsten, einen entscheidenden Bruch mit den bisher verkündeten Plänen Trumps in der Syrien-Frage dar. „Damals formulierte Trump deutlich seine wichtigste Priorität, die darin bestand, die IS-Gruppe ‚bis zur Vernichtung zu zerbomben'. Er skizzierte auch die Mittel, die dafür erforderlich wären. Demnach sollten die USA eine Allianz mit Russland bilden, auf die Idee eines Sturzes des syrischen Präsidenten Baschar Assad verzichten und womöglich auch ihre Unterstützung für die moderate syrische Opposition stoppen", so Mamajew[1038]. Trumps damaliger Plan hätte eine militärische Kooperation mit Russland vorausgesetzt. Doch Mitte Februar 2017 hatte US-Verteidigungsminister James Mattis seinen russischen Amtskollegen Sergej Schoigu darüber informiert, dass die USA und die NATO allenfalls zu einem politischen Zusammenwirken mit Russland bereit seien. Nach Einschätzung Mamajews hing Trumps „Umdenken" in der Syrien-Strategie mit dem Rücktritt seines Sicherheitsberaters Flynn zusammen. Diesem „wurde vorgeworfen, dem russischen Botschafter in Washington gewisse Versprechen gegeben zu haben, um eine Ausweisung von US-Diplomaten aus Moskau zu verhindern. Dabei soll Flynn keine Befugnisse für diese Versprechen gehabt haben".

[1035] Peter Mühlbauer, Trump bestreitet Änderung seiner Syrienpolitik, unter: https://www.heise.de/tp/features/Trump-bestreitet-Aenderung-seiner-Syrienpolitik-3684027.html

[1036] Florian Rötzer, USA baut in syrischen Kurdengebieten Stützpunkte aus, unter: https://www.heise.de/tp/features/USA-baut-in-syrischen-Kurdengebieten-Stuetzpunkte-aus-3676039.html

[1037] Was Trump zu der Distanzierung von den Russen veranlasst hat, unter: https://de.sputniknews.com/politik/20170323315007703-trump-russland-syrien-distanzierung/

[1038] Zit. aus: Ebda.

Der eher antirussisch gestimmte Pentagon-Chef Mattis habe den Flynn-Skandal daraufhin als günstige Gelegenheit ausgenutzt, um den aus seiner Sicht „allzu versöhnlichen" Plan des Präsidenten gegenüber Russland zu vereiteln, mutmaßt Mamajew weiter[1039]. Dabei erfüllte die Unterstützung der kurdischen Milizen durch die USA gleichfalls einen gegen Russland gerichteten Zweck. Die Denkfabrik „The Washington Institute for Near East Policy" legte in ihrer im November 2016 erschienenen Publikation *Syrian Kurds as a U.S. Ally* dar, dass jegliche Kooperation zwischen den syrischen Kurden und Russland eine ernsthafte Bedrohung für die amerikanischen Interessen sei[1040]. Dies wiederum unterstreicht die Einschätzung, dass mit einer ethnischen Kantonisierung Syriens – vorangetrieben durch die militärische Unterstützung der kurdischen YPG-Milizen – gleichzeitig auch weiterer russischer Einfluss begrenzt werden sollte.

Insgesamt scheint aber festzustehen, dass die Option einer Kantonisierung Syriens zwischenzeitlich Kernbestandteil der Überlegungen der USA und der NATO, ferner der Golfstaaten und Israels geworden war – also jener Staaten, die die Trump-Administration als Verbündete ihrer Nah- und Mittelostpolitik vorgesehen hatte. „Sie verfolgen die Aufteilung Syriens mit Hilfe lokaler Bodentruppen im Norden Syriens und in der Provinz Idlib unter dem Dach des 'internationalen Kampfes gegen den Terror'", so die Syrien-Expertin Karin Leukefeld. „Internationale Thinktanks skizzieren als 'Friedenslösung' für Syrien die Aufteilung in verschiedene Regionen: Im Nordosten sollen kurdische Gebiete entstehen, in denen ein Einfluss von USA und NATO garantiert wäre. Die Provinzen Idlib und Deraa sollen für islamistische 'Oppositionelle' vorgesehen bleiben, die unter anderem von der Türkei, Jordanien und den Golfstaaten unterstützt werden"[1041]. Nach damaliger Einschätzung des Politikwissenschaftlers Carlo Masala war es „schwer vorstellbar", dass „Syrien als funktionierender Nationalstaat" wiederhergestellt würde. Das Land befände sich inmitten „einer territorialen Neuordnung", in deren Zug vermutlich „zwei bis drei autonome Gebiete" entstünden[1042]. Nach Einschätzung von US-Nahostexperten erschien die Teilung des Landes schließlich auch als einzige Alternative zu einer Invasion Syriens mit Bodentruppen. Mit Truppen vor Ort drohten die USA Gefahr zu laufen, erneut in eine „Irak-Situation" zu geraten, so der Leiter des Forschungszentrums für Nahost-Studien der Uni-

---

[1039] Ebda.

[1040] David Pollock, Making Rojava more like the KRG, in: Patrick Clawson, Syrian Kurds as a U.S. Ally, unter: http://www.washingtoninstitute.org/uploads/Documents/pubs/PolicyFocus150_Clawson.pdf, S. 1-11 (S. 8)

[1041] Karin Leukefeld, Hoffnung auf Genf, in: Junge Welt v. 20.02.17

[1042] Zit. aus: Ebda.

250

versität Oklahoma, Joshua Landis. „Amerika wäre wieder eine Besatzungsmacht in einem Land, das uns extrem feindlich gesinnt ist". Als Alternative hierzu zieht Landis die Anerkennung der Teilung Syriens vor. Präsident Baschar al-Assad bliebe im Osten an der Macht, Teile des Nordens fielen an die Kurden, der Rest an Sunniten. In diesen Fall „könnte man die weniger radikalen sunnitischen Milizen wahrscheinlich überzeugen, den IS zu bekämpfen und sein Territorium zu erobern – solange man ihnen verspricht, dass sie diese Gebiete dann auch behalten dürfen", meint Landis[1043]. Viel spricht dafür, dass diese Überlegungen auch den Plänen der Trump-Administration zugrunde lagen.

cc) Die Kollision der US-Pläne mit dem russisch-iranisch-türkischen Friedensmodell

Sollte die Syrien-Agenda der Trump-Administration tatsächlich darin bestanden haben, die Teilung Syriens ins Auge zu fassen, so konnte die Möglichkeit einer neuen Konfrontation mit Russland und mit dem Iran nicht übersehen werden. Dem zwischen Russland, der Türkei und dem Iran Ende Dezember 2016 skizzierten Friedensplan für Syrien zufolge sollte das Land in informelle Einflusszonen der Regionalmächte aufgeteilt werden. Präsident Baschar al-Assad bliebe demnach zumindest noch für einige Jahre im Amt, hieß es in Kreisen, die mit der russischen Position vertraut waren. Die syrischen Regionen sollten eine Autonomie innerhalb einer föderalen Struktur unter Kontrolle von Assads Alawiten bekommen, Assads Macht beschnitten werden. Russland und die Türkei seien damit einverstanden gewesen, dass Assad bis zur nächsten Präsidentenwahl im Amt bliebe und dann von einem weniger polarisierenden Politiker aus seiner alawitischen Bevölkerungsgruppe abgelöst würde[1044]. Russland hält nach wie vor eine Föderalisierung des Landes als ultimative Lösung für Syrien für zielführend; vor diesem Hintergrund hatte es bereits einen Entwurf für eine neue syrische Verfassung vorgelegt, der eine Dezentralisierung und weiterreichende Vollmachten für lokale Verwaltungen vorsah[1045]. Dieser Plan beinhaltete jedoch einigen Konfliktstoff, denn sowohl die Türkei als auch der Iran standen vor dem Hintergrund ihrer eigenen Probleme mit kurdischen Separatistengruppen einem föderativen Modell mit einer

---

[1043] US-Nahostexperte: Teilung Syriens hinnehmen, unter:
http://www.faz.net/agenturmeldungen/dpa/us-nahostexperte-teilung-syriens-hinnehmen-13922401.html
[1044] Russia, Turkey, Iran eye dicing Syria into zones of influence, unter:
http://www.reuters.com/article/us-mideast-crisis-syria-deal-idUSKBN14H12V
[1045] Ellie Geranmayeh/Kadri Liik, Echte Partner oder arrangierte Ehe? Russland und der Iran kooperieren so enge wie nie zuvor, in: Internationale Politik, Januar/Februar 2017, S. 84–97 (S. 86)

kurdischen Autonomiezone im Norden Syriens ablehnend gegenüber[1046].

Auf dem von Russland angeregten Friedensgipfel im kasachischen Astana sollten dann die Voraussetzungen für einen Waffenstillstand in Syrien als Grundlage für weitere Friedensgespräche ausgearbeitet werden. Vorläufiger Höhepunkt war eine Vereinbarung vom 4. Mai 2017 über die Errichtung von sogenannten Deeskalationszonen in vier syrischen Rebellengebieten, in denen keinerlei Waffen zum Einsatz kommen sollten. Im Gegensatz zu vorherigen Abkommen über partielle Waffenruhen sah der seinerzeitige russisch-iranisch-türkische Plan die Bestimmung präziser Gebiete sowie eine Einbeziehung von Garanten vor. Errichtet werden sollten die Deeskalationszonen in vier Gebieten: In der Region Darra im Süden, wo „moderate" Rebellen noch stärker als anderswo vertreten waren, in der Ghouta-Enklave östlich von Damaskus, wo zwei Rebellengruppen eine Fehde untereinander austrugen, im Norden von Homs sowie in Idlib, wo sich nach wie vor die größte Hochburg der Rebellen befindet, die sich hauptsächlich aus al-Qaida-nahen Dschihadisten rekrutieren[1047]. Zwischen den Deeskalationsgebieten und den von der syrischen Regierung kontrollierten Teilen des Landes sollten militärisch von den Garantiemächten Russland, Iran und Türkei kontrollierte Sicherheitszonen und Kontrollpunkte installiert werden. Die syrische Regierung gehörte nicht zu den Unterzeichnern, hatte dem Plan aber zugestimmt.

Dabei tauchte allerdings die Frage auf, inwieweit der russisch-iranisch-türkische Plan mit den US-amerikanischen Plänen zur Aufteilung des Landes kollidierte – d.h. konkret, inwieweit sich die russischen Deeskalationszonen von den amerikanischen Schutzzonen überhaupt unterschieden. Nach westlichem Verständnis sollten die Schutzzonen „perspektivisch von Oppositionellen, insbesondere der Syrischen Nationalen Koalition der oppositionellen und revolutionären Kräfte (...) verwaltet werden", so Syrien-Expertin Karin Leukefeld. Dort sollte nach dem westlichen Plan, der auch von den sunnitischen Golfstaaten unterstützt wurde, der syrischen Regierung jegliche Kompetenz und Handlungsgewalt – administrativ, politisch und militärisch – abgesprochen werden[1048]. „Dieses Ansinnen hatte Russlands Außenminister Sergej Lawrow allerdings bereits im Vorfeld zurückgewiesen. In Absprache mit der syrischen Regierung und dem UN-Hilfswerk für Flüchtlinge (UNHCR) sei es möglich, Gebiete in Syrien für Inlandsvertriebene zu markieren, hatte Lawrow bereits Ende Januar 2017 erklärt. Bisher seien so genannte Schutzzonen jedoch vorgeschlagen worden, um bewaffnete Gruppen zu stärken und – wie

---

[1046] Ebda.

[1047] Schutzzonen mit Fragezeichen, in: Neue Zürcher Zeitung v. 08.05.2017

[1048] Karin Leukefeld, Deeskalation. Ein Anfang in Astana?, unter:
https://www.neues-deutschland.de/artikel/1050045.deeskalation-ein-anfang-in-astana.html

252

in Libyen – die Regierung zu stürzen. Das werde es in Syrien nicht geben"[1049]. Grundlage der russisch-iranisch-türkischen Vereinbarung war die US-Sicherheitsratsresolution 2254 aus dem Jahr 2015, in dem – und das bekräftigte die Vereinbarung vom 4. Mai 2017 eindeutig – die „Souveränität, Unabhängigkeit, Einheit und insbesondere territoriale Integrität der Syrischen Arabischen Republik" anerkannt wurde. Die Deeskalationszonen sollten somit keine ethnische Kantonisierung Syriens vorbereiten helfen. Schließlich handelte es sich nach der Vereinbarung um eine vorübergehende, auf sechs Monate befristete Maßnahme, die dazu dienen sollte, Flüchtlingen eine Rückkehrmöglichkeit einzuräumen, das Wirtschaftsleben wieder in Gang zu bringen, medizinische und humanitäre Hilfe für die lokale Bevölkerung zu beschleunigen, Strom- und Wasserversorgung sowie andere grundlegende Infrastruktur zu reparieren[1050]. Bei ihrem Treffen in Sotschi Anfang Mai 2017 bekräftigten Putin und Erdogan die Feststellung, dass die Schaffung von Deeskalationszonen in Syrien zu einer weiteren Befriedung und zur Festigung der Waffenruhe und schließlich auch zur Wiederherstellung der territorialen Integrität des Landes führen müsse[1051]. Nach Einschätzung von Beobachtern bestand der eigentliche Grund für die Errichtung der „Deeskalationszonen" – innerhalb derer keine Gefechte zwischen den syrischen Regierungsstreitkräften und den Aufständischen stattfinden durften – darin, es den syrischen Regierungsstreitkräften zu erlauben, Kräfte freizustellen, die dann in Ost- und Südsyrien eingesetzt werden konnten, um dort terroristische Aktivitäten zu beseitigen oder um zu verhindern, dass dort separatistische Autonomiebestrebungen entstanden[1052]. Zusammengefasst waren die „Deeskalationszonen" den russischen Plänen zufolge die strategische Voraussetzung dafür, um den von den USA, der NATO und auch Israel verfolgten Plan zu vereiteln, Syrien aufzubrechen und Landesteile mit Hilfe ausländischer Kräfte abzutrennen[1053] – mithin also die territoriale Integrität Syriens zu sichern.

Zunächst schien die Trump-Administration auf den russisch-iranisch-türkischen Plan mit verhaltener Zustimmung zu reagieren – zumindest was den Plan zur Einstellung der Gewalt in den Deeskalationsstufen anging. In einem

---

[1049] Karin Leukefeld, Warum die Deeskalationszonen keine Schutzzonen nach westlichen Vorstellungen sind, unter:
https://deutsch.rt.com/international/50517-syrien-leukefeld/
[1050] Ebda.
[1051] Astana: Russland, Türkei und Iran unterzeichnen Memorandum über Schutzzonen in Syrien, unter:
https://de.sputniknews.com/politik/20170504315633480-syrien-memorandum-unterzeichnung/
[1052] Brandon Turbeville, Syria's De-Escalation Zones Explained, unter:
http://www.globalresearch.ca/syrias-de-escalation-zones-explained/5589681
[1053] Ebda.

Telefonat mit US-Präsident Donald Trump erhielt Putin dann Zustimmung für die Idee der Deeskalationsgebiete. Erstmals schickte Washington mit Stuart Jones, dem ehemaligen US-Botschafter im Irak und Jordanien, einen hochrangigen Diplomaten nach Astana. Auch der damalige UN-Sondervermittler Staffan De Mistura reiste nach Astana und begrüßte das Abkommen[1054]. Berichten zufolge blieb auf der Seite Washingtons – welches an den Gesprächen in Astana völlig unbeteiligt war – Skepsis zurück. Auf Ablehnung stieß in Washington dabei die Beteiligung des Iran: „Die iranischen Aktivitäten in Syrien haben nur zur Gewalt beigetragen, statt sie zu stoppen, und die bedingungslose Unterstützung für das Assad-Regime hat das Elend für normale Syrer fortgesetzt"[1055], so die offizielle Stellungnahme Washingtons. Damit wiederum bestanden Möglichkeiten zur Sabotage des von Russland initiierten Abkommens, zumal Vertreter der bewaffneten syrischen Opposition gleichfalls die Beteiligung des Iran ablehnten und den Abzug aller von Teheran unterstützten ausländischen Milizen aus Syrien forderten[1056]. Auch mit der Türkei kooperierende islamistische Gruppen wie Ahrar al-Sham, Jaish al-Islam oder die Al-Rahman-Legion hatten erklärt, dass sie zwar unter dem Schutz der Türkei den Waffenstillstand einhalten wollten, aber eine Zusammenarbeit mit der syrischen Regierung und dem Iran ablehnten. Die islamistischen Gruppen wurden auch von Saudi-Arabien und Golfstaaten unterstützt und hatten immer wieder auch mit al-Qaida-Gruppen koaliert[1057]. Erkennbar aber war damit im Ganzen eine übereinstimmende Interessenlage zwischen den USA, der sunnitischen bewaffneten Opposition sowie den Golfstaaten – insbesondere Saudi-Arabiens: „Vertreter bewaffneter Gruppen, die an den Astana-Gesprächen in der vergangenen Woche teilgenommen hatten, erklärten hingegen, keine Vereinbarung zu akzeptieren, in der dem Iran eine Rolle als Garantiemacht zugestanden werde", so Karin Leukefeld. „'Iran hat Verbrechen gegen das syrische Volk begangen', behauptete Sprecher Osama Abu Said in Astana und forderte die 'internationale Gemeinschaft' auf, den Iran in Syrien zu stoppen. Ähnlich äußerte sich das US-Außenministerium, das in einer Erklärung die 'Aktivitäten des Iran in Syrien für anhaltende Gewalt' verantwortlich machte. Auch Saudi-Arabien zieh den Iran einer 'Destabilisierung der Region'. Der Verteidigungsminister und stellvertretende Kronprinz der

---

[1054] Karin Leukefeld, Warum die Deeskalationszonen keine Schutzzonen nach westlichen Vorstellungen sind, unter:
https://deutsch.rt.com/international/50517-syrien-leukefeld/
[1055] USA haben Bedenken bei Syrien-Vereinbarung, unter:
http://www.heute.de/syrien-friedensgespraeche-in-astana-usa-haben-bedenken-bei-syrien-vereinbarung-47105384.html
[1056] Ebda.
[1057] Florian Rötzer, Geschacher um Syrien und Sicherheitszonen im Westen, unter:
https://www.heise.de/tp/features/Geschacher-um-Syrien-und-Sicherheitszonen-im-Westen-3703597.html

254

eng mit den USA verbündeten Golfmonarchie Saudi-Arabien, Mohammed bin Salman, hatte bereits zuvor im dortigen Fernsehen den Iran für eine 'Destabilisierung der Region' verantwortlich gemacht"[1058].

Vor diesem Hintergrund blieb zusammenfassend ein Konfliktstoff vorhanden, der es möglich machen konnte, das russisch-iranisch-türkische Abkommen zu hintertreiben und die Teilung Syriens doch voranzutreiben. Schließlich war der entscheidende Gegensatz in der Frage der Lösung des Syrienkonflikts nicht aufgehoben worden: „Während die syrische Regierung mit ihren Verbündeten Iran und Russland auf der Souveränität, Integrität und territorialen Einheit des Landes als Grundlage politischer Reformen besteht, drängen der Westen mit den Staaten der Europäischen Union, den USA und der NATO, ferner die Golfstaaten und Israel weiterhin auf eine Zerschlagung des Landes", so Karin Leukefeld. „Sie verfolgen die Aufteilung Syriens mit Hilfe lokaler Bodentruppen im Norden Syriens und in der Provinz Idlib unter dem Dach des 'internationalen Kampfes gegen den Terror'"[1059].

dd) Die Eskalation in Syrien im Juni 2017 lässt die Pläne der Trump-Administration zur Teilung Syriens deutlich hervortreten

Im Juni 2017 kam es zu einer erneuten Eskalation in Syrien, die durch ein US-amerikanisches Eingreifen hervorgerufen wurde. Erstmals seit ihrem Eingreifen in den Syrienkonflikt hatten die Amerikaner am 18. Juni 2017 in der Nähe von Rakka, der syrischen Hochburg des „Islamischen Staates", ein syrisches Kampfflugzeug abgeschossen. Nach Angaben des syrischen Generalstabs in Damaskus erfolgte dies während eines Angriffs auf Stellungen des „Islamischen Staates" südlich von Rakka. Das US-Zentralkommando bestätigte den Abschuss. Angeblich hatte die syrische Maschine Bomben unweit von Stellungen der Syrischen Demokratischen Kräfte (SDK bzw. SDF), die von den Kurden dominiert wird, abgeworfen. Die kurdischen Streitkräfte führten den Angriff auf Rakka an, wobei sie Unterstützung von US-Elitesoldaten erhalten hatten. Zwar hatten die Amerikaner es bislang vermieden, in die direkte militärische Konfrontation mit der syrischen Führung einzutreten, was sich nunmehr aber zu ändern schien[1060]. Mit dem Abschuss des syrischen Kampfflugzeugs „griff das US-Militär direkt das Regime von Baschar al-Assad an – und indirekt dessen Bündnispartner Iran und Russland"[1061] Denn im Schatten des Kampfes gegen den „Islamischen Staat" zeichnete sich vor allem im Osten

---

[1058] Karin Leukefeld, Neue Hoffnung auf Frieden, unter: https://www.jungewelt.de/artikel/310340.neue-hoffnung-auf-frieden.html
[1059] Karin Leukefeld, Hoffnung auf Genf, unter: https://www.jungewelt.de/artikel/305712.hoffnung-auf-genf.html
[1060] Kraftprobe in Syrien, in: Neue Zürcher Zeitung v. 21.06.2017
[1061] Krieg in der Wüste, in: Der Spiegel 26/2017, S. 95

Syriens ein Kampf ab, bei dem es um die strategische Kontrolle der Gebiete entlang der syrisch-irakischen Grenze ging[1062], und sehr viel spricht dafür, dass die USA an diesem Kampf um Einflusszonen an der Levante aktiv teilzunehmen gedachten. Damit aber drohte eine Konfrontation mit Russland, welches in diesem Zusammenhang die Forderung erhob, Washington und „alle anderen, die ihre Streitkräfte oder Berater in Syrien haben" müssten ihre Angriffe – über Russland – mit Damaskus koordinieren. Die Souveränität Syriens müsse gemäß der UN-Sicherheitsratsresolution 2254 respektiert werden[1063].

Dass die USA dies nicht vorhatten, ließ US-Außenminister Tillerson zwei Wochen nach den Ereignissen auf dem G-20-Gipfel in Hamburg in einem Gespräch mit Putin deutlich machen, als er dort die Voraussetzungen für eine Kooperation Washingtons mit Moskau in der Syrienfrage diskutierte. Dort erhob er gegenüber Putin die Forderung, Moskau müsse durch seinen Einfluss auf Damaskus dafür sorgen, dass keine der am Konflikt beteiligten Parteien „illegitimerweise Gebiete zurückerobert oder besetzt, die der Kontrolle des IS oder anderer terroristischer Gruppen entrissen worden sind"[1064]. Damit unterstrich Tillerson, dass die US-Führung eine Wiederherstellung der Territorialhoheit in Syrien durch die legitime politische Führung in Damaskus ablehnte. Indirekt gab Tillerson damit zu, dass die USA auf eine Teilung Syriens „in mindestens zwei Sektoren" hinzuarbeiten schienen: Einen südwestlichen, in dem die syrische Regierung die Kontrolle hat - und einen nordöstlichen, in dem die von den USA unterstützten und von den kurdischen YPG-Milizen dominierten „Syrischen Demokratischen Kräfte" (SDF) gerade im Begriff waren, die faktische IS-Hauptstadt Rakka zu erobern. Einem solchen Teilungsplan stand aber der Vormarsch der Streitkräfte der syrischen Regierung entgegen: Seit geraumer Zeit rückten diese weiter nach Osten des Landes vor; den Regierungstruppen war es gelungen, strategisch wichtige Orte einzunehmen, womit Damaskus seinem strategischen Ziel ein wichtiges Stück nähergekommen war, nämlich den SDF den Weg in Richtung Süden des Landes in die Region um Deir al-Zor abzuschneiden[1065]. Die Region Deir al-Zor war somit in den Fokus der Amerikaner, der Kurden, der Regierungsstreitkräfte und insbesondere auch des Iran geraten. Dort wurde bereits „um die neue Ordnung gerungen" im Sinne eines internationalen „geopolitischen Machtkampfes", in dem die Frage der Machtverteilung in Syrien entschieden werden sollte. „In der syrischen Wüste könnte sich entscheiden, ob das Assad-

---

[1062] Ebda.

[1063] Karin Leukefeld, Gegen „IS" oder Damaskus?, in: Junge Welt v. 20.06.2017

[1064] Peter Mühlbauer, Tillerson macht Moskau Angebot, in Syrien zu kooperieren, unter: https://www.heise.de/tp/features/Tillerson-macht-Moskau-Angebot-in-Syrien-zu-kooperieren-3766275.html

[1065] Kraftprobe in Syrien, in: Neue Zürcher Zeitung v. 21.06.2017

Regime siegt – und ob Iran zum mächtigsten Land in der Region aufsteigt", denn wer den Osten Syriens beherrscht, kontrolliert den Zugang zum Irak[1066]. In der Provinz Deir al-Zor lieferten „sich die Amerikaner, die dort zusammen mit westlichen Verbündeten eine Militärbasis eingerichtet haben und lokale Rebellen gegen den IS unterstützen, einen Wettlauf mit den Iranern und den Syrern um die Kontrolle der Grenze zum Irak"[1067]. Dies wiederum hatte entscheidende Auswirkungen auf die künftige Macht- und Einflussverteilung in der Region: Denn „sollte das Regime in Damaskus die Gebiete auf syrischer Seite erobern, hätte Iran einen Korridor, der am Ende über den Irak bis zum Mittelmeer reichen würde. Das wollen die Amerikaner verhindern"[1068]; Washington war an einer zusätzlichen Ausweitung des Einflusses des Iran in Syrien nicht gelegen. Teheran selbst hatte seine Position in der Region deutlich gemacht, als es Mittelstreckenraketen auf Stellungen des „Islamischen Staates" in Deir al-Zor abfeuerte, was gleichzeitig auch als Warnung an die USA sowie insbesondere an Saudi-Arabien verstanden werden sollte[1069]. Vor allem markierte der Iran damit seinen Anspruch auf die Provinz. „Teheran hatte in den vergangenen Wochen bereits schiitische Milizen aus Syrien und dem Irak in die Wüste abkommandiert. Denn jetzt, da Assad halbwegs stabilisiert und der IS eingehegt ist, kapitalisiert Teheran einen enormen Einsatz für das syrische Regime, das ohne die Kämpfer, Waffen und Ausbilder seines Schutzpatrons längst von den Rebellen gestürzt worden wäre"[1070]. Auf syrischer Seite hatte die libanesische Hisbollah Kämpfer in den Südosten des Landes verlegt, während im Nordwesten des Iraks von Teheran gelenkte schiitische Milizen bis an die Grenze nach Syrien vorgedrungen waren. Mit der Kontrolle von Deir al-Zor wiederum verband sich für die Assad-Regierung die Eroberung eines Brückenkopfes, von dem aus sie weitere Teile des Landes unter seine Kontrolle bringen konnte.

Um zu verhindern, dass Teheran den Wettlauf um den Osten Syriens und damit um die Grenze zum Irak gewinnen und dadurch seinen strategischen Korridor über Bagdad und Damaskus in den Libanon und folglich zum Mittelmeer verwirklichen konnte, bildeten die US-Streitkräfte in einem Feldlager nahe dem syrischen Grenzübergang al-Tanf Rebellen für den Kampf um Deir al-Zor aus. Al-Tanf stellt dabei eine strategische Schlüsselstellung im Dreiländereck zwischen Syrien, Jordanien und Irak dar; es liegt an der Hauptverbindungsstraße zwischen Bagdad und Damaskus. Die US-Militärs hatten ein weites Gebiet um diese Basis herum zur „deconfliction zone" erklärt, zu

---

[1066] Krieg in der Wüste, in: Der Spiegel 26/2017, S. 95
[1067] Kraftprobe in Syrien, in: Neue Zürcher Zeitung v. 21.06.2017
[1068] Ebda.
[1069] Ebda.
[1070] Krieg in der Wüste, in: Der Spiegel 26/2017, S. 95

einer Schutzzone, in der ein Raketenwerfersystem Typ HIMARS stationiert war und die Ausbildung sowie Bewaffnung der „Partner"-Miliz Maghawir al-Thawra durch die USA, Großbritannien und Jordanien erfolgte. Die von den USA stets wiederholte Zielvorgabe der Rebellenausbildung „Kampf gegen den IS" wurde jedoch zunehmend von Damaskus und Moskau angezweifelt. Die USA hätten mit dem IS ausgehandelt, dass dieser Rakka zugunsten der SDF-Kämpfer verlassen und sich in andere Gebiete Syriens begeben sollte, kritisierte der für die russischen Truppen in Syrien verantwortliche Kommandeur Generaloberst Sergej Surovikin[1071]. Tatsächlich hatten die von den USA ausgebildeten Rebellen die nicht ausgesprochene Funktion, den Vormarsch der Regierungstruppen nach Osten zu verlangsamen[1072]. Diese geopolitische Konstellation führte dann auch bereits zu bewaffneten Auseinandersetzungen im Sinne eines Stellvertreterkrieges. „Mehrfach kam es in dem Gebiet daher bereits zu Kämpfen zwischen den von den USA bewaffneten Rebellen und regimetreuen Einheiten, zumeist von Iran befehligten schiitischen Milizen, die versuchen, zur Grenze vorzudringen, um die Einflusszone der Amerikaner zu beschneiden. (…) Nahezu unbemerkt haben die USA ihre Präsenz in Syrien ausgebaut, gerade haben sie ein mobiles Raketensystem installiert, mit einer Reichweite von 300 Kilometern. Damit sind die USA in Syrien stärker involviert denn je – und in direkter Frontstellung zu Iran"[1073]. Dieses Raketenwerfersystem sollte nach Einschätzung des russischen Verteidigungsministeriums dazu dienen, gegebenenfalls Angriffe der von Washington unterstützten und ausgerüsteten Rebellengruppen auf Regierungstruppen zu unterstützen[1074]. US-Truppen hatten mitunter selbst in den Konflikt eingegriffen, um den Vormarsch der syrischen Regierungstruppen Richtung al-Tanf zu stoppen; so wurden die syrischen Regierungsstreitkräfte Mitte Mai 2017 von der US-Luftwaffe zurückgeworfen. Daraufhin hatte das russische Oberkommando deutlich gemacht, dass weitere Angriffe „westlich des Euphrats als „feindlicher Akt" bewertet und entsprechende Gegenmaßnahmen hervorrufen würden. Mit Unterstützung der russischen Flotte, die vom Mittelmeer aus Cruise-Missiles auf nahegelegene IS-Stellungen abschoss, gelang es iranischen Verbänden in Kooperation mit syrischen Truppen im Juni 2017 vom Süden her die von den USA unterstützten Rebellen vom ölreichen syrisch-irakischen Grenzgebiet Deir al-Zor abzuschneiden.

Mit diesen militärischen Aktivitäten und dem Ausbau seiner Militärpräsenz auf syrischem Boden – die im Übrigen jeglicher völkerrechtlichen Grundlage entbehrte und faktisch einer Besatzung des Landes gleichkam – machte die

---

[1071] Karin Leukefeld, Gegen „IS" oder Damaskus?, in: Junge Welt v. 20.06.2017

[1072] Der Kampf um den Osten Syriens, in: Frankfurter Allgemeine Zeitung v. 19.06.2017

[1073] Krieg in der Wüste, in: Der Spiegel 26/2017, S. 95

[1074] Der Kampf um den Osten Syriens, in: Frankfurter Allgemeine Zeitung v. 19.06.2017

Trump-Administration deutlich, dass sie den strategisch wichtigen Osten des Landes und damit Syrien selbst „nicht einfach so der Achse Damaskus-Moskau-Teheran überlassen" wollte[1075], und dies bildete nunmehr den Hintergrund eines überregionalen Kampfes um die geostrategische Aufteilung Syriens[1076]. Die USA fürchten, dass „eine russisch-syrisch-iranische Allianz ihr Ziel verwirklicht: einen pro-schiitischen Korridor vom Mittelmeer zum Iran"[1077]. Neben Russland ging es der Trump-Administration vor allem um die Eindämmung Teherans, und viel spricht dafür, dass die USA dabei bereit waren, einen militärischen Konflikt mit dem Iran zu provozieren. Nach einer Darstellung des Magazins *Foreign Policy* drängten Beamte des Weißen Hauses das Pentagon dazu, den Krieg auf die iranischen Kämpfer in Syrien auszuweiten bis hin zur Entsendung von mehr Bodentruppen[1078]. Ein Mittel, um die von Washington befürchtete Dominanz der „russisch-syrisch-iranischen Allianz" zu verhindern, sollte dabei die Aufteilung des Landes mit Hilfe der kurdischen Einheiten der „Syrischen Demokratischen Kräfte" sein. Dass dieses Szenario Gegenstand entsprechender strategischer Planungen der USA war, bestätigt der frühere Hauptsicherheitsanalyst des Pentagon, Michael Maloof. „Die USA wollen gewisse Teile des Landes besetzen", so Maloof. Syrien werde seine Autonomie nie wieder völlig zurückbekommen. Vielmehr werde es geteilt werden[1079], wobei die kurdischen Kräfte den Katalysator für eine solche Entwicklung bilden sollten. Die militärische Option, auf die Washington setzte, bestand darin, dass sich die von den USA unterstützen kurdischen Verbände, die nach der Vertreibung des „Islamischen Staates" aus Rakka nach Süden vorstießen, mit den von den USA und Jordanien unterstützten syrisch-arabischen Rebellen verbanden, welche seinerzeit von den USA, Großbritannien und Jordanien auf einer Militärbasis in al-Tanf ausgebildet wurden[1080]. Somit wurde der Osten Syriens entlang des Euphrat-Tals und der syrischen Grenze zum Irak und Syrien die Hauptaustragungsregion um die geostrategische Aufteilung Syriens: Ost-Syrien und West-Irak sind nicht nur die Schlüsselregionen für den iranischen Zugriff auf einen Mittelmeerhafen und auf die ungehinderte Versorgung der schiitischen Hisbollah im Libanon gegen Israel. Hierdurch verlaufen auch zwei Pipelines für Erdöl

---

[1075] Trump wagt die Konfrontation, in: Neue Zürcher Zeitung v. 21.06.2017

[1076] Syrien: Der Kampf um die Aufteilung des Landes hat begonnen, unter: http://www.zeit.de/politik/ausland/2017-06/kriegsstrategie-syrien-usa-iran-russland

[1077] Türkei will Kurdengebiete besetzen, in: Der Tagesspiegel v. 21.07.2017

[1078] White House Officials push for widening War in Syria over Pentagon Objections, unter: http://foreignpolicy.com/2017/06/16/white-house-officials-push-for-widening-war-in-syria-over-pentagon-objections/

[1079] US-Experte: USA arbeiten an Teilung Syriens, unter: http://zuerst.de/2017/06/04/us-experte-usa-arbeiten-an-teilung-syriens/

[1080] Syrien: Der Kampf um die Aufteilung des Landes hat begonnen, unter: http://www.zeit.de/politik/ausland/2017-06/kriegsstrategie-syrien-usa-iran-russland

und wichtige Autostraßen. Hier befinden sich Wasserkraftwerke und einige der fruchtbarsten Gebiete, die einst weitgehend die landwirtschaftliche Selbstversorgung Syriens garantierten[1081]. Nach Einschätzung des Politikwissenschaftlers vom Zentrum für Neue Amerikanische Sicherheit (CNAS) und Analysten an der Jamestown Foundation, Nicholas Heras, lag das übergeordnete Ziel in der Schaffung dreier föderaler Regionen, zweier im Raum Rakka und einer im Osten von Deir al-Zor. Die Sicherheit dieser Regionen sollte vom US-Militär, Saudi-Arabien und den Vereinigten Arabischen Emiraten garantiert werden. Dabei sollte die Hauptaufgabe der von den USA unterstützten kurdisch dominierten „Syrisch Demokratischen Kräfte" die Schaffung einer „zusammenhängenden föderalen Autonomieregion" sein[1082]. Ost-Syrien sollte damit aus dem Kontrollbereich seiner Hauptstadt Damaskus fallen[1083]. In diesem Sinne schienen die USA mit Hilfe der kurdischen Verbände eine strategische „Nord-Süd-Achse" aufzubauen, die genau dieses Ziel – sprich die Abspaltung Ost-Syriens – verwirklichen sollte. „Die USA fürchten, dass die Achse Russland-Iran-Assad-Hisbollah gestärkt aus dem Konflikt in Ostsyrien hervorgehen können", so eine russische Analyse. „Das hätte weitreichende Implikationen für die Vormacht der USA im Nahen Osten. Insbesondere US-Verbündete wie Israel und der arabische Golfraum würden angesichts eines geopolitischen Machtzuwachses Irans ins Hintertreffen geraten"[1084]. Dass diese Überlegungen der Syrien-Strategie der Trump-Administration zugrunde lagen, zeigte sich auch an der späteren Diskussion um einen Rückzug der US-Streitkräfte. Im Dezember 2018 hatte Trump den Abzug aus Syrien verkündet, ohne jedoch die Zahl der US-Soldaten zu reduzieren. Im Oktober 2019 begannen die US-Truppen auf Weisung des US-Präsidenten mit dem Abzug, doch wenige Tage später entschied er, verstärkt Einheiten in die Provinz Deir al-Zor im Osten des Landes zu verlegen mit dem Ziel, die dortigen Ölfelder zu sichern. Der eigentliche Zweck dieser Maßnahme bestand darin, zu verhindern, dass die Ölfelder wieder in Hände der Assad-Regierung und ihrer Verbündeten fielen. Dieser Schritt, so Beobachter, war als „ein deutliches Signal an die russische Führung, deren Truppen mit Zustimmung Assads in Syrien aktiv sind", zu verstehen[1085]. Der seinerzeitige US-Verteidigungsminister Esper gab zu, dass es darum gegangen sei, russisches Militär davon abzuhalten, die Förderstätten in Besitz zu nehmen. Mit der Be-

---

[1081] Ebda.

[1082] RT-Exklusiv: USA wollen Ost-Syrien von Damaskus abspalten, unter:
https://deutsch.rt.com/der-nahe-osten/52850-syrien-teilen-usa-ypg-sdf-fsa-iran-russland/

[1083] Ebda.

[1084] Ebda.

[1085] Christian Schaller, „America First" - Wie Präsident Trump das Völkerrecht strapaziert, SWP-Studie 27, Berlin, Dezember 2019, S. 29

setzung der Ölfelder durch US-Streitkräfte sollte der Aktionsradius der syrischen Staatsführung und Russlands eingeschränkt werden[1086]. „Trump will den Einfluss Russlands eindämmen", so eine Analyse zusammenfassend[1087]. Ferner sollte nach Bekundungen von US-Vertretern mit dem Verkauf des Öls eine Einnahmequelle für die kurdischen YPG-Milizen gesichert werden. „Außerdem betrachtet Washington die für den Wiederaufbau Syriens wichtigen Ölvorräte als Faustpfand: Sie sollen den USA helfen, ihren Einfluss in Syrien zu bewahren, wenn es um die Zukunft des Bürgerkriegslandes geht"[1088].

Es bestehen Indizien dafür, dass das US-amerikanische Militärstützpunktsystem in Syrien – nach bisherigen Darstellungen neun an der Zahl – gewissermaßen die Grenzen für ein föderalisiertes Syrien abstecken sollte. Nach Einschätzung von Beobachtern „folgen sie einer deutlichen Linie dessen, was die Bildung eines geteilten Syriens und die Schaffung eines Kurdistans sein wird"[1089]; auf diese Weise sollte es den syrischen Streitkräften verwehrt werden, die Territorialhoheit im Osten des Landes wiederherzustellen mit der Folge, dass letztlich ein geopolitisch isoliertes schiitisches Rumpf-Syrien ohne Zugang zu benachbarten Landesgrenzen und Territorien übriggeblieben wäre. Der politische Analyst der Brookings Institution, Michael O'Hanlon, hatte in diesem Zusammenhang für die neue Gestaltung Syriens die Aufteilung des Landes in drei autonome Zonen mit einer schwachen Zentralregierung vorgeschlagen. Syrien sollte auf diesem Wege in eine Konföderation mehrerer autonomer Sektoren verwandelt werden[1090]: Geplant war die Errichtung eines alawitischen Sektors entlang der Mittelmeerküste, eines kurdischen Sektors entlang der nördlichen und nordöstlichen Korridore in der Nähe der türkischen Grenze, einer hauptsächlich drusischen Zone im Südwesten und einer vierten, die hauptsächlich von sunnitischen Muslimen besiedelt wird[1091]. Auf der Grundlage einer solches Planes sollte Assad dazu bewegt werden, zurückzutreten; bestenfalls sei ihm der alawitische Sektor zu überlassen. Idealerweise, so der Plan, sollte anstelle des Assad-Regimes „eine schwache Zentralregierung" treten. Den Großteil der Macht gedachte man in den jeweiligen auto-

---

[1086] Ebda.

[1087] Thomas Seibert, Der Rückzug vom Rückzug aus Syrien, unter:
https://www.tagesspiegel.de/politik/trumps-kehrtwende-der-rueckzug-vom-rueckzug-in-syrien/25181462.html

[1088] Ebda.

[1089] Brandon Turbeville, U.S. Basis strategically placed to prevent Syrian Military from Advancing; Outlining Borders of Kurdistan, unter:
http://www.brandonturbeville.com/2017/07/us-bases-strategically-placed-to.html

[1090] Michael O'Hanlon, Syria's One Hope may be as dim as Bosnia's once was, unter:
http://blogs.reuters.com/great-debate/2015/10/06/syrias-one-hope-may-be-as-dim-as-bosnias-once-was/

[1091] Ebda.

nomen Sektoren zu konzentrieren, und um die Etablierung dieser Zonen sicherzustellen, war zunächst eine Ausrüstung und Ausbildung verschiedener Rebellengruppen beabsichtigt[1092]. Eine der grundlegenden geopolitischen Überlegungen im Hinblick auf die Teilung des Landes war dabei neben der Schwächung oder Beseitigung des Assad-Regimes auch die Errichtung eines kurdischen Staates, der als sunnitisches geopolitisches Bollwerk gegen den Iran fungieren sollte – Überlegungen, die traditionellen israelischen Plänen zur ethnisch-sektiererischen Spaltung der arabischen Länder entsprachen[1093].

Viel spricht dafür, dass die Errichtung eines sunnitisch-kurdisch-amerikanisch-israelischen Sperrriegels die Funktion haben sollte, den russischen und iranischen Einfluss an der Levante einzudämmen. Insbesondere Israel treibt vor diesem Hintergrund nach wie vor die Sorge, dass mit dem Niedergang des (sunnitischen) Islamischen Staates der Einfluss Teherans in der Region wächst. „Mit einem Satz gesagt: ISIS geht raus, Iran kommt rein. So einfach ist das", so formulierte Israels Regierungschef Netanjahu zusammenfassend die geopolitische Ausgangssituation für Israel. Er fügte außerdem hinzu: „Unsere Politik ist klar: Wir widersetzen uns entschieden der Aufrüstung Irans und seiner Hilfskräfte, insbesondere der Hisbollah, in Syrien. Wir werden alles Erforderliche tun, um Israels Sicherheit zu schützen"[1094]. Von der Führung in Tel Aviv wird mit Sorge beobachtet, dass der Krieg in Syrien seinem Ende entgegenzugehen scheint. Am freimütigsten äußerte sich Netanjahus zwischen 2011 und 2013 amtierender Nationaler Sicherheitsberater Yaakov Amidror: Durch die von Russland und den USA vermittelten Waffenstillstandsabkommen in Teilen Syriens werde ein Krieg zwischen Israel und dem Iran „unvermeidlich". Auch Netanjahu hob hervor, dass Israels Interessen bei den Verhandlungen über diese Vereinbarungen weder von den USA noch von Russland berücksichtigt worden seien. Israel sehe sich durch die internationalen Abkommen aber zu nichts verpflichtet, sondern werde alles zu seiner „Selbstverteidigung" Notwendige unternehmen[1095]. Um entsprechende Vorkehrungen zu treffen, so die Syrien-Kennerin Karin Leukefeld, wollte die US-geführte „Anti-IS-Allianz" einen Teilungsplan für Syrien militärisch durchsetzen und für lokale verbündete Gruppierungen entlang der Grenze Stützpunkte aufbauen. Dabei sei die Teilung Syriens „auch im Interesse der US-Verbündeten: Israels, der Golfstaaten und der EU"[1096]. Der innenpolitische

---

[1092] Ebda.

[1093] Brandon Turbeville, U.S. Basis strategically placed to prevent Syrian Military from Advancing; Outlining Borders of Kurdistan, unter:
http://www.brandonturbeville.com/2017/07/us-bases-strategically-placed-to.html

[1094] Knut Mellenthin, Grünes Licht erwünscht, in: Junge Welt v. 17.08.2017

[1095] Ebda.

[1096] Karin Leukefeld, Neue Zonen für den Frieden, unter:
https://www.jungewelt.de/artikel/313749.neue-zonen-f%C3%BCr-den-frieden.html

Konflikt, der 2011 in Syrien begonnen habe und von Anfang an von den Nachbarstaaten und deren internationalen Partnern in Europa, am Golf und in den USA befeuert worden sei, sollte mit einem „Regime-Change" in Damaskus enden, so Leukefeld. „Die militärische Intervention Russlands, des Iran und der Hisbollah auf Seiten der syrischen Regierung und Armee haben das verhindert. Nun soll der Konflikt durch Teilung 'auf Eis gelegt' werden. In diesem Plan spielen PYD, YPG/YPJ und SDF (sprich die kurdischen Verbände, der Verf.) und ihr föderalistisches Projekt – das sich de facto in einer US-Besatzungszone ereignet – eine wichtige Rolle. Ob diese Kräfte das wollen oder nicht: Es geht um die Teilung der Region und um die Schwächung des syrischen Staates. Teile und herrsche"[1097].

c) Der Kurs der Trump-Administration in Richtung einer Militarisierung der Außenpolitik

Trumps Auffassung von amerikanischer Außenpolitik verneinte zwar eine globale Mission der USA, eine internationale Ordnung zu schaffen, die auch die Notwendigkeit von Regimewechseln beinhaltet. Ein solcher Ansatz war jedoch nicht zwangsläufig anti-militaristisch; die Durchsetzung bzw. Verteidigung nationaler Interessen konnte mithin einen gezielten militärischen Einsatz erforderlich machen. Die langfristige Absicherung der amerikanischen Interessen jedoch durfte nach der „Trump-Doktrin" nicht zur Überdehnung der eigenen Ressourcen führen. Aus diesem Grund sah dieser Ansatz die Einbeziehung lokaler Mächte vor, mit denen das amerikanische Militärpotential entlastet werden sollte. Gerade im Nahen und Mittleren Osten gehört zu einer solchen Strategie die Pflege von Beziehungen zu verbündeten großen Mächten der Region, zumal es sich die USA nicht leisten können, all ihre Ressourcen in der Region zu konzentrieren[1098].

In der Außenpolitik der Trump-Administration fanden sich wesentliche Aspekte der sogenannten „neorealistischen Schule" der US-Außenpolitik wieder, wie sie von *John J. Mearsheimer* vertreten wird. Diese Strategie geht davon aus, dass es für die Vereinigten Staaten grundsätzlich drei strategisch besonders wichtige Regionen gibt: Europa, Nord-Ost-Asien und den Persischen Golf. Das wichtigste Ziel müsse darin bestehen, dass kein Land diese Regionen in einer Weise dominieren könne, wie die USA es seit der Monroe-Doktrin von 1823 mit dem amerikanischen Kontinent, einschließlich Lateinamerikas, tun[1099]. Dieses Ziel, so Mearsheimer, könne erreicht werden, indem potentielle Rivalen dazu gebracht werden, sich auf andere große Mächte in ihrem

---

[1097] Karin Leukefeld, Washington Bodentruppen, unter: https://www.jungewelt.de/artikel/314597.washingtons-bodentruppen.html
[1098] George Friedman, Trumps neue Welt, in: Cicero 12/2016, S. 25–27 (S. 26)
[1099] John J. Mearsheimer, Imperial by design, in: The National Interest, Januar/Februar 2011,

Hinterhof zu konzentrieren. Daher müssen lokale Mächte dazu animiert werden, die regionalen Hegemonialmächte und potentiellen Rivalen Amerikas in Konflikte zu verwickeln. Erst, wenn das nicht gelingt, sollte amerikanisches Militär „über den Horizont geschickt werden", so Mearsheimer, das auch sogleich wieder abgezogen werden soll, sobald der potentielle Hegemon niedergerungen ist[1100]. Verbunden ist diese Strategie mit einem sogenannten *Selective Engagement*, welches in strategisch wichtigen Schlüsselregionen eine dauerhafte Truppenpräsenz vorsieht, da es nicht ausreichend ist, die Ambitionen eines potentiellen Hegemons zu durchkreuzen, sondern aufgrund der Bedeutung der Schlüsselregion die Notwendigkeit gegeben ist, einer Eskalation von vornherein durch Truppenstationierung generell vorzubeugen[1101].

aa) Der Ausbau der militärischen Schlagkraft der USA

Erkennbar war, dass die Trump-Administration vor dem Hintergrund dieser Strategie ihre sicherheits- und verteidigungspolitischen Aktivitäten in erster Linie auf den Ausbau der militärischen *Power Projection* durch Luftschläge, den Einsatz von Spezialkräften und Drohnen konzentrieren wollte, während die direkte militärische Auseinandersetzung von lokalen Verbündeten ausgetragen werden sollte, die gegebenenfalls durch US-Spezialeinheiten unterstützt würden[1102]. Präzisiert wurden diese Pläne in einem Strategiepapier zur Terrorismusbekämpfung vom Mai 2017, in dem es hieß, dass man versuchen werde, „teure und großangelegte Militäroperationen zu vermeiden" und man sich vermehrt Partnern zuwenden werde, um die Verantwortung im Kampf gegen Terror-Gruppen oder anderen strategischen Herausforderern zu teilen[1103]. Gleichwohl behielten sich die Vereinigten Staaten einseitige Aktionen vor. Die Vereinigten Staaten würden „immer handeln, um Anschläge gegen unsere Nation, unsere Bürger, unsere Interessen im Ausland und unsere Verbündeten zu vereiteln, zu verhindern oder darauf zu reagieren", heißt es in dem Entwurf. „Dies schließt direkte und einseitige Maßnahmen mit ein, sollte dies nötig werden"[1104].

Wenn die Trump-Administration auch „großangelegten Militäroperationen" eine Absage erteilte, so wurde dennoch deutlich, dass die Pläne des Vor-

---

S. 16–34 (S. 18)

[1100] Ebda.

[1101] Ebda.

[1102] Marco Overhaus, „Hard Power" statt „Soft Power", SWP -Aktuell 19, März 2017, S. 3

[1103] Trump fordert mehr Hilfe von Verbündeten im Anti-Terror-Kampf, unter: http://www.faz.net/aktuell/trump-fordert-mehr-hilfe-von-verbuendeten-im-anti-terror-kampf-15004133.html

[1104] Ebda.

gängers Obama weiterverfolgt wurden, die darin bestanden, Operationen gegen islamistische Extremistengruppen zu intensivieren und dem Verteidigungsministerium mehr Freiheiten für Angriffe auf diese Organisationen in Kriegs- und Krisengebieten wie im Jemen oder Somalia einzuräumen. Dem genannten Strategiepapier zufolge gehörten zu diesen potentiellen Zielen neben dem „Islamischen Staat" auch neu aufgestellte al-Qaida-Gruppen, das afghanische Haqqani-Netzwerk sowie die libanesische Hisbollah. Nach Angaben von Sicherheitsexperten lag der Schwerpunkt der sogenannten „Anti-Terror-Strategie" der Trump-Administration auf der (militärischen) Bekämpfung dieser Gruppierungen, deren Kosten auch von den NATO-Verbündeten anteilig mit übernommen werden sollten. Im Unterschied zu den Ansätzen der „liberalen Interventionisten" schlossen die Planungen der Trump-Administration jedoch Programme des „Nation Building", der Entwicklungshilfe und der Einsetzung von fügsamen ausgebildeten Regimen aus[1105]. So hatte Trump beispielsweise Mitte April 2017 einer Führungsrolle der USA bei der Stabilisierung Libyens eine klare Absage erteilt, als er erklärte, er sehe keine Führungsrolle der USA in Libyen; die primäre Aufgabe der USA bestünde in Libyen wie auch in anderen Regionen darin, „die Welt vom IS zu befreien". Und diese Rolle werde zu einem gewissen Punkt zu einem Ende kommen, um dann nach Hause zurückzukehren und „unser Land wieder aufzubauen"[1106]. Insoweit deckten sich die Pläne Trumps zur militärischen Intervention im Nahen und Mittleren Osten mit seiner außenpolitischen Konzeption für diese Region, die er in einer Rede am 27. April 2016 in Washington dargelegt hatte. Darin beklagte er das Versäumnis der USA in den 1990er Jahren, den strategischen Schwerpunkt auf die Ausschaltung von Al-Qaida gelegt zu haben. Die Irak-Invasion 2003 unter George W. Bush sowie der Umgang mit der Region unter Obama seit 2008 hätten stattdessen zu weiteren Instabilitäten geführt: „Unsere Aktionen im Irak und in Syrien haben dazu beigetragen, ISIS zu entfesseln", so Trump. „Wir haben den Mittleren Osten chaotischer gemacht, als er je zuvor war". Gerade die Bemühungen, den Nahen und Mittleren Osten in westliche Demokratien zu verwandeln, hätten die Verschwendung unzähliger Leben und Billionen von Dollar zur Folge gehabt. Seine Prioritäten in der Nah- und Mittelostpolitik bestünden in einer Bekämpfung des Terrorismus sowie in der Förderung regionaler Stabilität; zu diesem Zweck müsse die Politik des „Regime Change" und des „Nation Building der Vergangenheit angehören. „Wir steigen aus dem Geschäft des Nation-Building aus"[1107]. Durch eine Zusammenarbeit der USA mit den Verbündeten in

---

[1105] Ebda.

[1106] „Defeat IS and go home": Trump rejects U.S. Role in Libya nation building, unter: https://www.rt.com/usa/385481-trump-rejects-nation-building-libya/

[1107] 'America first': Trump lays out foreign policy vision in Washington speech, unter: https://www.rt.com/usa/341156-trump-foreign-policy-speech/

der NATO und in Asien, in der eine Neugewichtung der Verpflichtungen diskutiert und neue Strategien entwickelt werden müssten, sollte die strategische Priorität – die Eindämmung und Bekämpfung des radikalen Islams – verwirklicht werden. Dazu plante Trump die Zusammenarbeit mit den muslimischen Staaten, die am stärksten von radikaler islamistischer Gewalt betroffen seien. Die „veraltete Mission und Struktur" der NATO sollte aktualisiert werden, um den gemeinsamen Herausforderungen wie der Massenmigration und dem radikalen islamischen Terrorismus zu begegnen[1108].

Viele Aspekte machen deutlich, dass sich Trump bei der Durchsetzung seiner Strategie – neben der Kooperation mit regionalen Mächten wie Ägypten, dessen Präsident al-Sisi auf eine gezielte Zerschlagung der Muslimbruderschaft setzte und bereits inoffiziell militärisch in Libyen zur Bekämpfung des „Islamischen Staates" interveniert hatte, und Saudi-Arabien – hauptsächlich auf das US-Militär stützen wollte. Diesem sollte hierzu erheblich erweiterter autonomer Entscheidungsspielraum bei der Planung und Durchführung von Militäraktionen in Kriegsgebieten wie in Afghanistan, Irak, Libyen, Somalia, Syrien und im Jemen eingeräumt werden. So genehmigte Trump auf Antrag des Pentagons, drei jemenitische Provinzen zu „Gebieten aktiver Kampfhandlungen" zu erklären. Damit waren die Kommandeure vor Ort befugt, Einsätze und Drohnenattacken gegen mutmaßliche Kämpfer ohne vorherige Rücksprache mit dem Weißen Haus anzuordnen[1109]. Trump erklärte darüber hinaus auch Teile Somalias zu „Gebieten aktiver Kampfhandlungen" und gab damit Offizieren des US-Regionalkommandos Africom erweiterte Spielräume für Einsätze und Drohnenangriffe gegen Mitglieder der aufständischen Al-Shabaab-Milizen, die sich dem al-Qaida-Netzwerk zurechnen[1110]. Verbunden war diese Strategie mit dem verstärkten Einsatz von Drohnen[1111]. Insoweit hatte Trump wesentliche Aspekte der Kriegführung der Obama-Adminstration übernommen, die angesichts der katastrophalen Lage im US-Haushalt ihren strategischen Schwerpunkt auf sogenannte „Schattenkriege" gelegt hatte, d.h. auf den Einsatz unbemannter Drohnen und Spezial-Einsatzkommandos. Trumps Direktiven ermöglichten es dem Pentagon nunmehr, diese Strategie weiter auszubauen und sogar autonom Akzente in der US-Außen- und Militärpolitik zu setzen. „Indem sie Feldkommandeuren mehr Spielraum gewährt, Chancen auf dem Schlachtfeld zu nutzen, kann die Trump-Regierung die Strategie der Obama-Regierung effizienter umsetzen", so ein Mitarbeiter des Pentagon[1112].

[1108] Ebda.

[1109] Michael T. Klare, Trump und der Reiz der Waffen, in: Le Monde diplomatique, Mai 2017

[1110] Ebda.

[1111] Ebda.

[1112] Zit. aus: Trump gibt Pentagon freie Hand für militärische Eskalationen, unter:

Jedoch erschien eine solche Strategie nicht unproblematisch, denn „die politische Führung kann die Kontrolle über die Militäreinsätze verlieren", führt Alice Hunt Friend vom Zentrum für Strategische und Internationale Studien in Washington als eine der Gefahren an. Das Risiko wäre erhöht worden, dass sich militärische Einsätze von der Gesamtpolitik abgetrennt hätten und die Wahrscheinlichkeit von Irrläufern größer geworden wäre[1113]. Damit wiederum war die Gefahr weiterer militärischer Eskalationen in der Region verbunden, zumal die Befehlshaber der US-Regionalkommandos durchaus für den Einsatz militärischer Machtmittel plädierten, um US-Interessen im Ausland durchzusetzen. So hatte Joseph Votel, Oberbefehlshaber des United States Central Command – des Regionalkommandos für den Nahen Osten, Ägypten und Zentralasien – im März 2017 vor einem Ausschuss des US-Kongresses Pläne vorgestellt, die im Wesentlichen auf einen Krieg gegen den Iran hinausliefen. Der Iran, so Votel, sei „die größte langfristige Gefahr für die Sicherheit in diesem Teil der Welt" und müsse von Washington „durch militärische oder andere Mittel aufgehalten" werden. „Wir müssen Möglichkeiten finden, sie zu entlarven und zur Rechenschaft zu ziehen für das, was sie tun", fuhr er fort und stellte dann das Atomabkommen infrage, das der Iran 2015 mit den USA und anderen großen Mächten unterzeichnet hatte[1114]. Neben einer militärischen Konfrontation mit dem Iran trat Votel für eine Ausweitung der US-Militärintervention im Jemen ein. Es gehe in diesem ärmsten aller arabischen Länder um „vitale Interessen der USA", erklärte er. Saudi-Arabien und seine Verbündeten führen dort mit amerikanischen Waffen sowie mit geheimdienstlicher und logistischer Unterstützung der USA einen Krieg gegen die schiitischen Huthi-Rebellen (die von Saudi-Arabien verdächtigt werden, von Teheran unterstützt zu werden, wofür es allerdings kaum Beweise gibt) und für die Installation des prosaudischen Marionettenregimes Abd Rabbo Mansur Hadi, dessen Machtübernahme Riad mit Hilfe des Golf-Kooperationsrates nach dem Sturz des Machthabers Ali Abdullah Salih 2011 orchestriert hatte. Abschließend hatte Votel eine erhebliche Aufstockung von US-Truppen in Afghanistan angekündigt mit der Begründung, man müsse „davon ausgehen", dass Russland die Taliban „mit Waffen und anderen Dingen" unterstütze. Dabei liegt die Schlussfolgerung nahe, dass diese Neuauflage der „Surge" - sprich der US-Truppenverstärkung am Hindukusch – Bestandteil einer US-Militärstrategie sein sollte, die sich gegen Washingtons Hauptrivalen um die regionale Vormachtstellung richtet, nämlich Russland,

---

https://www.wsws.org/de/articles/2017/04/01/pers-a01.html
[1113] Trump lässt das Militär von der Leine, unter:
http://www.t-online.de/nachrichten/ausland/usa/id_80810364/kampf-gegen-terror-trump-laesst-das-militaer-von-der-leine.html
[1114] Trump gibt Pentagon freie Hand für militärische Eskalationen, unter:
https://www.wsws.org/de/articles/2017/04/01/pers-a01.html

China und Iran[1115]. Kritikern zufolge barg dieser Aspekt der Militärpolitik Trumps die Gefahr, dass die Kommandeure der Regionalkommandos autonom die US-Außenpolitik entweder unterlaufen oder erheblich mit beeinflussen konnten. „Die Oberkommandierenden der US-Regionalstreitkräfte gebärden sich wie moderne Konsuln und diktieren zunehmend die Kernelemente der US-Außenpolitik"[1116].

bb) Das Konzept zur Errichtung von Stützpunkten in strategisch relevanten Regionen wird beibehalten: Das Beispiel Afghanistan – eine Fortsetzung der „Surge", um russischen und iranischen Einfluss am Hindukusch zu unterlaufen?

An der Vorgehensweise der Trump-Administration in Afghanistan wurde deutlich, dass die Trump-Administration das von Stephen M. Walt und John J. Mearsheimer beschriebene Prinzip des *Selective Engagement* in strategisch relevanten Regionen beibehalten wollte. Diesem Prinzip lag die Überlegung zugrunde, dass zur Absicherung strategischer Interessen der USA auch eine dauerhafte Truppenstationierung erforderlich sein konnte, um die Ambitionen eines konkurrierenden Hegemons zu durchkreuzen. Dieses Beispiel unterstreicht zudem, dass auch Trump auf die herkömmlichen Machtmittel zurückgriff, um US-amerikanische Interessen zu verteidigen bzw. diese gegenüber strategischen Herausforderern durchzusetzen.

So ließ die Trump-Administration Anfang Mai 2017 durchblicken, dass sie in Afghanistan – nach Jahren des Abzugs – nunmehr einen Kurswechsel erwog und die Entsendung von 3.000 bis 5.000 zusätzlichen Soldaten an den Hindukusch ins Auge fasste[1117]. Afghanistan stellte das größte US-amerikanische Militärengagement dar; von den rund 100.000 Soldaten in der Zeit der „Surge" der Obama-Administration waren 2017 noch rund 10.000 verblieben; hinzuzurechnen waren noch 26.000 Ausbilder vor Ort. Das gesamte Afghanistanengagement hatte dem amerikanischen Steuerzahler bislang rund eine Billion Dollar gekostet[1118]. Trotz des immensen Aufwandes hatte dieses bislang vom US-amerikanischen Blickwinkel aus betrachtet eine verheerende Bilanz aufzuweisen: Nach Angaben US-amerikanischer Sicherheitsexperten hatten die militärischen Auseinandersetzungen durch die von den Taliban geführten Aufstände im Jahr 2016 bis zum ersten Quartal 2017 ihr höchstes

---

[1115] Ebda.

[1116] Ebda.

[1117] Merkel warnt vor übereiltem Afghanistan-Abzug, in: Süddeutsche Zeitung v. 08.05.2017

[1118] Douglas Wissing, Trump wants a New Afghan Surge, unter:
http://www.politico.com/magazine/story/2017/05/06/trump-wants-a-new-afghan-surge-thats-a-terrible-idea-215107

Niveau seit 2007 erreicht[1119]. Den Aufständischen war es gelungen, etwa die Hälfte des Landes zu kontrollieren. Taliban-Schattenregierungen arbeiteten in praktisch jeder Provinz und kontrollierten einige von ihnen[1120]. De facto hatten die Taliban nach Geheimdienstberichten praktisch 90 Prozent des Landes infiltriert[1121]. Regierungstruppen und -einrichtungen standen im Ganzen unter starker Bedrängnis der Aufständischen. Die schlecht geführten und bereits von den Aufständischen unterwanderten afghanischen Sicherheitskräfte hatten den Krieg praktisch verloren[1122]. Darum hatten nach Recherchen der *Washington Post* die hochrangigen militärischen und außenpolitischen Berater um US-Präsident Donald Trump einen grundsätzlichen Umschwung in der Strategie für Afghanistan vorgeschlagen, was den US-Streitkräften eine verstärkte Verfolgung der Taliban erlauben sollte[1123]. Der neue Plan verlangte eine Erweiterung der militärischen Rolle der USA in Afghanistan, um die „immer selbstbewusster werdenden" Taliban wieder an den Verhandlungstisch zu bekommen. Diese neue Strategie war die Konsequenz einer Analyse mit dem Ziel, die Sicherheitslage in Afghanistan zu „verbessern" und „wiederzugewinnen". Ferner sollte sie dem Pentagon und nicht dem Weißen Haus die Möglichkeit einräumen, die Zahl der US-Truppen in Afghanistan festzulegen und dem Militär wesentlich mehr Befugnisse für Luftschläge gegen die Taliban zu verschaffen. Innerhalb des Weißen Hauses wurde in Bezug auf diese Strategie bereits von „McMaster's War" gesprochen: Der damalige Nationale Sicherheitsberater H.R. McMaster, der einst auch der Architekt der Truppenverstärkung im Irak unter George W. Bush war, galt als die treibende Kraft hinter der neuen Afghanistan-Strategie der „Surge"[1124].

Es stellt sich nunmehr die Frage, was Trump dazu bewegt hatte, eine solche Neuausrichtung der US-Strategie in Afghanistan vorzunehmen, zumal seine Planungen eigentlich darauf hinausliefen, kostspielige und ineffektive US-Interventionen im Ausland rückgängig zu machen. Erklärbar ist diese Vorgehensweise wohl hauptsächlich mit dem wiederhergestellten Einfluss des klassischen außenpolitischen Establishments auf außen- und militärpolitische

---

[1119] Ebda.

[1120] Ebda.

[1121] In Afghanistan, Trump is poised to re-escalate a hopeless War, unter: https://www.theatlantic.com/international/archive/2017/05/trump-afghanistan-surge/526161/

[1122] Douglas Wissing, Trump wants a New Afghan Surge, unter: http://www.politico.com/magazine/story/2017/05/06/trump-wants-a-new-afghan-surge-thats-a-terrible-idea-215107

[1123] U.S. poised to espand military effort against Taliban in Afghanistan, unter: https://www.washingtonpost.com/world/national-security/us-poised-to-expand-military-effort-against-taliban-in-afghanistan/2017/05/08/356c4930-33fa-11e7-b412-62beef8121f7_story.html?utm_term=.c23a17eb889a

[1124] Ebda.

Entscheidungen der Trump-Administration, und zu dessen Exponenten gehörte wie oben ausgeführt der Nationale Sicherheitsberater H.R. McMaster. Sehr viel spricht dafür, dass dessen geostrategische Überlegungen nunmehr den Hintergrund der „Surge" in Afghanistan bildeten. Den Analysen McMasters zufolge war Afghanistan längst zu einem geopolitischen Schachbrett eines „neuen Großen Spiels" geworden, auf dem insbesondere Russland und der Iran zwischenzeitlich an maßgeblichem Einfluss gewonnen hatten. „Iran und Russland fordern nach Angaben amerikanischer und afghanischer Beamter die US-Macht in Afghanistan verstärkt heraus, indem sie die Ungewissheit der US-Politik ausnutzen und ihre Beziehungen zu den Taliban ausbauen und die vom Westen unterstützte Regierung schwächen", so eine Darstellung der *Washington Post*[1125]. Angesichts der Tatsache, dass die Taliban an Boden gewonnen hätten und dem Weißen Haus eine klare Afghanistanpolitik fehle, hätten Iran und Russland ihre Unterstützung für die Aufständischen intensiviert und auf diese Weise die Position der Vereinigten Staaten in der regionalen Diplomatie unterlaufen. Russland hätte „begonnen, die Taliban öffentlich zu legitimieren", und die jüngsten russischen und iranischen Aktionen in Afghanistan „sollen die Vereinigten Staaten und die NATO untergraben", sagte der Oberbefehlshaber der US-Streitkräfte in Afghanistan, Armeegeneral John Nicholson Jr. gegenüber dem US-Senat[1126]. Nicholson sagte, dass der Iran und Russland ihre Bemühungen zur Unterstützung der Taliban miteinander absprächen und dass Russland sich hier als sehr durchsetzungsfähig erwiesen hätte. „Wir wissen, dass es einen Dialog gibt. Wir wissen, dass es eine Beziehung zwischen Iran und Russland in Afghanistan gibt", so Nicholson. Und der Iran, der eine lange, durchlässige Grenze mit Afghanistan teilt, „unterstützt die Taliban" im westlichen Afghanistan direkt[1127]. Tatsächlich jedoch gibt es keine Beweise für russische oder iranische Waffenlieferungen an die Taliban, und Taliban-Sprecher selbst erklärten, dass die Kontakte mit Russland und dem Iran sich lediglich auf politische und diplomatische Zwecke und Bemühungen beschränkten[1128].

Afghanistan hatte sich seit dem Rückzug der US-amerikanischen Truppen zu einem weiteren Austragungsort amerikanisch-russischer Machtrivalität entwickelt [1129]. Wie bereits angedeutet, hatte die Ungewissheit der US-

---

[1125] While the U.S. wasn't looking, Russia and Iran began carving out a bigger role in Afghanistan, unter:
https://www.washingtonpost.com/world/asia_pacific/with-us-policy-in-flux-russia-and-iran-challenge-american-power-in-afghanistan/2017/04/12/f8c768bc-1eb8-11e7-bb59-a74ccaf1d02f_story.html?tid=a_inl&utm_term=.3cb3ec572feb

[1126] Ebda.

[1127] Ebda.

[1128] Ebda.

[1129] Abdul Basit, Growing Russian Involvement in Afghanistan – Analysis, unter:

amerikanischen Afghanistanpolitik, die sich in dem militärischen Rückzug widergespiegelt hatte, in Russland die Furcht vor der Entstehung eines Machtvakuums hervorgerufen, dessen Instabilität auch die russische Südflanke bedrohen könnte. Dabei sieht Moskau als Hauptbedrohung die Etablierung des „Islamischen Staates von Khorasan" – eines Ablegers des „Islamischen Staates" – am Hindukusch an, von dem aus nach russischer Einschätzung eine Destabilisierung ganz Zentralasiens auszugehen droht[1130]. Dieser Aspekt hatte Russland dazu veranlasst, seine bisherige traditionelle Afghanistanpolitik der Neutralität aufzugeben und sich aktiv einzubinden, um eine Stabilisierung des Landes herbeizuführen. Zu diesem Zweck hatte Moskau im Dezember 2016 begonnen, einen trilateralen Dialog mit Pakistan und China über Afghanistan zu starten. Eine weitere Gesprächsrunde erfolgte Mitte Februar 2017, an der neben Russland, China und Pakistan auch Indien, der Iran und die afghanische Regierung selbst teilgenommen hatten. An beiden Treffen waren weder die USA noch die NATO beteiligt; eine Einladung Russlands an die USA zur Teilnahme an der dritten Gesprächsrunde Mitte April 2017 hatten die USA abgelehnt[1131]. Die Trump-Administration betrachtete dieses russische Vorgehen negativ „als direkte Einmischung in Afghanistan"[1132]. Damit standen sich am Hindukusch dem Grunde nach zwei Machtblöcke gegenüber: „Russland-China-Pakistan mit den zentralasiatischen Staaten gegen USA-Indien-NATO-Afghanistan"[1133]. Hinzu kommt, dass Afghanistan seit 2012 einen Beobachterstatus in der Shanghaier Organisation für Zusammenarbeit (SOZ) besitzt, einem um Russland und China zentrierten Sicherheitsbündnis, das in einem gewissen Gegensatz zur NATO steht. Darüber hinaus einigten sich der russische Präsident Putin und sein damaliger afghanischer Amtskollege Ashraf Ghani im Anschluss an einen SOZ-Gipfel auf eine engere Anti-Terror-Kooperation. In der Folgezeit kam es auch zu einer Intensivierung der russisch-afghanischen Zusammenarbeit; im Mai 2016 konnte eine Vereinbarung zu einer russisch-afghanischen Militärkooperation erzielt werden[1134]. Insgesamt hätte Russland am Hindukusch „ein bemerkenswertes Comeback" erlebt, wie es ein Vertreter der US-amerikanischen RAND-Corporation formuliert hatte[1135].

---

https://www.rsis.edu.sg/rsis-publication/icpvtr/co17070-growing-russian-involvement-in-afghanistan/#.WSaXTNwxl9M

[1130] Ebda.

[1131] Ebda.

[1132] Ebda.

[1133] Ebda.

[1134] Ein bemerkenswertes Comeback, unter:

http://www.german-foreign-policy.com/de/fulltest/59657/print

[1135] Ebda.

Während Russland nach wie vor die Hauptquelle der Instabilität in dem „Islamischen Staat Khorasan" erblickt, sahen die USA die Taliban als Hauptbedrohung der regionalen Sicherheit in der „Afghanistan-Pakistan"-Region an. Moskau hingegen betrachtet die Taliban als eine rein nationale afghanische Interessenpartei, die nach Beurteilung des Kreml in den Dialog mit der afghanischen Führung in Kabul eingebunden werden müsse, um eine tragfähige Stabilisierung der Lage am Hindukusch herbeiführen zu können. Die wachsende Präsenz des „Islamischen Staates Khorasan" in den Nordprovinzen Afghanistan in der Nähe zu den zentralasiatischen Staaten stellt nach Moskauer Einschätzung eine Bedrohung des gesamten zentralasiatischen Kernraumes dar, der letztlich auch die Integrität Russlands selbst gefährden könnte. „Im Gegensatz zu den Taliban, die niemals über Afghanistan und Pakistan hinausgekommen sind, rekrutiert der islamische Staat aktiv in den postsowjetischen Ländern und ist bereit, in Russland selbst zuzuschlagen"[1136]. Zudem vertritt dieser nach Beurteilung russischer Sicherheitsexperten kein nationales Anliegen Afghanistans. Dass Russland nunmehr seine Neutralität in der Afghanistan-Frage aufgegeben hatte, war zu einem größten Teil dem Umstand geschuldet, dass bis dato alle großen Initiativen, einen Waffenstillstand zwischen Kabul und den Taliban zu vermitteln, gescheitert waren. Die von Washington unter Einschaltung des Scheichtums Qatar als Vermittler maßgeblich mitgesteuerte Dialoge, die als „Qatar-Prozess" bekannt wurden, scheiterten 2013, als die Taliban in der qatarischen Hauptstadt Doha ein Büro einrichteten und sich dort als hoheitliche Vertretung Afghanistans präsentierten[1137]. Dies führte dazu, dass die USA und die damalige Regierung Karzai in Kabul aus den Verhandlungen ausstiegen. Zwei Jahre später, im Jahr 2015, wurden weitere Anstrengungen unternommen, um die Friedensgespräche wiederaufzunehmen, und zwar unter der „Quadrilateralen Koordinationsgruppe" mit den USA, China, Pakistan und Afghanistan. Diese kamen jedoch Anfang 2016 zum Stillstand, als die USA den Taliban-Chef Mullah Akhtar Mansoor in einem Drohnenangriff in der pakistanischen Provinz Balotschistan töteten und so die Hoffnungen auf Wiederaufnahme der Friedensgespräche zerstört hatten[1138].

Überdies waren die Auswirkungen der „Surge"-Strategie der USA – des Ausbaus der Militärpräsenz, des Einsatzes von Spezialkommandos sowie von

---

[1136] Artemy Kalinovsky, Russia Gambles in Afghanistan-Again, unter:

https://themoscowtimes.com/articles/russia-gambles-in-afghanistan-again-op-ed-57928

[1137] So bestanden die Taliban darauf, dort ihre Flagge zu hissen und ein Schild mit der Aufschrift „Islamisches Emirat von Afghanistan" anzubringen

[1138] Abdul Basit, Growing Russian Involvement in Afghanistan – Analysis, unter: https://www.rsis.edu.sg/rsis-publication/icpvtr/co17070-growing-russian-involvement-in-afghanistan/#.WSaXTNwxl9M

Drohnen – mehr als zweifelhaft; schon in der Vergangenheit hatte diese Vorgehensweise eher zur Destabilisierung und Verschärfung des Konflikts geführt. Wie der Journalist Bob Woodward in seinem Buch *Obama's Wars* enthüllt hatte, waren es die US-Generäle, die in der Vergangenheit immer mehr Truppen anstelle von Gesprächen mit den Taliban gefordert hatten. Diese Politik hatte lediglich zur Anheizung der bewaffneten Auseinandersetzungen geführt: Schätzungen zufolge wuchs die Zahl der dem bewaffneten Widerstand zurechenbaren Personen zwischen 2003 und 2011 von 7.000 auf zwischen 25.000 und 36.000 an[1139]. Auffällig war ferner, dass die Kampfhandlungen vor allem seit 2006 massiv eskaliert waren, sprich seit dem Jahr, in dem die NATO beschloss, deutlich aggressiver als zuvor gegen die Aufständischen vorzugehen. So stieg die Zahl der bewaffneten Zusammenstöße zwischen dem afghanischen Widerstand und westlichen Truppen laut UN-Angaben von 1.750 im Jahr 2005 explosionsartig auf knapp 20.000 im Jahr 2010[1140]. 2010 stellte der UN-Sonderbeauftragte für Afghanistan Kai Eide in einem Bericht der Politik der „Surge" ein niederschmetterndes Zeugnis aus; er bestätigte, dass sie letztlich zu einer „Unbeherrschbarkeit" des Konflikts in Afghanistan geführt hatte[1141]. Angesichts dieser Entwicklungen hatte Moskau längst den Glauben an die Fähigkeit der USA verloren, entweder die Taliban als maßgebliche bewaffnete Kraft in dem Konflikt auszuschalten oder aber eine stabile Regierung in Kabul zu etablieren. Noch im Jahr 2010 hatten der ehemalige russische General Boris Gromow, der den Rückzug der sowjetischen Truppen aus Afghanistan koordinierte, und der russische Botschafter bei der NATO, Dimitri Rogozin, einen Artikel in der *New York Times* verfasst, in dem sie darlegten, dass ein vorzeitiger NATO-Abzug „den islamischen Militanten enormen Auftrieb geben, die zentralasiatischen Republiken destabilisieren und Flüchtlingsströme nach Russland und Europa verursachen" würde[1142]. Insoweit war die Entscheidung Moskaus, mit den Taliban zur Herbeiführung einer Friedenslösung in Afghanistan zusammenzuarbeiten, eine Form der Rückversicherung für die Zukunft. Früher oder später, so die damalige Überlegung des Kreml, würden die Taliban Teil einer Regierungskoalition oder gar die alleinigen Machthaber in Kabul sein, und aus diesem Grund erschien es der russischen Führung zweckmäßig, Kanäle der Zusammenarbeit zwischen Moskau und den Taliban zu schaffen.

[1139] Haid/Schürkes/Wagner, Experimentierfeld Afghanistan – Zehn Jahre Krieg und kein Ende in Sicht, unter:
http://imi-online.de/download/afghanistan_2011_web.pdf
[1140] Ebda.
[1141] Ahmed Rashid, Am Abgrund. Afghanistan, Pakistan und der Westen, Bonn 2013, S. 115/116
[1142] Artemy Kalinovsky, Russia Gambles in Afghanistan-Again, unter:
https://themoscowtimes.com/articles/russia-gambles-in-afghanistan-again-op-ed-57928

(1)   Trumps Afghanistan-Strategiekonzept vom August 2017

Erst gegen Ende August 2017 präzisierte Trump seine Afghanistan-Strategie; sie war „die erste verbindliche Festlegung dieser Art seit dem Amtsantritt im Januar (2017)"[1143]. In internen Sitzungen hatte die Administration in den Monaten zuvor um den richtigen Kurs gerungen. Noch im Juli 2017 hatte der US-Präsident die Pläne seiner Mitarbeiter zur Entsendung weiterer Truppen nach Afghanistan abgelehnt, nunmehr hieß es, Trump habe – wohl auf Druck des US-Militärs - der „komplexen Realität" am Hindukusch Tribut gezollt[1144], indem er einer zeitlich unbegrenzten Entsendung von weiteren 4.000 Soldaten zustimmte. Im Mai 2017 wurden US-Präsident Trump Szenarien für die Fortsetzung des Krieges in Afghanistan vorgelegt, in denen Truppenerhöhungen zwischen 3.000 bis 5.000 Soldaten erwogen wurden[1145]. Gleichfalls aus dem Beraterkreis des Präsidenten wurden Erik D. Prince, Gründer der privaten Militärfirma Blackwater Worldwide, und Stephen F. Feinberg, der mit DynCorp International verbunden ist, beauftragt, eine Alternative auszuarbeiten[1146]. Die Pläne, die praktisch dem strategischen Arsenal des britischen Empire entlehnt sein könnten, drangen schließlich im Juli 2017 an die Öffentlichkeit: „Die USA sollen eine Söldnerarmee anheuern, um Afghanistan zu ‚reparieren', ein Land, in dem wir seit 2001 Krieg führen. [...] Prince beschrieb einen Plan, bei dem die kämpfende Truppe von einem amerikanischen Vizekönig angeführt würde, der Trump direkt unterstehen würde. [Er] würde alle amerikanische Macht in einer Person vereinigen. Seine Mission: Zu tun, was auch immer nötig, um Afghanistan zu befrieden"[1147]. Gerade aufgrund der Tatsache, dass das Pentagon zur Hochzeit des Afghanistankrieges 88.000 Militärdienstleister unter Vertrag hatte, erschien der zunächst von Trump, seinem damaligen Chefberater Stephen Bannon und auch Trumps Schwiegersohn Jared Kushner ins Auge gefasste Plan, 5.500 private Militärdienstleister – sprich Söldner – am Hindukusch einzusetzen, im Hinblick auf die Erfolgsaussichten mehr als fragwürdig[1148].

Die von Trump am 21. August 2017 verkündete Militärstrategie setzte auf ein

---

[1143] Trumps Kehrtwende, in: Der Tagesspiegel v. 23.08.2017

[1144] Ebda.

[1145] Trump Advisers call for more Troops to break Afghanistan Deadlock, unter: https://www.nytimes.com/2017/05/08/us/politics/donald-trump-afghanistan-troops-taliban-stalemate.html?mcubz=3

[1146] Jürgen Wagner, Afghanistan: Am Scheideweg der US-Kriegspolitik, unter: https://linkezeitung.de/2017/08/24/afghanistan-am-scheideweg-der-us-kriegspolitik/

[1147] The „Blackwater 2.0" Plan for Afghanistan, unter: https://www.theatlantic.com/international/archive/2017/07/afghanistan-erik-prince-trump-britain/533580/

[1148] Jürgen Wagner, Afghanistan: Am Scheideweg der US-Kriegspolitik, unter: https://linkezeitung.de/2017/08/24/afghanistan-am-scheideweg-der-us-kriegspolitik/

verstärktes offensives Vorgehen der US-Streitkräfte, auch wenn sich die
„Surge" im Vergleich zu Trumps Vorgängern als eher marginal darstellte. Geplant war eine Erhöhung der Truppenstärke von seinerzeit 8.400 um 4.000
auf insgesamt 12.400 US-Soldaten. Die Motivation hierfür lag nach Medienberichten darin, dass das US-Militär Trump vor Augen geführt hatte, mit einem überstürzten Abzug von US-Soldaten am Hindukusch würde ein Vakuum zurückgelassen werden, das von islamistischen Gruppierungen gefüllt
zu werden drohte. Klar hatte Trump auch hervorgehoben, dass die Mission
der US-Truppen in Afghanistan eng umrissen sein sollte; es gehe nicht um
„Nation Building", sondern um die gezielte Vernichtung von dschihadistischen Gruppierungen – sprich der Taliban. „Wir betreiben keinen Aufbau
von Nationen mehr – wir töten Terroristen", so Trump. „Siegen hat ab jetzt
eine klare Definition: Wir greifen unseren Feind an, löschen den IS aus, zerstören Al-Qaida, hindern die Taliban daran, Afghanistan zu übernehmen und
verhindern terroristische Angriffe gegen Amerika, bevor sie entstehen". Folgerichtig hatte er auch unterstrichen, der afghanischen Regierung keine Vorgaben hinsichtlich der Gestaltung der afghanischen Innenpolitik zu machen;
man werde – so Trump – nicht länger „amerikanische Militärmacht einsetzen,
um Demokratien in weit entfernten Ländern aufzubauen"[1149]. Ziel der Truppenverstärkung sollte es nach Einschätzung des Afghanistan-Experten
Thomas Ruttig lediglich sein, zu verhindern, dass die Taliban auch militärisch
die Macht im Land übernehmen[1150]. Im Unterschied zu seinen Vorgängern
hatte Trump den Militäreinsatz am Hindukusch keinem Zeitplan unterworfen;
darüber hinaus sollte dem US-Militär vor Ort mehr Entscheidungsspielraum
eingeräumt werden. Als weitere Komponente seiner „neuen" Strategie nannte
Trump den verstärkten Aufbau der afghanischen Regierungstruppen, damit
diese eigenständig gegen die Taliban operieren konnten. „Doch auch hierbei
handelt es sich nicht wirklich um neue Ideen, schließlich haben die USA in
diesem Bereich bereits beträchtliche Anstrengungen unternommen", so Militär-Experte Jürgen Wagner. „So haben allein die USA seit 2001 einem Bericht
des US Government Accountability Office 76 Mrd. Dollar in den Aufbau der
afghanischen Sicherheitskräfte gesteckt"[1151], was jedoch wenig Erfolg brachte,
zumal die afghanischen Regierungsstreitkräfte immer mehr Terrain an die
Aufständischen verloren. In der Gesamtbetrachtung handelte es sich bei
Trumps „neuer" Afghanistan-Strategie lediglich um eine modifizierte Kopie
seiner Vorgänger. „Eine 'Kehrtwende' ist diese 'neue' Afghanistan-Strategie

---

[1149] Trump: Wir werden in Afghanistan Terroristen töten, in: Frankfurter Allgemeine Zeitung
v. 23.08.2017
[1150] „Nötig wäre der Aufbau eines Staates". Afghanistan-Experte Ruttig zu Trumps Plänen, in:
Der Tagesspiegel v. 23.08.2017
[1151] Jürgen Wagner, Afghanistan: Am Scheideweg der US-Kriegspolitik, unter:
https://linkezeitung.de/2017/08/24/afghanistan-am-scheideweg-der-us-kriegspolitik/

deshalb allenfalls mit Blick darauf, dass Trump hiermit womöglich endgültig in gewohntes Kriegsfahrwasser zurückkehrt", so Jürgen Wagner zusammenfassend[1152].

Schließlich gibt es auch noch ein weiteres Argument, das die Trump-Administration veranlasst haben könnte, ihre Bemühungen in Afghanistan zu verstärken. Seit 2010 ist bekannt, dass Afghanistan das „Saudi-Arabien des Lithiums" (so ein Bericht der *New York Times*) darstellt[1153] – eines Alkalimetalls, das vor allem in der Kommunikationstechnologie, aber auch für die Raumfahrt und Raketentechnik benötigt wird. Chinesische Bergbaukonzerne hatten sich in der Zwischenzeit eine führende Stellung bei der Ausbeutung der afghanischen Rohstoffvorkommen erobert. Afghanistan verfügt neben Lithium auch über Kupfer und auch über Erdölvorkommen; hier waren chinesische Konzerne die ersten ausländischen Konsortien, die sich am Hindukusch Förderrechte sichern konnten. Der chinesische Plan – so der kanadische Ökonom Michel Chossudovsky – läuft darauf hinaus, Afghanistan mit dem Reich der Mitte über den sogenannten Wakhan-Korridor zu verbinden und so eine Rohstoffpartnerschaft zwischen beiden Ländern aufzubauen[1154]. Bereits 2010 hatte Washington befürchtet, dass das „ressourcenhungrige China" versuchen werde, die Förderung des Mineralreichtums Afghanistans zu beherrschen, was die Vereinigten Staaten in Unruhe versetzte[1155]. Nunmehr hatte auch US-Präsident Trump das US-amerikanische Interesse an den afghanischen Rohstoffvorkommen reklamiert[1156], und im Juli 2017 hatte Trump bei einem Treffen mit Beratern im Weißen Haus deutlich gemacht, die USA sollten einen Teil der afghanischen Rohstoffvorkommen einfordern als Gegenleistung für ihre Unterstützung beim Wiederaufbau des Landes[1157]. Somit spricht sehr viel dafür, dass die von Trump vorgesehene Truppenverstärkung in Afghanistan auch dazu dienen sollte, zum einen eine Monopolisierung einer Förderung strategischer Rohstoffe in Afghanistan durch China zu

---

[1152] Ebda.

[1153] Michel Chossudovsky, More American Troops to Afghanistan, to keep the Chinese out? Lithium and the Battle for Afghanistan's Mineral Riches, unter:
http://www.globalresearch.ca/more-american-troops-to-afghanistan-to-keep-the-chinese-out-lithium-and-the-battle-for-afghanistans-mineral-riches/5605456

[1154] Ebda.

[1155] $1 Trillion Motherlode of Lithium and Gold discovered in Afghanistan, unter:
http://www.mining.com/1-trillion-motherlode-of-lithium-and-gold-discovered-in-afghanistan/

[1156] Donald Trump eyes Afghanistan's $ 1 Trillion mineral reserves to pay for reconstruction after 16 Years of war, unter: http://www.independent.co.uk/news/world/middle-east/afghanistan-donald-trump-1-trillion-mineral-reserves-deposits-war-rebuilding-reconstruction-gold-a7904301.html

[1157] Ebda.

verhindern und andererseits auch die „One Belt, One Road"-Planungen Pekings, in denen der Hindukusch eine wichtige Rolle spielt, zu stören bzw. zu unterminieren.

(2)   Trumps „Kehrtwende" in Afghanistan führt zu einer Verschiebung der geopolitischen Gewichte in Südasien

Trumps Strategie des „prinzipienfesten Realismus", wie er seine Politik nannte, sollte mit einer geopolitischen Neuausrichtung verbunden sein – auch in Bezug auf die Afghanistanpolitik. Die herkömmliche Sichtweise, Afghanistan und Pakistan als eine isolierte Einheit zu betrachten (begründet mit dem Einfluss des pakistanischen Militärs und Geheimdienstes auf die afghanischen Taliban), sollte durch eine geopolitische Betrachtungsweise auf breiterer Grundlage und durch Einbeziehung weiterer regionaler Verbündeter ersetzt werden. Konkret lief dies auf die Absicht hinaus, Indien in die Lösung des Afghanistanproblems einzubinden.

Tatsächlich hatte Trump gegenüber Pakistan eine eindeutige schärfere Haltung eingenommen und angekündigt, künftig verstärkten Druck auf Islamabad auszuüben. Man werde nicht länger hinnehmen, dass Pakistan Terrororganisationen eine sichere Zuflucht biete. Das müsse sich „auf der Stelle" ändern, betonte Trump[1158]. Die pakistanische Afghanistanpolitik folgt von jeher dem Prinzip der „strategischen Tiefe" – dem Gedanken, dass im Falle eines Krieges mit Indien auf afghanisches Territorium ausgewichen werden oder umgekehrt die Befürchtung, dass eine feindliche Regierung in Kabul Indien die Möglichkeit eröffnen könnte, Pakistan von zwei Seiten anzugreifen. Aus diesem Grund sind die Taliban wie auch das Haqqani-Netzwerk von islamistischen afghanischen Aufständischen (das bis in die Zeit des Widerstandes gegen die sowjetischen Truppen zurückreicht) strategische Werkzeuge Islamabads, um den Einfluss Pakistans im Nachbarland zu sichern[1159]. Mit einem verstärkten Druck auf Pakistan wiederum wollte Trump die Rückzugsräume der Taliban blockieren und scheute daher auch nicht vehemente Verurteilungen Islamabads: „Wir haben Pakistan Milliarden über Milliarden an Dollar gezahlt und zur gleichen Zeit beherbergen sie die Terroristen, die wir bekämpfen", so Trump. „Das wird sich ändern müssen, und das wird sich sofort ändern"[1160].

In der gleichen Rede, in der sich Trump zu einem zeitlich unbefristeten, stärkeren militärischen Engagement in Afghanistan bekannte, stellte er jedoch gleichermaßen Pakistans Erzfeind Indien als „bedeutenden Sicherheits- und Wirtschaftspartner" heraus und kündigte an, die Beziehungen zu dem Land

---

[1158] Der neue Afghanistan-Plan sieht ziemlich alt aus, in: Die Welt v. 23.08.2017
[1159] Mal wieder ein Neuanfang, in: Frankfurter Allgemeine Zeitung v. 23.08.2017
[1160] Zit. aus: Gefährliche Nebeneffekte, in: Handelsblatt v. 23.08.2017

vertiefen zu wollen[1161]. Trump hatte sich in der Afghanistan-Frage „entschieden auf die Seite Indiens" geschlagen, so James Ludes, Forscher am amerikanischen Pell Center für Internationale Beziehungen[1162], und mit einer solchen Neupositionierung der amerikanischen Südasienpolitik eine spürbare Verschiebung der Kräfteverhältnisse in der Region eingeleitet. Trumps Ziel war es, Indien stärker für den Wiederaufbau Afghanistans zu gewinnen, und tatsächlich hatte Indiens Premierminister Narendra Modi dem afghanischen Präsidenten Ashraf Ghani bereits 2016 eine Milliarde Dollar an Wirtschaftshilfe zugesagt. Es bestand aber die Gefahr, dass ein solches verstärktes Engagement Indiens am Hindukusch Gegenreaktionen Pakistans hervorrufen würde, das in einer solchen Situation einer Einkreisungsgefahr ausgesetzt ist. „Wenn Indien stärker involviert wird, kann es seinen Einfluss in Afghanistan weiter ausbauen und schafft damit eine größere Gefahr für Pakistan", so Analytiker in Islamabad[1163]. Sollte aber mit Trumps klarer Zuwendung zu Indien dessen Einfluss am Hindukusch zunehmen, so strategische Beobachter, dann würde Pakistan dies mit einer verstärkten Unterstützung der Taliban-Netzwerke in Afghanistan beantworten, die Islamabad als Rückversicherung zwecks Zurückdrängung des indischen Einflusses betrachtet. Trump hatte aber bereits angekündigt, in einem solchen Fall Militärhilfen für Pakistan zu streichen. Sollte es zu solchen Strafmaßnahmen kommen, hatte die pakistanische Führung bereits eine verstärkte Orientierung Islamabads an China und Russland angekündigt[1164]. China hatte bereits ein großes strategisches Interesse an einer Zusammenarbeit mit Pakistan angekündigt und investiert bereits massiv in die Infrastruktur Pakistans, dem als Teil von Pekings Seidenstraßen-Initiative eine Schlüsselstellung zukommt[1165]. Nicht ausgeschlossen werden kann, dass Trump mit einem entsprechenden Druck auf Pakistan auch China treffen wollte[1166], und es spricht einiges dafür, dass die demonstrative Annäherung Washingtons an Indien zur Festigung der Achse zwischen Pakistan und China beitrug. In diesem Zusammenhang muss berücksichtigt werden, dass auch das Reich der Mitte Indien als seinen Rivalen in Asien ansieht. Trumps Entscheidung, Indien eine größere Rolle in Afghanistan zuzuweisen, war daher durchaus geeignet, die geopolitische Balance in Südasien ins Wanken zu bringen: Sie drohte nicht nur die pakistanisch-indischen Spannungen zu verschärfen, sondern auch den Gegensatz zwischen Indien und China zu vergrößern.

[1161] Ebda.

[1162] Ebda.

[1163] Zit. aus: Ebda.

[1164] Ebda.

[1165] Ebda.

[1166] Ebda.

Vor diesem Hintergrund bleibt Afghanistan bis heute das zentrale Spielfeld, auf dem die Regional- und Weltmächte versuchen, ihren Einfluss in der Region auszubauen. „Seit einiger Zeit schickt sich eine neue Koalition aus China und seinen Verbündeten Pakistan, Russland und Iran an, das 'grosse Spiel' um Afghanistan neu zu definieren", so die *Neue Zürcher Zeitung*[1167]. Insbesondere Peking sieht Afghanistan im größeren strategischen Kontext seiner eurasischen „One Belt, One Road"-Initiative, von der ein Teilprojekt der China-Pakistan Economic Corridor ist. Um die Region zu stabilisieren, sind Russland, China, Pakistan, aber auch der Iran bereit, mit den Taliban zu kooperieren. „Peking fürchtet, dass der Einfluss islamistischer Gruppen wie des Islamischen Staates (IS) in Afghanistan auch auf die Grenzprovinz Xinjiang übergreifen könnte. Moskau ist beunruhigt, da der IS nach Schätzungen über 6.000 russischsprachige Kämpfer verfügt, bei denen es fürchtet, dass sie nach Russland zurückkehren oder sich in Nordafghanistan sowie im angrenzenden Tadschikistan und in Usbekistan niederlassen könnten. Für alle drei Länder scheint eine Beteiligung der Taliban an der Regierung in Kabul das kleinere Übel zu sein"[1168]. Insbesondere Pakistan war bemüht, den berüchtigten Warlord Gulbuddin Hekmatyar in Afghanistan in Stellung zu bringen. Dessen Rückkehr nach Kabul im Mai 2017 wurde von Beobachtern als „strategischer Sieg Pakistans" angesehen. Hekmatyar war Beobachtern zufolge ein „Schlüsselelement in Pakistans Afghanistan-Strategie", um nach damaligen Planungen Islamabads als Chef einer von den Taliban gestützten Regierung in Kabul zu dienen. Indem Trump den Kampf gegen die Taliban zum militärischen Hauptziel erhoben und auch Pakistan entsprechend unter Druck gesetzt hatte, dessen Unterstützung für die Taliban einzustellen, versuchte er auch, die Bemühungen der eurasischen Mächte um Ausbau ihres Einflusses in der Region zu unterlaufen.

Deutlich wurde somit, dass die Trump-Administration Afghanistan folgerichtig als einen Schlüsselraum der Machtrivalität mit den eurasischen Mächten Russland, China und dem Iran betrachtete, und vor diesem Hintergrund musste auch die vom Pentagon vorgeschlagene und von Trump abgesegnete Truppenverstärkung am Hindukusch interpretiert werden. Die Ausschlagung der russischen Einladung an Washington zur Teilnahme an der (dritten) Afghanistan-Gesprächsrunde in Moskau Mitte April 2017 unterstrich in diesem Zusammenhang, dass die Trump-Administration nicht an einer gleichrangigen Zusammenarbeit mit Russland interessiert war, sondern vielmehr darauf setzte, russische Verhandlungsbemühungen zu unterlaufen, wenn nicht gar zu sabotieren. Mit einem Ausbau der militärischen Präsenz, verbunden mit einer

---

[1167] Machtpolitik in Afghanistan: China und Russland flirten mit den Taliban, unter: https://www.nzz.ch/international/great-game-um-afghanistan-chinesisch-russischer-flirt-mit-den-taliban-ld.1302806
[1168] Ebda.

Ausweitung der Kompetenzen des US-Militärs, ging es darum, gegenüber Russland und auch dem Iran Stärke zu zeigen und zu unterstreichen, dass die USA nicht gewillt waren, in geopolitischen Entscheidungsräumen strategischen Konkurrenten das Feld zu überlassen. Insoweit behauptete die Trump-Administration ihren Standpunkt, dass gerade auch in solchen Schlüsselregionen die USA die Nummer Eins bleiben müssen.

(3)   Die Interventionisten setzen sich durch

Die Diskussion um die „Neuausrichtung" der Afghanistan-Strategie spiegelte schließlich auch den Machtkampf zwischen den Interventionisten und den eher „nationalistisch" orientierten Isolationisten in Washington wider. Während seines Wahlkampfes und auch noch kurz nach seinem Amtsantritt ließ Trump durchblicken, als würde er einer tendenziell eher isolationistischen, auf Militäreinsätze und Regimewechsel verzichtende Außenpolitik den Vorzug geben. Der eigentliche Pate des Ansatzes, einer eher isolationistischen, auf Militäreinsätze und Regimewechsel verzichtenden Außenpolitik den Vorzug zu geben, war Trumps Chefstratege Stephen Bannon. Dieser hatte beispielhaft bereits Trumps aggressiver Nordkorea-Rhetorik eine Absage erteilt – er hob deutlich hervor, es gebe „keine militärische Lösung" des Nordkorea-Konfliktes[1169]. Stattdessen gab Bannon dem Vorschlag des Einsatzes einer Söldnertruppe den Vorzug; er sah in der Entsendung zusätzlicher US-Streitkräfte einen Verstoß gegen Trumps „America first"-Agenda[1170]. Viel spricht dafür, dass die Entlassung Bannons am 18. August 2017 in dessen eher nationalistischer Haltung begründet lag und von den interventionistischen US-Generälen Kelly, McMaster und Mattis betrieben wurde. „Bannon hatte sich auch stets gegen ein allzu starkes Engagement der USA im Koreakonflikt ausgesprochen. Kelly, McMaster und Mattis stellten sich gegen Bannon. Die immer stärker werdende Position der Generäle im Weißen Haus war wohl mit ein Grund dafür, dass Trump und Bannon nun getrennte Wege gehen. 'Die Trump-Präsidentschaft, für die wir gekämpft haben, ist vorüber', stellte Bannon frustriert fest"[1171]. Bannons außenpolitische Agenda bezog sich im Wesentlichen auf eine Auseinandersetzung der USA mit China. Er hielt indes einen künftigen Konflikt mit dem Reich der Mitte für unausweichlich, doch setzte Bannon hier auf einen Wirtschaftskrieg, nicht auf eine militärische Auseinandersetzung. Die Dissonanzen in der Ostasienpolitik zeigten sich dann schließlich auch in der Haltung Bannons in der Nordkoreafrage, in der

---

[1169] Jürgen Wagner, Afghanistan: Am Scheideweg der US-Kriegspolitik, unter: https://linkezeitung.de/2017/08/24/afghanistan-am-scheideweg-der-us-kriegspolitik/
[1170] Trumps neue Afghanistan-Strategie: „Wir werden angreifen", unter: http://www.spiegel.de/politik/ausland/donald-trump-und-die-neue-afghanistan-strategie-wir-werden-angreifen-a-1163876.html
[1171] Ebda.

er einer militärischen Lösung eine Absage erteilte und damit Trumps militärische Drohungen gegen Pjöngjang unterlief[1172].

Damit deutete sich an, dass mit der Entlassung auch ein grundlegender Strategiewechsel der Trump-Administration bezüglich weiterer Interventionen verbunden war. „So hat es nun ganz den Anschein, als gäben die 'normalen' Interventionisten um McMaster, Mattis u.a. den Ton in der US-Regierung an", so Jürgen Wagner[1173], und Danielle Pletka vom „American Enterprise Institute" konstatierte: „Betrachtet man jetzt das Kräftegleichgewicht zwischen Isolationisten und Internationalisten im Weißen Haus, so lässt sich mit Sicherheit sagen, dass das Pendel in Richtung der Internationalisten geschwungen ist"[1174]. Bannons Entlassung, so die damalige Einschätzung des Magazins *Politico*, habe ein Hindernis für eine eher „aktive" - sprich interventionistische – Außenpolitik beseitigt und sei ein voller Erfolg für Bannons Konkurrenz innerhalb der Administration, nämlich des Nationalen Sicherheitsberaters McMaster, gewesen[1175]. In der Tat ließ sich hier von einem „weichen Staatsstreich" der US-Generäle John Kelly – seit Juli 2017 Stabschef des Weißen Hauses -, H.R. McMaster und James Mattis sprechen, die der isolationistischnationalistischen Haltung Bannons und auch zuvor Flynns ablehnend gegenüberstanden und stattdessen die Trump-Administration auf den klassischen neokonservativen Kurs des Interventionismus zurückzuführen beabsichtigten. „Kelly ist es – in seiner kurzen Amtszeit und zumindest vorläufig – gelungen, mehr Kontrolle über den Verlauf von (...) Informationen und anderen Formen präsidialen Einflusses in- und außerhalb des Oval Office auszuüben, als sein Vorgänger, Reince Priebus, jemals konnte. McMaster hat, nach monatelangen Rückschlägen, erfolgreich zwei zerstörerische Personen aus dem Nationalen Sicherheitsrat entfernt – beide Überbleibsel der verkürzten Ära Flynn. Es wäre sensationalistisch, diese Vorgänge als einen weichen Putsch zu bezeichnen. Doch es ist unmöglich zu leugnen, dass sich echter präsidialer Macht bemächtigt oder diese verwässert wurde. Gewählte Offizielle haben entschieden, dass es politisch besser ist, die Funktionsweise der Regierung ungewählten Militärbeamten zu überlassen (...)", so das Magazin *New Republic*[1176]. Laut dem Enthüllungsjournalisten Glenn Greenwald wurden

---

[1172] Michael Crowley, Hawks soaring after Bannon's departure, unter:
http://www.politico.com/story/2017/08/18/foreign-policy-hawks-rise-after-bannon-departure-241812
[1173] Jürgen Wagner, Afghanistan: Am Scheideweg der US-Kriegspolitik, unter:
https://linkezeitung.de/2017/08/24/afghanistan-am-scheideweg-der-us-kriegspolitik/
[1174] Zit. aus: Michael Crowley, Hawks soaring after Bannon's departure, unter:
http://www.politico.com/story/2017/08/18/foreign-policy-hawks-rise-after-bannon-departure-241812
[1175] Ebda.
[1176] Brian Beutler, Keep the Trump Leaks coming, unter:

die beiden Militärbeamten Kelly und McMaster gemeinsam mit Mattis „schon lange vom Anti-Trump-Lager als die ernsthaften, verantwortungsbewussten Erwachsenen in der Administration betrachtet, vor allem, weil sie eine militaristische Politik verfolgen – wie den Krieg in Afghanistan und in Syrien"[1177]. Diese Entwicklungen bewiesen letztlich auch die Existenz eines „tiefen Staates" im US-Establishment, der dafür Sorge trägt, dass gewisse – sprich neokonservative und interventionistische – Traditionslinien in der US-Außenpolitik nicht verlassen werden, und dementsprechend auch den US-Präsidenten selbst unter Druck zu setzen vermag. „Übereinstimmenden Medienberichten nach hatte McMaster seit seiner Ernennung zum Nationalen Sicherheitsberater auf eine Ablösung Bannons hingearbeitet und wurde dabei unter anderem von Stabschef John Kelly, *Fox-News*-Besitzer Rupert Murdoch und Teilen des republikanischen Establishments unterstützt. (...) Dem entlassenen Ex-Kommunikationschef Anthony Scaramucci nach (der kein Unterstützer, sondern ein Gegner Bannons war) gibt es im Weißen Haus Kräfte, die nicht nur auf eine Entlassung von Trump-Mitarbeitern, sondern auf eine Entmachtung des Präsidenten selbst hinarbeiten"[1178]. Bannons Entlassung jedenfalls wurde als der erste Schritt in diese Richtung interpretiert, zumindest sollte er die US-Außenpolitik nachhaltig in Richtung der klassischen Formen des Interventionismus beeinflussen. Während seiner Amtszeit in der Administration, so die Nachrichtenagentur *Reuters*, verkörperte Bannon die „dringend benötigte Stimme" eines Anti-Interventionismus und der Förderung der amerikanischen Wirtschaftsinteressen. Seine Entlassung habe das Risiko einer Neuausrichtung der US-Außenpolitik „in die falsche Richtung" erhöht[1179]. Mit einer Truppenverstärkung in Afghanistan, die von den eher antirussisch ausgerichteten Generälen Kelly, Mattis und McMaster favorisiert wurde[1180], war für die USA jedoch die Gefahr verbunden, in eine Konfrontation mit Russland hineingezogen zu werden. „Wenn wir bleiben und unsere Truppen aufstocken, wie es einige Generäle empfohlen haben, dann beginnt der Einsatz zu einem Stellvertreterkrieg zu werden", so Michael Sulick, der von 2007 bis 2010 als

---

https://newrepublic.com/article/144197/keep-trump-leaks-coming

[1177] Gleen Greenwald, What worse: Trump's Campaign Agenda or Empowering Generals and CIA Operatives ro subvert it ?, unter:
https://theintercept.com/2017/08/05/whats-worse-trumps-campaign-agenda-or-empowering-generals-and-cia-operatives-to-subvert-it/

[1178] Peter Mühlbauer, McMaster will Truppen in Afghanistan aufstocken, unter:
https://www.heise.de/tp/features/McMaster-will-Truppen-in-Afghanistan-aufstocken-3808025.html

[1179] Josh Cohen, Commentary: Bannon's departure may harm U.S. Foreign Policy, unter:
https://www.reuters.com/article/us-cohen-bannon-commentary-idUSKCN1B20CW

[1180] Steve Bannon tried to destroy „globalism". It destroyed him instead, unter:
https://www.vox.com/world/2017/8/18/16169486/steve-bannon-departure-foreign-policy

282

Direktor des National Clandestine Service (NCS) der CIA amtierte[1181].

d)   Die Trump-Administration im Israel-Palästina-Konflikt

Stellt man die Frage nach den konstruktiven Ansätzen der Trump-Administration im Israel-Palästina-Konflikt, so lag auch hier die Schlussfolgerung nahe, dass sie in diesem Konfliktherd ebenso nach dem Prinzip des *Offshore Balancing* verfahren und die Lösung des Konflikts mehr oder weniger den regionalen Verbündeten überlassen wollte, gestützt auf ein Bündnis Israels mit den sunnitischen Golfmonarchien, insbesondere Saudi-Arabien. Im Rahmen eines solchen Bündnisses sollte – ohne dass dies zunächst näher präzisiert wurde – dieser Konflikt gelöst werden.

aa) Der Einfluss der Israel-Lobby auf die Trump-Administration

Wenn auch anfangs konkrete Pläne für einen israelisch-palästinensischen Ausgleich fehlten, so war zwischenzeitlich deutlich geworden, dass ein enges Bündnis zwischen den USA und Israel das Fundament der Nahost-Politik der Trump-Administration darstellen sollte. Sehr viel spricht dafür, dass die sogenannte *Israel-Lobby*, die nach einer Analyse der US-amerikanischen Politikwissenschaftler John J. Mearsheimer und Stephen M. Walt die Nah- und Mittelostpolitik der USA maßgeblich beeinflusst[1182], auch in der Trump-Administration ein bestimmender Faktor blieb. Folgt man einer Pressemeldung der *Deutschen Presse-Agentur*, so war Trump „von einflussreichen jüdischen Parteispendern mit auf den Thron gehoben" worden[1183], und vor diesem Hintergrund hatte er „eine Totalumkehr in der Nahost-Politik versprochen"[1184]. Unter der Obama-Administration waren die israelisch-amerikanischen Beziehungen nicht zuletzt wegen der vom damaligen israelischen Ministerpräsidenten Netanjahu vorangetriebenen Siedlungspolitik in den besetzten Palästinensergebieten auf einem Tiefpunkt angelangt. Noch in den letzten Wochen seiner Amtszeit hatte Obama im UN-Sicherheitsrat die Resolution 2334 durchwinken lassen und damit den Siedlungsbau verurteilt. Trump hingegen hatte daraufhin deutlich eine prozionistische Haltung zum Ausdruck gebracht, als er per Twitter erklärte, Israel möge doch stark bleiben, „der 20. Januar kommt

---

[1181] Michael Sulick, Putin could pretend to be Peacemaker in Afghanistan Conflict, unter: https://www.thecipherbrief.com/putin-pretend-peacemaker-afghan-conflict

[1182] Vgl. hierzu: John J. Mearsheimer/Stephen M. Walt, Die Israel-Lobby. Wie die amerikanische Außenpolitik beeinflusst wird, Campus Verlag, Frankfurt/New York 2007

[1183] Stefanie Järkel/Michael Donhauser, Netanjahu in Washington – Trumps diplomatische Feuertaufe, unter: https://de.qantara.de/content/netanjahu-in-washington-trumps-diplomatische-feuertaufe

[1184] Ebda.

bald"[1185]. Mit dem Wahlsieg Trumps verbanden sich bei den rechtsgerichteten israelischen Zionisten – die letztlich auch eine wichtige Machtbasis des israelischen Ministerpräsidenten Netanjahu und seiner Likud-Partei, die von der Siedlerbewegung stark beeinflusst ist, darstellen – neue Hoffnungen auf eine Unterstützung der USA: „Bereits am Tag zwei nach Donald Trumps Amtseinführung wurden in Ostjerusalem mehr als 500 neue Wohneinheiten genehmigt. Seitdem erlaubte die Regierung auch die Errichtung tausender neuer Wohnungen im besetzten Westjordanland", so eine Darstellung des Nachrichtenmagazins *Der Spiegel*. „'Wir bauen, und wir werden weiterhin bauen', sagte Ministerpräsident Benjamin Netanjahu. Alle Einschränkungen, die Israel bisher aufgrund internationalen diplomatischen Drucks hingenommen habe, sollen nun aufgehoben werden, so der Premier in Jerusalem. Seit Trump die Wahl gewonnen hat, ist die israelische Rechte in kollektive Euphorie verfallen. Mit dem neuen Präsidenten, so scheint es, lassen sich all ihre Träume verwirklichen: vom Umzug der US-Botschaft nach Jerusalem (…) bis zur Annektierung zumindest von Teilen des Westjordanlandes. Trump stärkt die Vorhaben der Rechten, und wenn er diesen Kurs fortsetzt, dann ist jede Aussicht auf Frieden im Nahen Osten bis auf Weiteres verloren"[1186]. Insgesamt – so auch die bereits genannte Meldung der *Deutschen Presse-Agentur* – sahen die rechts-religiösen Siedler in Trump den Hoffnungsträger und „als einmalige Chance, ihre Vorstellung eines Israels vom Mittelmeer bis zum Jordan voranzutreiben"[1187].

Zu beachten ist in diesem Zusammenhang, dass sich im Umfeld der Trump-Administration entscheidende einflussreiche Persönlichkeiten befanden, die der rechten Siedlerbewegung in Israel sehr nahestehen. Zu diesem Umfeld gehörte – so die Darstellung der *Deutschen Presse-Agentur* – der zwischenzeitlich verstorbene schwerreiche Kasinounternehmer *Sheldon Adelson*, der den Republikaner-Wahlkampf mit insgesamt 65 Millionen Dollar finanziert hatte. Dieser zeichnete sich durch eine militante Gegnerschaft zum Iran aus – er wollte dem Iran vor ein paar Jahren eine Atombombe schicken[1188] –, und lehnte gleichzeitig einen unabhängigen Palästinenserstaat ab. „Adelson hält Palästina für eine Erfindung, die ausschließlich zur Zerstörung Israels gedacht

---

[1185] Träume aus Glas und Stein, in: Der Spiegel 6/2017, S. 84–86 (S. 84)

[1186] Ebda.

[1187] Stefanie Järkel/Michael Donhauser, Netanjahu in Washington – Trumps diplomatische Feuertaufe, unter:
https://de.qantara.de/content/netanjahu-in-washington-trumps-diplomatische-feuertaufe

[1188] Adelson: Obama should fire nuke to send a message to Iran, unter:
https://www.washingtonpost.com/news/post-politics/wp/2013/10/23/adelson-obama-should-fire-nuke-to-send-message-to-iran/?utm_term=.91300ddd4a8f

sei"[1189]. Adelson galt als ein wichtiger Unterstützer israelischer Angelegenheiten und hatte ferner die Vereinigten Staaten dazu gedrängt, ihre Botschaft von Tel Aviv nach Jerusalem zu verlegen[1190]. Kennzeichnend für Sheldon Adelson war „die bedingungslose Unterstützung Israels und die Loyalität zu seinem persönlichen Freund, dem israelischen Ministerpräsidenten Benjamin Netanjahu", sowie die ablehnende Haltung gegenüber jeglicher Diskussion über einen Palästinenserstaat[1191]. Der renommierte Kolumnist der „New York Times", Thomas Friedman, bezeichnete Adelson als einen „primitiven, rechten, proisraelischen Extremisten"[1192]. Zu Adelsons Imperium gehört die rechte israelische Zeitung *Israel Hayom* ebenso wie die Tageszeitung der zionistischen religiösen Rechten in Israel *Makor Roshon*[1193]. Nach Einschätzung von Kritikern dienten diese Blätter seinerzeit dazu, den politischen Kurs des damaligen israelischen Ministerpräsidenten Netanjahu zu unterstützen und die Weltsicht der zionistischen religiösen Rechten in Israel zu verbreiten, „eine Welt, in der Israel von Feinden umgeben ist, einschließlich des Präsidenten der Vereinigten Staaten (bezugnehmend auf Obama, der Verf.), in denen Friedensverhandlungen darauf abzielen, Israel zu zerstören, in der Israels Linke mit allen feindlichen Kräften in Einklang steht und selbst die Rechten, die sich gegen Netanyahu wehren, einen Putsch durch einen Wahlkampf durchführen wollen"[1194]. Adelsons „Propagandamaschine in Israel" sowie dessen Finanzierung der republikanischen Rechten in den USA ermöglichten es Netanjahu und dem rechtsgerichteten Likud-Block – so Kritiker – „die US-Außenpolitik zu usurpieren"[1195]. Adelson hatte in der Vergangenheit versucht, mit seinem Einfluss nicht nur die amerikanische, sondern auch die israelische Politik im Sinne der prozionistischen religiösen Rechten zu beeinflussen. So bemühte er sich, die Regierung Ehud Olmert (sie amtierte von 2006 - 2009)

[1189] Stefanie Järkel/Michael Donhauser, Netanjahu in Washington – Trumps diplomatische Feuertaufe, unter:
https://de.qantara.de/content/netanjahu-in-washington-trumps-diplomatische-feuertaufe
[1190] Sheldon Adelson, corporate Interests boost Trump inaugural Fundraising to record levels, unter:
https://www.washingtonpost.com/news/post-politics/wp/2017/04/19/sheldon-adelson-corporate-interests-boost-trump-inaugural-fundraising-to-record-levels/?utm_term=.06c332cbf5c4
[1191] Michael Borgstede, Ein Milliardär kauft Isreals Presse, unter:
https://www.welt.de/politik/ausland/article126770326/Ein-Milliardaer-kauft-Israels-Presse.html
[1192] Zit. aus: Ebda.
[1193] Bill Moyers/Michael Winship, Netanjahu speaks, Money talks, unter:
http://billmoyers.com/2015/03/04/netanyahu-speaks-money-talks/
[1194] Ebda.
[1195] Ebda.

zu stürzen, die bestrebt war, die Zwei-Staaten-Lösung durchzusetzen. Zu diesem Zweck versuchte er, seinen Einfluss bei der rechten „Israel Beytenu"-Partei und der orthodoxen Shas-Partei geltend zu machen, mit dem Ziel, Olmerts Regierungskoalition zu zerbrechen und stattdessen seinen Wunschkandidaten Natanjahu an die Macht zu bringen[1196]. Unter Einschaltung der „Zionist Organisation of America", deren Hauptunterstützer Adelson war, strebte dieser ferner an, durch eine gezielte Kampagne die Friedensgespräche zwischen Olmert und dem damaligen Ministerpräsidenten der palästinensischen Autonomiebehörde Salam Fayyad in Annapolis im November 2007 zu sabotieren[1197]. Adelson war darüber hinaus auch einer der Hauptspender und Förderer des „American Israel Public Affairs Committee" (AIPAC), der Hauptorganisation der „Israel Lobby" in den USA, die bemüht ist, Einfluss auf die amerikanische Nahostpolitik zu nehmen[1198].

Ende Februar 2017 erklärte Adelson, dass Trump wahrscheinlich der bislang „beste Präsident für Israel" wäre; Trump positionierte sich seinerseits als entschlossener Verteidiger des israelischen Ministerpräsidenten Netanjahu und Israels[1199]. Die Überlegungen Adelsons zur Förderung Trumps beschrieben die *Deutschen Wirtschafts-Nachrichten* wie folgt: „Adelson war nämlich jahrelanger Förderer des israelischen Premiers (Netanjahu, der Verf.) und ein passionierter Unterstützer Israels. Seine Gleichung sieht also folgendermaßen aus: Netanjahu ist gut für Israel, Trump ist gut für Netanjahu, also ist Trump gut für Israel. Das hat er gerade auch so in einer Nachricht für die Republican Jewish Coalition ganz offen gesagt. 'Trump wird ein prima Präsident, was Israel angeht', schreibt er. Mehr noch: Da für ihn Israel und Netanjahu ein und dasselbe sind, wäre Trump nach Adelsons Ansicht ein hervorragender Präsident"[1200]. Folgt man der Berichterstattung der israelischen Tageszeitung *Haaretz*, so beabsichtigte Adelson, bei Trump Lobbyarbeit zu betreiben mit dem Ziel, dass dieser eine Zwei-Staaten-Lösung im israelisch-palästinensischen Konflikt ablehnen und für einen Umzug der US-Botschaft von Tel Aviv nach Jerusalem sorgen würde[1201]. *Haaretz* unterstrich in diesem Zusammenhang die

---

[1196] Connie Bruck, The Brass Ring. A multibillionaire's relentless quest for global influence, in: New Yorker v. 30.06.2008 – Seinem Sturz kam Olmert durch seinen Rücktritt im Jahr 2008 aufgrund einer Korruptionsaffäre zuvor. Im Jahr 2009 konnte dann Adelsons Wunschkandidat Netanjahu die Regierung in Israel übernehmen.

[1197] Ebda.

[1198] Ebda.

[1199] Adelson: Trump likely to be 'best president for israel ever', unter: http://edition.cnn.com/2017/02/24/politics/sheldon-adelson-donald-trump-israel/

[1200] Kriegsmüde: Die meisten Israelis wünschen sich Trump als US-Präsident, unter: https://deutsche-wirtschafts-nachrichten.de/2016/07/19/kriegsmuede-die-meisten-israelis-wuenschen-sich-trump-als-us-praesident/

[1201] Days before Netanjahu Visit, Trump meets Sheldon Adelson, unter: http://www.haaretz.com/us-news/1.770887

maßgebliche finanzielle Unterstützung des Wahlkampfs des republikanischen Kandidaten Trump und stellte in diesem Zusammenhang heraus, dass Adelson die Position eines „Falken" über Fragen im Zusammenhang mit Israel und dem Nahen Osten eingenommen und die Möglichkeit der USA erwähnt habe, die Nuklearwaffe gegen den Iran einzusetzen[1202]. Nach Darstellung der *Washington Post* gehörte Adelson zu den „Hauptspendern" Trumps, ihm wurde „eine enge Beziehung" zu Trump und zum Weißen Haus bescheinigt[1203], der Trumps Wahlkampf und die Republikaner finanziert hatte. Kritiker bezeichneten Adelson als den „Paten der republikanischen Rechten"[1204].

Zu der prozionistischen – konkreter pro-Likud – Lobby um Trump gehörte auch dessen Schwiegersohn *Jared Kushner*, der aus einer orthodoxen jüdischen Familie stammt, die Geld für die Siedlung Beit El im Westjordanland spendete[1205] und den Trump zu seinem wichtigsten Berater für den Nahen Osten ernannt hatte[1206]. Auch für Kushner ist das enge Verhältnis zu Netanjahu und dem Likud-Block charakteristisch: „Zu Kushners Familie pflegt Netanjahu eine enge Beziehung. Die Kushners gehören seit Jahrzehnten zu den wichtigsten Spendengebern des Ministerpräsidenten. Sie fördern zudem Schulen, Krankenhäuser und andere Einrichtungen in Israel, auch in Siedlungen im Westjordanland"[1207]. Kennzeichnend ist in diesem Zusammenhang ferner die enge Beziehung zwischen Kushner und auch Trumps zur radikalen israelischen Siedlerbewegung, und die Siedlung „Bet El gilt als ideologische Hochburg der radikalen Siedlerbewegung – und sie gilt auch als Lieblingssiedlung von Trump und seinem Umfeld"[1208]. So sollen ungefähr zehn Millionen Dollar in den vergangenen Jahren über eine Organisation mit dem Namen „American Friends of Bet El Institutions" in die Siedlung geflossen sein. Zu den Spendern gehörte die Familienstiftung von Trumps Schwiegersohn Kushner, die „Charles und Seryl Kushner Charitable Foundation". „Sie ließ einer Recherche der israelischen Tageszeitung *Haaretz* zufolge 2013 der Jeschiwa in Bet El 20.000 Dollar zukommen. Auch Donald Trump selbst steht auf der Spenderliste: 2003 hat er nach Angaben der *Jerusalem Post* 10.000 Dollar an die amerikanischen Freunde von Bet El gespendet"[1209]. Die Beziehungen

---

[1202] Ebda.

[1203] Sheldon Adelson to have dinner with Trump, adviser says, unter:
https://www.washingtonpost.com/news/post-politics/wp/2017/02/09/adelsons-to-meet-with-trump-for-dinner-source-says/?utm_term=.c47998fae44e

[1204] Bill Moyers/Michael Winship, Netanjahu speaks, Money talks, unter:
http://billmoyers.com/2015/03/04/netanyahu-speaks-money-talks/

[1205] Träume aus Glas und Stein, in: Der Spiegel 6/2017, S. 84–86 (S. 85)

[1206] Die Erde wird nicht beben, in: Frankfurter Allgemeine Zeitung v. 15.02.2017

[1207] Ebda.

[1208] Um Himmels willen, in: Süddeutsche Zeitung v. 14.02.2017

[1209] Ebda.

Kushners zur proisraelischen Lobbyorganisation AIPAC (American Israel Public Affairs Committee) und zu Vertretern Netanjahus trugen dazu bei, den Wahlkampf Trumps zu unterstützen[1210].

Eine weitere wichtige Rolle im prozionistischen Netzwerk um Trump spielte dessen Anwalt *David Friedman*, der Ende März 2017 zum Botschafter der USA in Israel ernannt und vereidigt wurde. Friedman ist Insolvenz-Anwalt, der Trump in der Vergangenheit bei der Pleite seiner Casinos in Atlantic City gute Dienste geleistet hatte. Auch er ist dem Unterstützerkreis der israelischen Siedlerbewegung zuzurechnen, „er unterstützt den Siedlungsbau seit Langem, auch finanziell"[1211] – und er ist Vorsitzender der Amerikanischen Bet-El-Freunde[1212]. Friedman steht „mit seinen Positionen zum Nahost-Konflikt der israelischen Rechten nahe"[1213]. Darüber hinaus befürwortet Friedman die Ausweitung der jüdischen Siedlungen in den besetzten Gebieten sowie die Verlegung der US-Botschaft von Tel Aviv – Aspekte, die insbesondere die Palästinenser als Provokation empfinden. Während Israel Jerusalem als seine unteilbare Hauptstadt betrachtet, wollen die Palästinenser Ost-Jerusalem zur Hauptstadt ihres künftigen Staates machen. Friedman hingegen hat auch das Ziel eines Palästinenserstaates in Frage gestellt, und als Berater von Trumps Wahlkampagne hatte er die Positionen Trumps in der Nahostfrage „offenbar stark beeinflusst"[1214]. Israels Ministerpräsident Benjamin Netanjahu zeigte sich erfreut über Friedmans Bestätigung. „Er wird herzlich als Donald Trumps Repräsentant und als enger Freund Israels willkommen geheißen werden", schrieb Netanjahu auf Twitter.

Insgesamt erschien es vor diesem Hintergrund durchaus gerechtfertigt, von einem rechtsgerichteten prozionistischen Netzwerk um Trump zu sprechen, dessen ideologische Wurzeln in der religiösen Siedlerbewegung zu suchen sind und das eine auffallende Nähe bzw. Verbundenheit zum Likud-Block und dem israelischen Ministerpräsidenten Netanjahu aufweist. Kaum überraschend dürfte sein, dass dieses Netzwerk schließlich auch auf die Bestimmung der Eckpunkte der Nahostpolitik Trumps Einfluss genommen haben dürfte.

[1210] Trump son-in-law's personal link to Israel, in: New York Times v. 14.02.2017

[1211] Träume aus Glas und Stein, in: Der Spiegel 6/2017, S. 84–86 (S. 85)

[1212] Ebda.

[1213] Senat bestätigt umstrittenen Botschafter für Israel, unter:
http://www.faz.net/aktuell/politik/trumps-praesidentschaft/us-senat-bestaetigt-david-friedman-als-botschafter-fuer-israel-14939955.html

[1214] Ebda.

bb) Die Ansätze der Nahostpolitik Trumps: Die Abkehr von der Zwei-Staaten-Lösung

Insgesamt waren diese Entwicklungen keine guten Nachrichten für die Palästinenser und den nahöstlichen Friedensprozess, als dessen Grundlage allgemein die Verwirklichung der Zwei-Staaten-Lösung gesehen wird. „Drei Äußerungen des neuen US-Präsidenten lassen ahnen, in welche Richtung die US-Politik in Bezug auf den israelisch-palästinensischen Konflikt gehen wird", so eine Analyse der *Le Monde diplomatique*[1215]. „Da ist zunächst Donald Trumps Ankündigung, die US-Botschaft von Tel Aviv nach Jerusalem zu verlegen; da ist ferner die Weigerung, die Siedlungen, die Israel seit 1967 in den besetzten Gebieten errichtet hat, als Hindernis für den Friedensprozess zu betrachten; und da ist drittens die Entscheidung, keinen Druck mehr auf die israelische Regierung auszuüben, um sie an den Verhandlungstisch zu bringen"[1216]. Als kennzeichnende Signalwirkung für die Nahostpolitik der Trump-Administration sah die Zeitung ferner die Ernennung von Jared Kushner zum Chefberater des Weißen Hauses und von David Friedman zum neuen US-Botschafter in Israel an. „Kushner, der Schwiegersohn des Präsidenten, unterstützt finanziell den Siedlungsbau im Westjordanland. Und Friedman ist Präsident der amerikanischen Freunde von Bet El, einer der ältesten israelischen Siedlungen im Westjordanland. Kurz nach seiner Nominierung (...) verkündete der diplomatische Quereinsteiger Friedman, wie sehr er sich auf die Arbeit 'in der amerikanischen Botschaft in Israels ewiger Hauptstadt' freue"[1217].

Analysiert man die anfänglichen Stellungnahmen Trumps zu diesem Konflikt, so spricht in der Tat sehr viel dafür, dass sein politischer Lösungsansatz zunächst als Freibrief für die religiöse zionistische Rechte in Israel angesehen werden musste, die Annexion des Westjordanlandes vorzunehmen. Während des Besuchs des israelischen Ministerpräsidenten Netanjahu in Washington Mitte Februar 2017 nahm Trump eindeutig Partei für die Positionen Israels – sprich insbesondere des rechtsgerichteten Likud-Blocks. Trump bezeichnete die Verbindung zwischen Israel und Amerika als „untrennbar"; Trump und Netanjahu beschworen einen „Neuanfang" in den Beziehungen beider Staaten, die unter der Obama-Administration gelitten hatten. Obama hatte die israelische Siedlungspolitik im Westjordanland und Ostjerusalem mehrfach als Hindernis für einen Ausgleich kritisiert und im Dezember 2016 die UN-Sicherheitsratsresolution 2334 ohne Veto passieren lassen, die den Siedlungsbau auf palästinensischem Territorium als „schamlose Verletzung des inter-

---

[1215] Dominque Vidal, Israel macht weiter. Vom Siedlungsbau zur Annexion – mit Rückenwind aus Washington, in: Le Monde diplomatique v. Februar 2017
[1216] Ebda.
[1217] Ebda.

nationalen Rechts" bezeichnete. In Abgrenzung zu Obama hatte Trump versichert, dass er sich mit Kritik am engen Verbündeten zurückhalten wolle. „Es gibt eine lange Geschichte der Verurteilung Israels", erklärte Trump gegenüber Adelsons Zeitung „Israel Hayom". „Ich will Israel während meiner Amtszeit nicht verurteilen. Ich verstehe Israel und respektiere Israel"[1218].

Trump hatte deutlich gemacht, dass Amerika den nahöstlichen Konfliktparteien nicht mehr diktieren wolle, wie sie zu einem Frieden gelangen sollten[1219]. Dabei führte er aus, dass eine Zwei-Staaten-Lösung nicht der zwingend notwendige Weg zu einer Einigung sei. „Ob ein Staat oder zwei, ich kann mit beidem leben", erklärte Trump hierzu. „Mit diesen Worten stellte Trump (...) ein Konzept zur Disposition, das im Prinzip seit dem Uno-Teilungsplan für Palästina vor siebzig Jahren als elegantester Weg aus einem schier unlösbaren Dilemma gilt"[1220]. Die Problematik, die die „neuen Akzente" der Nahostpolitik der Trump-Administration aufwarfen, lag darin, dass sie zunächst jegliche Präzisierung von Umrissen eines israelisch-palästinensischen Ausgleichs fehlen ließ. Trumps Ankündigungen bestanden darin, dass er einen Frieden zwischen Israel und den Palästinensern sehen wolle; wie dieser zustande komme, ob in einem Staat oder zwei Staaten, sei sekundär. Trump stellte lediglich heraus, dass er den Konfliktparteien die Bedingungen eines Friedens nicht oktroyieren wollte[1221]. Kritiker sahen darin eine „Kursänderung in der Nahost-Politik der USA": Bisher hatte Washington die Zwei-Staaten-Lösung als einzig gangbaren Weg zum Frieden beschrieben. Die Einstaatslösung galt als Tabu[1222]. „Zielrichtung der neuen US-Politik ist es offenbar, den Konfliktparteien keine Vorgaben für Verhandlungen mehr zu machen"[1223]; Israel und die Palästinenser sollten sich selbst auf eine Lösung einigen, und es sei dabei nicht die Aufgabe der USA, den Parteien die Vision einer Zwei-Staaten-Lösung aufzuzwingen[1224] Eine solche Politik der „Gewährung der freien Hand" musste jedoch zwangsläufig Israel in die Hände spielen: „Wenn man die Verhandlungen dem freien Spiel der Kräfte überlässt, läuft dies allerdings auf einen Vorteil für den Stärkeren hinaus – und das ist in diesem Fall eindeutig Israel"[1225], und angesichts des fehlenden amerikanischen Drucks auf Israel wäre eine Zwei-Staaten-Lösung – den die palästinensische Autonomiebehörde nach wie vor als einzig denkbare Lösung verfolgt[1226] – nur dann

---

[1218] zit. aus: Treffen sich zwei echte Männer, in: Süddeutsche Zeitung v. 15.02.2017

[1219] Trump euphorisiert Israels Rechte, in: Neue Zürcher Zeitung v. 18.02.2017

[1220] Palästinenser unter Druck, in: Neue Zürcher Zeitung v. 18.02.2017

[1221] Deregulierte Friedenssuche im Nahen Osten, in: Neue Zürcher Zeitung v. 17.02.2017

[1222] Ebda.

[1223] Abkehr vom alten Ziel, in: Süddeutsche Zeitung v. 16.02.2017

[1224] „Ein schwerer Rückschlag für den Frieden in Nahost, in: Die Welt v. 16.02.2017

[1225] Abkehr vom alten Ziel, in: Süddeutsche Zeitung v. 16.02.2017

[1226] Deregulierte Friedenssuche im Nahen Osten, in: Neue Zürcher Zeitung v. 17.02.2017

möglich gewesen, wenn die Palästinenser schmerzhafte Zugeständnisse machen würden[1227]. Dieser Ansatz wurde denn auch von der israelischen Rechten in Netanjahus Koalitionsregierung als indirekte Aufforderung verstanden, ihre Politik des Siedlungsbaus und der geplanten Annexion des Westjordanlandes fortzusetzen: „Dass Amerika den nahöstlichen Konfliktparteien nicht mehr diktieren will, wie sie zu einem Frieden gelangen sollen, hat Israels Rechte euphorisiert und verbal entfesselt"[1228]. Die palästinensische Flagge sei vom Mast heruntergeholt und durch die israelische Flagge ersetzt worden, erklärte der damalige israelische Bildungsminister und spätere Ministerpräsident Naftali Bennet von der rechtsgerichteten Partei Jüdisches Heim, der schon seit Jahren verlangt, Israel möge doch einen beträchtlichen Teil des Westjordanlandes einfach annektieren[1229]. „Die Palästinenser haben bereits zwei Staaten, Gaza und Jordanien. Einen Dritten braucht es nicht", erklärte Bennet hierzu. Im Likud-Block wurde dieser Kurs der Trump-Administration auch als „definitive Beerdigung der Zwei-Staaten-Lösung" aufgefasst, und man zeigte sich für das Einsehen Trumps dankbar, dass es an der Zeit sei, die Palästinenser unter Druck zu setzen und zu Zugeständnissen zu bewegen[1230]. Tatsächlich hatte Trump dadurch, dass er der religiösen rechtsgerichteten Siedlerpartei in Israel de facto einen Freibrief gewährt hatte, auch Netanjahu unter innenpolitischen Druck gesetzt. Netanjahu – der eher ein Interesse an der Aufrechterhaltung des Status quo hatte, einer Zwei-Staaten-Lösung aber zwiespältig gegenüberstand, da nach seiner Einschätzung die Etablierung eines Palästinenserstaates dem radikalen Islam eine Basis für Angriffe auf Israel geben würde[1231] – wurde von seinen rechten Koalitionspartnern nunmehr deutlich aufgefordert, der Zwei-Staaten-Lösung eine deutliche Absage zu erteilen. Selbst in der eigenen Likud-Partei wurde an Netanjahu die Forderung herangetragen, die neue Ära mit einer Annexion von Siedlungen im Westjordanland zu beginnen[1232].

In der Tat hatte nach Trumps Amtsantritt die israelische Regierung ihre bisherige Siedlungspolitik im besetzten Westjordanland fortgesetzt. „Wer noch einen Beweis brauchte, dass die Zurückhaltung der Netanjahu-Regierung beim Siedlungsbau mit dem Amtsantritt Trumps beendet ist, bekam ihn am 24. Januar (2017)", so die *Le Monde diplomatique*. „Nur vier Tage nach der Vereidigung des neuen US-Präsidenten genehmigten Benjamin Netanjahu und sein Verteidigungsminister Avigdor Lieberman den Bau von 2.500 neuen

---

[1227] Palästinenser unter Druck, in: Neue Zürcher Zeitung v. 18.02.2017

[1228] Trump euphorisiert Israels Rechte, in: Neue Zürcher Zeitung v. 18.02.2017

[1229] Ebda.

[1230] Ebda.

[1231] Deregulierte Friedenssuche im Nahen Osten, in: Neue Zürcher Zeitung v. 17.02.2017

[1232] Treffen sich zwei echte Männer, in. Süddeutsche Zeitung v. 15.02.2017

Wohneinheiten in verschiedenen Siedlungen des Westjordanlands. Es ist auch kein Zufall, dass gleichzeitig mit Trumps Amtsantritt die Ultrarechten in Israel ihre Bemühungen um eine historische Kehrtwende in der Palästinapolitik wieder verstärken: Ziel ist die Annektierung des Westjordanlands"[1233]. Anfang Februar 2017 hatte das israelische Parlament ein Gesetz verabschiedet, dessen Ziel es war, die Siedlungen des Westjordanlandes zu konsolidieren und weiterzuentwickeln. „Damit setzt die israelische Regierung ein deutliches Zeichen, dass sie die Lösung des Nahostkonflikts auf der Grundlage einer Zweistaatenlösung nicht mehr als Leitlinie ihrer Politik begreift. Zwar betrifft das Gesetz nur wenige Tausend Wohneinheiten bisher illegaler Siedlungen, sogenannter Outposts, die durch das Gesetz legalisiert werden. Die Folgen aber sind weitreichend. Zum einen ermöglicht der Knessetbeschluss die Enteignung palästinensischen Privatlandes erstmalig nicht nur aus Sicherheitsgründen im Rahmen des Militärregimes, sondern qua politischem Willen der israelischen Volksvertreter. Damit dehnt Israel seine Souveränität partiell auf dieses Gebiet aus. Stimmen aus Likud und der rechten Siedlerpartei Jüdisches Heim betonten nach der Abstimmung, dass dies nur der erste Schritt zur Übertragung israelischer Hoheitsansprüche auf das Westjordanland gewesen sei. Zum anderen legalisiert Israel damit Siedlungen, die als Antwort auf den Oslo-Friedensprozess ausdrücklich mit der Intention gebaut worden sind, einen territorial integren palästinensischen Staat und damit eine Zweistaatenlösung zu verhindern"[1234]. Kennzeichnend für diese Siedlungen sind, dass sie gewissermaßen als Barriere zwischen palästinensischen Wohngebieten wirken und damit die Integrität des palästinensischen Territoriums unterminieren. Insgesamt ist hier die Schlussfolgerung zu ziehen, dass aufgrund des fortgesetzten israelischen Siedlungsbaus eine Zwei-Staaten-Lösung kaum mehr möglich wurde, denn dieser hatte zwischenzeitlich das besetzte Westjordanland so zerstückelt, „dass kaum noch ein zusammenhängendes Staatsgebiet für die Palästinenser denkbar ist"[1235]. Nach Einschätzung von Beobachtern wurde diese Entwicklung durch die Euphorie über Trump ermöglicht und befeuert. „Entfesselt von der Vorstellung, dass man mit dem uneingeschränkten Rückhalt der USA keine Rücksicht auf die Meinung der internationalen Gemeinschaft mehr nehmen müsse, forderten verschiedene Politiker, diese

---

[1233] Dominque Vidal, Israel macht weiter. Vom Siedlungsbau zur Annexion – mit Rückenwind aus Washington, in: Le Monde diplomatique v. Februar 2017

[1234] Israel begräbt die Zwei-Staaten-Lösung, unter: http://www.zeit.de/politik/ausland/2017-02/israel-siedlungen-siedlungspolitik-zwei-staaten-loesung-palaestina

[1235] Abkehr vom alten Ziel, in: Süddeutsche Zeitung v. 16.02.2017

Gelegenheit beim Schopf zu packen"[1236]. Die Verabschiedung des Siedlungsgesetzes vom Februar 2017 ist Produkt dieses Denkens[1237].

Die Trump-Administration hatte sich bezüglich der Siedlungspolitik auf sehr dehnbare Formeln beschränkt. Sie hatte die expansive Siedlungspolitik im Westjordanland zwar nicht als Hindernis für einen Friedensschluss mit den Palästinensern kritisiert, aber als „nicht hilfreich für einen Frieden" bezeichnet[1238]. Gegenüber Netanjahu hatte Trump aber gleichfalls deutlich gemacht, dass eine Zwei-Staaten-Lösung als Option weiterhin im Raum stehe; sie wurde von Washington nicht formell ad acta gelegt. Darüber hinaus hatte er von Netanjahu Flexibilität, Kompromisse und Zurückhaltung in der Siedlungspolitik gefordert und war „damit klar von seiner bisherigen Linie der bedingungslosen Unterstützung Jerusalems abgerückt"[1239]. Seit Trumps Amtsantritt hatte Israel den Bau von rund 6.000 weiteren Siedlerwohnungen angekündigt. Als Netanjahu auch noch die Gründung einer neuen Siedlung versprach, distanzierte sich die US-Regierung schließlich von den Plänen. Es könne sein, dass der Ausbau der Siedlungen nicht hilfreich sei, um Frieden in Nahost zu schaffen, sagte Trumps Sprecher Sean Spicer[1240]. Wie sich Trump zur Zwei-Staaten-Lösung positionierte, hatte er auch anlässlich seines Israel-Besuches Ende Mai 2017 nicht näher präzisiert. Er ließ diese Frage offen; während seines Staatsbesuchs verwendete er den Begriff in offiziellen Erklärungen nicht ein einziges Mal. Indessen versicherte er dem verbündeten Israel nach wie vor seine unverbrüchliche Treue und schien dabei auch eine prozionistische Haltung zum Ausdruck zu bringen: Der Bund zwischen den Juden und dem Heiligen Land sei „Jahrtausende alt und für die Ewigkeit", so Trump. „Meine Regierung wird immer an der Seite Israels stehen"[1241]. Beobachter sprachen hier von einer „zionistischen Rede" Trumps[1242], in der er auf die Errichtung eines palästinensischen Staates an keinem Punkt zu sprechen kam. „Die Militärbesatzung des Westjordanlands kritisierte Trump nicht, und anders als noch im Februar (2017) verlangte er nicht öffentlich, dass sich Israel im Siedlungsbau in den besetzten Gebieten zurückhalten solle"[1243].

[1236] Israel begräbt die Zwei-Staaten-Lösung, unter: http://www.zeit.de/politik/ausland/2017-02/israel-siedlungen-siedlungspolitik-zwei-staaten-loesung-palaestina

[1237] Ebda.

[1238] Jochen Stahnke, Die Erde wird nicht beben, in: Frankfurter Allgemeine Zeitung v. 15.02.2017

[1239] Trump euphorisiert Israels Rechte, in: Neue Zürcher Zeitung v. 18.02.2017

[1240] Die Streitpunkte zwischen Israel und den USA, unter: http://www.handelsblatt.com/politik/international/professor-tacheles-trump-hat-in-nahost-durchaus-etwas-erreicht/19849016.html

[1241] Trump ermahnt Israelis und Palästinenser, in: Süddeutsche Zeitung v. 24./25.05.2017

[1242] Irgendwas mit Frieden, in. Süddeutsche Zeitung v. 24./25.05.2017

[1243] Jochen Stahnke, „Es gibt viel Liebe da draußen", in: Frankfurter Allgemeine Zeitung v.

cc) Trumps Grundlage für einen Kompromiss in der Palästinafrage: Ein Bündnis Israels mit den sunnitischen arabischen Staaten gegen den Iran

Es blieb dennoch die Frage offen, welche Eckpunkte Trump für einen Friedensentwurf für den Nahen Osten entwickelt hatte. Quellen aus der Zeit des Beginns seiner Amtszeit ließen den Schluss zu, dass er anstelle einer isolierten Betrachtung des israelisch-palästinensischen Konfliktes vielmehr eine Gesamtlösung für den Nahen Osten anstrebte, in der die Bewältigung des israelisch-palästinensischen Problems gewissermaßen eingebettet werden sollte. Nach Einschätzung von Beobachtern war es Trumps Ziel, der Mann zu sein, „der den gordischen Knoten in Nahost durchschlägt. In den Blick genommen hatte er dafür nicht nur Israelis und Palästinenser, sondern auch Staaten wie Jordanien, Ägypten, Saudi-Arabien und die Golfemirate"[1244]. Trumps Absicht war es, die sunnitischen arabischen Golfmonarchien als Grundlage seiner Nahost-Politik zu gewinnen, um im Sinne der Politik des *Offshore Balancing* mit ihrer Instrumentalisierung gleichzeitig die israelisch-palästinensischen Spannungen – in welcher Form auch immer – zu lösen wie auch die Eindämmung des Iran vorzunehmen. Dabei setzte er auf die Interessenübereinstimmung zwischen Israel und den sunnitischen arabischen Golfmonarchien in Richtung Isolierung und Zurückdrängung des Iran. Jordanien, Ägypten, Saudi-Arabien und die Golf-Emirate „zählen zum einen zu den langjährigen Verbündeten der USA, zum anderen teilen sie mittlerweile auch gemeinsame Interessen mit Israel" – vor allem bei der Eindämmung Irans[1245]. Damit erklärte sich Trumps Haltung gegenüber der Siedlungspolitik Tel Avivs, die er zunächst nicht als Hindernis für einen Frieden betrachtete, dann aber – als Netanjahu den Bau von weiteren 6.000 Wohnungen im Westjordanland ankündigte – den Expansionsbestrebungen der israelischen Siedlerbewegung einen Dämpfer verpasste, als er erklärte, ein weiterer Siedlungsbau sei „vermutlich nicht hilfreich". Um die arabischen Verbündeten wie Saudi-Arabien, Jordanien und Ägypten nicht gänzlich zu verprellen, sollte es nach den strategischen Planungen Trumps keine bedingungslose Verbundenheit mit Israel geben. „Dabei kommt nicht zuletzt die neue Ausrichtung der US-Politik in der Krisenregion zum Tragen. Wenig ist derzeit so klar wie der Wunsch Washingtons, den Iran in die Schranken zu weisen"[1246]. Dazu setzte Trump auf die klassischen Verbündeten: Die Türkei, Ägypten, Saudi-Arabien – „sie sollen Teil der Anti-Teheran-Front werden. Am besten mit Israel als Verstärkung"[1247]. Auch nach Beurteilung des Nahost-Experten Michael Wolfssohn

---

24.05.2017

[1244] Treffen sich zwei echte Männer, in: Süddeutsche Zeitung v. 15.02.2017

[1245] Ebda.

[1246] Verbale Aufrüstung, in: Der Tagesspiegel v. 14.02.2017

[1247] Ebda.

schien die seinerzeitige grundlegende Leistung der Trump-Administration, die mit der Reise in den Nahen Osten Ende Mai 2017 zum Ausdruck gekommen war, darin bestanden zu haben, eine bislang noch völlig undenkbare US-Nahost-„Koalition" zustande gebracht zu haben: USA plus Israel plus Fatah-Palästina plus Ägypten plus Saudi Arabien plus arabische Golfstaaten. Eine solche Koalition „erhöht die Chancen auf eine wie auch immer geartete Verständigung zwischen Israel und Palästina. Vernünftigerweise hat Trump hierzu keine Eckdaten geliefert. Die von der EU, auch Deutschland, favorisierte Zweistaatenlösung wird mit Sicherheit nicht eins zu eins umgesetzt"[1248]. Diese Koalition „stärkt den sunnitischen Islam unter Führung Saudi Arabiens gegen den schiitischen Islam unter Führung des Iran"[1249]. Diese Aspekte legten nahe, dass diese sunnitische Koalition mit Israel die Grundlage des von Trump angekündigten „größeren Friedens" in der Region bilden sollte. Damit griff Trump auf eine von Israel vertretene Strategie zurück, welche den arabischen Staaten eine entscheidende Rolle im Friedensprozess mit den Palästinensern zuweist[1250]. Die dahinterstehende Überlegung war, dass nach Ansicht Tel Avivs die untereinander zerstrittenen Palästinenser Israel nichts anzubieten hätten, ganz im Gegensatz zu den sunnitischen Staaten wie Jordanien, Saudi-Arabien, den Golfstaaten und Ägypten, mit denen Israel immer bessere, zum Teil verdeckte Beziehungen pflegt. „Dafür erbitten sich die arabischen Herrscher Ruhe in der Palästinenserfrage, damit die eigene Bevölkerung nicht aufgewiegelt wird"[1251]. Mit Israel eint die sunnitischen arabischen Staaten die Sorge um den wachsenden Einfluss des schiitischen Iran in der Region und dessen Unterstützung der libanesischen Hisbollah[1252]. Auf dieser Grundlage hatten die Golfstaaten schließlich im Mai 2017 einen Vorschlag unterbreitet, der eine Normalisierung der Beziehungen zu Israel vorsah, wenn dieses seinerseits den Siedlungsprozess im Westjordanland einfror und die Handelsrestriktionen im Gazastreifen lockerte; in diese Überlegungen wurden auch die USA einbezogen[1253].

Insgesamt bestand das Ziel Netanjahus und Trumps darin, die sunnitischen arabischen Länder, die aufgrund der gemeinsamen Gegnerschaft zum Iran

---

[1248] Michael Wolfssohn, Trump hat in Nahost durchaus etwas erreicht, unter:
http://www.handelsblatt.com/politik/international/professor-tacheles-trump-hat-in-nahost-durchaus-etwas-erreicht/19849016.html

[1249] Ebda.

[1250] Jochen Stahnke, Die Erde wird nicht beben, in: Frankfurter Allgemeine Zeitung v. 15.02.2017

[1251] Ebda.

[1252] Ebda.

[1253] Gulf States offer unprecedented Steps to normalize Israel Ties in Exchange für partial Settlement Freeze, unter:
http://www.haaretz.com/middle-east.news./1.789477

mit Israel zusammenarbeiten wollten, zu einer Absprache mit Israel zu führen, um eine Regelung mit den Palästinensern zu finden, anstelle wie bisher zunächst ein Abkommen mit Israel und den Palästinensern zu vermitteln, das dann zum Frieden mit der breiteren arabischen Welt führen sollte. Dabei war neben dem Palästinenserkonflikt nach wie vor die Rolle des Iran in Syrien Netanjahus große Befürchtung; eine dauerhafte Präsenz Irans in Syrien wollte er auf keinen Fall dulden. Viel spricht dafür, dass es hauptsächlich diese Sorge um den Iran war, die Netanjahu daran hinderte, zusammen mit seinen rechtsreligiösen Koalitionspartnern die Vision von Großisrael voranzutreiben[1254], denn er benötigte die Konzessionsbereitschaft der arabischen Staaten, um Kompromisse mit den Palästinensern zu finden und vor allem, um durch deren Einbeziehung das Gewicht der Palästinenser zu mindern[1255]. Das gemeinsame Interesse Israels, der USA und der Golfstaaten an der Zurückdrängung des iranischen Einflusses sollte in diesem Zusammenhang Tel Aviv eine „enorme Chance" für neue Allianzen mit den sunnitischen Staaten eröffnen[1256]. Die USA sollten Israel „die Tür aufhalten", während Ägypten, Jordanien und Saudi-Arabien grundsätzlich Bereitschaft zur Kooperation zeigten. Als Voraussetzung hierfür galt allerdings ein Entgegenkommen Israels in der Palästinafrage.

Anfangs bestanden an das Gelingen der Umsetzung eines solchen Planes Zweifel. Rückwirkend betrachtet waren die USA nämlich niemals bereit, nachhaltigen Druck auf Israel auszuüben. Auch die Obama-Administration hatte noch im September 2016 „den Israeli rekordhohe Militärhilfen" zugesichert. „Die Vermittlerrolle der USA im Nahost-Konflikt war selten gänzlich neutral. Im Zweifelsfall für Israel, schien die Devise zu heißen. Sei es aus geostrategischen Interessen oder aufgrund eines geschickten israelischen Lobbyings in Washington"[1257]. Jedoch war es der Trump-Administration in der Folgezeit gelungen, wesentliche Elemente ihrer Pläne in den *Abraham Accords* zu verwirklichen. Hierbei handelt es sich um von Washington vermittelte Abkommen zwischen Israel, den Vereinigten Arabischen Emiraten (VAE) und Bahrain sowie Sudan und Marokko, die im Jahr 2020 abgeschlossen wurden. Sie beinhalten die Aufnahme diplomatischer und wirtschaftlicher Beziehungen zwischen Tel Aviv und den genannten arabischen Staaten. Im Gegenzug hatte sich Israel lediglich verpflichtet, die weitere geplante Annektierung palästinensischer Gebiete im Westjordanland und im Gazastreifen vorübergehend auszusetzen, ohne sich jedoch für eine Zwei-Staaten-Lösung mit den Palästinensern einsetzen zu müssen. Der entscheidende geopolitische Aspekt

---

[1254] Susanne Knaul, Sicheren Schrittes ins Abseits, in: Die Tageszeitung v. 17.02.2017

[1255] Andreas Ross, Der größte Frieden und eine Menge Liebe, in: Frankfurter Allgemeine Zeitung v. 17.02.2017

[1256] Susanne Knaul, Sicheren Schrittes ins Abseits, in: Die Tageszeitung v. 17.02.2017

[1257] Palästinenser unter Druck, in: Neue Zürcher Zeitung v. 18.02.2017

der Abkommen ist darin zu sehen, dass die Abraham Accords sowohl für Israel als auch die beteiligten Golfmonarchien Bahrain und VAE als „Bildung einer Koalition gegen den gemeinsamen Rivalen, den Iran, angesehen werden können"[1258]. Für die USA haben diese Abkommen den Vorteil, im Sinne des *Offshore Balancing* arabische Verbündete gewonnen zu haben, mit deren Hilfe das Vakuum in der Region als Folge ihres Rückzuges gefüllt werden soll. Die Vermittlung der Abkommen durch die USA sicherte „auch die Einbindung Bahrains und der VAE unter den Sicherheitsschirm der USA und somit deren treue Unterstützung auch in der Zukunft. Hierdurch ist es den USA möglich, das Machtvakuum, das sie selbst durch ihren schrittweisen Rückzug aus der Region hinterlassen haben, durch treue Verbündete auszufüllen, und somit auch in Zukunft den dauerhaften Einfluss der USA in der Region zu sichern"[1259]. Gewährleistet wird dies durch Lieferung von Hochtechnologie-Militärgütern an die Golfstaaten, „die ihre Abhängigkeit von den USA erhöhen und sie dadurch zur Unterstützung der amerikanischen Politik verpflichten. (…) Darüber hinaus sendet die verstärkte Zusammenarbeit zwischen Israel und den Golfstaaten und ihre militärische Stärkung klare Signale an den Iran und verstärkt sein Gefühl der Isolation und Verwundbarkeit in der Region. Dies wiederum unterstützt die Politik der USA gegenüber dem Land und trägt zur Erreichung ihrer Ziele und zur Untergrabung des Iran bei", so eine Studie des Deutschen Orient-Instituts[1260]. Zusammenfassend sind die Abraham Accords für die USA wegen ihres schrumpfenden Einflusses „aufgrund der zunehmenden Einmischung Russlands und Chinas von Nutzen. So könnten die Abkommen einen langfristigen Effekt auf die US-Politik haben und möglicherweise ihre Einflussmöglichkeiten und ihre Bedeutung in der Region sichern, ohne dort eigene Truppen stationieren zu müssen"[1261] - wie es die „Grand Strategy" Trumps in der nah- und mittelöstlichen Region auch vorgesehen hat.

Ferner bestätigte sich, dass Trump wesentliche prozionistische Elemente seiner Nahostpläne umsetzte. So hatte er im Dezember 2017 Jerusalem als Hauptstadt Israels anerkannt, verbunden mit der anschließenden Verlegung der US-Botschaft von Tel Aviv nach Jerusalem. Dieser Schritt war völkerrechtlich bedenklich, da Trump damit deutlich gemacht hatte, dass er den Souveränitätsanspruch, den Israel auf die gesamte Stadt Jerusalem einschließlich des Ostteils erhebt, zumindest implizit anerkannte[1262]. Völkerrechtlich

---

[1258] Deutsches Orient-Institut, Die Abraham Accords. Hintergründe, Bedeutung und Auswirkungen, Berlin, Dezember 2020, S. 16

[1259] Ebda., S. 17

[1260] Ebda., S. 17

[1261] Ebda., S. 18

[1262] Christian Schaller, „America First" - Wie Präsident Trump das Völkerrecht strapaziert, SWP-Studie 27, Berlin, Dezember 2019, S. 18

nicht weniger problematisch war der Umstand, dass die USA im März 2019 die zu Syrien gehörenden Golanhöhen als Teil Israels anerkannt hatten[1263]. Begründet wurde dieser Schritt, der völkerrechtlich nicht zu legitimieren war, mit geostrategischen Argumenten: Die Golanhöhen würden dem Iran und der mit ihm verbündeten Hisbollah als Sprungbrett dienen, um Israel anzugreifen. Beobachtern zufolge hatte dieser Schritt sowohl unter völkerrechtlichen Gesichtspunkten als auch für die Rolle der USA im Nahen Osten nicht unerhebliche Auswirkungen: „Die Entscheidung der Trump-Administration von März 2019 bedeutet (…) nicht nur eine Abkehr von der bisherigen Position der USA und eine Schwächung ihrer Vermittlerrolle im Nahostkonflikt; sie stellt auch einen eklatanten Verstoß gegen geltendes Völkerrecht dar"[1264].

Im Januar 2020 stellte Trump seinen lang erwarteten Friedensplan „Peace to Prosperity" zur Beilegung des israelisch-palästinensischen Konfliktes vor, der in seinem Kern die Interessen Israels bestätigte und den israelischen Wünschen entgegenkam. Bereits zuvor waren im Umfeld der Trump-Administration Stimmen zu vernehmen, denen zufolge die USA bereit waren, die Siedlungs- und Annexionspläne Israels im Westjordanland anzuerkennen. So hatte der US-Botschafter David Friedman im Juni 2019 erklärt, Israel habe unter gewissen Umständen das Recht, Teile des Westjordanlandes zu annektieren. Im November 2019 erklärte US-Außenminister Pompeo, man werde die israelischen Siedlungen nun nicht mehr als per se unvereinbar mit dem Völkerrecht betrachten – was eine Wende in der US-Politik zur rechtlichen Bewertung der israelischen Siedlungspolitik darstellte[1265]. Der von Trump vorgelegte Plan folgte im Wesentlichen dieser Linie: Danach soll Israel die Sicherheitskontrolle über das komplette Gebiet westlich des Jordans behalten; ein Recht auf Rückkehr für palästinensische Flüchtlinge soll es nicht geben. Der Plan erkennt Israels Souveränität über alle israelischen Siedlungen im Westjordanland sowie des Jordantal an. „Die USA sind bereit, umgehend die Annexion der bestehenden jüdischen Kolonien im Westjordanland durch Israel anzuerkennen. Washington will auch die Souveränität Israels über das Jordantal an der Grenze zu Jordanien anerkennen. Insgesamt würden nach US-Angaben rund 30 Prozent des Westjordanland Teil des israelischen Staates"[1266]. Der Plan beinhaltet für Israel keine Verpflichtungen, seine Siedlungspolitik dauerhaft zu stoppen; er soll lediglich für die Dauer von vier Jahren jegliche Siedlungsentwicklung in den für einen Palästinenserstaat vorgesehenen Gebieten

---

[1263] Ebda., S. 18

[1264] Ebda., S. 18

[1265] Ebda., S. 19

[1266] Trumps Nahost-Plan: Das sind die zentralen Punkte, unter:
https://kurier.at/politik/ausland/trumps-nahost-plan-das-sind-die-zentralen-punkte/400739631

einfrieren[1267]. Den Palästinensern wiederum wird zwar ein eigener Staat in Aussicht gestellt, allerdings unter strikten Voraussetzungen und mit „eingeschränkter Souveränität": Sie sollen Israel als „jüdischen Staat" anerkennen und dem „Terrorismus" abschwören. Außerdem soll ein künftiger Palästinenserstaat „entmilitarisiert" sein; zu diesem Zweck soll auch die Gazastreifen herrschende Hamas entwaffnet werden[1268]. Wenn Trump auch ein zusammenhängendes Territorium für den künftigen Palästinenserstaat vorgeschlagen hat, so steht dem jedoch entgegen, dass das Westjordanland bereits durch israelische Siedlungen zerstückelt und daher die Inaussichtstellung eines geschlossenen Staatsgebietes von vornherein illusorisch ist. Gewissermaßen als Kompensation regten die USA deswegen ein „modernes Transportnetz und einen Tunnel für Hochgeschwindigkeitszüge zwischen dem Gazastreifen und dem Westjordanland" an[1269].

Vor diesem Hintergrund wurde der Plan – da er letztlich die Ergebnisse der israelischen Siedlungspolitik legitimierte – auch kritisch als „Etikettenschwindel" bezeichnet: „Was der US-Präsident als Vision einer 'realistischen' Zwei-Staaten-Lösung ausgibt, ist vor allem eine Belohnung der israelischen Siedlungspolitik in den besetzten Gebieten wider internationales Recht. Das Staatsgebiet, das den Palästinensern in Aussicht gestellt wird, lässt sich mit einer simplen Formel umreißen: Da, wo keine Siedlungen sind und israelische Interessen nicht tangiert werden, soll Palästina entstehen. Es genügt ein Blick auf die im US-Plan enthaltenen Karten, dass dies im Westjordanland auf ein Flickwerk aus losen Teilen hinausläuft: Ausgefranste Areale, zwar um einiges größer als die bisherigen palästinensischen Autonomieinseln, aber doch voneinander abgeschnitten. Die Skizze sieht vor, sie an zentralen Stellen mittels Brücken und Unterführungen zu verbinden. Doch das Land zwischen diesen 'Reservaten' und drum herum, etwa ein gutes Drittel der Westbank, soll Israel zugeschlagen werden. Wann? Mehr oder weniger unverzüglich. Zum Ausgleich werden den Palästinensern zwei Wüstenflecken im Negev versprochen, die über einen schmalen Landkorridor entlang der ägyptischen Grenze mit dem Gazastreifen verbunden werden sollen. Dazu eine Tunnelstrecke, mindestens doppelt so lang wie der Gotthard-Tunnel, als Connection zwischen Gaza und Westbank. All dies und noch mehr soll mit einer 50 Milliarden Dollar schweren Aufbauhilfe finanziert werden"[1270].

Ausgearbeitet wurde der Plan von Trumps Schwiegersohn Jared Kushner,

---

[1267] Ebda.

[1268] Ebda.

[1269] Ebda.

[1270] Inge Günther, Trumps Nahost-Friedensplan: Ein Etikettenschwindel, unter: https://de.qantara.de/print/38895

aber wohl „nicht ohne Stellungnahmen aus Riad und Abu Dhabi"[1271]. So spricht einiges dafür, dass dieser Plan auf den Eckpunkten basiert, die die Trump-Administration zu Beginn ihrer Amtszeit vorgestellt hat, nämlich das israelisch-palästinensische Problem nicht isoliert zu betrachten, sondern in einen Gesamtplan für den Nahen und Mittleren Osten einzubetten, der auch das Verhältnis Israels zu seinen sunnitischen arabischen Nachbarn regeln und miteinbeziehen soll. Der „Peace-to-Prosperity"-Plan „fokussiert bereits deutlich auf die Zielsetzung einer Normalisierung der Beziehungen der arabischen Staaten mit dem Staat Israel", so eine Studie der österreichischen Landesverteidigungsakademie zu dem geopolitischen Rahmen dieses Plans[1272]. Ein solcher wurde letztlich durch die *Abraham Accords* geschaffen, deren Geschäftsgrundlage das Bündnis zwischen Israel, den sunnitischen Golfmonarchien und den USA zur Eindämmung des Iran ist und in dem das Palästinaproblem eingefroren werden soll. In diesem Zusammenhang hatte bereits im Vorfeld die „Anti-Iran"-Konferenz in Warschau im Februar 2019 eine Kooperationsbereitschaft zwischen Israel, den USA und den Vereinigten Arabischen Emiraten gegen den Iran manifestiert. Dadurch wurde deutlich, dass die Golfmonarchien ihr Verhältnis zu Israel nicht länger über die Palästinafrage definieren, sondern über ihre strategische Rivalität mit Teheran, die einen Ausgleich mit Israel erforderlich macht. Damit wiederum war es der Trump-Administration gelungen, Verbündete für ihre anti-iranische „Grand Strategy" zu gewinnen und einzubinden.

e) Die Grundelemente der Nahostpolitik der Trump-Administration: Hintergründe des Besuchs des US-Präsidenten Trump in Saudi-Arabien im Mai 2017

Insgesamt stützte sich die Nah- und Mittelostpolitik der Trump-Administration auf die klassische „Zwei-Säulen"-Politik. Saudi-Arabien und Israel sollte im Sinne der *Offshore-Balancing*-Politik – eines „prinzipienfesten Realismus" – die Rolle zugewiesen werden, die Absicherung strategischer Interessen der USA in der Region vorzunehmen, die – neben der energiegeopolitischen Ressourcensicherung – im Wesentlichen darin bestehen, den Einfluss konkurrierender Mächte im Nahen und Mittleren Osten zu neutralisieren. Zu diesem Zweck wurde die Gründung einer Art nahöstlichen NATO ins Auge gefasst, deren Grundlage ein Bündnis zwischen Israel und Saudi-Arabien mit weiteren sunnitischen Golfmonarchien sowie Ägypten sein sollte. Nominell bestand die Aufgabe dieses Bündnisses in der Durchsetzung einer Eindämmungsstrategie gegen den Iran; damit war es aber gleichermaßen gegen die eurasischen

---

[1271] Herwig Jedlaucnik (Hrsg.), Zur Strategischen Lage. Jahresbeginn 2021, Landesverteidigungsakademie, Institut für Strategie und Sicherheitspolitik, Wien 2021, S. 53
[1272] Ebda., S. 55

300

Konkurrenzmächte China und Russland gerichtet, mit denen der Iran kooperiert. Schließlich hatten der Iran und China Anfang 2016 eine engere Zusammenarbeit in energie-, wirtschafts- und sicherheitspolitischen Bereichen vereinbart[1273] – eine Konstellation, die von den USA grundsätzlich als eine strategische Herausforderung betrachtet wird. So hatte nämlich die RAND-Corporation, eine dem Pentagon nahestehende US-Denkfabrik, in einem Strategiepapier aus dem Jahr 2012 dargelegt, dass die USA eine Kooperation zwischen China und Iran verhindern müssten; aus einer solchen Partnerschaft gehe nicht nur eine militärische, sondern auch eine energiepolitische Herausforderung für die USA hervor[1274]. Die Konfrontationspolitik gegen den Iran war damit gleichermaßen ein Schachzug gegen China und Russland mit ihren eurasischen Integrationsplänen.

Die Reise des US-Präsidenten Donald Trump nach Saudi-Arabien im Mai 2017 stand daher auch klar unter dem Vorzeichen einer „Containment"-Politik gegen den Iran. Iran trage die Schuld „an so viel Instabilität in der Region", führte Trump in seiner Rede in Riad aus. „Iran finanziert, bewaffnet und bildet Terroristen, Söldner und andere extremistische Gruppen aus"[1275]. Deutlich hatte Trump zu einer Isolierung des Irans aufgerufen, „solange es kein Partner für Frieden sei"[1276]. Damit lag Trump auf der Linie der antiiranischen Politik Saudi-Arabiens; dessen König Salman hatte Teheran mit den Worten scharf angegriffen, dass „das iranische Regime (…) die Speerspitze des weltweiten Terrorismus" sei[1277]. Vor dem Hintergrund der antiiranischen Eindämmungsstrategie wurden während des Besuchs Trumps in Riad mit Saudi-Arabien Verträge über Waffenkäufe im Wert von etwa 110 Milliarden Dollar unterzeichnet; in den nächsten zehn Jahren sollten Saudi-Arabien sogar Waffen im Wert von 350 Milliarden Dollar geliefert werden[1278]. Die antiiranische Komponente des Rüstungsdeals wurde von US-Außenminister Tillerson be-

---

[1273] Gegen US-Dominanz: China und Iran beschließen enge Partnerschaft, unter: https://deutsche-wirtschafts-nachrichten.de/2016/01/24/gegen-us-dominanz-china-und-iran-beschliessen-enge-partnerschaft/

[1274] Scott Harold/Alireza Nader, China and Iran: Economic, Political, and Military Relations, Occasional Paper, unter: http://www.rand.org/pubs/occasional_papers/OP351.html

[1275] Trump fordert islamische Welt zur Führung im Kampf gegen den Terror auf, in: Frankfurter Allgemeine Zeitung v. 22.05.2017

[1276] Trump: Muslime sollen Terror bekämpfen, in: Süddeutsche Zeitung v. 22.05.2017

[1277] US-Präsident Trump macht Iran für weltweiten Terror verantwortlich, unter: https://deutsche-wirtschafts-nachrichten.de/2017/05/22/us-praesident-trump-macht-iran-fuer-weltweiten-terror-verantwortlich/

[1278] Waffen und eine Lektion aus Amerika, in: Frankfurter Allgemeine Zeitung v. 22.05.2017

stätigt, als er erklärte, das Kriegsgerät solle Saudi-Arabien helfen, dem „schädlichen Einfluss des Iran" etwas entgegenzusetzen[1279], es sei „eine starke Botschaft an unseren gemeinsamen Feind", sprich den Iran[1280]. Die geopolitische Bedeutung des Abkommens lag darin, dass Saudi-Arabien nunmehr seinen Anspruch dokumentieren konnte, Führungsmacht unter den muslimischen Nationen zu sein, und mit ihren Waffenverkäufen verpflichteten sich die USA de facto, im Falle eines militärischen Konflikts den Schutz Saudi-Arabiens zu garantieren[1281]. In der Erklärung des Weißen Hauses hieß es hierzu, dass „das Paket für Verteidigungsausrüstung" dazu diene, „Sicherheit für Saudi-Arabien und die Region zu schaffen angesichts des bösartigen iranischen Einflusses"[1282]. Die islamische Republik Iran einzudämmen war somit insgesamt Zweck eines Großteils der US-Waffensysteme[1283]. Auf diese Weise sollte es Saudi-Arabien ermöglicht werden, sein Ziel einer „panislamischen Allianz, einem Bollwerk gegen die sunnitischen Dschihadisten und gegen die panschiitischen Militärpläne von Iran, Hisbollah, Assad-Regime und irakischen Milizen" voranzutreiben[1284]. Nach dem Prinzip der „Offshore balancing"-Politik war Zweck dieses Rüstungspaketes, auch das US-Militär in der Region zu entlasten, indem nunmehr ein hochgerüstetes Saudi-Arabien gewissermaßen dessen Funktion übernehmen sollte. Die Waffenlieferungen würden „die saudische Sicherheit stärken, so dass Saudi-Arabien in Zukunft einen größeren Anteil dieser Last tragen kann", so US-Außenminister Tillerson, der weiterhin versprach, dass sich die USA in Zukunft noch enger mit Saudi-Arabien gegen den iranischen Einfluss koordinieren würden[1285]. Der saudische Außenminister Adel al-Jubeir sprach insoweit von einer „gemeinsamen strategischen Vision". Ziel der Außenpolitik Trumps lag insgesamt betrachtet darin, dass die sunnitisch-arabischen Golfmonarchien – idealerweise in Kooperation mit Israel – selbst die Eindämmung des Dschihadismus wie auch des Iran vornehmen sollten, und zwar mit Unterstützung US-amerikanischer Waffenlieferungen. „Trumps ostentative Verbeugung vor den Arabern (…) wird als Beleg dafür gedeutet, dass die USA bereit sind, die Golfmonarchien vor Iran, dem Islamischen Staat und der Kaida zu schützen. Die Saudi werden in Washington seit Monaten hartnäckig umworben. Verteidigungsminister Mattis beglückte sie jüngst mit den Worten, die USA wollten ein starkes Saudiarabien, 'weil überall da, wo Iran ist, auch Unordnung ist'. Als Trumps Außenminister Tillerson auch noch sagte, Iran sei der weltgrößte Sponsor des Terrorismus,

---

[1279] Der „enorme Tag" des Donald Trump, in: Frankfurter Rundschau v. 22.05.2017

[1280] „Wunderschöne militärische Ausrüstung", in: Die Tageszeitung v. 22.05.2017

[1281] Der „enorme Tag" des Donald Trump, in: Frankfurter Rundschau v. 22.05.2017

[1282] Zit. aus: Der Gipfel der Verbrüderung, in: Handelsblatt v. 22.05.2017

[1283] Preisschild mit doppelter Botschaft, in: Süddeutsche Zeitung v. 23.05.2017

[1284] Der „enorme Tag" des Donald Trump, in: Frankfurter Rundschau v. 22.05.2017

[1285] Karim el-Gawhary, „Werft sie raus, die Terroristen!", in: Die Tageszeitung v. 22.05.2017

kannte die Freude in Riad keine Grenzen mehr"[1286]. Während seines anschließenden Staatsbesuchs in Israel bekräftigte Trump noch einmal deutlich das Erfordernis eines Bündnisses Israels mit Saudi-Arabien gegen den Iran. Es sei – so Trump – die iranische Bedrohung, die Israel und die „arabischen Staaten" zusammenführe: „Es gibt ein wachsendes Bewusstsein unter Ihren arabischen Nachbarn, dass diese ein gemeinsames Interesse mit Ihnen haben wegen der Bedrohung durch den Iran"[1287].

Insgesamt – das lässt sich als Fazit aus der Nahostreise Trumps im Mai 2017 ziehen – setzte die neue US-Administration auf die alten Allianzen mit Saudi-Arabien und Ägypten auf der einen und dem rechten Likud-Block Netanjahus auf der anderen Seite[1288]. Elliott Abrams, einflussreiches neokonservatives Mitglied des „Council on Foreign Relations" und ehemaliger US-Diplomat, hatte in diesem Zusammenhang bereits 2015 der damaligen Obama-Administration empfohlen, den Prozess der Annäherung zwischen Saudi-Arabien und Israel zu befördern, zeigte sich aber skeptisch darüber, ob Obama dazu in der Lage sei. „Unser nächster Präsident sollte das hingegen zu einer Priorität erheben, um zu sehen, ob das Eis zwischen Israel und Saudi-Arabien weiter aufgebrochen werden kann", und Dan Diker vom „Jerusalem Center for Public Affairs" erklärte, dass die Sorge um den gemeinsamen Feind Iran die Möglichkeiten einer „echten Koordination und Kooperation zwischen Israel und der arabischen Welt" ermögliche[1289].

Wie oben bereits angedeutet, hatte Saudi-Arabien die Präsidentschaft Trumps begrüßt, da sich für Riad damit die Hoffnung verband, dass Washington seine klassische Politik des Containment gegen Teheran wieder aufnehmen würde, und die Trump-Administration hatte deutlich gemacht, dass sie sich in den geopolitischen Rivalitäten des Nahen und Mittleren Ostens eindeutig auf die Seite der sunnitischen Monarchien stellen würde. Anthony Cordesman, Sicherheitsexperte am „Center for Strategic and International Studies", führte in einer Art Handlungsempfehlung für die Trump-Administration aus, dass die saudisch-amerikanische Partnerschaft und die Stabilität Saudi-Arabiens für die Sicherheit der Vereinigten Staaten von enormer Bedeutung sei. „Nicht zuletzt mit Blick auf die hegemonialen Ambitionen Irans, des Rivalen Saudi-Arabiens, wird Riad eine wichtige Rolle für regionale Stabilität zugewiesen. Das gilt auch für die zuverlässige Versorgung mit Öl. Amerika sei auf saudi-

---

[1286] Trump verkündet „Ende des Terrorismus", in: Neue Zürcher Zeitung v. 23.05.2017

[1287] Trump: Bedrohung durch Iran führt Israel und Araber zusammen, in: Frankfurter Allgemeine Zeitung v. 23.05.2017

[1288] Torsten Rieke, Arabischer Winter, in: Handelsblatt v. 23.05.2017

[1289] Unheilvolle Allianz: Israel und Saudi-Arabien auf Annäherungskurs, unter: https://deutsch.rt.com/der-nahe-osten/51108-unheilvolle-allianz-israel-und-saudi-auf-annaeherungskurs/

sche Hilfe bei der Sicherung der Exporte von Öl und Gas aus dem Golf angewiesen. Cordesman erwähnt zwar, dass die direkte Abhängigkeit Amerikas von Ölimporten aus der Region, was Mengen und Preise betreffe, gesunken sei. Aber es gebe eine strategische Abhängigkeit von stabilen Öllieferungen aus der Golf-Region, etwa nach Asien. Das hänge mit der wachsenden amerikanischen Abhängigkeit von Wachstum und Stabilität der Weltwirtschaft zusammen. Eine von Iran militärisch herbeigeführte Unterbrechung des Tanker-Verkehrs durch die Straße von Hormuz wäre nach dieser Sicht eine direkte Bedrohung für die Vitalität der amerikanischen Wirtschaft"[1290].

Für Riad wiederum war Trump ein „Game Changer", der die strategischen Gewichte der Region wieder zugunsten der saudischen Monarchie zurechtrücken würde. Unter Obama hatten letztlich die amerikanisch-saudischen Beziehungen aufgrund dessen Annäherungspolitik an den Iran im Nuklearstreit erheblich gelitten. Saudi-Arabien warf der Obama-Administration vor, dass sie das Gleichgewicht am Golf zerstört habe. „Über Jahrzehnte standen auf der einen Seite Saudi-Arabien und Amerika und auf der anderen Iran. Unter Obama zogen sich die Vereinigten Staaten aber zurück. Iran sah sich nur noch Saudi-Arabien gegenüber, das sich indes der amerikanischen Rückendeckung nicht mehr sicher war, und das seit Jahren ohne starke arabische Verbündete auskommen muss. Denn der Irak ging durch den Sturz Saddam Husseins an Iran verloren, und die Ägypter bekommen ihr Land nicht in Ordnung. Beide fallen als regionale Akteure also aus – es entstand ein Vakuum. Saudi-Arabien konnte nicht verhindern, dass Iran es füllt"[1291]. Die Hoffnung in Riad war nunmehr, „dass Saudi-Arabien und Israel eine Achse bilden, um Iran einzudämmen und die Stabilität der Region zu garantieren. Das ist mit Hilfe aus Amerika besser zu realisieren. Donald Trump ist daher in Riad hochwillkommen"[1292].

Allerdings war dieser Ansatz der Trump-Administration nicht gerade unproblematisch, da er das Potential hatte, in erheblichem Maße zu einer weiteren sektiererischen Spaltung der Region beizutragen. So warnte der Nahostexperte Frederic Wherey davor, dass das religiöse Sektierertum zwischen Sunniten und Schiiten ein Nebenprodukt der geopolitischen Rivalität zwischen Iran und Saudi-Arabien geworden sei und die USA nunmehr Partei für eine Seite dieses sektiererischen Kampfes ergriffen habe[1293]. Tatsächlich waren es – so der Nahostexperte Marc Lynch – die sunnitischen Golfstaaten, also jene

---

[1290] Rainer Hermann/Klaus-Dieter Frankenberger, Trump und die Saudis: Willkommen in Riad, unter:
http://www.faz.net/aktuell/politik/trumps-praesidentschaft/saudi-arabien-setzt-auf-donald-trump-15022416.html
[1291] Ebda.
[1292] Ebda.
[1293] Trump sides with Saudis at Iran's expense, in: New York Times v. 23.05.2017

Regionalmächte, die Trump zu den wichtigsten Verbündeten seiner Nahost-
politik erkoren hatte, die im Kampf gegen den Iran auf die sektiererische
Karte gesetzt haben[1294]. Unter Instrumentalisierung der saudischen Staatside-
ologie des Wahhabismus (eine extrem fundamentalistische sunnitische Variante des Islam, die Schiiten als Ketzer ansieht) hat Riad zur Durchsetzung
seiner antiiranischen Politik den konfessionellen Gegensatz zwischen Sunniten und Schiiten geschürt. „Die Zunahme der konfessionellen Feindseligkeiten hat eine weitere Ursache in der Politik Saudi-Arabiens, der heutigen Führungsmacht des sunnitischen Lagers", so Guido Steinberg. „Seit der islamischen Revolution in Iran 1979 wurde der Antischiismus des saudi-arabischen
Staates (…) zu einem regionalpolitischen Thema gemacht. Die Führung in
Riad nimmt den schiitischen Iran als eine Macht wahr, die versucht, im Nahen
Osten eine Hegemonialstellung einzunehmen. Den arabischen Schiiten un-
terstellt sie, eine 'fünfte Kolonne' des schiitischen Nachbarn zu sein. Seit 1979
bemüht sich die saudi-arabische Führung deshalb, jeglichen Einflussgewinn
der Iraner und damit jegliche Emanzipation der Schiiten in der arabischen
Welt zu verhindern"[1295]. Diese Politik der von Saudi-Arabien betriebenen sektiererischen Spaltung der arabischen Welt kommt wiederum den israelischen
Interessen in der Region sehr entgegen. So hatte der ehemalige Chef des israelischen Geheimdienstes Mossad, Meir Dagan, erklärt, der Kampf zwischen Sunniten und Schiiten „zerreiße" die arabische Welt und eröffne damit
Israel „einmalige Gelegenheiten", verschiedene Allianzen anzustreben, die Israels Position im Nahen Osten stabilisieren könnten[1296].

aa) Die USA versäumen einen Ausgleich mit dem Iran mit dem Ziel der Stabilisierung des Mittleren Ostens

In diesem Zusammenhang muss die antiiranische Politik Trumps äußerst kritisch gewürdigt werden. Insbesondere der Vorwurf, der Iran sei ein Faktor
der Instabilität, lässt sich bei genauer Betrachtung der jüngeren Entwicklung
des amerikanisch-iranischen Verhältnisses durchaus anzweifeln. Vielmehr haben es die USA bislang versäumt, mit dem Iran eine tragfähige Basis einer
Zusammenarbeit zu finden, die bei der Bewältigung der Krisenherde Irak und

---

[1294] Marc Lynch, Tehran Tanking. Iran's popularity in the Arab world is way down, but
sectarianism is on the rise, unter:
http://foreignpolicy.com/2013/03/07/tehran-tanking/
[1295] Guido Steinberg, Sunniten gegen Schiiten. Der konfessionelle Gegensatz wird durch
Machtpolitik geschürt, unter:
http://www.swp-berlin.org/de/publikationen/kurz-gesagt/sunniten-gegen-schiiten-der-
konfessionelle-gegensatz-wird-durch-machtpolitik-geschuert/
[1296] Former Mossad Chief and ambassador ask: What is Israel's Role in changing Mideast ?,
unter: http://www.haaretz.com/world-news/1.530561

später Syrien – in denen Teheran Einfluss besitzt – durchaus hilfreich gewesen wäre. Die Gelegenheit für eine Gesamtbereinigung der iranisch-amerikanischen Streitigkeiten hatte sich im Jahr 2003 eröffnet, als der Iran über die Schweizer Botschaft in Teheran einen weitgehenden Gesprächsvorschlag an die USA gerichtet hatte. Die Inhalte des als „Roadmap" bezeichneten Memorandums vom 4. Mai 2003 – welches vom Schweizer Botschafter in Teheran zusammen mit dem iranischen Botschafter in Paris erstellt wurde – wurden zuvor von der iranischen Führung – dem religiösen Führer Ayatollah Chamenei und dem damaligen Ministerpräsidenten Mohammed Chatami – „zu 85 bis 90 Prozent" abgesegnet[1297]. Eindeutig ging aus dem Memorandum hervor, dass der Iran vor dem Hintergrund, „das Problem unserer Beziehungen zu den USA anzupacken", zu wesentlichen Zugeständnissen bereit war. Das betraf neben dem energischen Vorgehen gegen al-Qaida und der „aktiven iranischen Unterstützung für die Stabilisierung Iraks" auch den israelisch-palästinensischen Friedensprozess. Iran versprach außerdem, bei „voller Transparenz durch internationale Verpflichtungen und Garantien" auf Produktion oder Erwerb von Massenvernichtungswaffen zu verzichten[1298]. Auf der anderen Seite erwartete die iranische Führung von den USA Aufgabe ihres Widerstands gegen einen Beitritt Teherans zur Welthandelsorganisation und Unterstützung für die Forderungen nach Kriegsreparationen vom Irak. Auch ein amerikanisches Vorgehen gegen die „Volksmudschaheddin", eine vom Irak aus gegen Iran operierende Terrororganisation, gehörte zu den Forderungen[1299]. Nach Einschätzung des damaligen CIA-Nahostexperten Flynt Leverett, der sich für dieses Papier stark machte, war der iranische Gesprächsvorschlag ernst gemeint, „er wurde von den höchsten Stellen im Iran befürwortet, es war der konkrete Plan für eine mögliche Annäherung"[1300]. Die damalige Administration George W. Bush ignorierte dieses Angebot völlig und setzte stattdessen auf eine Konfrontationspolitik gegen Teheran[1301]. Wie der US-amerikanische Journalist James Risen enthüllte, war der Iran im Zuge des von den USA im Oktober 2001 begonnenen Afghanistankrieges bereit, auf informeller Ebene mit Washington zusammenzuarbeiten. So hatten die iranischen Unterhändler auf einem Treffen in Genf signalisiert, die von den USA angeführte Invasion in Afghanistan ausdrücklich zu befürworten (die Taliban der

---

[1297] Knut Mellenthin, US-Regierung ignorierte iranisches Verhandlungsangebot, unter: http://www.knutmellenthin.de/artikel/archiv/iran/us-regierung-ignorierte-iranisches-verhandlungsangebot-2022007.html
[1298] Ebda.
[1299] Ebda.
[1300] Gesprächsangebot Irans abgelehnt, unter: http://www.stern.de/politik/ausland/washington-memo-gespraechsangebot-irans-abgelehnt-3360116.html
[1301] Ebda.

1990er Jahre waren schließlich Todfeinde des schiitischen Iran). Sie legten Karten vor, um den Vereinigten Staaten die besten Bombenziele zu zeigen, und außerdem halfen die Iraner bei der Festnahme von al-Qaida-Kämpfern[1302]. Die Angebote des Iran, die USA im Kampf gegen al-Qaida und die Taliban zu unterstützen, nannte das State Department seinerzeit „eine wirkliche Gelegenheit", die Beziehungen der USA zum Iran zu verbessern; eine Einschätzung, die auch von der CIA sowie vom Antiterrorbüro des Weißen Hauses geteilt wurde[1303]. Auch im Zuge des Vormarsches des „Islamischen Staates" im Irak und in Syrien im Juni 2014 eröffneten sich Möglichkeiten einer Kooperation beider Mächte. „Geopolitisch ist, auch falls widerwillig, die Notwendigkeit einer Zusammenarbeit nur noch eine Frage der Zeit", sagte ein Politologe in Teheran[1304], und vor diesem Hintergrund bot der damalige iranische Präsident Hassan Rohani den USA eine Zusammenarbeit bei der Bekämpfung der sunnitisch-dschihadistischen Miliz an[1305]. „Sollten die USA beschließen, gegen Isis im Irak vorzugehen, könnte man über eine Zusammenarbeit Überlegungen anstellen", sagte Rohani hierzu, und in der Tat trafen sich Vertreter Washingtons und Teherans – im Übrigen zum ersten Mal seit dem Abbruch ihrer diplomatischen Beziehungen infolge der Besetzung der US-Botschaft in Teheran im Jahr 1979 – zu bilateralen Gesprächen. Washington erklärte sich bereit, sich sowohl mit Teheran als auch mit anderen Mächten in der Region über das Vorgehen gegen den „Islamischen Staat" abzustimmen; jedoch schlossen die USA eine Koordinierung militärischer Maßnahmen aus. „Wir sind nicht daran interessiert, militärische Aktivitäten mit dem Iran zu koordinieren", erklärte der seinerzeitige Vizesprecher Obamas, Josh Earnest[1306].

Insgesamt haben sich in den vergangenen zwei Jahrzehnten durchaus Möglichkeiten einer Zusammenarbeit zwischen den USA und dem Iran in dem geopolitischen Krisenbogen zwischen Levante und Hindukusch gezeigt, und Teheran hatte hier – entgegen den Vorwürfen der Trump-Administration – durchaus konstruktive Ansätze gezeigt. Möglicherweise wäre der Staatszerfall

---

[1302] James Risen, State of War. Die geheime Geschichte der CIA und der Bush-Administration, Hoffmann u. Campe, Hamburg 2006, S. 239/240

[1303] Armin Wertz, Die Weltbeherrscher. Militärische und geheimdienstliche Operationen der USA, Westend, Frankfurt 2017, S. 294

[1304] Islamisten im Irak: Iran deutet Kooperation mit USA an, unter:
https://www.wz.de/home/politik/ausland/islamisten-in-irak-iran-deutet-kooperation-mit-usa-an-1.1666325

[1305] Rohani bietet Amerika Kooperation an, unter:
http://www.faz.net/aktuell/politik/ausland/usa-und-iran-ruhani-kann-sich-kooperation-mit-amerika-im-irak-vorstellen-12989966.html

[1306] Obama schickt Soldaten in den Irak, unter:
http://www.spiegel.de/politik/ausland/schutz-fuer-amerikaner-us-praesident-obama-sendet-soldaten-in-den-irak-a-975579.html

und das geopolitische Chaos in der Region aufzuhalten gewesen, wenn es zu einer Zusammenarbeit zwischen beiden Mächten gekommen wäre; schließlich sind die jetzigen Zerfallsprozesse auch ein Ergebnis einer verdeckten Destabilisierungspolitik, die sich gegen Teheran gerichtet hatte.

bb) Saudi-Arabien: Ein fragwürdiger Bündnispartner

Dass die Trump-Administration auf ein Bündnis mit dem sunnitisch-wahabitischen Königreich setzte, musste sich gerade vor dem Hintergrund der Rolle, die Saudi-Arabien in der Region bislang gespielt hat, für den gesamten Nahen und Mittleren Osten destabilisierend auswirken. Das strategische Ziel Riads besteht darin, seine Rolle als sunnitische Vormacht in der Region durchzusetzen und sieht diesen Anspruch – Hegemonialmacht am Golf zu sein – durch den Iran gefährdet. Insbesondere auf dem syrischen Schlachtfeld betreibt Riad mit den Worten des Saudi-Arabien-Experten Guido Steinberg eine „aggressive Außenpolitik", um den Einfluss des Iran zurückzudrängen. Hierzu strebt Saudi-Arabien eine Stärkung des sunnitischen Lagers an, indem es die (sunnitischen) Monarchien von Marokko bis an den Golf unterstützt und im Libanon sowie Syrien die sunnitischen Kräfte gegen die proiranische Hisbollah bzw. das mit Teheran verbündete Assad-Regime aufbaut. Laut Steinberg ist es gerade Saudi-Arabien, das die konfessionellen Spannungen anheizt, extremistisch-sunnitische Organisationen sowohl im Irak als auch in Syrien unterstützt mit dem Ziel, die wichtigsten Verbündeten des Iran zu stürzen. „Die iranische Führung befürchtet wahrscheinlich nicht zu Unrecht, dass ein Machtwechsel in Damaskus für die Saudis und ihre Verbündeten nur der erste Schritt zum Sturz der Regierungen in Bagdad und Teheran sei"[1307].

Die antiiranische und proamerikanische Ausrichtung der saudischen Außenpolitik ist untrennbar mit der Person von Prinz Bandar bin Sultan verbunden, der vom Juli 2012 bis Ende Februar 2014 als Chef des saudischen Auslandsgeheimdienstes fungierte. Zuvor (seit 2005) übte er das Amt des Generalsekretärs des Nationalen Sicherheitsrates Saudi-Arabiens aus. Die Ernennung Bandar bin Sultans zum Geheimdienstchef 2012 „war in zweierlei Hinsicht Programm, denn er gilt als ebenso amerikafreundlich wie iranfeindlich. Von 1983 bis 2005 amtierte er als Botschafter Saudi-Arabiens in Washington und wurde als enger Vertrauter des proamerikanischen Königs Fahd angesehen, für den er die so wichtigen Beziehungen zur US-Regierung managte"[1308].

[1307] Guido Steinberg, Sunniten gegen Schiiten. Der konfessionelle Gegensatz wird durch Machtpolitik geschürt, unter:
http://www.swp-berlin.org/de/publikationen/kurz-gesagt/sunniten-gegen-schiiten-der-konfessionelle-gegensatz-wird-durch-machtpolitik-geschuert/
[1308] Guido Steinberg, Anführer der Gegenrevolution. Saudi-Arabien und der arabische Frühling, Studie der Stiftung Wissenschaft und Politik, April 2014, S. 25

Bandar bin Sultan galt als Vertreter einer harten Linie gegenüber dem Iran, und mit der Ernennung zum Chef des saudischen Auslandsgeheimdienstes, der auch für die Unterstützung der Aufständischen in Syrien zuständig ist, „schien in Riad die Entscheidung gefallen zu sein, einen Stellvertreterkrieg gegen Iran zu beginnen"[1309]. Vor diesem Hintergrund beschrieb die israelische Zeitung *Haaretz* Bandar bin Sultan als „den Mann der CIA in Riad". Nach Einschätzung dieser Zeitung bedeutete seine Ernennung zum Geheimdienstchef, dass Saudi-Arabien die Grundlagen für ein post-Assad-Syrien legen wolle, welches Austragungsort des Kampfes um Einfluss in der Region sein würde. Insoweit sei Saudi-Arabien dabei, die politische Karte des Mittleren Ostens neu zu zeichnen[1310]. Beobachtern zufolge galt Bandar bin Sultan als „Pate des Takfirismus" (eine strenge Variante des sunnitischen Fundamentalismus, dessen Ziel die Errichtung eines „reinen" islamischen Staates unter Ausmerzung aller Abweichler ist. Die schiitische Glaubensrichtung gilt den Takfiristen als unerträgliche Abweichung vom Pfad des Glaubens; deshalb wird der Krieg gegen die Schiiten von den Takfiristen mit Prioriät geführt[1311]). Der Aufbau entsprechender sunnitisch-salafistischer Gruppen schien daher Bandars Strategie zu sein, um einen Kampf gegen den Schiismus vom Zaun zu brechen. Bestätigt wird das vom Nahost-Journalisten Patrick Cockburn, der von einem Gespräch zwischen Bandar bin Sultan und dem damaligen Chef des britischen Geheimdienstes MI6 berichtete, welches einige Zeit vor dem 11.09.2001 stattgefunden hat. Demzufolge hatte Bandar erklärt: „Die Zeit wird im mittleren Osten nicht mehr fern sein, in der es wortwörtlich heißen wird: Gott helfe der Schia. Mehr als eine Milliarde Sunniten haben einfach genug von ihnen"[1312]. Nach Einschätzung von Cockburn hat Riad vor diesem Hintergrund die sunnitischen Dschihadisten als nützliches Werkzeug zur Durchsetzung einer anti-schiitischen Einflusspolitik ermutigt und gefördert. Die spätere US-Außenministerin Hillary Clinton hatte 2009 in einer von Wikileaks veröffentlichen Notiz geschrieben, dass „Saudi Arabien (…) eine kritische finanzielle Unterstützungsbasis für al-Qaida, die Taliban, Lashkar-e-Taiba in Pakistan und andere terroristische Gruppen" bleibe[1313]. Daher wird von Beobachtern auch der ISIS als ein Produkt dieser saudischen Politik angesehen. Nach Stellungnahme eines qatarischen Amtsträgers war „ISIS ein

---

[1309] Ebda.

[1310] Zvi Bar'el, CIA's favorite Saudi prince ist laying the Groundwork for a post-Assad-Syria, in: Haaretz v. 25.07.2012

[1311] Syed Saleem Shazad, Das Feindbild der Takfiristen, in: Le monde diplomatique v. 13.07.2007

[1312] Patrick Cockburn, Iraq crisis: How Saudi-Arabia helped ISIS take over the north of the country, in: The Independent v. 13.07.2014

[1313] Ebda.

saudisches Projekt"[1314]; ISIS könnte daher als Hauptbestandteil von Bandars verdeckter Strategie in Syrien interpretiert werden[1315]. Ähnlich geht auch die *Stiftung Wissenschaft und Politik* von einer saudischen Förderung des ISIS aus: „Dennoch könnte ausgerechnet Saudi-Arabien am Aufbau und Erfolg der Terrorgruppe Isis beteiligt gewesen sein (…). Die Saudis sehen im schiitischen Irak (...) ebenso Vasallen der Islamischen Republik Iran wie im syrischen Staatschef Assad, der ebenfalls einer schiitischen Sekte angehört. Der Erfolg von Isis in Syrien und jetzt im Irak wäre ohne anfängliche Unterstützung von außen nicht denkbar gewesen, sagt Walter Posch von der 'Stiftung Wissenschaft und Politik' in Berlin. Er vermutet die Geldgeber am Golf. Schließlich hätten Saudi-Arabien und Katar die Rebellen im Kampf gegen das Assad-Regime von Anfang an unterstützt, sei es durch die Regierungen oder durch Zahlungen reicher Geschäftsleute"[1316]. Auch die *Frankfurter Rundschau* bestätigt eine Förderung des ISIS durch Riad: „Ein Schauplatz der saudisch-iranischen Auseinandersetzung ist Syrien. Um das Bündnis zwischen Teheran und Damaskus zu schwächen oder gar zu sprengen, finanzierte Saudi-Arabien bisher die Isis und ihre Vorläufer, Nachahmer und Verbündeten, wie es auch vor drei Jahrzehnten die afghanischen Mudschaheddin gegen die Sowjetunion finanzierte – und sich indirekt in Tschetschenien und in Nordafrika einmischte. Jedes Mal mit Duldung und oft mit aktiver Mitwirkung der USA"[1317].

„Saudi-Arabien ist seit den 1970er Jahren eine bedeutende Finanzierungsquelle für Rebellen- und Terrororganisationen", heißt es zusammenfassend in einer Analyse, die 2013 im Auftrag des Europaparlaments erstellt worden ist[1318]. In dieser Analyse wird zunächst die Entstehung des gegenwärtigen Dschihadismus in Afghanistan dargestellt, den Riad gemeinsam mit Washington seit 1979 gefördert hatte. „Saudische Organisationen halfen mit Geld und Waffen aus, wirkten am Bau von Mujahedin-Ausbildungslagern mit und errichteten am Hindukusch religiöse Schulen, über die sie die wahhabitisch-salafistische Strömung des Islam in Afghanistan, aber auch in den Grenzgebieten Pakistans verbreiteten. In saudischen Religionsschulen wurden beispielsweise der spätere Taliban-Anführer Mullah Omar sowie Jalaluddin Haqqani ausgebildet, der Gründer des Haqqani-Netzwerks, das in den 1980er Jahren

---

[1314] Steve Clemons, „Thank God for the Saudis": ISIS, Iraq and the Lessons of Blowback, unter: http//www.theatlantic.com/international/archive/2014/06/thank-god-for the-saudis-isis-iraq-and-the-lessons-of-blowback/373181

[1315] Ebda.

[1316] Tomas Avenarius, Außer Kontrolle, in: Süddeutsche Zeitung v. 13.06.2014

[1317] Karl Grobe, Der neue „Kalif" fordert Saudis heraus, in: Frankfurter Rundschau v. 04.07.2014

[1318] The Involvement of Salafism/Wahhabism in the Support and Supply of Arms to Rebel Groups around the world, Brussels, June 2013

von Saudi-Arabien umfassend gefördert wurde und heute zu den maßgeblichen Terrororganisationen am Hindukusch zählt. Berühmtester Teilhaber der saudisch-US-amerikanischen Jihadistenförderung war Osama bin Laden, der später in Afghanistan Al Qaida aufbaute"[1319]. Die Studie des Europaparlamentes geht ferner darauf ein, wie salafistisch-dschihadistische Gruppierungen mit saudischer Hilfe sowohl in Syrien als auch im Sahel an Einfluss gewinnen konnten. „Die breitgefächerte Unterstützung trug dazu bei, gerade salafistisch-jihadistische Organisationen im Verlauf des Krieges erstarken zu lassen"[1320]. Auch in Nordafrika sowie im Sahel war Saudi-Arabien aktiv, um dschihadistische Gruppierungen zu fördern. „In Marokko erkaufte sich Saudi-Arabien bereits in den 1970er Jahren ungehinderten Zugang für die Salafistenmission, indem es Rabat im Kampf um die Westsahara unterstützte. Dies habe in den 2000er Jahren das Entstehen jihadistischen Terrors dort begünstigt, heißt es in der Analyse. Das Papier belegt zudem, dass maßgebliche Anführer der salafistisch-jihadistischen Szene Malis in Saudi-Arabien ausgebildet oder aus Saudi-Arabien finanziell gefördert wurden – darunter der Anführer der berüchtigten Jihadistenorganisation Ansar Dine, Iyad ag Ghali"[1321]. Dabei blieb der Ausgriff Saudi-Arabiens nicht auf die arabische Welt beschränkt; seine salafistisch-dschihadistische Mission hatte Riad auch auf dem Balkan vorangetrieben. Im Kosovo, dessen Bevölkerung zu über 95 Prozent aus Muslimen besteht, haben „an Saudi-Arabien orientierte Prediger schon bald nach dem Einmarsch der NATO im Jahr 1999 begonnen, den salafistischen Islam zu verbreiten. Sie hätten 'eine Menge Geld' sowie salafistische Literatur mitgebracht und Moscheen gebaut; rund 240 der insgesamt über 800 Moscheen, die es heute im Kosovo gebe, seien nach 1999 errichtet worden und würden von alteingesessenen, gemäßigten Imamen einem salafistischen, am saudischen Vorbild orientierten Islam zugeordnet, heißt es. Wie üblich habe die Salafismusmission auch im Kosovo den Jihadismus gestärkt: Allein von 2014 bis Frühjahr 2016 seien 314 Kosovaren identifiziert worden, die das Land verlassen und sich dem IS angeschlossen hätten; das sei der höchste Prozentsatz in Europa. Staatliche Stellen schrieben die Radikalisierung eindeutig saudischem Einfluss zu"[1322]. Die Zunahme dschihadistischer Aktivitäten und die Ausdehnung sunnitisch-islamistischer Terrorstrukturen auch in Südostasien ist auf aggressive saudische Aktivitäten zurückzuführen: „Immer stärkeren Einfluss gewinnen salafistische Milieus und jihadistische Organisationen dank saudischer Mission auch in Südostasien. Ein Beispiel

---

[1319] Die Jahre des Terrors (II), unter:
http://www.german-foreign-policy.com/de/fulltext/59612
[1320] Ebda.
[1321] Ebda.
[1322] Ebda.

bietet Indonesien, dessen traditioneller Islam als gemäßigt eingestuft wird"[1323].
In Indonesien habe Riad seit Ende der 1960er Jahre eine Reihe von Institutionen errichtet, die systematisch einen Islam saudischer Prägung förderten.
„Die mutmaßlich einflussreichste von ihnen ist das Wissenschaftliche Institut
für Islamische und Arabische Studien – im indonesischen Kürzel: Lipia – in
Jakarta, das die arabische Sprache und islamisches Recht lehrt und als Außenstelle der Imam-Muhammad-bin-Saud-Universität in Riad firmiert. 'Lehrpläne und Lehrmaterialien spiegeln das Weltbild des saudischen Staates wider',
heißt es in einer Analyse über das Institut. Zehntausende Lipia-Absolventen
wirken seit der Gründung der Einrichtung im Jahr 1980 als Multiplikatoren
im ganzen Land. Sie haben tatkräftig dazu beigetragen, dass sich das religiöse
Klima im Land verschiebt, dass salafistische Positionen konsequent an Einfluss gewinnen – und dass im vergangenen Herbst erstmals Massendemonstrationen mit mehr als 100.000 Teilnehmern zur Absetzung des christlichen
Bürgermeisters der Hauptstadt stattfanden, dem – unter konstruierten Vorwänden – Blasphemie vorgeworfen wird. Auch in Indonesien haben sich zudem aus saudisch orientierten Milieus jihadistische Zusammenschlüsse gebildet; so wird die 1972 mit saudischem Geld gegründete Koranschule Pesantren
Ngruki in der javanischen Großstadt Solo mit der Organisation Jemaah Islamiyah in Verbindung gebracht, die den mörderischen Terroranschlag vom
12. Oktober 2002 auf Bali mit 202 Todesopfern zu verantworten hat"[1324].
Auch der aktuell wieder erstarkende Dschihadismus auf den Philippinen ist
nach Einschätzung von Beobachtern auf saudische Ursprünge zurückzuführen: „Abdurajak Janjalani, der Gründer der jihadistischen Terrororganisation
Abu Sayyaf, die auf Mindanao operiert, hatte Anfang der 1980er Jahre in
Saudi-Arabien studiert und dort seine religiöse Prägung erhalten. Danach soll
er in Afghanistan in den Jihad gezogen sein. Nach seiner Rückkehr auf die
Philippinen baute er Abu Sayyaf auf – unter anderem mit saudischen Geldern.
Sie kamen nicht nur der Organisation direkt zugute, sondern wurden auch
genutzt, um in Gebieten, die Abu Sayyaf kontrollierte, Moscheen, Schulen
und andere Einrichtungen zu bauen. Neben Janjalani haben noch weitere
Führungsmitglieder von Abu Sayyaf in Saudi-Arabien studiert oder sich am
Hindukusch unter westlich-saudischer Führung am 'Heiligen Krieg' gegen die
sowjetische Armee beteiligt. Abu Sayyaf hat zuletzt mit dem Mord an einem
deutschen Segler für Schlagzeilen gesorgt und beteiligt sich aktuell an den blutigen Kämpfen um die Kontrolle der Großstadt Marawi auf Mindanao"[1325].
Der Bundesnachrichtendienst sowie das Bundesamt für Verfassungsschutz
der Bundesrepublik Deutschland sind in einer Geheimdienstanalyse zu dem

---

[1323] Ebda.

[1324] Ebda.

[1325] Ebda.

312

Ergebnis gekommen, dass die „weltweite Missionierung" – die letztlich in der Unterstützung salafistisch-dschihadistischer Gruppierungen zum Ausdruck kommt – „unverändert Staatsräson und Teil der Außenpolitik" Saudi-Arabiens ist[1326].

Insgesamt muss die Außenpolitik Saudi-Arabiens daher eher vielmehr als ein Element der Destabilisierung und der sektiererischen Konfrontation gedeutet werden. So beteiligte sich Riad lediglich pro forma an der US-geführten Anti-IS-Koalition, begann den Krieg gegen den Jemen, versuchte, eine eigene sunnitische Militärkoalition zu bilden und verschärfte zu Beginn des Jahres 2016 mit der provokativen Enthauptung des schiitischen Geistlichen Nimr al-Nimr den Konflikt mit dem Iran, mit dem damals gerade das Atom-Abkommen vereinbart worden war. So hatte der deutsche Auslandsnachrichtendienst BND Anfang Dezember 2015 in einer internen Analyse vor einer destabilisierenden Rolle des saudischen Königreiches in der Region gewarnt und darauf verwiesen, dass Riad seine bisherige außenpolitische Zurückhaltung aufgegeben habe und sich zur offensiv agierenden Regionalmacht entwickele, deren Handeln „durch eine impulsive Interventionspolitik" bestimmt sei. Daher musste die einseitige Unterstützung Riads durch die Trump-Administration auch zwangsläufig zu einer weiteren Spaltung, Destabilisierung und Konflikten in der mittelöstlichen Region führen, was Anfang Juni 2017 in der Krise um das Scheichtum Qatar zum Ausdruck gekommen war.

cc) Die einseitige Unterstützung Riads durch Washington führt zur Konfrontation im Mittleren Osten und der Golfregion: Das Beispiel Qatar

Die Krise um das Scheichtum Qatar Anfang Juni 2017 war dem Grunde nach die Folge der von Trump ins Leben gerufenen Allianzpolitik der sunnitischen Golfmonarchien gegen den Iran. Ausgelöst wurden die Spannungen um das Scheichtum durch veröffentlichte Meldungen der staatlichen Nachrichtenagentur von Qatar, denen zufolge das Emirat in der Region Interessen verfolge, die denen Saud-Arabiens diametral entgegenstehen. Das qatarische Staatsoberhaupt al-Thani soll diesem Bericht zufolge erklärt haben, der Iran sei eine „islamische Macht", zu der man „starke Beziehungen" unterhalte; die vom Iran unterstützte Palästinenserorganisation Hamas sei „der legitime Repräsentant des palästinensischen Volks"[1327]. Qatar dementierte diese Aussagen umgehend, dennoch sorgte Saudi-Arabien in Kooperation mit Ägypten,

---

[1326] Saudis unterstützen deutsche Salafistenszene, unter:
http://www.sueddeutsche.de/politik/extremismus-saudis-unterstuetzen-deutsche-salafistenszene-1.3290991
[1327] Benjamin Ridder, Darum geht es beim Showdown am Golf, unter:
http://www.spiegel.de/politik/ausland/saudi-arabien-vs-katar-darum-geht-s-beim-

den Vereinigten Arabischen Emiraten und Bahrain für eine Blockade des Scheichtums. Zuvor hatte die staatliche saudi-arabische Nachrichtenagentur SPA unter Berufung auf Regierungskreise gemeldet, Qatar wolle Saudi-Arabien spalten. Es unterstütze zudem zahlreiche Terrororganisationen, um die Region zu destabilisieren. Dazu zählten neben der IS-Miliz und den Muslimbrüdern sowie der Hamas auch Gruppen, die vom schiitischen Iran gefördert würden[1328].

Tatsächlich bestand der Machtkampf zwischen Saudi-Arabien und Qatar, der nunmehr offen eskaliert, seit Jahren. Das Scheichtum – nur etwa doppelt so groß wie Zypern – ist bestrebt, sich aus der saudischen Einflusssphäre herauszulösen und hat dazu seinen Gasreichtum (Qatar gilt als größter Exporteur von Flüssiggas) eingesetzt, um global an Einfluss zu gewinnen. Damit zog Doha schließlich das Misstrauen des saudischen Nachbarn auf sich, denn es hatte sich bemüht, eine eigenständige, von Riad unabhängige Außenpolitik zu formulieren, die sich weniger auf salafistische Kräfte, sondern vielmehr auf die einflussreichen Strukturen der mit Saudi-Arabien verfeindeten Muslimbruderschaft stützt[1329]. So hatte Qatar neben der palästinensischen Hamas auch der Muslimbruderschaft in Ägypten Rückendeckung und Unterstützung gewährt, insbesondere zur Zeit der Regierung des Präsidenten Mohammed Mursi, der der Muslimbruderschaft entstammte. „Zudem hat Qatar sich im Syrien-Krieg zuletzt als Mittler zwischen salafistisch-jihadistischen Milizen und Iran zu profilieren versucht – und damit den Unwillen Riads verschärft, das seinerseits energisch auf Konfrontation mit Teheran drängt. Saudi-Arabien hat (...) in Verbindung mit seinen engsten Verbündeten sämtliche Beziehungen zu Qatar abgebrochen und faktisch eine Blockade gegen das Emirat verhängt, um dessen Herrscherclan zum Einlenken zu zwingen und eine einheitlich aggressive arabische Front gegen Iran durchzusetzen"[1330]. Für Saudi-Arabien besonders missliebig sind die Beziehungen Dohas zum Iran, die als weit besser zu beurteilen sind als die anderer arabischer Staaten. Dies führte mitunter zu Kollisionen mit der saudischen Außenpolitik. „Dass das ambitionierte Katar mit Teheran und von ihm ausgerüsteten schiitischen Milizen im Irak, Libanon und Jemen sowie in Syrien kungelt, um die Dominanz der Saudis zu schwächen, kommt in deren Augen Verrat und Kollaboration mit dem Todfeind gleich"[1331]. Als beispielsweise Saudi-Arabien und andere Mitglieder

---

showdown-am-golf-a-1150708.html

[1328] Trump will zwischen Golfstaaten vermitteln, unter:
http://www.zeit.de/politik/ausland/2017-06/katar-diplomatie-nachbarlaender-beziehungen-abbruch-terrorismus

[1329] Der Anti-Trump, unter:
http://www.german-foreign-policy.com/de/fulltext/59615

[1330] Ebda.

[1331] Richard Herzinger, Washingtons Plan und Riads Beitrag, unter:

des Golfkooperationsrates während der Präsidentschaft Ahmadinedschads Pläne Israels und der USA zu einem Militärschlag gegen iranische Atomanlagen unterstützten, unterzeichnete Qatar ein Kooperations- und Sicherheitsabkommen mit Teheran[1332]. Auch im Rahmen des Golfkooperationsrates hat Qatar in Bezug auf Iran stets eine Sonderstellung eingenommen: „So unterstützte das Emirat zwar die Resolutionen des Rats über territoriale Ansprüche der Vereinigten Arabischen Emirate auf drei Golfinseln – aber auch nicht mehr. Und während Saudi-Arabien und andere arabische Staaten nach einem Sturm von Demonstranten auf die saudische Botschaft in Teheran die diplomatischen Beziehungen zum Iran abbrachen, zog Katar zwar kurz seinen Botschafter ab – setzte seine Beziehungen aber fort und bot sogar an, zwischen Riad und Teheran zu vermitteln"[1333]. Auch energiegeopolitisch unterstützte Qatar die Position Teherans; es unterstützte beispielsweise den Vorschlag des Iran, analog zur Opec eine entsprechende Organisation der erdgasproduzierenden Länder zu gründen. Und während Saudi-Arabien nach der Aufhebung des Ölembargos gegen Iran zu verhindern versuchte, dass das Land wieder die gleiche Erdölmenge exportiert wie zur Zeit vor den Sanktionen, sorgte Qatar dafür, dass die Forderungen Teherans akzeptiert wurden[1334].

Auf den Punkt gebracht waren es letztlich diese guten Beziehungen Qatars zum Iran, die als eigentlicher Grund für den 2017 ausgebrochenen Konflikt mit den arabischen Staaten anzusehen sind. „Saudi-Arabien will Katar auf Linie bringen"[1335], schien die Zielsetzung Riads zu sein. Der US-amerikanische Nachrichtendienst *Stratfor* sah die Maßnahmen Saudi-Arabiens – am 5. Juni 2017 brachen neben Riad auch Ägypten, die Vereinigten Arabischen Emirate und Bahrain die diplomatischen Beziehungen zu Qatar ab – als „Teil koordinierter Anstrengungen" an, „um Qatar auf die Linie des von Saudi-Arabien begründeten Konsenses gegen die Muslimbruderschaft und den Iran" zu bringen[1336]. Das wurde auch an den Forderungen erkennbar, die Riad am 6. Juni 2017 an Qatar richtete, die „so umfassend und radikal" waren, dass „sie nach einem fast unannehmbaren Ultimatum klingen: Doha soll unter anderem die Beziehungen zu Iran abbrechen, den Fernsehsender Al Jazeera einstellen, Mitglieder der Muslimbruderschaft und der Hamas ausweisen und

---

https://www.welt.de/debatte/kommentare/article165285463/Washingtons-Plan-und-Riads-Beitrag.html

[1332] Bahman Nirumand, Eine stabile Beziehung, in: Die Tageszeitung v. 07.06.2017

[1333] Ebda.

[1334] Ebda.

[1335] Benjamin Ridder, Darum geht es beim Showdown am Golf, unter:
http://www.spiegel.de/politik/ausland/saudi-arabien-vs-katar-darum-geht-s-beim-showdown-am-golf-a-1150708.html

[1336] Qatar's Feud with the Gulf States reaches new Levels, unter:
https://www.stratfor.com/article/qatars-feud-gulf-states-reaches-new-levels

sich verpflichten, alle politischen Maßnahmen des von Saudi-Arabien dominierten Golfkooperationsrats zu befolgen"[1337].

Sehr viel spricht dafür, dass diese Konfrontationspolitik Saudi-Arabiens letztlich auf den Besuch Trumps in Riad und seiner dort geäußerten klaren Positionierung gegen den Iran zurückzuführen war. „Offenbar wurden die Machthaber in Saudi-Arabien von Trumps Rede in Riad ermutigt, ihre viel aggressivere Vorgehensweise in die Tat umzusetzen. Insofern nehmen sie sich mit Katar den schwächsten Partner vor und versuchen, die eigene Front zu bereinigen", so Saudi-Arabien-Experte Guido Steinberg[1338]. „Jetzt scheinen sich Saudi-Arabien, die Vereinigten Arabischen Emirate (VAE) und Ägypten dazu ermutigt zu sehen, zumindest unter den Verbündeten ihre Linie durchzusetzen. Diese Linie geht einerseits gegen die Muslimbrüder und andererseits gegen den Iran"[1339]. Die Trump-Administration schien sich insoweit die saudische Interpretation der Situation in der Golfregion zu eigen gemacht zu haben, was sich deutlich in einem Tweet spiegelt, den Trump vor dem Hintergrund der Qatar-Krise absetzte: „Während meiner Reise in den Nahen Osten habe ich betont, dass finanzielle Unterstützung von radikaler Ideologie nicht länger hingenommen werden kann. Die Regierenden deuteten auf Katar – schaut!"[1340]. Ganz offensichtlich „hatte seine Haltung die saudische Regierung ermuntert, das Kriegsbeil gegen den Rivalen wieder auszugraben und das Emirat Qatar mit dem Isolationsbann zu belegen"[1341]. Mit seiner ersten Auslandsreise nach Saudi-Arabien hatte Trump denn auch ein eindeutiges Zeichen gesetzt: „Die USA, die traditionelle Schutzmacht am Golf, sind zurück und unterstützen die Monarchien gegen Iran"[1342], und in der Tat - so Beobachter – ließ sich in dem „drastischen Schlag Saudi-Arabiens und seines Verbündeten Ägypten gegen Katar eine Zielrichtung erkennen, die durchaus in der Logik des in Washington und der saudischen Hauptstadt Riad angedachten Fahrplans zur Befriedung des Nahen Ostens liegt"[1343]. Dieser im Übrigen auch von Israel mitgetragene Plan bestand wie ausgeführt darin, dass Saudi-Arabien und Ägypten eine sunnitische Allianz begründen, die Irans Einfluss zurückdrängen und dem dschihadistischen Terrorismus den Boden

---

[1337] Ultimatum aus Riad, in: Der Spiegel 24/2017, S. 72–74 (S. 74)

[1338] Krise am Golf - „Die Saudis wollen die eigene Front bereinigen". Interview mit Guido Steinberg, unter:
https://www.srf.ch/news/international/die-saudis-wollen-die-eigene-front-bereinigen
[1339] Ebda.

[1340] Wer hat die Macht am Golf ?, in: Focus 24/2007, S. 34–40 (S. 40)

[1341] Ebda.

[1342] Ultimatum aus Riad, in: Der Spiegel 24/2017, S. 72–74 (S. 73)

[1343] Richard Herzinger, Washingtons Plan und Riads Beitrag, unter:
https://www.welt.de/debatte/kommentare/article165285463/Washingtons-Plan-und-Riads-Beitrag.html

316

entziehen sollte[1344]. Auf dieser Grundlage sollten Washington, Riad und Kairo gemeinsam einen israelisch-palästinensischen Frieden stiften[1345]. Grundlage hierfür wiederum war nach diesem Masterplan die Ausschaltung der den Gaza-Streifen regierenden palästinensischen Hamas. „Die Hamas aber, und hier schließt sich der Kreis, ist ein Ableger der Muslimbruderschaft – und wird von Katar unterstützt. Sollte die jetzt von Saudi-Arabien und Ägypten eingeschlagene Politik der Isolation Katars das Emirat nötigen, diese Unterstützung einzustellen und stattdessen mitzuhelfen, die Hamas zu marginalisieren, wäre man in Sachen israelisch-palästinensischer Frieden ein gutes Stück weiter", so Analytiker[1346]. Dass die Eskalation am Golf letztlich eine Folge der von Trump in Riad unterbreiteten Strategie war, bestätigt auch die *Frankfurter Allgemeine Zeitung:* „Tatsächlich ist die Entscheidung gleich mehrerer Länder unter Führung Saudi-Arabiens, die diplomatischen und wirtschaftlichen Beziehungen zu dem kleinen Golfemirat Qatar abzubrechen, eng verknüpft mit zentralen Konflikten der Region. Es geht um Iran, die sunnitischen-schiitischen Spannungen und um die Hegemonie am Golf. Die Krise kommt nicht aus heiterem Himmel, sie ist eine leicht verzögerte Folge der ersten Nahost-Reise Donald Trumps. Vor den in Riad versammelten Führern des Großteils der islamischen Welt hatte der amerikanische Präsident Iran als Hauptsponsor des Terrorismus in der Region angeklagt und versucht, die arabischen Länder gegen die Islamische Republik zusammenzubringen. Seit die sogenannte Arabellion Teile des Nahen Ostens ins Chaos gestürzt hat, wetteifern Riad und Teheran um die regionale Führungsrolle. Die saudische Wahhabitenmonarchie hat sich dabei erfolgreich als sunnitischer Stabilitätsanker im Sinne Washingtons in Szene gesetzt, zudem dankt sie Trump sein Vertrauen durch große Rüstungskäufe"[1347].

Die Folgen dieser Politik zeigten sich in einer neuen Blockbildung innerhalb der arabischen Welt. „Im Nahen Osten formiert sich eine neue Achse", so eine Analyse der *Tageszeitung*[1348], die aus Saudi-Arabien, den Vereinigten Arabischen Emiraten und Ägypten besteht. Ziel dieser Achse ist es, die ganze Region neu zu ordnen. „Saudi-Arabien und den Emiraten geht es darum, den iranischen Einfluss einzudämmen. Dieser Kampf wird in Syrien, dem Irak, dem Libanon und dem Jemen ausgefochten. Ägypten möchte zunächst die Lage im turbulenten Nachbarland Libyen unter Kontrolle bringen – allerdings nicht mit der von der UNO gesponserten Regierung in Tripolis, sondern mit

---

[1344] Ebda.

[1345] Ebda.

[1346] Ebda.

[1347] Schwertertanz, unter:
http://www.faz.net/aktuell/politik/trumps-praesidentschaft/trump-wollte-iran-isolieren-15047993.html

[1348] Karim el-Gawhary, Neue Achsen für Nahost, in: Die Tageszeitung vom 07.06.2017

General Khalifa Haftar (...)"[1349]. Es bestehen Anzeichen dafür, dass diese Achse von Washington auch grünes Licht für die Durchsetzung ihrer geopolitischen Ordnungsvorstellungen bekommen hatte. „Dass die neue Achse ausgerechnet jetzt das erste Mal ihre Muskeln spielen lässt, hat sicherlich mit Donald Trumps Saudi-Arabien-Besuch (...) zu tun. Dort hatte der US-Präsident nicht nur mit seinen Gastgebern pittoreske Schwerttänze getanzt – sondern zudem die antiiranische Agenda Saudi-Arabiens vollkommen übernommen. Wahrscheinlich bekamen die Saudis in Riad grünes Licht für ihr aktuelles Vorgehen gegen Katar; und Trump hat wohl auch Ägyptens Rolle als Ordnungsmacht in Libyen zugestimmt"[1350].

Allerdings ist eine solche Blockbildung nicht unproblematisch, da sie sich letztlich als konfliktverschärfend erweist. „Wo immer sich im Nahen Osten eine neue politische und militärische Achse bildet, die versucht, die Region zu ordnen und dabei andere Regionalmächte ausschließt, wird sich auch eine potente Gegenallianz der Ausgeschlossenen bilden"[1351]. So wurde das Risiko erhöht, dass Qatar, die Türkei und der Iran eine stärkere Anlehnung an Russland suchen würden. Die Türkei und Qatar stehen sich ideologisch nahe; beide unterstützen die Muslimbruderschaft[1352]. „Im Verständnis der Türkei ist das Vorgehen der neuen Achse auch ein Warnschuss in Richtung Ankara. Und wenn sich sowohl die Türkei als auch der Iran von der neuen Achse bedrängt fühlen, dann ist die Wahrscheinlichkeit groß, dass beide Regionalmächte zusammenrücken – und sich mit Russland eine andere Schutzmacht suchen"[1353]. Schließlich verbinden auch gemeinsame energiegeopolitische Interessen die betroffenen Mächte: Russland, Iran und Qatar haben schon seit Jahren die Idee einer „Gas-Opec" ventiliert, und zwischen Russland und der Türkei ist das Pipeline-Projekt „Turkish-Stream" seit geraumer Zeit wieder aufgenommen worden. Im Oktober 2016 wurde ein Regierungsabkommen über den Bau dieser Pipeline unterzeichnet. Zudem muss im Rahmen einer Gesamtbewertung in Betracht gezogen werden, dass die Erfolge der Interventionspolitik der neuen (sunnitischen) Achse sich bislang als marginal herausgestellt, mithin sogar zur Ausbreitung des Krisenszenarios geführt haben. Der Jemen-Krieg, den Saudi-Arabien im Frühjahr 2015 mit US-amerikanischer Rückendeckung begonnen hat, „hat sich zu einer der schlimmsten humanitären Katastrophen der Welt entwickelt"[1354]. Auch die bisherigen militä-

---

[1349] Ebda.

[1350] Ebda.

[1351] Ebda.

[1352] Ebda.

[1353] Ebda.

[1354] Ebda.

318

rischen Interventionen, die Ägypten zusammen mit den VAE in Libyen geführt hat, haben bislang nichts zur Stabilisierung des Landes beigetragen; genauso wenig, wie es Ägyptens Militärmachthaber al-Sisi es bislang nicht geschafft hat, mit seiner Armee den IS aus dem Nordsinai zu vertreiben.

Auch Trump, der zunächst noch die Ächtung Qatars als Erfolg im Kampf gegen den Terrorismus gewürdigt hatte[1355], schien zwischenzeitlich erkannt zu haben, dass er mit seinem bisherigen Ansatz die Gesamtsituation eskalieren ließ, und rief den saudischen König zur Mäßigung auf, zumal das geächtete Qatar ein wichtiger Verbündeter der USA in der Region ist, wo sich mit der Al-Udeid-Air-Base der größte Militärstützpunkt Washingtons in der Region befindet. Die jüngste Eskalation um Qatar zeigte nach Einschätzung Guido Steinbergs letztlich, „wie wenig durchdacht die Rede Trumps in Riad war. Zwar gefällt es den Amerikanern durchaus, dass ihre Verbündeten am Golf eine gemeinsame Front bilden, mit denen sie dann gegebenenfalls gemeinsame Politik gegen den Iran machen können. Allerdings führt das Vorgehen der Saudis, die sich nun unerwartet Katar vornehmen, zu Problemen: Für den Kampf der USA gegen die Terroristen des IS ist die Luftwaffenbasis in Katar enorm wichtig. Nun könnte die gegenwärtige Krise dazu führen, dass die VAE und die Saudis keine Offiziere in das Kommandozentrum der USA in Katar schicken werden. Die Amerikaner werden nun versuchen, den Konflikt zu entschärfen, damit sie ihre Militärkampagne in Syrien und im Irak weiterhin konfliktfrei betreiben können"[1356]. In der Tat hatte sich Trump als Vermittler angeboten, um den Streit um Qatar wieder zu schlichten.

Die Nah- und Mitteloststrategie der Trump-Administration zeigte bis dato insgesamt, dass sie das fragile und jederzeit zur Eskalation neigende Machtgefüge der Region völlig ignoriert zu haben schien. Die Unterstützung der Achse zwischen Saudi-Arabien und den Vereinigten Arabischen Emiraten durch Washington erfolgte mit der Absicht, die US-amerikanische Führung in dieser regionalen Allianzstruktur wieder aufzubauen[1357]. Wie der Nahost-Experte Marc Lynch hervorhebt, führte jedoch die einseitige Fokussierung der Nahostpolitik Trumps auf den Iran dazu, dass die inner-sunnitischen Konfliktlinien zwischen Saudi-Arabien und den VAE einerseits und Qatar auf

---

[1355] Ultimatum aus Riad, in: Der Spiegel 24/2017, S. 72–74 (S. 73)

[1356] Krise am Golf - „Die Saudis wollen die eigene Front bereinigen". Interview mit Guido Steinberg, unter:
https://www.srf.ch/news/international/die-saudis-wollen-die-eigene-front-bereinigen

[1357] Marc Lynch, How Trumps Alignment with Saudi-Arabia and UAE is inflaming the Middle East, unter:
https://www.washingtonpost.com/news/monkey-cage/wp/2017/06/07/how-trumps-alignment-with-saudi-arabia-and-the-uae-is-inflaming-the-middle-east/?utm_term=.fd88be8c61d9

der anderen Seite vollständig außer Acht gelassen wurden, die für das politische Gefüge des Mittleren Ostens ebenso entscheidend sind wie der Gegensatz zwischen Saudi-Arabien und dem Iran. Qatars Bestreben, sich aus dem Orbit Riads zu lösen, und die Umbrüche in der arabischen Welt seit 2011 haben zu Konstellationen eines Stellvertreterkrieges zwischen Saudi-Arabien und den VAE einerseits sowie Qatar andererseits geführt[1358]. Zunächst konnten in den vom Umbruch 2011 betroffenen Staaten wie Ägypten und Tunesien die von Qatar unterstützten Netzwerke an Einfluss gewinnen: In Ägypten konnte sich die Muslimbruderschaft mit Mohammed Mursi durchsetzen, während in Tunesien die Ennahda siegte. Aber Ägyptens Präsident Mursi wurde in einem von Saudi-Arabien und den VAE unterstützen Militärputsch gestürzt, während die Ennahda in Tunesien allmählich durch die von Riad und den VAE geförderte Sammlungspartei „Nidaa Tounes" des ehemaligen tunesischen Premierministers Essebsi von der Macht verdrängt wurde. In Libyen und Syrien führen die rivalisierenden Mächte einen Stellvertreterkrieg durch Unterstützung ihrer regionalen Stellvertreter mit Geld, Waffen und Medien, mit einem „enormen destruktiven Effekt"[1359]. Ferner war das Risiko gesteigert worden, dass Qatar, dessen Ächtung zunächst Trumps Zustimmung fand, sich Russland als einer möglichen Alternative annähert, sollte sich die amerikanische Sicherheitsgarantie als wertlos erweisen[1360]. Eine Eskalationsstrategie gegen den Iran konnte sich als ebenso problematisch erweisen, da sie sich negativ auf den Kampf gegen den „Islamischen Staat" auswirken würde, und zwar vor allem im Irak. Bislang haben die Vereinigten Staaten sehr eng mit den irakischen Sicherheitskräften zusammengearbeitet, trotz der iranischen Rolle in der irakischen Politik[1361]. Eine verstärkte Konfrontation mit dem Iran – so die Einschätzung Marc Lynchs – könnte diese Zusammenarbeit bedrohlich unterminieren, was letztlich die sektiererischen Konflikte noch weiter zu verschärfen droht.

Insgesamt lief Trumps Vision der Unterstützung einer Allianz zwischen Saudi-Arabien und den VAE mit Ägypten und Israel letztlich darauf hinaus, nicht nur die Spannungen mit dem Iran, sondern auch den inner-sunnitischen Konflikt – den Kalten Krieg zwischen Saudi-Arabien und dem auf eine unabhängige Außenpolitik bestehenden Qatar – weiter anzuheizen. In Verkennung der Gesamtsituation schien Trump aber wieder auf eine Eskalation zu setzen, indem er den Druck auf Qatar erhöhte und die saudische Position unterstützte: „Die Zeit war gekommen, um Katar dazu aufzurufen, die Fi-

---

[1358] Ebda.

[1359] Ebda.

[1360] Ebda.

[1361] Ebda.

nanzierung (von Terrorismus, der Verf.) zu beenden", sagte Trump. „Sie müssen die Finanzierung beenden – und ihre extremistische Ideologie in Sachen Finanzierung"[1362]. Damit konterkarierte der US-Präsident die Äußerungen seines Außenministers Tillerson, der kurz zuvor Saudi-Arabien und dessen Verbündete aufgefordert hatte, die Isolation Qatars zu beenden, was alles andere als eine Beruhigung der Lage zur Folge hatte. Iran und die Türkei hatten in diesem Zusammenhang bereits zuvor angekündigt, Katar militärischen Beistand zu leisten. „Am Golf braut sich eine Weltkrise zusammen", so kritische Analysten, und insgesamt waren zu dieser Zeit „alle Ingredienzen eines möglichen dritten Golfkrieges vorhanden, unter Beteiligung eines Nato-Mitglieds". Der amerikanische Golf-Spezialist Simon Henderson vom Washington Institute for Near East Policy hatte die Lage schon mit Sarajevo 1914 verglichen[1363].

dd) Trumps Scheitern im Nahen Osten

Die Bilanz der Nah- und Mittelostpolitik der Trump-Administration im Jahr 2017 sah jedoch sehr marginal aus; mithin konnte man von einem weiteren Einflussverlust Washingtons in der Region sprechen, der ein Vakuum entstehen ließ, welches von den geopolitischen Konkurrenten Russland, China und Iran gefüllt werden konnte. Am Beispiel einiger nah- und mittelöstlicher Staaten zeigt sich, wie die USA in der Region „an allen Fronten deutlich an Einfluss" verloren haben. In *Ägypten* hatte sich Trump zu Beginn seiner Amtszeit deutlich hinter die Politik des Militärmachthabers Abdel Fattah al-Sisi gestellt. Der Umstand jedoch, dass Washington die finanzielle Unterstützung Kairos ausgesetzt hatte, weil es im Verdacht steht, Waffen an Nordkorea zu liefern, führte zu einer Verstärkung der Neuausrichtung der ägyptischen Außenpolitik. „Sisi verringert fortwährend seine Abhängigkeit von den USA. Inzwischen kommt ein Drittel des Weizens aus Russland, nebst vielen Waffen. Zudem investieren russische Energiekonzerne Milliarden am Nil. Auch China will die USA aus Ägypten verdrängen. Im vergangenen Jahr (2016) investierte Peking dort mehr als zehn Milliarden US-Dollar und stellte Sisi Investitionen im Gesamtwert von 40 Milliarden in Aussicht. Kein Staat außer Israel erhält mehr Auslandshilfe von den USA als Ägypten, dennoch schrumpft Washingtons Einfluss beständig"[1364]. Auch am Golf zeichnete sich ein Einflussverlust Washingtons ab. Die Unterstützung Riads durch die Trump-Administration

---

[1362] Chaotische Signal aus USA zur Katar-Krise, unter:
http://www.spiegel.de/politik/ausland/donald-trump-und-rex-tillerson-in-katar-krise-voellig-uneins-a-1151521.html
[1363] Die Krise nicht Trump überlassen, unter:
http://www.zeit.de/politik/ausland/2017-06/katar-saudi-arabien-donald-trump-volker-kauder-claudia-roth-5vor8
[1364] Gil Yaron, Trumps Scheitern im Nahen Osten, in: Die Welt v. 25.08.2017

in der Blockadepolitik gegen das Scheichtum *Qatar* führte dazu, dass sich dieses verstärkt an die geostrategischen Rivalen Washingtons orientierte. Qatar ließ sich durch die Blockadepolitik, durch die es gezwungen werden sollte, seine Beziehungen zum Iran abzubrechen, nicht beeindrucken. Vielmehr ließ es das Ultimatum der Saudis unbeantwortet verstreichen und intensivierte stattdessen die Militärkooperation mit der Türkei, die sich aus saudischer Sicht zu einem sunnitischen Rivalen um Riads regionalen Führungsanspruch entwickelt hat und sich außen- und sicherheitspolitisch verstärkt an Moskau und Teheran orientiert. Darüber hinaus wurde deutlich, dass Qatar in das „iranische Lager" abdriftete: Im August 2017 nahm es volle diplomatische Beziehungen zum Iran auf, um „die bilateralen Beziehungen mit der Islamischen Republik auf allen Gebieten zu stärken", wie es hieß. „Trumps Schuss gegen den Iran ging nach hinten los"[1365]. Auch in *Syrien* hatten die USA politisch das Feld geräumt: „Friedensgespräche werden unter russischer Aufsicht in Astana abgehalten. Damaskus stellte Russland zwei wichtige Basen für Jahrzehnte zur Verfügung: den Hafen Tartus und den Luftwaffenstützpunkt Hmeimim. So nimmt Russlands Einfluss im östlichen Mittelmeerraum enorm zu. Zugleich lässt ein zwischen den USA und Moskau vereinbartes Waffenstillstandsabkommen für Südsyrien die Interessen von Amerikas engsten Verbündeten Israel und Jordanien scheinbar völlig außer Acht. Der israelische Premier Benjamin Netanjahu warnt, der Iran nutze den Rückzug des IS, um in Syrien direkt an der Grenze zu seinem Land Fuß zu fassen – und droht notfalls mit Präventivschlägen"[1366]. Gleichfalls standen die USA auch im *Irak* vor einem Trümmerhaufen ihrer Politik, die u.a. im Wesentlichen darin bestand, zusammen mit den sunnitischen Regimen der Region einen Landkorridor von Teheran bis an das Mittelmeer zu verhindern. Trotz enormen militärischen und finanziellen Aufwandes war es den USA nicht gelungen, ein stabiles prowestliches Regime in Bagdad zu installieren. Stattdessen hatte sich der Iran seinen Einfluss im Zweistromland gesichert. „Von Teheran gesteuerte Parlamentarier in Bagdad legalisierten bewaffnete schiitische Milizen, die zwar mit irakischen Steuergeldern finanziert, aber von den iranischen Revolutionsgarden gesteuert werden"[1367]. Darüber hinaus befindet sich auch die irakische Wirtschaft fest in iranischer Hand[1368].

Zusammenfassend zeigte sich damit, dass Trumps Konfrontationspolitik gegenüber dem Iran und indirekt auch gegen Russland und China letztlich zu einem Verlust an Einflussmöglichkeiten der USA in der nah- und mittelöstlichen Region geführt hatte. Das Eingreifen Russlands und des Iran in die

---

[1365] Ebda.

[1366] Ebda.

[1367] Ebda.

[1368] Ebda.

322

durch die Washingtoner Politik hervorgerufenen Krisenherde markierte letztlich eine Umkehr dessen, was fast ein Jahrhundert lang als geopolitische Gewissheit erschien - dass der Nahe und Mittlere Osten ausschließlich eine Domäne des Westens ist. „Nach Jahrzehnten einer verheerenden westlichen Einmischungspolitik im Nahen Osten, in dem die USA (...) immer wieder radikalislamische Gruppen förderten, um so einen arabischen Nationalismus zu verhindern, scheint es nun sukzessive zu gravierenden Änderungen zu kommen, welche die geopolitische Architektur in der Region neu aufstellen lässt. Vor allem die Erfolge Russlands in Syrien und die wirtschaftspolitischen Initiativen Chinas tragen (...) hierzu bei, während die ohnehin schon wackelige Stellung des US-geführten Westens hier noch weiter ins Wanken gerät"[1369].

4. Die Trump-Administration und das transatlantische Bündnis: Europa zwischen strategischer Autonomisierung und Handelskrieg mit Washington

Nach Trumps Weltsicht benachteiligt die gegenwärtige Weltordnung die Supermacht USA; diese Weltordnung ist – so Trump – von einem „schlechten Deal" für Amerika bestimmt. Laut Thomas Wright von der *Brookings Institution* bestand daher die Absicht Trumps während seiner Präsidentschaft darin, die „von den USA geführte liberale Weltordnung" zu beenden und „Amerika von seinen internationalen Verpflichtungen zu befreien"[1370], da diese ohnehin nur eine finanzielle Bürde für die USA darstellten. Während seines Wahlkampfes hatte Trump insbesondere den europäischen Staaten vorgeworfen, sie seien Profiteure einer Sicherheitsordnung, für die allein die USA die Kosten aufbrächten, während die europäischen Staaten nach wie vor ihrer Verpflichtung, einen angemessenen Beitrag für ihre Verteidigung zu zahlen, nicht nachkämen. Bereits in einer ganzseitigen Zeitungsanzeige in der *New York Times* aus dem Jahr 1987 hatte er die Eckpunkte seines außenpolitischen Programms – insbesondere in Bezug auf die Verbündeten der USA – näher dargelegt: „Beendet unsere riesigen Defizite, senkt unsere Steuern, und lasst die amerikanische Wirtschaft wachsen, unbelastet durch Verteidigungskosten für diejenigen, die es sich leicht leisten können, uns zurückzubezahlen"[1371]. Im Mittelpunkt von Trumps Vision für die Welt steht die Wiederherstellung der

---

[1369] Marco Meier, Naher Osten: China und Russland werden immer wichtiger, unter:
https://www.contra-magazin.com/2017/01/naher-osten-china-und-russland-werden-immer-wichtiger/
[1370] Der Störenfried – Wie Donald Trump die Welt sieht, unter:
https://www.shz.de/deutschland-welt/politik/der-stoerenfried-wie-donald-trump-die-welt-sieht-id15863211.html
[1371] Zit. aus: Ebda.

nationalen Größe der Vereinigten Staaten[1372]. Nach Trumps geopolitischer Betrachtungsweise sind die Vereinigten Staaten nicht mehr länger Mittelpunkt eines weltumspannenden Ordnungssystems abhängiger Staaten, deren Schutz Washington obliegt, „sondern eines von vielen Machtzentren, die um Machtpositionen wetteifern und auf einem heiß umkämpften globalen Schachbrett ihren Vorteil suchen. Das Ziel amerikanischer Außenpolitik besteht in diesem Umfeld darin, vor allem US-Interessen durchzusetzen und die Pläne all jener zu durchkreuzen, die sich auf Kosten der Vereinigten Staaten Vorteile verschaffen wollen. In dieser konkurrenzgeprägten Konstellation ist jede Regierung ausschließlich daran zu messen, ob sie Amerikas Interessen fördert oder deren Durchsetzung behindert"[1373]. Für Trump ist der Nationalstaat – und bilaterale Beziehungen, in denen jeder versucht, das Beste für sich herauszuholen – das Fundament der globalen Ordnung. „Wir werden Amerikas Interessen an die erste Stelle setzen", hatte Trump in seiner Siegesrede gesagt[1374]. Im Kern von Trumps Revolte gegen die von den USA nach 1945 bestimmte internationale Ordnung stehen dabei zum einen das Militär und zum anderen die Wirtschaft. In einem „Playboy"-Interview aus dem Jahr 1990 führte Trump aus, dass er an „extreme militärische Stärke" glaube, niemanden über den Weg traue, „nicht den Russen, nicht unseren Alliierten", und daher werde er ein „riesiges militärisches Arsenal aufbauen"[1375]. Um Amerika wieder groß zu machten, muss nach Ansicht Trumps auch die amerikanische Wirtschaft wiederbelebt werden, „und eine grundlegende Voraussetzung dafür ist die Revision der Handelsbedingungen. Trump ist überzeugt, dass die Vereinigten Staaten ausgenutzt werden, und zwar nicht nur von ihren Feinden, sondern auch – was weit wichtiger ist – von ihren Freunden"[1376]. Vor diesem Hintergrund wird von Trump nicht nur China, sondern insbesondere auch die Europäische Union weniger als strategischer Partner, sondern vielmehr als Konkurrent wahrgenommen, der im Windschatten amerikanischer Sicherheitsgarantien wirtschafts- und handelspolitische Vorteile – nach Trumps Lesart zu Lasten der USA – erlangen konnte. „Seine Ablehnung der Europäischen Union – dem bisher von den Vereinigten Staaten nachdrücklich unterstützten

---

[1372] Brendan Simms/Charlie Laderman, Wir hätten gewarnt sein können. Donald Trumps Sicht auf die Welt, DVA, München 2017, S. 21

[1373] Michael T. Klare, Die Welt, wie Trump sie sieht, unter:
https://www.blaetter.de/archiv/jahrgaenge/2017/februar/die-welt-wie-trump-sie-sieht

[1374] Clemens Wergin, Der neue Präsident und seine ganze Verachtung für die EU, in: Die Welt v. 14.11.16

[1375] Der Störenfried – Wie Donald Trump die Welt sieht, unter:
https://www.shz.de/deutschland-welt/politik/der-stoerenfried-wie-donald-trump-die-welt-sieht-id15863211.html

[1376] Brendan Simms/Charlie Laderman, Wir hätten gewarnt sein können. Donald Trumps Sicht auf die Welt, DVA, München 2017, S. 23

Hauptordnungsinstrument des Kontinents – ist kein Geheimnis"[1377]. Neben den internationalen Handelsregimen griff Trump in seinem Wahlkampf gleichzeitig die Zweckmäßigkeit der NATO an; „er hat wiederholt in Frage gestellt, dass die Vereinigten Staaten Europa weiterhin schützen sollten, zumal die meisten europäischen Länder nicht im vereinbarten Ausmaß zur gemeinsamen Verteidigung beitragen"[1378]. Trump erklärte in seinem Wahlkampf wiederholt, die USA sollten nicht die Verteidigung der europäischen Staaten subventionieren, die meist nicht die minimal geforderten Militärausgaben von 2 Prozent des Bruttoinlandsprodukts aufbringen[1379]. Nach Ansicht des US-amerikanischen Geopolitikers George Friedman sollen die USA sicherstellen, dass die europäischen Mitglieder des transatlantischen Bündnisses die Aufgabe (mit-)übernehmen, an dem Konzept der Eindämmung Russlands mitzuwirken. In den Augen Washingtons „ist Russland schwach und soll es auch bleiben. Doch die USA wollen auch nicht als einziges Land für die Eindämmung Russlands verantwortlich sein. Deshalb muss gewährleistet werden, dass die osteuropäischen Länder in der Lage sind, sich zu verteidigen und russische Vorstöße abzuwehren"[1380].

In dieser geopolitischen Konzeption spielt die Europäische Union als solche für Trump lediglich eine nachgeordnete Rolle. „Solange es (Europa, der Verf.) nicht mit Kerninteressen der Vereinigten Staaten kollidiert oder übereinstimmt, wird der neue US-Präsident es wahrscheinlich ignorieren. Das fügt sich natürlich in das größere Muster der Trumpschen Außenpolitik ein: Amerika kommt zuerst, und alle anderen sind nur in dem Maße von Belang, in dem sie als Aktivposten oder als Hemmnis für die Durchsetzung fundamentaler US-Ziele gelten"[1381]. Insgesamt sollte sich – so Beobachter – gerade im Umgang mit der NATO und der EU am deutlichsten zeigen, inwieweit sich Trump von den außenpolitischen Koordinaten seiner Vorgänger zu distanzieren beabsichtigte. „Während alle früheren US-Präsidenten in der Nato den Eckstein amerikanischer Sicherheitspolitik sahen und Europa als eine Bastion der liberalen Weltordnung betrachteten, teilt Trump derartige Überzeugungen nicht. Vielmehr hat für ihn die atlantische Allianz im wichtigsten Kampf unserer Zeit – dem Krieg gegen den radikalislamischen Terror – zu wenig Einsatz gezeigt. Und Europa – als kollektives Gebilde – ermangelt der Hand-

---

[1377] Ebda., S. 25

[1378] Ebda., S. 26

[1379] George Friedman, Trumps neue Welt, in: Cicero 12/2016, S. 24–27 (S. 27)

[1380] Ebda., S. 27

[1381] Michael T. Klare, Die Welt, wie Trump sie sieht, unter:
https://www.blaetter.de/archiv/jahrgaenge/2017/februar/die-welt-wie-trump-sie-sieht

lungsfähigkeit, derer es bedürfte, um vitale US-Interessen durchsetzen zu helfen"[1382].

Trumps Haltung gegenüber der Europäischen Union und der NATO bewegte sich insgesamt betrachtet zwischen einer strategischen und insbesondere handelspolitischen Konkurrenz einerseits und Einforderung militärischer Solidarität mit entsprechender (finanzieller) Beteiligung auf der anderen Seite nach dem Prinzip des *Offshore Balancing*. Maßstab des Umgangs der Trump-Administration mit den westlichen Bündnissystemen sollte – als konsequente Folgerung des „realistischen Konzepts" in der US-Außenpolitik – allein das nationale staatspolitische Interesse der USA sein, welches das Eintreten Washingtons für eine „globale Rolle" mit dem Ziel, „eine internationale Ordnung zu schaffen", als Ausdruck einer „imperialen Überdehnung" interpretiert, die den originären US-amerikanischen Interessen nicht gerecht werde. Der grundlegende Befund von Trumps außenpolitischer Rede vom 27. April 2016 in Washington lautete denn auch, dass die USA – infolge einer fehlenden koordinierten Außenpolitik, die sich an konkreten nationalen Interessen orientiert und die „Ziellosigkeit durch Zweckgerichtetheit, Ideologie durch Strategie und Chaos durch Frieden ersetzt" – durch die Überdehnung ihrer Ressourcen geschwächt seien. Aus diesem Grund sei eine wirtschaftliche Stärkung des Landes erforderlich, um auch militärisch und außenpolitisch wieder stark zu werden; eine kohärente Außenpolitik der USA müsse daher auf den amerikanischen Interessen beruhen[1383]. Dazu müsse das Land „aus dem Geschäft des „Nation-Building" in anderen Ländern „aussteigen" und auf „Stabilität in der Welt" zielen. Im Nahen Osten müsse der Terrorismus zerschlagen werden und zugleich „die regionale Stabilität, nicht der radikale Wandel" gefördert werden. Insbesondere die „antiquierte Mission und Struktur" der NATO, „die noch aus dem Kalten Krieg stammen", sollten den veränderten Bedingungen angepasst werden. „Den Nationalstaat sieht Trump als Grundelement der Entwicklung", fasst Friedensforscher Erhard Crome den außenpolitischen Ansatz Trumps zusammen. Das Volk der USA – so Trump – werde „den falschen Gesängen des Globalismus" nicht länger folgen. Unter seiner Präsidentschaft werde es keine internationalen Abkommen geben, die die Fähigkeit der USA, „die eigenen Angelegenheiten zu kontrollieren, beeinträchtigen"[1384]. Bei Durchsetzung dieser neuen Grundlinie der Außenpolitik der USA drohten sich, so die damalige Einschätzung Erhard Cromes, „die Unterschiede und Differenzen im Verhältnis zur EU und damit auch zu Deutschland" zu verstärken. „Die Beziehungen zwischen Deutschland und

---

[1382] Ebda.

[1383] Erhard Crome, Wer sind die Kriegstreiber ? Die US-Wahl und deutsche Begehrlichkeiten, in: Infomationsstelle Militarisierung e.V. (Hg.), Kein Frieden mit der Europäischen Union, S. 10–15 (S. 10)

[1384] Ebda.

den USA werden konfliktbelasteter", so das seinerzeitige Fazit[1385].

a) Die Gefahr eines Handelskrieges zwischen den USA und der Europäischen Union und insbesondere Deutschlands

Diese Konflikte manifestierten sich vor allem im Bereich der Handelspolitik. US-Präsident Trump hatte in seinem Wahlkampf deutlich gemacht, dass es an der Zeit sei, Handelsabkommen dahingehend neu zu überprüfen, inwieweit sie der US-Wirtschaft überhaupt Vorteile bringen. Dabei hatte Trump insbesondere den Wert von Freihandelsabkommen in Frage gestellt, die nach seiner Einschätzung die Ursache für die wirtschaftspolitische Misere der USA darstellen, insbesondere für Arbeitslosigkeit[1386]. Parallel zu Trumps Ansatz – der von einer verstärkten „Binnenorientierung" der US-Wirtschaft geprägt war - wurden auf der ganzen Welt Bestrebungen erkennbar, sich von den USA handelspolitisch unabhängig zu machen[1387].

Zu den Grundsätzen der handelspolitischen Agenda der Trump-Administration gehörte die Forderung, es müssten neue und bessere Vereinbarungen ausgehandelt werden. Ziel sollte es sein, „in bilateralen Abkommen mit den wichtigsten Ländern der Welt US-Interessen nachdrücklich durchzusetzen"[1388]. Im März 2017 hatte Trump dann auch seine handelspolitische Agenda veröffentlicht (2017 Trade Policy Agenda and 2016 Annual Report), und eine wichtige Maxime dieser Agenda lautete, dass „die Verteidigung nationaler Souveränität Vorrang vor der Handelspolitik genießt"[1389]. Mit dieser Formulierung hatte die Trump-Administration unterstrichen, dass für sie die nationale Souveränität grundsätzlich über der Einhaltung multilateraler Regeln stehe. Dieser Ansatz stellte mithin eine geopolitische Revolution dar. Wie der Historiker *John Tompson* herausstellte, hatte das bisherige multilaterale System und die „liberale internationale politische Ordnung", die die Vereinigten Staaten in den 1940er Jahren eingeführt haben, nicht ausschließlich der wirtschaftlichen Prosperität der USA gedient[1390], und der Politologe *Emmanuel Todd* hatte darauf hingewiesen, dass die USA bereit waren, ihrem informellen Imperium ihre Industrie und ihren Mittelstand zu opfern. Vor diesem Hintergrund begründete die neue Handelsagenda eine Abkehr von der bisherigen – eher internationalistisch geprägten – Handels- und Wirtschaftspolitik. Der

---

[1385] Ebda.

[1386] Evita Schmieg, Trumps Handelspolitik hat erste internationale Konsequenzen, Studie der Stiftung Wissenschaft und Politik, SWP-Aktuell 33 v. Mai 2017, S. 1–4 (S. 1)

[1387] Ebda., S. 1

[1388] Ebda., S. 1

[1389] Ebda., S. 1

[1390] Brendan Simms/Charlie Laderman, Wir hätten gewarnt sein können. Donald Trumps Sicht auf die Welt, DVA, München 2017, S. 28

Schutz heimischer Arbeitsplätze und eine restriktive Außenhandelspolitik sollten dazu dienen, die industrielle Basis der US-Volkswirtschaft zu rekonstruieren, um Amerika „wieder groß zu machen". Trump formulierte in seinem geopolitischen Ansatz einen Zusammenhang zwischen der „imperialen Überdehnung" der USA und deren wirtschaftlichen Niedergang: Amerikas Versäumnis – so Trump in einem Interview mit Larry King aus dem Jahre 1987 – hätte darin gelegen, dass es für den Schutz seiner westeuropäischen und ostasiatischen Verbündeten gezahlt habe, obwohl diese das selbst hätten tun können, während diese Verbündeten von den USA profitiert und handelspolitische Vorteile erlangt hätten – mit negativen Folgen für Amerika, welches an Marktanteilen verloren habe. Dieses Missverhältnis wollte Trump nunmehr umkehren, und in ihrer neuen handelspolitischen Agenda hatte die Administration erklärt, dass die USA alle Spielräume nutzen wollten, um Märkte für amerikanische Waren zu öffnen. Folglich kündigte Trump an, auch gegen die großen Handelsüberschüsse Chinas und insbesondere auch Deutschlands vorzugehen. Aus seiner Sicht bestand die Notwendigkeit, Handelsverträge zu ändern oder Strafmaßnahmen zu verhängen[1391].

Ein wichtiger Wirtschaftsstratege, der für diese Neuausrichtung der US-Außenwirtschaftspolitik stand, war *Peter Navarro*, Professor an der University of California in Irvine und Leiter des neu geschaffenen *National Trade Council* (des Nationalen Handelsrats). Nach dessen Einschätzung hatte sich die Idee des Freihandels grundsätzlich negativ auf die USA ausgewirkt; eine Verhängung von Schutzzöllen sei erforderlich, um die US-Binnenwirtschaft wieder zu stärken. Deutschland hatte er vorgeworfen, die USA und EU-Partner durch einen schwachen Euro „auszubeuten". Deutschland profitiere in seinen Handelsbeziehungen von einer „extrem unterbewerteten, impliziten Deutschen Mark", sagte Navarro der *Financial Times*. Auch Japan sei ein Währungsmanipulator. Als Trump das Freihandelsabkommen TPP mit Pazifik-Anrainerländern wie Japan aufkündigte, fand dies die Unterstützung Navarros. Laut Navarro hatte auch das nordamerikanische Freihandelsabkommen NAFTA lediglich negative Folgen für den US-Arbeitsmarkt gehabt. „Bill Clinton hat 200.000 neue Jobs innerhalb von zwei Jahren versprochen, als er Nafta 1993 unterschrieben hat. Bis heute haben wir mehr als 850.000 verloren", erklärte er. „Als wir Nafta unterschrieben haben, hatten wir einen Warenexportüberschuss mit Mexiko in Höhe von einer Milliarde Dollar. Heute haben wir ein Defizit von rund 60 Milliarden Dollar"[1392]. Unterstützung erfuhr Navarro von *Wilbur Ross*, dem neuen Handelsminister. Navarro und Ross

---

[1391] Evita Schmieg, Trumps Handelspolitik hat erste internationale Konsequenzen, Studie der Stiftung Wissenschaft und Politik, SWP-Aktuell 33 v. Mai 2017, S. 1–4 (S. 2)

[1392] Peter Navarro – Trumps Protektionist, unter:
http://www.capital.de/themen/merkel-trump-usa-handel-peter-navarro-8637.html

publizierten im Herbst 2016 einen Aufsatz, in dem sie die Welthandelsorganisation als wesentlichen Grund für den Niedergang der amerikanischen Industrie ausmachten. Sie forderten, die wesentlichen Freihandelsabkommen einzuschränken, um so das amerikanische Handelsdefizit von 500 Milliarden US-Dollar zu eliminieren[1393].

Vor dem Hintergrund dieser Entwicklungen zeichneten sich immer deutlicher die Konturen eines Handelskrieges zwischen den USA und der Bundesrepublik Deutschland ab, die sich unter der Kanzlerschaft Angela Merkels zunehmend zum Gegenmodell zur Trumps Vision der nationalen Präferenz präsentieren wollte. Konkret ging es aber auch um geo- und handelspolitische Gegensätze. „Eine neue Weltwirtschaftsordnung entsteht: Und sie ist ein Angriff auf das deutsche Modell", so das Nachrichtenmagazin *Der Spiegel*[1394]. Gegenstand der Auseinandersetzung war die Frage, ob das bisherige multilaterale Freihandelsregime, welches von Berlin verfochten wird, durch ein System bilateraler zwischenstaatlicher Handelsabkommen ersetzt werden sollte, die sich an den jeweiligen nationalen Interessen der beteiligten Staaten orientieren — so wie Trump es sah. Insbesondere die deutsche Exportwirtschaft, die im Jahr 2016 einen neuen Exportrekord verzeichnen konnte, ist grundsätzlich daran interessiert, das System des internationalen Freihandels aufrechtzuerhalten — erwirtschaftet sie doch 46,9 Prozent des deutschen Bruttoinlandsprodukts. „Für die deutsche Wirtschaft lief es immer dann am besten, wenn der Weltmarkt offen war und die Warenströme ungehindert fließen konnten. Von der Öffnung der östlichen Hemisphäre, insbesondere Chinas, hat Deutschland wie kaum eine andere etablierte Volkswirtschaft profitiert. Die Präsidentschaft von Donald Trump könnte nun das Ende dieser Konstellation markieren, vorläufig zumindest"[1395]. Die Hintergründe des heraufziehenden transatlantischen Handelskrieges ließen sich an der Entwicklung der Handelsströme zwischen Deutschland und den USA ablesen: „Lagen die deutschen Ausfuhren in die Vereinigten Staaten im Jahr 2010 noch bei 65,5 Milliarden Euro, so erreichten sie 2015 knapp 114 Milliarden Euro; dies entspricht einer Steigerung von rund 7,5 auf 9,5 Prozent des boomenden deutschen Gesamtexports. Die Vereinigten Staaten sind seitdem der größte Absatzmarkt deutscher Unternehmen überhaupt. Gleichzeitig ist der deutsche Überschuss aus dem Handel mit den USA von 20,5 Milliarden Euro im Jahr 2010 auf fast 54,5 Milliarden Euro in die Höhe geschnellt; aus keinem anderen Land beziehen deutsche Unternehmen ein so hohes Plus"[1396]. Diese Daten schienen die Vorwürfe

---

[1393] Befehls-Wirtschaft, in: Der Spiegel 5/2017, S. 64–70 (S. 67)
[1394] Ebda., S. 65
[1395] Befehls-Wirtschaft, in: Der Spiegel 5/2017, S. 64–70 (S. 68)
[1396] Der transatlantische Handelskrieg, unter:
http://www.german-foreign-policy.com/de/fulltext/59531/print

Trumps und Navarros, die sich neben China auch gegen Deutschland richteten, zu bestätigen: „Insgesamt flossen von 2010 bis 2015 beinahe 225 Milliarden Euro aus den Vereinigten Staaten nach Deutschland ab. Die USA trugen damit binnen lediglich sechs Jahren mit fast einer Viertelbillion Euro zum deutschen Wohlstand bei"[1397]. Dabei war es nicht erst die Trump-Administration, die die „deutsche Exportoffensive" kritisierte; so hatte der damalige US-Präsident Barack Obama bereits 2009 – im ersten Jahr seiner Amtszeit – gleichfalls von Berlin Maßnahmen gegen Deutschlands Handelsüberschüsse gefordert[1398]. Außerdem hatte die Europäische Zentralbank (EZB) durch ihre Anleihekäufe im Kampf gegen die Euro-Krise zu einer deutlichen Abwertung des Euro gegenüber dem US-Dollar beigetragen – von 2014 bis 2016 um 6,5 Prozent. Dieser Umstand hatte – so die deutsche Bundesbank – die Gesamtabwertung des Euro um rund ein Fünftel gefördert. „Die Bundesbank hat nun quasi amtlich gemacht, dass rund 14 Prozent der Abwertung auf die Geldpolitik der EZB zurückzuführen sind. Für Donald Trump, der sich selten mit Details aufhält, ist es nun ein leichtes, die EZB der Währungsmanipulation zu beschuldigen und die Länder der Euro-Zone mit Sanktionen zu belegen"[1399]. Insgesamt war weder der EZB noch den europäischen Volkswirtschaften die Abschwächung des Euro ungelegen gekommen. „Denn dadurch verteuern sich etwa Importe in den Euro-Raum, was die aus EZB-Sicht zu niedrige Inflation antreibt. Zudem werden Produkte aus dem Währungsgebiet dadurch auf dem Weltmarkt konkurrenzfähiger, was der Exportwirtschaft zugutekommt"[1400]. Tatsächlich sprachen nicht wenige Währungsexperten von einer Unterbewertung des Euro gegenüber dem US-Dollar. Die Organisation für wirtschaftliche Zusammenarbeit und Entwicklung (OECD), die Preis- und Lohnniveaus zwischen Ländern verglichen hatte, kam sogar zu einer Euro-Unterbewertung von 25 Prozent[1401]. „Das bedeutet, dass die Firmen der Euro-Zone gegenüber dem Amerika, das Trump wieder groß machen will, einen erheblichen Wettbewerbsvorteil haben"[1402]. Die Kritikpunkte der Trump-Administration erwiesen sich daher in der Gesamtschau durchaus als berechtigt: Die Vereinigten Staaten verbuchten mit der Euro-Zone ein gigantisches Außenhandelsdefizit. Die Amerikaner kauften derzeit für insgesamt rund 100 Milliarden Euro mehr Waren und Dienstleistungen in Europa ein, als sie selber auf dem Kontinent absetzten, so eine damalige Analyse der

---

[1397] Ebda.

[1398] Ebda.

[1399] Holger Zschäpitz, EZB als Währungsmanipulator entlarvt – Munition für Trump, unter: https://www.welt.de/finanzen/article161442045/EZB-als-Waehrungsmanipulator-entlarvt-Munition-fuer-Trump.html

[1400] Ebda.

[1401] Ebda.

[1402] Ebda.

Tageszeitung *Die Welt*. „Allein Deutschland ist für rund die Hälfte des amerikanischen Handelsbilanzdefizits verantwortlich, aber auch andere Länder der Währungsunion erwirtschaften in den USA ein Plus"[1403].

Damit ließ sich von einem heraufziehenden wirtschafts- und handelspolitischen Konkurrenzkampf zwischen Deutschland und den USA sprechen; bei dem Versuch der Bundesrepublik, sich als Verteidigerin „liberaler Werte" gegenüber den USA zu positionieren, ging es insbesondere darum, der deutschen Exportwirtschaft – die im Jahr 2016 einen neuen Exportrekord von 1,208 Billionen Euro verzeichnen konnte – freien Zugang auf den Weltmärkten zu sichern[1404]. In einer Studie des *European Council on Foreign Relations* hieß es denn auch, dass nicht China, sondern Deutschland Donald Trumps Feind Nummer Eins sein würde[1405]. Folgerichtig hatte Trump auch zunächst die deutsche Automobilindustrie ins Auge gefasst. Trumps Attacken gegen Globalisierung und Freihandel waren für Deutschland - sprich für die deutsche Exportwirtschaft - höchst problematisch, und Trump hatte in einem Interview einmal erklärt, dass die Europäische Union ein Mittel zum Zweck für Deutschland sei. Die EU sei - so Trump - auch dazu gegründet worden, „um die Vereinigten Staaten im Handel zu schlagen". Laut Thomas Jäger, Experte für internationale Politik und Außenpolitik, sah Trump in der EU vor allem ein Gebilde, in dem jeder Staat versuche, seine Interessen durchzusetzen.

Im EU-Establishment gab es daher auch Befürchtungen, dass die Trump-Administration daran arbeiten könnte, die EU zu zerschlagen mit dem eigentlichen Ziel, Deutschland als Handels- und Wirtschaftskonkurrenten niederzuringen. Entsprechendes legte ein Bericht des *European Council on Foreign Relations* vom Februar 2017 nahe[1406]. In diesem Bericht wurde dargelegt, dass Trump eine fühlbare Feindschaft gegenüber einer Union, die die Nationalstaaten zu einem Wirtschaftsblock formiere, der stärker sei als die Vereinigten Staaten, und dessen Gründungsverträge auf „liberalen Werten" beruhe, hege. Trumps Strategie sei „klar: Deutschland zu isolieren und zu schädigen, um die EU" – als Rivalin der USA – „zu schwächen und möglichst zu zerschlagen"[1407]. Dabei – so der Bericht – könnten die USA davon profitieren, dass

---

[1403] Ebda.

[1404] Rekorde mit Risiken, unter:
http://www.german-foreign-policy.com/de/fulltext/59537/print

[1405] Ulrike Esther Franke/Mark Leonard, Germany, not China, will be Donald Trump's enemy number one, unter:
http://www.ecfr.eu/article/commentary_germany_not_china_will_be_donald_trumps_enemy_7282

[1406] Nick Witney, Shooting the ringleader: Trump draws a bead on Germany, unter:
http://www.ecfr.eu/article/commentary_shooting_the_ringleader

[1407] Ebda.

ein spürbares „Unbehagen mit der deutschen 'Hegemonie' ein allgegenwärtiges Risiko in Europa" sei. So böte zum Beispiel ein transatlantischer Handelskrieg den USA die Chance, Spaltlinien in der EU zu vertiefen – etwa durch das Angebot, US-Strafzölle auf der Basis bilateraler Absprachen unter Umgehung europäischer Übereinkünfte zu vermeiden[1408]. Dies wiederum war „ein deutlicher Bruch mit außenpolitischen Traditionen" der USA[1409].

Mithin wurde erkennbar, dass mit der Trump-Administration auch die Idee eines gemeinsamen transatlantischen Blocks ihr Ende gefunden hatte. Einen solchen wollte die Obama-Administration mit dem „Transatlantischen Freihandelsabkommen" TTIP verwirklichen, das ostentativ gegen Russland und China gerichtet war und durch Ressourcenakkumulation die Hegemonie des Westens sichern sollte. „Die Hegemonie des Westens – Amerikas und Europas – gegenüber dem pazifisch-asiatischen Raum verliert an Prägekraft und Bedeutung, die globale Welt wird multipolarer und unübersichtlicher"[1410]. Die Bemühungen der Obama-Administration, aus den USA und der EU einen gemeinsamen transatlantischen Pol zu schaffen, wich einem geopolitischen Autonomisierungsprozess sowohl Europas als auch der Vereinigten Staaten und begründete die Voraussetzungen für alternative geopolitische Formationen und Bündnisse – die nicht zuletzt auch den Interessen der deutschen Exportwirtschaft Rechnung tragen sollten. Um drohenden Einschnitten auf dem amerikanischen Markt zu entgehen, suchte „die Berliner Regierung nach Alternativen zum Atlantikhandel"[1411].

In diesem Zusammenhang hatte die Aufkündigung des Transpazifischen Freihandelsabkommens (TPP) durch die Trump-Administration im Februar 2017 ein geopolitisches Vakuum zurückgelassen, welches nunmehr Raum bot für Bündnissysteme, die es ermöglichten, den bisherigen Transatlantismus zu ersetzen. „Mit Interesse haben die deutschen Handelspolitiker verfolgt, welche Reaktionen Trumps Entscheidung hervorgerufen hat, alle Gespräche über TPP, eine riesige asiatische Freihandelszone mit den USA, zu stoppen. Westliche Staaten kündigten an, den geplanten Wirtschaftsraum nun ohne die USA, aber möglicherweise mit China zu gründen. So weit wie möglich soll davon auch die deutsche Wirtschaft profitieren, plant die Regierung in Berlin. Eine Kette von Handelsabkommen soll deutschen Konzernen den Zugang zu der Boomregion im Pazifik bahnen"[1412]. Dabei setzte die deutsche Bundesregierung hauptsächlich auf China. „Eine neue Achse Berlin-Peking könnte die

---

[1408] Ebda.

[1409] Clemens Wergin, Der neue Präsident und seine ganze Verachtung für die EU, in: Die Welt v. 14.11.2016

[1410] Befehls-Wirtschaft, in: Der Spiegel 5/2017, S. 64–70 (S. 69)

[1411] Ebda., S. 69

[1412] Ebda.

alte transatlantische Ordnung zumindest teilweise ersetzen"[1413]. Die Sogwirkung der chinesischen Volkswirtschaft erfasste nunmehr auch Staaten, die bislang fest in transatlantischen Bündnissen verankert waren[1414]. Die chinesische Staatsführung hatte diese geopolitische Chance erkannt und positionierte sich – gewissermaßen als Alternative zur Trump-Administration – zur Verteidigerin des freien Welthandels. Folgerichtig arbeitete China an der Realisierung einer Art „Gegenpakt", nämlich der „Regional Comprehensive Economic Partnership" (RCEP), die am 15. November 2020 in Hanoi anlässlich eines ASEAN-Gipfeltreffens unterzeichnet wurde. Dabei handelt es sich um ein Projekt von Freihandelsvereinbarungen der zehn ASEAN-Mitgliedsstaaten mit sechs Staaten, mit denen das ASEAN-Staatenbündnis Freihandelsabkommen abgeschlossen hat. Die bundesdeutsche Führung hatte in diesem Zusammenhang erkannt, dass eine Verbindung Deutschlands und Europas mit diesem chinesischen Projekt geopolitische Vorteile begründen würde, und der seinerzeitige deutsche Außenminister Sigmar Gabriel forderte die EU dazu auf, schnell an einer neuen Asien-Strategie zu arbeiten. „Die Räume, die Amerika frei macht, müssen wir jetzt nutzen", erklärte Gabriel. Im Rahmen des Weltwirtschaftsforums in Davos im Januar 2017 vereinbarten China und Deutschland, „Signale der Stabilität an die globalen Märkte (zu) senden und gemeinsam das internationale System durch eine Liberalisierung von Handel und Investitionen (zu) sichern"[1415].

Auch in Südamerika diente sich die EU als alternativer Handelspartner zu den USA an. Insgesamt war als Folge der neuen Außenhandelspolitik der USA zu erkennen, dass das Interesse an Handelskooperationen ohne Teilnahme der USA gestiegen war: Aufgrund der Entscheidung der USA, nicht am Transpazifischen Partnerschaftsabkommen TPP teilzunehmen, hatten die Länder der südamerikanischen Pazifik-Allianz (bestehend aus Mexiko, Kolumbien, Peru und Chile) beschlossen, mit den verbleibenden TPP-Staaten ohne die Vereinigten Staaten, dafür aber zusätzlich mit China, einen umfassenden Handelsblock zu schaffen. Entsprechende Vereinbarungen wurden auf einer gemeinsamen Konferenz im März 2017 getroffen[1416]. Neben einer zunehmenden transpazifischen Vernetzung zwischen Südamerika mit Ostasien war darüber hinaus eine verstärkte wirtschafts- und handelspolitische Integration des südamerikanischen Kontinentalraumes zu beobachten: So hatten die Mercosur-Staaten Argentinien, Brasilien, Paraguay und Uruguay im April 2017 Gespräche mit der Pazifik-Allianz im Hinblick auf eine engere Zusammenarbeit mit dem möglichen Ziel einer südamerikanischen kontinentalen Freihandelszone

---

[1413] Ebda.

[1414] Ebda.

[1415] Zit. aus: Ebda., S. 70

[1416] Evita Schmieg, Trumps Handelspolitik hat erste internationale Konsequenzen, Studie der Stiftung Wissenschaft und Politik, SWP-Aktuell 33 v. Mai 2017, S. 1–4 (S. 3)

eingeleitet[1417]. Dies wiederum stellte einen weiteren entscheidenden Schritt in Richtung Emanzipation Südamerikas von den USA dar, und ein Bündnis mit China war geeignet, diesen Prozess zu verstärken. Mit der Aufkündigung des Transpazifischen Partnerschaftsabkommens durch die USA „übernehmen die lateinamerikanischen Länder selbst die Initiative für eine weitere Integration mit Asien. China, das durch TTIP und TPP handelspolitisch an den Rand gedrängt worden wäre, hat eine neue Chance bekommen, sich als verlässlicher Wirtschaftspartner anzubieten. Dass es diese Chance zu nutzen gewillt ist, zeigte China bereits auf der Weltwirtschaftskonferenz in Davos (im Januar 2017, der Verf.), wo es sich gegen protektionistische Tendenzen und für ein multilaterales Handelssystem stark machte. Sein Interesse an dieser neuen Rolle dokumentierte China aber auch durch Reisen hochrangiger Vertreter nach Lateinamerika (…) und nicht zuletzt durch den Beschluss, im lateinamerikanisch-pazifischen Raum Freihandelsabkommen zu schließen. China hat sich zum Ziel gesetzt, den Handel mit Lateinamerika bis 2025 auf 500 Milliarden US-$ und seine Direktinvestitionen dort auf 250 Milliarden US-$ auszuweiten"[1418]. Die Volksrepublik China hatte bereits in den vergangenen Jahren ihr Lateinamerikageschäft schnell und umfassend ausgebaut. „Bereits 2013 lieferte Lateinamerika gut zehn Prozent seiner Exporte in die Volksrepublik und bezog von dort rund 16 Prozent seiner Importe. Seit 2010 nehmen auch die chinesischen Investitionen in Lateinamerika kräftig zu und bewegen sich zwischen sieben und 14 Milliarden US-Dollar im Jahr"[1419]. Vor diesem Hintergrund versuchte nunmehr auch die Bundesrepublik Deutschland – gewissermaßen als Alternative zum drohenden Verlust des US-Marktes – die bereits in den 1990er Jahren entwickelte Idee eines Freihandelsabkommens zwischen der EU und den Mercosur-Staaten wieder aufzugreifen. Dies erfolgte vor allem vor dem Hintergrund, an geopolitischer Präsenz in Lateinamerika wieder aufzuholen, wo die EU Gefahr gelaufen war, in Bezug auf China ins Hintertreffen zu geraten. Über die Folgen des rapide zunehmenden chinesischen Lateinamerikageschäfts hatte sich im Frühjahr 2017 der Ökonom Enrique Dussel Peters geäußert, der an der Universidad Nacional Autónoma de México (UNAM) lehrt. „Die EU gehört zu den Blöcken, die angesichts der chinesischen Präsenz am meisten verloren haben, auch strategische Präsenz", erklärt Peters. „Von einem relevanten Dialog EU-Lateinamerika ist nicht viel zu bemerken. (...) Freundlich gesprochen", urteilt Peters, „kann von einer relativ konstanten und stabilen Beziehung Lateinamerika-EU gesprochen werden – mit abnehmender Tendenz"[1420].

[1417] Ebda., S. 3/4

[1418] Ebda., S. 4

[1419] Der Anti-Trump (II), unter:
http://www.german-foreign-policy.com/de/fulltext/59616

[1420] Nafta. „Für Mexiko gibt es nichts zu gewinnen", unter:

Insgesamt betrachtet begründete die Außenhandelspolitik der Trump-Administration Möglichkeiten für geopolitische Umschichtungsprozesse: Der EU bot sich beispielsweise die Gelegenheit, durch engere Kooperation mit dem asiatischen und lateinamerikanischen Block ihre wirtschaftliche und politische Position als autonomen – und nicht mehr zwingend transatlantischen – geopolitischen Pol zu festigen. „Trumps Handelsagenda verändert die Geopolitik", so fasste die *Stiftung Wissenschaft und Politik* die damaligen Entwicklungen zusammen[1421]; die „ökonomische Neujustierung" erschien als „das Vorzeichen einer weitreichenderen Umwälzung der geopolitischen Ordnung"[1422].

b) Die Trump-Administration und die NATO: Kontinuität oder Wandel?

Ein nicht unerhebliches Problem verband sich mit der Frage, welche Funktion die Trump-Administration der NATO beimaß und welche Rolle diese in ihrem Konzept des „America first" spielen sollte. Ein wichtiger Anhaltspunkt zu ihrer Klärung war Trumps immer wieder geäußerte Auffassung, die USA seien von ihren Verbündeten lediglich ausgenutzt worden und hätten von Amerikas Bereitschaft, deren Sicherheit zu garantieren, in Gestalt wirtschaftlicher und handelspolitischer Vorteile profitiert. Beispielhaft hierfür war Trumps Annonce aus dem Jahr 1987, die in großen amerikanischen Tageszeitungen veröffentlicht wurde. Der seinerzeitige Hintergrund war der erste Golfkrieg zwischen Iran und Irak, in dem die USA durch militärische Eskortierung umgeflaggter kuwaitischer Tanker den Erdöltransport sicherten, von dem laut Trump hauptsächlich Westeuropa und Japan profitierten. „Die Welt lacht über Amerikas Politiker, denn wir beschützen Schiffe, die uns nicht gehören, und die Erdöl, das wir nicht brauchen, zu Verbündeten transportieren, die uns keine Hilfe sind. Im Lauf der Jahre haben die Japaner, unbelastet von den riesigen Kosten ihrer Verteidigung (solange die Vereinigten Staaten kostenlos für sie sorgen), eine starke, dynamische Wirtschaft mit beispiellosen Überschüssen aufgebaut". Das Ergebnis sei die wirtschaftliche Schwäche Amerikas[1423]. In einem Interview mit Larry King vom September 1987 wiederholte Trump diese Vorwürfe, als er das Ungleichgewicht zwischen den Verteidigungsausgaben der Vereinigten Staaten und jenen der anderen Bünd-

---

https://www.npla.de/poonal/nafta-fuer-mexiko-gibt-es-nichts-zu-gewinnen/

[1421] Evita Schmieg, Trumps Handelspolitik hat erste internationale Konsequenzen, Studie der Stiftung Wissenschaft und Politik, SWP-Aktuell 33 v. Mai 2017, S. 1–4 (S. 4)

[1422] Brendan Simms/Charlie Laderman, Wir hätten gewarnt sein können. Donald Trumps Sicht auf die Welt, DVA, München 2017, S. 127

[1423] Ebda., S. 47

nisstaaten scharf kritisierte. Generell hob Trump hervor, dass es nicht Aufgabe der USA sei, als „Hüter der Welt" zu fungieren[1424]. „Wenn man sich die Zahlungen ansieht, die wir an die NATO leisten, sind sie im Vergleich mit denjenigen aller anderen völlig unverhältnismäßig", so Trump. „Wenn wir in diesem Land Geschäftssinn hätten, würden wir eine Menge Profit machen - sogenannten Überschussgewinn. Und dieser Profit, dieses Geld könnte dafür verwendet werden, unsere Obdachlosen und unsere Armen und unsere Kranken und unsere Farmer zu verteidigen, und ich meine buchstäblich verteidigen. Und dafür sollte das Geld ausgegeben werden. Es sollte nicht Ländern gegeben werden, die zu allererst auf uns pfeifen"[1425]. Verschiedentlich hatte Trump ausgeführt, das Versäumnis der USA hätte darin bestanden, die Verbündeten für den von den USA gewährleisteten militärischen Schutz nicht zahlen zu lassen[1426]. Die vorgeblichen Freunde der USA, allen voran Westeuropa (insbesondere Deutschland), Japan und Saudi-Arabien, profitierten vom Handel und nähmen auf dem Weg über die NATO und andere Bündnisse ohne erwähnenswerte Gegenleistungen den militärischen Schutz durch die Vereinigten Staaten in Anspruch; die Wirtschaftsmisere der USA sei die Kehrseite dieser „schlechten Deals"[1427].

Dieser Ansatz – Verteidigungszusage gegen Zahlung – sollte nach dem Willen Trumps nunmehr auch für die US-amerikanische NATO-Politik gelten. „Trump hatte im Wahlkampf den Grundpfeiler der Nato infrage gestellt, die Beistandsverpflichtung nach Artikel 5 (des NATO-Vertrages, der Verf.). Die Nato-Verbündeten könnten nur dann auf Beistand hoffen, wenn sie 'ihre Rechnungen bezahlt' hätten, sagt er"[1428]. Nach Einschätzung Trumps war die NATO eine Gruppe schwacher Staaten, die sich nicht selbst verteidigen könnten und deshalb Geld dafür zu zahlen hätten, dass die USA für ihre Sicherheit sorgen. Im Wahlkampf hatte er deutlich gemacht, dass er die Lastenverteilung innerhalb des Bündnisses radikal zu ändern beabsichtigte[1429]. Auf dem NATO-Gipfel in Wales 2014 hatten sich die Mitgliedsstaaten darauf geeinigt, perspektivisch zwei Prozent ihrer nationalen Wirtschaftsleistung für Verteidigung auszugeben. Tatsächlich erfüllen nur wenige Staaten diese Vorgabe; Deutschland liegt hier bei 1,19 Prozent. Trump drohte nunmehr, die Beistandspflicht der USA nach Artikel 5 des NATO-Vertrages von der Erfüllung dieses Ziels abhängig zu machen. Für Deutschland hätte dies eine drastische Steigerung des Verteidigungshaushaltes zur Folge gehabt, nämlich von

---

[1424] Ebda., S. 51

[1425] Ebda., S. 53

[1426] Ebda., S. 56, 58

[1427] Ebda., S. 114

[1428] Signal des Niedergangs, in: Der Spiegel 46/2016, S. 34–35 (S. 34/35)

[1429] Ebda., S. 35

34 Milliarden (2017) auf 65 Milliarden Euro pro Jahr[1430]. Trumps Ankündigung, die NATO sei „obsolet", führte überdies zu erheblichen Irritationen der Mitgliedsstaaten, und in einem geheimen Bericht des Stabes des NATO-Generalsekretärs Stoltenberg wurde detailliert das Szenario einer Trump-Präsidentschaft und ihre Auswirkungen auf die NATO beschrieben. In diesem Bericht spielten die Strategen durch, was es bedeuten würde, wenn Trump seine Ankündigung wahr machen würde, sich künftig militärisch weniger in Europa zu engagieren, und eventuell einen Teil der US-amerikanischen Streitkräfte aus Europa abzöge[1431]. Hier wurden Pläne geäußert, als Kompensation für ein verringertes amerikanisches Kontingent die Nuklearstrategie der NATO zu intensivieren: Wenn aufgrund eines Rückzugs amerikanischer Streitkräfte die Schlagkraft konventioneller Streitkräfte reduziert werden sollte, sollte automatisch die nukleare Option in den Vordergrund rücken[1432]. Das günstigste Szenario der NATO-Strategen ging seinerzeit davon aus, dass die neue Administration lediglich strikt darauf drängen würde, dass die Europäer mehr Geld für ihre militärische Sicherheit ausgeben.

In der Folge hatte die Trump-Administration den transatlantischen Konsens jedoch nicht revidiert und auch weiterhin die Bedeutung der NATO für die US-Strategie herausgestellt. Aufgrund der in einem Interview geäußerten These Trumps, die NATO sei „obsolet", wurde seitens der europäischen Mitgliedsstaaten gemutmaßt, Trump wolle die NATO grundsätzlich in Frage stellen. Doch bedeutet dieser Begriff im englischen Sprachgebrauch weniger „überflüssig", sondern hauptsächlich „veraltet", „aus der Zeit gefallen"[1433]. An den späteren Äußerungen Trumps war zu erkennen, dass er damit die Notwendigkeit betonen wollte, die Allianz müsse sich auf die neuen strategischen und sicherheitspolitischen Herausforderungen – sprich der Bekämpfung des Dschihadismus – einstellen. Keinesfalls war aber damit eine Infragestellung der NATO als solche beabsichtigt. In seiner außenpolitischen Grundsatzrede in Washington am 27. April 2016 hob Trump hervor, dass die „antiquierte Mission und Struktur" der NATO, „die noch aus dem Kalten Krieg stammen", den veränderten Bedingungen angepasst werden sollten. Die NATO, so Trump, sei vor langer Zeit entworfen worden, und viel zu wenige Mitglieder zahlen das, was sie müssten. „Wir sollten diese Länder schützen, aber viele dieser Länder zahlen nicht, was sie zahlen müssten", sagte er. „Das ist sehr unfair gegenüber den USA. Abgesehen davon ist mir die

---

[1430] Ebda., S. 35

[1431] Ebda., S. 34

[1432] Ebda., S. 35

[1433] Trump und die Nato: Was heißt hier „obsolet"?, unter:
https://www.welt.de/newsticker/dpa_nt/afxline/topthemen/hintergruende/article16123123 0/Was-heisst-hier-obsolet.html

Nato sehr wichtig"[1434]. Trumps Anklage gegen die NATO richtete sich nach seinen eigenen Worten dagegen, dass sie keine Strategie gegen den (dschihadistischen) Terrorismus entwickelt hätte. Seine Äußerungen auf dem NATO-Gipfel in Brüssel Ende Mai 2017 zeigten jedenfalls, dass Trump die NATO in der Kontinuität klassischer US-amerikanischer Geopolitik verortet sah und ihr hier eine große Bedeutung einräumte. „Die Nato der Zukunft muss sich sehr stark auf Terrorismus und auf Zuwanderung konzentrieren, sowie auf die Bedrohung durch Russland an den Ost- und Südgrenzen der Nato", so Trump[1435]. Dabei wiederholte er seine Aufforderung an die NATO-Mitgliedsstaaten, einen angemessenen Zahlbeitrag zu leisten, um das NATO-Ziel und die Modernisierung der Streitkräfte zu gewährleisten. Dieses Festhalten der Trump-Administration an die klassische NATO-Politik, insbesondere die Betonung, dass die NATO „auch für Bedrohungen durch Russland an unseren östlichen und südlichen Grenzen" Sorge zu tragen habe, war wohl hauptsächlich dem Umstand geschuldet, dass Trump wegen etwaiger Russland-Kontakte seines Wahlkampfteams unter Druck stand[1436]. Einflussreiche Militärs wie der Verteidigungsminister James Mattis und der Nationale Sicherheitsberater McMaster betonten die Bedeutung der NATO für die US-Strategie auch in dieser Hinsicht.

aa) Die ursprüngliche (neue) NATO-Strategie der Trump-Administration: Der Kampf gegen den islamistischen Dschihadismus und das Risiko eines NATO-Einsatzes in Syrien

Ein Schwerpunkt der Sicherheitspolitik der Trump-Administration war die Bekämpfung dschihadistisch-islamistischer Gruppierungen. In einem Strategiepapier von Anfang Mai 2017, in dem es hieß, dass die USA nicht nur vom IS, sondern auch von einer neu aufgestellten al-Qaida, Gruppen wie dem Haqqani-Netzwerk und der Hisbollah bedroht würden, wurde dies deutlich hervorgehoben. Das Vorgehen gegen radikale Islamisten müsse verstärkt und die Kosten für die USA gesenkt werden, so die Grundausrichtung dieses Plans. „Um die Ziele im Anti-Terror-Kampf zu erreichen, werden wir versuchen, teure und großangelegte US-Militäraktionen zu vermeiden und uns vermehrt

---

[1434] Trump nennt Nato „obsolet", unter:
http://www.spiegel.de/politik/ausland/donald-trump-nennt-nato-obsolet-a-1130088.html
[1435] Trump ruft NATO auf, sich auf Terror, Migration und „russische Bedrohung" zu konzentrieren, unter:
https://deutsch.rt.com/international/51224-trump-ruft-nato-auf/
[1436] Trump: NATO muss sich auf Terrorismus und Einwanderung konzentrieren, unter:
http://info-direkt.eu/2017/05/26/trump-nato-muss-sich-auf-terrorismus-und-einwanderung-konzentrieren/

Partnern zuwenden, um die Verantwortung im Kampf gegen Terror-Gruppen zu teilen", heißt es dort[1437]. Bekämpfung des islamistischen Dschihadismus und Umverteilung der diesbezüglichen militärischen Kosten speziell auf die NATO-Verbündeten sollte nach dem ursprünglichen Plan der Trump-Administration der Kernpunkt der NATO-Strategie in der Ära Trump sein. Vor diesem Hintergrund hatten die Verteidigungsminister der NATO-Mitgliedsstaaten im Februar 2017 den Ausbau eines Streitkräftekommandos in Neapel beschlossen; dort sollte eine Art Lage- und Informationszentrum entstehen, das Informationen aus südlichen Krisenstaaten wie Libyen, Syrien oder dem Irak auswertet. In Zukunft – so die Planung – sollte der Standort in Neapel dann auch zur zentralen Steuerung von Militäroperationen gegen den „Islamischen Staat" genutzt werden. Bislang unterstützte die NATO den Kampf gegen den IS lediglich mit Aufklärungsflügen und einem Ausbildungsprogramm für irakische Soldaten[1438]. An Kampfeinsätzen der sogenannten „Anti-IS-Koalition" beteiligen sich lediglich einzelne NATO-Partner, nicht aber die NATO selbst. Hinter diesen Plänen – so interne Angaben aus Bündniskreisen – standen neben den USA auch die südeuropäischen Staaten. „Sie warnen seit längerem davor, in Europa zu einseitig gegen mögliche Bedrohungen aus Russland aufzurüsten. Durch den Machtwechsel in Washington ist der Druck noch einmal größer geworden, sich intensiver mit Gefahren durch den islamistischen Terrorismus zu beschäftigen. Donald Trump hatte im Wahlkampf ein deutliches stärkeres Engagement der Nato in diesem Bereich gefordert"[1439]. Indirekt drohte Trump sogar damit, die Beistandsverpflichtungen der Vereinigten Staaten infrage zu stellen, sollten die NATO-Partner nicht auf seine Vorstellungen eingehen[1440]. „Donald Trump will vor allem erreichen, dass die Nato endlich ihre Nützlichkeit im Krieg gegen den Terror unter Beweis stellt", so das Nachrichtenmagazin *Spiegel Online*. „Aus der Militärallianz soll eine schlagkräftige Truppe im Antiterrorkampf werden, daher fordern die USA schon länger, dass die Nato der Koalition gegen die Terroristen des sogenannten Islamischen Staats (IS) beitritt"[1441]. Der NATO-Gipfel in Brüssel Ende Mai 2017 endete dann auch mit der Bereitschaftserklärung der NATO zum Beitritt in den Krieg gegen den „Islamischen

---

[1437] Trump fordert mehr Hilfe von Verbündeten im Anti-Terror-Kampf, unter: http://de.reuters.com/article/usa-terrorbek-mpfung-idDEKBN1830C1
[1438] So will die Nato islamistischen Terror bekämpfen, unter:
 http://www.faz.net/aktuell/politik/ausland/nato-bereitet-sich-auf-staerkere-beteiligung-am-anti-terror-kampf-vor-14868926.html
[1439] Ebda.
[1440] Ebda.
[1441] Nato-Beitritt zur Anti-IS-Allianz – Höllendeal, unter:
http://www.spiegel.de/politik/ausland/nato-beitritt-zur-anti-is-allianz-eine-gefaehrliche-entscheidung-a-1149174.html

Staat" in Syrien und Irak – und diese Entscheidung wurde explizit unter Verweis auf Trump legitimiert[1442]: „Europa und Kanada machen dem US-Präsidenten große Zugeständnisse: Sie erklären sich bereit, der Koalition gegen den Islamischen Staat (IS) beizutreten. Die Terrormiliz bekämpften in unterschiedlichem Ausmaß zwar alle 28 Nato-Mitglieder bereits vorher – allerdings nicht im Bündnis. Was wiederum einen Grund hatte. Die Sorge war groß, islamistische Hetzer könnten eine offizielle Beteiligung der Nato als einen Kreuzzug der westlichen auf die muslimische Welt in Szene setzen. Zudem galt es, Russland nicht unnötig zu provozieren. Doch die Sorge, Trump könnte sich von der Nato abwenden, war letztlich offensichtlich größer als diese Vorbehalte. Die Mitgliedsländer pochen jetzt darauf, dass die Nato nicht an Kampfhandlungen teilnehmen wird. Vielmehr stünden die Ausbildung lokaler Kräfte und eine ausgeweitete Aufklärung des Luftraums über Syrien und dem Irak im Vordergrund"[1443]. Insoweit war der Beschluss des Nordatlantikrates zur Beteiligung der NATO an der Anti-IS-Koalition als Zugeständnis an die Trump-Administration zu bewerten, das aus der Befürchtung der NATO-Mitgliedsstaaten resultierte, die USA könnten sich von der NATO abwenden. Insoweit ist die Schlussfolgerung durchaus berechtigt, dass Trump seine Pläne zur verstärkten Einbindung der NATO in die sogenannte „Anti-Terror"-Mission durchsetzen konnte; dieser Beschluss war das Ergebnis eines langen Drängens Washingtons[1444]. Dies galt gleichfalls hinsichtlich der bestehenden Forderung der USA nach einer Neuausrichtung der Lastenverteilung innerhalb des Bündnisses. Auf dem NATO-Gipfel in Brüssel konnte Einigkeit über ein Konzept zur „Verbesserung der Lastenverteilung" erzielt werden, welches vorsah, dass alle 28 Bündnisstaaten künftig einmal jährlich darlegen sollten, wie sie sich in Zukunft beim Thema Verteidigung und Aufrüstung engagieren wollten. „Neben der Entwicklung der Verteidigungsausgaben sollen dabei auch die Beteiligung an Nato-Einsätzen und militärische Fähigkeiten eine Rolle spielen. Für letztere hat die Nato für die kommenden 15 Jahre klare Vorgaben gesetzt"[1445]. Damit sollte de facto eine Verpflichtung der NATO-Mitgliedsstaaten begründet werden, jährlich Rechenschaft darüber abzulegen,

---

[1442] Jürgen Wagner, „Ein Segen für die NATO". Hochrüstung, Donald Trump und die NATO-Tagung in Brüssel, unter:
http://www.imi-online.de/2017/05/26/ein-segen-fuer-die-nato/
[1443] US-Präsident in Brüssel: Sechs Lehren des Nato-Gipfels mit Trump, unter: http://www.n-tv.de/politik/Sechs-Lehren-des-Nato-Gipfels-mit-Trump-article19860248.html
[1444] Gabriel warnt vor Nato-Kampfeinsätzen gegen IS, unter:
http://www.faz.net/aktuell/politik/ausland/vor-gipfel-mit-trump-gabriel-warnt-vor-nato-kampfeinsaetzen-gegen-is-15031707.html
[1445] NATO tritt Anti-IS-Koalition bei, unter:
http://www.spiegel.de/politik/ausland/nato-tritt-koalition-gegen-islamischer-staat-bei-a-1149194.html

wie das 2014 vereinbarte NATO-Ziel erreicht werden sollte, die Verteidigungsausgaben binnen eines Jahrzehnts auf „Richtung zwei Prozent" der jeweiligen Wirtschaftsleistung zu erhöhen. Bereits im Vorfeld des NATO-Gipfels wurde seitens der Trump-Administration entsprechend Druck auf die europäischen Mitgliedsstaaten erhöht. „Trump will in der Frage offenbar den Druck aufrecht erhalten", so die *Frankfurter Allgemeine Zeitung*. „Der Präsident werde bei dem Gipfel verlangen, dass die Bündnispartner 'ihre Verpflichtungen bei der Lastenteilung vollständig erfüllen' und ihre Ausgaben auf jährlich zwei Prozent der Wirtschaftsleistung erhöhten, sagte der amerikanische Außenminister Rex Tillerson während des Flugs mit der Präsidentenmaschine nach Brüssel. 'Ich denke, man kann erwarten, dass der Präsident sehr hart mit ihnen sein wird'"[1446]. Zu beachten ist in diesem Zusammenhang jedoch, dass die Zielvereinbarung des NATO-Gipfels von Wales 2014 keine Verpflichtung der NATO-Staaten begründet hatte. „Eine Zahl elektrisiert: Zwei Prozent des Bruttoinlandsprodukts sollen die Mitgliedstaaten der NATO bis 2024 für ihr Militär ausgeben. (…) Es ist eine politische Zielsetzung, kein rechtlich verbindlicher Beschluss", so der Friedensforscher Otfried Nassauer[1447].

Nach den damaligen Absprachen waren direkte Kampfeinsätze der NATO nicht vorgesehen; mit dem Brüsseler Beschluss verbunden waren vielmehr „Pläne zur Ausweitung des Einsatzes von Awacs-Flugzeugen" der Allianz. Sie sollten künftig nicht nur zur Luftraumbeobachtung, sondern auch als fliegende Kommandozentralen zur Koordinierung des Luftverkehrs über Syrien und dem Irak eingesetzt werden können. Vorgesehen waren zudem die Benennung eines Anti-Terror-Koordinators und die Aufstockung des Ausbildungseinsatzes für Sicherheitskräfte im Irak"[1448]. Der Awacs-Einsatz sollte „fortan auch Flugzeuge der Anti-IS-Koalition dirigieren, sofern es sich nicht um Einsätze zum Abwurf von Bomben handelt"[1449]. Auch wenn ein ausdrücklicher Kampfeinsatz der NATO nicht vorgesehen war, so barg dieses – auf Druck der Trump-Administration durchgesetzte – NATO-Konzept nicht unerhebliche Risiken, in eine unübersehbare geopolitische Konfrontation in Syrien insbesondere mit Russland hineingezogen zu werden. Es wäre daher

---

[1446] Gabriel warnt vor Nato-Kampfeinsätzen gegen IS, unter:
http://www.faz.net/aktuell/politik/ausland/vor-gipfel-mit-trump-gabriel-warnt-vor-nato-kampfeinsaetzen-gegen-is-15031707.html
[1447] „Streitkräfte und Strategien" v. 21.05.2017, unter:
http://www.ndr.de/info/sendungen/streitkraefte_und_strategien/streitkraeftesendemanuskript614.pdf
[1448] NATO tritt Anti-IS-Koalition bei, unter:
http://www.spiegel.de/politik/ausland/nato-tritt-koalition-gegen-islamischer-staat-bei-a-1149194.html
[1449] Gabriel warnt vor Nato-Kampfeinsätzen gegen IS, unter:
http://www.faz.net/aktuell/politik/ausland/vor-gipfel-mit-trump-gabriel-warnt-vor-nato-kampfeinsaetzen-gegen-is-15031707.html

verfehlt, mit der Beteiligung der NATO als Bündnissystem an der Anti-IS-Koalition lediglich von einem „symbolischen Schritt" zu sprechen. Schließlich wäre ein NATO-Einsatz in Syrien „nicht bloß ein Einsatz gegen den IS, er würde im Hoheitsgebiet eines Landes stattfinden, dessen Erlaubnis gar nicht eingeholt wird und er findet in einem Luftraum statt, den Russlands Luftwaffe in Absprache mit der syrischen Regierung dominiert. Es ist also ein Einsatz in nächster Nähe des Einflussbereichs Russlands"[1450]. Kritiker bemerkten in diesem Zusammenhang, dass die NATO auf diese Weise ohne Weiteres dazu instrumentalisiert werden konnte, die Aufteilung Syriens in Einflusssphären – was wohl die eigentliche Strategie der Trump-Administration in der Levante zu sein schien – mit zu unterstützen. Überdies bestand Grund zu der Annahme, dass die Trump-Administration plante, die NATO in ihren Plan einzubinden, eine eigene US-Einflusssphäre in Syrien zu konsolidieren und auszuweiten[1451]. In diesem Zusammenhang wiederum war nicht ausgeschlossen, dass auch die Eindämmung der iranischen Streitkräfte und der sie unterstützenden Milizen wie der libanesischen Hisbollah in das Spektrum der NATO-Einbindung in Syrien einbezogen werden sollte. Vor diesem Hintergrund wurden „Risiken sichtbar, die in keine deeskalierende Richtung zeigen"[1452]. Dies galt umso mehr, da die Trump-Administration in Syrien auf eine Eskalationsstrategie setzte. Trump wollte Syrien und insbesondere den Osten des Landes nicht ohne weiteres der Achse Damaskus-Moskau-Teheran überlassen[1453], was der US-Präsident mit dem Abschuss des syrischen Suchoi-22-Kampfflugzeuges am 18. Juni 2017 deutlich gemacht hatte. „Trotz (der) teilweise schrillen isolationistischen Tönen ist Trump gewillt, Amerikas Gegner im Nahen Osten die eigene militärische Stärke spüren zu lassen und Konfrontationen zu riskieren", so die *Neue Zürcher Zeitung*[1454]. Folgt man den Enthüllungen des US-Magazins *Foreign Policy,* so schien die Trump-Administration eine hohe Bereitschaft an den Tag zu legen, in Syrien eine Konfrontation mit dem Iran geradezu herauszufordern. Beamte des Weißen Hauses drängten demzufolge das Pentagon dazu, den Krieg auf iranische Kämpfer in Syrien auszuweiten bis hin zur Entsendung von mehr Bodentruppen[1455]. Mit der Verwirklichung dieser Konzepte bestand ein hinreichendes Eskalationspoten-

---

[1450] Thomas Pany, Nato will sich der Anti-IS-Koalition anschließen, unter:
https://www.heise.de/tp/features/Nato-will-sich-der-Anti-IS-Koalition-anschliessen-3725492.html

[1451] Ebda.

[1452] Ebda.

[1453] Trump wagt die Konfrontation, unter:
https://www.nzz.ch/meinung/krieg-in-syrien-trump-wagt-die-konfrontation-ld.1301807

[1454] Ebda.

[1455] Ebda.

tial dahingehend, dass auch die NATO in eine militärische Auseinandersetzung mit der Achse Damaskus-Moskau-Teheran hineingezogen zu werden drohte. Zur besonderen Brisanz der Situation trug der Umstand bei, dass der Osten und Südosten Syriens zwischenzeitlich zum Mittelpunkt des „großen Spiels" um die Levante, sprich der geopolitischen Rivalitäten, geworden war; diese Region ist nicht nur „für den syrisch-irakischen Handel von Bedeutung, sondern auch für die weitere Route zwischen Iran, Irak, Syrien und Libanon – mit wirtschaftlichen, logistischen und militärischen Implikationen. Ein zusammenhängendes Einflussgebiet würde Iran direkten Zugang zum Mittelmeer verschaffen[1456], und der Plan der Trump-Administration lag darin, alles daranzusetzen, einer Ausweitung des iranischen Einflusses in der Region entgegenzutreten.

bb) Die klassische NATO-Doktrin der Eindämmung Russlands wird beibehalten

Schon aus der Gesamtbetrachtung des Jahres 2017 ergibt sich, dass die Trump-Administration an der klassischen NATO-Doktrin der Eindämmung Russlands festhielt. Trump hatte anlässlich des Brüsseler NATO-Gipfels im Mai 2017 herausgestellt, dass die NATO nach wie vor „auch für Bedrohungen durch Russland an unseren östlichen und südlichen Grenzen" Sorge zu tragen habe. Schon beim Treffen der NATO-Außenminister Ende März 2017, das der Vorbereitung des Brüsseler Gipfels diente, erklärte US-Außenminister Rex Tillerson, dass die NATO über „Russlands Aggression in der Ukraine und andernorts" diskutieren müsse. Demnach gelte es, entsprechende Antworten zu erörtern, zu denen auch die NATO-Präsenz in Osteuropa zähle[1457]; Tillerson unterstrich hier ein klares Bekenntnis der Trump-Administration zur NATO und ihrer gegen Russland gerichteten geostrategischen „Containment"-Funktion. Bereits in ihrem Haushaltsentwurf für das Jahr 2018 hatte die Trump-Administration deutlich gemacht, dass sie an der Aufrüstung der NATO in Osteuropa festhalten werde. Die Veranschlagung von 4,8 Milliarden US-Dollar zur Unterstützung von dortigen NATO-Sicherheitsmaßnahmen stellte eine Erhöhung des entsprechenden Budgets im Vergleich zu 2017 um 1,4 Milliarde Dollar dar. Schon 2016 hatte Trumps Vorgänger Obama die Summe deutlich erhöht. Die Gelder waren für die „European Reassurance Initiative" bestimmt, mit der die USA nach der Angliederung der Krim durch Russland ihre Präsenz in Europa verstärkt hatten[1458]. Trump selbst hatte die

---

[1456] Duell in der Wüste. US-iranische Rivalität in Syrien, unter:
https://www.nzz.ch/international/us-iranische-rivalitaet-in-syrien-duell-in-der-wueste-ld.1298902
[1457] Nato-Treffen: Tillerson wettert gegen „russische Aggression", unter:
https://deutsch.rt.com/international/48537-tillerson-wettert-gegen-russische-aggression/
[1458] Weniger für Soziales, mehr fürs Militär, unter:

– weit reichenden – NATO-Entscheidungen gegen Russland zu keinem Zeitpunkt scharf kritisiert, geschweige denn, dass er angedeutet hätte, sie rückgängig machen zu wollen[1459]. Die *Heritage Foundation,* eine neokonservative Denkfabrik, hatte in diesem Zusammenhang auch deutlich herausgestellt, dass die Trump-Administration alles andere als russlandfreundlich gewesen sei: „Wenn es wirklich so wäre, dass die Trump-Regierung gemeinsame Sache mit Russland machen wollte, dann stellt sie sich dabei furchtbar an. Sie hat sich in Europa, Afghanistan, Georgien und Syrien gegen Russland gestellt"[1460]. Die Aktivitäten der NATO in Ostmitteleuropa – bereits lange vor dem Machtwechsel in Washington in Gang gesetzt – wurden unter der Trump-Administration nicht gestoppt, sondern fortgeführt. Im Baltikum wurden Anfang 2017 drei NATO-Bataillone stationiert, nebst einem zusätzlichen US-amerikanischen NATO-Bataillon in Polen. Hinzu kam noch eine mehr als 4.000 Soldaten starke US-Brigade, die ihre Operationen über sieben Länder Ost- und Südosteuropas verteilte. Diese wurde im Januar 2017 nach Polen verlegt, um dann weiter zu Manövern in Estland, Lettland, Litauen, Ungarn, Rumänien und Bulgarien auszuschwärmen[1461]. Ferner hatten die US-Streitkräfte im Westen Deutschlands, in den Niederlanden und in Belgien Waffenbestände eingelagert, die einsatzbereit gehalten wurden und ausreichten, um eine Division mit 15.000 bis 20.000 Mann auszurüsten[1462]. Als eigentliche Verstärkung dient die „Very High Readiness Joint Task Force" (VJTF), die sogenannte „Speerspitze" der NATO, mit ihren „Nato Force Integration Units" (NFIU). Diese gut 5.000 Mann starke schnelle Eingreiftruppe, die von der Bundeswehr mitaufgebaut wurde, verfügte zwischenzeitlich über acht NFIU, die im Baltikum, Polen, der Slowakei, Ungarn, Rumänien und Bulgarien eingerichtet wurden, „also in einem dichten Ring in größtmöglicher Nähe zu Russland"[1463]. Eine Reaktion der russischen Militärführung ließ nicht lange auf sich warten: Ende April 2017 hatte der russische Generalstabschef Waleri Gerasimow erklärt, die NATO sei dabei, entlang der russischen Grenzen Angriffsoptionen auszubauen. Im ganzen Baltikum würden vorhandene Flugplätze und Häfen ausgebaut, es würden Lager für Nachschubgüter aller Art

---

https://www.neues-deutschland.de/artikel/1052136.weniger-fuer-soziales-mehr-fuers-militaer.html

[1459] Jürgen Wagner, „Ein Segen für die NATO", unter:

http://www.imi-online.de/2017/05/26/ein-segen-fuer-die-nato/

[1460] Ted Bromund, Trump is not Pro-Russia, despite what the Media says, unter: http://dailysignal.com/2017/05/24/trump-not-pro-russia-despite-media-says/

[1461] Jörg Kronauer, Barbarossa II. Von Estland bis Rumänien: Die Nato forciert den militärischen Aufmarsch gegen Russland – deutsche Truppen vorweg, in: Konkret 4/2017, S. 12–14 (S. 12/13)

[1462] Ebda., S. 13

[1463] Ebda., S. 13

angelegt, um diese schon vor einem „heißen" Konflikt frontnah stationieren zu können[1464].

Darüber hinaus setzte das transatlantische Bündnis auch seine Ausdehnungspolitik fort. Bereits im Jahr 2016 wurde durch formellen Beschluss das 2006 von Serbien abgespaltene Montenegro Mitglied der NATO. Montenegros Parlament hatte den Beitritt Ende April 2017 trotz Proteste der prorussischen Opposition abschließend gebilligt; an dem Brüsseler NATO-Gipfel von Mai 2017 hatte Montenegro bereits teilgenommen. Dieser Schritt wurde von Russland als Provokation aufgefasst, zumal dieser Balkanstaat als enger Verbündeter Moskaus gegolten hatte. „Die geplante Mitgliedschaft hatte in den vergangenen Jahren die wegen der Ukraine-Krise ohnehin vorhandene Spannungen zwischen der NATO und Russland weiter verstärkt. Moskau hat die Allianz mehrfach davor gewarnt, den Kleinstaat, der aus dem zerfallenen Jugoslawien hervorgegangen ist, aufzunehmen. Der Kreml drohte mit 'Gegenmaßnahmen'"[1465]. Dennoch wurde am 5. Juni 2017 der NATO-Beitritt des kleinen Balkanstaates vollzogen. Zwar ist das militärische Potential des Landes völlig bedeutungslos; vielmehr spielten geopolitische Überlegungen bei diesem Schritt eine entscheidende Rolle: Durch den NATO-Beitritt Montenegros wurde die strategische Lage der NATO im Westbalkan erheblich verbessert; die russische Position im Balkanraum hingegen weiter verschlechtert (nur noch Serbien und Bosnien-Herzegowina sind noch nicht NATO-Mitglieder, [Nord-]Mazedonien wurde 2020 in die NATO aufgenommen). „Für die NATO ist Montenegro hingegen keineswegs bedeutungslos. Mit dem NATO-Beitritt des kleinen Landes ist fast die gesamte Adriaküste in der Hand des westlichen Militärbündnisses, bis auf den etwa 20 km langen Küstenstreifen, der zu Bosnien-Herzegowina gehört. Montenegros Adriahäfen sind zudem seit Alters her von erheblicher militärischer Bedeutung"[1466]. Die Aufnahme Montenegros war mithin eine geopolitisch logische Folge in der Politik der Expansion der NATO im Westbalkanraum; im Jahr 2009 wurden Kroatien und Albanien Mitglieder des transatlantischen Bündnisses. Im Land selbst ist die NATO-Mitgliedschaft jedoch keineswegs unumstritten. Die montenegrinische Regierung des damaligen Ministerpräsidenten Dusko Markowic war prowestlich, doch nach Schätzungen sind etwa die Hälfte der Bevölkerung russophile Serben. Die Regierung ließ kein Referendum organisieren – der Beitritt wurde vom Parlament beschlossen, in dem die Regierungspartei eine Mehrheit besaß. Schon seit geraumer Zeit war Montenegro Gegenstand einer geopolitischen Auseinandersetzung zwischen Russland und

---

1464 Reinhard Lauterbach, Den Angriff üben, in: Junge Welt v. 29.04.2017
1465 Montenegro wird NATO-Mitglied, unter:
http://www.dw.com/de/montenegro-wird-nato-mitglied/a-38984393
1466 Militärisch bedeutungslos?, unter:
http://www.mdr.de/heute-im-osten/montenegro-nato-100.html

der NATO um Einflusszonen auf dem Balkan. Um sich die NATO-Expansion auf dem Balkan entgegenzustellen, soll Russland nach seinerzeit veröffentlichten Dokumenten, die angeblich vom mazedonischen Geheimdienst stammen, geplant haben, auf dem Balkan einen Gürtel neutraler Staaten zu schaffen[1467]. Zu diesen sogenannten „B-4-Staaten" sollten demnach Bosnien-Herzegowina, Serbien, Mazedonien und Montenegro gehören[1468]. Der unter maßgeblichem Druck des Westens forcierte Regierungswechsel in Mazedonien gegen den auf außenpolitische Eigenständigkeit orientierten Premierminister Nikola Gruewski stand dieser Strategie ebenso entgegen wie die Aufnahme Montenegros in die NATO Anfang Juni 2017[1469]. Letztere war somit „ein schwerer Rückschlag für Russland im Machtkampf in Südosteuropa"[1470]. Die russische Position verschlechterte sich letztlich noch dadurch, dass nach der Beilegung des Namensstreites mit Griechenland im 2018 geschlossenen Prespa-Vertrag (Nord-)Mazedonien im März 2020 Mitglied der NATO wurde. Mit diesen Schritten wurde die Konfrontation zwischen Russland und der NATO im Kampf um Einflusszonen auf dem Balkan vorangetrieben. Als Reaktion auf die NATO-Implementierung Montenegros forcierte Belgrad seine Zusammenarbeit mit Russland; Serbien verfügt überdies über einen Beobachterstatus bei der „Organisation des Vertrages über kollektive Sicherheit" (OVKS), dem militärpolitischen Bündnis postsowjetischer Staaten[1471].

Auf politischer und strategischer Ebene hatte der Schritt der Aufnahme Montenegros somit erhebliche Bedeutung und Auswirkung auf das Verhältnis des Westens zu Russland. Die NATO demonstrierte damit, dass sie ihre Politik der „offenen Tür" auch künftig aufrechterhalten will, auch gegen russischen Protest[1472]. Jedenfalls zeigten diese Entwicklungen letztlich, dass auch die Trump-Administration hinter der traditionellen NATO-Politik der Eindämmung Russlands stand. „Auch hier erfolgte die NATO-Entscheidung, Montenegro aufzunehmen, bereits unter der Präsidentschaft Trumps, der dies mit

---

[1467] Aubrey Belford, Saska Cvetkovska, Biljana Sekulovska, Stevan Dojčinović, Leaked Dokuments show Russian, Serbian Attempts to Meddle in Macedonia, unter: https://www.occrp.org/en/spooksandspin/leaked-documents-show-russian-serbian-attempts-to-meddle-in-macedonia/

[1468] Ebda.

[1469] Der jüngste NATO-Partner, unter:
http://www.german-foreign-policy.com/de/fulltext/59617

[1470] Ebda.

[1471] NATO-Betritt und Putschvorwürfe: Russland verhängt Sanktionen gegen Montenegro, unter:
https://deutsch.rt.com/international/51713-nato-beitritt-und-putschvorwurfe-russland-montenegro/

[1472] Das westliche Bündnis wird auf dem Balkan gestärkt, unter:
https://www.nzz.ch/international/montenegro-tritt-der-nato-bei-das-westliche-buendnis-breitet-sich-auf-dem-balkan-aus-ld.1289236

einem Veto hätte blockieren können, falls er wirklich die ihm viel unterstellte pro-russische Agenda verfolgen würde", so Militär-Experte Jürgen Wagner[1473].

cc) Europa im Ringen um „strategische Autonomie" – der Wahlsieg Trumps als historische Chance Brüssels, ein „imperiales Raumkonzept" der EU durchzusetzen

Der Wahlsieg Trumps hatte bei den europäischen Staaten die Befürchtung ausgelöst, dass die neue Administration in Washington möglicherweise ihre aus dem NATO-Vertrag resultierende Verteidigungs- und Beistandsverpflichtung in Frage stellen könnte. „Ihr Plan: Sie würden mehr Geld für ihr Militär ausgeben und im Bündnis verstärkt den islamistischen Terror bekämpfen; im Gegenzug hofften die verunsicherten Partner, dass Trump ihnen den Beistand der Supermacht garantieren würde. Die Diplomaten hatten die Einzelheiten der Vereinbarung schon ausverhandelt: Wie von der US-Regierung gewünscht, soll die Nato der Allianz gegen die Terrororganisation IS beitreten. Zugleich sollen die europäischen Verbündeten von nun an konkrete Pläne vorlegen, wie sie ihre Verteidigungsaufgaben zu erhöhen gedenken"[1474]. Auf dem NATO-Gipfeltreffen in Brüssel im Mai 2017 gelang die Umsetzung dieser Strategie nicht; Trump hatte eine klare Aussage zur im NATO-Vertrag verbrieften Beistandspflicht nicht getroffen.

Dieser Umstand wie auch bereits der Wahlsieg Trumps hatte schließlich Auswirkungen auf das schon lange in der Diskussion stehende Streben der EU nach „strategischer Autonomie". So erklärte der Vorsitzende der Münchener Sicherheitskonferenz, Wolfgang Ischinger, kurz nach dem Bekanntwerden des Ergebnisses der US-Präsidentenwahl, dass dieser Wahlsieg nicht unbedingt etwas Schlechtes sei; er gebe Impulse, damit „Europa sicherheitspolitisch endlich erwachsen wird"[1475]. Tatsächlich verbanden sich mit dem Wahlsieg Trumps in Europa nicht nur Befürchtungen, sondern auch Überlegungen dahingehend, dass sich mit einer Umsetzung der „America first"-Programmatik in Washington auch die in Brüssel schon vor längerer Zeit entwickelten Pläne verwirklichen lassen, die EU zu einem autonomen geostrategischen Machtfaktor in der internationalen Politik aufzurüsten. So hieß es in der „Entschließung zur Umsetzung der Gemeinsamen Außen- und Sicherheitspolitik", die das Europäische Parlament am 14. Dezember 2016 verabschiedete: „Das

---

[1473] Jürgen Wagner, „Ein Segen für die NATO", unter:
http://www.imi-online.de/2017/05/26/ein-segen-fuer-die-nato/
[1474] Trump attackiert Alliierte, in: Handelsblatt v. 26./27./28.05.2017
[1475] Ischinger werte Trumps Sieg als Chance für Europa, unter:
http://www.zeit.de/politik/ausland/2016-11/wolfgang-ischinger-muenchner-sicherheitskonferenz-donald-trump-chance

Europäische Parlament […] betont, dass die EU ihre Sicherheits- und Verteidigungsfähigkeiten stärken muss, da sie ihr volles Potenzial als Weltmacht nur nutzen kann, wenn sie ihre einzigartige ‚Soft Power' im Rahmen eines umfassenden EU-Ansatzes mit ‚Hard Power' kombiniert"[1476].

In den Kreisen der europäischen Führungselite wurde bereits seit geraumer Zeit über ein „imperiales Großraumkonzept" der EU nachgedacht, und EU-Sicherheitsexperten sahen nunmehr die Möglichkeit, dieses im Falle eines Rückzugs der USA aus der internationalen Politik auch militärisch umzusetzen. Hintergrund dieser Expansionsbestrebungen der EU sind den Dokumenten einflussreicher geostrategischer Denkfabriken wie der „Group on Grand Strategy" unter Leitung von James Rogers zufolge die tektonischen Verschiebungen der globalen Macht- und Einflussverhältnisse. Die bislang bestehende globale Dominanz des transatlantischen Modells hat sich zusehends relativiert zugunsten einer multipolaren Weltordnung, in der die Staaten der BRICS – Brasilien, Russland, Indien, China und Südafrika – zunehmend an Gewicht gewinnen und ein geopolitischer Einflussverlust von EU und USA deutlich erkennbar wird. Zu der Frage, wie sich die EU in diesen neuen Konstellationen globaler Machtverteilung zu verhalten hat, haben strategische Denkfabriken wie die *Group on Grand Strategy* und das *European Council on Foreign Relations*, die eng mit der EU-Machtelite in Verbindung stehen, das Modell der *„Grand Area"* entwickelt: Wenn sich die EU als globaler Machtfaktor behaupten wolle, so müsse sie ein imperiales Großraumkonzept im Sinne eines Europäischen Commonwealth entwickeln. Alan Posener, Chefkommentator der Tageszeitung *Die Welt*, plädiert offen dafür, dass Europa ein „Imperium der Zukunft" sein müsse[1477]. „In der multipolaren Welt von morgen muss Europa als eigenständige Macht agieren und seinen Einfluss weiter ausdehnen, um bestehen zu können", so die Forderung Poseners[1478]. James Rogers und Luis Simón, die Direktoren der „Group on Grand Strategy", haben bereits ein konkretes Strategiemodell dafür entwickelt, wie die europäische „Grand Area" aussehen soll: Demzufolge umfasst der europäische Großraum „große Teile Afrikas, die ölreiche kaspische und zentralasiatische Region und den Mittleren Osten, reicht aber auch bis weit nach Ostasien, wo es gilt, die Schifffahrtsrouten zu kontrollieren"[1479]. Rogers und Simón sprechen sich dafür aus,

---

[1476] Entschließung des Europäischen Parlaments vom 14. Dezember 2016 zur Umsetzung der Gemeinsamen Außen- und Sicherheitspolitik, unter:
http://www.europarl.europa.eu/sides/getDoc.do?type=TA&reference=P8-TA-2016-0503&format=XML&language=DE
[1477] Alan Posener, Imperium der Zukunft. Warum Europa Weltmacht werden muss, Pantheon, München 2007
[1478] Vgl. ebda., Klappentext
[1479] Jürgen Wagner, Die Geostrategie Europäischer Macht: 'Grand Area'. Ein imperiales Raumkonzept als Rezept fürs Desaster, in:

dass die Europäische Union ein „Superstaat und eine Supernation" werden müsse, „was sie dann wieder in die Lage versetzt, eine Supermacht zu werden"[1480]. Begleitet werden soll dies vom Aufbau global agierender See- und Landstreitkräfte, um – wie es in den Dokumenten heißt – „erstens, ausländische Mächte davon abzuhalten, sich in Länder in der größeren europäischen Nachbarschaft einzumischen, und zweitens Halsstarrigkeit und Fehlverhalten auf Seiten der lokalen Machthaber vorzubeugen"[1481]. Die Kontrolle des südlichen und östlichen Nachbarschaftsraumes durch Brüssel wird wiederum als Vorbedingung für Europas Aufstieg zur Weltmacht gesehen, wie es in der „Group on Grand Strategy" formuliert wird: „Selbstverständlich muss die EU sich als Macht in ihrer eigenen Region etablieren, wenn sie eine globale Macht werden will"[1482]. Die Bereitschaft, als „imperiale Stabilisierungsmacht"[1483] für die Aufrechterhaltung der „Ordnung" im eigenen Großraum zu sorgen, ist somit eine wesentliche Bedingung für die Umsetzung einer „Grand Area"[1484].

So hatte Catherine Ashton bereits in ihrer damaligen Funktion als EU-Außenbeauftragte im Jahr 2013 deutlich den Anspruch der EU formuliert, in diesem Nachbarschaftsraum notfalls auch mit militärischer Gewalt die Vormacht auszuüben: „Das neue Augenmerk der USA für die asiatisch-pazifische Region ist eine logische Konsequenz der geostrategischen Entwicklungen (Anm.: des Aufstiegs Chinas). Dies bedeutet auch, dass Europa mehr Verantwortung für seine eigene Sicherheit und die seiner Nachbarschaft übernehmen muss. (…) Die Union muss in der Lage sein, als Sicherheitsgarant – mit Partnern so möglich, autonom wenn nötig – in ihrer Nachbarschaft entschieden zu handeln, dies schließt direkte Interventionen ein. Strategische Autonomie muss sich zuerst in der Nachbarschaft der Europäischen Union materialisieren"[1485]. Die Umsetzung weiterer Schritte jedoch scheiterten an Großbritannien, das nicht geneigt war, Brüssel eine militärische Entscheidungsbefugnis einzuräumen, und auch an den USA, die bislang nicht bereit waren,

---

Ausdruck – Magazin der Informationsstelle Militarisierung Tübingen (IMI), 5/2011, S. 1–12 (S. 3)

[1480] James Rogers, A New Geography of European Power, Egmont Paper 42, January 2011, S. 4

[1481] Ebda.

[1482] zit. aus: Jürgen Wagner, Die Geostrategie Europäischer Macht: 'Grand Area'. Ein imperiales Raumkonzept als Rezept fürs Desaster, in: Ausdruck – Magazin der Informationsstelle Militarisierung Tübingen (IMI), 5/2011, S. 1–12 (S. 6)

[1483] So Alan Posener, Imperium der Zukunft, aaO., S. 217

[1484] So Jürgen Wagner, in: Die Geostrategie Europäischer Macht: 'Grand Area'. Ein imperiales Raumkonzept als Rezept fürs Desaster, in: Ausdruck – Magazin der Informationsstelle Militarisierung Tübingen (IMI), 5/2011, S. 1–12 (S. 6)

[1485] Zit. aus: Jürgen Wagner, Nach Brexit & Trump: EUropas neuer Weltmachtanlauf, unter: http://www.imi-online.de/2017/05/04/nach-brexit-trump-europas-neuer-weltmachtanlauf/

eine geostrategische wie auch militärische Souveränität Europas anzuerkennen, und dahingehende Pläne mit Argusaugen betrachteten. In einem „Non-Paper" aus dem Jahr 2016, das innerhalb der NATO zirkulierte, hieß es dazu: „Washington will verhindern, dass die Nato geschwächt wird und kostspielige Doppelstrukturen entstehen"[1486]. Kurz nach dem britischen Austrittsvotum nahm der EU-Rat am 28. Juni 2016 eine neue EU-Globalstrategie (EUGS) an, die seither die Europäische Sicherheitsstrategie (ESS) aus dem Jahr 2003 ersetzt. Hier betont die EUGS jene Interessen, die es global zu „schützen" gelte: „Im Zusammenhang mit dem Interesse der EU an einem offenen und fairen Wirtschaftssystem besteht die Notwendigkeit von weltweitem Wachstum und weltweiter Sicherheit im Seeverkehr, wodurch offene und geschützte Wege auf Ozeanen und Meeren, die für den Handel von entscheidender Bedeutung sind, und der Zugang zu den natürlichen Ressourcen sichergestellt werden. Die EU wird zur weltweiten maritimen Sicherheit beitragen und dabei auf ihre Erfahrungen im Indischen Ozean und im Mittelmeer zurückgreifen und die Möglichkeiten für den Golf von Guinea, das Südchinesische Meer und die Straße von Malakka prüfen"[1487]. Deutlich wird die Absicht formuliert, solche Interventionen in der EU-Nachbarschaft künftig möglichst unabhängig von den USA durchzuführen: „Die europäischen Anstrengungen auf dem Gebiet der Sicherheit und der Verteidigung sollten die EU in die Lage versetzen, autonom zu handeln und gleichzeitig zu Maßnahmen der NATO beizutragen und gemeinsam mit ihr Maßnahmen durchzuführen. Eine glaubwürdigere europäische Verteidigung ist auch für eine gesunde transatlantische Partnerschaft mit den Vereinigten Staaten von wesentlicher Bedeutung". Um dies zu erreichen, fordert die EUGS, dass hierfür auch die dementsprechenden militärischen Kapazitäten aufgebaut werden müssen: „Die Mitgliedstaaten (benötigen) bei den militärischen Spitzenfähigkeiten alle wichtigen Ausrüstungen, um auf externe Krisen reagieren und die Sicherheit Europas aufrechterhalten zu können. Dies bedeutet, dass das gesamte Spektrum an land-, luft-, weltraum- und seeseitigen Fähigkeiten, einschließlich der strategischen Grundvoraussetzungen, zur Verfügung stehen muss"[1488]. Nach dem britischen Austrittsreferendum nahmen dann Frankreich und Deutschland weitere Pläne in Angriff; das Strategiepapier, welches schließlich im September 2016 auf dem informellen EU-Gipfel in Bratislawa diskutiert werden sollte, beinhaltete folgende Eckpunkte: „Im Zentrum stehen Vorschläge für ein gemeinsames und permanentes EU-Militärhauptquartier. Bisher werden EU-

---

[1486] Christoph B. Schiltz, Kann sich Europa ohne die USA jemals selbst schützen?, unter: https://www.welt.de/politik/ausland/article159523294/Kann-sich-Europa-ohne-die-USA-jemals-selbst-schuetzen.html

[1487] Zit. aus: Jürgen Wagner, Nach Brexit & Trump: EUropas neuer Weltmachtanlauf, unter: http://www.imi-online.de/2017/05/04/nach-brexit-trump-europas-neuer-weltmachtanlauf/

[1488] Zit. aus: Ebda.

Einsätze mit rotierender Zuständigkeit geführt. (…) Von besonderer Bedeutung sind auch neue Verfahrenswege. So soll der bisher ungenutzte Artikel 44 des Lissabonvertrags der EU aktiviert werden. Er erlaubt Mitgliedsstaaten, dass sie in unterschiedlicher Geschwindigkeit die Zusammenarbeit vorantreiben, auch ohne dass Einstimmigkeit herrscht. Bisher wurde auf diese Bestimmung aus Rücksicht auf Großbritannien verzichtet. Die deutsch-französische Initiative sieht außerdem eine Synchronisierung der Haushaltsplanung vor, eine gleiche Lastenverteilung bei Einsätzen, einen EU-Forschungshaushalt für technologische Aspekte der Rüstungsentwicklung und auch mehr Zusammenarbeit bei der Beschaffung von Ausrüstung"[1489]. Auf dem informellen EU-Gipfel in Bratislawa im September 2017 verständigten sich die EU-Staats- und Regierungschefs darauf, die Pläne einer militärischen Autonomisierung Europas weiter voranzutreiben. Konkrete Eckdaten wurden bereits auf einem Treffen der EU-Verteidigungsminister Mitte November 2016 genannt: Auf der Grundlage eines sogenannten „Implementierungsplans" zur Verwirklichung des Aufbaus einer „europäischen Sicherheits- und Verteidigungsunion" soll ein gemeinsames Logistikkommando aufgebaut und eine engere Rüstungskooperation ausgewählter EU-Staaten (entsprechend der „Ständigen Strukturierten Zusammenarbeit" des Vertrages von Lissabon) vorangetrieben werden. Deutschland konnte sich mit seinem Plan, eine eigenständiges EU-Hauptquartier aufzubauen, nicht durchsetzen. Die EU-Verteidigungsminister einigten sich auf eine Art „Mini-Hauptquartier", das nur für Ausbildungseinsätze der EU zuständig sein soll; Kampfeinsätze werden damit nach wie vor von den nationalen Hauptquartieren aus gesteuert. Anfang März 2017 verständigten sich die EU-Außen- und Verteidigungsminister darauf, eine „Militärische Planungs- und Führungsfähigkeit" einzurichten, eine Art EU-Hauptquartier, welches zunächst für Trainings- und Ausbildungseinsätze zuständig sein soll. Allerdings wurden insbesondere von Deutschland Planungen ins Auge gefasst, eine weitere Ausdehnung der Zuständigkeiten zu erreichen: „Insbesondere Deutschland wünscht sich noch größere Fortschritte, hieß es in Diplomatenkreisen. So könnte die neue Zentrale später auch ‚exekutive' EU-Militäreinsätze führen – also nicht nur Trainings- und Beratungsmissionen, sondern auch Einsätze mit möglicher Waffengewalt wie etwa die Anti-Piratenmission ‚Atalanta' und die Marinemission ‚Sophia' im Mittelmeer. Sie werden bisher von den Hauptquartieren in den Mitgliedstaaten geleitet"[1490].

[1489] Deutschland und Frankreich wollen Verteidigungspolitik der EU reformieren, unter: http://www.sueddeutsche.de/politik/vor-gipfeltreffen-deutschland-und-frankreich-wollen-verteidigungspolitik-der-eu-reformieren-1.3155310

[1490] EU wächst militärisch zusammen – zumindest ein bisschen, unter: http://www.spiegel.de/politik/ausland/eu-beschliesst-hauptquartier-fuer-militaermissionen-a-1137543.html

Diese Entwicklungen vollzogen sich vor den Hintergrund des Aufziehens eines „post-westlichen Zeitalters", das als Hintergrund für die Appelle, die EU weltpolitisch neu zu positionieren, interpretiert werden muss[1491]. Dieser Begriff wurde vom „Munich Security Report 2017" – einer publizistischen Begleitung der Münchner Sicherheitskonferenz – geprägt, in der nicht nur der Aufstieg Chinas, sondern auch die Tatsache beschrieben wurde, dass Russland in der internationalen Politik wie beispielsweise in Syrien wieder an Einfluss gewonnen hat. Der Umstand, dass Moskau zuletzt einen Friedensprozess für Syrien in Gang setzte, der ohne westliche Beteiligung geführt wird, ist als „ein tief einschneidender Bruch mit der westlichen Dominanz in der Weltpolitik seit 1990" interpretiert worden[1492]. Die Welt stehe „womöglich am Rande eines postwestlichen Zeitalters", in dem auch „nicht-westliche Akteure die internationale Politik gestalten", heißt es in dem „Munich Security Report 2017"[1493]. Von der EU-Machtelite wurde in diesem Zusammenhang die Trump-Administration und insbesondere ihre außenpolitische Programmatik des „America first" als Bedrohung für den transatlantischen Zusammenhalt interpretiert, der – so die Überlegungen – ein eigenständiges außen- und militärpolitisches Format der EU erforderlich machen würde. In einer Analyse der *Stiftung Wissenschaft und Politik* wurde daher auch dargelegt, dass zwar nach wie vor weltpolitische Vorhaben „ohne Mitwirkung des Hegemons USA nur wenig Aussicht auf Erfolg" hätten; auch könne zur Zeit „kein europäisches Land" den „militärischen Beitrag ersetzen, den die USA zum Abschreckungspotenzial der NATO leisten"[1494]. Dennoch wurde die Notwendigkeit betont, „darüber nachzudenken, wie man reagiert, sollte das Verhalten der USA aus deutscher Sicht kontraproduktiv sein". Wenn „man 'gute transatlantische Beziehungen' zum Selbstzweck erklärt", so die Analyse weiter, „beraubt man sich der Möglichkeit strategischen Handelns. (…) Ohne die Bereitschaft, sich mit der US-Regierung zu streiten, scheiden viele Optionen der Einflussnahme von vornherein aus". Komme es in Zukunft zu Handlungen wie dem US-Einmarsch in den Irak im Jahr 2003, dann sei es „wichtig, dass sich Deutschland (...) klar positioniert und die eigene Einschätzung frühzeitig geltend macht" – nach Möglichkeit gemeinsam mit der EU. „Deutschland und Europa" sollten „das Feld ordnungspolitischer Entwürfe nicht den USA überlassen"[1495]. Eine Kandidatur Trumps mache deutlich, dass künftig „eine US-Politik denkbar" sei, „die Deutschland ein unabhängigeres Handeln als bisher

---

[1491] Fackelträger des Westens, unter:
http://www.german-foreign-policy.com/de/fulltest/59539/print
[1492] Ebda.
[1493] Zit. aus: Ebda.
[1494] Johannes Thimm, Auch ohne Trump wird vieles anders, Studie der Stiftung Wissenschaft und Politik, SWP-Aktuell 64, Oktober 2016, S. 4
[1495] Ebda., S. 4

abverlangen würde", heißt es in der Analyse abschließend. Man solle in Deutschland und der EU darüber nachdenken, wie nicht nur das „transatlantische Verhältnis", sondern auch „die künftige Weltordnung zu gestalten sind"[1496]. Noch deutlicher hatte Horst Teltschik, ehemaliger Berater des Bundeskanzlers Helmut Kohl, die Notwendigkeit einer Führungsrolle Deutschlands und der EU bekräftigt. „Das Spiel um eine neue multipolare Welt ist in vollem Gange", so Teltschik mit Blick auf das Wiedererstarken Russlands und den Aufstieg Chinas, „doch ein Kontinent fehlt dabei: Europa". Eine einheitlich handelnde EU „mit einer gemeinsamen Außen- und Sicherheitspolitik (...) brächte genügend Gewicht in das neue weltpolitische Konzert ein", um eine eigenständige Rolle spielen zu können, resümierte Teltschik[1497].

Nicht zuletzt die Führung der Bundesrepublik Deutschland hatte zum Teil aus handelspolitischen Gründen, aber auch ideologisch motiviert, zu einer Art „Gegenmachtbildung" zur USA aufgerufen. Ausgelöst wurden diese Diskussionen durch die zutage tretenden Differenzen zwischen Berlin und der neuen US-Administration. „Eine zentrale Rolle spielt dabei die Absage von Präsident Donald Trump an den Freihandel. Dieser wiederum bildet die Grundlage für den anhaltenden Boom der deutschen Exportindustrie (…). Durch Trumps Ankündigungen, Freihandelsabkommen neu zu verhandeln oder gar Einfuhrzölle zu erheben, ist das deutsche Profitmodell mit seinen gewaltigen Handelsüberschüssen auf Kosten der Absatzmärkte bedroht. Die Bundesregierung schließt deshalb sogar einen Handelskrieg gegen die Vereinigten Staaten nicht aus. Zugleich sucht sie Deutschland als Verteidiger des globalen Freihandels zu positionieren – in klarer Absetzung gegenüber den USA sowie in der Hoffnung, ein lang gehegtes Vorhaben zu verwirklichen und sich in der Weltpolitik demnächst 'auf Augenhöhe' mit Washington zu positionieren"[1498]. Folgt man der Analyse des Informationsdienstes *German-Foreign-Policy.com*, so hatte die Bundesregierung ihren Kampf für den Freihandel ideologisch als Kampf um „liberale Werte" aufgeladen, mit dem letztlich auch die geostrategisch-militärische Aufrüstung der EU legitimiert werden sollte. Nach Trumps Wahl sei „die Verteidigung der liberalen Demokratie (…) unsere oberste Aufgabe geworden", hieß es in einer Stellungnahme der *Deutschen Gesellschaft für Auswärtige Politik (DGAP)*. „Europa" müsse sich „bereit dafür machen, außen-

---

[1496] Ebda., S. 4

[1497] Horst Teltschik: Russland, China, USA: Ein Blick auf die Weltkarte sollte genügen, uns aufzurütteln, unter:
http://www.focus.de/politik/experten/teltschik/gastbeitrag-von-horst-teltschik-russland-china-usa-die-weltordnung-veraendert-sich-doch-europa-hat-das-nachsehen_id_6002324.html

[1498] Fackelträger des Westens, unter:
http://www.german-foreign-policy.com/de/fulltext/59539/print

und sicherheitspolitisch mehr Verantwortung zu übernehmen"[1499]. Deutlicher hatte sich Wolfgang Ischinger, der Leiter der Münchener Sicherheitskonferenz, zu einer Strategie der „Gegenmachtbildung" der EU geäußert: „Die USA taugen jetzt leider nicht mehr als das politisch-moralische Führungssymbol des Westens. Die Ankunft Trumps bedeutet das Ende des Westens, bei dem die USA der Fackelträger sind, dem die anderen nacheifern können". Jetzt sei es „Europas Aufgabe (…), diesen Verlust zu ersetzen, damit der Westen als Modell und Vorbild - Stichwort Menschenrechte, Freiheit, Würde und Rolle des Einzelnen - nicht ganz verloren geht"[1500]. Vor diesem Hintergrund hatte Berlin dann auch zu einem verstärkten Zusammenschluss der Europäischen Union aufgefordert. Hätte die EU nach der Unterzeichnung des Vertrages von Lissabon „krisenfrei eine politische Union (…) etablieren können, wäre sie heute eine handlungsfähige Macht", so Ischinger. Zwar könne die EU „kurz- und mittelfristig" noch „nicht auf die amerikanische Sicherheitsgarantie verzichten". Deshalb führe aktuell „nichts daran vorbei, die neue amerikanische Regierung so eng wie möglich einzubinden". Allerdings könne die EU schon jetzt „durchaus selbstbewusst auftreten". So seien „diejenigen unserer Kerninteressen klar zu kommunizieren, deren Verletzung eine transatlantische Großkrise provozieren würde". In diesem Zusammenhang plädierte Ischinger auch für die Bereitschaft der EU, gegebenenfalls einen Handelskrieg gegen die USA zu führen. Falls Trump tatsächlich „eine Art Herkunftsteuer einführen" wolle, „um Güter zu fördern, die innerhalb der amerikanischen Grenzen produziert werden", könne „die EU das Gleiche androhen". Unmittelbare Folge wäre ein transatlantischer Handelskrieg[1501].

Insoweit drohten sich transatlantische Bruchlinienkonflikte abzuzeichnen, die einer gewissen historischen geopolitischen Logik folgen. „Am Ende des britischen Hegemonialzeitalters waren seit Ende des 19. Jahrhunderts die USA und Deutschland parallel zueinander als herausfordernde Mächte entstanden, die zwangsläufig in Konflikt miteinander geraten mussten", so Erhard Crome[1502]. Deshalb war geostrategisch „die Eindämmung der Macht des deutschen Nationalstaates im Zentrum Europas ein Leitmotiv amerikanischer Europapolitik seit dem Zeitalter des Imperialismus", so der Historiker Detlev

---

[1499] Zit. aus: Die Supermacht Europa, unter:
http://www.german-foreign-policy.com/de/fulltext/59483/print
[1500] Zit. aus: Fackelträger des Westens, unter:
http://www.german-foreign-policy.com/de/fulltext/59539/print
[1501] Zit. aus: Auf Augenhöhe, unter:
http://www.german-foreign-policy.com/de/fulltext/59542/print
[1502] Erhard Crome, Wer sind die Kriegstreiber? Die US-Wahl und deutsche Begehrlichkeiten, unter:
http://www.imi-online.de/2017/05/04/wer-sind-die-kriegstreiber/#_edn2

Junker[1503]. Darüber hinaus verkörperten Deutschland und die USA dem Grunde nach zwei unterschiedliche Formen „kapitalistischer Expansion". Der transatlantische Kapitalismus der USA beruhte, wie der Politikwissenschaftler Dan Diner hervorhebt, auf einem „weltmarktlichen Universalismus", während der deutsche ein kontinental bestimmter gewesen sei. Beide Handels- und Wirtschaftsmodelle besaßen ein Potential zur Hervorrufung einer geopolitischen Konkurrenz: Bereits der „Vater der deutschen Nationalökonomie", Friedrich List, hatte in den 1840er Jahren für die Zukunft eine erbitterte Rivalität zwischen einer europäischen „Continentalallianz" und den USA heraufziehen sehen. Eine „mitteleuropäische Zollunion" müsse „Europa" in die Lage versetzen, mit den Vereinigten Staaten zu konkurrieren, hieß es 1903 im Aufruf zur Gründung des schon bald recht einflussreichen „Mitteleuropäischen Wirtschaftsvereins". Lediglich „ein geschlossener Wirtschaftsblock von Bordeaux bis Sofia" könne „Europa das wirtschaftliche Rückgrat geben, dessen es zur Behauptung seiner Bedeutung in der Welt bedarf" - nicht zuletzt zur Behauptung gegen die USA, erklärte der IG Farben-Vorsitzende Carl Duisberg in einer Rede vor deutschen Wirtschaftsbossen im März 1931. Der Ökonom Werner Daitz schrieb im Mai 1940, nur eine „kontinentaleuropäische Großraumwirtschaft" könne Deutschland in die Lage versetzen, „den gewaltigen Wirtschaftsblöcken Nord- und Südamerikas, dem Yen-Block und dem vielleicht verbleibenden restlichen Pfundblock erfolgreich die Stirn zu bieten"[1504]. Die transatlantische Integration der Bundesrepublik Deutschland war vor diesem Hintergrund mehr als nur ein bündnispolitischer Vorgang, wie der Politikwissenschaftler Dan Diner ausführt. Sie bedeutete die Einbindung Deutschlands in das Hegemonialsystem der USA und stellte eine „weltmarktlich flankierte Integration in eine andere politische Kultur, die Kultur der *civil society* als westlicher Zivilisation" dar[1505]. Nunmehr – im Zuge eines allmählichen Abbröckelns der US-Hegemonie – tritt dieses handels- und geopolitische Konkurrenzverhältnis zwischen den USA und Deutschland wieder deutlich zutage. „Der deutsche Leistungsbilanz-Überschuss 2016 betrug 297 Milliarden US-Dollar, China folgte mit 245 Milliarden, während die USA das weltweit größte Defizit in Höhe von 478 Milliarden US-Dollar hatten. Aus dem Handel mit den USA und Großbritannien resultierten

---

[1503] Detlef Junker: Einleitung, in: Detlef Junker u.a. (Hrsg.): Die USA und Deutschland im Zeitalter des Kalten Krieges 1945-1990. Ein Handbuch, Bd. I, Stuttgart und München: Deutsche Verlags-Anstalt 2001, S. 19

[1504] Zit. aus: Das Ende einer Ära, unter:
http://www.german-foreign-policy.com/de/fulltext/59607/print

[1505] Dan Diner: Imperialismus, Universalismus, Hegemonie. Zum Verhältnis von Politik und Ökonomie in der Weltgesellschaft, in: Iring Fetscher/ Herfried Münkler (Hrsg.): Politikwissenschaft. Begriffe – Analysen – Theorien. Ein Grundkurs, Reinbek bei Hamburg: Rowohlt Taschenbuch Verlag 1985, S. 357

2015 44 Prozent der deutschen Überschüsse"[1506]. Als Reaktion darauf schien die Trump-Administration – wie oben bereits ausgeführt – auf einen Zerfall der EU zu setzen. Die Strategie der neuen US-Administration sei „klar", so ein Bericht des *European Council on Foreign Relations*. Sie bestehe darin, „Deutschland zu isolieren und zu schädigen, um die EU" – als Rivalin der USA – „zu schwächen und möglichst zu zerschlagen"[1507].

Fraglich ist, inwieweit das deutsche Projekt einer „Emanzipation der EU" – wie es Wolfgang Ischinger formuliert hatte – realisierbar ist. Viel spricht für seinerzeitige deutsche Bemühungen, die EU zu einem geschlossenen Block gegenüber den USA zu formieren. Mit Blick auf etwaige Sonderabkommen der USA mit einzelnen europäischen Staaten, wie sie Trump ins Auge gefasst hatte, erklärte der Staatsminister im Auswärtigen Amt Michael Roth: „Es wird in Europa niemanden nutzen, wenn sich einzelne Länder auf Special Deals mit den USA einlassen"[1508]. Insbesondere bei den osteuropäischen EU-Staaten wird auch künftig kein Verzicht auf eine enge militärische Kooperation mit den USA zu erwarten sein, „davon erhoffen sich etwa Polen und die baltischen Länder nicht nur eine verlässliche Rückendeckung für ihre antirussische Politik, sondern auch eine Rückversicherung gegen die (…) deutsche Hegemonie"[1509]. So hatte beispielsweise die polnische Außenpolitik deutlich gemacht, dass Warschau nur unter der Voraussetzung zum Ausbau der Militärkooperation mit der EU bereit sei, wenn es „keine Rivalität mit der NATO, mit den USA" gebe[1510]. Nach einer Analyse des Informationsdienstes *German-Foreign-Policy.com* werden die „Berliner Bemühungen, im Rahmen des Aufbaus von EU-Militärstrukturen die Bindungen der östlichen EU-Mitglieder an die USA zu schwächen und selbst die alleinige Kontrolle zu übernehmen", auch künftig andauern. Doch erscheinen die Erfolgsaussichten zweifelhaft, denn „der Kampf um die Realisierung des Konzepts von der 'Supermacht EU' ist bislang an den zahlreichen inneren Widersprüchen des Bündnisses gescheitert"[1511].

[1506] Erhard Crome, Wer sind die Kriegstreiber? Die US-Wahl und deutsche Begehrlichkeiten, unter:
http://www.imi-online.de/2017/05/04/wer-sind-die-kriegstreiber/#_edn2
[1507] Nick Witney, Shooting the ringleader: Trump draws a bead on Germany, unter:
http://www.ecfr.eu/article/commentary_shooting_the_ringleader
[1508] „Die EU ist Opfer einer perfiden Diffamierungskampagne", unter:
https://www.welt.de/politik/deutschland/article162013412/Die-EU-ist-Opfer-einer-perfiden-Diffamierungskampagne.html
[1509] Die Supermacht Europa, unter:
http://www.german-foreign-policy.com/de/fulltext/59483/print
[1510] Ebda.
[1511] Ebda.

5. Die geopolitischen Auswirkungen der Außenpolitik der Trump-Administration – Die Entstehung eines multipolaren Weltsystems mehrerer Machtzentren

Abschließend stellt sich die Frage, ob und inwieweit der außenpolitische Ansatz der Trump-Administration tatsächlich eine geopolitische Revolution dargestellt hat. Insgesamt tritt deutlich hervor, dass Trump eine konkrete geopolitische Agenda verfolgte und der Vorwurf, er sei lediglich ein Possenreißer ohne jegliche Substanz, fehlgeht. „Obwohl sein Auftreten häufig plump und rüpelhaft wirkt und er ein erstaunliches Unwissen über wichtige internationale Angelegenheiten offenbart hat, steht Trump für eine zusammenhängende Außenpolitik. Er plädiert für den Schutz heimischer Arbeitsplätze und daher für eine restriktive Außenhandelspolitik. Er will sowohl in den Vereinigten Staaten als auch im Ausland hart gegen den Terrorismus vorgehen und dabei auch wieder auf Folter zurückgreifen. Er will die Militärausgaben erhöhen. Er will Amerika an die erste Stelle setzen, mehr Mittel für Schulen und die Infrastruktur in den Vereinigten Staaten bereitstellen und scheut daher 'Nationbuilding'-Anstrengungen im Ausland"[1512]. Trumps ursprünglicher außenpolitischer Ansatz eines „neuen Realismus", der jedoch an frühere Traditionen US-amerikanischer Außenpolitik anknüpft, muss insoweit als Folge der „imperialen Überdehnung" der USA begriffen werden, und im Gegensatz zu sämtlichen US-Präsidenten seit dem Zweiten Weltkrieg lehnt Trump „die liberale internationale Ordnung" – die letztlich eine globale US-amerikanische Hegemonialordnung verbunden mit regelmäßigen Militärinterventionen ist – ab. An diese Stelle setzt Trump den Nationalstaat als Grundelement der Entwicklung[1513]; die programmatische Folge ist eine an den nationalen Interessen der USA orientierte Weltmachtpolitik[1514]. In der Welt, wie Trump sie interpretiert, sind die USA nicht mehr die „unverzichtbare Nation" im Sinne des „American exceptionalism", sondern vielmehr „eines von vielen Machtzentren, die um Machtpositionen wetteifern und auf einem heiß umkämpften Schachbrett ihren Vorteil suchen"[1515]. In dieser „Hobbesianischen Weltsicht" besteht das Ziel der amerikanischen Außenpolitik darin, „vor allem US-Interessen durchzusetzen und die Pläne all jener zu durchkreuzen, die sich auf Kosten der Vereinigten Staaten Vorteile verschaffen wollen. In dieser

---

[1512] Brendan Simms/Charlie Laderman, Wir hätten gewarnt sein können. Donald Trumps Sicht auf die Welt, DVA, München 2017, S. 20

[1513] Erhard Crome, Wer sind die Kriegstreiber? Die US-Wahl und deutsche Begehrlichkeiten, unter:
http://www.imi-online.de/2017/05/04/wer-sind-die-kriegstreiber/#_edn2

[1514] Peter Rudolf, US-Außenpolitik unter Präsident Trump, Studie der Stiftung Wissenschaft und Politik, SWP-Aktuell 10, März 2017, S. 1–8 (S. 1)

[1515] Michael T. Klare, Die Welt, wie Trump sie sieht, unter:
https://www.blaetter.de/archiv/jahrgaenge/2017/februar/die-welt-wie-trump-sie-sieht

konkurrenzgeprägten Konstellation ist jede Regierung ausschließlich daran zu messen, ob sie Amerikas Interessen fördert oder deren Durchsetzung behindert"[1516]. Obwohl der Ansatz anti-interventionistisch erscheint, bleibt das Ziel aber dennoch die Bewahrung der militärischen Dominanz der USA[1517]. Das Aufkommen geopolitischer Rivalen – vor allem auf dem eurasischen Kontinent – sollte auch in der Trump-Administration die Entwicklung von Gegenstrategien hervorrufen, um die Wiederherstellung der nationalen Größe der Vereinigten Staaten zu gewährleisten. Die Außenpolitik der Trump-Administration spiegelt insgesamt Diskussionen in der US-amerikanischen Politikwissenschaft wider, in denen es um die Frage einer Neuausrichtung der US-Außenpolitik geht. *Richard Haass*, Präsident des renommierten *Council on Foreign Relations* in New York, hat mit seinem Buch „*A World in Disarray: American Foreign Policy and the Crisis of Old Order*" den Abstieg der seit 1945 definierten Weltordnung beschrieben. „Das seit dem Zweiten Weltkrieg amerikanisch geführte internationale Allianzensystem ist unstabil geworden. Die Dominanz des Westens, inklusive der USA, schwächt sich ab, insbesondere der asiatische Raum gewinnt im internationalen Kräftespiel deutlich an Gewicht"[1518]. In dieser Weltunordnung wird wieder für eine realistische Außenpolitik plädiert, die das nationale Interesse von einer missionarischen Zivilreligion befreit, welche die US-Außenpolitik seit Gründung der Vereinigten Staaten mehr oder weniger direkt geprägt hat. Der Historiker *Walter McDougall* hatte in seinem Buch „*The Tragedy of US Foreign Policy. How America's Civil Religion Betrayed the National Interest*" herausgestellt, dass die Außenpolitik der USA seit ihrer Gründung daran kranke, vertretbare nationale Interessenpolitik „mit halbreligiösen missionarischen Vorstellungen über die Verbreitung demokratischer und letztlich gottgewollter amerikanischer Werte" zu vermischen[1519]. Trump hat keinen Zweifel daran gelassen, dass er sich von dieser Vision des messianischen „manifest destiny" lösen wollte. Dem Grunde nach ruht die „große Strategie des 'America first'" - die „Trump-Doktrin"- auf sechs Säulen[1520]:

— Die erste Säule ist der sogenannte „Wirtschaftsnationalismus", der für eine eher protektionistische und merkantilistische Außen- und Wirtschaftspolitik plädiert und u.a. darauf ausgerichtet ist, bestehende Handelsabkom-

---

[1516] Ebda.

[1517] Peter Rudolf, US-Außenpolitik unter Präsident Trump, Studie der Stiftung Wissenschaft und Politik, SWP-Aktuell 10, März 2017, S. 1–8 (S. 1)

[1518] Alfred Defago, Amerikanische Außenpolitik. Eine Weltordnung zerfällt, unter: https://www.nzz.ch/international/amerikanische-aussenpolitik-eine-weltordnung-zerfaellt-ld.1294144

[1519] Ebda.

[1520] Colin Kahl/Hal Brands, Trump's Grand Strategic Train Wreck, unter: http://foreignpolicy.com/2017/01/31/trumps-grand-strategic-train-wreck/

men dahingehend zu überprüfen, ob sie amerikanische Wirtschaftsinteressen und Arbeitsplätze gefährden oder nicht. Ferner richtet sich die von Trump verfochtene Konzentration auf Industriearbeitsplätze innenpolitisch „auch gegen die einseitige Ausrichtung der Außen- und Außenwirtschaftspolitik der USA auf die Interessen der Finanzspekulanten"[1521].

– Als zweite Säule setzt die Trump-Doktrin anstelle von multilateralen Bündnisstrukturen auf bilaterale „Deals" mit solchen Staaten, die amerikanische Interessen teilen bzw. mit deren Unterstützung sich diese Interessen verwirklichen lassen. Beispielhaft hierfür steht die Äußerung Trumps in Bezug auf den Kampf gegen den militanten Islam: „Alle Aktionen sollten sich an diesem Ziel orientieren und jedes Land, das dieses Ziel teilt, ist unser Verbündeter"[1522]. Ein wichtiges Element der Bündnispolitik Trumps ist das bereits erwähnte Prinzip des *„Offshore Balancing"*. Dieser Begriff beschreibt ein strategisches Konzept, in dem eine Großmacht ausgewählte regionale Mächte instrumentalisiert, um den Aufstieg potentieller konkurrierender oder feindlicher Mächte zu kontrollieren oder einzudämmen[1523]. Ziel dieser Strategie ist es zu verhindern, dass keine feindliche Macht die strategisch wichtigen Schlüsselregionen Europa, Nord-Ost-Asien und dem Persischen Golf in einer Weise dominieren kann, wie die USA es seit der Monroe-Doktrin von 1823 mit dem amerikanischen Doppelkontinent tun. „Dieses Ziel könne erreicht werden, indem potentielle Rivalen dazu gebracht werden, sich auf andere große Mächte in ihrem Hinterhof zu konzentrieren. Daher müssten lokale Mächte dazu animiert werden, die regionalen Hegemonialmächte und potentiellen Rivalen Amerikas in Konflikte zu verwickeln. Erst wenn das nicht gelingt, sollte amerikanisches Militär 'über den Horizont' geschickt werden (...)"[1524]. So setzte Trump zunächst auf Russland, um einerseits den IS in Syrien zu bekämpfen und gleichzeitig China einzudämmen mit dem Ziel, eine eurasische Integration zu verhindern. China wiederum sollte anfangs – trotz der bestehenden fundamentalen Gegensätze mit den USA – in die Ostasienstrategie Trumps eingebunden werden, um Nordkorea zu isolieren. Mithilfe einer Art „nahöstlicher NATO", deren Grund-

---

[1521] Erhard Crome, Wer sind die Kriegstreiber? Die US-Wahl und deutsche Begehrlichkeiten, unter:
http://www.imi-online.de/2017/05/04/wer-sind-die-kriegstreiber/#_edn2
[1522] Zit. aus: Colin Kahl/Hal Brands, Trump's Grand Strategic Train Wreck, unter:
http://foreignpolicy.com/2017/01/31/trumps-grand-strategic-train-wreck/
[1523] Vgl. hierzu: John J. Mearsheimer/Stephen M. Walt, The Case for Offshore Balancing. A Superior U.S. Grand Strategy, in: Foreign Affairs, July/August 2016, S. 70 - 83
[1524] John J. Mearsheimer, Imperial by design, in: The National Interest, January/February 2011, S. 16 - 34

lage ein strategisches Bündnis Washingtons mit den Schlüsselalliierten Israel und Saudi-Arabien ist, sollte zum einen der Israel/Palästina-Konflikt gelöst und andererseits der Aufstieg des Iran verhindert werden.

— Als dritte Säule gilt das Prinzip, dass amerikanische Sicherheitszusagen an Verbündete grundsätzlich nur noch gegen einen entsprechenden finanziellen Beitrag erbracht werden. Dies beinhaltet auch die Aufforderung Washingtons an seine Alliierten in Westeuropa und Ostasien, ihr Wirtschafts- und Finanzpotential zum Aufbau einer eigenen militärischen Verteidigungsfähigkeit einzusetzen. „Für Trump sind die Vertragsbündnisse Amerikas in Europa und Asien keine unantastbaren Verpflichtungen; US-Verbündete sind nicht besser (oder schlechter) als andere Staaten"[1525]. Die Formel Trumps, die er im April 2016 geäußert hatte, lautete: „Die Länder, die wir verteidigen, müssen für die Kosten dieser Verteidigung zahlen, und falls nicht, müssen die Vereinigten Staaten darauf vorbereitet sein, diese Länder sich selbst verteidigen zu lassen. Wir haben keine Wahl"[1526].

— Die vierte Säule ist die Forderung nach „extremer militärischer Stärke" der Vereinigten Staaten. Trump hatte bereits deutlich gemacht, Amerika müsse immer die führende Atommacht sein, selbst vor befreundeten Nationen. „Es wäre wunderbar, es wäre ein Traum, wenn kein Staat Atomwaffen hätte". Aber solange Staaten Atomwaffen hätten, stünden die USA „im Rudel ganz oben". Da nach Einschätzung Trumps die USA auf diesem Gebiet zurückgefallen seien, sei ein Ausbau des amerikanischen Atomwaffenarsenals erforderlich[1527]. Gleichfalls hatte Trump wie oben dargestellt den Ausbau der US-Marine angekündigt. In dem bereits erwähnten „Playboy"-Interview aus dem Jahre 1990 stellte Trump klar heraus, er glaube an „extreme militärische Stärke", traue niemanden über den Weg, „nicht den Russen, nicht unseren Alliierten" – und er werde ein „riesiges militärisches Arsenal aufbauen". Zu Beginn seiner Präsidentschaft hatte Trump die Notwendigkeit betont, die Ausgaben für Verteidigung um zehn Prozent zu erhöhen mit dem Ziel, die USA müssten wieder in der Lage sein, Kriege zu gewinnen[1528].

— Die fünfte Säule ist der Heimatschutz und die Bekämpfung des islamistischen Terrorismus, wobei die Politik der Trump-Administration hier eine

---

[1525] Colin Kahl/Hal Brands, Trump's Grand Strategic Train Wreck, unter:
http://foreignpolicy.com/2017/01/31/trumps-grand-strategic-train-wreck/
[1526] Zit. aus: Ebda.
[1527] Trump will bei Atomwaffen „im Rudel ganz oben stehen", unter:
http://diepresse.com/home/ausland/aussenpolitik/5174448/Trump-will-bei-Atomwaffen-im-Rudel-ganz-oben-stehen
[1528] „Wir müssen wieder Kriege gewinnen", unter:
http://www.handelsblatt.com/politik/international/us-praesident-trump-will-aufruesten-wir-muessen-wieder-kriege-gewinnen/19449062.html

gewisse Widersprüchlichkeit zeigte. In der Nahostpolitik setzte sie eindeutig auf ein Bündnis mit Saudi-Arabien, das als Hauptsponsor des sunnitischen Dschihadismus betrachtet werden kann, und verschärfte durch das Bündnis mit den sunnitischen Golfmonarchien den sektiererischen Konflikt in der nah- und mittelöstlichen Region mit dem Ziel der Eindämmung des (schiitischen) Iran. Nachweislich führt eine solche Politik zur Hervorrufung eines „Blowback"-Effekts in Gestalt der Entstehung militanter dschihadistischer Strukturen, die mitunter auf die USA und ihre Verbündeten zurückwirken können.

— Als sechste Säule der „Trump-Doktrin" ist der „Pivot to Eurasia" anzusehen[1529]. Demzufolge sah auch die „Trump-Doktrin" den Gravitationsschwerpunkt der Weltpolitik in Eurasien und leitete daraus das Erfordernis für die US-Strategie ab, die dort verorteten strategischen Rivalen Russland und China einzudämmen. In der Nationalen Sicherheitsstrategie vom Dezember 2017, gefolgt von der Nationalen Verteidigungsstrategie vom Januar 2018 sowie der Nuklearstrategie vom Februar 2018 ist daher auch die strategische Konkurrenz durch die Großmächte China und Russland als sicherheitspolitische Herausforderung für die USA in den Vordergrund gerückt. „Die zentrale Herausforderung für den Wohlstand und die Sicherheit der USA ist das Wiederauftauchen einer langfristigen strategischen Konkurrenz durch revisionistische Mächte, wie sie die Nationale Sicherheitsstrategie klassifiziert. Es wird immer klarer, dass China und Russland eine Welt gestalten wollen, die mit ihrem autoritären Modell übereinstimmt – und sie die Autorität erlangen, ihr Veto gegen die ökonomischen, diplomatischen und Sicherheitsentscheidungen anderer Nationen einzulegen"[1530]. Die Verhinderung eurasischer Integrationsbestrebungen war folgerichtig auch Bestandteil der Grand Strategy Trumps; auch sie orientierte sich an dem Leitsatz des US-Geostrategen Zbigniew Brzezinski, demzufolge „das gefährlichste Szenario" für den Machtanspruch der USA „eine große Koalition zwischen China, Rußland und vielleicht dem Iran" ist, „ein nicht durch Ideologie, sondern durch die tiefsitzende Unzufriedenheit aller Beteiligten geeintes anti-hegemoniales Bündnis"[1531]. Trumps Idee einer „arabischen NATO" – eines Bündnisses der sunnitischen Golfmonarchien mit Israel – zur Eindämmung des Iran, die „Indo-Pazifik"-Strategie mit einem Bündnis zwischen den USA und der Regionalmacht Indien als Kern zur Einkreisung Chinas, der Versuch, China von

---

[1529] Bruno Macaes, Tump's Pivot to Eurasia, unter:
https://www.the-american-interest.com/2018/08/21/trumps-pivot-to-eurasia/
[1530] Zit. aus: Summary of the 2018 National Defense Strategy of the United States of America, S. 2
[1531] Zbigniew Brzezinski, Die einzige Weltmacht, Fischer Taschenbuch Verlag, Frankfurt am Main 1999. S. 55

der technologischen Entwicklung abzuschneiden (Decoupling) als auch der gegen Russland gerichtete „Sanktionskrieg" zur Verhinderung der Nord-Stream-2-Erdgaspipeline sowie die Kündigung des INF-Vertrages mit Moskau müssen als Konsequenzen des „Pivot to Eurasia" angesehen werden.

In der Gesamtschau betrachtet unterscheidet sich Trumps originäre „Große Strategie" des „America first" in vielen Punkten signifikant von dem Konsens der US-amerikanischen Außenpolitik seit dem Zweiten Weltkrieg[1532]. Ihre geopolitische Konsequenz ist ein „tiefgreifender strategischer Wandel", der – so der Experte für US-amerikanische Außenpolitik Peter Rudolf – entweder in eine Art „neoisolationistische" Politik mündet, die „ein Höchstmaß wirtschaftlicher Autarkie mit militärischer Stärke verbindet", oder aber in eine realpolitische „balance-of-power"-Strategie[1533]. Letztere würde gegebenenfalls bedeuten: Übergabe der sicherheitspolitischen Verantwortung in Europa an die Europäer, schrittweiser Abzug der amerikanischen Streitkräfte und Einbindung Russlands in ein Konzept der Eindämmung Chinas, „das allein in der Lage ist, die amerikanische Vormachtstellung herauszufordern"[1534]. Mit einer Ausrichtung der US-Außen- und Sicherheitspolitik an ein „balance-of-power"-Staatensystem in Europa und Asien wären die geopolitischen Konsequenzen jedoch enorm: Es würde die Errichtung eines globalen Systems von Einflusssphären bedeuten, in denen die Großmächte ihre jeweiligen geographischen und kulturellen Peripherien dominieren[1535]. Der Politikwissenschaftler Volker Perthes vertritt die Auffassung, dass die Entstehung einer multipolaren Weltordnung mit mehreren Machtzentren die Folge der originären außenpolitischen Planung der Trump-Administration wäre. „Insgesamt geht die Tendenz des gewählten Präsidentschaftskandidaten dahin, die Rolle der USA als liberalem Hegemon, der die Führung bei der Aufrechterhaltung einer offenen, auf freien Austausch und freie Wahl der außenpolitischen Orientierung gerichteten Ordnung der Welt übernimmt, ganz oder teilweise aufzugeben und amerikanisch geführte Allianzen in Frage zu stellen", so Perthes. „Donald Trump scheint stattdessen bereit zu sein, eine Aufteilung der Welt in Einflusszonen zu akzeptieren – ein Modell von Weltordnung also, wie es zuletzt bei der Konferenz von Jalta 1945 zum Ausdruck gekommen ist. Damit wären weniger amerikanische Interventionen in anderen Teilen der Welt zu erwarten,

---

[1532] Colin Kahl/Hal Brands, Trump's Grand Strategic Train Wreck, unter:
http://foreignpolicy.com/2017/01/31/trumps-grand-strategic-train-wreck/
[1533] Peter Rudolf, US-Außenpolitik unter Präsident Trump, Studie der Stiftung Wissenschaft und Politik, SWP-Aktuell 10, März 2017, S. 1–8 (S. 2)
[1534] Adam Garfinkle, Same World, Lonely World, Cold World, unter:
https://www.the-american-interest.com/2017/01/24/same-world-lonely-world-cold-world/
[1535] Ebda.

aber auch weniger Einflussnahme auf Staaten, die bisher nicht zuletzt durch amerikanische Sicherheitsversprechen von gefährlichen Alleingängen abgehalten worden sind"[1536]. In der Tat kann ein amerikanisches *Disengagement* in Verbindung mit der Strategie des *Offshore Balancing* zur Entstehung von Machtvakuen führen, die entweder von regionalen Verbündeten oder aber auch von strategischen Konkurrenten Washingtons gefüllt werden, welche dann in der Lage sind, sich eine eigene strategische Einflusszone zu schaffen.

a) Der Rückzug der USA führt zum Aufstieg des strategischen Rivalen China: Das Beispiel der Kündigung des „Transpazifischen Partnerschaftsabkommens" (TPP)

Als Beispiel für eine solche Entwicklung ist die Kündigung des Transpazifischen Freihandelsabkommens TPP im Januar 2017 zu betrachten. Diesem Freihandelsabkommen, welches im Oktober 2015 vereinbart wurde (aber in seiner originären Form nicht in Kraft getreten ist) und die Errichtung einer Freihandelszone zwischen dem Osten und dem Westen des Pazifiks unter Ausschluss Chinas zum Ziel hatte, hatte die Obama-Administration eine klare geopolitische Funktion zugewiesen, worauf Josef Braml hinweist: „Die USA versuchen zu verhindern, dass China durch seine Währungs- und Handelspolitik mehr Einfluss gewinnt. Die Transatlantische Handels- und Investitionspartnerschaft (TTIP) und die für die USA viel wichtigere Transpazifische Partnerschaft (TPP) sind nicht nur als Freihandelsabkommen zu bewerten, sondern vielmehr als Geopolitik zu verstehen. Denn davon profitieren nur die beteiligten auf Kosten der ausgeschlossenen Staaten. Mit ihrer Initiative der Transpazifischen Partnerschaft, die sich explizit nicht an China richtete, haben die USA auf dessen Bemühungen reagiert, die Region Asien in eine Wirtschaftsgemeinschaft zu integrieren. China antwortete wiederum auf die Ausgrenzungsversuche der USA, indem es seinerseits mit der Regional Comprehensive Economic Partnership (RCEP) ein Forum gründete, zu dem die zehn ASEAN-Staaten sowie Australien, China, Indien, Japan, Südkorea und Neuseeland, nicht jedoch die USA gehören sollen. Das stärkste Argument der USA, mit dem sie Länder wie Japan dazu bewegen konnten, sich gegen ihre wirtschaftlichen Interessen mit China zu entscheiden und sich der amerikanischen Initiative anzuschließen, die China außen vor lässt, war der Schutzschild der USA"[1537]. TPP war darüber hinaus als ein Werkzeug Washingtons anzusehen, die ostasiatischen Anrainerstaaten in die militärische Abhängigkeit der

---

[1536] Volker Perthes, Präsident Trump und die internationalen Beziehungen, unter: https://www.swp-berlin.org/kurz-gesagt/praesident-trump-und-die-internationalen-beziehungen/
[1537] Josef Braml, Teile und herrsche. TTIP und TPP sind Teil der globalen Geopolitik der USA, unter: https://dgap.org/de/think-tank/publikationen/dgapstandpunkt/teile-und-herrsche

USA zu bringen und aus dem Einflussbereich Chinas herauszulösen: Seitdem im Oktober 2015 der Freihandelsvertrag TPP unterzeichnet wurde, handelten die USA neue militärische Kooperationen mit beinahe allen Unterzeichnerstaaten in der Region aus[1538]. Die Pax Americana, so Josef Braml, habe ihren Preis: „Insbesondere Südkorea, Japan und Australien, die den militärischen Schutz der USA gegenüber China in Anspruch nehmen, müssen dafür Tribut zollen, indem sie in der Handelspolitik ihre Interessen hinsichtlich guter Beziehungen mit dem Reich der Mitte preisgeben und vor allem auch amerikanische Rüstungsgüter kaufen. Die Geoökonomie der USA ist der Haupttreiber eines neuen globalen Rüstungswettlaufs, der immer mehr in Asien und im pazifischen Raum ausgetragen wird. Die Freunde der USA in Asien und im Pazifik werden mit neuen Sicherheitsvereinbarungen und Waffenlieferungen gegen den möglichen Aggressor China aufgerüstet", so der Analytiker der *Deutschen Gesellschaft für Außenpolitik*[1539]. Trump hatte dieses Abkommen am 23. Januar 2017 aufgekündigt – es war übrigens die erste außen- und wirtschaftspolitische Maßnahme der Administration – mit der Begründung, TPP sei eine „potentielle Katastrophe für unser Land" und ein „Jobkiller". Bereits in seiner Rede vom 8. August 2016 in Detroit hatte er ökonomische Gründe für die Aufkündigung dieses Abkommens aufgeführt: „Nach Angaben des Instituts für Wirtschaftspolitik kostete das US-Handelsdefizit mit den vorgeschlagenen TPP-Mitgliedsländern im Jahr 2015 mehr als eine Million Arbeitsplätze. Die bei weitem größten Verluste lagen im Produktionsbereich für Kraftfahrzeuge und Zubehör, hier gingen fast 740.000 Arbeitsplätze verloren. (…) Stellen Sie sich vor, wie viele Automobiljobs noch verloren gehen, wenn TPP tatsächlich genehmigt wird. Das wird eine Katastrophe. Deshalb habe ich angekündigt, dass wir uns aus dem Deal zurückziehen werden"[1540].

Geopolitisch hatte Washingtons Rückzug jedoch eine Zunahme chinesischen Einflusses zur Folge. „Formal beschränkt sich Washingtons Rückzug zwar auf die Handelspolitik, geografisch auf den Pazifikraum. In Wahrheit jedoch verschafft er Peking politische, wirtschaftliche und strategische Spielräume, die weit über Chinas bisherige Einflusszone hinausgehen. Für die Vorkämpfer eines nach außen stark und hegemonial auftretenden Amerika kommt Trumps Rückzug einer 'strategischen Kapitulation' (…) vor China gleich"[1541]. Die Aufkündigung des transatlantischen Freihandelsabkommens beschleunigte mithin eine Umkehr der Machtverhältnisse im ostasiatisch-pazifischen

---

[1538] Pivot to Asia: USA und Philippinen starten enge militärische Zusammenarbeit gegen China, unter: https://deutsch.rt.com/asien/37812-pivto-to-asia-usa-und/

[1539] Josef Braml, Teile und herrsche. TTIP und TPP sind Teil der globalen Geopolitik der USA, unter: https://dgap.org/de/think-tank/publikationen/dgapstandpunkt/teile-und-herrsche

[1540] Krieg und Frieden. Donald Trumps Reden, Compact Edition, Berlin 2017, S. 38

[1541] Chinas große Chance, in: Der Spiegel 48/2016, S. 100–101 (S. 100)

Raum. Sollte TPP dazu dienen, um die von der Obama-Administration vorangetriebene Politik des „Pivot to Asia" bündnispolitisch zu flankieren und Chinas wachsenden Einfluss in der Region einzudämmen, so ist es China mit seiner Vision der „Umfassenden Regionalen Wirtschaftspartnerschaft" (RCEP) gelungen, dieses von den USA zurückgelassene Vakuum auszufüllen und ehemalige regionale US-Verbündete an sich zu binden. Hier konnte China schrittweise Erfolge für sich verbuchen: So übernahm im Juni 2016 auf den Philippinen Rodrigo Duterte die Präsidentschaft, der auf Wirtschaftshilfe aus China setzt und sich von der traditionellen Schutzmacht USA distanziert. Im Oktober 2016 hatte Duterte in China offiziell den Bruch seines Landes mit der langjährigen Protektoratsmacht USA verkündet und unterstrichen, die Philippinen würden sich von den USA ab- und China zuwenden. Duterte steht geopolitisch für eine Neuausrichtung der philippinischen Außenpolitik in Richtung Asien und der dortigen Vormacht China[1542]. Im November 2016 besuchte Malaysias Premierminister Najib Razak Peking und unterzeichnete dort eine Reihe von Handelsabkommen. „Das Verhältnis seiner Regierung zu den USA hat sich abgekühlt, seitdem die US-Justiz in einem Korruptionsskandal ermittelt, in den Najib verwickelt sein soll, was der bestreitet"[1543]. Der Fall Malaysia zeige zudem – so das Nachrichtenmagazin *Der Spiegel* – die militärische Bedeutung von Handelsabkommen, was sich in gemeinsamen Militärmanövern Chinas und Malaysias gezeigt habe. Es spricht sehr viel dafür, dass der Einfluss Chinas auch in anderen Staaten der Region zunehmen wird: „Nicht alle Dominosteine im Spiel um die Macht am Pazifik fallen so offensichtlich wie Manila und Kuala Lumpur, aber es mehren sich die Zeichen, dass China die Oberhand gewinnt: Thailand schob (…) schon einen Hongkonger Aktivisten ab – eine kleine Geste der Ergebenheit, wie sie lange undenkbar gewesen wäre. Auch Länder wie Australien, Indonesien oder Südkorea, die wirtschaftlich auf China angewiesen sind, kooperieren enger denn je mit China"[1544]. Nach der Absage durch Donald Trump hatten dann Australien und Neuseeland versucht, das Freihandelsabkommen zu retten und gemeinsam mit Japan und Singapur Überlegungen angestellt, das TPP ohne die Vereinigten Staaten voranzutreiben. Kernbestandteil dieser Überlegungen sollte eine Mitgliedschaft Chinas und auch Indonesiens sein[1545]. Als Ergebnis des Rückzugs der USA aus dem TPP standen sich zwei Integrationsmodelle mit einer führenden Rolle Chinas gegenüber: Entweder ein TPP

[1542] Vgl. hierzu: Richard Javad Heydarian, Is Duterte Upending Philippine Foreign Policy?, unter: https://www.cfr.org/blog/duterte-upending-philippine-foreign-policy

[1543] Chinas große Chance, in: Der Spiegel 48/2016, S. 100–101 (S. 101)

[1544] Ebda., S. 101

[1545] TPP ohne Amerika – aber mit China?, unter: http://www.faz.net/aktuell/wirtschaft/ttip-und-freihandel/ersetzt-china-die-usa-im-freihandelsabkommen-tpp-14740537.html

mit China oder das chinesische Modell der „Umfassenden Regionalen Wirtschaftspartnerschaft".

Nach dem Rückzug der USA aus dem Transpazifischen Partnerschaftsabkommen hatten die verbliebenen elf Mitgliedsstaaten – zunächst ohne China – vereinbart, dieses Abkommen als „Comprehensive and Progressive Agreement for Trans-Pacific Partnership" (CPTPP) weiterzuführen. Die entsprechende Unterzeichnung des Abkommens erfolgte im März 2018. China hatte im September 2021 einen Antrag zum Beitritt zur Transpazifischen Partnerschaft vorgelegt. Die RCEP, die am 15. November 2020 unterzeichnet wurde, baut auf die bisher lose Vereinigung „Asean plus Sechs" auf und sollte zunächst auch Indien einbeziehen, welches jedoch 2019 aufgrund von Dissonanzen über Zollsenkungen die Verhandlungen verließ. Dieser Pakt bindet wirtschaftlich fast ganz Südost- und Ostasien ein. Bei der RCEP sind die USA nicht dabei. Anders als das TPP will sich die RCEP auf den Freihandel beschränken, Umwelt-, Arbeits- und Patentrecht sollen nicht vereinheitlicht werden. Auf dem Treffen der Staats- und Regierungschefs der Asiatisch-Pazifischen Wirtschaftsgemeinschaft (Apec) im November 2016 in Lima hatte China bereits Zustimmung für sein Modell bekommen.

Insgesamt konnte sich China als der „größte Gewinner"[1546] dieses geopolitischen Umkehrungsprozesses betrachten: „Das TPP war einst eingebettet in die neue Asien-Strategie von Barack Obama. Er wollte Amerikas Rolle als pazifische Macht stärken - militärisch durch die Verlagerung von Schiffen und Truppen in die Region und wirtschaftlich durch das TPP (an der China nicht beteiligt war). Die südostasiatischen Länder, aber auch Japan und Korea sollten dadurch (noch) enger an die USA gebunden werden. Unausgesprochenes Ziel dieser Strategie, die auch als 'Rebalancing' oder 'Pivot to Asia' bezeichnet wird, war es, Chinas zunehmende Macht im asiatischen Raum einzudämmen. Durch die Kehrtwende von Obama-Nachfolger Trump tritt nun das Gegenteil ein: China wird noch mächtiger. Denn nun, nachdem TPP tot ist, rückt plötzlich ein Abkommen in den Vordergrund, das bisher wenig Beachtung fand - RCEP (Regional Comprehensive Economic Partnership), ein Handelsabkommen zwischen den zehn Asean-Staaten, Australien, Neuseeland, Japan, Südkorea, Indien - und China. Für fast alle diese Länder ist China der wichtigste Handelspartner. Und diese 'Abhängigkeit' wird durch das RCEP (...) noch weiter zementiert. Es entsteht ein gigantischer asiatischer Wirtschaftsblock (er umfasst rund 40 Prozent des Welthandels) unter Führung Chinas, zu dem der Zutritt für amerikanische und europäische Firmen schwerer wird"[1547]. Insgesamt – so eine Analyse des Nachrichtenmagazins *Der Spiegel*

[1546] Pankaj Ghemawat, If Trump abandons the TPP, China will be the Biggest Winner, unter: https://hbr.org/2016/12/if-trump-abandons-the-tpp-china-will-be-the-biggest-winner
[1547] Wolfgang Hirn, Trump macht China stark – und schwächt die USA, unter:

zusammenfassend – hatte Donald Trump eine Strategie befördert, die Peking bereits unter dessen Vorgänger eingeschlagen hatte, nämlich „den politischen und wirtschaftlichen Einfluss Chinas zu verstärken, zunächst in seiner unmittelbaren Nachbarschaft, dann aber entlang seiner eurasischen Handelskorridore bis Europa und Afrika"[1548]. Dabei sind der chinesischen Führung „Gelegenheiten in den Schoß gefallen, an die sie vor Trumps Wahl kaum zu denken wagte. Amerikas Rückzug aus dem transpazifischen Handelsabkommen TPP und aus dem Pariser Klimapakt haben die Spielräume des Landes erweitert, ohne dass Peking dafür einen Finger rühren musste. Während Washington seine Verbündeten in der Nato und in der Welthandelsorganisation brüskiert, arbeitet Peking gleich an mehreren strategischen und wirtschaftlichen Netzwerken, von der Shanghaier Organisation für Zusammenarbeit über den Freihandelspakt RCEP bis zur Entwicklungsbank AIIB, die der Weltbank Konkurrenz macht und der bereits 56 Staaten angehören, darunter viele Mitglieder der Europäischen Union"[1549].

b) Die Umsetzung der Politik des *Offshore Balancing* am Beispiel des Bündnisses Washingtons mit Saudi-Arabien

Beispielhaft für die Anwendung des Prinzips des *Offshore Balancing*, das es einer verbündeten Regionalmacht erlaubt, sich eine strategische Einflusszone zu schaffen und damit gleichzeitig einen strategischen Konkurrenten der Vereinigten Staaten einzudämmen, ist die demonstrative Aufwertung des Bündnisses Washingtons mit Saudi-Arabien. Riad erhob schon seit langem den Anspruch auf den Status einer Hegemonial- und Gestaltungsmacht im Nahen und Mittleren Osten sowie in der Region des Persischen Golfes. Das durch den Besuch des US-Präsidenten in Riad im Mai 2017 – bemerkenswerterweise der erste Auslandsbesuch Trumps – unterstrichene strategische Bündnis zwischen den USA und dem saudischen Königreich untermauerte die Umsetzung der Hegemonialpläne Riads, was sich im Umgang Saudi-Arabiens mit dem Scheichtum Qatar Anfang Juni 2017 zeigte. Die Liste der Forderungen Saudi-Arabiens und seiner Verbündeten an Doha, die durch eine Blockade erzwungen werden sollte, zeigte deutlich, dass es hier nicht – wie behauptet – um die Bekämpfung des Terrorismus ging, sondern vielmehr um die Ausweitung des regionalen Machtanspruchs Riads und seiner Verbündeten[1550]. Betont werden muss in diesem Zusammenhang, dass der Hegemonialanspruch

---

http://www.manager-magazin.de/unternehmen/artikel/trump-killt-tpp-und-macht-damit-china-stark-a-1123080.html

[1548] Neue Mitte, in: Der Spiegel 27/2017, S. 92–93 (S. 92)

[1549] Ebda., S. 92/93

[1550] Patrick Truffer, Unrealistische Forderungen an Qatar verraten die wahren Gründe der Blockade, unter: http://offiziere.ch/?p=31250

Riads in der mittelöstlichen Region und am Golf bereits seit längerem formuliert wurde. Das saudische Königshaus verfolgt eine „von Eigeninteressen bestimmte Außenpolitik, die Macht und Einfluss Saudi-Arabiens sichern soll"[1551]. Dies resultiert aus der Erkenntnis, dass die saudische Führung nur überleben kann, wenn sie ihre Position in der gesamten Region des Nahen und Mittleren Ostens behauptet und ausbaut[1552]. Vor diesem Hintergrund – so Nahostexperte Sebastian Sons – beruht die saudische Außenpolitik auf vier Pfeilern: 1) der Bewahrung der eigenen Stabilität und inneren Sicherheit, 2) Bewahrung und Durchsetzung der eigenen Wirtschaftsinteressen, 3) Durchsetzung des Anspruchs Riads auf die religiöse Führerschaft in der arabischen Welt, was mit dem Versuch, den saudischen Wahhabismus in der ganzen Welt zu verbreiten, einhergeht, welcher dem Königshaus als wichtigste Legitimation seiner strategischen Interessen dient, und 4) Durchsetzung des regionalen Einflusses[1553]. Saudi-Arabien „sieht sich als führende Kraft auf der arabischen Halbinsel und in der gesamten Region und will diese Stellung bewahren, ausbauen und gegen Konkurrenten, wie zum Beispiel Iran, verteidigen. Daraus erwächst ein Führungsanspruch, den Saudi-Arabien mit politischen, wirtschaftlichen, aber auch militärischen Mitteln zu verteidigen bereit ist. Als bevölkerungsreichstes arabisches Land am Golf mischt es sich in regionale Krisenherde wie Syrien oder den Jemen ein, um seine Stellung als Führungsmacht zu beweisen und die Zukunft in der arabischen Welt nach eigenen Vorstellungen mitzugestalten"[1554]. Dabei setzt Saudi-Arabien im Wesentlichen auf drei Werkzeuge: Zum einen rief es eine Bündnispolitik mit den sunnitischen Golfmonarchien ins Leben, in der Riad die Rolle der Vormacht einnimmt. Dies ist 1981 mit der Errichtung des Golfkooperationsrates (GKR) geschehen, der dazu dienen soll, den Einfluss des schiitischen Iran einzudämmen. „Eine Eindämmung der schiitischen Vormacht Iran und deren Ambitionen, zur führenden Regionalmacht aufzusteigen, ist die 'Meta-Sicherheitsagenda' der sunnitischen Golf-Staaten, mit der sich ein Konsens zwischen den GKR-Staaten herstellen lässt"[1555]. Zweitens sorgt Saudi-Arabien für die Förderung und Verbreitung eines fundamentalistisch-sunnitischen Islam, was bereits 1962 durch die Gründung der World Muslim League institutionalisiert wurde. Darüber hinaus setzt es drittens – worauf der palästinensische Autor

---

[1551] Sebastian Sons, Auf Sand gebaut. Saudi-Arabien – ein problematischer Verbündeter, Ullstein, Berlin 2016, Lizenzausgabe für die Bundeszentrale für politische Bildung, Bonn 2017, S. 96.

[1552] Ebda.

[1553] Ebda., S. 95/96

[1554] Ebda., S. 97

[1555] Der Golfkooperationsrat – Allianz der „negativen Solidarität", unter:
http://www.pivotarea.eu/2016/01/05/golfkooperationsrat/

Said K. Aburish hinweist – auf eine Spaltung und Destabilisierung der arabischen Staatenwelt, um konkurrierende Bündniskonstellationen oder Ideologien aufzubrechen[1556].

Mit diesen Instrumentarien ist Riad seit 2005, spätestens aber seit dem sogenannten „Arabischen Frühling" 2011, zu einer „neuen offensiven Regionalpolitik" übergegangen[1557]. Zielsetzung ist zum einen die Stützung der verbündeten Monarchien, des Weiteren die Bekämpfung des Einflusses der Muslimbruderschaft (da sie ein konkurrierendes Modell des politischen Islam vertritt, welches auch die Legitimität der Monarchien in Frage stellt, was wiederum mit dem saudischen Staatsverständnis nicht vereinbar ist), zudem die Unterdrückung schiitischer Unabhängigkeitsbewegungen und als letztes die Förderung aufständischer dschihadistisch-salafistischer Bewegungen in Syrien, um den Einfluss des Iran einzudämmen[1558]. Die geopolitische Vision, die Riad durchsetzen möchte, ist der Aufbau einer Einflusszone in Gestalt einer regionalen Allianz der sunnitischen Golfmonarchien, an die auch Ägypten und Jordanien angegliedert werden sollen – mit ostentativer Ausrichtung gegen den Iran[1559]. Aus diesem Grund marschierte Saudi-Arabien zwecks Niederschlagung der Proteste der schiitischen Bevölkerungsmehrheit im März 2011 in Bahrain ein, welches sich seitdem in Abhängigkeit von Riad befindet[1560]. In Ägypten unterstützte das saudische Königshaus bis zuletzt den ägyptischen Präsidenten Husni Mubarak und förderte nach dessen Sturz den Hohen Militärrat unter Feldmarschall Tantawi, um eine Machtübernahme der Muslimbruderschaft zu verhindern. Als im Juni 2012 mit Mohammed Mursi der Kandidat der Muslimbruderschaft die ägyptischen Präsidentschaftswahlen gewann, verhärtete sich die Haltung Riads gegenüber Kairo. Es war letztlich Mursis proiranische Politik, die die saudische Führung dazu veranlasste, im Sommer 2013 den Putsch des ägyptischen Militärs unter Mohammed Fatah al-Sisi zu unterstützen; bis dato ist ungeklärt, ob das ägyptische Militär die Absetzung des Präsidenten Mursi am 3. Juli 2013 vorab mit der saudischen Führung besprochen hatte[1561]. In der Folgezeit geriet Ägypten immer weiter in die Abhängigkeit der saudischen Monarchie, die Kairo – wie zur Zeit des ägyptischen Präsidenten Mubarak – als wichtigsten Verbündeten sowohl im Kampf gegen die Muslimbruderschaft als auch gegen Teheran betrachtet.

[1556] Vgl. hierzu: Said K. Aburish, Der märchenhafte Aufstieg und Verfall des Hauses Saud. Ist Saudi-Arabien als Partner des Westens noch tragbar?, Knesebeck, München 1994, S. 172 - 217

[1557] Guido Steinberg, Anführer der Gegenrevolution. Saudi-Arabien und der Arabische Frühling, Studie der Stiftung Wissenschaft und Politik, April 2014, S. 16

[1558] Ebda., S. 16

[1559] Ebda., S. 18

[1560] Ebda., S. 16

[1561] Ebda., S. 20

„Wie sehr Saudi-Arabien mittlerweile die geopolitischen Realitäten in der Region verändert, zeigt das Beispiel Ägypten", so der Nachrichtendienst *Spiegel Online.* „Das bevölkerungsreichste Land der arabischen Welt war einst der mächtigste Staat im Nahen Osten. Heute ist es hoch verschuldet und in hohem Maße abhängig vom starken Mann in Riad. Als eine Gegenleistung für die steten Finanzspritzen hat Ägypten (...) die strategisch hoch bedeutsamen Inseln Tiran und Sanafir am Eingang zum Golf von Akaba an Saudi-Arabien abgetreten"[1562]. In Syrien ist Saudi-Arabien bestrebt, Damaskus aus seinem Bündnis mit Teheran herauszulösen und damit den iranischen Einfluss im Nahen Osten einzudämmen[1563], und seit November 2012 verdichteten sich die Hinweise, dass Saudi-Arabien zusammen mit den USA von Jordanien aus die Unterstützung für Aufständische in Syrien ausbaute[1564]. Folgt man dem Nahostexperten Guido Steinberg, so war es vor allem Riad, das zur Forcierung der Unterstützung der sunnitischen Aufständischen gegen Assad antrieb - und dass die Führung in Riad einen entschlosseneren Kurs beschreiten wollte, wurde an der Ernennung des Prinzen Bandar bin Sultan al Saud zum Chef des saudischen Auslandsgeheimdienstes im Juli 2012 erkennbar, der als ebenso amerikafreundlich wie iranfeindlich galt. Mit seiner Ernennung „schien in Riad die Entscheidung gefallen zu sein, einen Stellvertreterkrieg gegen Iran zu beginnen"[1565], der in Syrien ausgefochten werden sollte. Ein wichtiger Stützpfeiler der saudischen Politik in Syrien ist dabei die im September 2013 ins Leben gerufene „Armee des Islam" (Jaish al-Islam) unter dem Salafisten Zahran Alloush. Diese gründete im November 2013 gemeinsam mit anderen islamistisch-salafistischen Gruppierungen wie der „Ahrar ash-Sham" die „Islamische Front". Hinter dieser Vereinigung wird die saudische Führung vermutet[1566]. Die Bereitschaft, mit eigener militärischer Präsenz gegen einen vermeintlichen Einfluss des Iran vorzugehen, zeigte Saudi-Arabien nicht nur in Bahrain 2011, sondern auch ab März 2015 im Jemen. Dort geriet 2012 der saudische Einfluss auf die politischen Geschicke des Landes mit dem Sturz des dortigen Machthabers Ali Abdullah Saleh ins Wanken[1567]. Saudi-Arabien gelang es, eine „Initiative des Golfkooperationsrates" zu lan-

---

[1562] Der Kriegerprinz, unter:
http://www.spiegel.de/politik/ausland/saudi-arabien-kronprinz-mohammed-bin-salman-der-kriegerprinz-a-1153245.html
[1563] Guido Steinberg, Anführer der Gegenrevolution. Saudi-Arabien und der Arabische Frühling, Studie der Stiftung Wissenschaft und Politik, April 2014, S. 16
[1564] Ebda., S. 23
[1565] Ebda., S. 25
[1566] Ebda., S. 26
[1567] Sebastian Sons, Auf Sand gebaut. Saudi-Arabien – ein problematischer Verbündeter, Ullstein, Berlin 2016, Lizenzausgabe für die Bundeszentrale für politische Bildung, Bonn 2017, S. 114

cieren, die den Stellvertreter Salehs, Abd Rabbo Mansur Hadi, als neuen Präsidenten vorsah und Saleh entmachtete. Damit wurde ein Bürgerkrieg im saudischen „Hinterhof" in Gang gesetzt, denn die einflussreiche schiitische Rebellengruppe der Huthis sah sich vom Verhandlungsprozess des Golfkooperationsrates ausgeschlossen. Diese verbündete sich mit dem ehemaligen Präsidenten Saleh und drängte die Truppen des von den Saudis installierten Machthabers in Sanaa, Abd Rabbo Mansur Hadi, immer weiter zurück. Die Eroberung der strategisch wichtigen Hafenstadt Aden durch die Huthis und der Machtwechsel in Riad – nach dem Tod des Königs Abdullah bestieg dessen Halbbruder Salman, der als Verkörperung einer aggressiveren Außenpolitik gilt, den Thron – führten im März 2015 zur saudischen Militäroperation „Sturm der Entschlossenheit", die sich zwar „in erster Linie gegen die Huthi-Saleh-Allianz, aber indirekt ebenso gegen Iran richtet"[1568]. Dann die Saudis verdächtigen die Huthis, als Agenten Teherans zu fungieren, wofür es jedoch keine Beweise gibt. Im Gegenteil hatte Teheran versucht, die Lage im Jemen nicht eskalieren zu lassen und hatte vor der Einnahme Sanaas durch die Huthi-Milizen sogar gewarnt[1569]. Der Jemen-Krieg Riads stellt mithin eine „Zeitenwende in der saudischen Außenpolitik" dar; das Königreich ist nun „quasi über Nacht zum Kriegstreiber geworden"[1570]. Sämtliche Anzeichen sprechen dafür, dass Saudi-Arabien diesen politischen Kurs einer offensiven, gegebenenfalls auch militärisch vorgetragenen Außenpolitik in Zukunft fortsetzen wird. Dafür spricht die am 20. Juni 2017 geregelte Thronfolge in Riad durch den herrschenden König Salman, die sich auf den künftigen politischen Kurs des Landes erheblich auswirken sollte: Zum Thronfolger ernannt wurde dessen Sohn Mohammed Bin Salman, der seit 2015 bereits saudische Verteidigungsminister war. Dieser steht nicht nur für ein umfassendes Wirtschaftsprogramm, das mit der Formel „Vision 2030" umschrieben wird, sondern er ist „in der Außenpolitik durch erstaunliche Aggressivität aufgefallen, die nichts mit dem bedächtigen Vorgehen der Saudis der letzten Jahrzehnte gemein hat", aber die Konflikte in der Region zu verschärfen droht[1571]. Der Bundesnachrichtendienst (BND) warnte bereits 2015 expressis verbis vor einer Machtübernahme in Riad durch Mohammed Bin Salman, da er für eine „impulsive Interventionspolitik" stehe und versuche, „den eigenen Einflussraum auch militärisch auszudehnen", wodurch auch „die Beziehungen zu be-

---

[1568] Ebda., S. 115

[1569] Ebda., S. 115

[1570] Ebda., S. 117, 119

[1571] Guido Steinberg, Muhammad Bin Salman: Alleinherrscher in Saudi-Arabien, unter: http://www.tagesspiegel.de/politik/saudi-arabien-muhammad-bin-salman-der-alleinherrscher/19991230.html

freundeten und vor allem alliierten Staaten der Region überstrapaziert" würden[1572]. Deutlich sprach der BND davon, dass König Salman und insbesondere sein Sohn Mohammed sich als „Anführer der arabischen Welt profilieren" wollten. Sie versuchten, die außenpolitische Agenda Saudi-Arabiens „mit
einer starken militärischen Komponente sowie neuen regionalen Allianzen zu
erweitern"[1573]. Mohammed Bin Salman gilt mithin als Architekt des Krieges
im Jemen, mit dem das Königreich der Analyse des BND zufolge seine Bereitschaft dokumentiert, „militärische, finanzielle und politische Risken einzugehen, um regionalpolitisch nicht ins Hintertreffen zu geraten"[1574]. Gleichfalls steht der Kronprinz für die Strategie des Regimewechsels in Damaskus,
wodurch der Einfluss Irans und die Unterstützung Syriens für die schiitische
Hisbollah im Libanon zurückgedrängt werden soll[1575]. Auch die Isolationspolitik Riads gegen Qatar ist auf die Agenda Mohammed Bin Salmans zurückzuführen, bei der es offenkundig darum ging, dass sich „Doha unterwirft und
seine eigenständige Außenpolitik – die vor allem auf die Förderung der Muslimbruderschaft und verhältnismäßig enge Beziehungen zu Iran setzt – aufgibt"[1576]. Diese Eckdaten verdeutlichen die geopolitischen Ambitionen Saudi-
Arabiens, eine eigene umfassende Einflusszone von der Levante bis zum
Golf zu schaffen, auch um zu demonstrieren, „wer in der arabischen Welt das
Sagen hat"[1577].

Begünstigt wurde diese wachsende Veränderung der geopolitischen Koordinaten im Nahen und Mittleren Osten nicht zuletzt durch die Politik der USA.
Richard Haass, der bereits zitierte ehemalige Präsident des Council on Foreign
Relations, erklärte schon 2006: „In der neuen Ära des Mittleren Ostens werden äußere Mächte wenig Gewicht haben, regionale Kräfte werden die Oberhand gewinnen"[1578]. Es entstehe ein anderer Naher Osten, wo Amerika nicht
mehr dominiert, sondern mit anderen Kräften in Machtkonkurrenz trete,

---

[1572] Der Kriegerprinz, unter:
http://www.spiegel.de/politik/ausland/saudi-arabien-kronprinz-mohammed-bin-salman-der-
kriegerprinz-a-1153245.html

[1573] „Interventionspolitik". BND warnt vor Saudi-Arabien, unter:
 http://www.spiegel.de/politik/ausland/bundesnachrichtendienst-warnt-vor-
interventionspolitik-saudi-arabiens-a-1065643.html

[1574] Ebda.

[1575] Ebda.

[1576] Guido Steinberg, Muhammad Bin Salman: Alleinherrscher in Saudi-Arabien, unter:
http://www.tagesspiegel.de/politik/saudi-arabien-muhammad-bin-salman-der-
alleinherrscher/19991230.html

[1577] Der Kriegerprinz, unter:
http://www.spiegel.de/politik/ausland/saudi-arabien-kronprinz-mohammed-bin-salman-der-
kriegerprinz-a-1153245.html

[1578] Zit. aus: Michael Stürmer, Im Nahen Osten haben die USA nicht mehr viel zu sagen, in:
Die Welt v. 30.11.2006

morgen mit dem Iran und übermorgen wahrscheinlich mit Russland und China[1579]. Die Nah- und Mitteloststrategie der Trump-Administration lief darauf hinaus, dieses Machtvakuum nunmehr den geopolitischen Ambitionen des saudischen Königshauses zu überlassen, und in diesem Zusammenhang weist eine Studie des *Center for Strategic and International Studies* vom Mai 2017 darauf hin, dass dieser Ansatz für die politischen Interessen der USA im Nahen und Mittleren Osten durchaus zweckdienlich sei[1580]. Die USA, so die Studie, müssten berücksichtigen, dass sich Saudi-Arabien als der wichtigste Alliierte in jedem Konflikt mit dem Iran positioniere. Schließlich habe Saudi-Arabien die Führung bei der Eindämmung des Iran übernommen und hierfür die sicherheitspolitischen Bemühungen der übrigen Golfmonarchien gebündelt und auf Linie gebracht, was – so lässt die Studie durchblicken – letztlich im US-amerikanischen Interesse liege. Die Studie, die eine Art Handlungsempfehlung für die Trump-Administration im Umgang mit dem saudischen Königreich sein sollte[1581], unterstreicht den „hohen strategischen Wert" der saudisch-amerikanischen Partnerschaft und stellt heraus, welche große Bedeutung die Stabilität Saudi-Arabiens und dessen Fähigkeit, diese Partnerschaft zu unterfüttern, für die Sicherheit der Vereinigten Staaten habe. Insbesondere mit Blick auf die hegemonialen Ambitionen Irans, des Rivalen Saudi-Arabiens, wird Riad eine wichtige Rolle für die regionale Stabilität zugewiesen. Dabei legt die Studie ein besonderes Augenmerk auf die Versorgung mit Erdöl und Erdgas. Amerika sei auf saudische Hilfe bei der Sicherung der Exporte von Öl und Gas aus dem Golf angewiesen; es bestünde eine „anhaltende Abhängigkeit der USA von Saudi-Arabien beim Erhalt einer stabilen Versorgung mit Öl vom Golf". Die Studie erwähnt zwar, dass die direkte Abhängigkeit Amerikas von Ölimporten aus der Region, was Mengen und Preise betreffe, gesunken sei. Aber es gebe eine strategische Abhängigkeit von stabilen Öllieferungen aus der Golf-Region, etwa nach Asien. Das hänge mit der wachsenden amerikanischen Abhängigkeit von Wachstum und Stabilität der Weltwirtschaft zusammen. Eine von Iran militärisch herbeigeführte Unterbrechung des Tanker-Verkehrs durch die Straße von Hormuz wäre nach dieser Sicht eine direkte Bedrohung für die Vitalität der amerikanischen Wirtschaft. Gerade vor diesem Hintergrund dienten die geostrategischen Zielsetzungen Saudi-Arabiens, die sich gegen eine potentielle Hegemonie des Iran am Persischen Golf rich-

---

[1579] Ebda.

[1580] Anthony H. Cordesman, President Trump's Trip to Saudi-Arabia, unter:
https://www.csis.org/analysis/president-trumps-trip-saudi-arabia

[1581] Rainer Hermann/Klaus-Dieter Frankenberger, Trump und die Saudis: Willkommen in Riad, unter:
http://www.faz.net/aktuell/politik/trumps-praesidentschaft/saudi-arabien-setzt-auf-donald-trump-15022416.html

teten, mit der Gewährleistung sicherer Energieströme letztlich auch der Stabilität und Prosperität der US-amerikanischen Wirtschaft. Die Studie warnt davor, dass der wichtigste globale Rivale der USA, die Volksrepublik China, die Lücke füllen würde, wenn Washington nicht die „für Machtprojektion nötigen Kräfte und Waffen" im Nahen und Mittleren Osten stationieren würde. „China ist vielleicht noch nicht bereit, diese Rolle zu übernehmen, doch wenn China der faktische Garant der Stabilität am Golf werden sollte, würde die Krise im Südchinesischen Meer dagegen bedeutungslos erscheinen". Die „reale Stärke des Einflusses und der Macht der USA im Pazifik würde deutlich verringert werden und Chinas Druck auf andere asiatische Industrienationen wie Japan und Südkorea würde massiv steigen. Der potentielle Anstieg der Spannungen zwischen China und Indien und der Rückgang von Indiens relativer Stellung hätten massive Auswirkungen auf das Kräftegleichgewicht in Südasien und dem Indischen Ozean". Damit stellt die Studie mit anderen Worten einen Zusammenhang zwischen den engen Beziehungen der USA mit Saudi-Arabien und dem Konflikt zwischen den USA und China her. Die saudische Kontrolle über die gesamte Region zwischen der Levante und dem Persischen Golf und die US-amerikanische Unterstützung dieses von Riad formulierten Ziels sind dieser Studie zufolge somit auch entscheidend für die Politik Washingtons zur Eindämmung Chinas, welches vom Zugang zum Persischen Golf abgeschnitten werden soll. Washingtons *Offshore-Balancing*-Politik im Nahen und Mittleren Osten bedeutet also die Einbindung Saudi-Arabiens und seiner geopolitischen Pläne in die „Große Strategie" der USA nicht zur zwecks Austarierens des iranischen Einflusses, sondern auch zur Errichtung eines auf einer saudisch-amerikanischen Allianz beruhenden Bollwerks gegen chinesische Pläne, Zugang zu den Energiereserven der Golfregion zu erhalten. Die zwischen Trump und Riad vereinbarten Rüstungslieferungen an die saudische Monarchie im Mai 2017 sollen diese strategischen Pläne militärisch unterstreichen. Diese Konzeption erinnert in mancherlei Hinsicht an die sogenannte „Zwei-Säulen-Politik" der USA in den 1970er Jahren als Bestandteil der sogenannten „Nixon-Doktrin", auf die unten noch näher eingegangen wird. Diese „Zwei-Säulen-Politik" Washingtons hatte Saudi-Arabien und dem Iran unter dem proamerikanischen Schah-Regime die Rolle zugewiesen, am Persischen Golf im US-amerikanischen Sinne Ordnung zu halten, und zu diesem Zweck wurden sie von Washington unterstützt und ausgerüstet.

Diese beiden Beispiele zeigen, dass die Umsetzung der originären außenpolitischen Programmatik Trumps – von Washington teils unbeabsichtigt, teils strategisch geplant – sowohl verbündeten als auch konkurrierenden Mächten die Möglichkeit eingeräumt hatte, sich regionale Einflusszonen zu schaffen. Daher spricht sehr viel dafür, die geopolitische Konsequenz der Außenpolitik der Trump-Administration in der Schaffung eines multipolaren Kräftesystems zu sehen, das durch die Abgrenzung von Interessensphären sowie durch regional begrenzte Bündnissysteme bestimmt sein würde. Als Folge der ablehnenden Haltung gegenüber Freihandelsregimen, der Neubeurteilung von bestehenden Bündnissen nach dem strategischen und ökonomischen Wert für die USA sowie der Ablehnung militärischer Interventionen zum Zweck des „Nation Building" würde ein „völlig neues strategisches Gleichgewicht"[1582], ein „spheres-of-influence-system"[1583] entstehen.

c) Trump – der neue Richard M. Nixon?

Die Frage, inwieweit der außenpolitische Ansatz der Präsidentschaft Trumps Elemente von Tradition und Neuausrichtung der US-Außenpolitik verkörpert, lässt sich lediglich durch einen historischen Vergleich beantworten. Blickt man in die jüngere Geschichte der US-Außenpolitik zurück, so erinnern viele Ansätze der Trump-Administration an die „Grand Strategy" des US-Präsidenten Richard M. Nixon. Folgt man dem Amerika-Experten Detlef Junker, so besaß diese einen „großen strategischen Entwurf" im Sinne „der ersten wirklichen Innovation der Außenpolitik der Vereinigten Staaten nach 1945"[1584]. Nixon und sein Nationaler Sicherheitsberater bzw. späterer US-Außenminister Henry Kissinger entwickelten seinerzeit eine Alternative zur klassischen Eindämmungspolitik gegenüber den kommunistischen Hauptmächten Sowjetunion und China. Ihr Ziel war es, „die amerikanische Weltpolitik vom Manichäismus, vom Freund-Feind-Verhältnis gegenüber dem Kommunismus zu befreien" und an dessen Stelle das Konzept des Gleichgewichts der Mächte zu setzen[1585]. Eine darauf basierende Stabilität der internationalen Beziehungen war dabei für Nixon und Kissinger nur zu gewinnen, wenn die Existenz der Hauptmächte, unabhängig von ihrer inneren Ordnung, als legitim anerkannt, das heißt wenn sie als Mächte nicht in Frage gestellt würden. Das Verhältnis der Staaten zueinander dürfe nicht von ihrer inneren Struktur abhängig gemacht werden, sondern von ihrem außenpolitischen Verhalten[1586]. Ziel war die „Entideologisierung der amerikanischen Außenpolitik" [1587] auf der

---

[1582] Brendan Simms/Charlie Laderman, Wir hätten gewarnt sein können. Donald Trumps Sicht auf die Welt, DVA, München 2017, S. 29

[1583] Justin Vaisse, Trump's International System: A Specutlative Interpretation, unter: https://warontherocks.com/2016/12/trumps-international-system-a-speculative-interpretation/

[1584] Detlef Junker, Schlechter Charakter mit großem Entwurf. Besprechung des Buchs „Ein Mann gegen die Welt. Aufstieg und Fall des Richard Nixon" von Tim Weiner, unter: http://www.faz.net/aktuell/politik/politische-buecher/ein-mann-gegen-die-welt-von-tim-weiner-ueber-richard-nixon-14496067.html

[1585] Ebda.

[1586] Ebda.

[1587] Christian Hacke, Zur Weltmacht verdammt. Die amerikanische Außenpolitik von J.F. Kennedy bis G. W. Bush, Ullstein, München 2001, S. 132

Grundlage des Prinzips des nationalen Interesses und eines Systems interessenorientierter Beziehungen. Auf diesen Überlegungen gründete sich schließlich die im Jahr 1969 verkündete „Nixon-Doktrin": Der Abbau eines übermäßigen Engagements der USA in der Welt, dessen Ersetzung durch „selektive Interventionen" und Stärkung regionalistischer Strukturen wurden darin als Grundpfeiler künftiger US-Außenpolitik deklariert[1588]. Die USA sollten ihre außenpolitischen Energien auf die „Schaffung eines multipolaren Kräftesystems konzentrieren, das durch die Abgrenzung von Interessensphären, durch regional begrenzte Bündnissysteme und durch flexible Balancemöglichkeiten"[1589] im Rahmen eines pentagonalen Systems mit den Zentren USA-Japan-Westeuropa-Sowjetunion-China im Lot gehalten wird. Praktisch bedeutete dies eine Abkehr vom Selbstverständnis der USA als Weltpolizisten. Die „Nixon-Doktrin" zog eine Lehre aus dem Vietnamkrieg, indem sie direkte US-Militärinterventionen in der Dritten Welt ablehnte und diese durch die Unterstützung regionaler Sicherheitsgaranten ersetzen wollte. Durch den Vietnamkrieg beschädigten die USA ihre Rolle als ökonomische Führungsmacht des Westens und unterminierten die von ihnen 1944 in Bretton Woods selbst geschaffene Weltwirtschaftsordnung[1590]. Insoweit zeigte der Vietnamkrieg bereits die Grenzen der „imperialen Überdehnung" der USA auf, und als Konsequenz dieser Entwicklung erklärte Nixon, dass die USA „nicht alle Pläne ausarbeiten, nicht all die Programme aufstellen, nicht all die Entscheidungen ausführen und nicht die gesamte Verteidigung der westlichen Welt übernehmen" könnten. Die USA seien „nicht am Weltgeschehen beteiligt, weil wir Verpflichtungen haben; wir haben Verpflichtungen, weil wir beteiligt sind. Unsere Verpflichtungen müssen an unseren Interessen orientiert sein, nicht umgekehrt". Das nationale Interesse der USA wurde mithin enger definiert, und „mit Ausnahme Theodore Roosevelts hatte sich keiner von Nixons Vorgängern (...) so ausdrücklich auf das nationale Interesse als Ausgangspunkt für amerikanische Politik berufen"[1591] wie Nixon.

Somit lassen sich durchaus Parallelen zwischen den außenpolitischen Konzeptionen Nixons und Trumps feststellen. Auch die Ausgangsbasis für die Formulierung ihrer außenpolitischen Doktrinen zeigt sich vergleichbar: In beiden Fällen hatten von den USA geführte Kriege die ökonomische Substanz der Weltmacht weitgehend unterminiert, was eine Fortführung kostspieliger militärischer Interventionen nicht mehr zuließ. Dies machte jeweils

---

[1588] Hartmut Wasser, Die Vereinigten Staaten von Amerika. Porträt einer Weltmacht, DVA, Stuttgart 1980, S. 419

[1589] Ebda., S. 419

[1590] Stephan Bierling, Geschichte der amerikanischen Außenpolitik. Von 1917 bis zur Gegenwart, Beck'sche Reihe, München 2003, S. 149/150

[1591] Christian Hacke, Zur Weltmacht verdammt. Die amerikanische Außenpolitik von J.F. Kennedy bis G. W. Bush, Ullstein, München 2001, S. 133

eine Anpassung der strategischen Entwürfe der USA an neue Macht- und Kräfteverhältnisse in der internationalen Politik erforderlich. Übereinstimmungen finden sich zunächst im außen- und außenwirtschaftspolitischen Ansatz eines „ökonomischen" oder „merkantilen" Nationalismus. Trumps Programmatik war darauf hinausgelaufen, den Einfluss der Globalisierung zurückzuschrauben und stattdessen dem Nationalstaat eine entscheidende Ordnungsfunktion zuzuweisen. Auf dieser Grundlage sollte laut Trump künftig kein Vertrag abgeschlossen werden, der die amerikanische Kontrolle über die eigenen Angelegenheiten einschränken könnte[1592]. Ziel war die Wiederherstellung der industriellen Basis der USA, deren Verlust Trump durch „unfaire" Handelsabkommen und Währungsmanipulationen konkurrierender Handels- und Wirtschaftsmächte wie China und Deutschland verursacht sah, denen aufgrund ihres Außenhandelsüberschusses mit den USA ein „Diebstahl" amerikanischer Jobs vorgeworfen wurde[1593]. Eine vergleichbare Programmatik – die Fokussierung auf den Binnenmarkt, Einfuhrzölle zum Schutz der amerikanischen Wirtschaft, Kampf um Währungsabwertung – vertrat auch die Nixon-Administration; insoweit wurde mit Beginn der Präsidentschaft Trups verschiedentlich darauf hingewiesen, dass mit dem 45. Präsidenten eine Art Wiederholung der Ära Nixon zu erwarten sei. Historisch beispielhaft hierfür ist die Auseinandersetzung zwischen den USA und den europäischen Verbündeten Anfang der 1970er um die Aufhebung der von den USA 1944 selbst geschaffenen Weltwährungsordnung von Bretton Woods. In dieser waren die Währungen der Mitgliedsstaaten an den Dollar als Weltleitwährung gebunden, welcher jederzeit bei der US-Notenbank zu einem festen Kurs in Gold eingetauscht werden konnte. Das System funktionierte solange, wie die USA die Goldeinlösegarantie aufrechterhielten, was sich jedoch mit der Eskalation des Vietnamkrieges radikal ändern sollte. Immer größere Mengen der US-Währung überschwemmten die internationalen Kapitalmärkte. „Die Funktion des Dollar als Leit-, Transaktions- und Reservewährung der Welt erlaubte den Vereinigten Staaten nämlich, die Kosten für ihre Außen- und Innenpolitik teilweise auf andere Länder abzuwälzen, weil diese die amerikanische Währung zu einem festgelegten Kurs aufnehmen mussten. Aber die Rolle des Dollar als Ankerwährung des Systems hatte auch eine Schattenseite: Da der Dollar überbewertet war, verschlechterte sich die internationale Wettbewerbsfähigkeit der US-Unternehmen und stieg das Zahlungsbilanzdefizit an. Die Vereinigten Staaten nutzten nun die sicherheitspolitische Abhängigkeit der Westeuropäer, insbesondere der Deutschen, um sie unter dem Schlagwort der 'Lastenteilung' (burden sharing) zu einem Beitrag

---

[1592] Donald Trump Delivers Foreign Policy Speech, 27.04.2016, unter: https://www.nytimes.com/2016/04/28/us/politics/transcript-trump-foreign-policy.html
[1593] Natascha Divac/Sarah Sloat, Germany Braces for Trump's Trade Policies, unter: https://www.wsj.com/articles/germany-braces-for-trumps-trade-policies-1480248006

zur Lösung ihres Zahlungsbilanzproblems zu veranlassen"[1594]. Da sich die außenwirtschaftlichen Ungleichgewichte immer weiter zu Lasten der USA vergrößerten, sah sich Nixon veranlasst, einseitig die bis dahin bestehende Weltwirtschaftsordnung zu beseitigen. In Reaktion auf das US-amerikanische Außenhandelsdefizit hob er die Goldeinlösegarantie auf und setzte mit dem „Smithsonian Agreement" eine Abwertung des Dollars durch. „Anstatt sich der gebotenen strikten fiskalischen und monetären Disziplin zu unterwerfen und das internationale Währungsregime zu bewahren, gab Washington mit dem 'Nixon-Schock' das Bretton Woods-System auf, um seine ökonomische und politische Handlungsfreiheit zu erhöhen"[1595]. Zugleich mit der Aufhebung der Goldbindung des Dollars beschloss Nixon die Einführung einer zehnprozentigen Importsteuer, weil die Bretton-Woods-Mitgliedsstaaten sich weigerten, zugunsten der USA ihre eigene Währung aufzuwerten. Für die deutsche Volkswirtschaft waren die Maßnahmen Nixons ein Schock: Die Bundesregierung hatte den Wechselkurs der D-Mark zum Dollar freigegeben – mit der Folge einer schnellen Aufwertung der D-Mark um acht Prozent im Verhältnis zum Dollar, die zusammen mit der US-Importsteuer ein schwerer Schlag für die deutsche Exportindustrie war. „US-Wahlkämpfer Richard Nixon suchte seinen Inflationsdollar zu retten, koste es die anderen, was es wolle. In einem nationalökonomischen Parforce-Programm untersagte er den Umtausch von Dollar in Gold, stoppte Löhne und Preise und belegte die US-Einfuhr mit Schutzzöllen. Der am Dollar orientierte Welthandel geriet aus dem Gleichgewicht, das düpierte EWG-Europa in Panik, die deutsche Exportindustrie in Existenzangst (...). Die Deutschen, schon seit langem in der Defensive gegenüber dem Inflationsdollar, behielten recht. Aber sie hatten den Schaden. Zum eigenen Schutz und um den Amerikanern beizustehen, hatten sie am 10. Mai (1971) bereits den Wechselkurs gegenüber dem Dollar freigegeben und die deutschen Exportgüter damit (...) um acht Prozent verteuert"[1596]. Zusätzlich „vergällten die Amerikaner den Freundesdienst mit weiteren zehn Prozent Importabgabe. Zudem muß Bonn im Herbst mit den härtesten Milliarden-Forderungen der Amerikaner für die Stationierung ihrer Truppen auf deutschem Boden rechnen"[1597]. Das Nachrichtendienst *Der Spiegel* sprach seinerzeit von einer „US-Handelskriegserklärung"[1598]. Hier zeigt sich ein Schema Nixons, welches auch von Trump angekündigt worden war, nämlich die europäischen Verbündeten auf einen US-amerikanischen Kurs zu

---

[1594] Stephan Bierling, Geschichte der amerikanischen Außenpolitik. Von 1917 bis zur Gegenwart, Beck'sche Reihe, München 2003, S. 150

[1595] Ebda., S. 151

[1596] Dollar-Krise. Der Offenbarungseid, unter:
http://www.spiegel.de/spiegel/print/d-43143910.html

[1597] Ebda.

[1598] Ebda.

verpflichten, und zwar mit Hilfe einer Drohung, dass ansonsten Maßnahmen erlassen werden könnten, die den Europäern schaden, den Amerikanern aber nützen.

Parallelen lassen sich vor allem aber auch die Entwürfe einer außenpolitischen „Grand Strategy" erkennen. Nixons Programm – insbesondere bestimmt durch seinen Nationalen Sicherheitsberater Henry Kissinger – war letztlich die Schaffung eines multipolaren Kräftegleichgewichts, welches das Verhältnis der Staaten zueinander nicht von ihrer inneren Struktur, sondern von ihrem außenpolitischen Verhalten abhängig macht[1599]. Von diesem Grundsatz, wonach Stabilität und Mächtegleichgewicht und nicht eine globale Mission der Maßstab der US-Außenpolitik sein soll, hatte sich die US-Außenpolitik in der Folgezeit gelöst: Der US-amerikanische Außenpolitik-Experte Thomas Carothers spricht davon, dass „Demokratieförderung" mit inszenierten Regimewechseln seit Jahrzehnten ein zentrales Ziel der US-Außenpolitik sei. Die Trump-Administration hatte deutlich gemacht, dass sie diesem Interventionismus den Rücken kehren wollte; die USA – so Trump – seien mit Blick auf ihre eigenen Probleme ein „schlechter Botschafter" und müssten erst einmal vor ihrer eigenen Haustür kehren[1600]. „Folgt Donald Trump seiner skizzierten Politiklinie, so wird Demokratieförderung zum ersten Mal seit über drei Jahrzehnten einen massiven und erkennbaren Bedeutungsverlust auf der politischen Agenda erleiden"[1601]. Insoweit knüpfte die Trump-Administration wieder an den Grundsatz der Nixon-Programmatik an. Dieser Eindruck wurde durch die Aufnahme Henry Kissingers in das Beratergremium des Präsidenten und die geschilderten Ansätze im Sinne der *Offshore-Balancing*-Politik bestätigt. Diese spiegelt sich in dem Wiederaufgreifen der Elemente der Nah- und Mittelostpolitik Nixons wider, nämlich der „Zwei-Säulen-Politik", die seinerzeit Saudi-Arabien und dem Iran des Schah-Regimes eine ordnungspolitische Funktion im US-amerikanischen Sinne zugewiesen hatte. Wenn auch dem Interventionismus der neokonservativen Ideologie grundsätzlich eine Absage erteilt wurde, so blieben in der Außenpolitik der Trump-Administration dennoch Fragmente des Neokonservatismus erhalten, was beispielsweise in der Russlandpolitik sowie in der Nah- und Mittelostpolitik zum Ausdruck kam. Eine Neuausrichtung in der Eurasienpolitik war nicht erfolgt; vielmehr

---

[1599] Detlef Junker, Von der Weltmacht zur Supermacht. Amerikanischen Außenpolitik im 20. Jahrhundert, BI-Taschenbuchverlag, Mannheim-Leipzig-Wien-Zürich 1995, S. 91

[1600] Transcript: Donald Trump on NATO, Turkey's Coup Attempt and the World, unter: https://www.nytimes.com/2016/07/22/us/politics/donald-trump-foreign-policy-interview.html

[1601] Annika Elena Poppe, Demokratieförderpolitik: Rhetorische Wende bei gleichbleibender Politik?, in: „America first": Die Außen- und Sicherheitspolitik der USA unter Präsident Trump, HSFK-Report Nr. 1/2017, S. 21–22 (S. 22)

wurde hier deutlich, dass auch Trump wie seine Vorgänger an der „Brzezinski-Doktrin" festhielt, die darin besteht, die Kontinentalmächte Russland und China, aber auch den Iran einzudämmen. Eine entsprechende Kontinuität ist gleichfalls in der Nah- und Mittelostpolitik der Trump-Administration in der Iran- und Israel/Palästinafrage zu erkennen.

In diesem Zusammenhang muss aber in Betracht gezogen werden, dass Trump in den außenpolitischen Fragen nicht völlig frei agieren konnte. „Das außenpolitische Establishment (der USA, der Verf.) besteht fast vollständig aus rechten Neokonservativen und linksliberalen Interventionisten", befand der US-Politikwissenschaftler Benjamin H. Friedman vom Cato-Institute[1602], und es war dieses Establishment, das erklärt hatte, im US-Präsidentschaftswahlkampf 2016 nicht Donald Trump, sondern Hillary Clinton zu unterstützen[1603]. Insoweit stand Trump wie oben dargestellt einer nach wie vor einflussreichen neokonservativen Lobby gegenüber, die es ihm verwehrt hatte, seine originäre Programmatik „eins zu eins" umzusetzen. Auch im US-Kongress war Trump in manchen außenpolitischen Themen sehr weit von der Meinung entfernt, die unter den Republikanern dort vorherrscht, was insbesondere für die Russlandpolitik gilt[1604]. Dabei dürften insbesondere der Nationale Sicherheitsberater H.R. McMaster und der Verteidigungsminister James Mattis schon in der Anfangszeit für ein Verbleiben der Trump-Administration im traditionellen Rahmen der US-Außenpolitik Sorge getragen haben. Vor diesem Hintergrund bewegte sich ihre „Grand Strategy" in einem Spannungsfeld zwischen Neuausrichtung – sprich einem enger definierten nationalen Interesse, welches größtenteils ökonomisch definiert sein sollte – und Verharrung in den Grundsätzen der traditionellen, d.h. vom neokonservativen Interventionismus geprägten Außenpolitik.

Durch seine militärischen Interventionen in Syrien und Afghanistan hatte Trump bereits zu Beginn seiner Amtszeit deutlich gemacht, dass seine „America first"-Doktrin nicht zwangsläufig auf ein Desinteresse am weltpolitischen Geschehen hinauslief. Deutlich wurde, dass einem Interventionismus der Trump-Administration eine klare militärische Komponente innewohnte. Trump hatte schon im Wahlkampf davon gesprochen, er wolle die Militärausgaben massiv erhöhen, und er hatte das auch in seinen ersten Haushaltsentwurf hineingeschrieben. Alle anderen außenpolitischen Bereiche waren dagegen deutlichen Kürzungen ausgesetzt, darunter die Mittel für internationale Organisationen, in denen die USA bislang der wichtigste Financier waren.

[1602] Benjamin H. Friedman, The state of the Union ist wrong, in: Foreign Affairs v. 28.01.2014

[1603] Benoit Bréville, Die Obama-Doktrin. Was die US-Außenpolitik seit 2009 erreicht hat – und was nicht, in: Le Monde diplomatique v. Juni 2016

[1604] Peter Rudolf, US-Außenpolitik unter Präsident Trump. Zum Umgang mit neuen Herausforderungen in den transatlantischen Beziehungen, Studie der Stiftung Wissenschaft und Politik, SWP-Aktuell 10, März 2017, S. 4

Wenn das Militär auch nicht zum Zweck des „Regimewechsels" eingesetzt werden sollte – Trump beschwor im Wahlkampf die Beendigung des „Kreislaufs von Interventionen und Chaos"[1605] – so sollte es doch dazu dienen, die USA unangreifbar und in einer anarchischen „Weltunordnung" Kriege für die Vereinigten Staaten wieder gewinnbar zu machen. Man werde sich nur noch einmischen, wenn es den eigenen nationalen Sicherheitsinteressen diene, so Trump. Die Vereinigten Staaten müssten davon ablassen, Regimewechsel in anderen Ländern voranzutreiben: „Wir werden nicht mehr fremde Regierungen stürzen, über die wir nichts wissen und mit denen wir nichts zu tun haben sollten." Der Fokus müsse auf dem Kampf gegen Terrorismus liegen, insbesondere der Zerstörung des Islamischen Staats. Jede Nation, die diese Ziele teile, sei ein Partner Amerikas[1606]. Grundsatz der Militärpolitik Trumps sollte nach seinen eigenen Worten nicht Aggression, sondern vielmehr Prävention nach dem Prinzip *Peace through Strength* (Frieden durch Stärke) sein. Dabei hebt sich der vermeintliche Widerspruch zwischen den isolationistischen Tönen und der verkündeten Aufrüstung dadurch auf, dass der Verzicht auf militärisch erzwungene Regimewechsel nicht mit einer isolationistischen Außenpolitik zu verwechseln ist[1607] – die USA sollten „unter Präsident Trump (...) militärische Stärke weniger im Sinne eines 'Weltpolizisten' und viel stärker im Sinne von *America first* einsetzen"[1608]. Die Ziele sollten die Bekämpfung des islamistischen Dschihadismus unter Ausweitung des Drohneneinsatzes, die Eindämmung des Iran, Chinas, aber auch Russlands auf Stellvertreter-Kriegsschauplätzen sein. Die von der Trump-Präsidentschaft zu Beginn ihrer Amtszeit durchgeführten Militärschläge in Syrien sowie in Afghanistan müssen in diesem Zusammenhang, wie oben dargestellt, als Maßnahme zur Eindämmung der eurasischen Rivalen gedeutet werden.

Die Trump-Administration hatte weitere Anleihen aus dem Arsenal der Diplomatie Henry Kissingers und der Außenpolitik der Nixon-Administration entnommen: Dazu gehörte zum einen die deutliche Aufforderung Trumps an die Verbündeten Westeuropas und Ostasiens, ihre Verteidigungsaufgaben selbst zu schultern und das transatlantische Bündnis auf die neuen Bedrohungen „Migration and Islamic Terrorism" auszurichten. Dieser Aspekt des „burden sharing" zwischen den USA und ihren Alliierten ist eine Kernforderung sämtlicher Vertreter der neorealistischen außenpolitischen Denkschule

---

[1605] Trump will keine Regimewechsel mehr erzwingen, unter:
http://www.faz.net/aktuell/politik/trumps-praesidentschaft/donald-trump-will-keine-regimewechsel-mehr-erzwingen-14562733.html
[1606] Ebda.
[1607] Marco Frey/Niklas Schörnig, Das Militär als Mittel der Außenpolitik: Mehr Kontinuität als Wandel, in: „America first": Die Außen- und Sicherheitspolitik der USA unter Präsident Trump, HSFK-Report Nr. 1/2017, S. 10–12 (S. 11)
[1608] Ebda., S. 12

der USA im Sinne des „Selective Engangement", des „Restraint" oder des „Offshore Balancing", und wenn „eine der in den USA diskutierten 'grand strategies' mit Elementen von Trumps Denken korrespondiert, so sind es die Vorschläge für eine Strategie des Rückzugs aus Europa"[1609]. Auch dieser Ansatz findet seinen Vorläufer in der „Grand Strategy" der Nixon-Administration. So hatte Nixon 1971 erklärt, die Welt würde sicherer sein, wenn es fünf gesunde und stabile Zentren gebe – die USA, Europa, die Sowjetunion, China und Japan –, die sich gegenseitig in der Balance hielten. Nicht Ideologie, sondern die internationale Anarchie sei die größte Gefahr, und eine solche neue Ordnung der Welt würde es den USA auch gestatten, einen Teil ihrer Lasten auf andere Schultern zu verteilen (Nixon-Doktrin)[1610]. Dies beinhaltete aber keinesfalls ein Zugeständnis an die europäischen Mächte – insbesondere an die Bundesrepublik Deutschland –, eine allzu eigenständige Außenpolitik – beispielsweise Richtung Osten – führen zu können, und folgerichtig lehnten Nixon und Kissinger die bundesdeutsche Ostpolitik der Ära Brandt/Scheel vehement ab[1611]. Die Verhinderung einer russisch-deutschen Zusammenarbeit blieb auch in der außenpolitischen Programmatik der Nixon-Administration ein zentraler Gesichtspunkt US-amerikanischer Europapolitik. Dies verdeutlicht den Grundsatz der neorealistischen US-Außenpolitik, dass ein US-amerikanischer Rückzug aus Europa mit der Aufforderung an die europäischen Mächte verknüpft bleibt, im Sinne der USA strategische Rivalen auszubalancieren bzw. einzudämmen, nicht jedoch mit ihnen Kooperationsbemühungen einzuleiten. Unterstrichen wurde dies durch die sogenannte „Osterbotschaft" Henry Kissingers vom 23. April 1973, in der die Nixon-Administration die regionalen Interessen der Europäer deutlich von den globalen Interessen der Amerikaner abgrenzte und die Europäer aufforderte, sich als Regionalmacht zu verstehen und entsprechend in das amerikanische Weltmachtkonzept einzufügen[1612]. Insbesondere der Aspekt der Verhinderung einer deutsch-russischen Zusammenarbeit fand auch im Konzept der Trump-Administration eine Ausprägung. So versuchte sie, den Bau der Erdgas-Ostseepipeline Nord Stream 2, die eine direkte Energieverbindung zwischen Deutschland und Russland herstellt, zu sabotieren; diese Pipeline wurde auch ausdrücklich im US-Sanktionsgesetz vom Juni 2017 erwähnt. Das Gesetz sieht vor, „weiterhin gegen die Nord-Stream-2-Leitung zu arbeiten, die der

---

[1609] Matthias Dembinski, Transatlantische Beziehungen: Nationale Interessen statt gemeinsamer Werte?, in: „America first": Die Außen- und Sicherheitspolitik der USA unter Präsident Trump, HSFK-Report Nr. 1/2017, S. 23–25 (S. 24/25)

[1610] Detlef Junker, Von der Weltmacht zur Supermacht. Amerikanischen Außenpolitik im 20. Jahrhundert, BI-Taschenbuchverlag, Mannheim-Leipzig-Wien-Zürich 1995, S. 92

[1611] Ebda., S. 95

[1612] Gregor Schöllgen, Die Außenpolitik der Bundesrepublik Deutschland. Von den Anfängen bis zur Gegenwart, Beck'sche Reihe, München 1999, S. 129

EU-Energiesicherheit" schade. Deutlich wurde mit diesem Sanktionsgesetz hervorgehoben, den energiegeopolitischen Einfluss Russlands in Europa zurückzudrängen und russisches Erdgas durch amerikanisches Flüssiggas, welches durch die „Fracking"-Technologie gewonnen wird, zu ersetzen. „Das Gesetz fordert dagegen, die US-Regierung müsse 'den Export von heimischen Energieressourcen zur Priorität machen, um amerikanische Arbeitsplätze' zu fördern. Soll heißen: Amerikanisches Flüssiggas soll nach Europa verkauft werden"[1613]. Somit setzte die Trump-Administration die von Obama eingeleitete Energiegeopolitik fort, die darin besteht, den russischen Konkurrenten vom europäischen Energiemarkt zu verdrängen[1614]. Das Sanktionsregime richtet sich dabei insbesondere gegen europäische Firmen, die an dem Bau der Pipeline beteiligt sind[1615], namentlich die beiden deutschen Unternehmen E.on und BASF. Die eigentliche strategische Absicht der Trump-Administration lag darin, eine deutsch-russische Energiepartnerschaft zu beseitigen. Der damalige deutsche Außenminister Gabriel erklärte folgerichtig, es gehe den Amerikanern darum, „ein Gesetz einzubringen und zu sagen, lasst uns die Europäer zwingen, sich von russischem Gas abzukoppeln, damit wir amerikanisches Gas möglichst auch noch teurer verkaufen können"[1616].

In einer Art Umkehrung der Politik der Nixon-Administration versuchte Trump ferner, die eurasischen Mächte Russland und China gegeneinander auszubalancieren: Während die Nixon-Administration durch die „China-Karte" den Druck auf die Sowjetunion erhöhte und dadurch das russische Gewicht einzugrenzen bestrebt war, lag der ursprüngliche Plan Trumps darin, das Gewicht der Volksrepublik China durch eine Aufwertung Russlands zu neutralisieren. Nixons und Kissingers „Dreiecks-Politik" basierte dabei auf der Annahme, dass die machtpolitische und auch ideologische Rivalität zwischen Peking und Moskau größer war als ihre jeweilige Abneigung gegen die USA[1617], und um beide Mächte gegeneinander ausspielen zu können, kam es für die USA darauf an, den eigenen Spielraum möglichst groß zu halten und

---

[1613] Michael Thumann, Seit' an Seit' mit Donald Trump, unter:
http://www.zeit.de/2017/26/russland-sanktionen-donald-trump-sigmar-gabriel
[1614] Malte Daniljuk, Neue Energie für Europa, unter:
https://www.heise.de/tp/features/Neue-Energie-fuer-Europa-3369425.html
[1615] „Die USA nützen ihr Gas als außenpolitisches Instrument", Interview mit Kirsten Westphal, unter:
http://www.spiegel.de/wirtschaft/unternehmen/nord-stream-wie-die-usa-gegen-die-ostseepipeline-kaempfen-a-1154901.html
[1616] Gabriel prangert US-Sanktionspläne an, unter:
http://www.handelsblatt.com/politik/international/waehrend-russland-reise-gabriel-prangert-us-sanktionsplaene-an/20000004.html
[1617] Stephan Bierling, Geschichte der amerikanischen Außenpolitik. Von 1917 bis zur Gegenwart, Beck'sche Reihe, München 2003, S. 157

ihn nicht durch die einseitige Bevorzugung Chinas oder der UdSSR einzuschränken[1618]. Das von Nixon und Kissinger geschaffene strategische Dreieck USA – Russland – China wollte Trump in seiner Ursprungsplanung neu ausrichten: Mit Russland gegen China[1619] – gewissermaßen eine Umkehrung des „Nixon-Effekts". Zu diesem Zweck und zur Bekämpfung des islamistischen Dschihadismus in Gestalt des „Islamischen Staates" sollte „aus der Position der Stärke" ein „great Deal" mit Moskau angestrebt werden, was Trump in seiner außenpolitischen Rede vom 27. April 2016 herausgestellt hatte. In diesem Ansatz fand Trump auch Unterstützung von Kissinger, der erklärte, dass „ein Gleichgewicht zwischen den USA und Russland die globale Stabilität stärkt"[1620]. Gleichzeitig aber hob Kissinger hervor, dass Trump den traditionellen Rahmen der US-Außenpolitik nicht verlassen dürfe und machte insoweit klar, dass die Rahmenbedingungen für Trump begrenzt seien. „Der frühere amerikanische Außenminister Henry Kissinger hofft, dass sich der künftige Präsident Donald Trump wieder den traditionellen Positionen der Außenpolitik der USA zuwendet. Nun warnte Kissinger davor, dass Trump seine im Wahlkampf gegebenen Versprechen auch punktgenau umsetzen werde", so die *Neue Zürcher Zeitung*. Wörtlich sagte Kissinger: „Die Kunst wird es nun sein, eine Strategie zu entwickeln, die nachhaltig ist, die den in seinem Wahlkampf lancierten Anliegen Rechnung trägt, aber trotzdem mit einigen der wichtigen Themen amerikanischer Außenpolitik verknüpft ist". Wenn Trump allerdings an seinen Positionen festhalte, werde es Auseinandersetzungen geben. Sollte sein künftiges außenpolitisches Programm anders sein als seine Wahlkampfparolen, dann solle man sich nicht damit aufhalten[1621]. Laut Kissinger bestand der Auftrag an Trump nunmehr darin, die Bedenken von vielen Seiten zu zerstreuen, „dass die USA ihre unverzichtbare Rolle aufgeben könnten. Er muss definieren, in welchem Ausmaß und wo sich die USA engagieren wollen, um die internationale Ordnung zu bewahren"[1622]. Kissinger nannte dabei auch die strategische Prämisse, unter der die USA in

---

[1618] Ebda.

[1619] Thomas Gutschker, Donald Trump und die neue Ordnung der Welt, unter:
http://www.faz.net/aktuell/politik/ausland/russland-statt-china-donald-trumps-neue-weltordnung-14579133.html

[1620] Trump, Kissinger und der mögliche Deal mit Rußland, unter:
http://www.tagesanzeiger.ch/ausland/europa/Trump-Kissinger-und-der-moegliche-Deal-mit-Russland/story/23548644

[1621] Trump nicht festnageln. Kissinger zur künftigen US-Außenpolitik, unter:
https://www.nzz.ch/international/kissinger-ueber-die-kuenftige-aussenpolitik-der-usa-trump-nicht-auf-diese-positionen-festnageln-ld.129652

[1622] Kissingers Rat an Trump: „Trump muss definieren, wo sich die USA engagieren wollen", unter:
https://www.srf.ch/news/wirtschaft/trump-muss-definieren-wo-sich-die-usa-engagieren-wollen

Krisenregion agieren sollten: „Was nicht passieren darf, ist, dass eine einzelne Macht zu großen Einfluss gewinnt". Zwar sei nicht mit der raschen Herstellung eines umfassenden Friedens zu rechnen, „aber es muss gelingen, ein gewisses Gleichgewicht wiederherzustellen"[1623].

Abschließend sei noch auf ein Element hingewiesen, dass die (Außen-)Politik sowohl Trumps wie auch Nixons übereinstimmend charakterisiert, und zwar das Prinzip der Unvorhersehbarkeit und und Unberechenbarkeit. Bereits in seiner außenpolitisch orientierten Wahlkampfrede vom April 2016 erklärte Trump: „Wir müssen als Nation unberechenbarer sein. (….) Wir müssen ab sofort unberechenbar werden"[1624], und diese „Strategie der Unberechenbarkeit" liefert letztlich die entscheidende Erklärung für die scheinbare Widersprüchlichkeit der außenpolitischen Ansätze der Trump-Administration. Tatsächlich wurde „immer deutlicher, dass Trump es durchaus ernst gemeint hat, als er im Wahlkampf forderte, die amerikanische Außenpolitik müsse unberechenbarer werden, und sich deshalb weigerte, in vielen Bereichen konkrete Politikansätze zu veröffentlichen", und es kristallisierte sich inzwischen heraus, „dass das Aufmischen des Status quo und die Verunsicherung des Gegners (und von Freunden und Alliierten) zur Handschrift der neuen US-Regierung werden könnte"[1625]. Dieser Ansatz erinnert sehr stark an die „Madman-Theorie" der US-amerikanischen Außenpolitik, wie sie unter Nixon zur Anwendung gekommen war. Nixon vertrat den Ansatz, im Vietnamkrieg im Rahmen der Friedensverhandlungen ein besseres Ergebnis erzielen zu können, wenn er „Amerikas Gegnern den Eindruck vermittelte, unstabil und zu allem fähig zu sein. Nixon ließ über diplomatische Kanäle bewusst streuen, dass er psychisch labil und erratisch sei. Und bevor er im Jahr 1972 seinen nationalen Sicherheitsberater Henry Kissinger zu Verhandlungen nach Moskau schickte, trug er ihm auf, die Botschaft zu übermitteln, dass er zu allem fähig sei und willens, den Vietnamkonflikt bis zur Nuklearkriegsebene zu eskalieren"[1626]. Der Stabschef Nixons, H.R. Haldeman, schrieb später in seinen Memoiren, dass es sich dabei um eine kalkulierte Verrücktheit handelte. „Ich nenne das die Madman-Theorie", sagte Nixon damals zu Haldeman. „Ich will die Nordvietnamesen glauben lassen, dass ich an dem Punkt angekommen bin, an dem ich alles tun würde, um den Krieg zu beenden. Wir überbringen denen die Botschaft, dass um Gottes Willen Nixon eine Obsession mit dem Kommunismus hat. Dass wir ihn nicht zurückhalten können, wenn er wütend

---

[1623] Ebda.

[1624] Clemens Wergin, Das Kalkül von Trumps Atombomben-Tweets, unter:
https://www.welt.de/print/die_welt/politik/article160578128/Das-Kalkuel-von-Trumps-Atombomben-Tweets.html

[1625] Ebda.

[1626] Ebda.

wird – und dass er seine Hand auf dem Atomknopf hat"[1627]. Das Kalkül Nixons bestand darin, dass der nordvietnamesische Präsident Ho Chin Minh angesichts der Unberechenbarkeit der amerikanischen Führung sofort um Frieden ersuchen würde. Henry Kissinger, der Architekt der Nixon'schen Außenpolitik, unterstützte diese „Madman"-Politik. „Je verantwortungsloser Nixon in russischen Augen erscheinen würde, desto besser. Kissinger übernahm die Rolle des 'good cop', der seine russischen Kollegen davon zu überzeugen suchte, dass sie gemeinsam alles tun müssten, um Nixon zu besänftigen. Es brauchte dann jedoch noch einige Monate und einige zerstörerische US-Militäraktionen, bevor die Nordvietnamesen tatsächlich an den Verhandlungstisch zurückkehrten"[1628]. Einiges spricht dafür, dass Trump das Prinzip der Unberechenbarkeit in seiner Außenpolitik fortsetzen wollte, und Henry Kissinger, mit dem sich Trump „auffallend oft" beraten hatte[1629], ließ durchblicken, dass er dieses Prinzip als Gelegenheit sah, die Rolle der USA in der internationalen Politik neu zu definieren. Das Machtvakuum, das Amerika mit seinem Rückzug von der internationalen Bühne geschaffen habe, so Kissinger, gebe Trump die Gelegenheit, klar mit dem Status quo zu brechen. Trump würde sehr viele unkonventionelle Fragen stellen. Daraus, so Kissinger, könnte „Bemerkenswertes und Neues entstehen"[1630]. Daran anknüpfend, schien Trump gleichfalls vor allem das Ziel zu verfolgen, die Herausforderer und strategischen Konkurrenten der USA zu verunsichern „und zu signalisieren: Alles, was ihr bisher als selbstverständlich angenommen habt über Amerika und die Weltpolitik, kommt auf den Prüfstand. Trumps Amerika wird die Dinge nicht mehr einfach nur akzeptieren, weil sie eine lange Tradition haben"[1631]. Robert Gates, ehemaliger CIA-Direktor und Verteidigungsminister unter George W. Bush und Barack Obama, sah diese Politik auch als Gelegenheit an, China und Russland gegeneinander auszuspielen, so dass „beide sich unsicher sind, welchen Kurs wir einschlagen"[1632]. Dabei galt das Prinzip der Unberechenbarkeit als eine Strategie, um für die USA das optimalste Verhandlungsergebnis zu erzielen: „Trump ist unberechenbar, aber nicht, weil er dumm ist, sondern weil er weiß, dass man nur dann die maximale Verhandlungsmacht hat, wenn man sich bis zuletzt alle Optionen offen hält. Schließt man gleich gewisse Dinge aus, torpediert man seine eigene Verhandlungsposition. Daher ist ihm nichts tabu: Weder die Ein-China-Politik, noch die Zwei-Staaten-Lösung im Nahen Osten. Und erst wenn Trump die Nato öffentlich für 'überholt' erklärt, wird die Debatte für einen fairen Lastenausgleich der

---

[1627] Zit. aus: Ebda.

[1628] Ebda.

[1629] Ebda.

[1630] Ebda.

[1631] Ebda.

[1632] Zit. aus: Ebda.

386

Mitgliedsstaaten wiederbelebt"[1633].

d) Die Entstehung eines multipolaren Kräftesystems und „neuer Achsen der Macht"

Nixons entscheidender außenpolitischer Ansatz lag darin, dass er die Gefahren, die aus einer globalen US-amerikanischen Vorherrschaft erwuchsen, erkannte und versuchte, den USA eine begrenzte Rolle in der internationalen Politik zuzuweisen, was zwangsläufig eine Verabschiedung von der Idee des „American Exceptionalism" beinhaltete[1634]. Im Juli 1971, als Kissinger heimlich auf dem Weg nach Peking war, um Pläne für den Präsidentschaftsbesuch abzuschließen, sagte Nixon, dass die globale Hegemonie Amerikas durch eine multipolare Weltordnung ersetzt werden würde. Er beschrieb die Welt „in klassischen Balance-of-Power-Begriffen". Konkret führte er aus, dass die Vereinigten Staaten nicht mehr in der Lage seien, eine vollständige globale Vorherrschaft auszuüben, was keine schlechte Sache sei; vielmehr müssten die USA die Realität der Existenz weiterer Machtzentren erkennen[1635]. Nixons historische Rolle in der US-Außenpolitik lag darin, Amerika auf seinen Status als nur eine Macht innerhalb eines multipolaren internationalen Systems – welches sich damals um die USA, der Sowjetunion, China, Japan und Westeuropa zentrierte – vorbereitet zu haben. „Obwohl verfrüht, erkannte Nixon, was kein Präsident seitdem bereit war zuzugeben, dass wir in einer pluralistischen Welt leben und dass der Höhepunkt der US-amerikanischen Macht vorbei ist"[1636]. An die Stelle US-amerikanischer Vorherrschaft – so führte zu jener Zeit der Diplomat und Historiker George F. Kennan aus – sollte eine internationale Ordnung treten, die „keinem einzelnen Staat die Stellung einer Ordnungsmacht und Hauptstütze der internationalen Sicherheit" einräumt. „Die Welt wird viele Zentren haben. Die Vereinigten Staaten werden politisch und militärisch auf dem eigenen Kontinent und in Teilen des Pazifiks die Vormacht bleiben. Die Sicherheit Ostasiens wird auf einem Gleichgewicht der Kräfte zwischen Rußland, dem kommunistischen China und Japan beruhen. Rußland wird wohl im Vorderen Orient, in Osteuropa und vielleicht auch im östlichen Mittelmeerraum dominieren. Indien, Afrika südlich der Sahara und Lateinamerika – die zum Glück alle auf die Dauer von keiner ausländischen Macht zu beherrschen sind – müssen sich selbst überlassen bleiben, damit sie

---

[1633] Jack Nasher, An Angela Merkel wird sich Trump die Zähne ausbeißen, unter: http://www.focus.de/wissen/experten/nasher/treffen-mit-us-praesident-an-angela-merkel-wird-sich-trump-die-zaehne-ausbeissen_id_6804137.html

[1634] Tom Switzer, Nixon, the Balance of Power, and Realism, unter: http://nationalinterest.org/feature/nixon-the-balance-power-realism-11048

[1635] Ebda.

[1636] Ebda.

bei sich Ordnung schaffen können. Westeuropa wird in der Weltpolitik vermutlich eine neutrale Kraft darstellen (...)"[1637].

Sehr viele Indizien sprechen dafür, dass auch der von Trump verfochtene außenpolitische Ansatz vergleichbare geopolitische Prozesse in Gang setzen sollte, die nicht nur das de facto längst bestehende multipolare Weltsystem verfestigen, sondern „bei denen die 'ozeanische' Hegemonialmacht USA von einem eurasischen Block abgelöst wird"[1638]. Die Präsidentschaft Trumps stellt den ersten Schritt dafür dar, dass der Westen eine Realität anerkennt, die bereits multipolar ist. Das auf dem Dollar basierende US-amerikanische Wirtschaftsmodell, wird durch alternative Wirtschaftsbündnisse wie der BRICS herausgefordert. Die von Peking geschaffene AIIB (Asiatische Infrastruktur-Investitionsbank) und die Absichten des IWF, die chinesische Währung Yuan in einen internationalen Währungskorb aufzunehmen, sind ein weiterer Indikator[1639]. Staaten wie China, Russland oder der Iran, die sich nicht an den Wünschen der USA ausrichten, haben sich in den letzten Jahren zusammengetan, um ein alternatives Wirtschafts- und Finanzsystem aufzubauen und so die US-Hegemonie in Frage zu stellen. Im militärstrategischen Bereich ist die NATO nicht mehr die einzige globale Macht, und die aktuelle Situation im Nahen und Mittleren Osten ist ein Spiegelbild dafür. Die Intervention Moskaus und des Iran in Syrien hat zum ersten Mal den globalen Ordnungsanspruch der USA bzw. des transatlantischen Bündnisses in seine Schranken verwiesen und alternative Mechanismen des Konfliktlösungsmanagements geschaffen, an denen der Westen nicht mehr beteiligt ist. „All dies sind Zeichen dafür, dass Amerikas unipolares Moment für immer verschwunden ist"[1640]. Die durch Trump symbolisierte kritische Haltung der USA zur Globalisierung und zum Welthandel sollte – so der ehemalige deutsche Botschafter Hans-Dieter Heumann – „weitreichende Folgen für die globale Ordnung und ihre Kräfteverhältnisse haben: Die Beendigung der Verhandlungen über die Transpazifische Partnerschaft (TPP) durch die USA lässt China freien Raum, alternative Handelsblöcke und Institutionen aufzubauen. Beim großen chinesischen Projekt der Seidenstraße spielen die USA keine große Rolle"[1641]. Die sich abzeichnenden Bruchlinien, die sich auch innerhalb des transatlantischen Bündnisses manifestieren, enthüllen „eine Realität, die sich schon län-

---

[1637] George F. Kennan, Amerikas Rückzug auf sich selbst, in: Die Zeit v. 09.10.1970

[1638] Tomasz Konicz, … und morgen ganz Eurasien?, in: Konkret 7/2017, S. 19/20 (S. 19)

[1639] Frederico Pierracini, Will Donald Trump end the American Unipolar Moment?, unter: https://www.strategic-culture.org/news/2016/11/16/will-donald-trump-end-american-unipolar-moment.html

[1640] Ebda.

[1641] Hans-Dieter Heumann, Trump und die multipolare Welt, unter: http://cisg-bonn.com/2017/06/trump-und-die-multipolare-welt/

ger abgezeichnet hatte. Die globale Ordnung hat eine multipolare Struktur"[1642].

Insgesamt ist damit eine Entwicklung eingetreten, die der Moskauer Politikwissenschaftler *Wjatscheslaw Daschitschew* als Gesetzmäßigkeit der „reflektierenden Rückwirkung" bezeichnet hat. Dieser Grundsatz besagt, dass der Aufstieg eines Staates zur globalen Dominanz automatisch die Entwicklung von Gegenkoalitionen in Gang setzt, die sich gegen die Verstärkung der globalen Hegemonialmacht und gegen die Erweiterung ihrer Herrschaft zur Wehr setzen[1643]. Auch der Politologe *Werner Link* spricht davon, dass unter Zugrundelegung der neorealistischen Machttheorie jeder Großmächtekonkurrenz – wie sie gegenwärtig feststellbar ist – die Tendenz zur Welthegemonie immanent sei. Jede Großmacht sei bestrebt, die Welthegemonie einer der konkurrierenden Großmächte zu verhindern, und neige deshalb auch dazu, eine Balancepolitik zu betreiben[1644]. Mit der Herausbildung von Gegengewichten wird aber automatisch die globale Machtposition der Hegemonialmacht in Frage gestellt, denn Hegemonie – so eine Studie von *Heinrich Triepel* aus dem Jahre 1938 – beruht immer auch auf der Anerkennung der geführten Mächte.

Dass die USA diese von *Triepel* genannte Voraussetzung für eine Hegemonie bereits im transatlantischen Bündnis nicht mehr erfüllen, hat die Reaktion der europäischen Mächte auf die außenpolitischen Pläne der Trump-Administration gezeigt. Wolfgang Ischinger, der Leiter der Münchener Sicherheitskonferenz, hatte die Tauglichkeit der USA als Führungsmacht des Westens bereits in Frage gestellt. Deutlicher hatte dies die deutsche Bundeskanzlerin Angela Merkel in ihrer Münchener „Bierzelt"-Rede Ende Mai 2017 zum Ausdruck gebracht, in der sie die geopolitischen Schlussfolgerungen von Trumps Europa-Visite formulierte. „Die Zeiten, in denen wir uns auf andere völlig verlassen konnten, die sind ein Stück vorbei, das habe ich in den letzten Tagen erlebt", erklärte sie nach ihrer Rückkehr vom NATO- und G-7-Gipfel. Sie plädierte für ein geopolitisch eigenständiges Agieren der EU[1645], als sie dazu aufforderte, dass die Europäer ihr Schicksal in ihre eigenen Hände nehmen sollten, zwar einerseits in Freundschaft zu den USA, aber auch mit Russland, aber man müsse wissen, „wir müssen selber für unsere Zukunft kämpfen, als Europäer, für unser Schicksal". Hierbei handelte es sich mithin um eine „offene Herausforderung der Hegemonie der USA"[1646]. Der damalige bundes-

---

[1642] Ebda.

[1643] Wjatscheslaw Daschitschew, Moskaus Griff nach der Weltmacht – Die bitteren Früchte hegemonialer Politik, Berlin-Bonn 2002, S. 85

[1644] Werner Link, Die Neuordnung der Weltpolitik. Grundprobleme globaler Politik an der Schwelle zum 21. Jahrhundert, München 1999, S. 127

[1645] Tomasz Konicz, … und morgen ganz Eurasien?, in: Konkret 7/2017, S. 19/20 (S. 19)

[1646] Ebda.

deutsche Außenminister Gabriel sprach ergänzend von einer spürbaren „Veränderung im Kräfteverhältnis in der Welt", welche durch den „Ausfall der Vereinigten Staaten als wichtige Nation" ausgelöst worden sei. Die geopolitische Wirkung der Rede Merkels wurde in Washington auch verstanden. „Dies scheint das Ende einer Ära zu sein, in der die Vereinigten Staaten führten und Europa folgte", so der ehemalige NATO-Botschafter Ivo Daalder. „Heute bewegen sich die Vereinigten Staaten in zentralen Fragen in eine Richtung, die derjenigen, in die sich Europa bewegt, diametral entgegengesetzt zu sein scheint"[1647]. Das Versäumnis des US-Präsidenten, die Bündnisverpflichtung der USA in seiner Rede im NATO-Hauptquartier zu unterstreichen, seine handelspolitisch motivierten Angriffe gegen Deutschland und andere Verbündete sowie seine offensichtliche Entscheidung, sich von der Pariser Klimavereinbarung zu lösen, deuteten – so Daalder – darauf hin, dass die USA weniger daran interessiert sind, weltweit zu führen, wie es in den vergangenen siebzig Jahren der Fall war[1648]. Vor diesem Hintergrund symbolisierte die Rede Merkels eine „richtungsweisende Verschiebung" in den transatlantischen Beziehungen: Während die USA nicht mehr zu Interventionen in Übersee bereit seien, werde – so die Analyse der *New York Times* – Deutschland in Partnerschaft mit Frankreich eine zunehmend dominante Macht[1649]. Damit bilden sich Ausgangsvoraussetzungen für „neue Achsen der Macht" (Peter Scholl-Latour), durch die die USA in die geopolitische Isolation abgedrängt werden können. Erkennbar wird dies daran, dass die EU unter deutscher Führung begann, sich verstärkt um Kooperationen mit den aufstrebenden Mächten Asiens zu bemühen – gewissermaßen als geopolitische Kompensation für die transatlantischen Bruchlinien. „Als Reaktion auf gravierende Veränderungen in der US-Außenpolitik suchen Deutschland und China insbesondere in der Handels- und Klimapolitik den Schulterschluss", so die damalige Beobachtung von Sebastian Heilmann, Direktor des Mercator-Instituts für China-Studien in Berlin[1650]. Seinerzeit wiesen China und Deutschland „in wichtigen Politikfeldern mehr Gemeinsamkeiten auf als das unter starke Spannungen geratene transatlantische Bündnis"[1651]. Die chinesische Seite, so Heilmann, suche aktiv in Europa und Deutschland verlässliche Partner, um

---

[1647] Merkel, after Discordant G-7 meeting, is looking past Trump, unter: https://www.nytimes.com/2017/05/28/world/europe/angela-merkel-trump-alliances-g7-leaders.html

[1648] Ebda.

[1649] Ebda.

[1650] Schulterschluss in Moskau, in: Handelsblatt v. 05.07.2017

[1651] So Sebastian Heilmann, Direktor des Mercator-Instituts, zit. aus: Finn Meyer-Kuckuck, China nützt seine neuen Chancen, unter: http://www.stuttgarter-zeitung.de/inhalt.buendnispolitik-china-nutzt-seine-neuen-chancen.6e2817a9-d286-4f14-9cd8-c53f0481b142.html

eigene Interessen abzusichern. Die „Neue Seidenstraße" schließe eine wichtige Rolle für die USA aus. Chinas Diplomatie nutze die neuen Spielräume, welche die „irrlichternde Außenpolitik der US-Regierung" eröffnet habe[1652]. Anfang Juni 2017 erschien der chinesische Premierminister Li Keqiang in Berlin, um Vorbesprechungen für ein angestrebtes Investitionsabkommen zwischen der EU und China einzuleiten, das wiederum als Vorbedingung für ein Freihandelsabkommen dienen sollte. Deutschland und China seien bereit, „zur Stabilität in der Welt beizutragen", hieß es in der gemeinsamen Presseerklärung[1653]. „China stößt in die Lücken vor, die der Rückzug Trumps aus dem Welthandelssystem hinterlässt", so Beobachter. „Peking umwirbt besonders die Deutschen als europäische Führungsmacht (...)"[1654], und in der Tat hatte China im Jahr 2016 die USA als wichtigsten Handelspartner Deutschlands abgelöst[1655]. Einige Tage zuvor, Ende Mai 2017, traf der indische Ministerpräsident Narendra Modi in Berlin ein, um gemeinsam mit Merkel die Möglichkeiten eines Abschlusses eines Freihandelsabkommens auszuloten. Anfang Juli 2017 konnte eine Einigung zwischen Japan und der EU auf den Abschluss eines Freihandelsabkommen erzielt werden; dieses war auch eine geopolitische Antwort auf die Aufkündigung des Transpazifischen Freihandelsabkommens TPP durch die Trump-Administration.

Diese geopolitischen Verschiebungen waren im Wesentlichen ökonomisch begründet. Bei den von der damaligen deutschen Bundeskanzlerin eingeleiteten „Freihandelsoffensiven", die auch Mexiko und Argentinien einschließen, ging es darum, sich Absatzmärkte für die deutschen Handelsüberschüsse zu sichern. Die deutschen Ausfuhren hatten im ersten Halbjahr 2017 im Vergleich zum Vorjahr noch einmal um 14,1 Prozent Zuwachs zu verzeichnen. Die Exporte stiegen damit auf 110,6 Milliarden Euro. Dabei sind die USA längst nicht mehr Deutschlands wichtigster Handelspartner; der Anstieg der deutschen Exportquote liegt in der Entwicklung in anderen Regionen der Welt begründet[1656]. Dieser Aspekt führte seinerzeit im wirtschafts- und handelspolitischen Bereich zur de-facto-Aufkündigung der transatlantischen Orientierung Deutschlands in Richtung der asiatischen Mächte China, Japan und auch Indien. Die deutsche Bundesregierung bemühte sich vor diesem Hinter-

---

[1652] Ebda.

[1653] Tomasz Konicz, … und morgen ganz Eurasien?, in: Konkret 7/2017, S. 19/20 (S. 19)

[1654] Schulterschluss gegen Trump. Deutschland und China bekennen sich zu freiem Welthandel, unter:
http://www.manager-magazin.de/politik/weltwirtschaft/deutschland-und-china-merkel-trifft-li-a-1150193.html

[1655] Außenhandel: China wichtiger als USA, unter:
http://www.dw.com/de/au%C3%9Fenhandel-china-wichtiger-als-usa/a-37698178

[1656] Export: 20 Milliarden Euro Überschuss in einem Monat, in: Die Welt v. 11.07.2017

grund, „eine breite Allianz zu schmieden, die sie gegen den Trumpschen Protektionismus in Stellung bringen will"[1657]. Jedoch ist eine solche Strategie nicht unproblematisch, da nicht nur Deutschland, sondern auch die potentiellen asiatischen Verbündeten anstrebten, ihre exportorientierte Wirtschaftsstruktur zu stärken, was jedoch dem Grunde nach nur durch die „Erzielung möglichst hoher Exportüberschüsse möglich ist". Das wiederum erscheint als Quadratur des Kreises, „da die Exportüberschüsse einer Volkswirtschaft in einer endlichen Welt die Defizite anderer Volkswirtschaften darstellen müssen. (...) Immer größere Exportüberschüsse einer Volkswirtschaft bilden somit nur eine Seite der immer größeren Verschuldung einer anderen Volkswirtschaft"[1658]. Daher waren auch die deutsch-chinesischen Handelsgespräche Anfang Juni 2017 „von Differenzen in Handelsfragen" überschattet[1659]. Bisher konnte die Widersprüchlichkeit dieses Wirtschaftssystems dadurch überdeckt werden, dass bislang stets die USA den wichtigsten Absatzmarkt für die Überschussproduktion all der exportorientierten Volkswirtschaften bildeten und infolgedessen ein gigantisches Außenhandelsdefizit aufbauten. Diese Verschuldung der USA wiederum ist nur dadurch möglich, dass der US-Dollar als Weltleitwährung insbesondere im Bereich des Energiesektors fungiert und der enorme Erdöl- und Erdgasimportbedarf der großen Exportnationen den Aufkauf von Dollarreserven erforderlich macht. Insoweit ist die Verschuldungsdynamik der USA zum ökonomischen Fundament sowohl der US-Hegemonie wie auch für das Funktionieren der exportorientieren Volkswirtschaften geworden. Doch offenbart dieses System nunmehr seine Bruchlinien, und zwar sowohl durch die Neuausrichtung der US-Wirtschaftspolitik zu einer merkantilen, durch Schutzzölle gesicherten Re-Industrialisierung als auch durch das Bestreben Chinas, ein eigenes Wirtschaftsmodell aufzubauen. Chinas Plan besteht darin, ein Wirtschaftswachstum aus Technologie- und Branchenführerschaft zu entwickeln, und dafür benötigt es verlässliche Wirtschaftspartner. Der drohende Wegfall der USA als Importeur chinesischer Produkte setzt China nunmehr unter Druck, so dass sich die Volksrepublik nach alternativen Wirtschaftspartnern orientiert, wobei Deutschland als präferierter Partner Pekings anzusehen ist. Nach Angaben von Jens Hildebrand, der die Delegation der deutschen Wirtschaft im chinesischen Guangzhou leitet, betreibt China jedoch eine eigenständige „nationalistische Wirtschaftspolitik"; eine umfassende Marktöffnung in China ist für ausländische Investoren eher nicht zu erwarten. Stattdessen setzt die Volksrepublik darauf, eigene

---

[1657] Detlef Buchsbaum, Merkels Freihandelsoffensiven, unter:
https://www.heise.de/tp/features/Merkels-Freihandelsoffensiven-3741076.html?seite=2
[1658] Ebda.
[1659] Handelszwist. EU und China scheitern an gemeinsamer Klimaerklärung, unter:
http://www.spiegel.de/wirtschaft/soziales/eu-und-china-scheitern-an-gemeinsamer-klimaerklaerung-a-1150568.html

Standards im internationalen Handel zu setzen, wie beispielsweise durch die „Regional Comprehensive Economic Partnership" (RCEP) und durch die Etablierung der „Asiatischen Infrastruktur-Investitionsbank" (AIIB) als Alternative zur Weltbank. Verbunden ist dies mit einem zunehmenden Interesse Chinas an Eurasien und dem westlichen Pazifik[1660]. China hat die „Neue Seidenstraßen"-Initiative begründet, mit der die eurasischen Staaten an Peking gebunden werden sollen; gleichzeitig baut Peking militärische Stützpunkte im Südchinesischen Meer in Verbindung mit einer Flugüberwachungszone zwischen China, Japan und Südkorea. „Diese Schritte sind strategischer Natur, sie stecken Chinas Einflusszone im Pazifik ab"[1661] – entsprechend der Formel des US-amerikanischen Navalisten Alfred Thayer Mahan, demzufolge Handelsmacht und Seemacht zwangsläufig einhergehen müssen, und dessen Werke die Grundlage der chinesischen Seemachtpolitik bilden[1662]. Die Volksrepublik China unter Xi Jinping hat somit insgesamt mit einem fast vierzig Jahre lang gültigen Prinzip der chinesischen Außenpolitik gebrochen, dessen Formel „Verbirg deine Stärke und warte ab" lautet. Für die chinesische Führung ist die Welt in zwei Interessensphären aufgeteilt, „die so klar voneinander getrennt sind, dass sich die alte und die neue Supermacht nicht in die Quere kommen"[1663].

Erkennbar ist damit, dass die geopolitische Dynamik in Verbindung mit den ökonomischen Bruchlinien, die das einseitig auf Export ausgerichtete Wirtschaftsmodell offenbart, ein neues Ordnungssystem hervorzubringen scheint, das der deutsche Wirtschaftsjournalist Ferdinand Fried einmal als ein System von „Großraumwirtschaften" beschrieben hatte[1664]. Die bestehenden Systemgegensätze sind nicht nur geeignet, den Westen als Bündnissystem zu sprengen, sondern auch der historischen Ära der kapitalistischen Globalisierung ein Ende zu setzen[1665]. „Die kapitalistische Weltwirtschaft droht, in konkurrierende und voneinander abgekapselte Wirtschaftsräume zu zerfallen", so Tomasz Konicz[1666], was seiner Ansicht nach eine Konsequenz der „beggar-my-neighbor-policy" ist. Seit der Finanzkrise 2008 versuchen die führenden Wirtschaftsnationen in einem „Weltkrieg der Währungen", durch Devisen-Manipulation einen Wettbewerbsvorteil zu erlangen[1667]. Eine billigere eigene

---

[1660] Der Anti-Trump, in: Der Spiegel 4/2017, S. 92–95 (S. 94)

[1661] Ebda., S. 94

[1662] Vgl. Hierzu Toshi Yoshihara/James R. Holmes, Der Rote Stern über dem Pazifik. Chinas Aufstieg als Seemacht – und wie antworten die USA, Mittler, Berlin/Bonn 2011

[1663] Der Anti-Trump, in: Der Spiegel 4/2017, S. 92–95 (S. 95)

[1664] Vgl. hierzu Ferdinand Fried, Die Zukunft des Welthandels, Verlag Knorr & Hirth, München 1942

[1665] Tomasz Konicz, … und morgen ganz Eurasien?, in: Konkret 7/2017, S. 19/20 (S. 20)

[1666] Ebda., S. 20

[1667] Vgl. hierzu: Daniel D. Eckert, Weltkrieg der Währungen. Wie Euro, Gold und Yuan um

Währung – so fasst Gerd Schultze-Rhonhof den Inhalt dieser „beggar-my-neighbor-policy" zusammen – fördert die Exporte, verbilligt die Kredite, hebt die Inlandspreise und damit die Einkommen in Industrie und Landwirtschaft, und hält tendenziell ausländische Produkte vom eigenen Markt fern. Die Staaten versuchen, mit billigen eigenen Währungen möglichst viele Waren im Ausland abzusetzen und damit Inlandsarbeitsplätze zu schaffen oder zu erhalten. Doch mit einem solchen System, so Schultze-Rhonhof weiter, wird die eigene Arbeitslosigkeit lediglich ins Ausland verschoben. Das aber wiederum ruft Gegenreaktionen in Form von Schutzzöllen und Devisenkontrollen hervor. Insoweit sind die Staaten vor der Situation gestellt, zum einen ihre eigenen Volkswirtschaften zu schützen, andererseits aber übergreifende Kooperationsformen zu schaffen, um ökonomische und infrastrukturelle Entwicklungen voranzutreiben. „Jedes Land fühlt sich in dem allgemeinen, plötzlichen wirtschaftlichen Absturz auf sich selbst zurückgeworfen, sieht sich dem unausweichlichen Zwange zur Intensivierung seiner eigenen Wirtschaft gegenüber", so Ferdinand Fried. „Da stellt sich denn plötzlich heraus, daß die Schätze der Erde höchst ungleich über die Völker verteilt sind"[1668], so dass vor dem Hintergrund der wirtschaftlich-technologischen Entwicklung ein Rückzug in die nationalstaatliche Isolation nicht mehr denkbar ist, denn „der immer höhere Stand der Technik verlangt nach einer größeren Gemeinschaft und nach größeren Räumen"[1669]. Nur durch den Zusammenschluss eines „natürlichen Großraumes" zu einer wirtschaftlichen Einheit „kann für die kommende Zeit ein gedeihliches Leben gewährleisten. Und ähnlich verhält es sich auch mit anderen Räumen. Der Vorgang eines solchen Zusammenschlusses vollzieht sich derart, daß die Staaten versuchen, in größeren Verbänden oder Räumen eine gewisse wirtschaftliche Unabhängigkeit oder Selbständigkeit zu erreichen"[1670]. Dies sind die Ausgangsvoraussetzungen für ein multipolares System von „Großraumwirtschaften", einen „Pluralismus in sich geordneter, koexistierender Großräume, Interventionssphären und Kulturkreise", wie es der deutsche Staatslehrer Carl Schmitt in seinem *Nomos der Erde* einmal formuliert hatte[1671]. Insoweit ist eine Entwicklung erkennbar, die bereits die geopolitische Schule Karl Haushofers skizziert hatte, nämlich die Neuaufteilung der Erde in mehrere regionale Kontinentalsysteme, die das Zeitalter überseeischer Reiche und des freien Welthandels beenden würde[1672]. „Der Gedanke

---

das Erbe des Dollar kämpfen, FinanzBuch Verlag, München 2011

[1668] Ferdinand Fried, Die Zukunft des Welthandels, Verlag Knorr & Hirth, München 1942, S. 27

[1669] Ebda., S. 31

[1670] Ebda., S. 29

[1671] Carl Schmitt, Der Nomos der Erde im Völkerrecht des Jus Publicum Europaeum, Duncker & Humblot, Köln 1950, S. 216

[1672] Vgl. hierzu: Karl Haushofer, Geopolitik der Pan-Ideen, Weltpolitische Bücherei, Band 21,

der Großraumwirtschaft vertritt gegenüber dem Gedanken der freien Weltwirtschaft eine natürliche Aufgliederung und Ordnung der Welt. (…) Durch die wirtschaftliche Zusammenarbeit der Völker wird für das gesamte Großraum-Gebilde eine natürliche Lebensgrundlage gesichert, so daß keine lebenswichtigen Abhängigkeiten zu anderen Großräumen bestehen"[1673].

Dabei sind die geopolitischen Ausgangsbedingungen für eine solche Entwicklung bereits geschaffen, was bereits im Jahr 2008 in der Gemeinschaftsstudie US-amerikanischer Geheimdienste *Global Trends 2025. A Transformed World* deutlich wurde, in der ein Rückgang des politischen und wirtschaftlichen Einflusses der USA prophezeit und gleichzeitig hervorgehoben wurde, dass sich der machtpolitische Aufstieg Chinas und Russlands fortsetzen werde. Darüber hinaus wurde eine Zunahme von Konflikten zwischen den USA mit diesen eurasischen Mächten vorhergesagt. Dieser Studie zufolge zählt zu den wichtigsten Entwicklungen der kommenden Jahre eine „in der Geschichte beispiellose" Machtverschiebung von West nach Ost; die Supermacht USA werde dann nur noch „eine unter mehreren wichtigen Akteuren" sein. „Die Handlungsfreiheit der USA werde zunehmend eingeschränkt. Internationale Allianzen, die die Welt seit Ende des Zweiten Weltkrieges dominiert hätten, würden 2025 'fast nicht mehr wiederzuerkennen' sein". Folgerichtig lautete auch die Schlussfolgerung einer Analyse des CIA-Think-Tanks „National Intelligence Council": „Die Globalisierung wird zunehmend ein nicht-westliches Gesicht bekommen". Ferner kamen im Jahr 2009 Inhalte einer Geheimstudie des Bundesnachrichtendienstes ans Tageslicht, in der Szenarien für ein post-amerikanischen Zeitalter durchgespielt wurden, das von einer zunehmenden Konfrontation zwischen den USA und China bestimmt ist. Insbesondere die Weltfinanzkrise 2008 – die in ihrem Kern nichts anderes war als ein Platzen der US-amerikanischen Schuldenwirtschaft – wurde von Politikwissenschaftlern als ein „geopolitischer Rückschlag für den Westen" interpretiert, der es den aufsteigenden Konkurrenzmächten China und Russland ermöglicht habe, weltweit Positionsgewinne zu erzielen. Die „Trump-Doktrin" der neuen Administration trug dieser Entwicklung gewissermaßen Rechnung und lehnte es in diesem Zusammenhang folglich ab, ein entsprechendes globales Ordnungsmodell zu entwerfen. Der damalige Nationale Sicherheitsberater H.R. McMaster und der Vorsitzende des Nationalen Wirtschaftsrates der USA, Gary D. Cohn, legten in einem Artikel vom 30. Mai 2017, der die Strategie der Trump-Administration hinter der ersten Auslandsreise des Präsidenten nach Saudi-Arabien, Israel und Europa erläutern sollte, dar, dass es nicht mehr darauf ankomme, globale Regeln festzusetzen, sondern die Selbst-

---

Zentralverlag, Berlin 1931

[1673] Ferdinand Fried, Die Zukunft des Welthandels, Verlag Knorr & Hirth, München 1942, S. 35

behauptung der USA sicherzustellen. Sinn einer Wiederherstellung der amerikanischen Führung liege lediglich darin, die Sicherheit Amerikas zu verstärken, den Wohlstand Amerikas zu fördern und zu diesem Zweck Amerikas Einfluss rund um die Welt auszudehnen[1674]. „Die Welt ist keine 'globale Gemeinschaft', sondern eine Arena, in der Nationen, Nichtregierungsakteure und Unternehmen miteinander um Vorteile streiten", so McMaster und Cohn. „Statt diese elementare Natur internationaler Beziehungen zu bestreiten, begrüßen wir sie"[1675]. Dieses Programm war eine deutliche Absage an den „traditionellen republikanischen Internationalismus" und an dauerhafte, auch ideologisch motivierte Bündnisverpflichtungen. Zwar betonten McMaster und Cohn das Erfordernis von Bündnissen; jedoch seien solche Allianzen auf Zeit und durch das nationale Interesse begrenzt: „Soweit unsere Interessen gleichgelagert sind, sind wir offen für Zusammenarbeit zur Lösung von Problemen und für das Ausloten möglicher Chancen"[1676].

Viel spricht dafür, dass nach der von Wjatscheslaw Daschitschew beschriebenen Gesetzmäßigkeit der „reflektieren Rückwirkung" dieser politische Ansatz die Bildung kontinentaler Gegenallianzen hervorrufen wird. Dabei zeichnet sich ab, dass der Volksrepublik China dabei die Rolle zukommt, diese Gegenstrategien in die Wege zu leiten. Die Vereinigten Staaten werden zu verhindern suchen, dass der geopolitische und geoökonomische Aufstieg Chinas den Machtanspruch der USA herausfordert, und gerade die Integrationsbemühungen der Volksrepublik im eurasischen Raum wie die „Shanghaier Organisation für Zusammenarbeit", der „Asia Cooperation Dialogue" oder die „Asiatische Infrastruktur-Investitionsbank" werden von den USA mit Sorge betrachtet[1677]. Um ihre eigene Vorherrschaft zu behaupten, „haben die USA bereits unter Obama der Volksrepublik mit einer Wirtschaftsblockade gedroht: Die Kombination aus Ressourcenarmut, hohen Wachstumsraten und der durch Xi Jinpings Binnenmarktorientierung nur ansatzweise verringerten Ausfuhren macht Chinas Wirtschaftsmodell extrem abhängig vom Ausland und zugleich von den Seewegen im Südchinesischen Meer, auf der Straße von Malakka und im Persischen Golf, über die rund vier Fünftel des chinesischen Außenhandels abgewickelt werden"[1678]. Diese prekäre Situation Chinas ermöglicht es den USA, eine Druck- und Drohpotential gegen das Reich der Mitte zu richten. „Die Botschaft lautet dabei: Wir können euer Land ökonomisch lahmlegen und damit bürgerkriegsähnliche Zustände befördern, wenn

---

[1674] Constanze Stelzenmüller, Besser nicht widersprechen? Es gibt sie doch: die Trump-Doktrin. Und sie ist keine gute Nachricht für Europa, in: Internationale Politik, Juli/August 2017, S. 14–16 (S. 14/15)

[1675] Zit. aus: Ebda., S. 15

[1676] Zit. aus: Ebda., S. 16

[1677] Ingar Solty, Feind in Fernost, Teil II, in: Junge Welt v. 04.09.2017

[1678] Ebda.

es zu Verteilungskonflikten zwischen den wirtschaftlich ungleichen Provinzen und Ethnien kommt und die mehr als 200 Millionen Wanderarbeiter sozial nicht mehr befriedet werden können. Einbindung und Eindämmung – so ließe sich die China-Politik der USA zusammenfassen"[1679]. Diese Abhängigkeit zwingt China zu einer geoökonomischen Politik: Das 900 Milliarden Euro schwere Infrastrukturprojekt der „Neuen Seidenstraße" ist damit auch ein Instrumentarium der Volksrepublik, der Drohung einer Kontinentalblockade auf dem eurasischen Landweg die Grundlage zu entziehen. Auf diese Weise liegt die geopolitische Konsequenz der „Grand Strategy" Trumps darin, „dass die geopolitischen Gegenkräfte der USA zusammengeschweißt werden – und sich auf globaler Ebene ein eurasisches Bündnissystem abzeichnet (Europa, China, Indien, Russland), das mittelfristig zur Isolation der USA führen könnte"[1680].

Eine solche Verfestigung der eurasischen Zusammenarbeit als Konsequenz der Außenpolitik der Trump-Administration zeigt sich am Beispiel des Iran. Als Folge der Aufkündigung des Joint Comprehensive Plan of Action (JCPOA) durch Washington im März 2018 und der daraufhin angekündigten Politik des „maximalen Drucks" hat der Iran den „Osten" zur außenpolitischen Priorität erklärt[1681]. Als deutlich wurde, dass die Trump-Administration nicht mehr gewillt war, ihren Teil der Atomvereinbarung einzuhalten, räumte der iranische Revolutionsführer Ayatollah Khamenei im Februar 2018 den Beziehungen zu den asiatischen und eurasischen Partnern außenpolitischen Vorrang ein[1682]. Das außenpolitische Establishment des Iran plädierte seitdem ausdrücklich für eine „Blick-nach-Osten"-Politik; eine engere Zusammenarbeit vor allem mit Russland und China wurde als „unausweichlich" beschrieben[1683]. „Die unter der Trump-Administration forcierte wirtschaftspolitische Isolation Irans stellte (…) einen wichtigen Treiber des 'Blick-nach-Osten'-Ansatzes dar", so Azadeh Zamiriad[1684]. Im August und November 2018 setzte Washington nicht nur Sanktionen wieder in Kraft, sondern verhängte weitere Strafmaßnahmen. „Die Sanktionen der USA richteten sich unter anderem gegen iranische Öl- und Gasexporte und deren Abwicklung, gegen die petrochemische Industrie, die iranische Automobilindustrie und Schifffahrt sowie den Bausektor. Auch Irans Zugang zum internationalen Finanzsystem wurde drastisch begrenzt. Zahlreiche iranische Banken wurden mit Sanktionen be-

---

[1679] Ebda.

[1680] Tomasz Konicz, … und morgen ganz Eurasien?, in: Konkret 7/2017, S. 19/20 (S. 19)

[1681] Azadeh Zamiriad, Irans „Blick nach Osten". Asien, Eurasien und die ordnungspolitische Vision der Islamischen Republik, SWP-Studie 25, November 2020

[1682] Ebda., S. 9

[1683] Ebda., S. 9/10

[1684] Ebda., S. 10

legt, darunter die Iranische Zentralbank. Durch die extraterritoriale Reichweite der Strafmaßnahmen wurden zudem Unternehmen außerhalb der USA in ihren Möglichkeiten eingeschränkt, den Handel mit Iran aufrechtzuerhalten"[1685]. Durch diese Maßnahmen verschärfte sich die ohnehin angespannte Wirtschaftslage des Iran, und vor dem Hintergrund der Wirtschaftsmisere bot die „Blick-nach-Osten-Politik", eine langfristige Zusammenarbeit mit „nicht-westlichen"-Partnern, für Teheran die besten Perspektiven für eine wirtschaftliche Erholung[1686].

Folgerichtig kam es im Sommer 2020 zu einer Vertiefung der 2016 begonnenen Gespräche zwischen der iranischen und chinesischen Führung, deren Gegenstand ein gemeinsamer Pakt mit einer Laufzeit von 25 Jahren war. Dieser beinhaltete ein chinesisches Investitionsvolumen von über 400 Milliarden Dollar in die iranische Infrastruktur im Rahmen der „Neuen Seidenstraße" Pekings. Erwähnt wurden Flughäfen, U-Bahnen, der Ausbau von Hafenanlagen, Hochgeschwindigkeitszugverbindungen sowie die Zusammenarbeit beim Aufbau für ein 5G-Netz. Im Gegenzug sollte China dafür iranisches Öl zu verbilligten Preisen bekommen; ferner war auch von einer militärischen Zusammenarbeit die Rede[1687]. Ende März 2021 wurde in Teheran das Dokument, das die „politische, strategische und wirtschaftliche Kooperation beider Länder" regelt, unterzeichnet. Dieser Pakt zur iranisch-chinesischen Kooperation offenbarte letztlich die Grenzen des amerikanischen Einflusses im eurasischen Raum; vielmehr zeigte sich, dass die „Grand Strategy" der Trump-Administration dazu führte, kontinentale Gegenallianzen hervorzurufen: „Die US-Politik der Isolation Irans funktioniert nicht wie von Washington gewünscht, dem Anspruch der US-Regierung, sich neu als weltweite Führungsnation zu etablieren, erwachsen neue Formationen und Beziehungen als Gegenüber"[1688]. Die geopolitische Kernaussage des Paktes, so der Analyst Pepe Escobar, bestehe darin, dass das US-amerikanische Sanktionsregime nichts gegen eine eurasische Kooperation zwischen China und Iran ausrichten könne; die USA seien da machtlos[1689]. Damit zeichnete sich die Entwicklung eines von außen – sprich von „raumfremden" Mächten – nicht mehr beeinflussbaren integrierten eurasischen Blocks ab.

Dieser Integrationsprozess wurde durch den offiziellen Beitritt des Iran zur

---

[1685] Ebda., S. 10

[1686] Ebda., S. 10

[1687] Defying U.S., China and Iran Near Trade and Military Partnership, in: New York Times v. 11.07.2020

[1688] Thomas Pany, China und Iran: Die „Grundlage einer Neuen Weltordnung", unter: https://www.heise.de/tp/features/China-und-Iran-Die-Grundlage-einer-neuen-Weltordnung-6000954.html

[1689] Pepe Escobar, Iran-China pact turbocharges the New Silk Roads, unter: https://asiatimes.com/2020/07/iran-china-pact-turbocharges-the-new-silk-roads/

Shanghaier Organisation für Zusammenarbeit (SOZ) im September 2021 verstärkt. Beobachtern zufolge zeigt dieser Schritt an, dass sich die SOZ darauf vorbereitet, eine wichtigere Rolle in Zentral- und Westasien zu spielen1690. Dabei kommt dem Iran eine Schlüsselfunktion bei der weiteren Vernetzung und Integration der eurasischen Infrastruktur zu: So fungiert der iranische Tiefseehafen Tschahbahar am Golf von Oman als Tor zum Osten und Westen des Kaspischen Meeres als Teil des Internationalen Nord-Süd-Transportkorridors (INSTC). Er „verbindet zum einen Turkmenistan, Usbekistan und Tadschikistan miteinander. Andererseits verbindet er diese Länder mit dem Westen, mit Aserbaidschan, der Türkei und Europa, und über den iranischen Hafen mit Afrika und Indien. Dies ermöglicht es Zentralasien, effektivere und produktivere Märkte zu finden, zumal die 'Seidenstraße' nach Afghanistan durch Zentralasien zum Schwarzen Meer und zum Nahen Osten führt"[1691]. Verbunden ist diese Entwicklung mit einem wachsenden Bedeutungsverlust der „raumfremden Macht" USA in Eurasien. „Die Mitgliedschaft in dieser Organisation wird viel Druck in Form von westlichen Sanktionen, westlichen Auflagen und Währungsmanipulationen durch den US-Dollar als Zahlungsmittel wegnehmen", so der geopolitische Analyst Peter Koenig, ehemaliger Senior Economist bei der Weltbank und der WHO. „Der Iran kann nun in seiner eigenen Währung und in Yuan sowie in jeder beliebigen Währung der SCO-Mitglieder handeln, da es in den SCO-Mitgliedsländern keine westlichen Handelswährungsbeschränkungen gibt. Dies wird das Potenzial für US-amerikanische bzw. westliche Sanktionen drastisch verringern und andererseits das Potenzial des Irans erhöhen, mit dem Osten, d.h. insbesondere mit China und Russland, Geschäfte zu machen, Partnerschaftsabkommen mit diesen und anderen SCO-Ländern zu schließen und dabei von komparativen Vorteilen zu profitieren. Dies könnte eine neue sozioökonomische Ära für den Iran einleiten. Auch in Bezug auf die Verteidigungsstrategie – obwohl die SOZ keine militärische Verteidigungsorganisation per se ist, bietet sie strategische Verteidigungshilfe und -beratung an – und ist als solche eine festigende Kraft für die Mitgliedsländer"[1692]. Die geopolitische Bedeutung der Kooperation mit dem Iran liegt für China darin, den US-Einfluss im Nahen und Mittleren Osten auszubalancieren. Um einem etwaigen unilateralen Handeln der Hege-

---

[1690] Elijah J. Magnier, Shanghai Cooperation Organisation Welcomes Iran and Prepares to Embrace Afghanistan, unter:
https://english.almayadeen.net/articles/analysis/shanghai-cooperation-organization-welcomes-iran-and-prepares
[1691] Ebda.
[1692] Peter Koenig, Der Iran wird Vollmitglied der Shanghaier Organisation für Zusammenarbeit (SCO). Geopolitische und wirtschaftliche Implikationen, unter: https://uncutnews.ch/der-iran-wird-vollmitglied-der-shanghaier-organisation-fuer-zusammenarbeit-sco-geopolitische-und-wirtschaftliche-implikationen/

monialmacht USA zu Lasten Pekings vorzubeugen bzw. ein solches zu neutralisieren, bietet Peking zum einen multilaterale Institutionen unter Ausschluss der USA und zum anderen wirtschaftliche Zusammenarbeit an[1693]. Mit Zunahme des chinesischen Einflusses wiederum wird es weniger wahrscheinlich, dass die Staaten des eurasischen und asiatischen Raumes mit den USA kooperieren, was die Fähigkeit der USA, einseitig zu handeln, einschränken würde. Konkret geht es China um die Erlangung eines gleichgewichtigen Einflusses in gegebenen Regionen und damit um eine Reduzierung der Hegemonialstellung der USA, denn „eine Hegemoniebildung (ist) in einem Mehrstaatensystem unerreichbar (...), weil Hegemonie von anderen Staaten als Bedrohung wahrgenommen wird und diese dazu veranlasst, die Macht eines potentiellen Hegemonen auszubalancieren"[1694].

Zusammenfassend spiegelt sich in der „Trump-Doktrin" ein geopolitischer Umschichtungsprozess wider, den man als einen neuen Kalten Krieg sich konstituierender Großräume und Großmächte beschreiben kann. Der Finanzwissenschaftler Max Otte hält die Wahrscheinlichkeit der Herausbildung einer „Großraumordnung mit mehreren größeren Blöcken", in der sich hauptsächlich ein US-dominierter westlicher Block und ein von China dominierter Block, eventuell im Bündnis mit Russland, gegenüberstehen, für sehr hoch[1695]. Dieser Entwicklung hatte die Trump-Doktrin Rechnung getragen. Ihr liegt wie oben ausgeführt eine Weltsicht zugrunde, die von einer zunehmenden politischen, wirtschaftlichen und militärischen Konkurrenz unter den Staaten geprägt ist. In der *Nationalen Sicherheitsstrategie der USA* vom Dezember 2017 heißt es, die Annahme, dass Dialog und Einbindung in internationale Institutionen und globalen Handel aus Rivalen wohlgesinnte und vertrauenswürdige Partner machten, habe sich als falsch erwiesen[1696]. Der *Nationalen Verteidigungsstrategie der USA* von 2018 zufolge ist die Sicherheit des Landes daher nicht mehr in erster Linie vom Terrorismus bedroht, sondern vielmehr durch eine „Wiederverschärfung der strategischen Konkurrenz zwischen den Staaten"[1697]. An oberster Stelle steht für die USA die Rivalität mit China und Russland[1698]. China wird dort ausdrücklich als „strategischer Wettbewerber" bezeichnet, das mit einem „räuberischen" Wirtschaftsgebaren

---

[1693] Angela Stenzel, Chinas Weg zur Geopolitik. Fallstudie zur chinesischen Iran-Politik an der Schnittstelle zwischen regionalen Interessen und globaler Machtrivalität, SWP-Studie 26, Berlin, Dezember 2021

[1694] Ebda., S. 11

[1695] Max Otte, Weltssystemcrash. Krisen, Unruhen und die Geburt einer neuen Weltordnung, FinanzBuch-Verlag, München 2019, S. 397/398

[1696] Christian Schaller, „America First" - Wie Präsident Trump das Völkerrecht strapaziert, SWP-Studie 27, Berlin, Dezember 2019, S. 9

[1697] Ebda., S. 9

[1698] Ebda., S. 9

seine Nachbarstaaten einschüchtere und gleichzeitig eine Militarisierung im Südchinesischen Meer betreibe, um eine Neuordnung im gesamten asiatisch-pazifischen Raum durchzusetzen. Russland wiederum verfolge eine „obstruktive Politik" zur Schwächung der NATO und insbesondere auch der Länder Europas und des Mittleren Ostens[1699]. Dieser Herausforderung müsse durch eine militärische Dominanz der USA auf sämtlichen Gebieten – Luft, Land, Meer, Weltraum und nicht zuletzt im Cyberspace – begegnet werden[1700]. Dieser Ansatz ging auch mit einem Denken in Hemisphären einher: Da nach Einschätzung der Trump-Administration der Aufstieg Chinas gleichzeitig einen Einflussverlust der USA darstellt, hatte der damalige US-Außenminister Mike Pompeo im Juli 2020 dazu aufgerufen, eine Allianz von Demokratien zu schaffen, die China entgegentreten und eindämmen sollte, weil die jahrzehntelange Erwartung, China werde sich durch die Integration in die Weltwirtschaft öffnen und demokratisieren, sich als Illusion herausgestellt habe[1701]. Verbunden war dies mit Versuchen Washingtons, mit Druck und Anreizen andere Staaten vom Ausbau wirtschaftlicher Beziehungen mit China abzubringen[1702].

Folgt man der Einschätzung des Politikwissenschaftlers Peter Rudolf, so wird mit einer dauerhaften Verfestigung der strategischen Rivalität zwischen den USA und China eine Aufteilung der Welt in Hemisphären wahrscheinlich. Es könnte sich „eine Art Deglobalisierung in Gang setzen und zwei Ordnungen entstehen lassen: die eine von den USA dominiert, die andere von China"[1703]. Vor dem Hintergrund eines solchen Szenarios wird deutlich, dass sich die „Strategic Community" in den USA „längst auf die Ära neuer Großmachtrivalitäten eingestellt" hat: „die Machtkonkurrenz mit einem aufsteigenden China und einem wiedererstarkenden Russland", und es scheint gewiss, „dass diese Konfliktlinien die US-Außenpolitik in hohem Maße bestimmen werden"[1704].

[1699] Alexander Marguier, Neue Härte, klare Worte. Verteidigungsstrategie der USA, unter: https://www.cicero.de/usa-verteidigungspolitik-china-russland-europa-deutschland-konflikte

[1700] Ebda.

[1701] Außenminister Pompeo schlägt eine Allianz gegen China vor und geißelt Xi Jinping als Tyrannen, in: Neue Zürcher Zeitung v. 24.07.2020

[1702] Peter Rudolf, Der sino-amerikanische Weltkonflikt, in: Barbara Lippert/Volker Perthes (hg.), Strategische Rivalität zwischen USA und China, SWP-Studie 1, Berlin, Februar 2020, S. 10 – 12 (S. 12)

[1703] Ebda., S. 12

[1704] Peter Rudolf, Nicht allein Trump ist das Problem – Zum Umgang Deutschlands mit den USA, SWP-Aktuell 57, Oktober 2018, S. 2

Carola Hartmann Miles-Verlag

<u>Sicherheitspolitik</u>

Wolf Graf v. Baudissin, *Grundwert: Frieden in Politik – Strategie – Führung von Streitkräften, herausgegeben von Claus von Rosen,* Berlin 2014.

Oliver Schmidt, *Deutsche Außenpolitik und die Zukunft der nuklearen Teilhabe in der NATO,* Berlin 2017.

Dirk Freudenberg, *Theorie des Irregulären – Erscheinungen und Abgrenzungen von Partisanen, Guerillas und Terroristen im Modernen Kleinkrieg sowie Entwicklungstendenzen der Reaktion, (3 Bände),* Berlin 2017.

Markus Reisner, *Robotic Wars – Legitimatorische Grundlagen und Grenzen des Einsatzes von Military Unmanned Systems in modernen Konfliktszenarien,* Berlin 2018.

Helmut Fiedler, *Military Assistance – eine moderne Einsatzart zwischen Anspruch und Wirklichkeit,* Berlin 2019.

Pascal Riemer, *Von der russischen Kriegskunst. Eine Untersuchung der dialektischen Zusammenhänge von Staatsidee und Militärwesen am Beispiel der Sowjetunion und der Russischen Föderation,* Berlin 2021.

Georg Kunovjanek, *Cyber – Die Domäne der vernetzten Unsicherheit. Eine kritische interdisziplinäre Analyse des Krieges der Zukunft und seiner normativen Grundlagen,* Berlin 2021.

Joachim Weber (Hrsg.), *Konfliktraum Arktis. Die Großmächte und der Hohe Norden,* Berlin 2021.

Thomas Jäger, Ralph Thiele (Hrsg.), *Der Politische Islamismus als hybrider Akteur globaler Reichweite. Die liberale demokratische Ordnung muss ihre Resilienz stärken,* Berlin 2021.

Uwe Hartmann, *Die Nato. Mächte und Menschen in der transatlantischen Allianz,* Berlin 2021.

Dirk Freudenberg, *Wehrhaftigkeit der Medienordnung – Rechtliche und rechtspolitische Probleme vor dem Hintergrund der Konzeption Zivile Verteidigung (KZV),* Berlin 2022.

Wiener Strategie-Konferenz

Wolfgang Peischel (Hrsg.), *Wiener Strategie-Konferenz 2016 – Strategie neu denken,* Berlin 2017.

Wolfgang Peischel (Hrsg.), *Wiener Strategie-Konferenz 2017 – Strategie neu denken,* Berlin 2018.

Wolfgang Peischel (Hrsg.), *Wiener Strategie-Konferenz 2018 – Strategie neu denken,* Berlin 2019.

Wolfgang Peischel (Hrsg.), *Wiener Strategie-Konferenz 2019 – Strategie neu denken,* Berlin 2021.

Militär und Gesellschaft

Hans-Christian Beck, Christian Singer (Hrsg.), *Entscheiden – Führen – Verantworten. Soldatsein im 21. Jahrhundert,* Berlin 2011.

Marcel Bohnert, Lukas J. Reitstetter (Hrsg.), *Armee im Aufbruch. Zur Gedankenwelt junger Offiziere in den Kampftruppen der Bundeswehr,* Berlin 2014.

Phil C. Langer, Gerhard Kümmel (Hrsg.), *„Wir sind Bundeswehr." Wie viel Vielfalt benötigen/vertragen die Streitkräfte?,* Berlin 2015.

Eberhard Birk, Peter Andreas Popp (Hrsg.), *Luftwaffenoffizier 21. Das Selbstverständnis des Luftwaffenoffiziers zu Beginn des 21. Jahrhunderts, (aus der Reihe Schriften zur Geschichte der Deutschen Luftwaffe, Band 5),* Berlin 2016.

Alois Bach, Walter Sauer (Hrsg.), *Schützen.Retten.Kämpfen. Dienen für Deutschland,* Berlin 2016.

Marcel Bohnert, Björn Schreiber (Hrsg.), *Die unsichtbaren Veteranen. Kriegsheimkehrer in der deutschen Gesellschaft,* Berlin 2016.

Angelika Dörfler-Dierken (Hrsg.), *Hinschauen! Geschlecht, Rechtspopulismus, Rituale: Systemische Probleme oder individuelles Fehlverhalten?,* Berlin 2019.

Standpunkte und Orientierungen

Uwe Hartmann, *Hybrider Krieg als neue Bedrohung von Freiheit und Frieden. Zur Relevanz der Inneren Führung in Politik, Gesellschaft und Streitkräften,* Berlin 2015.

Martin Sebaldt, *Nicht abwehrbereit. Die Kardinalprobleme der deutschen Streitkräfte, der Offenbarungseid des Weißbuchs und die Wege aus der Gefahr,* Berlin 2017.

Christian J. Grothaus, *Der „hybride Krieg" vor dem Hintergrund der kollektiven Gedächtnisse Estlands, Lettlands und Litauens,* Berlin 2017.

Uwe Hartmann, *Der gute Soldat. Politische Kultur und soldatisches Selbstverständnis heute,* Berlin 2018.

Helmut Jermer, *Innere Führung kompakt. Eine Zusammenschau als Lehr- und Lernhilfe,* Berlin 2019.

Martin Sebaldt, *Das Elend der Strategen. Warum die deutsche Militärpolitik versagt,* Berlin 2020.

Hannes Wendroth, *Gute Führung - (k)ein Selbstgänger. Kleine Führungshilfe mit praktischen Hinweisen und persönlichen Anmerkungen,* Berlin 2022

<u>Jahrbuch Innere Führung (seit 2009)</u>

Uwe Hartmann, Claus von Rosen (Hrsg.), *Jahrbuch Innere Führung 2019. Bundeswehr im Aufbruch. Hindernisse von den verteidigungspolitischen Vorstellungen der AFD bis zu den sicherheitspolitischen Meinungen in der Zivilgesellschaft,* Berlin 2019.

Uwe Hartmann, Reinhold Janke, Claus von Rosen (Hrsg.), *Jahrbuch Innere Führung 2020. Zur Weiterentwicklung der Inneren Führung: Themen und Inhalte,* Berlin 2020.

Uwe Hartmann, Reinhold Janke, Claus von Rosen (Hrsg.), *Jahrbuch Innere Führung 2021/22. Ein neues Mindset Landes- und Bündnisverteidigung?,* Berlin 2022.

<u>Erinnerungen</u>

Blue Braun, *Erinnerungen an die Marine 1956–1996,* Berlin 2012.

Klaus Grot, *So war's, damals. Dienstchronik eines Pionieroffiziers im Kalten Krieg 1954–1991,* Berlin 2014.

Gustav Lünenborg, *Bürger und Soldat. Innere Führung hautnah 1956–1993, 1993–2015,* Berlin 2015.

Adolf Brüggemann, *Als Offizier der Bundeswehr im Auswärtigen Dienst. Meine Erinnerungen als Militärattaché in Seoul (Republik Korea) 1978–83 und in Prag (Tschechoslowakei/Tschechien) 1988–1993,* Berlin 2015.

Rainer Buske, *Eine Reise ins Innere der Bundeswehr. Wundersame Geschichten aus einer anderen Welt,* Berlin 2016.

Heinz Laube, *Duell am Himmel,* Berlin 2016.

Viktor Toyka, *Dienst in Zeiten des Wandels. Erinnerungen aus 40 Jahren Dienst als Marineoffizier 1966-2000,* Berlin 2017.

Hans-Eckhard Tribess (Hrsg.), *Im Leben unterwegs – für den Frieden. Festschrift für Wolfgang Altenburg zum 90. Geburtstag am 22. Juni 2018,* Berlin 2019.

Kurt Graf v. Schweinitz, *Notizen im Transit von Krieg und Frieden,* Berlin 2020.

Karl-Otto Behrendt, *Der kurze Bericht über eine lange Zeit. Kriegsgefangenschaft 1945–1953, herausgegeben und kommentiert von Hans-Günter Behrendt,* Berlin 2021.

Hans Peter von Kirchbach, *Herz an der Angel,* Berlin 2021.

<u>Militärgeschichte</u>

Eberhard Kliem, Kathrin Orth, *"Wir wurden wie blödsinnig vom Feind beschossen". Menschen und Schiffe in der Skagerrakschlacht 1916,* Berlin 2016.

405

Hans Frank, Norbert Rath, *Kommodore Rudolf Petersen. Führer der Schnellboote 1942–1945. Ein Leben in Licht und Schatten unteilbarer Verantwortung,* Berlin 2016.

Eckhard Lisec, *Der Völkermord an den Armeniern im 1. Weltkrieg – Deutsche Offiziere beteiligt?,* Berlin 2017.

Ingo Pfeiffer, *Heinz Neukirchen. Marinekarriere an wechselnden Fronten,* Berlin 2017.

Joachim Welz, *Erfolgsstory oder Trauma – die Übernahme von Armeen. Lehren aus der Übernahme des österreichischen Bundesheeres in die Wehrmacht 1938 und der Reste der NVA in die Bundeswehr 1990,* Berlin 2018.

Joachim Hoppe, Manfred Wilde (Hrsg.), *Die Unteroffizierschule des Heeres, Die militärische Meisterschule,* Berlin 2016.

Georg Neuhaus, *Am Anfang war ein Speer. Eine Chronographie der Kriegs- und Militärtechnologien,* Berlin 2018.

Hans-Werner Ahrens, *Die Transportflieger der Luftwaffe 1956 bis 197. Konzeption – Aufbau – Einsatz, (Reihe Schriften zur Geschichte der Deutschen Luftwaffe, Band 8),* Berlin 2019.

Jobst Reller, *Die Anfänge der evangelischen Militärseelsorge,* Berlin ²2020.

Eberhard Frhr. v. Senden, Friedrich Frhr. v. Senden, *Der Erste Weltkrieg 1914–1918. Erlebnisse eines jungen Leutnants,* Berlin 2020.

Hans-Günter Behrendt, *Flugabwehr in Deutschland. Stationierungsorte und Systeme 1956-2012,* Berlin 2021.

Harald Fritz Potempa, *Balkan 1914-1945. Raum und Kleiner Krieg als militärhistorische Kategorien in der Wahrnehmung deutscher Streitkräfte,* Berlin 2021.

Stephan Horn, *Französische und wallonische Freiwilligenverbände im Zweiten Weltkrieg. Politische Implikationen militärischer Kollaboration,* Berlin 2021.

Jörg Beining, *Streng geheim! Elektronische Kampfführung im Kalten Krieg. Die EloKa der Bundeswehr und NATO aus östlicher Perspektive,* Berlin 2021.

Gerd Bolik, *NATO-Planungen für die Verteidigung der Bundesrepublik Deutschland im Kalten Krieg,* Berlin 2021.

Schriften zur Tradition

Eberhard Birk, Winfried Heinemann, Sven Lange (Hrsg.), *Tradition für die Bundeswehr. Neue Aspekte einer alten Debatte,* Berlin 2012.

Donald Abenheim, Uwe Hartmann (Hrsg.), *Tradition in der Bundeswehr. Zum Erbe des deutschen Soldaten und zur Umsetzung des neuen Traditionserlasses,* Berlin 2018.

Joachim Welz, *Vom Kontingentsheer zum Reichsheer: Militärkonventionen als Motor der Wehrverfassung,* Berlin 2018.

Donald Abenheim, Uwe Hartmann, *Einführung in die Tradition der Bundeswehr. Das soldatische Erbe in dem besten Deutschland, das es je gab,* Berlin 2019.

Eberhard Birk, Heiner Möllers (Hrsg.), *Die Luftwaffe und ihre Traditionen (aus der Reihe Schriften zur Geschichte der Deutschen Luftwaffe, Band 10)*, Berlin 2019.

Hans-Günter Behrendt (Hrsg.): *Erinnerungsorte der Bundeswehr – Personen, Ereignisse und Institutionen der soldatischen Traditionspflege*, Berlin 2020.

Dirk Drews, Stefan Gruhl (Hrsg.): *Oberst Reinhard Hauschild 1921–2005. Traditionsstifter für die Bundeswehr? Gedenkschrift zum 100. Geburtstag*, Berlin 2021.

Dieter Krüger, *Verständigung mit Frankreich. Das vergebliche Plädoyer des Oberst Dr. Hans Speidel. Paris 1940–1942*, Berlin 2021.

Offiziersbibliothek

Uwe Hartmann, *Offiziersbibliothek I. Deutschland*, Berlin 2020.

Franz H.U. Borkenhagen, Uwe Hartmann, *Offiziersbibliothek II. Internationale Beziehungen und Sicherheitspolitik*, Berlin 2021.